标准洗衣粉
遇水发烫
不烫手
立白
香皂粉
遇水不发烫
引领绿色健康
不伤手 再升级
Liby
立白
天然洗衣香皂粉
SOAP
温和不烫手
淡雅花香
扫一扫，无限惊喜

（2017）

中国表面活性剂行业年鉴

ALMANAC OF CHINA SURFACTANT INDUSTRY

中国日用化学工业研究院
China Research Institute of Daily Chemical Industry

表面活性剂和洗涤剂行业生产力促进中心
Productivity Promotion Center of Surfactants & Detergents

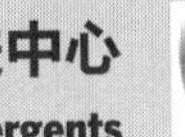

编

中国轻工业出版社

2017年10月

图书在版编目（CIP）数据

中国表面活性剂行业年鉴. 2017 / 表面活性剂和洗涤剂行业生产力促进中心编. —北京：中国轻工业出版社，2017.10

ISBN 978-7-5184-1589-2

Ⅰ. ①中… Ⅱ. ①表… Ⅲ. ①表面活性剂—化学工业—中国—2017—年鉴 Ⅳ. ①F426.7-54

中国版本图书馆CIP数据核字（2017）第217386号

责任编辑：陈　萍　　责任终审：劳国强　　整体设计：锋尚设计
策划编辑：杜宇芳　　责任校对：晋　洁　　责任监印：张　可

出版发行：中国轻工业出版社（北京东长安街6号，邮编：100740）
印　　刷：三河市万龙印装有限公司
经　　销：各地新华书店
版　　次：2017年10月第1版第1次印刷
开　　本：787×1092　1/16　印张：23.25
字　　数：700千字　　插页：44
书　　号：ISBN 978-7-5184-1589-2　定价：800.00元
邮购电话：010-65241695
发行电话：010-85119835　传真：85113293
网　　址：http：//www.chlip.com.cn
Email：club@chlip.com.cn
如发现图书残缺请与我社邮购联系调换
170959K4X101HBW

本卷编委会

本卷编委会（续）：

《中国表面活性剂行业年鉴（2017）》编辑部

主　　编： 王万绪

执行主编： 赵永杰

参编人员： （以姓氏笔画为序）

张利国　李向阳　李晓辉　周继维

姚晨之　赵永杰　章　杰　韩　磊

裴　鸿

广告策划： 弓　昕

联系电话： 0351-4070639（太原）010-58937468（北京）

传　　真： 0351-4085741（太原）010-58937468（北京）

电子邮箱： xxbwh-ty@163.com

网　　址： http://www.cicdci.net.cn

表面活性剂和洗涤剂行业生产力促进中心

表面活性剂和洗涤剂行业生产力促进中心（以下简称中心）系由中国日用化学工业研究院根据国家科技部及中编办批准于2005年12月在北京成立，并经国家事业单位登记管理局核准注册的中国日用化学工业研究院下属的事业单位。中心于2010年6月被国家科技部认定为国家级示范生产力促进中心，并于2012年7月被列为科技成果转化试点单位。

作为中国日用化学工业研究院重要的对外交流、服务与合作的窗口，中心充分利用中国日用化学工业研究院在科研、标准、信息方面的优势，联合行业内的知名企业，努力搭建行业服务平台。根据国家科技部对行业生产力促进中心"利用依托科研院所及所在行业的技术成果，向以中小企业为主的行业内广大企业提供各种技术支持与成果转化"的要求，中心积极探索和凝聚行业内各方技术力量，于2015年7月成立了涵盖产学研领域17家单位的第一届理事会。

近年来，中心通过实施一系列包括科技成果转化、专题信息研究与咨询、技术培训、会展组织、行业年鉴编撰、国家火炬计划项目申报与实施等面向行业的服务与合作工作，得到了业内企业的广泛参与和支持。中心将以此为契机，全面提升各项服务与合作水平，为行业的技术进步发挥积极作用！

截止到2016年年底，中心已经完成服务企业数超过300家，其内容涉及标准检测、项目咨询以及技术成果转让等。独立承担国家科技部火炬计划项目两项，其中"洗涤剂用表面活性剂生物降解性能评价系统及数据库平台建设（项目编号：2011GH552095）"于2015年荣获中国轻工业联合会科技进步二等奖。

主要业务：标准检测、技术转让、信息咨询、期刊出版、年鉴编纂、第三方认证等。

地址：北京市海淀区永丰高新技术产业基地永澄北路2号院1号楼B座
邮编：100094
电话：010-58937468
传真：010-58937468
电邮：sc58937468@163.com
网址：www.cicdci.net.cn

表面活性剂和洗涤剂行业生产力促进中心

第一届理事会

理事长单位：

中国日用化学工业研究院

常务理事单位（排名不分前后）：

北京绿伞化学股份有限公司
广州浪奇实业股份有限公司
广州天赐高新材料股份有限公司
广州星业科技股份有限公司
重庆海帆生化科技有限公司
伽蓝（集团）股份有限公司
浙江赞宇科技股份有限公司
天津浩元精细化工有限公司
中国中轻国际工程有限公司
德源（中国）高科有限公司
大千高新科技研究中心有限公司
中轻日化科技有限公司
中国洗涤用品工业协会
广州市东雄化工有限公司
轻工业杭州机电设计研究院
陕西科技大学
北京工商大学

本卷编撰说明

2016年，作为中国“十三五”规划开局之年，是中国表面活性剂行业颇为关注的一年。原材料价格大幅上扬以及国际货币汇率波动给行业发展带来新的机遇和挑战，也给未来行业发展带来众多变数：天然油脂市场价格剧烈震荡，给以脂肪醇、脂肪酸和脂肪胺等油脂化学品深加工造成一些负面影响，磺化和乙氧基化为代表的表面活性剂生产获利有所减少；原油价格下跌给传统石油衍生产品短期发展带来机遇，烷基苯及烷基苯磺酸产量平稳增长。未来一段时间，表面活性剂行业发展的重点是开发环境友好、易生物降解的温和型及功能型表面活性剂，并且在国家相关产业政策的扶持下，大力开发和推广特殊功能表面活性剂新品种的工艺和应用技术、以天然可再生资源为原料的绿色表面活性剂的制备技术及表面活性剂绿色化生产技术，进一步为我国表面活性剂行业走可持续发展道路夯实基础。

《中国表面活性剂行业年鉴（2017）》作为行业第六本专业性年鉴，主要内容涵盖：（1）“十三五”中国表面活性剂行业政策发展导向以及相关的安全性、技术装备、标准计划和趋势走向；（2）主要表面活性剂品种的生产与市场分析，特别对功能性、高附加值和新型表面活性剂产品生产、技术工艺和市场应用进行了分析讨论；（3）2016年行业主要原料的生产与市场及其对行业影响进行汇总，重点分析油脂化学品价格走势对下游表面活性剂行业发展的影响；（4）表面活性剂在农药领域、洗涤用品、纺织化学品、消泡剂领域最新应用研究进展，另外，对松香酯基和Gemini系列产品开发及应用进行详细论述；（5）2016年行业发展大事记以及主要上市企业运行情况、非离子表面活性剂的人体和环境安全评价以及生物降解性能数据汇总。

产品的人体和环境安全性评价作为表面活性剂和洗涤剂行业生产力促进中心2016年承担的一项重要科技部火炬计划项目（2015GH551465），从本卷开始，将对项目实施过程中涉及的主要表面活性剂产品人体和环境安全评价数据进行收录，满足目前及未来行业的发展需求，为行业可持续发展提供详实信息支撑和数据支持。

在此，对参与年鉴编撰工作的行业专家和企业表示诚挚谢意，恳请大家对新一卷年鉴提出宝贵意见。

《中国表面活性剂行业年鉴》编辑部

2017年10月

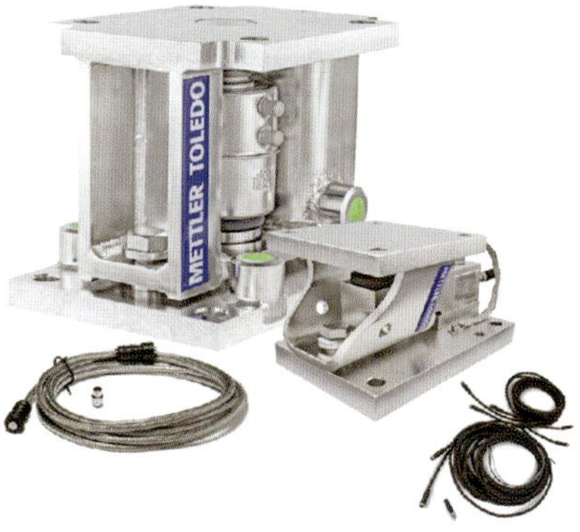

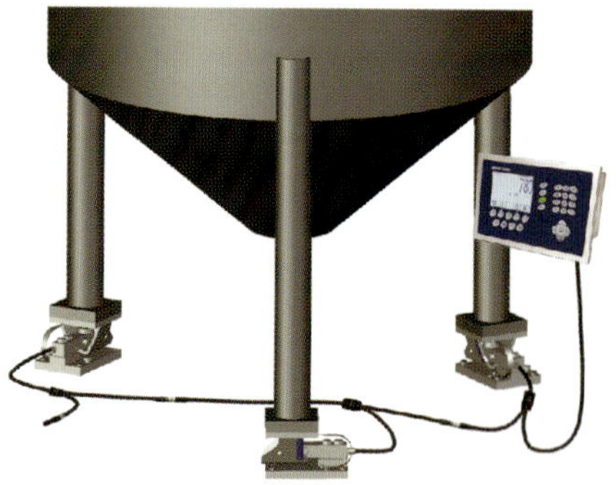

淄博腾辉油脂化工有限公司

腾辉化工
TENGHUI CHEMICAL

淄博腾辉油脂化工有限公司始建于2005年，2013年成为淄博齐翔腾达化工股份有限公司的子公司，年总生产能力22万吨，其中脂肪酸2万吨、脂肪胺3万吨、双烷基季铵盐1.5万吨、脂肪酸钠皂15万吨、甘油0.5万吨。销售额3亿元左右。

公司秉承“诚信规范、合作共赢”的企业经营理念，以质量为本、注重科研开发和科学管理，先后通过了ISO9001质量管理体系认证、ISO14001环境管理体系认证和OHSAS18001职业安全健康管理体系认证。

主 营：

★ 脂肪酸系列——牛羊油脂肪酸、硬脂酸

脂肪伯胺系列——牛油基、氢化牛油基、棕榈油基、椰油基、十二烷基、十六烷基、十八烷基等；

★ 脂肪仲胺系列——氢化牛油基、椰油基、十八烷基等；

★ 脂肪叔胺系列——双氢化牛油基、双十八烷基等；

★ 季铵盐系列——双氢化牛油基二甲基氯化铵、双氢化牛油基甲基苄基氯化铵、双十八烷基二甲基氯化铵和双十八烷基甲基苄基氯化铵等；

★ 甘 油 系 列 ——95.0%、98.0%、99.5%等药用及工业用。

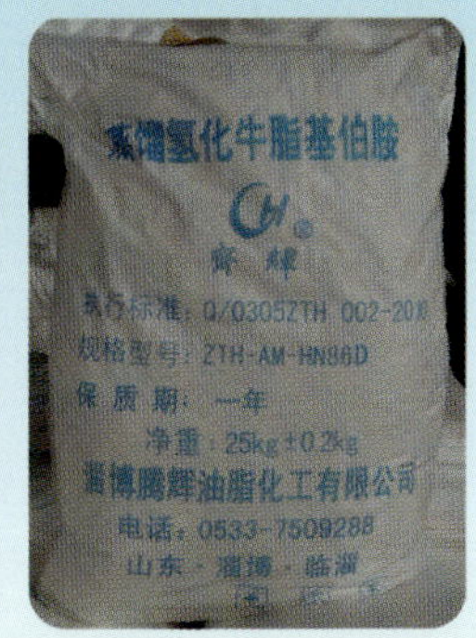

地址：山东省淄博市齐鲁石化橡胶厂西邻
电话：0533-7509688 7509058
手机：13396438597
传真：0533-7509288
邮箱：zbthhg999@163.com
网址：www.zbtenghui.com

山东派尼化学有限公司

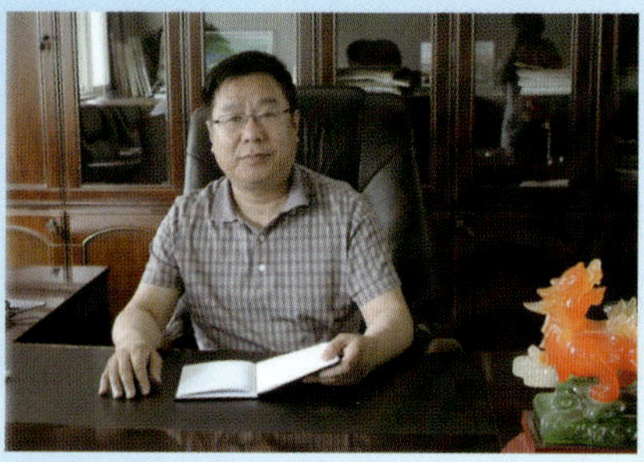

董事长：曲保伦

博兴县守合同重信用企业　　市级高新技术企业

滨州市优秀民营科技企业　　省级“民营企业科技创新奖”

◆公司在 2011 年通过了 ISO9001 质量管理体系认证、ISO14001 环境管理体系认证和 ISO18000 健康管理体系认证，顺利通过了安评的全面最终验收。

◆与长安大学、华东理工大学、武汉大学研发中心等学术机构在技术合作、人才培养、科技成果转化、乳化沥青研究等领域长期合作，获取国内外最新的产品研发及核心技术。

◆业已完成的 10000t/a 脂肪胺系列产品项目借鉴了当今发达国家的先进生产工艺，结合公司现有产业链配套优势，依托原有项目成熟的工艺技术和生产经验施行的设计和建设。整套装置具有能耗低、物料损耗低、产品质量稳定、自动化程度高的特点，属国内一流的生产装置工艺。

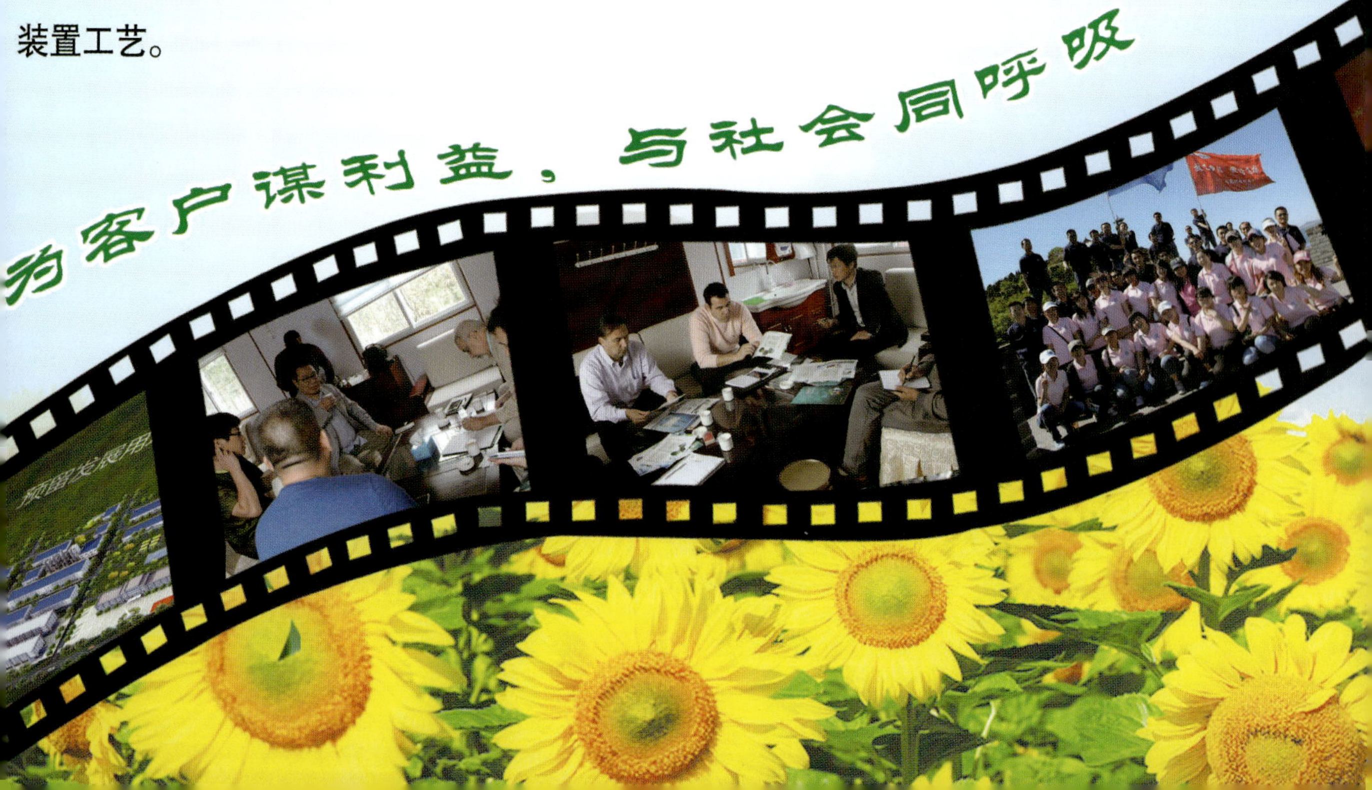

中国石化
SINOPEC

中国日用化学工业研究院

中国日用化学工业研究院（简称日化院）是我国专业从事表面活性剂和家用化学品研发的国家级科研院所，其前身是成立于1930年的中央工业实验所。表面活性剂国家工程研究中心、国家洗涤用品质量监督检验中心、全国表面活性剂洗涤用品标准化中心、中国日用化学工业信息中心、表面活性剂和洗涤剂行业生产力促进中心、山西省表面活性剂重点实验室、山西省表面活性剂工程研究中心、山西省纳米技术应用工程研究中心等国家和地方机构均依托日化院设立。

日化院拥有一支本领域权威的专家队伍和一批高素质的专业技术人员，其中有教授级高级专业技术人员38人，享受政府特殊津贴的专家16人。近年来，完成科研项目500余项，其中国家攻关、963、973、国家自然基金及省部项目百余项，获得国家级和省部级以上奖励百余项。具有硕士学位授予权，建有联合博士点和博士后科研流动站。

随着中国日化院上海分院和中轻日化科技有限公司的成立和运行，日化院形成了集实验研究、产业实体、工程技术开发、分析检测与标准化、传媒与信息研究、工程咨询与设计、人才教育与培养等于一体，面向中国表面活性剂和家用化学品领域的产业和技术服务格局，成为产、学、研相结合的现代化科研院所。

地址：山西省太原市文源巷34号（030001）
电话：0351-4044836
传真：0351-4040802
邮箱：ridci@ridci.cn
网址：www.ridci.cn

目录

CONTENTS

甘肃兴荣精细化工有限公司

甘肃兴荣精细化工有限公司位于兰州市七里河区阿干镇，始建于1996年，总投资3900多万元，现有职工100多人。公司绝大多数员工都是在科研生产、经营管理工作中的高级技术人才，有着从事石油化工行业十几年的工作经验。公司主要致力于表面活性剂的研究与生产，2004年已从事重烷基苯磺酸的专业化生产，是国内首家从事专业开发、生产、经营重烷基苯磺酸的企业。目前企业经营状况良好，近年来连续被评为“AAA 级信誉企业 ”、“ 省级重合同守信用企业 ”、“全国质量诚信AAAA级品牌企业”、“中国质量诚信企业协会理事单位”等多项荣誉称号。

公司成套工艺是由原北京轻工部规划设计院引进、吸收意大利BALLESTRA公司的先进生产技术，结合我国实际国情加以改进的磺化装置。特别在近年来，针对产品要求，我公司对主要设备进行改进改造，使现有SO3磺化技术与传统的烟酸磺化技术相比，工艺适应性更强，自动化程度更高，可磺化不同类型的有机原料，操作稳定，产品质量优良，三废处理完善等特点。在甘肃、宁夏、青海、新疆等西北地区，该装置仅本公司一家。

公司主打产品为重烷基苯磺酸，作为复合驱油剂，主要用于油田的三次开采中，用以提高原油的采收率。该产品是一种性能优良、品质稳定的驱油用表面活性剂。通过严格控制原料质量和磺化工艺参数，能够得到适用于不同油田的驱油用表面活性剂。该产品还可作为防锈添加剂用于润滑油的生产中。该产品质量稳定可靠，已成为国内最知名产品，主要销往大庆油田、长庆油田、玉门油田、胜利油田、克拉马依油田及兰州路博润兰炼添加剂有限公司等多家单位。目前在国内市场，除大庆油田外，我公司是唯一一家重烷基苯磺酸规模型生产厂家。

另一主打产品为十二烷基苯磺酸，因该产品具有优良的去污力和发泡力，被广泛应用于洗涤系列产品中。产品质量均达到国标一级品或优等品，主要销于甘肃、青海、宁夏、陕西、新疆等地。

公司地理位置优越、产品质量优良、市场基础可靠，有较强的社会适应性和竞争力。公司以“高严细实、精益求精、质量第一、顾客至上”为服务宗旨，保证质量、信守合同、服务周到，竭诚为新老朋友服务。

地　址：兰州市七里河区阿干镇铁冶街85号　　电　话：0931-2771589

联系人：冯自德　手机：13150013239　　传　真：0931-2772002

刘玉喜　手机：13139265800　　邮　箱：lzscyy@yeah.net

AMOREPACIFIC

Sulwhasoo

HERA

IOPE

LANEIGE
兰芝

Mamonde

innisfree

爱茉莉太平洋中国介绍

自1945年创立以来，爱茉莉太平洋集团一直秉持简单而明确的使命：亚洲之美创造者。爱茉莉太平洋集团拥有近三十个知名品牌，覆盖化妆品、个人护理及保健品等类别，致力于满足全球顾客多样化的生活方式及需求。集团在韩国、中国及法国设有研发中心，结合自然成分与先进的生物技术，不断研发可持续的产品，并以其革命性的方法引领全球美妆趋势。

1992年，爱茉莉太平洋进入中国，凭借多样化的品牌战略及响应消费者需求的创新产品取得了在中国市场的可持续发展。目前旗下共拥有八大品牌，包括：雪花秀（Sulwhasoo）、兰芝（LANEIGE）、梦妆（Mamonde）、悦诗风吟（innisfree）、伊蒂之屋（ETUDE HOUSE）、吕（RYO）、艾诺碧（IOPE）及赫妍（HERA），销售区域覆盖全国超过370个城市。

2014年，集生产、研发、物流为一体的综合基地“爱茉莉上海美丽妆园”正式启用，占地总面积92,787平方米，年均生产能力达1.3万吨，具备全球标准运营系统及环保型设备；以便灵活、迅速地响应中国消费者的需求，为她们提供安全、优质的产品。

作为富有责任感的企业公民，爱茉莉太平洋在女性、文化、自然生态三大领域不断履行企业社会责任。2016年，“妆典生命”公益项目全新升级，设立“爱茉莉太平洋女性专项基金”，覆盖女性两癌（即乳腺癌和宫颈癌）全程关护。2016年为12,000多名贫困地区女性提供了免费的两癌筛查，为43,500余名女性组织了相关健康知识讲座；此外，还通过产品义卖、“茉莉跑”、术后化妆等形式提升女性健康意识、关怀女性两癌患友。

爱茉莉太平洋中国8大品牌介绍

雪花秀

源自韩国的高端草本护肤品牌——雪花秀矢志追求和谐之境与平衡之美，秉持身与心平衡、人与自然和谐的亚洲哲学理念，将亚洲珍贵草本精华加以现代尖端科技的提炼融萃，奉上调理肌肤的上乘美肤方案，倾献令身心平衡的全方位护理体验。灵魂成分滋盈凝萃复合体TM和人参，是雪花秀美肌之道精髓所在。

梦妆

梦妆以“花朵绽放女性之美”为理念，致力于“发现花朵美肌奥秘”，从根部到茎部、花瓣，梦妆研究每一朵花蕴含的自然智慧，一直以来不断追求自然与科学技术的融合。通过梦妆产品，让女性像正如Ma Monde(法语：我的世界)一样，创造属于自己的世界，成为这个世界的主人。

兰芝

唤醒与生俱来的闪耀之美。水是生命之源，也是肌肤美丽的源泉，兰芝潜心研究“水”20年，不断升级保湿科技，令更多年轻女性实现了拥有健康水润肌肤的梦想。兰芝一直致力于成为美的创造者，致力于帮助更多亚洲女性完成美丽自信的蜕变。

悦诗风吟

作为韩国主要的化妆品集团爱茉莉太平洋旗下No.1的自然主义品牌，innisfree悦诗风吟自2000年创立以来始终坚持绿色环保的真善之美。得益于纯净济州岛得天独厚的自然环境孕育出丰饶物产，悦诗风吟以“来自济州岛的自然恩赐”为理念加以精心萃取，为钟爱自然主义的消费者奉上最优质的产品，缔造健康之美。 从每一个细节出发，以实际行动来传递绿色与健康，致力于缔造一个真正的自然主义品牌。自2012年4月正式进驻中国以来，这个充满绿色与爱的小清新品牌，将一种韩式清新的自然护肤理念传递给中国消费者，深受广大中国年轻消费者的信任与青睐。

ETUDE HOUSE伊蒂之屋

ETUDE HOUSE伊蒂之屋在2013年正式进驻中国市场，截止到现在已经进入北京、上海、广州、成都、天津、南京、杭州、深圳、常州、长沙、武汉、厦门、昆明、南昌、郑州等15个城市，正式中文名称“伊蒂之屋”。ETUDE HOUSE伊蒂之屋不仅拥有能让所有女生发现自身的美，并帮助她们变得更美的经验。更以丰富多彩的颜色，值得信赖的品质，甜美的设计，价格合理的产品，引领彩妆趋势。不仅在韩国，甚至在全亚洲领域作为K-Beauty的彩妆品牌得到了众多的喜爱。在全球15个国家和地区，新加坡，日本，泰国等，约有300家专卖店，巩固着“K-Beauty流行彩妆品牌”的地位。

HERA赫妍

HERA 赫妍， 来自首尔的高端时尚美妆品牌，时尚、精进而又感性，不断引领亚洲女性卓越美感，传递自信优雅的独特魅力。其所缔造的K-beauty潮流和SEOULISTA的品牌理念早已深入人心，向更多的中国消费者传递着独特的护肤理念和美妆哲学。自2016年正式进驻中国市场，受到越来越多爱美女性的关注与追捧，截止到现在已经进入北京、上海、南京、杭州、成都、郑州6个城市。

IOPE艾诺碧

作为高端功能性美妆品牌，IOPE 艾诺碧自创立至今，利用尖端的 BIOSCIENCE 碧奥生源科技和成熟经验，对日益复杂和多样化的肌肤问题不断地研究、探索和总结各种成功经验，提供根本解决肌肤问题的最优解决方案。

吕

-盈亮秀发之“吕”，始于健康头皮-
高端韩国护发品牌：在东方哲学中将天之气韵称为“律”，地之灵气称为“吕”。 如果说头发是“律”，那么头皮就是头发的大地，即称为“吕”。“吕”以高丽人参为主要成分，结合韩国传统精髓并倾注了爱茉莉太平洋尖端科技，致力于从头皮开始护理，有效解决头发问题，帮助每一位女性展现优雅高贵的东方魅力。

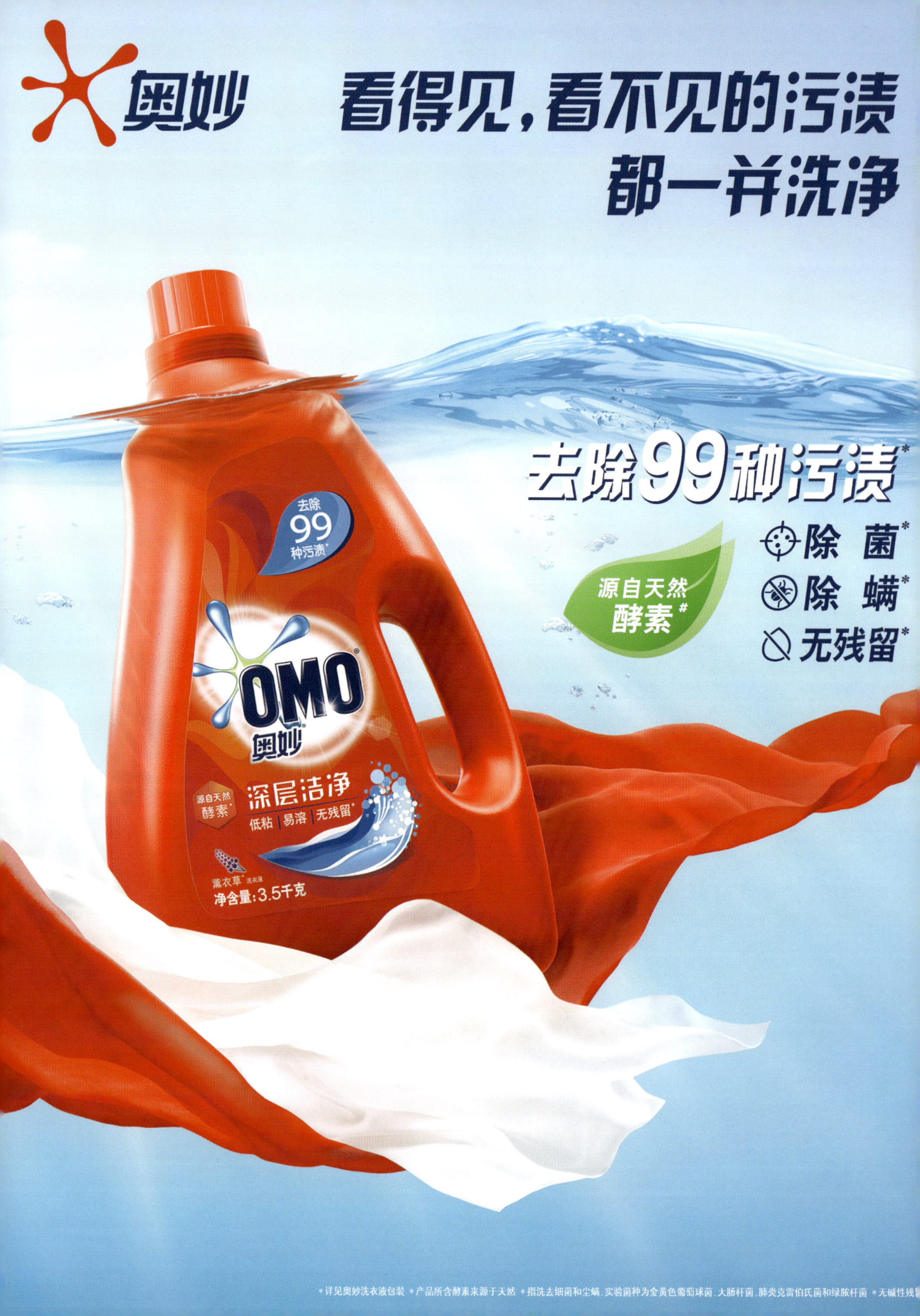
奥妙
看得见，看不见的污渍
都一并洗净
去除99种污渍*
除 菌*
除 螨*
无残留*
源自天然
酵素#
去除
99
种污渍*
OMO
奥妙
源自天然
酵素*
深层洁净
低粘 易溶 无残留*
薰衣草*
净含量：3.5千克
*详见奥妙洗衣液包装 *产品所含酵素来源于天然 *指洗去细菌和尘螨，实验菌种为金黄色葡萄球菌，大肠杆菌，肺炎克雷伯氏菌和绿脓杆菌 *无碱性残

以口碑和效果
铸就上党品牌

天脊煤化工集团股份有限公司长治日化分公司 创立于2013年，坐落在山西省长治高新区德式工业园区，占地约4万平方米，于2014年10月通过ISO9001质量管理体系认证及ISO22716和GMPC专项认证，并取得山西省食品药品监督管理局颁发的生产卫生许可证。

天脊日化公司专业致力于为消费者提供绿色、环保、健康、安全的洗发露、沐浴露、洗衣液、香/肥皂等洗护产品，公司于2017年加入由华南理工大学牵头成立的个人护理及化妆品联合创新中心。

公司依托华南理工大学华南协同创新研究院，以技术创新为先导，形成以新产品开发、新技术应用为龙头，以市场开拓、终端建设为砥柱，以口碑和功效铸就品牌的发展体系，用新颖的设计、精良的选料、考究的制作、优质的服务为广大消费者提供优质、安全的放心产品。为实现“天脊日化 洁护万家”的目标，阔步迈向更加美好的明天。

天脊煤化工集团股份有限公司长治日化分公司

原长治回民化学厂，公司致力于为消费者提供绿色、环保、健康、作业亲和高科技洗护产品和服务；公司拥有国内领先的香皂、透明皂生产线各一条和30万净化标准年产2400吨液洗产品生产线。

天脊集团长治日化分公司 | 地址：山西长治高新区 | 客服热线：400-6355-128

第一章 行业综述

INDUSTRY OVERVIEW

表面活性剂行业发展规划政策引导

表面活性剂作为一类重要的精细化学品，在国民经济发展的各行各业都有广泛的应用，被喻为“工业味精”，是精细化工产品中最重要的品种。2016年，中国洗涤用品工业协会表面活性剂专业委员会发布了《中国表面活性剂行业发展“十三五”规划》（以下简称《规划》)。《规划》指出，近年来，表面活性剂越来越受到人们的关注，也成为国内外竞相研发、攻关的重点化工领域之一。“十三五”期间，表面活性剂行业将面临一个动荡期，行业重新洗牌成为必然的趋势。

1 技术水平稳步提升

我国的表面活性剂工业起步较晚，真正快速发展是改革开放后的30余年，尤其是“十一五”“十二五”期间行业得到了快速发展，规模化、集约化发展特征明显，成为世界表面活性剂生产和消费大国，行业技术水平得到了稳步提升。

绿色化与功能化是表面活性剂“十一五”“十二五”期间的发展主题，科技研发项目基本都围绕绿色化与功能化开展。“十二五”期间，表面活性剂主要大品种发展较快，表现在：种类较齐全，在满足国内需求的同时，还有规模化出口；主要大品种技术已接近和达到国际先进水平；主要大品种装置已基本实现国产化，并实现整套装置出口。

绿色表面活性剂技术和产品发展较快，有些已处于国际先进水平。以油脂、淀粉等利用可再生资源为原料生产新型绿色表面活性剂成为近年来表面活性剂研究、开发和工业化的热点，其品种及衍生物的系列化，可满足不同领域的需求。

表面活性剂功能性小品种开发、发展很快，但品种、数量与世界发达国家相比仍有较大差距。表面活性剂功能化是其另一个主要发展方向，国家在相关政策规划中也进行了导向性推动，并得到了行业的普遍认同。国内各研究机构、高等院校、公司在这方面进行了大量的工作，取得了一批可喜的成果。

工业表面活性剂也有一定新进展。表面活性剂在很长一段时期主要应用于日用化学品、工业界，但受品种及推广渠道的限制，发展缓慢。近年来，在受表面活性剂自身发展压力和工业界对表面活性剂需求渴望的双重推动下，工业表面活性剂开发步伐加快，尤其是新型产品在工业领域的推广和应用。

2 多重问题亟待破解

《规划》认为，行业在快速发展的同时，也存在着一些不容忽视的问题。

行业重复建设现象普遍，产能严重过剩。以规模求发展是“十二五”期间表面活性剂行业企业发展的主要现象之一，长期以来粗放式的发展方式未得到根本转变，磺化、乙氧基化、胺化均出现了显著的产能过剩。

行业装备在先进性、安全性方面仍缺乏一定的前瞻性。尽管“十二五”期间表面活性剂行业的规模化得到了快速的发展，然而绝大多数企业扩建新建装置时考虑建设成本居多，而对于装置的先进性、安全性仍缺乏一定的前瞻性，大多仍以能用、可用为原则，从而在生产安全性、产品的质量稳定性上存在一定的风险与隐患。

知识产权法律保护作用较弱，非正常渠道的技术流失现象较为严重。“十二五”期间表面活性剂行业得到了飞速的发展，尤其在规模化发展上得到了显著提升，然而多数企业在发展过程中法律意识淡薄，在技术、装备乃至市场的发展方面，为节约成本，高薪聘请挖角达到快速发展目的，非正常渠道的技术流失扩散现象较为严重，也成为行业发展一窝蜂现象形成的原因之一。

行业自主创新能力不强，行业技术创新体系有待加强。经过十几年的发展，我国表面活性剂、洗涤剂行业初步形成了自主发展的技术创新体系，但与外资跨国公司相比，仍有一定差距，而多数企业仍存在创新能力不足的现象，行业技术水平参差不齐。许多关键技术靠引进，更多的品种是跟踪国外技术，在一定程度上制约了我国表面活性剂行业的自身发展以及同国际跨国公司的竞争能力。

自主创新技术成果的工程化与产业化成效不理想，功能型表面活性剂仍然短缺。多年来表面活性剂新品种的发展未尽人意，虽然经过国家组织的几个五年计划的技术攻关，开发了一定数量的功能型表面活性剂新品种，但在功能型表面活性剂的发展上与国外发达国家仍有较大的差距，在品种、数量、产业化进程与应用推广上仍不能满足行业的需求。

表面活性剂产品质量监管相对不足、相关标准体系执行未起到监督作用。

主要表面活性剂原料国内自给不足，受国际影响较大。国内表面活性剂原料在品种方面存在结构性矛盾，有些全部依靠进口。表面活性剂用天然油脂，由于受国内资源和人口限制，主体依靠进口解决，受国际影响较大，在价格波动上基本没有话语权。

3 “十三五”发展任务

《规划》认为，“十三五”期间，随着国家经济进入“新常态”，大宗表面活性剂产能严重过剩，市场竞争日益加剧、利润空间越来越小，新一轮的行业洗牌在所难免。下一轮的发展热潮中，我国表面活性剂行业宜以安全生态为主线，进一步推进行业产品结构调整、节能减排和可持续发展。

为此，《规划》提出了表面活性剂行业七大任务：

（1）加快结构调整，促进产业升级。坚持自主创新、重点跨越、支撑发展、引领未来的方针，通过原始技术创新、消化吸收再创新、资源整合创新、组织管理创新等，使企业提高市场竞争力并保持发展后动力。

（2）推动关键共性技术研究开发，为行业发展提供技术支撑。包括催化化学与催化工艺技术、可再生资源为原料的油脂化学品开发、生物质基绿色表面活性剂技术、特殊功能高效工业表面活性剂及助剂开发、消毒杀菌类表面活性剂研究、开发并应用表面活性剂的绿色化智能制造工艺。

（3）加强技术改造，提升行业技术装备水平。淘汰落后工艺设备，推动设备大型化、连续化、自动化、高技术化，全面实现装备结构升级换代。

（4）强化提升标准化水平，加强市场监管措施。逐步形成基础通用型标准、管理型标准、实验方法标准、产品标准四位一体的行业标准化体系。

（5）不断提高产品质量，提升品牌影响力。

（6）建立表面活性剂安全评估体系，促进行业健康发展。加强对表面活性剂产品中主组分、副产物组分的生物降解性、安全性评估规范、标准建设，建立评估第三方机构，建立我国表面活性剂安全风险评估体系。

（7）完善节能降耗评价体系，引导行业良性发展。

“十二五”中国表面活性剂行业发展回顾

1 基本概述

2011—2015年是中国表面活性剂行业快速发展的五年，也是行业项目建设、行业整合、技术创新、产品升级等凸显规模的五年。据不完全统计，“十二五”期间，中国表面活性剂市场容量年均复合增长率达到3.5%，截止到2015年，国内市场表观消耗量突破410万t，主要规模产品种类超过上百种，尤其是以天然油脂衍生绿色表面活性剂产品市场比例、品种结构均发生根本性的变化，诸如洗涤剂市场宣称采用天然绿色原料的产品比重超过50%，工业助剂领域在传统风险产品替代方面实现较大进步，尤其是以酯基季铵盐代替传统烷基季铵盐柔软剂、特种乙氧基化物替代烷基酚醚系列纺织化学品等方面均取得历史性突破。

整体来看，“十二五”期间，中国表面活性剂行业已经出现市场供应饱和局面，部分产品装置产能出现严重过剩和结构不合理等现象，由量到质的升级还需要进一步加大工作力度，尤其是在解决高附加值产品开发和传统产品应用潜力开发方面有待提升。“产品结构调整、行业改革创新”成为未来“十三五”表面活性剂行业主要发展方向。

2 生产与市场

表1、图1和图2为2011—2015年国内表面活性剂产量、净进口量及表观市场消耗统计。产量方面，五年合计增长15%，2014年国内表面活性剂产量首次突破400万t，2015年，产量更是达到430万t。在此期间，我国首次显现为产品出口国，过去两年净出口量保持在14～17万t。市场方面，2015年主要表面活性剂产品市场表观消耗量达到412万t，较2011年的372万t增长10.75%。

表1　2011—2015年国内表面活性剂生产与市场统计

年　份	2011年	2012年	2013年	2014年	2015年
产量*/万t	372.00	380.00	392.00	410.00	430.00
同比增长/%	/	2.15	3.15	4.59	4.87
净进口量/万t	0.68	−8.24	−9.51	−14.6	−17.28
表观消耗/万t	372.68	371.76	382.49	395.40	412.72
同比增长/%	/	−0.24	2.89	3.37	4.38

数据来源：表面活性剂和洗涤剂行业生产力促进中心，不含减水剂大单体。*包含羧酸皂。表观消耗 = 产量 + 净进口量，表观消耗涵盖当年市场库存量。

“十二五”期间，国内表面活性剂行业产品结构依然以阴离子和非离子为主，合计产量占比超过85%，阳离子及其他两性离子产品市场比重较小，不到15%。中国洗涤用品刚性需求为“十二五”期间行业发展注入活力，产品结构单一也限制了洗涤用品行业的快速发展，尤其是高附加值、浓缩洗涤产品发展比较缓慢。

从产品结构来看，“十二五”期间，脂肪醇醚硫酸盐（AES）、脂肪醇醚、功能性非离子产品、两性离子产品发展较快。其中，AES产量增加近30万t，增长幅度达到64.7%；脂肪醇醚类产品产量增加14.5万t，增长31.9%，其他功能性非离子产品（烷基糖苷、烷醇酰胺、脂肪胺醚、甘油脂肪酸酯等）增幅达到93.18%，其中以烷基糖苷贡献为主；两性及其他离子产品实现26.2%增长。相比之下，烷基

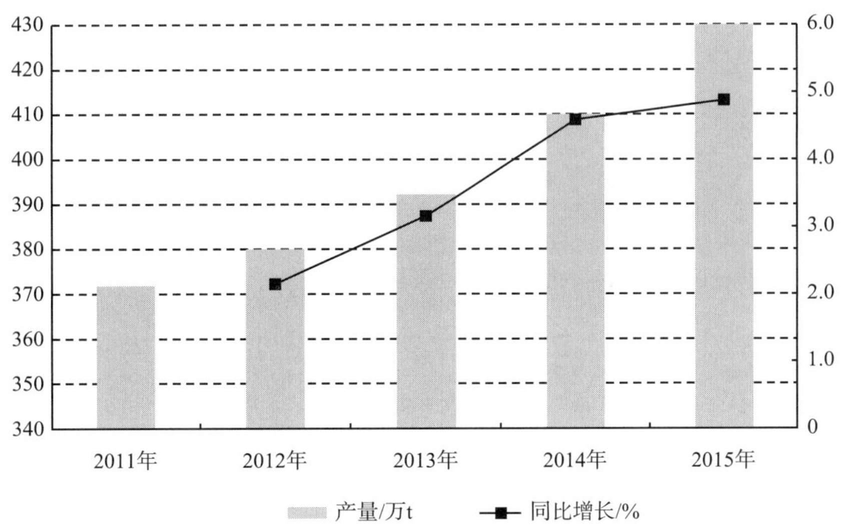

图 1　2011—2015 年国内表面活性剂产量统计

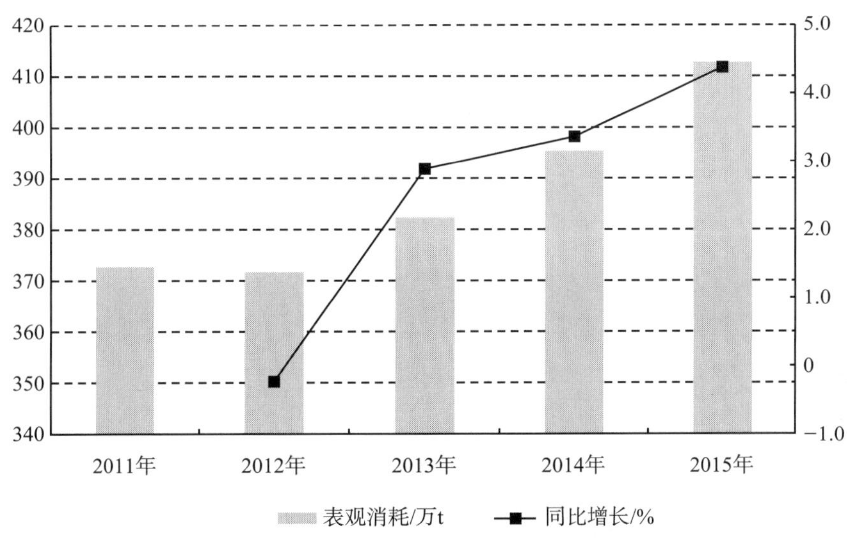

图 2　2011—2015 年国内表面活性剂市场表观消耗统计

酚醚和烷基季铵盐产量有所萎缩；以烷基苯磺酸为代表的传统产品表现平稳增长（表 2 所示）。

图 3 和图 4 分别为 2011 年和 2015 年国内主要表面活性剂产品产量结构变化图。乙氧基化装置和磺化装置的大规模建设，推动"十二五"期间主要阴离子和非离子产品产量的大幅增长，工业助剂替代性产品开发以及功能性高附加值产品需求增长为两性及其他离子产品带来生机和活力。皂类产品五年间产量出现负增长，但在整个行业还占据相当比重。

表2　"十二五"中国表面活性剂主要产品结构变化

品　种	2011年	2015年	五年合计增长/%
合计 / 万 t	370.0	429.5	16.08
皂类产品 / 万 t	130.0	100.0	−23.08
脂肪醇醚硫酸盐 / 万 t	42.5	70.0	64.70

续表

品　种	2011年	2015年	五年合计增长/%
烷基苯磺酸盐*/ 万 t	72.2	84.6	17.17
其他阴离子 / 万 t	13.5	24.5	81.48
AEO_{2+3}/ 万 t	30.5	46.5	52.46
AEO_{7+9}/ 万 t	15.0	18.5	23.33
烷基酚醚 / 万 t	13.8	10.9	-21.01
其他非离子 / 万 t	22.0	42.5	93.18
烷基季铵盐**/ 万 t	14.5	11.7	-19.31
两性及其他 / 万 t	16.0	20.2	26.25

数据来源：表面活性剂和洗涤剂行业生产力促进中心，编辑整理。不含减水剂大单体。*为实际统计LAB销量可产出的LAS量，**表示未完全统计。

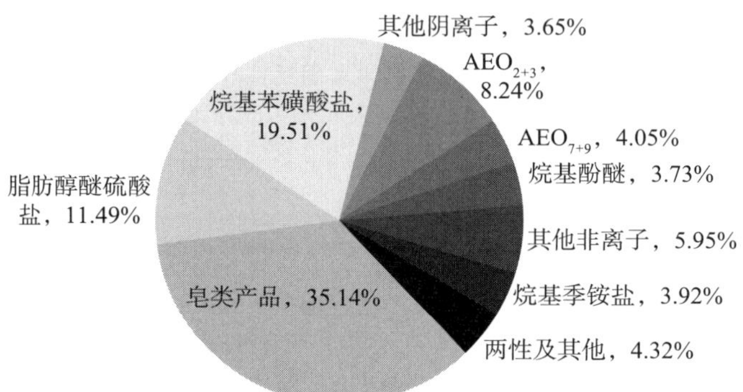

图 3　2011 年国内主要表面活性剂产品结构

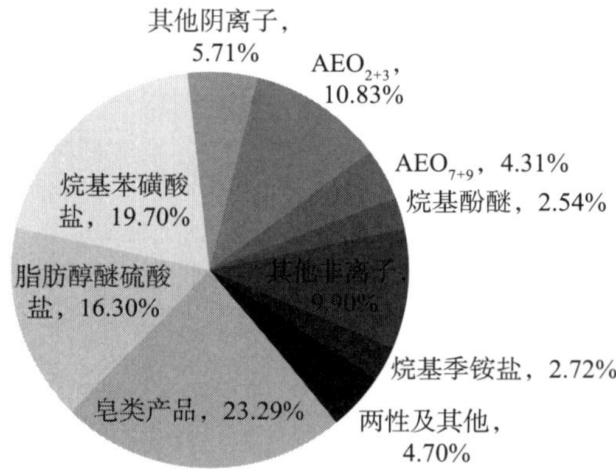

图 4　2015 年国内主要表面活性剂产品结构

3 技术与装备

“十二五”期间国内表面活性剂项目建设、技术开发主要集中在乙氧基化、磺化系列产品，部分改性烷基季铵盐以及功能性两性产品得到工业化投产。装备方面，“十二五”期间共计完成磺化装置建设合计 153.5t/h，换算 LAS 产量达到 110 万 t/ 年，典型非离子乙氧基化产品建设规模合计达到 200 万 t/ 年，产品主要以天然脂肪醇乙氧基化物为主。另外，包括烷基糖苷、酯基季铵盐等一些新型表面活性剂项目实现单套装置 5000 t/ 年规模建设。

表 3 统计"十二五"期间，中国国内磺化、乙氧基化、胺化、烷基糖苷等装置建设情况。代表性的磺化装置超过 36 套，规模均在 3.0 t/h 以上，乙氧基化装置新建项目总计 24 套，合计产能超过 200 万 t/ 年，新装置建设规模和速度合计超过 2011 年以前 30 年的发展。

"十二五"期间主要表面活性剂装置的大肆建设，也给行业带来一些问题，诸如传统产品装置产能严重过剩，年均开工率不高，一些设备从一开始建设就成为摆设，行业盲目建设凸显，企业之间的竞争和市场压力加大，主要产品的获利情况均呈下行趋势。虽然我国在 AES 和 AEO 等产品建设取得一定规模，但产品结构单一、附加值较低成为今后行业发展的主要瓶颈。

表3 "十二五"期间表面活性剂行业主要装置建设统计

序号	企业名称	装置名称	规模	备注
1	江苏赞宇	磺化装置	6.0 t/h	租赁原海清 MES 装置
2	辽宁华兴	磺化装置	(5.0×2) t/h	真空中和，二噁烷脱除装置
3	广州奇宁	磺化装置	5.0 t/h	MES 装置，配套干燥系统
4	奥威丽臣	磺化装置	5.0 t/h	国产设计 AES 装置
5	沙索（中国）	磺化装置	5.0 t/h	进口 AES 装置
6	四川金桐	磺化装置	(3.8×3) t/h	2011—2014 年完成 LAS 建设
7	天津天智	磺化装置	(3.8×2) t/h	AES 和 K12 产品装置
8	广州立智	磺化装置	3.8 t/h	国产 AES/K12 磺化装置
9	惠州智胜	磺化装置	(3.8×3) t/h	LAS 等系列产品，余热回收
10	江门景升	磺化装置	3.8 t/h	120N 国产磺化装置
11	上海奥威	磺化装置	(3.8×2) t/h	K12 系列产品，进口装置
12	嘉兴赞宇	磺化装置	(3.8×2) t/h	扩建设备，国产设计配套
13	浙江赞宇	磺化装置	(3.8×2) t/h	主反应器进口，国产设计
14	新乡宏泰	磺化装置	3.8 t/h	广州立白配套使用
15	河北赞宇	磺化装置	(3.8×2) t/h	AES 新投产项目
16	江苏丰益	磺化装置	3.8 t/h	K12 产品配套干燥系统
17	四川赞宇	磺化装置	3.8 t/h	AES 配套国产设备
18	济南东信	磺化装置	(3.8×2) t/h	AOS/AES 配套国产设备
19	河南恒聚	磺化装置	3.8 t/h	K12 配套国产装置
20	河北万冶	磺化装置	3.8 t/h	LAS/ 重烷基苯磺酸装置
21	盛泰（涟水）	磺化装置	3.8 t/h	SLES 配套进口磺化装置
22	韶关兴亚	磺化装置	3.8 t/h	LAS/AES 配套国产装置
23	大庆炼化	磺化装置	(3.8×2) t/h	重烷基苯磺酸盐配套国产装置
24	甘肃兴荣	磺化装置	3.8 t/h	改造国产主反应器设备
25	江苏东泰	磺化装置	3.0 t/h	AES 配套国产主反应设备
26	锦州康泰	磺化装置	1.6 t/h	润滑油添加剂
27	辽宁华兴	乙氧基化	10.0 万 t/ 年	脂肪醇醚
28	安徽丰源	乙氧基化	3.0 万 t/ 年	脂肪醇醚为主
29	扬子－巴斯夫	乙氧基化	6.0 万 t/ 年	异构醇醚为主

续表

序号	企业名称	装置名称	规模	备注
30	惠州智胜	乙氧基化	6.0 万 t/ 年	脂肪醇醚为主
31	凌飞科技	乙氧基化	5.0 万 t/ 年	烷基酚醚和脂肪醇醚
32	桐昆恒隆	乙氧基化	5.0 万 t/ 年	脂肪醇醚为主
33	宁波联凯	乙氧基化	6.0 万 t/ 年	脂肪醇醚系列产品
34	奥克股份	乙氧基化	40.0 万 t/ 年	大单体为主，少量脂肪醇醚
35	天津浩元	乙氧基化	6.0 万 t/ 年	Press 第五代乙氧基化装置
36	江苏盛泰	乙氧基化	12.0 万 t/ 年	脂肪醇醚非离子产品
37	商丘龙宇	乙氧基化	12.0 万 t/ 年	非离子产品，目前停车
38	山东东化	乙氧基化	3.0 万 t/ 年	脂肪醇醚和减水剂大单体
39	竹本油脂	乙氧基化	3.0 万 t/ 年	脂肪醇醚和减水剂大单体
40	上海邦高	乙氧基化	6.0 万 t/ 年	脂肪醇醚和减水剂大单体
41	福建钟山	乙氧基化	10.0 万 t/ 年	脂肪醇醚和减水剂大单体
42	上海佳化	乙氧基化	5.0 万 t/ 年	脂肪醇醚和减水剂大单体
43	山东晟瑞	乙氧基化	10.0 万 t/ 年	脂肪醇醚和减水剂大单体
44	山东联泓	乙氧基化	10.0 万 t/ 年	脂肪醇醚和减水剂大单体
45	三江化工	乙氧基化	23.0 万 t/ 年	脂肪醇醚为主，配套其他产品
46	上海东大	乙氧基化	5.0 万 t/ 年	脂肪醇醚、减水剂大单体
47	江苏海安	乙氧基化	10.0 万 t/ 年	6 种工业应用乙氧基化产品
48	浙江皇马	乙氧基化	18.0 万 t/ 年	减水剂大单体和脂肪醇醚产品
49	中轻日化	乙氧基化	10.0 万 t/ 年	AEO/FMEE/NOE 为主系列
50	花王（上海）	乙氧基化	6.0 万 t/ 年	脂肪醇醚为主的非离子产品
51	丰益－嘉里	脂肪胺	3.5 万 t/ 年	配套 3.0 万 t/ 年烷基季铵盐
52	索尔维（张家港）	脂肪胺	3.0 万 t/ 年	配套 3.0 万 t/ 年烷基季铵盐
53	阿克苏（博兴）	脂肪伯胺	3.5 万 t/ 年	脂肪胺盐为主的阳离子产品
54	上海发凯	烷基糖苷	2.5 万 t/ 年	中国日用化学工业研究院技术
55	上海巴斯夫	烷基糖苷	1.6 万 t/ 年	扩建原有 APG 系列产品装置
56	扬州晨化	烷基糖苷	1.5 万 t/ 年	
57	江苏万淇	烷基糖苷	2.0 万 t/ 年	
58	长园嘉彩	烷基糖苷	1.0 万 t/ 年	—
59	广东椰氏	烷醇酰胺	5.0 万 t/ 年	6501/6502 系列产品
60	杭州油脂	油酸系列	8.0 万 t/ 年	赞宇收购后，装备改造升级

数据来源：表面活性剂和洗涤剂行业生产力促进中心，不完全统计。

4 新产品开发及应用

新产品开发及工业化生产成为“十二五”期间国内表面活性剂行业发展的一个亮点。据不完全统计，2011—2015 年五年间，国内开发并投入生产的新型表面活性剂品种已经超过 20 余种，其中以烷基糖苷、脂肪酸甲酯乙氧基化物、脂肪酸甲酯磺酸盐、改性烷基季铵盐、酯基季铵盐、氧化法醇醚羧酸盐等最具代表性。

4.1 烷基糖苷（APG）

国内烷基糖苷早期技术开发来源中国日用化学工业研究院“八五”“九五”攻关项目，该技术采用“一步法”完成高品质产品工业化生产，具有较高的成本优势，产品质量稳定，性能优越，可应用于工业和民用不同领域，产品涵盖单碳或混合碳链等不同碳链系列产品。“十一五”末期到“十二五”中期，上海发凯有限公司借助中国日化院烷基糖苷技术成功完成 1.5 万 t 装置以及后期 1.0 万 t 扩建项目，并成功运行，目前产品销往国内外，成为国内主要烷基糖苷供应商。

紧接着，在 2013—2015 年，国内通过技术拷贝或自主开发等手段，共计完成烷基糖苷项目建设超过 10 余家，合计产能达到 10 万 t，“十二五”末期产量达到 7 万 t。目前国内烷基糖苷产业已经出现短期产能过剩的局面，由于不同品质产品大肆涌入市场，给糖苷企业获利情况造成不少的压力，主要产品市场价格也由初期的 40000 ~ 50000 元/t 降至目前的 15000 元/t 上下，每吨产品获利减少 20000 ~ 30000 元。

从目前国际市场来看，烷基糖苷发展潜力巨大，下游应用市场开发以及配伍技术升级等手段成为推动烷基糖苷可持续稳定增长的有效动力，脱醇及漂白配套工艺将有效提升目前产品的品质和指标，满足化妆品等领域高指标需求。整体来看，烷基糖苷是“十二五”期间发展较快且工业化成熟的新型产品。

4.2 改性季铵盐阳离子产品

传统阳离子表面活性剂替代产品开发及研究成为“十二五”行业发展的一个热点，尤其是酯基季铵盐、改性烷基季铵盐等系列产品开发取得历史性突破，据不完全统计，“十二五”期间，包括索尔维（张家港）精细化工、阿克苏诺贝尔（博兴）华润等在内完成酯基季铵盐合计超过 4.5 万 t/ 年的规模建设，截至 2015 年，国内酯基季铵盐阳离子产品产销量均突破 2.5 万 t，在新型织物柔软剂、杀菌剂等领域比重逐步上升，长远来看，潜力巨大，未来可达到 10 万 t 以上的市场需求。

改性烷基季铵盐成为“十二五”阳离子表面活性剂开发的另外一个亮点，其中以中国日化院为代表的开发的羟乙基烷基季铵盐和双烷基羟乙基季铵盐具有代表性，该产品相比传统烷基季铵盐具有杀菌性能优良、配伍条件丰富、应用领域广泛以及水溶性好等优点，作为中国日化院“十二五”科技攻关项目重要分支，该产品目前已经实现百吨级的规模生产，在目前市场洗涤产品、杀菌型洗手液以及油田开采等领域均有应用。

4.3 乙氧基化物产品升级改进

TX-10 是目前公认兼备优良洗净性、渗透性的表面活性剂产品，但也是一种环境激素类产品，衣物残留和使用接触均会对人体和环境生物产生危害，替代性产品开发成为目前乙氧基化产品技术攻关重点。“十二五”期间，烷基酚醚系列替代产品开发取得历史性突破，包括窄分布醇醚、异构醇醚、脂肪酸甲酯乙氧基化物和改性油脂乙氧基化物等一系列可用于民用和工业领域的表面活性剂产品均实现工业化生产，产品质量和性能均达到或超过传统产品要求。

异构醇醚“十二五”期间依靠扬子江 - 巴斯夫 6.0 万 t/ 年装置投产，目前已经实现 C_{11}/C_{13} 异构醇醚的大规模生产，年产量在 3.0~ 4.0 万 t，除此之外，国内一些规模性乙氧基化装置通过来料加工或代加工完成异构醇醚生产，现在该系列产品最大的问题是原料异构醇基本全部被国外公司垄断，市场价格较高，限制其在众多领域的推广和使用。

窄分布醇醚作为中国日化院“十二五”科技攻关项目另外一项重要分支，目前已经完成催化剂开发和万吨级工业化投产，该工艺较传统碱催化技术产品游离脂肪醇残留可降低 7% ~ 10%，高 EO 聚合度产品明显减少，目标产品活性物含量增加，可有效提升下游磺化产品技术指标，产品指标见表 4 所示。

表4　窄分布醇醚对比传统产品成分指标

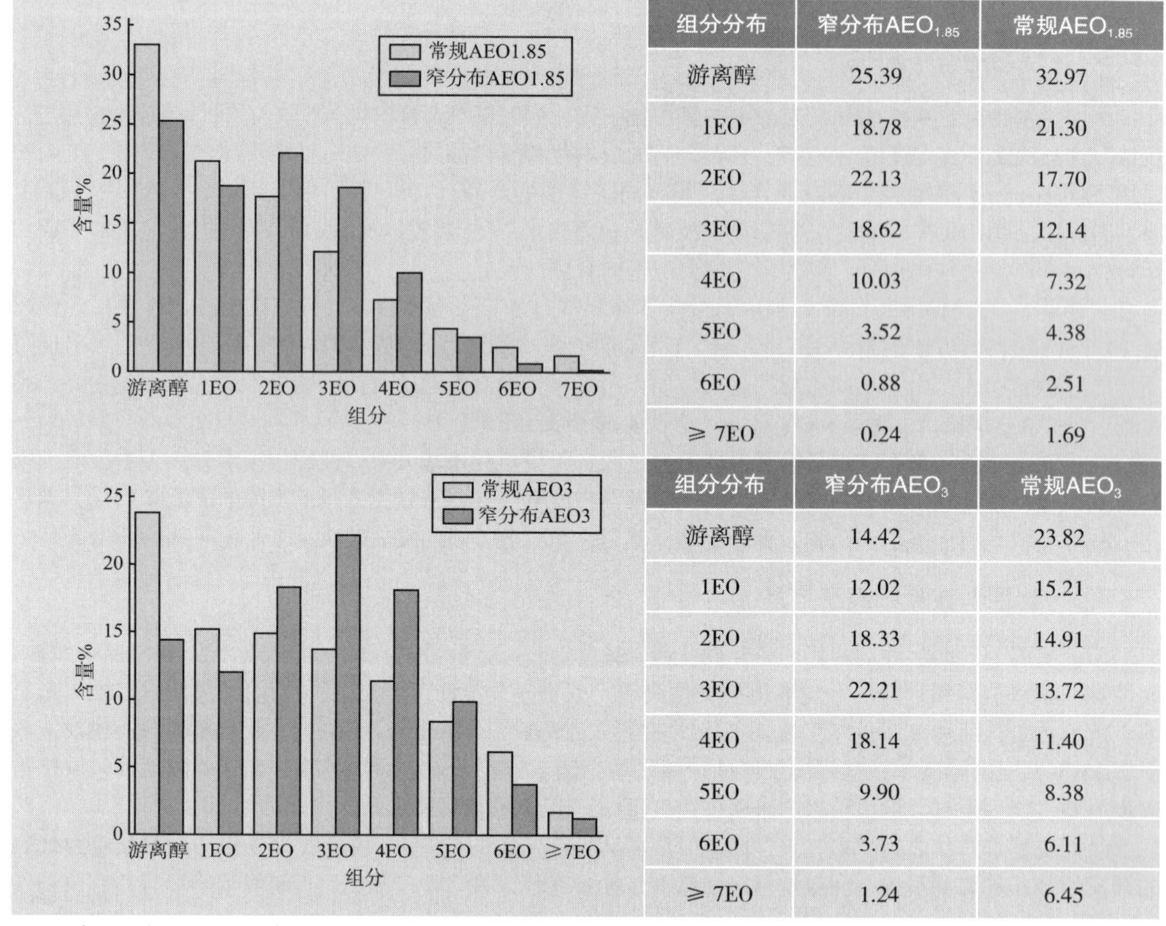

组分分布	窄分布$AEO_{1.85}$	常规$AEO_{1.85}$
游离醇	25.39	32.97
1EO	18.78	21.30
2EO	22.13	17.70
3EO	18.62	12.14
4EO	10.03	7.32
5EO	3.52	4.38
6EO	0.88	2.51
≥ 7EO	0.24	1.69

组分分布	窄分布AEO_3	常规AEO_3
游离醇	14.42	23.82
1EO	12.02	15.21
2EO	18.33	14.91
3EO	22.21	13.72
4EO	18.14	11.40
5EO	9.90	8.38
6EO	3.73	6.11
≥ 7EO	1.24	6.45

数据来源：中轻日化科技有限公司。

脂肪酸甲酯乙氧基化物（FMEE）由脂肪酸甲酯在特定催化剂作用下与环氧乙烷发生插入式乙氧基化物反应制备。该产品具有降黏效果好、水溶性快、低泡、凝胶相区小、渗透性好、对油脂增溶性强、易漂洗和生物降解好等一系列优点。作为替代传统烷基酚醚产品具有较大的市场潜力，国内市场已经出现诸如美国霍斯曼、日本狮子公司和墨西哥喜赫等公司产品，中轻日化科技依靠中国日化院“十一五”“十二五”科技攻关项目技术在上海金山完成万吨级产业化项目，产品质量稳定，催化剂具有独立知识产权。

4.4　脂肪酸甲酯磺酸盐（MES）

脂肪酸甲酯磺酸盐虽然技术开发已经超过 20 年，但是真正工业化生产开始源于“十二五”初期，其中以广州奇宁化工公司 3.8 万 t/ 年和浙江赞宇科技 3.0 万 t/ 年具有代表性，这两套装置均配套具有自主知识产权的产品干燥系统，可满足洗衣粉和液体洗涤剂等不同类型洗涤产品原料需求，国内其他产品装置多以液体产品为主，不配套干燥设备，活性物含量 30% ~ 70% 不等，主攻液体洗涤剂和一些工业领域使用。

脂肪酸甲酯磺酸盐作为一种具有成本低、原料来源丰富的阴离子产品，为国内洗涤行业注入活力，但是产品品质和配伍体系开发有待升级，尤其是配伍后洗涤产品稳定性以及产品二钠盐含量过高造成洗涤清洁性能下降等问题有待进一步解决。另外，MES 在实际配方开发和水溶性方面还有待进一步提升。

4.5 醇醚羧酸盐

醇醚羧酸盐(AEC)是一种温和、安全、易生物降解的多功能型阴离子和非离子复合型表面活性剂。它与肥皂的结构相似，由于其分子中含有乙氧基，赋予优良的抗硬水性能和较强的钙皂分散力；具有优良的配伍性能，能与阴离子、阳离子表面活性剂进行复配。

氧化法醇醚羧酸工艺相比传统氯乙酸制备AEC最大改进就是整个工艺过程不含对人体有害的氯乙酸产品，产品性能稳定，安全和生物降解优良，是一种非常重要的高附加值和具有广阔应用前景的阴离子表面活性剂产品。氧化法制备AEC催化剂至关重要，催化剂采用钯复合金属体负载活性炭高效催化剂，该催化剂已经由中国日化院实现完全自主知识产权开发，产品也在上海发凯化工公司实现千吨级规模试车生产，市场反馈良好。

5 影响因素

5.1 有利因素

（1）产业政策的扶持将积极推动行业发展。在精细化工产品中，绿色表面活性剂是国家产业政策重点支持的产业。在国家发改委颁布的《产业结构调整指导目录》（2015年）中，表面活性剂属于专用精细化学品，被列入鼓励发展的产业。在中国石油和化学工业协会制定的《“十二五”化学工业科技发展纲要》中，精细化工行业被列为优先发展的行业之一，而表面活性剂又作为精细化工行业中技术开发和产业化的重点。

（2）下游行业需求增长和结构优化有利于表面活性剂需求增长和结构优化。表面活性剂主要应用于洗涤剂、化妆品、个人护理用品、纺织、食品等行业，其下游行业的发展直接影响到表面活性剂行业的发展。从近年的发展趋势来看，下游行业对于表面活性剂行业的成长从总量和结构两个方面都起到积极的推动作用，一方面，随着经济发展和经济增长方式的转变，主要作为消费品行业的表面活性剂下游行业呈现持续快速增长，对于表面活性剂的需求量不断增加，促进了表面活性剂行业市场容量的扩张；另一方面，随着人们生活水平的提高和环境健康意识的不断增强，表面活性剂下游行业对于产品的安全性、环保性能、无毒无害性等方面的要求在不断提高，对表面活性剂生产企业提出了更高的要求，促使表面活性剂行业及时进行产品创新、技术改进，满足消费者安全、环保及个性化需求，从而促进本行业的产品结构优化。

（3）上游行业原料价格波动也推动表面活性剂行业产品更新和结构优化。近年来，全球大宗商品价格出现了较大涨幅，石油、天然油脂等表面活性剂产品的主要原材料价格都出现了较大幅度的波动。在对行业造成成本压力的同时，原材料价格的波动也从不同角度推动了表面活性剂行业的提升，一方面石油等不可再生资源价格的大幅上升，使得以烷基苯等石油衍生化学物为主要原料的传统表面活性剂如LAS等逐渐失去了原有的价格优势，而AES、MES等以天然油脂为主要原料的绿色、环保表面活性剂的产业化优势日渐明显；另一方面，原料价格的上涨也使得原有的众多不具备核心技术与必备生产条件、凭借低价低质冲击市场的中小企业盈利空间被严重挤压，而少数设备先进、工艺完备、管理精良的优势企业的专业化和规模优势得以充分发挥，推动行业内优胜劣汰与兼并整合，进一步提高市场的集中度，改善竞争环境。

5.2 不利因素

（1）原材料和能源价格上涨的压力。表面活性剂生产所需的主要原材料包括脂肪醇、脂肪胺、脂肪酸和烷基苯等，而这些原材料的价格很大程度上受到天然油脂和石油价格的影响。近年来，随着全球不可再生能源资源的供需关系不断紧张，石油价格出现了大幅上涨并持续波动。而天然油脂尽管属于可再生资源，长期种植面积的扩大、单位产量的提高和油脂化工行业技术水平的提高都将增加供给，但是由于与石油的替代效应和生物燃料等其他需求的刺激，短期内价格也出现了明显的上涨和波动。这使得表面活性剂主要原材料的价格有较大幅度的上升，给表面活性剂生产企业，尤其是以生产石油基表面活性剂为主的企业带来一定的成本压力。

（2）行业竞争环境亟待改善，技术水平有待提高。目前我国从事表面活性剂相关业务的企业数量超过2000家，但是多数企业规模小、技术水平低，主要依靠低质低价产品冲击市场，而具有规模与技术优势的企业数量较少、市场份额仍不够高。上述局面不利于整个行业通过合理扩大生产规模提高生产效率、降低生产成本、减少能耗与污染、提高盈利水平，也不利于技术水平要求相对较高但具有综合优势的新型表面活性剂产品的产业化推广。未来随着优势企业利用专业化与规模化优势不断做优做强、市场份额显著提高，其在研发、生产、销售等方面的综合竞争实力将得到更加充分的体现，从而提高整个行业的技术水平与盈利能力。

（3）下游行业竞争激烈，成本传导压力较大。表面活性剂的主要下游行业是洗涤用品、化妆品、纺织、食品等行业，多属于竞争相对激烈的日常消费品行业，在产能扩张较快和产品差异较小的情况下，不同档次产品的价格竞争是主要的竞争手段，因而控制成本是众多日化消费品企业的重要关注点，这在一定程度上会将下游产品成本压力传递到公司所属的表面活性剂行业。但是，随着下游行业集中度的不断提高和消费者选择取向的多元化，消费者更多的关注产品品质、环保等特性，知名品牌产品的议价能力也会显著提高，受益于此，服务于知名消费品牌企业的表面活性剂优势企业在传导成本压力方面将有更灵活的空间。

生物质基绿色表面活性剂的发展趋势

绿色表面活性剂系指易于生物降解、低毒或无毒、对环境无害的一类表面活性剂。它由天然或可再生资源加工，因此对于生物体的刺激性小且易于生物降解，具有温和性、天然性等优良特性。为了解决日益严重的环境污染问题，近年来绿色表面活性剂的开发和研究从化学学科中脱颖而出，成为当今化学学科研究的热点和前沿。

1 基本概述

生物质是地球上最广泛存在的物质，它包括来自动物、植物和微生物以及由这些由生命物质派生、排泄和代谢的有机质。传统的石化产业面临环境污染、资源匮乏等日益严峻的形势，与此同时，地球上存量巨大的生物质资源却未能得到有效利用。为缓解能源与环境的双重压力，生物质未来作为石油煤炭等化石资源的理想替代品已引起了全球的广泛重视。在这一背景下，生物质的开发与利用已成为目前的研究热点，生物质表面活性剂也在其中。

生物质基表面活性剂是具有表面活性的一类天然产物或其改性物以及微生物作用合成的表面活性物的总称。生物质资源的种类繁多，其中能用作表面活性剂原料的主要有纤维素、淀粉、油脂、松脂等。近年来，生物质基表面活性剂已广泛应用于食品、日化、化工、制药、环境保护、轻工制革等领域。其低毒性、可再生性和生物降解性是传统表面活性剂远不可比拟的，因而利用生物质资源研发精细化工产品是当今化学工业的主要发展趋势之一。

2 生物质基表面活性剂的分类

按其产生途径划分，生物质基表面活性剂主要分为天然表面活性剂、化学改性生物质表面活性剂和生物表面活性剂三大类。

2.1 天然表面活性剂

天然表面活性剂是指具有表面活性的天然产物及其衍生物，大多数来自动植物体。与合成表面活性剂相比，天然表面活性剂的分散力、渗透力、去污力以及乳化起泡等表面活性较差。但是，其在应用上多数无刺激，安全性能高，具有无毒副作用、易生物降解等优良特性，满足“绿色表面活性剂”这一概念要求，是表面活性剂发展的一个重要方向。近年来，由于许多合成表面活性剂存在的毒性和环境污染等问题，使得天然表面活性剂受到业界的特别关注，并得到重新定位和审视。天然表面活性剂作为润湿剂、分散剂、乳化剂和洗涤剂等在食品、医药、化妆品和洗涤用品等领域的需求不断增长，尤其在日化产品中有着广阔的应用前景。

2.1.1 磷脂类

磷脂是含磷酸基团的脂质，它含有 2 个作为疏水基的脂肪酸长链以及作为亲水基磷酸和胆碱等基团，这是双亲磷脂分子结构的一个重要特性。因此，磷脂可作为一种优良的两性表面活性剂。磷脂具有一系列界面和胶体性质，如乳化作用、界面吸附、形成胶团、生成液晶和脂质体等。其中，卵磷脂是天然磷脂类表面活性剂中最具代表性的一种。卵磷脂主要存在于生物体细胞中，是生物细胞膜的主要组成部分。卵磷脂在食品工业主要作为乳化剂、润湿剂、抗氧化剂和稳定剂等，如食用醋、食用油和蛋黄酱等油-水型乳化物就是以蛋黄中的卵磷脂作乳化剂的。卵磷脂同时还被广泛应用于护肤护发品、浴用品及美容化妆品中，对细胞具有调节和渗透作用，可以增强细胞活性。

2.1.2 糖类

糖类天然表面活性剂的种类比较多，其中比较有代表性的是海藻酸及其盐，它们的利用已经受到越来越多的关注。海藻酸的主要来源是海藻和细菌。藻类主要是红藻、褐藻、绿藻和蓝藻四大类；可产生海藻酸的细菌种类繁多，主要有假单胞菌属和固氮菌等。

海藻酸及其盐是一种优良的天然食品添加剂，主要作为增稠剂、稳定剂、乳化剂、凝胶剂水合剂和胶黏剂应用在饮料、冷饮、点心、果酱、果冻及肉制品和仿生食品中。此外，在一些功能食品中，如降糖乐、减肥饮料和排铅奶粉等以及水果保鲜膜和可食性包装膜等方面也有较多应用。由于其具有独特的理化性质和良好的生物相容性，海藻酸及其盐也被作为助悬剂、增稠剂、崩解剂。

2.1.3 皂苷类

皂苷元是皂苷的主要组成成分。另外，它还包括某些糖、糖醛酸和其他有机酸等物质。皂苷元视其结构有不同程度的亲脂性，而糖基链具有较强的亲水性，因而皂苷是一种多手性中心的天然表面活性剂。茶皂素是皂苷类表面活性剂的一类典型代表。

茶皂素又名茶皂苷，它大量存在于山茶科植物的根、茎、叶、花、果、籽之中，尤其以茶籽中含量最多。其中，茶皂素是由皂苷元配基、糖体和有机酸三部分构成的结构复杂的混合物。

目前已知的糖体部分主要有半乳糖、阿拉伯糖、葡萄糖醛酸和木糖等，有机酸部分则主要有当归酸、肉桂酸和醋酸等。各种茶籽皂素中的结构酸可能有所不同。茶皂素结构中具有疏水的皂苷配基部分和亲水的糖体部分，使其成为优良的天然表面活性剂，且易生物降解，在乳化、发泡、分散及去污等方面都表现出较好的活性。茶皂素的天然性和对蛋白质纤维类的无损伤性，使之成为对发、毛、丝和羽绒等洗涤的优良洗涤剂。

2.1.4 甾醇类

甾醇类化合物是存在于生物体内的一种重要的天然活性成分。因其呈固态，故又称固醇，是类固醇的一种。甾醇类化合物的种类也繁多，但结构中都具有相似的基本碳架——含环戊烷骈多氢菲的甾体母核。根据其原料的来源，甾醇类化合物可分为植物甾醇、动物甾醇以及菌类甾醇三大类。

动物甾醇以胆甾醇为代表，也称胆固醇。它存在于动物大脑和神经组织以及羊毛脂与卵黄中。胆甾醇同时具有疏水性甾体骨架和亲水性羟基基团的特殊结构，使其具有很好的乳化性能，是一种天然乳化剂。其疏水基具有作用力强的分子结构特征，从而使其适宜作为油溶性乳化剂。

植物甾醇在自然界主要以游离态或结合态存在，其中以结合态存在的有甾醇酯、甾醇糖苷、甾醇咖啡酸酯和甾醇脂肪酸酯等。植物甾醇是一种天然表面活性剂，主要为谷甾醇、豆甾醇和菜油甾醇等。植物甾醇的应用研究方面迄今已有大量报道，领域涉及医药、食品、化妆品、光学产品、油漆、饲料、颜料、造纸、树脂、纺织和杀虫剂及除草剂等。

2.2 功能化改性生物质表面活性剂

表面活性剂的功能化就是按照实验设想赋予表面活性剂某种特定功能，从而对其表面活性有目的进行功能改性。目前，对表面活性剂进行功能化的主要途径有物理和化学修饰等。

2.2.1 改性纤维素表面活性剂

纤维素分子具有三个活泼的羟基，可以发生一系列与羟基有关的化学反应，如醚化、酯化、接枝共聚、交联等。同时，纤维素还可以发生酸解、碱解、氧化和生物降解等各种降解反应。通过这些反应，纤维素可以合成一系列性能各异的表面活性剂。

2.2.2 改性茶皂素衍生物表面活性剂

茶皂素分子含有大量的活性基团，利用物理表面处理或现代合成手段，可以很容易地对其进行结构修饰，从而生产出若干性能独特或能满足人们应用要求的绿色化学品，以替代来自石油基化学品，达到降低污染的目的。这也将促使茶皂素在更广泛的领域内得到应用。

2.2.3 新型松香、松节油表面活性剂

松脂是松树分泌出来的一种生物质资源。松脂经过简单加工可以得到松香和松节油。松香的主要成分是具有三元菲环结构的树脂酸，包括枞酸、长叶枞酸和新枞酸等。利用松香及改性产品松香胺和松香醇，可以合成一系列与脂肪酸、脂肪胺和脂肪醇类表面活性剂结构相似、又独具特色的产品。

松香的主要成分树脂酸含有两种官能团：羧基和双键。通过这两种基团的反应，皆可引入亲水基而成为结构上各具特色的表面活性剂，这是普通的脂肪酸所不具备的特性。以松香为原料合成的表面活性剂从性质上讲也颇具特色，如泡沫能力强且稳定、乳化性能好、缓蚀效果显著、去污力强等。

2.3 生物表面活性剂

生物表面活性剂是利用微生物或酶等通过生物合成和生物催化等生物技术，从植物、动物和微生物上得到集亲水和憎水基结构于一体的具有高表面活性的天然表面活性剂。

同一般化学表面活性剂相比，生物表面活性剂除具有显著稳定乳状液、降低表面张力、较低临界胶束浓度等特点外，还具有无毒或低毒的特性。此外，生物表面活性剂具有良好的选择性、专一性及生物相容性，具有抗菌、抗病毒及抗肿瘤等免疫功能和药理作用。生物表面活性剂可以生物降解，并可由工业废料生产，因而有利于环境治理等特性。

生物表面活性剂有多种来源、生产方法、化学结构和用途，因而可作多种分类。例如，按来源可分为全微生物细胞代谢法生物表面活性剂、酶催化法生物表面活性剂和天然生物表面活性剂。

2.3.1 微生物发酵法

生物表面活性剂多数由细菌、酵母菌、真菌等微生物产生。通过发酵工艺，微生物在不同的条件下能产生各种类型的生物表面活性剂。

生物表面活性剂是一类结构多样的化合物，其发酵过程也随具体产物而不同。但大多数微生物发酵产生的表面活性剂，其分离、提取和纯化都采用类似的方法，如萃取、结晶、盐析、离心沉淀以及冷冻干燥等。总体上看，微生物发酵法在技术和经济上都非常适合大规模生产。

2.3.2 酶合成法

与微生物发酵方法相比较，酶合成法生产生物表面活性剂虽起步较晚，但发展迅速。由于酶在非极性溶剂中或在微水条件下仍然能很好地发挥其催化功能，极大地拓宽了酶作为催化剂催化合成生物表面活性剂的应用范围。另外，酶法的生产条件不十分苛刻，反应具有专一性，故而可获得高含量的目标产物，且产物易回收。

目前已开发出外源多酶联合催化技术，在体外将多酶串联或共同作用，模拟内源多酶联合催化过程并使其处于可控状态，再将整胞微生物代谢法的优点嫁接到外源酶催化法上来。这项技术的问世，使得酶法合成生物表面活性剂具有更大的发展潜力。所以，酶合成法也是生物表面活性剂生产和制备的主要方法之一。近几年，酶合成法与微生物发酵法相结合已成为主要发展方向。

2.3.3 其他制备法

磷脂、卵磷脂类生物表面活性剂存在于蛋黄或大豆等天然生物原料。通过天然生物提取法，可从中提取有效的生物表面活性剂，其分离提取相对容易，且天然含量丰富，加之制备工艺简单、成本低廉。但是，受原料的限制，该工艺不适合大量生产。

3 发展趋势

近年来，各种生物质表面活性剂在不同领域的应用越来越广。它们均在自身结构的基础上引入功能性基团，得到各种性能更独特或更优良的衍生物，从而增强了生物质表面活性剂的生命力。生物质基表面活性剂的发展趋势大致为：

（1）提高表面活性剂的生物降解性。表面活性剂对生态环境的影响仍是个十分严峻的问题，因此进

一步降低表面活性剂的毒性和提高生物降解性、减少其对环境的污染，仍是表面活性剂领域面对的一大课题。

（2）大力开发和利用天然资源。开发和利用天然脂肪醇和糖类、棕榈油、松香、淀粉及其衍生物为原料的表面活性剂，符合生态友好与环保要求。

（3）有效性和功能性将成为表面活性剂的开发动向。家用洗涤剂与化妆品新产品的开发，都对表面活性剂提出了低刺激、温和性、相容性佳和去污力好的要求。同时，低温、用量省、适合硬水条件以及特种用途的表面活性剂品种仍有待丰富。

生物质表面活性剂有着与普通表面活性剂同样的乳化、降低表（界）面张力等作用，且兼具低毒或无毒性、可生物降解等优良特征。面对资源不断减少及人类环保意识增强的趋势，绿色表面活性剂的发展将为行业的可持续发展提供可能。同时，在资源短缺和环境恶化的背景下，以生物质资源为原料制备表面活性剂势必成为表面活性剂工业技术研发的主流，并逐步形成产业链和产业群。毫无疑问，生物质表面活性剂展现出美好的发展前景。

特种功能性表面活性剂产品开发及应用

1 阴离子表面活性剂

1.1 十二酰基二苯基硫醚磺酸钠

合成方法：月桂酰氯与二苯硫醚经过傅－克酰基化反应制备十二酰基二苯硫醚中间体，然后中间体不经还原直接磺化和中和反应，合成油脂基表面活性剂十二酰基二苯硫醚磺酸钠。

$$C_{11}H_{23}COOH \xrightarrow{SOCl_2} C_{11}H_{23}COCl + C_6H_5\text{-}S\text{-}C_6H_5 \xrightarrow{AlCl_3} C_{11}H_{23}CO\text{-}C_6H_4\text{-}S\text{-}C_6H_5 \xrightarrow{ClSO_3H}$$

$$C_{11}H_{23}CO\text{-}C_6H_4\text{-}S\text{-}C_6H_4\text{-}SO_3H \xrightarrow{NaOH} C_{11}H_{23}CO\text{-}C_6H_4\text{-}S\text{-}C_6H_4\text{-}SO_3Na$$

理化性质：25 ℃时，表面张力：γ_{cmc}=37.63 mN/m，临界胶束浓度（CMC）：4.38×10^{-4} mol/L，克拉夫点（krafft）：$T_k<0$℃，钙皂分散力 26%。具有良好的低温溶解性，较好的抗钙皂形成能力和优异的耐电解质性能，具有替代或超越烷基二苯醚磺酸钠以及烷基苯磺酸钠用途的前景。

1.2 星型苯磺酸盐表面活性剂

合成方法：以三乙醇胺为原料，通过氯化反应、烷基化反应和磺化反应合成一种具有 3 条疏水碳链和 3 个磺酸盐亲水基团的星型叔胺类表面活性剂。该产品预期可季铵化成阴阳离子表面活性剂。

$$N(CH_2CH_2OH)_3 \longrightarrow N(CH_2CH_2Cl)_3 \xrightarrow{C_6H_5R} N(CH_2CH_2C_6H_4R)_3 \longrightarrow N(CH_2CH_2C_6H_3(R)SO_3Na)_3$$

理化性质：25℃时，表面张力：γ_{cmc}=32.5 mN/m，临界胶束浓度（CMC）：4.93×10^{-5} mol/L。能有效的降低原油/水界面张力，在较低浓度下使油/水界面具有较高的界面活性和较宽的低张力区域。作为一类星型的性能优异的表面活性剂，其将会在化学去油、压裂等方面展现出卓越的市场应用价值。

1.3 葡萄糖型阴离子表面活性剂

合成方法：以葡萄糖、十二胺和乙醛酸为原料，甲醇为溶剂，硼氢化钠为还原剂，制备葡萄糖型阴离子表面活性剂。

$$\text{葡萄糖} + H_2N\text{-}R \xrightarrow[\text{②NaBH}_4\text{，冰水浴}]{\text{①甲醇，50℃，6h}} HOCH_2(CHOH)_4CH_2\text{-}NH\text{-}R + OHC\text{-}COOH \xrightarrow{\text{甲醇，60℃，5h}} HOCH_2(CHOH)_4CH_2\text{-}N(R)\text{-}CH_2COOH$$

理化性质：25℃时，表面张力：γ_{cmc}=39.82 mN/m，临界胶束浓度（CMC）：3.1×10^{-5} mol/L，HLB 值为

16.46。具有良好的起泡性，而且泡沫可以长时间的存在，有较好的稳定性，优良的生物降解性。预期可在日化洗涤产品以及发泡材料领域替代现有产品。

1.4 改性重烷基苯磺酸盐

合成方法：对重烷基苯进行酰基化改性，在其分子中增加一长碳链疏水基，然后以氯磺酸为磺化剂进行磺化，合成一种改性重烷基苯磺酸盐表面活性剂。

$$R-C_6H_5 \xrightarrow{R'-(CH_2)_n-C(=O)-X} R-C_6H_4-C(=O)-(CH_2)_n-R' \xrightarrow{SO_3\cdot HCl} \xrightarrow{NaOH} R-C_6H_3(SO_3Na)-C(=O)-(CH_2)_n-R'$$

理化性质：改性重烷基苯磺酸盐表面活性剂与弱碱 Na_2CO_3 具有良好的协同作用，体系与克拉玛依原油的界面张力可达到 10^{-3}mN/m 以下，且超低界面张力浓度窗口很宽。达到超低界面张力的最小浓度为 0.005%，与常规表面活性剂相比，其使用浓度大幅降低，可降低复合驱表面活性剂成本。

1.5 十二烷基甘油醚羧酸盐

合成方法：十二烷基缩水甘油醚在酸性条件下水解，所得产物与氯乙酸钠在氢氧化钠作用下脱氯化氢生成十二烷基甘油醚羧酸盐。

$$C_{12}H_{25}-O-CH_2-\underset{\diagdown O \diagup}{CH-CH} + H_2O \xrightarrow{H^+} C_{12}H_{25}-O-CH_2-\underset{OH}{CH}-\underset{OH}{CH}$$

$$\xrightarrow[NaOH]{ClCH_2COONa} C_{12}H_{25}-O-CH_2-\underset{OH}{CH}-CH_2-O-CH_2COONa$$

理化性质：具有较低的临界胶束浓度，能较好地降低表面张力作用，具有良好的稳泡性、乳化性、增溶能力、润湿力和改造分散能力。

应用方面：预期可用于洗涤剂配方、纺织和农药助剂领域润湿剂以及钙皂分散剂等。

1.6 椰油酰基甲基牛磺酸钠

合成方法：以椰子油酸和 *N*– 甲基牛磺酸钠为原料，经酰氯化和肖登 – 包曼缩合反应合成椰油酰基甲基牛磺酸钠。

理化性质：25 ℃时，表面张力：γ_{cmc} = 27.5 mN/m，临界胶束浓度（CMC）：330 mg/L，4% 水溶液 pH=7.58，工业产品活性物含量一般为 30%。

应用方面：椰油酰基甲基牛磺酸钠产品具有较低的表面张力和临界胶束浓度，抗硬水性能良好。安全无毒，在酸性、碱性等溶液中比较稳定，具有优良的乳化、分散、起泡和洗涤性能，并且对皮肤温和。

1.7 脂肪酸甲酯乙氧基化物的磺酸盐

合成方法：将脂肪酸甲酯乙氧基化物（FMEE）经 SO_3 磺化后的产品再中和，得到脂肪酸甲酯乙氧基化的磺酸盐（FMES）。

理化性质：FMES 具有良好的去油性、除蜡和耐碱性等特征，以及优良的渗透性。

应用方面：脂肪酸甲酯乙氧基化物及其磺化盐的防止二次沾污能力明显好于其他类型表面活性剂，洗涤能力出众，泡沫低，易于漂洗，适用于日化洗涤剂的生产，特别是液体洗衣剂产品，是目前阴离子类产品中净洗力较高的产品，可完全替代其他阴离子产品提高净洗效果。同时也是优良的脱墨剂、除蜡剂和纺织精炼剂。

1.8 单脂肪酸甘油脂磺酸盐

合成方法：通过 α– 磺基脂肪酸甲酯和甘油直接酯化反应制得单脂肪酸甘油脂磺酸盐（脂肪酸碳原子数主要为 16）。

理化性质：20℃时，表面张力：γ_{cmc}=39.31 mN/m，临界胶束浓度（CMC）：5.3×10^{-4}mol/L，克拉夫点（krafft）：$T_k < 0$ ℃，各参数均低于脂肪酸甲酯磺酸盐。

应用方面：单脂肪酸甘油脂磺酸盐分子内同时具有磺酸基团和两个羟基，和同类的 MES 相比，有更好的水溶性、抗硬水性、抗酸碱水解性和较低的皮肤刺激性。目前宝洁公司有这样的产品，其整体表面活性剂非常高，开发这方面的技术是磺化领域的发展方向。

1.9 磺酸盐 / 羧酸型双子表面活性剂

合成方法：以十二胺和 1，6– 二溴己烷为原料进行反应，得到中间体 *N*，*N'* —双十二烷基己二胺，然后再与 1，3– 丙磺酸内酯反应制得双子表面活性剂 $12-6-12(SO_3)_2$。

理化性能：$12-6-12(SO_3)_2$ 具有较高的表面活性，30℃下，临界胶束浓度 (CMC) 为 1.5×10^{-5} mol/L，较传统 SDS 具有更低的临界胶束浓度。

应用方面：作为一种特种表面活性剂，在油田开发以及材料合成方面表现出独特优势，同时含有叔胺结构，通过季铵化或有机酸中和后，在杀菌消毒领域表现突出。

Br～Br + ～NH_2 → N，N′ –双十二烷基己二胺 → $12-6-12(SO_3)_2$

另外，以溴代十二烷和氯乙酸钠为原料，乙二胺为连接基，经烷基化和羧甲基化两步反应合成羧酸盐型双子表面活性剂 *N*，*N'*– 双十二烷基乙二胺二乙酸钠，产物具有较高的表面活性，其临界胶束浓度（CMC）和表面张力（γ_{cmc}）分别为 4.0×10^{-5} mol/L 和 24.6 mN/m。该产品具有较好的复配协同作用，同时具有较强的润湿反转能力和乳液稳定性能。

1.10 脂肪酸烷醇酰胺硫酸酯

合成方法：利用动植物油脂脂肪酸经单乙醇胺或二乙醇胺解得到脂肪酸烷醇酰胺，脂肪酸烷醇酰胺经硫酸化试剂硫酸化制得。通常可分为氯磺酸法、浓硫酸法和氨基磺酸法。其中，氨基磺酸法较前两种方法相比，反应时间缩短，易于控制，产率达 97%，无三废排放，有一定的工业开发价值。

$$RCOOH \xrightarrow{CH_3OH} RCOOCH_3 \xrightarrow{H_2NC_2H_4OH} RCONHC_2H_4OH \xrightarrow{H_2NSO_3H} RCONHCH_2CH_2OSO_3H$$

理化性质：良好的酸碱稳定性、热稳定性、耐电离性和生物降解性。同时具有优良的润湿、净洗、增溶、乳化、防锈、缓蚀、分散和抗污垢再沉积等性能。

应用方面：此类表面活性剂在较宽的 pH 范围内和在较硬的水中有良好的表面活性、乳化性及泡沫性，并且水溶性好，可以用作乳化剂和泡沫剂；具有较好的钙皂分散性和很好的起泡性，可以用于各种洗涤剂中作钙皂分散剂和发泡剂；同时此类表面活性剂具有较低的表面张力，优异的去污性和润湿性，毒性很低，对眼睛和皮肤的刺激较小，且对人的头发和手有良好的清洗能力，是一种表面化学性能优良的表面活性剂，可用作日化工业的净洗剂、润湿剂，化妆品的分散渗透剂，纺织工业的纤维精炼剂，橡胶工业的分散剂和金属清洗剂等，有较高的工业生产和应用价值。

1.11 脂肪酸烷醇酰胺磷酸酯

合成方法：以脂肪酸和单乙醇胺为原料，经五氧化二磷试剂磷酸化以后，通常情况产物为单酯和双酯的混合物，产率可达91%。该法工艺过程简单，反应条件温和，易于控制反应进行，可推广在工业上生产脂肪酸烷醇酰胺磷酸酯类表面活性剂。

$$RCOOH \xrightarrow{CH_3OH} RCOOCH_3 \xrightarrow{H_2NC_2H_4OH} RCONHC_2H_4OH \xrightarrow{H_4P_2O_7} RCONHC_2H_4OPO(OH)_2$$

应用方面：具有优良的润湿、净洗、增溶、乳化、防锈、缓蚀、分散、螯合和抗污垢再沉积等作用。在碱性溶液中溶解性良好，在纺织印染工业中可作为抗静电剂、漂白剂；在高分子乳液聚合、农药和化妆品中可作为乳化剂；此外，在洗涤剂、金属润滑剂和废纸脱墨等方面也有广泛的应用。国外广泛用于化纤、纺织、皮革、塑料、造纸、农药、化妆品、金属清洗、建材和机械加工等工业领域。

1.12 脂肪酸烷醇酰胺硼酸酯

合成方法：以不同的脂肪酸（椰油酸、菜油酸、蓖麻油酸、油酸等）和二乙醇酰胺为主要原料，经硼酸化试剂硼酸化所得的产品，硼酸化试剂通常为硼酸。该反应类型条件温和，在常温下就可以进行，值得在工业生产中推广。

$$RCOOH \xrightarrow{CH_3OH} RCOOCH_3 \xrightarrow{HN(C_2H_4OH)_2} RCON(C_2H_4OH)_2 \xrightarrow{H_3BO_3} RCON(C_2H_4O)_2B(OH_4C_2)_2NCOR$$

应用方面：该类表面活性剂由于硼原子的引入，使其具有其他表面活性剂无法取代的优点，无毒、无腐蚀性、沸点高，而且具有阻燃性、杀菌性和良好的热稳定性，具有很好的降低表面张力的能力。同时分子中存在酰胺基、硼酯基和长碳链烃基，对钢铁具有一定的缓蚀效果和防锈效果，对人体和环境毒害小，是适宜广泛推广使用的环保型缓蚀剂。

2 阳离子表面活性剂

2.1 长链烷基胍盐

合成方法：单氰胺与相应的脂肪胺在一定的条件下反应，然后加入酸中和，如盐酸、醋酸等可以制备相应的烷基胍盐。

$$RNH_2 + NH_2 \cdot CN \longrightarrow RHN\text{-}C(=NH)\text{-}NH_2 \xrightarrow{HCl} \left[RHN\text{-}C(=NH)\text{-}NH_2 \right] \cdot HCl$$

应用方面：长链烷基胍盐作为一种阳离子表面活性剂可用于除去海面泄漏的原油。有机胍类杀菌剂还可以用于油田水开采，以胍基为主的杀菌剂的杀菌效果是1277（十二烷基二甲基苄基氯化铵）的一倍。胍类杀菌剂通常采用盐的形式，所以易溶于水，使用方便，抗菌广谱，低毒，常用于纤维纸张等的杀菌，也用于毛巾、口罩、毛衣等的消毒。

2.2 新型反离子季铵盐

合成方法:采用绿色无毒的碳酸二甲酯作为季铵化试剂替代传统的有剧毒的硫酸二甲酯、卤代烷等，与叔胺进行季铵化反应制得高纯度甲基碳酸酯季铵盐。该工艺避免了在季铵盐产品制备过程中有毒季铵化试剂的使用和在产品中的残留，有效提高了季铵盐产品制备和使用的安全性。甲基碳酸酯季铵盐通过与不同酸进行离子交换反应制备安全性高的新型反离子季铵盐。采用环路反应工艺进行新型负离子季铵盐绿色制备技术的开发。

$$C_{10}H_{21}-N(C_{10}H_{21})-CH_3 + CH_3O-\overset{O}{\overset{\|}{C}}-OCH_3 \longrightarrow \left[H_3C-N(C_{10}H_{21})_2-CH_3\right]^+ CH_3O-\overset{O}{\overset{\|}{C}}-O^- \xrightarrow{HA} \left[H_3C-N(C_{10}H_{21})_2-CH_3\right]^+ A^-$$

A^-为$HCOO^-$、CH_3COO^-、$C_2H_5COO^-$、$C_3H_7COO^-$、Cl^-或NO_3^-

应用方面：新型反离子季铵盐具有比传统季铵盐更高的表面活性和更独特的性能，可广泛用于日用化工、纺织、造纸、印染、合成纤维、皮革等行业。因此这些新型反离子季铵盐有助于提升配方性能。

2.3 阳离子型氨基葡萄糖

合成方法：利用甲壳素在浓盐酸中充分水解制得的氨基葡萄糖盐酸盐（GAH）与环氧丙基十二烷基二甲基氯化铵(DT–GA)反应，合成了阳离子型氨基葡萄糖表面活性剂（2–羟基–3–十二烷基二甲基季铵基）丙基氨基葡萄糖（QA–GluN）。

$$\text{GAH}(R-NH_2\cdot HCl) + \underset{\diagdown O \diagup}{CH_2-CH}-CH_2-N^+(CH_3)_2-C_{12}H_{25}\cdot Cl^- \longrightarrow R-NH-CH_2-CH(OH)-CH_2-N^+(CH_3)_2-C_{12}H_{25}\cdot Cl^- + HCl$$

理化性质：25℃下，QA–GluN 的 CMC 值为 0.5 mmol/ L, γ_{cmc} 为 25.9 mN/m, Γ_{max} 为 2.61×10^{-6} mol/cm^2, A_{min} 为 0.64 nm^2；当 QA–GluN 浓度为 1.0×10^{-3} mol/L 时，与十六烷基三甲基氯化铵、Tween 80、十二烷基二甲基甜菜碱配伍稳定，与十二烷基硫酸钠（SDS）复配时，如 SDS 浓度超过 1.0×10^{-3} mol/L 会产生沉淀。

应用方面：氨基糖类表面活性剂以自然界中储量丰富的生物相容性良好、可生物降解的优质资源甲壳素为基本原料制得，既保留了甲壳素 / 壳聚糖无毒、无害、对环境友好的优良性能，同时又具有良好的表面活性、乳化性、吸湿保湿性和生物相容性，是一类性能优良的环境友好型天然表面活性剂。

2.4 阳离子烷基糖苷

合成方法：甲基葡萄糖和环氧氯丙烷先合成氯代醇葡萄糖，然后氯代醇葡萄糖再与烷基叔胺反应合成阳离子葡萄糖苷。用先苷化再季铵化合成法制备的阳离子烷基糖苷产品收率高，质量好，且不会对环境造成污染，是合成阳离子烷基糖苷的首选方法。

理化性能:阳离子烷基糖苷兼具烷基糖苷和季铵盐的双重性能，抑制性能优异，具有较好的润滑性、抗温性和配伍性，且加量小，成本低。同时该产品具有良好的生物降解性。

应用方面：该类表面活性剂具有绿色、天然、低毒、低刺激、易生物降解等特点。目前，在石油化工开采方面，钻井液体系以阳离子烷基糖苷为主剂，可较好满足中石化开发非常规油气藏及环保的要求，应用区域及覆盖广度逐渐扩大，推广应用前景广阔。

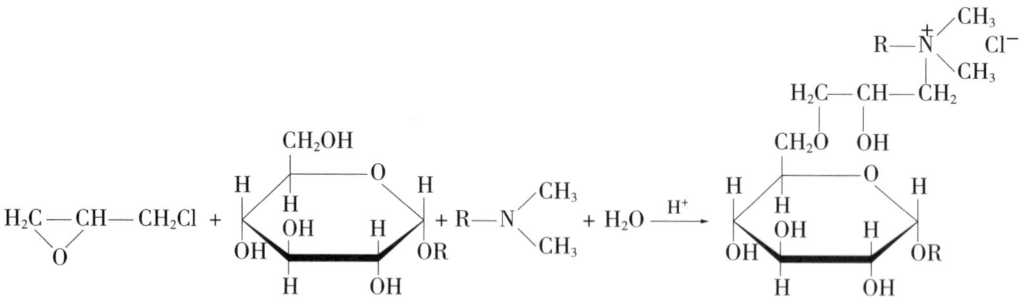

$$H_2C\overset{O}{—}CH—CH_2Cl + \text{（烷基糖苷）} + R—N(CH_3)_2 + H_2O \xrightarrow{H^+} \text{（糖苷季铵盐）}$$

（$R=H$或C_nH_{2n+1}，$n=1，2，3\cdots$）

2.5 酯基季铵盐

合成方法：酯基季铵盐的合成过程分两步，第一步是脂肪酸（可以是硬脂酸、油酸、软性脂肪酸、异构脂肪酸等）与三乙醇胺在酸催化的条件下进行酯化反应合成脂肪酸三乙醇胺酯；第二步是脂肪酸三乙醇胺酯和季铵化剂在溶剂存在的条件下进行季铵化反应合成酯基季铵盐。

$$CH_3(CH_2)_7CH{=}CH(CH_2)_7COOH + \overset{O}{CH_2—CH}CH_2N^+(CH_3)_3 \cdot Cl^-$$

$$\longrightarrow CH_3(CH_2)_7CH{=}CH(CH_2)_7COOCH_2CH(OH)CH_2N^+(CH_3) \cdot Cl^-$$

$$CH_3(CH_2)_7CH_2(CH_2)_7COOH + \overset{O}{CH_2—CH}CH_2N^+(CH_3)_3 \cdot Cl^-$$

$$\longrightarrow CH_3(CH_2)_7CH_2CH_2(CH_2)_7COOCH_2CH(OH)CH_2N^+(CH_3) \cdot Cl^-$$

理化性质：产品特性与烷基链的结构密切相关，一般来说含有双键的烷基酯基季铵盐具有更低的表面张力，且具有良好的生物降解性和柔软性、表面吸附性。

应用方面：优良的杀菌剂，且受溶液体系 pH 影响较小，可用于皮革、造纸、纺织、涂料和金属缓蚀等，但酯基季铵盐在硬水中的应用受到很大限制。酯基易水解很大程度限制产品稳定性。

2.6 松香酯基双季铵盐

合成方法：以脱氢枞胺（DA）为原料，经中间体 *N*, *N*– 二甲基脱氢枞胺（DMDA），在乙腈溶液中，DMDA 分别与 1,3– 二溴丙烷和对溴二亚甲苯加热反应得到二（*N*– 脱氢枞基 –*N*, *N*– 二甲基）–*N*, *N′*–（1, 3– 亚丙基）溴化二铵（DDMPDAB）和二（*N*– 脱氢枞基 –*N*, *N*– 二甲基）–*N*, *N′*– 对二亚甲苯基溴化二铵（DDMXDAB）两种双子表面活性剂。

理化性质：具有较好的表面活性，产品与阴离子表面活性剂有较好的相容性。

应用方面：在一些阴离子产品配方洗涤产品中，表现出良好的杀菌性和抗静电性，突破阴离子和阳离子不能有效相容复配的理论概念。

3 非离子表面活性剂

3.1 腰果酚聚氧乙烯醚

合成方法：腰果酚在碱性催化剂作用下进行环氧乙烷乙氧基化反应，制备腰果酚聚氧乙烯醚类产品。

$$m\text{-}C_{15}H_{31}C_6H_4OH \xrightarrow[NaOH]{\text{环氧乙烷}} m\text{-}C_{15}H_{31}C_6H_4O(CH_2CH_2O)_mH$$

$$C_{15}H_{31}C_6H_3(OH)_2 \xrightarrow[NaOH]{\text{环氧乙烷}} C_{15}H_{31}C_6H_3[O(CH_2CH_2O)_mH]_2$$

理化性质：作为一种天然烷基酚产品，其衍生表面活性剂具有良好的生物降解性，且不存在合成烷基酚醚生理激素性质，在替代烷基酚醚产品应用方面具有广泛潜力。

应用方面：腰果酚聚氧乙烯醚表面活性剂属于直链烷基酚聚氧乙烯醚，是一类生物降解性能较好、具有耐酸、耐碱性能，可以根据工艺调整环氧乙烷加成数来控制非离子表面活性剂亲水疏水平衡值，得到多种不同用途的产品，如乳化剂、润湿剂、洗涤剂、增溶剂等。

3.2 异构醇乙氧基化物

合成方法：合成异构脂肪醇（一般为碳十异构醇、碳十三异构醇）在碱性催化剂作用下与环氧乙烷发生的乙氧基化反应。其反应机理与天然脂肪醇的乙氧基化反应类似。

理化性质：异构醇醚的浊点较低，特别是 C_{13} 异构醇醚的产品。高 EO 异构醇醚的起泡性较高，稳泡性一般；醇醚的润湿性能、乳化性能和去污力都差不多，以润湿效果最佳，乳化性能也较好；相同 EO 数时，支链醇醚和直链醇醚的这三种性能比较接近。

应用方面：合成醇醚可广泛应用于各行业，如轻工业、纺织业、农业、石油、造纸业、燃料、印染等领域。

3.3 嵌段型聚氨酯非离子表面活性剂

合成方法：以异佛尔酮二异氰酸酯、聚醚为主要原料，通过逐步聚合得到新型非离子性两、三嵌段型聚氨酯表面活性剂。

理化性质：具有较低的临界胶束浓度，并且在浓度很低时仍具备较好的降低表面张力的能力，浓度为 1.0×10^{-6}mol/L 时，其水溶液表面张力为 51.7mN/m，远低于在此浓度下 OP-10 水溶液的表面张力（63.2mN/m）。

$$\text{IPDI (NCO, NCO)} + CH_2{=}CHCH_2{-}(CH_2CH_2O)_m{-}H \longrightarrow$$

$$CH_2{=}CHCH_2O{-}(CH_2CH_2O)_m{-}\overset{\overset{\large O}{\|}}{C}{-}NH\text{-(IPDI)-}NCO \xrightarrow{HO-(CH_2CH(CH_3)O)_n-H}$$

$$CH_2{=}CHCH_2O{-}(CH_2CH_2O)_m{-}\overset{\overset{\large O}{\|}}{C}{-}NH\text{-(IPDI)-}NH{-}\overset{\overset{\large O}{\|}}{C}{-}O{-}(CH_2CH(CH_3)O)_n{-}H$$

应用方面：由于该产品分子中同时含有亲水链段和疏水链段，与普通聚合物相比，具有很多独特的物理化学性质，如表面活性、增溶性、增稠性等。嵌段型表面活性剂可以制备表面亲水的涂层、薄膜或其他功能材料。在生物材料、相转移催化剂、高分子加工助剂、药物载体、乳液分散剂、黏合剂、涂料等方面有着广泛的应用。

3.4 ECOSURF（TM）EH 系列表面活性剂

ECOSURF（TM）EH 表面活性剂为非离子型表面活性剂，其性能包括硬性表面清洁、纺织品处理等多种用途，以及任何需要卓越的湿润性能的用途上与烷基酚聚氧乙烯醚类（APE）表面活性剂相仿，且优于伯醇乙氧基化物类（PAE）表面活性剂。用于清除硬性表面上的交联三酸酯（厨房油污）及矿物油（工业石油类油脂）时，具有优良的环保属性，易生物降解（OECD301F 试验证实其 28 天内生物降解 60% 以上），水生生物毒性 EC_{50} > 10 mg/L。ECOSURF（TM）EH 表面活性剂符合美国环境保护署的“环保设计”表面活性剂筛选标准。

3.5 NSF 系列表面活性剂

NSF 系列表面活性剂是属于植物多烯酚聚氧乙烯醚类，其所用的原料是提取自丰富廉价的天然产物——植物果壳油，是一类天然绿色的非离子表面活性剂，其生物降解迅速彻底，具有优良的润湿、乳化、分散和去污等表面活性剂性能，泡沫低，可广泛应用于日用化学、纺织印染、农业生产等领域。根据工艺调整环氧乙烷加成数可控制非离子表面活性剂 NSF 的亲水疏水平衡值，可得到多种不同用途的产品，如乳化剂、润湿剂、洗涤剂、增溶剂等。

理化性质：其理化性质如表 1 所示。

表1　NSF系列表面活性剂的理化性质

性能指标	NSF-6	NSF-7	NSF7-90	NSF9-90
颜色	淡黄色液体	淡黄色液体	淡黄色液体	淡黄色液体
pH(1% 水溶液)	5.0~8.0	5.0~8.0	5.0~8.0	5.0~8.0
浊点 /℃	72~78	76~82	76~82	73~79
HLB	10.4~11.4	11.1~12.1	11.1~12.1	12.3~13.3
黏度（mpa·s）	120~220	120~220	250~450	250~450

NSF 系列表面活性剂的表面张力、润湿力、去污力、乳化力以及分散力并与聚氧乙烯醚非离子表面活性剂 AEO-9 进行比较，如表 2 所示。

表2　NSF系列表面活性剂的表面活性

性能指标	NSF-6	NSF-7	NSF7-90	NSF9-90	AEO-9
表面张力 /（mN/m）	30.38	30.60	31.05	32.40	45.8
乳化力 /min①	11.0	12.6	10.5	13.0	10.8
去污力 /%	79.1	81.6	84.5	82.1	75.6
钙皂分散力 /g	8.0	9.0	9.0	9.0	21.0

注：①测试方法，将1g/L的NSF系列表面活性剂与液体石蜡剧烈搅拌使其成乳液，静置分层，待分层至10mL时记录时间，时间越长，说明乳化力相对越好。

依据 GB/T 15818—2006 的表面活性剂生物降解测试方法，对不同表面活性剂的生物降解率测试对比，由表 3 结果表明，NSF 系列表面活性剂的生物降解快速而且彻底，是很好的生物降解性表面活性剂。

表3　不同表面活性剂的生物降解性

样品	降解率/%	降解时间/天
NSF 系列表面活性剂	100	7
LAS	87	21
AES	95	21
AEO-7	80	25

NSF 系列表面活性剂是新一代温和安全、易生物降解、绿色天然的非离子表面活性剂，具有表面张力低、乳化分散性好、去污力优异及低泡易漂等特性，特别是分散力出众，在洗涤过程中能够有效的防止污垢的反沾污，适用于油脂和蜡质的清洗。

3.6　脂肪酸蔗糖酯

合成方法：蔗糖羟基结构与脂肪酸酯在超声等其他条件下，发生酯交换，制备脂肪酸蔗糖酯非离子产品。

（反应式：蔗糖 + RCOOEt，K_2CO_3，DMSO，70℃，11kPa → 蔗糖单酯 + 二酯）

R：$CH_3(CH_2)_nCH_2^-$　n= 5，9，11，13，　R^1=RCO–，R^2=H

SE8　SE12　SE14　SE16　R^1=H，　R^2=RCO–

应用方面：蔗糖酯具有低于传统非离子表面活性剂的表面张力和 CMC 值，而且 HLB 值较高，亲水性好，可作为水包油（O/W）型的乳化剂。同时，蔗糖酯还可以大大加快水相的润湿性，在乳化性和净洗性上具有比常用乳化剂、净洗剂如 JFC 更优越的性能，充分显示了蔗糖酯的多功能性。

3.7　十二烷基聚甘油醚

合成方法：脂肪醇和环氧氯丙烷右催化剂作用下，合成烷基缩水甘油醚，然后再和聚甘油缩合制备烷基聚甘油醚系列产品。

$$C_{12}H_{25}OH + \underset{\text{O(环氧)}}{CH_2CHCH_2Cl} \longrightarrow C_{12}H_{25}OCH_2\underset{OH}{CH}CH_2Cl \longrightarrow C_{12}H_{25}OCH_2\underset{\text{O(环氧)}}{CHCH_2}$$

$$C_{12}H_{25}OCH_2\underset{\text{O(环氧)}}{CHCH_2} + H(OCH_2\underset{OH}{CH}CH_2)_nOH \longrightarrow C_{12}H_{25}(OCH_2\underset{OH}{CH}CH_2)_{n+1}OH$$

理化性质：十二烷基聚甘油醚具有优良的表面活性，随原料甘油聚合度的增加，十二烷基聚甘油醚的润湿、乳化、增溶能力均有所增加，其中十二烷基四聚甘油醚各项性能提高最为显著，可作为低泡性非离子表面活性剂使用。

中国油脂化工行业“十三五”发展规划

“十二五”后期，在国际经济发展局面复杂，国内经济下行压力加大、增速放缓的形势下，我国油脂化工行业顺应市场变化，推进结构调整，总体发展规模保持了平稳的增长。“十二五”期间实现了生产平稳增长、产业规模继续扩大、经济效益有所提高、组织结构不断优化。同时，在转型升级、技术创新等方面也取得了一定的成效。但我国油脂化工行业依然面临不少问题，比如产能过剩、原料进口依存度高、要素成本上升、行业创新能力较弱、缺乏核心竞争力、资源环境日益加剧等。

“十三五”时期，油脂化工行业应加快调整结构，同时原料多元化，产品高端化、差异化，生产绿色化的转型发展趋势将更加明显。科技创新将成为解决矛盾和应对挑战的重要手段。油脂化工企业应以技术攻关和市场开拓为重点，力争发展层次和竞争力再上一个新台阶，快速提高经济竞争力。

1 我国油脂化工行业“十二五”发展概况

1.1 行业整体规模保持增长

“十二五”期间，脂肪酸、脂肪醇和脂肪胺等主要油脂化工类产品均保持了一定幅度的增长，但较于“十一五”期间的各产品产量呈几何倍数的增长。如图 1 所示，“十二五”期间脂肪酸、脂肪胺的增长大幅回落，脂肪醇成为了增长幅度最大产品。

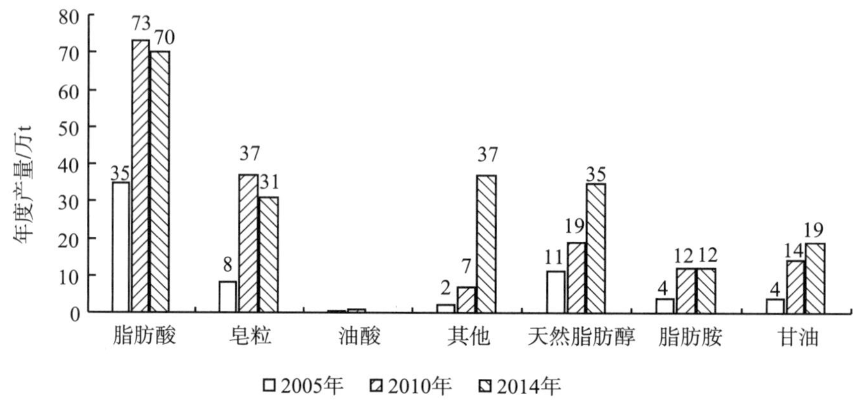

图1 油化产品年度产量

1.1.1 脂肪酸

2014 年脂肪酸产品中硬脂酸与皂粒的产量相较 2010 年均有所下降，但其他脂肪酸（椰油酸、棉油酸等）的产量实现 4 倍的增长，同时硬脂酸的进口量也保持了 38% 的增长。如图 2 所示，总体来看，国内脂肪酸的表观需求量增长了 26%。

结合上述数据分析可以得出，在“十一五”期间脂肪酸行业得到了快速发展，产能规模迅猛增加，市场竞争异常激烈，市场成熟度高。“十二五”期间脂肪酸行业在国内的发展是持续稳定的，国内大的脂肪酸生产企业已经在产品结构调整方面开始有所动作，致使其他脂肪酸比如油酸类产品的产量得到较大增长。同时，因为如皋双马在印尼工厂的投产，也直接造成了硬脂酸进口的增长。表 1 列出了目前国内脂肪酸主要生产企业及产能。

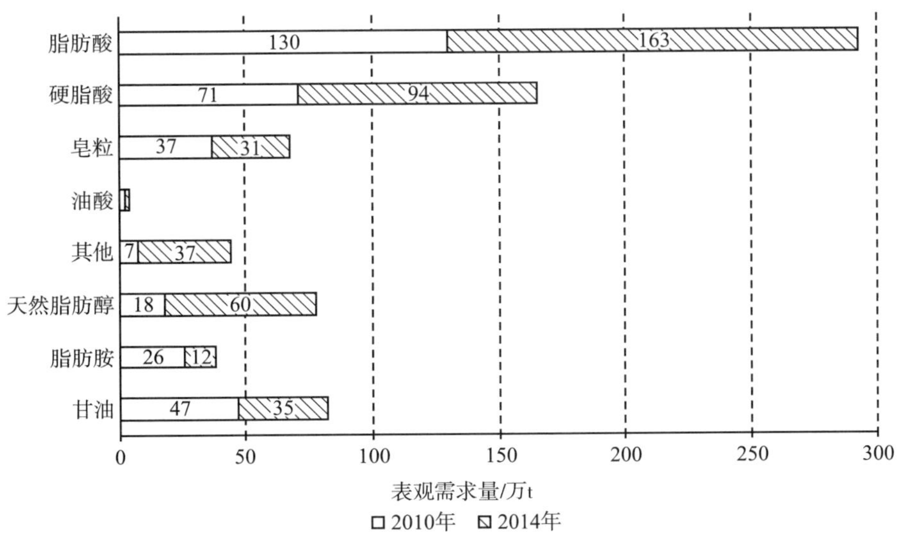

图2　2010年与2014年油脂产品表观需求量

表1　目前国内脂肪酸主要生产企业及产能

企业名称	2015产能/万t	2016产能/万t	在建产能/万t	备注
丰益国际	50.0	50.0	/	包括上海、连云港、天津、东莞
江苏如皋双马	22.0	22.0	/	22万t装置自2014年4月起持续停产
南通凯塔（赞宇）	15.0	25.0	/	2016年上半年投产，9月被浙江赞宇收购
杭油化（赞宇）	10.0	10.0	20.0	2012年3月被浙江赞宇收购，二期20万t预计2016年投产
泰柯棕化（张家港）	15.0	30.0	/	现有产能包括5万t皂粒；二期15万t项目在2016年11月投产
江苏南通康桥	10.0	10.0	/	—
东马棕榈（张家港）	10.0	10.0	/	—
山东金达双鹏	10.0	10.0	/	6万t装置于2014年上半年投产
上海制皂（如皋）	6.5	6.5	/	自用生产皂基为主
德源高科（如皋）	13.0	13.0	—	自用生产脂肪醇为主
浙江嘉华能源化工	20.0	20.0	—	自用生产脂肪醇为主
阿克苏诺贝尔化学品（博兴）	10.0	10.0	—	停产
山东友强助剂	1.5	1.5	3.0	自用生产硬脂酸盐类为主
山东瑞星集团	2.0	2.0	—	—
浙江纳爱斯	14.0	14.0	—	皂粒
马鞍山立白日化	10.0	10.0	—	皂粒
浙江德清华诺	8.0	8.0	—	皂粒
浙江兰溪嘉宝	8.0	8.0	—	皂粒
合计	235.0	260.0	23.0	
实际产能	213.0	238.0		2016年产能增长+21%，2017年预计+1.2%
杜库达（印尼/赞宇）		25.0	20.0	20万t待审批

1.1.2 脂肪醇

天然脂肪醇行业的发展滞后于脂肪酸，但是发展的轨迹几乎与脂肪酸一致。从数据来看，在“十二五”期间，天然脂肪醇的产量、进口量及表观消费量均有大幅度的增长。但在此期间国内新增产能接近30万t，这其中有改扩建也有新建的产能，加上印尼、马来西亚的保护性税收及补贴政策带来的进口打击，使国内脂肪醇行业面临着巨大的经营压力，进入了转型升级，结构调整的关键时期。表2列出了国内脂肪醇行业产能情况表。

表2 国内脂肪醇行业产能情况表

企业名称	产能/万t	备注
辽宁华兴集团化工股份有限公司	22.0	
德源（中国）高科有限公司	10.0	
浙江恒翔化工有限公司	9.0	
商丘龙宇化工有限公司	4.0	停产
江苏省东泰精细化工有限责任公司	2.0	停产
沙索益海（连云港）醇工业有限公司	6.0	
浙江嘉化能源化工股份有限公司	13.5	
江苏盛泰化学科技有限公司	8.0	
合计	74.5	

1.1.3 脂肪胺

脂肪胺行业发展基本稳定，十二五期间，在产量与市场规模上并未发生大的变化。行业内最大的两家企业原张家港飞翔化工与山东博兴华润，均加入了国际知名的化学品公司。但随着丰益油脂化学（连云港）公司的7万t/年，辽宁华兴6万t/年的脂肪胺项目逐步的建成投产，将重新定义脂肪胺市场的竞争格局。表3列出了脂肪胺行业产能情况表。

表3 脂肪胺行业产能情况表

企业名称	产能/万t	在建产能/万t	产品种类
索尔维（张家港）化工有限公司	6.0	—	
阿克苏诺贝尔化学品（博兴）有限公司	6.0	—	叔胺
辽宁华兴集团化工股份有限公司	—	6.0	
山东富斯特化工有限公司	1.5	—	叔胺
丰益油脂化学（连云港）有限公司	3.5	3.5	
天津天智精细化工有限公司	1.2	—	叔胺
四川天宇油脂化学有限公司	1.5	—	
山东派尼化学有限公司	1.0	—	
合计	21.5	9.5	

1.2 产业结构调整初见成效

（1）完成生产装备的升级换代。经过近十几年的发展，装置规模化、设备大型化和工厂数字化已经逐渐成为一种趋势。在“十二五”期间，油脂化工企业不断完善工艺和技术装备，进一步提高行业的整体水平。通过技术改造或者是新项目建设，已基本完成了生产装置的升级换代。间歇式水解装置基本退出历史舞台，主流连续水解装置产能规模为10~15万t/年。在“十二五”期间，脂肪醇产能规模增幅几乎达到了一倍，这其中既有老牌企业扩产，也有新建工厂的新增产能。装置产能规模也达到10万t/年。经过多年的消化吸收，这些主要生产装置基本以国产为主。这些装置在效率、自动化程度、生产精度、能耗、排放等方面均得到了极大改善。装置升级为产品的品质提升奠定了基础，目前，各主要生产企业的产品品质均远超国标，达到了国际一流水平。

（2）上下游延伸产业链与企业之间的合作并购成为发展新常态。一方面产能过剩引发的激烈市场竞争，使得向上或是向下延伸产业链已成为企业降低成本，寻找新的利润增长点的主要手段。如皋双马化工、上海制皂、南通康桥等国内企业选择向上延伸产业链，迈出国门先后在印尼建厂，为企业出口业务扩展及掌握原料优势布下关键一局。还有更多企业选择向下延伸产业，如辽宁华兴的AES和脂肪胺项目，益海嘉里的油酸、脂肪胺、环氧氯丙烷等项目，德源高科的油酸项目、泰柯棕化的三醋酸甘油酯项目等，均取得了一定的成效，为企业的发展带来新的方向。另一方面，企业之间的合作并购也在加快，国内最大的两家脂肪胺生产企业张家港飞翔与山东博兴相继加入索尔维与阿克苏诺贝尔，上海金山经纬化工加入KLK，杭油化加入赞宇科技等，强强联合为企业发展助力。

（3）粗放型生产向资源节约型、环境友好型转变。近些年，我国经济保持快速增长，但同时却付出了巨大的资源和环境代价，经济发展与资源环境的矛盾日益尖锐。应该说，不加快调整经济结构、转变增长方式，资源支撑不住，环境容纳不下，社会承受不起，行业发展难以为继。同时，高耗能、高排放会带来企业高成本。最终会让企业出局，因此，资源节约环境友好也是企业参与市场竞争的一道门槛。

“十二五”期间，一方面，国内各油脂化工企业在生产原材料、能耗、生产工艺、设备的选择上，均以符合清洁生产为原则，在工艺源头控制污染物的产生与排放，大大降低了污染物排放量。推行清洁生产，通过结构调整、不断加强管理和技术改造、推广使用新设备，提高资源利用率，进行节能降耗，减少乃至消除污染物的产生，使废物最小化、无害化、资源化。另一方面，做好水、电、蒸汽的统一平衡，最大限度合理利用，实现了节能最大化，有效降低了项目投资及生产成本，减少了环境污染，实现了循环经济发展，形成了各类资源及能源的最大限度综合利用。

1.3 中国油脂化工行业2010—2014年期间大事记

1.3.1 产能建设

2010年5月杭油化搬迁项目投产，新增6万t/年硬脂酸装置。

2010年浙江德清华诺6万t/年水解装置投产，以皂粒生产为主。

2010年11月辽宁华兴第三套脂肪醇生产装置投产，产能8万t/年。

2010年年末江苏如皋德源高科，年产13万t脂肪酸，10万t脂肪醇的工程投产。

2011年青岛碱液天柱化肥4万t/年硬脂酸装置停产。

2012年博兴华润硬脂酸装置停产。

2012年马鞍山立白日化的10万t/年油脂水解制皂厂项目投产，以皂粒生产为主。

2013年江苏南通康桥5万t/年的硬脂酸扩建项目投产。

2013年6月浙江嘉兴嘉化能源20万t/年油脂水解及13.5万t/年脂肪醇工厂投产。

2013年益海嘉里（连云港）3万t/年的脂肪胺投产。

2013年河南商丘龙宇4万t/年脂肪醇装置，江苏东泰2万t/年脂肪醇装置停产。

2014年下半年山东金达双鹏6万t/年硬脂酸项目投产。

2014年江苏盛泰化工8万t/年脂肪醇项目投产。

1.3.2 对外投资

2011年如皋双马化工投资印尼种植园，雅加达年产20万t脂肪酸工厂下半年投产。

2011年南通康桥投资建设印尼工厂。

2014年上海制皂（如皋）投资的印尼脂肪酸工厂的年产10万t氢化装置投产。

1.3.3 合作并购

2010 年下半年罗地亚收购张家港飞翔化工。

2011 年荷兰化工巨头阿克苏诺贝尔完成对博兴华润油脂化学公司的收购。

2012 年 3 月国内最大的表面活性剂厂商浙江赞宇科技股份有限公司收购杭州油化。

2 面临的机遇与挑战

2.1 机遇

2.1.1 新型城镇化和消费升级将拉动油脂化工产品需求较快增长

2020 年我国城镇化率将达到 60%（将有 1 亿人从农村走向城市），居民人均收入将实现比 2010 年翻一番，上述变化将使社会整体消费能力增长 120% 以上。将极大地拉动基础设施和配套建设投资，促进能源、建材、家电、食品、服装、车辆及日用品的需求增加，进而拉动油脂化工产品需求较快增长。

2.1.2 经济转型升级将使化工新材料等高端产品需求更快增长

我国人均 GDP 已经接近 6000 美元 / 人，大部分居民消费习惯已经超越“温饱型”达到“发展型”，部分发达地区已达到“中等发达型”。居民要求更为清洁的能源、更高性能的材料、更舒适的穿着、更安全的化学品。高性能且绿色安全的高端化工产品将成为重点方向。国家鼓励的战略性新兴产业，如交通运输化学品、生命科学用化学品、节能环保化学品等的发展对高端化工产品提出了更多需求。

2.1.3 国家大力实施“一带一路”和“自贸区”战略

经济发展“走出去”，化工发展也必然“走出去”。一是将过剩产能转移出去，目前油化行业面临产能过剩、关税倒挂，企业走出去可以缓解过剩状态，解决部分问题，可以转移部分生产能力。二是开拓产品市场，带动国内油化生产发展。

2.2 挑战

（1）产能过剩，同质化竞争现象普遍。原料油脂对外依存度高，发展受制于人。

（2）来自东南亚的低成本油化产品竞争。依托原料产地国及优惠的税收政策，印尼与马来西亚的油脂化工产品有着先天优势。近几年大量进口脂肪醇与国内脂肪醇产能过剩的矛盾日益突出。

（3）面临安全与环境约束的问题。社会关注度越来越高的安全与环境问题，使得化工生产企业站在了风口浪尖。安全与环保已成为企业可持续发展的重要前提。

3 “十三五”总体规划

3.1 主要任务

油脂化工行业“十三五”规划坚持以国家发展战略和产业政策为指导，以市场为主导，技术和创新为引导，鼓励发展“安全、绿色、高效、优质”的产品及技术，优化行业的产业结构和分布，以“原料路线多元化、产品结构高端化、产业布局集约化、节能环保生态化”为发展路径，推动结构调整和产业升级，促进行业的健康、可持续发展。

3.1.1 加快结构调整，促进产业升级

在“十二五”工作的基础上，进一步深化产业结构调整工作，以市场为主导，以创新为驱动力，在保持现有产品稳固的基础上，善于开发和扩展新兴领域和精细化、高端化的油脂化学品，提升行业产品综合竞争力。目前产业最大问题是产能过剩，采取严格控制新增产能、淘汰落后产能、新产品开发等综合手段，解决或缓解部分行业存在的产能过剩问题，促进开工率提升。

加强引进先进技术和装备，优化生产工艺，提升产品品质；以自动化生产和清洁化生产为目标，积极推动生产技术革新，进一步优化合理配置资源，做好节能减排工作。

安全、环保将是企业乃至行业生存以及可持续发展的首要前提，提高安全生产管理水平，在油脂化工企业中大力推行安全标准化体系、环境管理体系、职业健康体系的建设，提高企业的安全、环保及社会道德责任意识，促进产业升级。

3.1.2 完善行业标准化体系建设

进一步加强完善行业内产品标准修订工作，对已有产品标准做好管理工作，不断提高标准水平；对新产品标准，注重与国内外同类产品法规、标准相对应，做好评估审核工作。

着重加强产品和原料的安全性标准的完善，特别是食用、医用油脂，注重国际国内产品安全法规与本行业标准的对接，加强产品安全性评价方法及标准研究制订，加强检验方法标准的研究制订。

3.1.3 以科学创新为驱动力，“产学研”合作为基础，突破关键技术和核心技术

（1）优化科研体制机制，加强科技人才培养。建立企业为主体、市场为导向、“产学研”相结合的创新体系，继续强化和深化人才“引进来”“走出去”的长期战略，完善人才培养、人才管理和团队建设等建设机制。鼓励企业设立科技人才“孵化器”，为培养定向专职人才提供优质资源和必要保障。

（2）鼓励企业科技创新，加快科技成果向现实生产力转化。坚持自主创新，以科技推动生产力，以引进消化吸收再创新的方式，延伸合作项目，拓展合作领域，突破行业内关键技术和核心技术，力争在“十三五”期间，在可再生清洁能源、功能油脂化学品、环保增塑剂、绿色油脂催化剂、微藻制油、生物酶制油等重点领域取得突破。

3.1.4 加强技术改造，提升行业技术装备水平，推进企业“安全、清洁、低耗”生产

（1）加快企业“自动化生产”和“清洁化生产”工艺技术改造，推进企业“安全、清洁、低耗”生产，大力开展油脂化工行业节能减排工艺技术研究和应用。

（2）强化企业节能降耗的思想意识，夯实节能降耗的基础，从一般性的工艺节能，系统节能，综合治理逐渐转变为科技节能、结构节能。

3.1.5 优化合理配置资源，推进可再生油脂资源的利用，提高原料利用效率，加快油脂化工副产物的利用研究

（1）行业油脂原料资源对外依存度高，企业自身需整合资源，合理、高效利用、配置资源。优化生产工艺，降低原料损耗，鼓励企业开发高精、高纯油脂化工产品。

（2）扩大可再生资源及其衍生物在产品中的使用量和产品线的开发延伸，特别是可再生清洁能源的开发。

（3)进一步推动回收、利用、开发废弃油脂、油脂化工副产物的二次工业用途和深加工技术的研究。

3.1.6 加强行业内外合作，做好产业链衔接工作，提升产业综合影响力

（1）合作是发展趋势，鼓励企业内外联动，以互利共赢、安全高效为目标，大力拓展油脂化工国际合作的领域、途径和方式，扩大开放领域，优化开放结构，提高开放质量。

（2）支持有实力的企业跨国经营，实现国际化发展，开展新产品、新工艺的深层次开发，借此带动行业内产品、装备、技术等多方面的升级。

（3）整合产业优质资源，建设产业服务框架，优化产业服务，以油脂化工产业为基点，处理好上下游各个产业的衔接工作，解决诸如食品、医药、日用化学、高分子材料和石油等重点领域行业间存在的问题，深化跨领域合作，追求发展的质量，提高发展的全面性、协调性。

3.1.7 建设企业文化，树立品牌形象

企业发展离不开品牌建设，创造和维护品牌并使其成为名牌是一项重要的系统工程。注重通过产品结构调整，提升品牌产品的市场占有率；通过技术创新，提升技术内涵，提高产品价值，以及通过细分消费者的需求，生产适销对路的产品，从而提高消费者的忠诚度。

3.2 保障措施和政策建议

3.2.1 完善行业体制机制

进一步完善行业产品标准细则，特别是对新兴领域产品标准，集思广益，做好标准制定、修订工作。

3.2.2 加快产品的开发，提升产品竞争力

以油脂化学品为原料进行生产的可持续发展理念已被越来越多的化工企业所接受，油脂类化学品的需求快速增长，油脂化学品将由此步入快速发展期。天然油脂化学品在以下几大领域应加大并加快应用：

（1）增塑剂的发展方向是环保、安全、绿色、专用，天然油脂基环保增塑剂是发展的趋势，极具市场潜力，符合社会发展方向需求。

（2）加强开发结构脂、功能脂等高附加值油脂产品。

（3）加强开发生物柴油等可再生清洁能源，以取代传统石化产品。

（4）加强开发蓖麻油的工业应用，包括增塑剂、润滑脂、生物柴油、聚合单体等。

（5）目前，世界润滑油市场规模为3800万t，其中生物润滑剂约占3%，达120万t。据保守预测，到2020年世界润滑油及生物润滑剂需求将分别增至4500万t和400万t，生物润滑剂极具市场潜力。

（6）生物质表面活性剂新产品较多，烷基糖苷（APG）兼具普通非离子和阴离子表面活性剂的特性，已经成为表面活性剂领域的热点；脂肪酸甲酯磺酸盐（MES）是一种替代直链烷基苯磺酸盐（LAB）的油脂化学品；MES具有优异的特性，特别适用于液体和粉末洗涤剂应用领域。

3.2.3 加强行业生产技术、装备改建

（1）重点推进以可再生资源为原料的油脂化学品的研究、开发和应用以及废旧油脂、油脂化工副产物的深加工应用研究，加强油脂脚料回收技术开发、废油工业化。

（2）加强生物酶在油脂化工生产中的技术和装备研究，抢先开展用生物酶取代部分化学品，从而减少化学品的使用、排放以及生产能耗的有效降低。

（3）推动甘油深加工和甘油衍生物的开发和应用，加强开展甘油法制环氧氯丙烷的技术研究和应用，降低环氧氯丙烷工艺废水排放，淘汰部分原有落后生产工艺和装备。

（4）实现高盐废水副产氯化钠的循环利用，解决目前行业高盐有机废水中盐资源无法实现闭路循环，制约行业发展的难题。

（5）推进微藻制油技术的研究和应用。

3.2.4 增强企业自主创新能力

（1）建立政策跟踪研究和不断完善的长效机制，在实践中健全和完善政策体系。

（2）建立企业为主体、市场为导向、产学研结合的技术创新体系，加快推进技术创新工程，引导各类创新要素向企业集聚，使企业真正成为研究开发投入的主体、技术创新活动的主体和创新成果应用的主体。

（3）利用科技中介机构、技术转移机构等搭建科技人员与企业双向选择的信息交流平台，形成科技人员服务企业的长效机制。从科研院所和高校选派一批科技人员进入企业，研发技术、开发产品。

3.2.5 加强行业人才培养和储备

（1）坚持“引进来，走出去”原则，鼓励企业设立科技人才“孵化器”，为培养定向专职人才提供优质资源和必要保障。

（2）高等院校油脂化工、油脂化学相关课程较少，建议相关院校可以增设一些相应的专业，培养行业所需的中、高级专门人才梯队。

3.2.6 加强企业信息化联网、公共资源共享平台建设

（1）形成切实有效的公共服务平台，改善行业服务环境、进一步实现“应用主导、面向市场、网络共建、资源共享”。

（2）鼓励科研机构和高等院校面向企业开放共享科技资源。建议进一步建设一批面向企业的技术创

新服务平台，帮助企业开发新产品、调整产品结构、创新管理和开拓市场，提升核心竞争力。

（3）推进研发资源互利共享，科研设备共享，减少中小型企业设备投资负担。

（4）促进油脂化学品供应链的线上交易，实现传统企业与互联网的有机结合。

松香基表面活性剂的研究开发

松香是一种丰富的可再生天然资源，其主要成分是树脂酸，由分子式为 $C_{19}H_{29}COOH$ 表示的一类物质的总称。常见树脂酸因烷基和双键位置的不同可分为 4 类：枞酸型、海松酸型、异海松酸和劳丹型树脂酸（或称二环型酸），松香树脂酸均由具有优异亲油性的三元菲骨架结构和具有弱亲水性的羧基组成的双亲分子，但由于其亲水亲油基团性能的差异导致自身的表面活性较差，通过对其分子中活性基团羧基和双键进行化学改性增加亲水性可获得一系列具有洗涤、乳化、润湿以及杀菌等性能的表面活性剂，图 1 为松香产品主要烷基链结构。

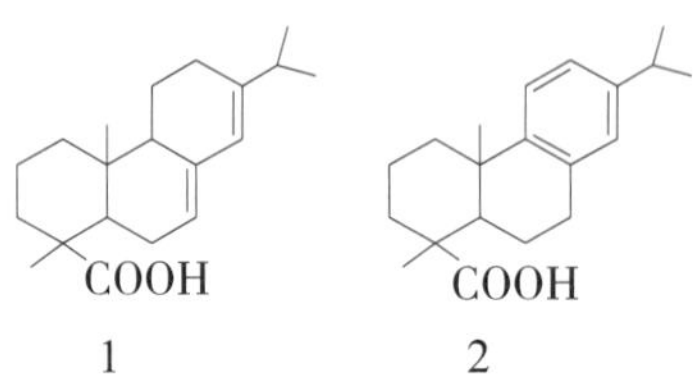

图 1　松香烷基链主要结构特征

1 阴离子表面活性剂

松香碱金属盐类表面活性剂是松香酸最早应用于表面活性剂的一个品种，由碱金属氢氧化物和松香酸反应制得，例如松香基钠盐、松香基钾盐、松香基铜盐等，其中以松香基钠盐的研究与应用为最早。虽然松香的三环二萜的刚性骨架结构含有二十个碳原子，但这类松香基碱金属盐类表面活性剂具有良好的水溶性，并且具有良好的起泡能力和乳化能力，主要应用于肥皂增泡剂、农药杀虫剂和合成橡胶的乳化剂等。松香碱金属盐还可以与其物质进行复配使用，例如将其与乙二醇、乙酸、水等复配，可用于金属表面的清洗剂；与乙二醇、乙二胺进行复配，可用于润滑剂和颜料的分散剂。但是，这类松香基碱金属盐在水溶液中容易水解，使得其水溶液的碱性加大，这是松香基碱金属盐自身存在的最大缺陷，限制了其更加广泛的应用。

松香基磺酸盐类表面活性剂是继松香碱金属盐类表面活性剂发展出来的，这类松香基表面活性剂具有良好的分散能力和乳化能力。与松香碱金属盐类相比，它的应用领域较为广泛、环境的 pH 对其性能影响较小，同时这类表面活性剂还可以应用于脱墨剂。以松香为原料，合成出系列含树脂酸酯键的磺酸盐型阴离子表面活性剂，研究发现这类产品具有良好的润湿性、分散性和去污力等。以脱氢枞胺、α,ω–二溴代烷和 2– 溴乙基磺酸钠为原料，制备出 4 种松香基磺酸盐 Gemini 型表面活性剂，通过对其性能研究发现这 4 种产品的临界胶束浓度和临界表面张力随联接基团亚甲基链长度的增加而减小，且发现在相同浓度下，这类松香基磺酸盐 Gemini 表面活性剂在载玻片上的接触角均小于十二烷基硫酸钠水溶液的接触角，说明其具有更好的润湿性能。

N– 酰基氨基酸类表面活性剂，最早的合成工艺是先将松香醇转变成氯碳酸酯，再与氨基酸反应。近年来，歧化松香同肌氨酸、谷氨酸以及多肽合成一系列松香酸氨基酸类表面活性剂也有所报道。这类表面活性剂具有良好的溶解性、起泡性及良好的抗重碱能力，且对于重油垢污具有较好的洗涤性能，对人体的刺激性较小。同时其具有良好的生物降解性，对环境污染小，适用于配制软性洗涤用品。如图 2 所示，以松香酸为原料，与三氯化磷反应制得松香酰氯，然后将松香酰氯与谷氨酸钠进行缩合反应合成松香酰谷氨酸，研究发现这类带有酰胺基团的松香基表面活性剂具有较好的发泡能力，且具有较小的临界胶束浓度；以歧化松香和肌氨酸为主要原料，合成 *N*– 歧化松香酰基肌氨酸，发现其钠盐溶液的临界

胶束浓度为 5.16 mmol/L，且歧化松香酰基肌氨酸钠盐具有很好的发泡能力和良好的乳化能力，其性能接近十二烷基硫酸钠；利用甘氨酸羧基保护法合成脱氢枞酰甘氨酸肽类表面活性剂，研究发现与棕榈酰甘氨酸和硬脂酰甘氨酸相比，脱氢枞酰甘氨酸肽类结构的表面活性剂的发泡性能和乳化性能相对较差，但却优于十二烷基硫酸钠。

$$RCOOH + MOH \longrightarrow RCOOM + H_2O\ (M{=}K^+, Na^+)$$

$$RCOOH + HO(CH_2CH_2O)_nH \longrightarrow RCOO(CH_2CH_2O)_nH \xrightarrow{\text{磺酸},\ Et_3N} RCOO(CH_2CH_2O)_{n-1}CH_2CH_2OSO_3HEt_3N$$

$$RCOOH + HO(CH_2)_4NH_2 \xrightarrow{HO(CH_2CH_2O)_nH} RCONHC_4H_8O(CH_2CH_2O)_nH \xrightarrow[(2)NaOH]{(1)H_2SO_4} RCONHC_4H_8O(CH_2CH_2O)_nHSO_4^-Na^+$$

图 2　松香衍生阴离子表面活性剂及制备工艺

2 阳离子表面活性剂

松香基阳离子表面活性剂的研究较多，一直是松香基表面活性剂研究的热点所在。1944 年瑞士科研人员研究出了数十种的松香基阳离子表面活性剂的合成工艺路线，主要集中在对松香基季铵盐型阳离子的研究（图 3 所示）。这类松香基季铵盐型表面活性剂不仅具有一般表面活性剂所具有的基本性能，还具有一些特殊的性质，例如具有良好的杀菌性能、良好的防霉性能，并且刺激性低、抗菌谱广等。近年来，对于松香基季铵盐类表面活性剂的研究工艺路线主要包括以下两个方面：

（1）以松香树脂酸为原料，与环氧氯丙烷生成中间体，再与胺类物质反应得到松香基季铵盐类阳离子表面活性剂；或者先生成松香缩水甘油酯，再经过胺化、季铵化合成季铵盐型阳离子表面活性剂。诸如以丙烯酸改性的松香为原料，合成了松香基双季铵盐型阳离子表面活性剂，对其性能研究发现，与同类产品相比，这类双季铵盐型表面活性剂具有较低的临界胶束浓度、较强的乳化能力和起泡能力，且将其与十二烷基硫酸钠 (K12) 进行复配，分别配成质量分数为 1% 的水溶液，等体积比混合的条件下均不产生沉淀，由此说明其与阴离子表面活性剂具有良好的相容性和配伍性；以松香为原料，合成了一种新型的松香基季铵盐型 Gemini 表面活性剂，用高效液相、傅里叶变换红外光谱以及核磁共振对其分子结构进行了表征，研究发现它不仅具有出色的表面活性，对朽木中的霉菌或丝状真菌也具有优良的抗菌性；以脱氢枞酸为原料，与环氧氯丙烷、二乙醇胺反应后，经季铵化反应得到一系列联接链长度不同的松香基双子型季铵盐型表面活性剂，此类表面活性剂的临界胶束浓度随着联接链的增长而增大，泡沫稳定性随之增加，而乳化性能则随着联接链的增长而变差。

（2）以松香改性得到的松香胺为原料，再进一步与季铵盐反应制得松香基季铵盐型阳离子表面活性剂，或者将松香胺与环氧乙烷反应生成松香胺聚氧乙烯醚，再与氯甲胺反应得到松香基季铵盐型阳离子表面活性剂。以脱氢松香胺为原料，合成 *N*, *N*– 二甲基 –*N*– 苄基 –*N*– 脱氢松香基氯化铵和 *N*, *N*, *N*– 三甲基 –*N*– 脱氢松香基硫酸单甲酯铵两种松香基表面活性剂，对其 Krafft 点、表面张力、乳化力等性能进行了测定。结果发现其具有良好的表面活性，且与直的柔性链季铵盐类阳离子表面活性剂一样具有良好的杀菌性能和抑菌性能；利用脱氢枞胺合成了 R–S–R· 2Br 系列 Gemini 型阳离子表面活性剂，研究发现这类季铵盐型 Gemini 表面活性剂具有较低的临界胶束浓度，达到 10^{-4} 数量级，临界表面张力为 23.7~30.3 mN/m，且具有较强的乳化能力，良好的起泡性能，较好的钙皂分散力，但其 Krafft 点较高，使用时需要较高的温度。

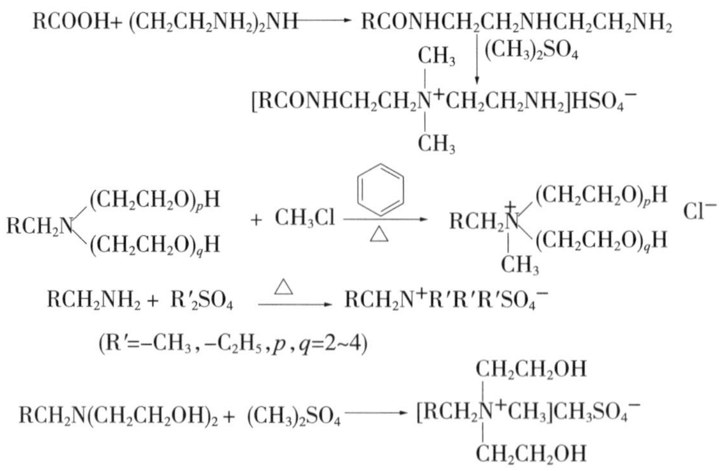

$$RCOOH + (CH_2CH_2NH_2)_2NH \longrightarrow RCONHCH_2CH_2NHCH_2CH_2NH_2 \xrightarrow{(CH_3)_2SO_4} [RCONHCH_2CH_2\overset{CH_3}{\underset{CH_3}{N^+}}CH_2CH_2NH_2]HSO_4^-$$

$$RCH_2N\begin{matrix}(CH_2CH_2O)_pH\\(CH_2CH_2O)_qH\end{matrix} + CH_3Cl \xrightarrow[\triangle]{\text{苯}} RCH_2\overset{+}{\underset{CH_3}{N}}\begin{matrix}(CH_2CH_2O)_pH\\(CH_2CH_2O)_qH\end{matrix}\ Cl^-$$

$$RCH_2NH_2 + R'_2SO_4 \xrightarrow{\triangle} RCH_2N^+R'R'R'SO_4^-$$

$$(R'=-CH_3, -C_2H_5, p, q=2\sim4)$$

$$RCH_2N(CH_2CH_2OH)_2 + (CH_3)_2SO_4 \longrightarrow [RCH_2\overset{CH_2CH_2OH}{\underset{CH_2CH_2OH}{N^+}}CH_3]CH_3SO_4^-$$

图 3　松香阳离子表面活性剂及其制备工艺

3 两性表面活性剂

松香基两性表面活性剂主要包括两类：以松香酸为原料，合成氨基乙酸盐和氨基羟丙磺酸盐；以松香胺为原料，合成氨基羧酸盐和氨基磺酸盐（图 4 所示）。两性表面活性剂具有一些十分优良的性质，例如具有良好的去污性能、乳化能力、耐硬水性、抗静电、杀菌、防腐等性能。以脱氢枞酸为原料，与四种不同类型的氨基酸反应，制备松香基氨基酸类两性表面活性剂，对其性能研究发现松香基氨基酸类两性表面活性剂具有刺激性小、易生物降解、一定的杀菌或抑菌性能等特点，且具有良好的分散能力和乳化性能等；用脱氢枞酸为原料，合成了 *N*–（2– 脱氢枞酰氧基）乙基 –*N*, *N*– 二甲基羧甲基甜菜碱、*N*–（2– 脱氢枞酰氧基）乙基 –*N*, *N*– 二甲基磺丙基甜菜碱和 *N*–（2– 脱氢枞酰氧基）乙基 –*N*, *N*– 二甲基磷酸酯甜菜碱 3 种含有松香骨架的新型甜菜碱型表面活性剂，研究发现这类松香基甜菜碱型表面活性剂都具有良好的表面活性，且其中 *N*–（2– 脱氢枞酰氧基）乙基 –*N*, *N*– 二甲基磷酸酯甜菜碱水溶液能将水的张力降至 25.8 mN/m，具有较强的降低水溶液表面张力的能力；用脱氢枞酸可合成出 *N*–（3– 脱氢枞酰氧基 –2– 羟基）丙基 –*N*, *N*– 二甲基（2– 羟基）磷酸酯甜菜碱，研究发现该类表面活性剂同样具有良好的表面活性，良好的起泡性和稳泡性，良好的乳化性能，并且将其与阴离子型表面活性剂十二烷基硫酸钠 SDS 进行复配，产生较强的增效作用，且二者摩尔比为 1∶1 时增效作用最显著。

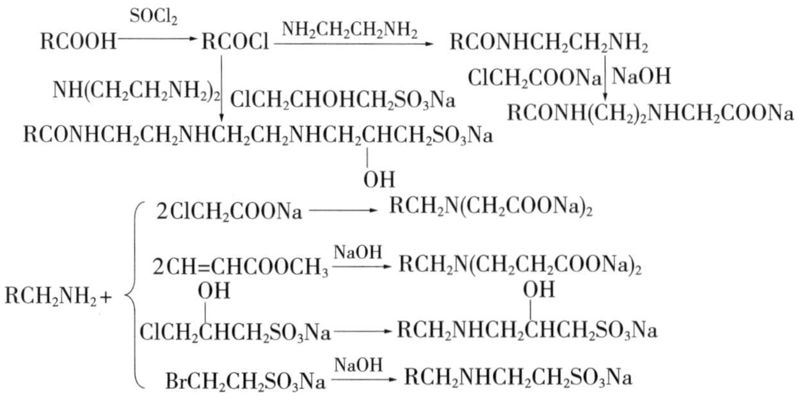

$$RCOOH \xrightarrow{SOCl_2} RCOCl \xrightarrow{NH_2CH_2CH_2NH_2} RCONHCH_2CH_2NH_2 \xrightarrow[NaOH]{ClCH_2COONa} RCONH(CH_2)_2NHCH_2COONa$$

$$RCOCl \xrightarrow[ClCH_2CHOHCH_2SO_3Na]{NH(CH_2CH_2NH_2)_2} RCONHCH_2CH_2NHCH_2CH_2NHCH_2\underset{OH}{CH}CH_2SO_3Na$$

$$RCH_2NH_2 + \begin{cases} 2ClCH_2COONa \longrightarrow RCH_2N(CH_2COONa)_2 \\ 2CH{=}CHCOOCH_3 \xrightarrow{NaOH} RCH_2N(CH_2CH_2COONa)_2 \\ ClCH_2\overset{OH}{CH}CH_2SO_3Na \longrightarrow RCH_2NHCH_2\overset{OH}{CH}CH_2SO_3Na \\ BrCH_2CH_2SO_3Na \xrightarrow{NaOH} RCH_2NHCH_2CH_2SO_3Na \end{cases}$$

图 4　松香两性离子产品及其制备工艺

4 非离子表面活性剂

松香基非离子表面活性剂的种类较多，主要包括松香酸聚氧乙烯酯、松香基多元醇酯类、松香胺聚氧乙烯醚、松香酸酰胺类等。以松香和环氧乙烷为原料，在 NaOH 为催化剂的条件下制备了松香基聚氧乙烯酯（图 5 所示）。这类松香基聚氧乙烯酯表面活性剂可以在较宽的 pH 范围内与各种类型的表面活性剂进行复配使用，同时在中性介质中还具有较好的消泡沫的性能；以松香为原料，与聚乙二醇、柠檬酸反应，制备了一系列新型的松香非离子表面活性剂，发现其临界胶束浓度为 0.56 mol/L，γ_{cmc} 为 35.2 mN/m，具有良好的表面活性、良好的乳化性能、泡沫性能以及润湿性能；以松香和聚甘油为原料，合成了松香基聚甘油酯表面活性剂，研究发现该系列非离子表面活性剂的临界胶束浓度随着聚合度的增大而减小，可以从 10^{-3} 降低至 10^{-4}；随着甘油平均聚合度的增加，该类表面活性剂的表面活性先下降后上升，钙皂分散能力先增强后减弱，乳化能力和润湿能力均增强。

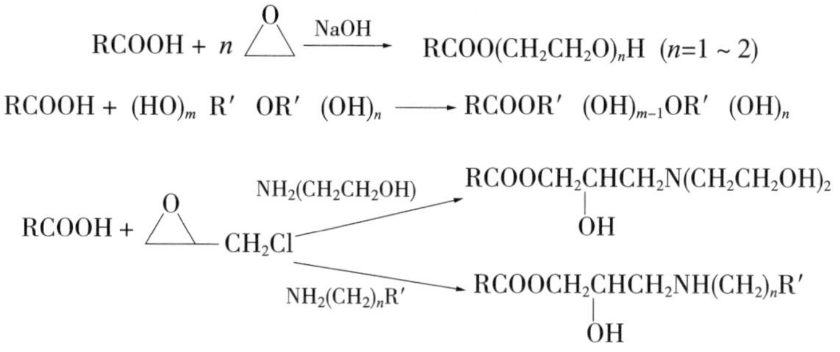

$$RCOOH + n\ \text{(环氧乙烷)} \xrightarrow{NaOH} RCOO(CH_2CH_2O)_nH\ \ (n=1\sim2)$$

$$RCOOH + (HO)_m R'\ OR'\ (OH)_n \longrightarrow RCOOR'\ (OH)_{m-1}OR'\ (OH)_n$$

$$RCOOH + \text{(环氧)}-CH_2Cl \xrightarrow{NH_2(CH_2CH_2OH)} RCOOCH_2CH(OH)CH_2N(CH_2CH_2OH)_2$$

$$RCOOH + \text{(环氧)}-CH_2Cl \xrightarrow{NH_2(CH_2)_nR'} RCOOCH_2CH(OH)CH_2NH(CH_2)_nR'$$

图 5 松香非离子表面活性剂及其制备工艺

5 应用前景

松香类表面活性剂在纺织、造纸、皮革、水处理和日用化工等行业具有广泛的应用，其杀菌、抗静电、防腐、环保等性能备受人们关注和喜爱。结合社会发展和环境保护的要求，改性松香表面活性剂的发展和应用应具有以下趋势：

（1）通过对已有松香表面活性剂进行功能基接枝改性，合成“环保型”绿色表面活性剂，使表面活性剂性能更优化，拓宽功能高分子材料领域的应用研究。

（2）加强松香及其他表面活性剂的复配研究，以松香为原料的表面活性剂的复配研究目前很少，以松香为原料进行相关的复配改性是当前表面活性剂的一个主要发展趋势。

行业有毒有害原料（产品）替代报告（2016 年版）

工业和信息化部 科学技术部 环境保护部
关于发布《国家鼓励的有毒有害原料（产品）替代品目录（2016年版）》的通告

工信部联节〔2016〕398 号

为贯彻落实《中国制造 2025》和《工业绿色发展规划（2016—2020 年）》，引导企业持续开发、使用低毒低害和无毒无害原料，减少产品中有毒有害物质含量，从源头削减或避免污染物产生，工业和信息化部、科技部、环境保护部组织编制了《国家鼓励的有毒有害原料（产品）替代品目录（2016 年版）》，现予发布。

附件一：国家鼓励的有毒有害原料（产品）替代品目录

序号	替代品名称	被替代品名称	替代品主要成分	适用范围
一、研发类				
（一）重金属替代				
1	无汞催化剂	含汞催化剂	贵金属 / 非贵金属	乙炔法氯乙烯合成
2	三价铬硬铬电镀工作液	六价铬电镀液	三价铬	汽车减震器，液压部件等
3	稀土脱硝催化剂	钒基脱硝催化剂	镧、铈、钇等稀土元素的无机和有机化合物	电厂、窑炉等工业脱硝，机动车尾气净化，石油裂化裂解，有机废气处理
4	环保稀土颜料	铅基和镉基颜料	硫化铈等稀土硫化物	塑料、陶瓷、油漆、尼龙以及化学品等领域
（二）有机污染物替代				
5	全氟聚醚乳化剂	全氟辛酸及其铵盐 (PFOA)	全氟 -2,5- 二甲基 -3,6- 二氧壬酸及其胺盐	含氟树脂合成
6	帘帆布 NF 浸渍剂	酚醛树脂（RFL）浸渍剂	六亚甲基四胺络合物（RH）和六甲氧基甲基密胺的缩合物	轮胎帘子布、橡胶用输送带帆布等浸渍处理
7	无溶剂纤维线绳浸渍剂	酚醛树脂（RFL）浸渍剂	多亚甲基多苯基多异氰酸酯（聚合 MDI）、聚氨酯、液体橡胶（HTPB）	各类线绳的浸渍处理
8	水性油墨	溶剂型油墨	水性高分子乳液、颜料	PVC 膜及卷材印刷

二、应用类				
（一）重金属替代				
9	无铅防锈颜料	含铅防锈颜料	亚磷酸钙	防锈、防腐涂料
（二）有机污染物替代				
10	多不饱和脂肪酸衍生物类表面活性剂	烷基酚聚氧乙烯醚类（APEO）表面活性剂	多不饱和脂肪酸，及其取代物	日化、纺织、农业等
11	脂肪醇聚氧乙烯醚（FEO）	烷基酚聚氧乙烯醚类（APEO）表面活性剂	脂肪醇聚氧乙烯醚	日化、纺织、农业等
12	全氟丁基类织物三拒整理剂	全氟辛基磺酰氟（PFOS）	全氟丁基磺酰氟	纺织品
13	水性木器涂料	溶剂型木器涂料	丙烯酸、聚氨酯	木器家具、家庭装修
14	水性与无溶剂聚氨酯	溶剂型聚氨酯树脂	聚氨酯	皮革加工及合成革制造
15	丁二烯－苯乙烯溴化共聚物	六溴环十二烷	丁二烯－苯乙烯溴化共聚物	聚苯乙烯发泡阻燃
16	甲基碳酸酯胺	氯代季铵盐	碳酸二甲酯	消毒杀菌剂、防霉、杀藻剂
17	甲基碳酸酯酯基季铵盐	甲基硫酸酯酯基季铵盐	碳酸二甲酯	织物柔软剂
18	氧化法醇醚羧酸盐	羧甲基法醇醚羧酸盐（AEC)	主要原料：醇醚、氢氧化钠和氧气	日化、纺织、金属清洗
19	无 PAHs 芳烃油	含 PAHs 芳烃油	分为环烷油、植物沥青和芳烃抽出油	橡胶制品
20	橡胶硫化促进剂 ZBEC	橡胶硫化促进剂（PZ、BZ、EZ）	二苄基二硫代氨基甲酸锌	橡胶制品
21	硫磺给予体 TB710	橡胶硫化促进剂 DTDM	对叔丁基苯酚二硫化物，不产生亚硝酸胺	橡胶制品
22	青霉素酰化酶和左旋苯甘氨酸甲酯盐酸盐	二氯甲烷和特戊酰氯	青霉素酰化酶、树脂、左旋苯甘氨酸甲酯	头孢氨苄生产工艺
23	全植物油基胶印油墨	矿物油基胶印油墨	植物油、树脂、着色剂	食品包装印刷
三、推广类				
（一）重金属替代				
24	无铅易切削黄铜	含铅易切削黄铜	铜、锌、铋、硅、锑、锡、钙、镁等	电子接插件和五金卫浴产品
25	无铬耐火砖	含铬耐火砖	主要成分为氧化镁、氧化铁或氧化铝	水泥、钢铁、有色等行业的高温窑炉

续表

序号	替代品名称	被替代品名称	替代品主要成分	适用范围
26	钨基合金镀层	铬镀层	铁、钴、钨	石油开采领域
27	高覆盖能力的硫酸盐三价黑铬电镀液	六价铬电镀液	硫酸盐体系、发黑剂	军工领域
28	三价铬电镀液	六价铬电镀液	三价铬	汽车、电子、机械、仪器仪表
29	彩色三价铬常温钝化液	高浓度六价铬彩色钝化液	三价铬	镀锌钝化
30	铝合金锆钛系无铬钝化剂	铝合金六价铬钝化剂	氟锆酸及高分子化合物	汽车零部件、建材、卷材等行业
31	无铬达克罗涂液	达克罗涂液	锌，铝，钛	汽车零部件抗腐蚀应用
32	电解锰无铬钝化剂	电解锰重铬酸钾钝化剂	复合碳酸盐、磷化合物	电解锰行业钝化工艺
33	无铅电子浆料	含铅电子浆料	氧化锌、氧化硼、二氧化硅等	混合电路、热敏电阻、太阳能电池
34	锂离子电池	铅蓄电池	锂	电动自行车、通信备用电源、光伏发电等储能系统
35	无汞扣式碱性锌锰电池	含汞扣式碱性锌锰电池	锌、锰（不含重金属汞）	便携式仪表
36	氢镍电池、锂离子电池	镉镍电池	镍、稀土元素、锂（不含重金属镉）	电动工具、便携式电器电池
37	钙基复合稳定剂	铅盐稳定剂	硬脂酸锌，多羟基钙，水滑石，抗氧剂等	PVC 塑料门窗异型材专用
38	钙锌复合稳定剂	铅盐稳定剂	硬脂酸钙、硬脂酸锌等	PVC 管材
39	稀土稳定剂	铅盐稳定剂	镧、铈元素的有机或无机盐类	PVC 制品
40	锌基复合热稳定剂	钡镉锌热稳定剂	有机酸锌盐、水滑石等	PVC 压延膜制品
41	低汞催化剂（氯化汞含量为 4% ~ 6.5%）	含汞催化剂（氯化汞含量为 10% ~ 12.5%）	氯化汞含量 4% ~ 6.5%	乙炔法氯乙烯合成
42	多元复合稀土钨电极	放射性钍钨电极	镧、铈、钇稀土氧化物	焊接、切割、冶金等
（二）有机污染物替代				
43	*N*– 烷基葡萄糖酰胺（AGA）	烷基酚聚氧乙烯醚类（APEO）表面活性剂	*N*– 烷基葡萄糖酰胺（AGA）	日化、纺织、农业等
44	烷基多糖苷（APG）	烷基酚聚氧乙烯醚类（APEO）表面活性剂	烷基多糖苷（APG）	日化、纺织、农业等
45	无烷基酚聚氧乙烯醚类（APEO）的建筑涂料乳液	含烷基酚聚氧乙烯醚类（APEO）的建筑涂料乳液	烷基聚氧乙烯醚	建筑物内外墙涂料
46	水性高弹性防水涂料	溶剂型聚氨酯防水涂料	丙烯酸酯乳液、填料、助剂	建筑物和钢筋水泥构件的防水

47	水性环氧树脂涂料	溶剂型环氧树脂涂料	水性环氧乳液、水性环氧固化剂	防腐涂料中的主要成膜物
48	水性塑料涂料	溶剂型塑料涂料	丙烯酸、聚氨酯	塑料制品涂装
49	水性或无溶剂型紫外光（UV）固化涂料	溶剂型涂料	紫光引发剂外光固化树脂、功能性单体	木器家具、塑料、纸品、汽车及粉末涂料涂装
50	水性醇酸树脂	溶剂型醇酸树脂	多元醇、多元酸、植物油（酸）或其他脂肪酸、有机胺、醇醚类	涂料
51	醇酯型无苯无酮油墨	溶剂型含苯含酮油墨	颜料、正丙酯、醋酸乙酯	塑料薄膜及复合材料的印刷
52	水性或无溶剂型紫外光（UV）固化油墨	溶剂型油墨	紫外光固化树脂、预聚物、非挥发性功能单体等	印刷包装
53	金属表面硅烷处理剂	磷化液	硅烷偶联剂	家用电器表面涂装
54	二氧化氯	液氯	二氧化氯	造纸
55	柠檬酸酯类增塑剂	邻苯二甲酸类增塑剂	柠檬酸三丁酯 (TBC)、乙酰柠檬酸三丁酯 (ATBC)	医疗器械、食品包装、儿童玩具
56	对苯二甲酸二辛酯	邻苯二甲酸类增塑剂	对苯二甲酸二辛酯	PVC 制品用增塑剂
57	二乙酰环氧植物油酸甘油酯	邻苯二甲酸类增塑剂	乙酰化环氧大豆油酸甘油酯	医疗器械、食品包装、儿童玩具
58	植物源增效剂	化学合成增效剂	改性植物油、生物活化剂、非离子表面活性剂等	叶面喷雾使用的各类农药制剂
59	松脂基油溶剂	甲苯、二甲苯溶剂	松脂油提取物，萜烯类，脂肪酸单烷基酯类	乳油加工
60	$C_{23\sim29}$ 链烷烃类溶剂	甲苯、二甲苯溶剂	$C_{23\sim29}$ 直链、支链烷烃、脂肪酸甲酯等	农药乳油、水乳剂加工
61	不含异氰脲酸三缩水甘油酯（TGIC）的粉末涂料	含异氰脲酸三缩水甘油酯（TGIC）的粉末涂料	环氧树脂、羟烷基酰胺等	家用电器、金属构件的表面涂装
62	橡胶硫化促进剂 TBzTD	橡胶硫化促进剂 TMTD	二硫化四苄基秋兰姆	橡胶制品
63	塑解剂（A86，A89）	塑解剂 SJ–103	塑解剂 DBD、有机金属螯合物、有机及无机分散剂之混合物	橡胶制品
64	塑解剂 DBD	硫酚类塑解剂	二苯甲酰氨二苯基二硫化物	橡胶制品
65	促进剂 ZBOP70	硫化促进剂 DPG	二烷基二硫代磷酸锌	橡胶制品
66	间苯二酚甲醛树脂 HT1005	间苯二酚	间苯二酚－苯乙烯－甲醛树脂	橡胶制品

续表

序号	替代品名称	被替代品名称	替代品主要成分	适用范围
67	绿色环保颗粒再生胶	再生胶	天然橡胶、合成橡胶、炭黑、硫磺等，其中多环芳烃浓度 ≤ 122.7mg/kg	橡胶制品
68	橡胶硫化剂促进剂 DTDC	橡胶硫化促进剂 DTDM	*N*，*N*– 二硫代二己内酰胺	橡胶制品
69	全氟己基乙基化合物	全氟辛基磺酸及其盐类（PFOS）	全氟己基乙基化合物 $F(CF_2)_6CH_2CH_2-R$	水成膜泡沫灭火剂，水系灭火剂
70	间苯二胺	间二硝基苯	间苯二胺	染料中间体，环氧树脂的固化剂和水泥的促凝剂
71	防水透湿膜	含聚四氟乙烯的透气性薄膜	对苯二甲酸二甲酯与 1，4– 丁二醇、二羧酸二甲酯和聚醚的聚合物	纺织行业用薄膜材料
72	低 VOC 散发 PC/ABS 合金	PC/ABS 合金	聚碳酸酯、丙烯腈 – 丁二烯 – 苯乙烯共聚物	汽车内使用塑料
73	木塑复合材料	浸渍纸层压木质地板	PVC、木粉、钙锌复合稳定剂、助剂	室内外装饰
74	茶粕催化剂	氢氧化钠	茶粕、蒽醌催化剂	公共纺织品洗涤、印染前处理

第二章

MANUFACTURE&MARKET

生产与市场

2016 年国内阴离子表面活性剂生产与市场

2016 年，国内主要阴离子表面活性剂品种（皂类产品、烷基苯磺酸 / 盐、脂肪醇醚硫酸盐、烯烃磺酸盐、烷基硫酸盐和脂肪酸甲酯磺酸盐等）生产与市场与 2015 年相比继续保持增长态势，主要产品增长幅度较往年有所提升。

2016 年国际原油价格继续保持低价走势，成本优势给石油衍生表面活性剂的发展注入活力，从国内来看，以烷基苯磺酸 / 盐（LAS）、烯烃磺酸盐（AOS）和石油磺酸盐等为代表的阴离子产品产销量实现较大幅度增长。相比之下，2016 年天然油脂价格快速上涨给其衍生表面活性剂生产成本带来不小压力，但在国内洗涤产品刚性需求以及巨大消费市场推动下，以脂肪醇醚硫酸盐（AES）、脂肪酸甲酯磺酸盐（MES）、烷基羧酸盐为代表的天然概念产品的产销情况与 2015 年基本持平，其中，规模以上（万吨级）AES 企业继续保持较高开工率，产销量较 2015 年实现超过 6% 的增长。

价格方面，2016 年，原油衍生 LAS 产品市场价格走势比较平稳，地区全年价格波动不到 1000 元 /t。对比之下，AES 和皂类产品价格涨势比较明显，获利收缩使得当年生产企业对外报价不断上扬。相比之下，LAS 和 AES 市场竞争更加激烈，这给洗涤用品行业发展带来一定的不确定性，尤其是产品绿色、环保需求与下游行业配伍原料成本选择之间矛盾更加突出。

1 皂类产品

皂类产品一直以来在国内阴离子表面活性剂产品中占据重要地位，虽然产品结构比较单一，工艺生产与装置技术要求不高，但是产品实际使用中凸显重要意义，2016 年国内皂类产品还是以洗涤目的为主，据不完全统计，2016 年国内洗涤皂类总产量达到 123.2 万 t，销量达到 112.2 万 t，其中，肥（香）皂产量 90.6 万 t。占比 73.5%，销量 85.8 万 t，占比 76.5%。2016 年工业助剂皂类产销量接近 45 万 t，较 2015 年的 50 万 t 同比减少 10%，产品以硬脂酸金属盐为主。

价格方面，受原材料天然油脂价格的大幅上扬影响，2016 年主要皂类产品价格也趋于上行趋势。图 1 为 2016 年国内华东地区主要皂类产品价格走势，2016 年初皂类价格维持 4950 元 /t，年底最高涨至 6200 元 /t，年度价格涨幅达到 25.2%，棕榈油价格上扬带动硬脂酸价格上扬成为当年皂类上涨主要原因，华东地区硬脂酸价格年度上涨达 57.9%（图 2 所示）。这也为当年工业助剂皂类加工带来负面影响，高成本低获利成为制约企业发展首要因素。

2 烷基苯磺酸 / 盐（LAS）

2016 年原油价格维持 45 ~ 55 美元 / 桶成本销售价，美国大选、欧盟国选举、英国脱欧以及全球货币政策调整，给当年油价上涨带来不小压力，相反，持续低价原油价格为当年 LAS 产品发展带来机遇，国内 LAS 原料 LAB 装置开工较 2015 年有所上升，包括金桐石化、江苏金桐、金桐表面化学、抚顺洗化厂、南京金陵石化、琪优势化工（太仓）等在内的国内 LAB 生产企业产销平稳增长，一定程度上推动了 2016 年 LAS 产销量的增长。

据不完全统计，2016 年国内 LAB 产量合计 73.3 万 t，销量 70.6 万 t（可产出 LAS 94.6 万 t，同比增长 11.82%），其中净出口 10.5 万 t，表观消耗烷基苯量为 60.1 万 t，换算 LAS 表观产量为 80.5 万 t，较 2015 年实现 10.5% 同比增长，扣除当年 10% 库存量，实际市场表观消耗量约合 72.4 万 t，其中洗衣粉消化 LAS 量 60 ~ 70 万 t，包括洗涤类产品消化 LAS 5 ~ 10 万 t。

表 1 为 2016 年统计 LAS 生产企业产销量排名，和桐集团旗下子公司、浙江赞宇科技和南京佳和化工成为目前国内 LAS 主要生产企业，年产出规模均超过 8 万 t。

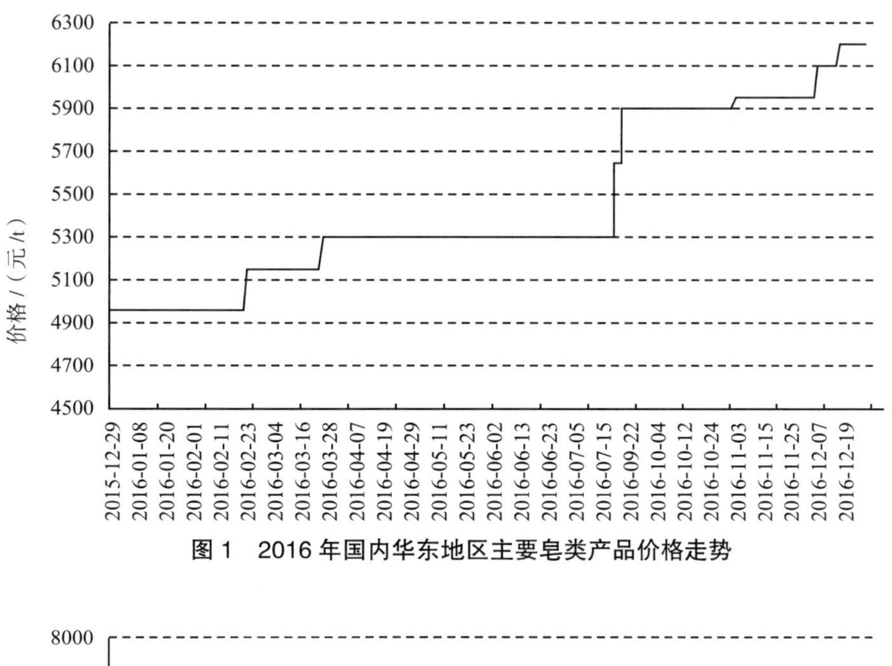

图 1　2016 年国内华东地区主要皂类产品价格走势

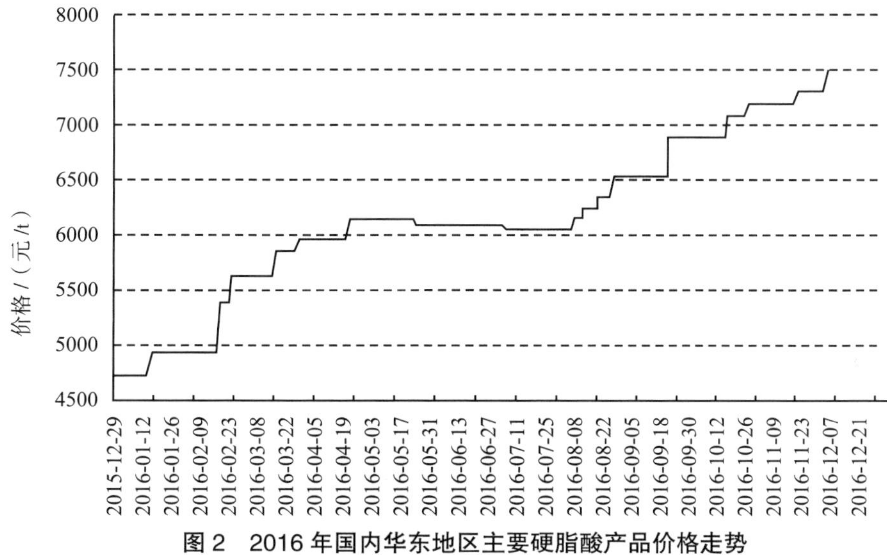

图 2　2016 年国内华东地区主要硬脂酸产品价格走势

表1　2016年国内主要LAS生产企业产销统计

序号	企业名称	产量/万t	产量[1]占比/%	同比增长/%	销量/万t	销量[2]占比/%
1	浙江赞宇科技	9.43	11.71	80.65	9.51	13.14
2	江苏金桐石化*	8.72	10.83	8.86	8.72	12.04
3	南京佳和化工	8.36	10.39	−2.45	8.35	11.53
4	广州浪奇实业	5.03	6.25	0.12	3.54	4.89
5	湖南丽臣奥威	4.64	5.76	18.07	4.55	6.28
6	抚顺洗化厂	1.74	2.16	−11.22	1.74	2.40

续表

序号	企业名称	产量/万t	产量[1]占比/%	同比增长/%	销量/万t	销量[2]占比/%
7	天津天女化工	1.65	2.05	-34.26	1.64	2.27
8	其他企业	40.9	50.81	—	34.4	47.51

数据来源：表面活性剂和洗涤剂行业生产力促进中心。注：1产量占比基数为80.5万t；2销量比重基数为72.4万t；*表示不完全统计。

图3和图4为2016年国内主要LAS企业产量数据统计。产出排名情况：赞宇科技股份占比11.72%，江苏金桐不完全统计，占比10.84%，南京佳和化工代加工烷基苯厂原料，产出占比10.39%，排名前三企业LAS合计产出占比接近33%，贡献约1/3产量。同样，市场销售方面，包括赞宇科技、江苏金桐和南京佳和合计达到36.70%，超过1/3市场占有量，纵观来看，LAS生产和市场集中度还是比较高的。

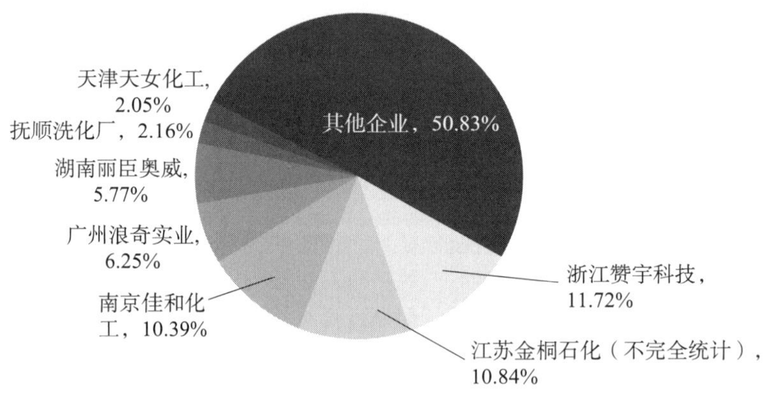

（a）

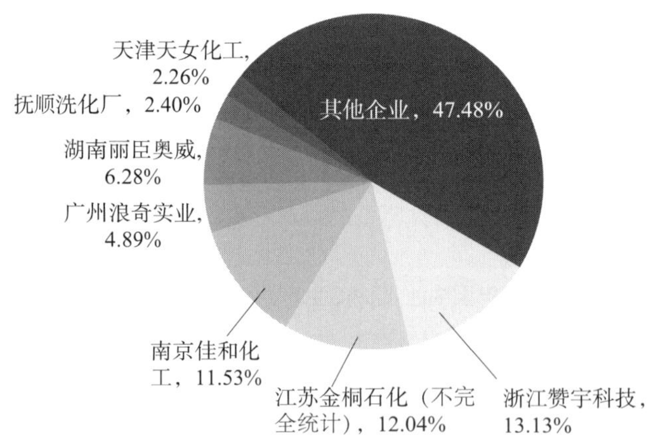

（b）

图3 2016年主要LAS生产企业产出和销售比重统计
（a）主要LAS企业产出比重　（b）主要LAS企业销售比重

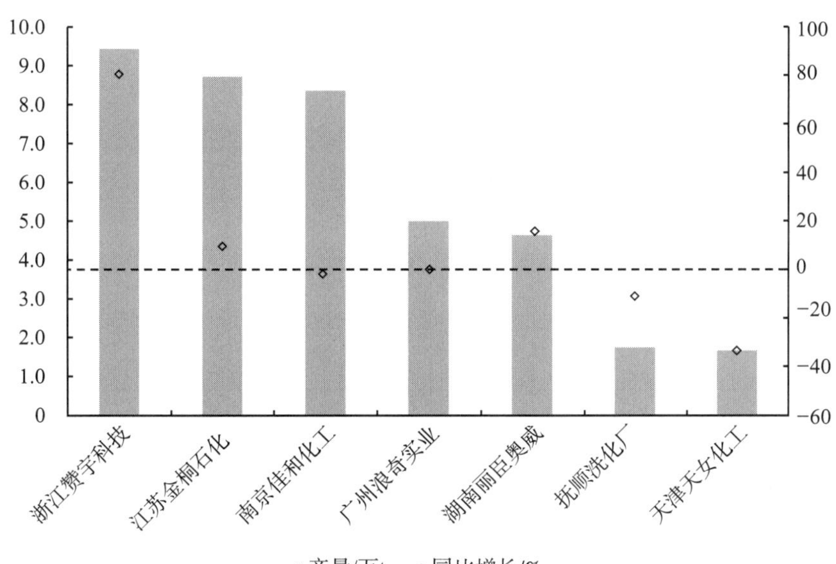

图 4　2016 年国内主要 LAS 生产企业产量数据统计（Top7）

图 5 为 2016 年国内华东地区主要 LAS 市场价格走势。整体来看，2016 年 LAS 产品对外报价波动不是很大，波动幅度维持在 500 元 /t，最低价出现在 2016 年第二季度，为 7100 元 /t，年度高价出现在第三季度，为 7600 元 /t，实际交易价格较此报价有 200 元浮动。

相比之下，2016 年西南地区 LAS 价格高于产业密集的华东地区，对外报价均高于 1000 元 /t，价格走势方面，西南地区 LAS 全年价格保持下行态势，最高价出现在 2016 年第一季度，为 8500 元 /t，最低价出现在第三季度末期，为 7800 元 /t，全年整体跌幅约 3.53%（图 6 所示）。

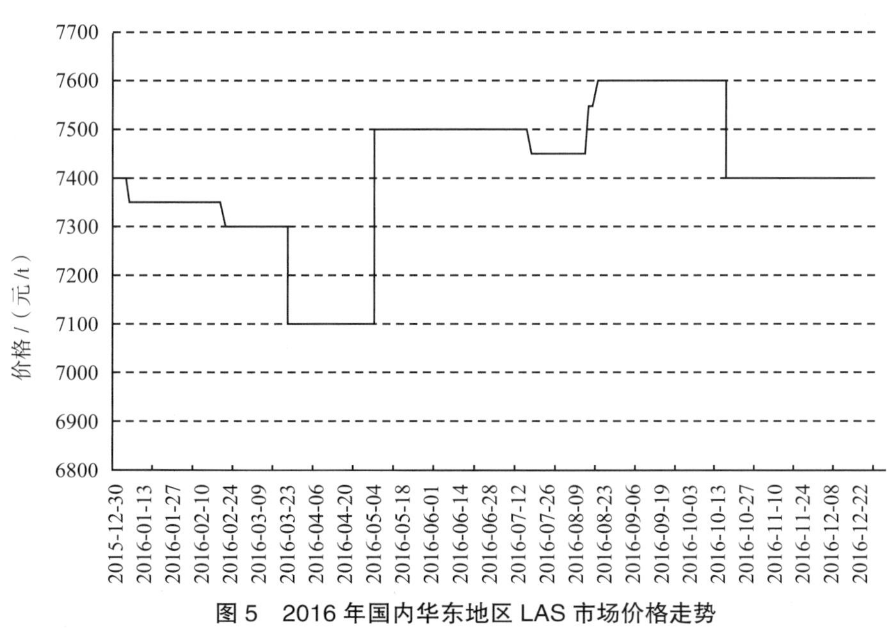

图 5　2016 年国内华东地区 LAS 市场价格走势

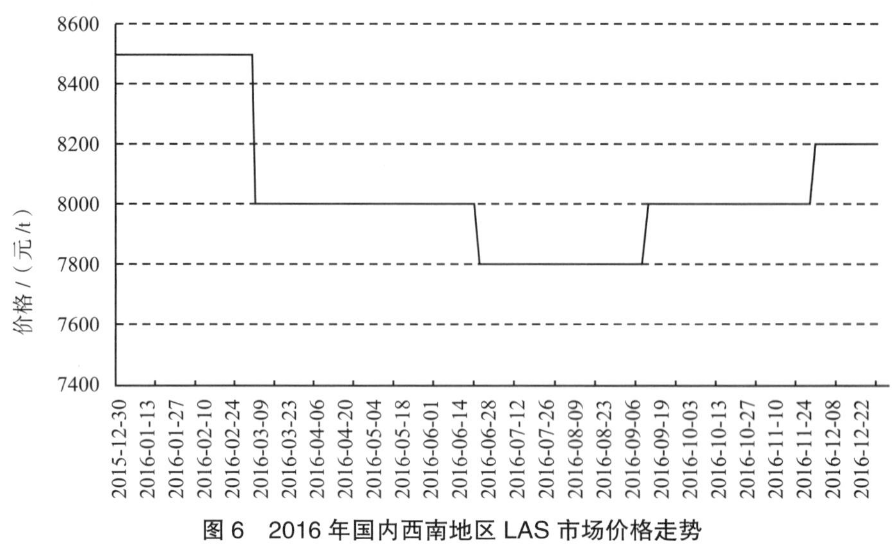

图 6　2016 年国内西南地区 LAS 市场价格走势

3 脂肪醇醚硫酸盐（AES）

脂肪醇醚硫酸盐作为目前备受欢迎的一种重要阴离子表面活性剂品种，“十二五”期间市场一直保持快速增长态势，2011—2015 年，AES 产量合计增长 64.7%，年均复合增长率超过 13%。

2016 年，受国际原油价格影响，以及东南亚油脂产出库存以及该地区厄尔尼诺现象影响，油脂化学品上涨给 AES 市场带来不小压力，尤其是脂肪醇价格大幅上涨，带动 AES 上游原料 AEO_{2+3} 市场价格涨幅激烈。2016 年全年来看，AEO_{2+3} 产量同比增长 2.30%，至 44.5 万 t，换算 AES 产量为 71.2 万 t，较 2015 年的 69.5 万 t 同比增长 2.45%，换算 70%AES 常规销售产品量约为 102 万 t，较 2015 年 100 万 t 增加 2 万 t 产量。根据中国洗协表面活性剂专业委会数据统计分析，2016 年国内规模以上（万吨级）AES 企业合计产量实现 6.57% 同比增长。

表 2 和图 7 为 2016 年国内主要规模以上 AES 生产企业产销数据统计。其中，浙江赞宇科技和湖南丽臣产量分别实现 22.80% 和 30.33% 同比增长，天津天女化工 AES 产量与 2015 年基本持平，包括中轻化工（绍兴）、沙索（中国）化学、淄博俱进和上海花王等其他中等规模 AES 企业实现不同程度产量增长。

整体来看，排名前五 AES 企业产销量占比超过 50%，2016 年 AES 行业生产集中度和垄断性进一步提升，尤其是浙江赞宇科技通过租赁或并购其他磺化企业完成磺化装置产能提升，以及湖南丽臣新建装置运行对 2016 年 AES 市场供应起到一定推动作用。

表2　2016年国内主要AES生产企业产销统计

序号	企业名称	产量/万t	产量占比/%	同比增长/%	销量/万t	销量占比/%
1	浙江赞宇科技	17.99	25.27	22.80	18.1	28.24
2	湖南丽臣奥威实业	7.95	11.17	30.33	7.85	12.25
3	天津天女化工	7.45	10.46	−0.13	7.47	11.65
4	中轻化工（绍兴）	4.81	6.76	6.18	4.89	7.63
5	辽阳华兴集团	2.00	2.81	−63.64	2.00	3.12

续表

序号	企业名称	产量/万t	产量占比/%	同比增长/%	销量/万t	销量占比/%
6	沙索（中国）化学	1.39	1.95	27.52	1.42	2.22
7	淄博俱进	1.29	1.81	—	1.24	1.93
8	上海花王化学	1.06	1.49	4.95	1.01	1.58
9	其他企业	27.25	38.27	—	20.1	31.36

数据来源：中国洗协表面活性剂专业委员会。

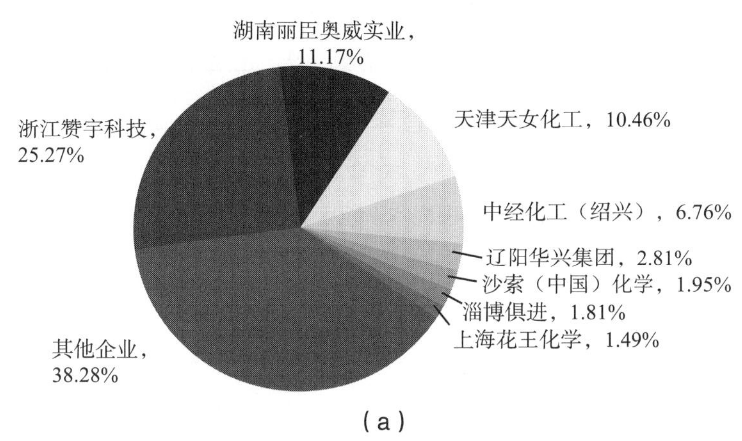

（a）

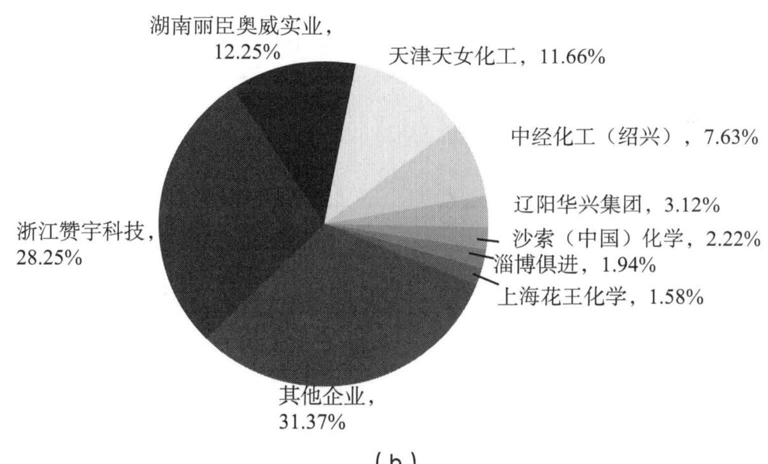

（b）

图 7　2016 年国内主要 AES 生产企业产出和销售比重统计

（a）主要 AES 企业产出比重　（b）主要 AES 企业销售比重

价格方面，2016 年 AES 市场走势与 AEO_{2+3} 行情密切相关，全年整体表现持续上涨态势。图 8 为 2016 年国内华东地区 AES 和上游原料 AEO_3 价格走势，在脂肪醇价格不断上涨的影响下，AEO_3 价格同样保持强劲上涨，年度整体涨幅超过 73%，在此影响下，华东 AES 价格也由 2016 年年初的 5700 元 /t 涨至年底的 10000 元 /t，全年涨幅超过 75.44%（图 9 所示）。

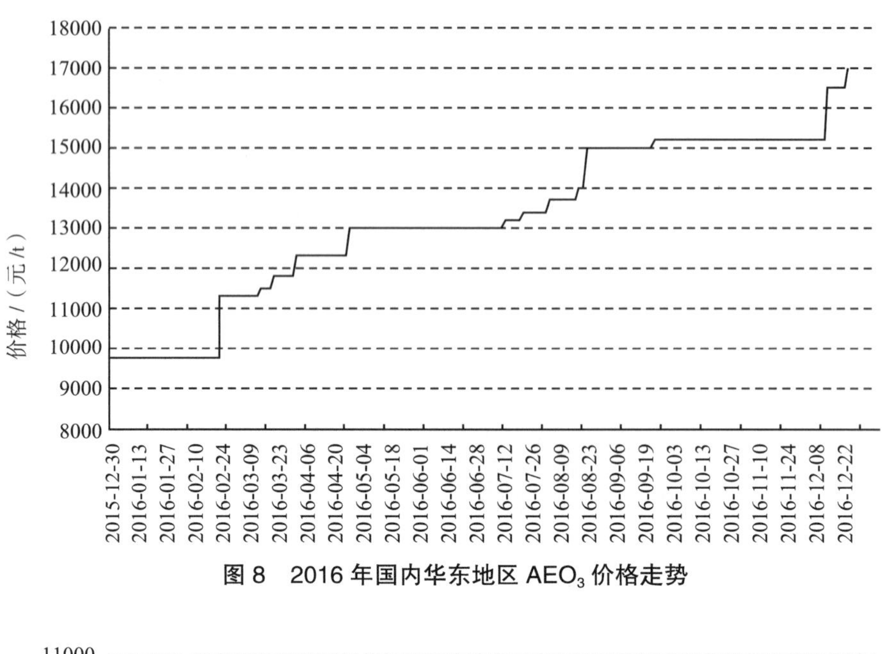

图 8　2016 年国内华东地区 AEO_3 价格走势

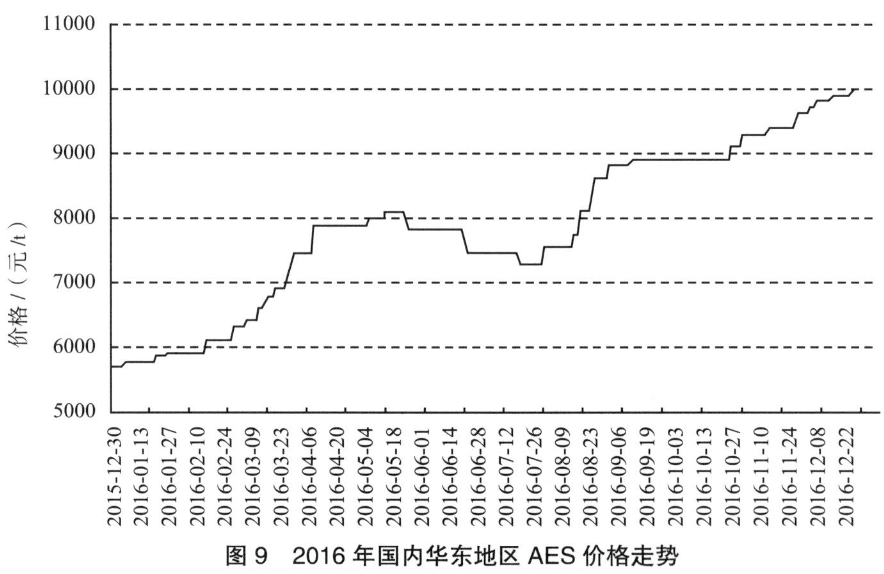

图 9　2016 年国内华东地区 AES 价格走势

4 烯烃磺酸盐（AOS）

据不完全统计，2016 年国内主要磺化企业 AOS 产销量合计分别为 6.9 万 t 和 6.8 万 t，较 2015 年同比减少 8.35% 和 6.85%。虽然原油价格持续低位给 AOS 原料烷基烯烃生产带来机遇，但是由于国内目前 AOS 原料基本全部依赖进口，对整个生产环节成本控制和产品价格没有话语权，再加上国内 LAS 和 AES 作为洗涤产品两种主打原料，AOS 实际市场需求并没有多少，历史年度最高需求也不过十余万吨。

2016 年，国内 AOS 生产企业产销情况统计见表 3 所示。金桐系列、浙江赞宇和中轻化工（绍兴）依然是国内 AOS 主要供应商，赞宇科技通过租赁南风磺化装置，当年 AOS 产销量出现两位数增长，其他企业均出现减产，2016 年实际市场需求出现下滑，目前 AOS 应用集中在粉状洗涤产品和一些工业领域应用。

表3　2016年国内主要AOS生产企业产销数据统计

序号	企业名称	产量/万t	同比增长/%	销量/万t	同比增长/%
1	金桐系列（合计）	1.51	—	1.75	—
2	中轻化工（绍兴）	1.54	-11.75	1.52	-12.14
3	浙江赞宇科技	3.35	39.00	3.01	18.27
4	湖南丽臣奥威实业	0.22	-53.19	0.25	-34.89
5	邹平福海	0.27	—	0.25	—

数据来源：中国洗协表面活性剂专业委员会。

5 烷基硫酸盐（AS）

AS易溶于水，对碱和硬水不敏感，具有优异的去污、乳化和发泡力，是一种无毒的阴离子表面活性剂。其生物降解度>90%，主要用作乳化剂、灭火剂、发泡剂及纺织助剂，广泛用于牙膏、香波、洗发膏、洗发香波、洗衣粉、液洗、化妆品、塑料脱模、润滑以及制药、造纸、建材、化工等行业。

目前市场烷基硫酸盐主要产品以十二烷基硫酸盐（K12）为主，另外C_8~C_{10}的中低碳烷基硫酸盐近几年成为市场的新宠，由于磺化过程高温很容易带走大量的低沸点原料低碳脂肪醇，目前相关磺化技术工艺和装备设计在国内存在一定困难，而中低碳醇磺化产物具有良好的物化性能和表面活性，在众多工业领域需求紧缺。

2016年国内主要AS企业产销量合计约8.5万t，实际国内市场需求量在10万t左右，本土产品市场占有率保持在75%左右，进口约合2.5万t。国内AS生产企业有四川亿丰油脂、湖南奥威丽臣、浙江赞宇科技、长治长庚油脂和淄博俱进等。

6 脂肪酸甲酯磺酸盐（MES）

2016年国内MES生产还是主要集中在浙江赞宇科技和广州奇宁两家公司，其他磺化企业也有生产，但产量不高，且以液体产品为主。据不完全统计，2016年广州奇宁和赞宇科技共计生产MES产量合计接近2.0万t，

MES作为“十二五”期间重要工业化新型阴离子表面活性剂，其具备优良成本优势，目前在配方开发和干燥设备技术方面有待提升，尤其是二钠盐含量过高引起产品清洁功能下降，以及干燥过程需要大量的载体作支撑来完成。

7 重烷基苯/石油磺酸盐

重烷基苯/石油磺酸盐应用以油田开采和工业清洗为主，目前国内重烷基苯磺酸生产企业主要有江苏盛泰（涟水）、甘肃兴荣精细化工、大庆东昊、绍兴南方石化、河南（安阳）兴亚以及过去两年密集建设的大庆炼化等。表4分别列出上述企业装置规模情况。根据2016年重烷基苯产量6.0万t估算，当年重烷基苯磺酸表观产量初步估算在10～15万t，按照平均85%销售比，实际市场消耗8.5万t以上，80%以上市场集中在东北、西南和西北等油田密集区。

表4　截止到2016年国内石油磺酸盐装置及规模统计

序号	企业名称	规模/（t/h）	装置来源	投产/扩建时间
1	甘肃兴荣	3.8	Ballestra	2011年改扩建
2	大庆炼化	3.8×3+1.5	国产装置（紫晶石）	2013—2015年投产

续表

序号	企业名称	规模/（t/h）	装置来源	投产/扩建时间
3	江苏盛泰（涟水）	3.8	Ballestra	2014 年扩建 5.2t/h
4	大庆东昊	3.0	国产多管	2007 年投产
5	河南（安阳）兴亚	3.8	国产多管	2012 年建设投产
6	绍兴南方石化	3.0	国产多管	2000 年投产
合计规模		30.3 t / h，换算产能约合 20 万 t		

数据来源：表面活性剂和洗涤剂行业生产力促进中心。

8 其他阴离子表面活性剂

中国洗协表委会不完全统计，2016 年包括琥珀酸酯、磷酸酯和醇醚羧酸盐等在内的其他阴离子产销量为 3.5 万 t，产量同比增长 2.9%，销量同比增长 12.9%。其中，赞宇科技产销量均为 1.2 万 t，上海花王产销量分别为 1200 t 和 1100 t，广州星业科技产销量分别为 2700t 和 2020t，四川花语产销均为 3.1 万 t，三江化工产销量分别为 5400 t 和 5800 t。2016 年氧化法制备不含氯乙酸的醇醚羧酸盐工艺成为行业关注的热点，目前技术工艺基本成熟，可实现年产千吨级规模，其中催化载体国产化以及催化剂回收成为该工艺突破关键点。

9 海关数据

9.1 月度进出口量

2016 年，国内阴离子表面活性剂进口量合计 6.3 万 t，出口合计 17.9 万 t，净出口量为 11.6 万 t，分别较 2015 年实现 4.48%、–2.24% 和 –5.54% 增长。全年来看，受美元 / 人民币汇率波动、原材料价格快速上扬以及东南亚油脂价格震荡的影响，国内阴离子产品出口同比减少，进口量增加，国内市场和企业竞争压力有所加大。从 2016 年国内出口商来看，阴离子表面活性剂出口企业主要集中在金桐石油化工、嘉兴赞宇科技、锦州惠发天合化学、安徽金桐化学、三洋化成、天津天智、巴斯夫和中轻物产等企业。

对比 2016 年国内阴离子表面活性剂（34021100）进出口均价，进出口差价约合 1000 美元 /t，关税差异和产品结构不同是进出口均价差异较大的主要原因（表 5~ 表 6，图 10~ 图 11 所示）。

表5　2016年国内阴离子表面活性剂（34021100）月度进口数据统计

月份	进口量/kg	进口额/美元	进口量同比/%	进口额同比/%	进口均价/（美元/t）
1 月	4563813	10142118	–10.6	–22.3	2222.29
2 月	2890966	6548167	–13.6	–19.5	2265.04
3 月	5402251	11356527	17.3	0.3	2102.18
4 月	6202351	13497130	6.2	-3.9	2176.13
5 月	5443350	11887704	13.5	1.8	2183.89
6 月	6031679	13090999	–5.0	–10.5	2170.37
7 月	5312927	12164279	–11.6	–9.2	2289.56
8 月	5603254	12427984	6.8	2.9	2217.99
9 月	5714871	12273979	21.2	8.4	2147.73

续表

月份	进口量/kg	进口额/美元	进口量同比/%	进口额同比/%	进口均价/（美元/t）
10月	5152805	11422086	34.0	25.2	2216.67
11月	6012993	13582097	44.7	43.2	2258.79
12月	4787802	10927924	−23.6	−19.5	2282.45

数据来源：中国海关。

表6　2016年国内阴离子表面活性剂（34021100）月度出口数据统计

月份	出口量/kg	出口额/美元	出口量同比/%	出口额同比/%	出口均价/（美元/t）
1月	15237861	17289255	3.8	−12.3	1134.62
2月	12884163	14944180	−7.1	−17.9	1159.89
3月	18460863	21350682	17.8	9.2	1156.54
4月	18469533	21862791	14.8	1.1	1183.72
5月	15413082	19598650	18.1	8.6	1271.56
6月	16174438	20756783	2.2	1.9	1283.31
7月	14011188	16681175	−10.1	−18.7	1190.56
8月	16843218	20159385	23.1	17.3	1196.88
9月	11196656	14507668	−29.4	−26.1	1295.71
10月	11846695	15330070	−26.7	−18.3	1294.04
11月	14397274	18786371	−10.9	−5.7	1304.86
12月	14442988	18887228	−12.2	2.4	1307.71

数据来源：中国海关。

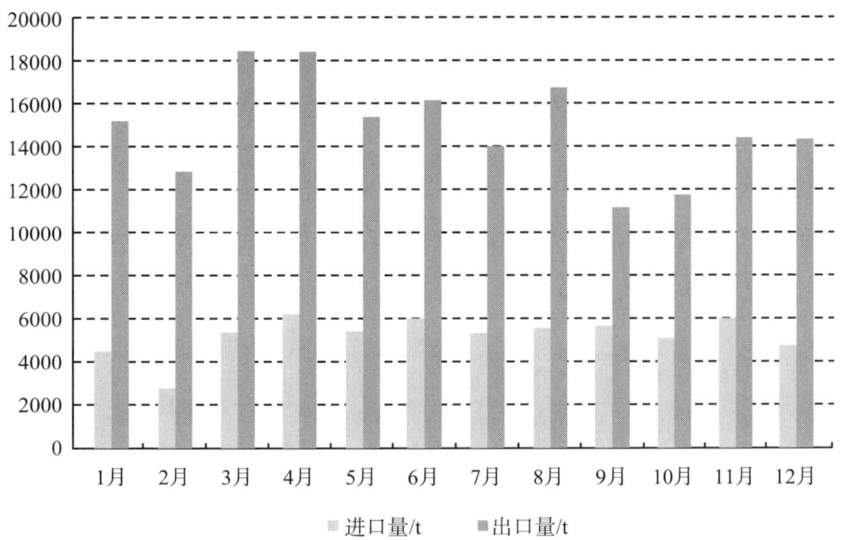

图10　2016年国内阴离子表面活性剂（34021100）月度进出口量统计

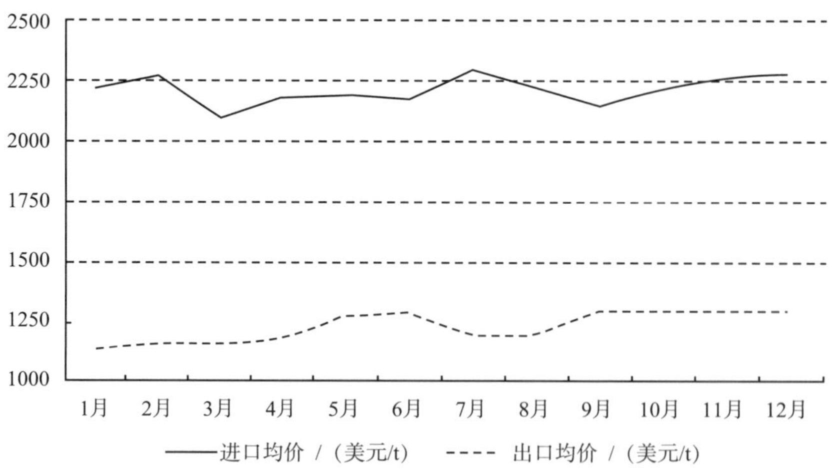

图 11　2016 年国内阴离子表面活性剂（34021100）月度进出口均价走势

9.2　进出口国统计

表 7 为 2016 年国内阴离子表面活性剂（34021100）进口来源数据统计。进口来源国或地区排名前五的分别是德国、美国、日本、印度尼西亚和中国台湾，进口量分别为 13814t、12624t、6314t、5613t 和 4640t，进口量分别同比增长 14.8%、-22.0%、16.1%、9.3% 和 35.0%，合计占比当年阴离子表面活性剂总进口量的 71.32%（图 12 所示）。进口均价日本较高，为 3882.9 美元 /t，约合人民币 26700 元 /t。

表7　2016年国内阴离子表面活性剂（34021100）进口来源国或地区统计

进口国或地区	进口数量/kg	进口额/美元	进口量同比/%	进口额同比/%	进口均价/（美元/t）
德　国	13813696	25542065	14.8	-2.1	1849.04
美　国	12623768	35578715	-22.0	-20.9	2818.39
日　本	6313926	24516250	16.1	24.4	3882.89
印度尼西亚	5612950	8479035	9.3	5.4	1510.62
中国台湾	4640575	8355489	35.0	10.3	1800.53
韩　国	3699238	7699027	38.8	39.4	2081.25
泰　国	3698917	5391241	29.5	27.2	1457.52
菲律宾	2880002	4191885	19.3	23.4	1455.51
法　国	2415398	3735948	-45.4	-51.6	1546.72
印　度	1904565	3220816	161.9	81.9	1691.10
马来西亚	1870184	3230192	90.6	65.1	1727.21
西班牙	1372215	3048851	12.9	4.2	2221.85
意大利	556874	1608305	30.5	36.9	2888.09
荷　兰	556244	1639138	-3.0	-8.2	2946.80
波　兰	259245	475145	-32.1	-35.1	1832.80
英　国	198787	589703	-36.8	-32.6	2966.51

续表

进口国或地区	进口数量/kg	进口额/美元	进口量同比/%	进口额同比/%	进口均价/（美元/t）
瑞　士	114400	371502	-34.0	-48.2	3247.40
新加坡	93015	261523	-70.9	-79.4	2811.62
保加利亚	66730	40541	373.9	349.4	607.54
挪　威	62660	167965	-38.7	-24.7	2680.58

数据来源：中国海关。

对比进口国，国内阴离子表面活性剂出口目的国或地区比较分散，如表 8 所示，其中，出口菲律宾约合 1.3 万 t，同比增长 14.6%；出口印度尼西亚超过 1.0 万 t，同比增长 66.6%；出口美国和日本两个发达国家量同样超过 9000t，分别同比增长 47.8% 和 1.8%。包括智利、巴基斯坦、马来西亚、中国台湾、巴西和俄罗斯等国或地区的出口量超过 5000t。出口价方面，出口日本产品均价较高，达到 2127.7 美元 /t，约合 15000 元 /t。

表8　2016年国内阴离子表面活性剂（34021100）出口目的国或地区统计

出口国或地区	出口数量/kg	出口额/美元	出口量同比/%	出口额同比/%	出口均价/（美元/t）
菲律宾	12891214	13402530	14.6	10.3	1039.66
印度尼西亚	10582453	12030546	66.6	57.2	1136.84
美　国	9104829	10439005	47.8	33.8	1146.53
日　本	9079798	19319038	1.8	-1.0	2127.69
智　利	7827404	8256275	25.1	33.0	1054.79
巴基斯坦	7091396	8344016	-10.0	-6.3	1176.64
马来西亚	6652581	6170546	-9.0	-18.4	927.54
中国台湾	5987836	6800691	-8.1	-12.6	1135.75
巴　西	5890727	6467972	-15.8	-19.5	1097.99
俄罗斯联邦	5857165	7114302	52.0	58.8	1214.63
吉布提	5341736	5289248	47.3	37.7	990.17
缅　甸	4757988	5556135	4.2	-4.1	1167.75
越　南	4746403	6589277	82.9	62.3	1388.27
泰　国	4073449	5363147	-39.0	-34.3	1316.61
韩　国	4067876	5095490	-8.9	-15.4	1252.62
加拿大	3888885	4217626	29.9	37.7	1084.53
叙利亚	3700970	3915806	-39.6	-31.2	1058.05
墨西哥	3598568	3522045	-3.7	-6.5	978.74
伊　朗	3426107	5422303	81.5	86.9	1582.64
阿联酋	3401125	4295481	-17.8	-32.1	1262.96

数据来源：中国海关。

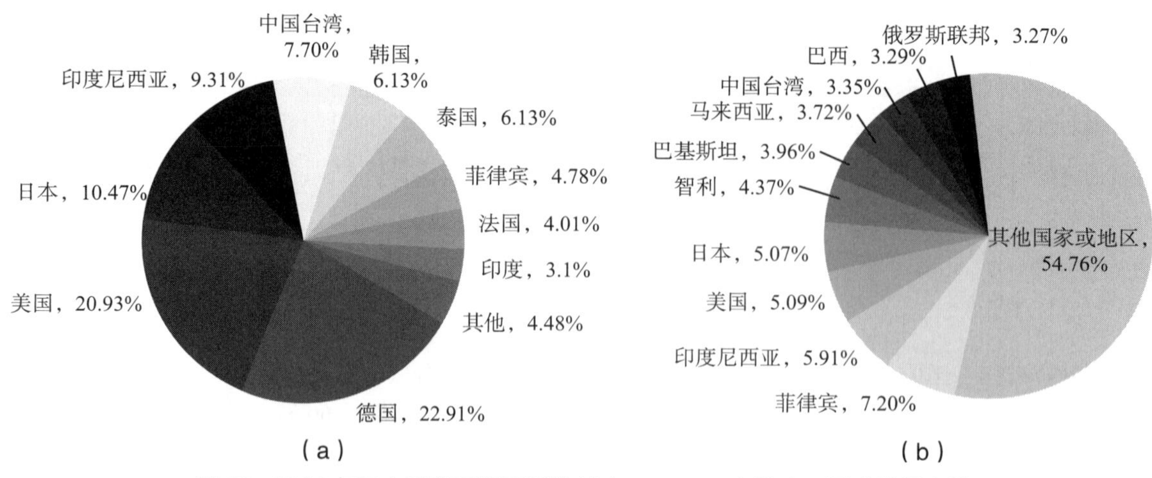

图 12　2016 年国内阴离子表面活性剂（34021100）进出口国或地区占比
（a）进口来源国或地区统计　（b）出口目的国或地区统计

9.3　进出口省市

表 9 和图 13 为 2016 年国内阴离子表面活性剂进出口省市数据统计。进口方面，排名前五的省市主要集中在上海市、广东省、江苏省、浙江省和天津市，进口量分别为 25666t、138517t、129314t、3073t 和 1882t，较 2015 年分别同比增长 17.3%、–18.8%、33.9%、–20.9% 和 –16.0%。对比当年地区进口均价，安徽省和湖北省均超过了 10000 美元 /t，约合人民币 68800 元 /t，产品以高纯和高附加值为主。

表9　2016年国内阴离子表面活性剂（34021100）进口省市统计

进口省市	进口量/kg	进口额/美元	进口量同比/%	进口额同比/%	进口均价/（美元/t）
上海市	25666495	59560079	17.3	8.7	2320.54
广东省	13851789	31884280	–18.8	–24.7	2301.82
江苏省	12931384	25292820	33.9	23.1	1955.93
浙江省	3072833	5808696	–20.9	–17.8	1890.34
天津市	1881712	3260348	–16.0	–17.8	1732.65
山东省	1377364	3238410	–23.0	–12.9	2351.16
河北省	927472	1854394	176.4	115.9	1999.41
山西省	841110	1858513	–17.2	–19.5	2209.60
辽宁省	828322	1360061	14.2	6.8	1641.95
北京市	621296	1939765	71.7	49.6	3122.13
陕西省	501516	1405585	10.9	22.7	2802.67
福建省	365799	687496	–23.8	–27.0	1879.44
河南省	153783	379976	–13.9	–24.6	2470.86

续表

进口省市	进口量/kg	进口额/美元	进口量同比/%	进口额同比/%	进口均价/（美元/t）
湖北省	44753	532076	−43.7	18.5	11889.17
广西自治区	20742	135405	124.7	359.3	6528.06
吉林省	17778	62652	−23.9	−31.1	3524.13
重庆市	7693	12076	−48.4	−53.4	1569.74
宁夏自治区	6048	37800	0.0	0.0	6250.00
海南省	552	3269	−26.9	17.1	5922.10
安徽省	427	5078	−98.8	−98.0	11892.27

数据来源：中国海关。

2016 年国内阴离子表面活性剂（34021100）出口地区主要集中在浙江省、江苏省、广东省、安徽省和上海市，出口量分别为 48711t、45983t、23820t、15590t 和 15183t，较 2015 年分别同比增长 −5.4%、2.8%、73.3%、10.5% 和 −13.5%。出口均价较高地区为辽宁省、湖北省、北京市和福建省，均超过 2000 美元 /t，折合人民币约为 13800 元 /t（表 10 和图 14 所示）。

表10　2016年国内阴离子表面活性剂（34021100）出口省市统计

出口省市	出口量/kg	出口额/美元	出口量同比/%	出口额同比/%	出口均价/（美元/t）
浙江省	48711064	51541917	−5.4	0.5	1058.12
江苏省	45982898	62104601	2.8	−5.2	1350.60
广东省	23819626	26412661	73.3	55.4	1108.86
安徽省	15590433	15899222	10.5	8.0	1019.81
上海市	15183093	21090675	−13.5	−8.4	1389.09
天津市	9591563	10875512	−45.4	−46.9	1133.86
辽宁省	5681812	12088120	−14.2	−23.7	2127.51
四川省	2792315	3057685	−16.7	−28.2	1095.04
山东省	2758185	3835693	−29.8	−21.7	1390.66
河南省	2668476	3064504	−21.5	−32.6	1148.41
河北省	2371435	2915066	120.5	98.0	1229.24
湖南省	1990898	2432944	63.4	67.2	1222.03
湖北省	924104	2640899	72.9	30.1	2857.79
江西省	733794	1262111	100.5	43.8	1719.98
新疆维吾尔自治区	190650	301137	283.8	81.7	1579.53

续表

出口省市	出口量/kg	出口额/美元	出口量同比/%	出口额同比/%	出口均价/（美元/t）
北京市	110179	223064	–63.9	–66.0	2024.56
内蒙古	102971	111304	233.5	189.4	1080.93
黑龙江	70475	95454	0.0	0.0	1354.44
福建省	61795	129055	–97.9	–96.4	2088.44
重庆市	20250	26697	299.0	31.8	1318.37

数据来源：中国海关。

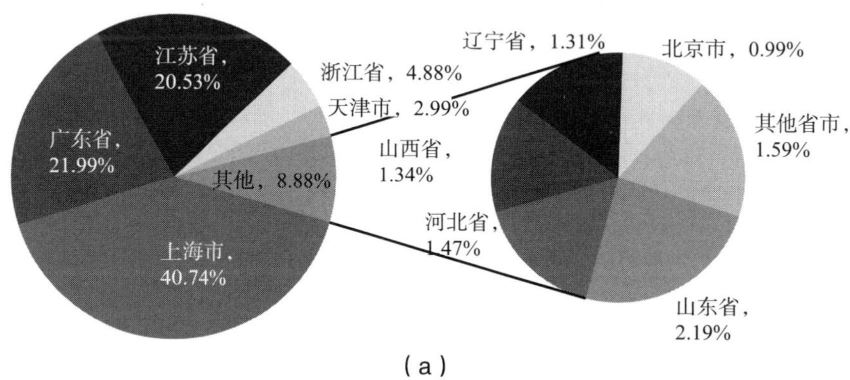

（a）

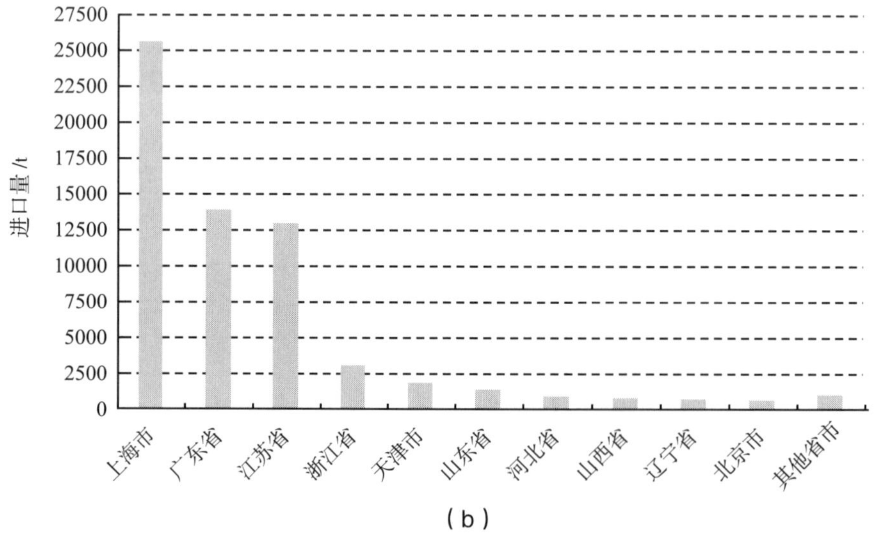

（b）

图 13　2016 年国内阴离子表面活性剂主要省市进口统计
（a）进口占比　（b）进口量比较

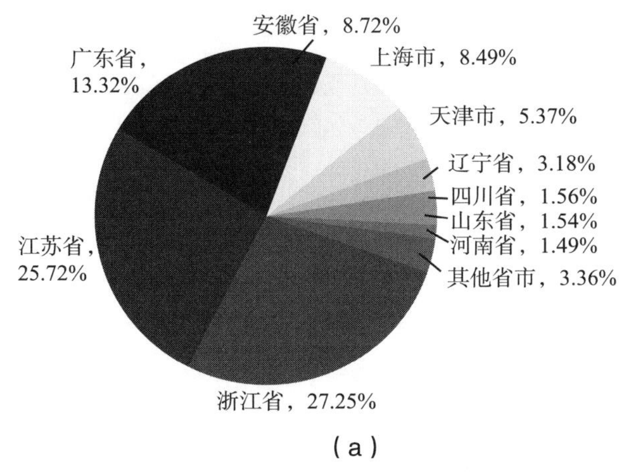

（a）

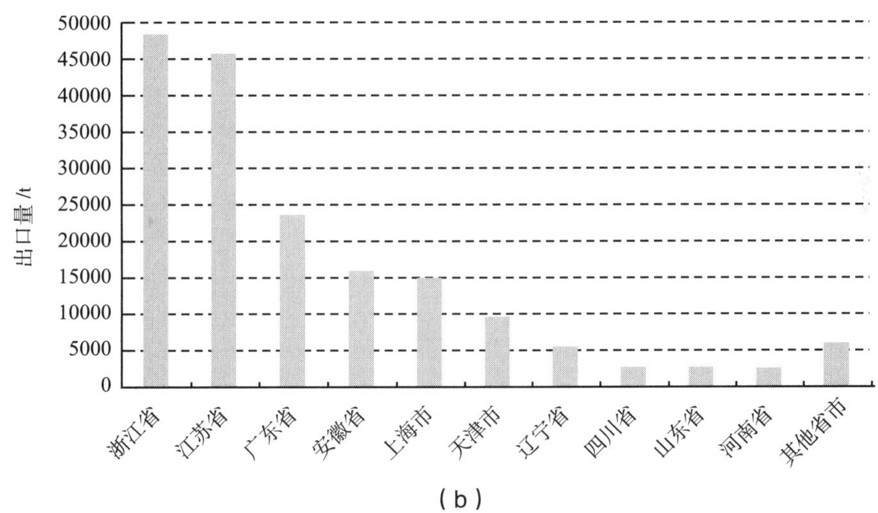

（b）

图 14　2016 年国内阴离子表面活性剂主要省市出口统计
（a）出口占比　（b）出口量比较

9.4　海关贸易

2016 年国内阴离子表面活性剂（34021100）海关贸易进口量排名前五为上海海关、黄埔海关、南京海关、青岛海关和天津海关，分别为 29332t、10737t、8008t、2894t 和 2772t，较 2015 年分别同比增长 24.0%、2.2%、15.3%、12.4% 和 –25.5%。当年进口均价武汉海关贸易均价高出 10000 美元 /t，折合人民币 68800 元 /t（表 11 和图 15 所示）。

表11　2016年国内阴离子表面活性剂（34021100）进口口岸统计

进口口岸	进口量/kg	进口额/美元	进口量同比/%	进口额同比/%	进口均价/（美元/t）
上海海关	29332065	66858635	24.0	13.5	2279.37
黄埔海关	10737207	22130091	2.2	–5.9	2061.07
南京海关	8007992	16869362	15.3	10.9	2106.57
青岛海关	2894320	5488853	12.4	12.8	1896.42

续表

进口口岸	进口量/kg	进口额/美元	进口量同比/%	进口额同比/%	进口均价/（美元/t）
天津海关	2772147	6249964	–25.5	–23.8	2254.56
拱北海关	2167280	4329140	–46.0	–48.3	1997.50
宁波海关	2080508	3534024	–27.1	–29.3	1698.64
广州海关	1463358	4206949	–15.3	–23.7	2874.86
深圳海关	1048557	3330166	–20.7	–28.8	3175.95
大连海关	799609	1314660	13.2	5.5	1644.13
西安海关	485676	1376483	52.4	47.6	2834.16
杭州海关	458066	1233699	–11.0	–7.0	2693.28
湛江海关	270000	503348	–45.8	–65.2	1864.25
厦门海关	188077	349466	–55.5	–59.7	1858.10
江门海关	133820	528919	–25.4	–14.1	3952.47
福州海关	115850	151010	92.3	80.4	1303.50
北京海关	98768	284081	–1.4	–16.4	2876.25
武汉海关	37269	406710	–52.1	6.5	10912.82
南宁海关	19202	112393	108.0	281.2	5853.19
汕头海关	3516	28232	–38.9	–41.1	8029.58

数据来源：中国海关。

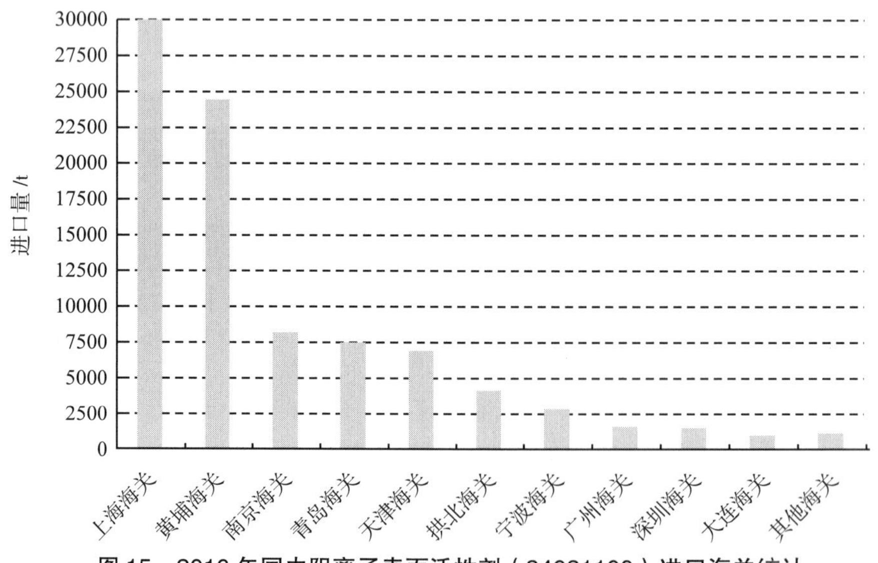

图 15　2016 年国内阴离子表面活性剂（34021100）进口海关统计

对比出口口岸贸易，出口量排名前五的分别是上海海关、南京海关、深圳海关、天津海关和宁波海关，出口量分别为 60737t、48741t、16419t、15175t 和 13917t，较 2015 年分别同比增长 –3.6%、13.6%、137.1%、–44.8% 和 –33.4%（表 12 和图 16 所示）。

表12　2016年国内阴离子表面活性剂（34021100）出口口岸统计

出口口岸	出口量/kg	出口额/美元	出口量同比/%	出口额同比/%	出口均价/（美元/t）
上海海关	60737358	76239214	−3.6	−5.5	1255.23
南京海关	48740709	57453863	13.6	6.7	1178.77
深圳海关	16419791	17392339	137.1	106.2	1059.23
天津海关	15174923	20155309	−44.8	−50.4	1328.20
宁波海关	13917436	15147380	−33.4	−22.9	1088.37
青岛海关	8195758	12206345	57.2	91.3	1489.35
黄埔海关	5636078	6224120	37.1	17.8	1104.34
昆明海关	3030316	3452079	−9.7	−20.7	1139.18
大连海关	2888447	5163613	151.0	138.9	1787.68
广州海关	1950115	2255410	−20.9	1.7	1156.55
杭州海关	753513	1103482	25.1	−30.5	1464.45
武汉海关	657876	1091614	94.0	65.2	1659.30
南昌海关	428175	639144	55.3	28.7	1492.72
拱北海关	348135	692350	11.7	4.3	1988.74
乌鲁木齐海关	209600	301908	−79.6	−77.4	1440.40
西安海关	102435	121808	0.0	0.0	1189.12
呼和浩特海关	49860	103854	16.8	84.4	2082.91
福州海关	42000	110853	170.3	121.7	2639.36
南宁海关	37452	57335	15.5	−43.6	1530.89
北京海关	30917	206327	555.2	290.7	6673.58

数据来源：中国海关。

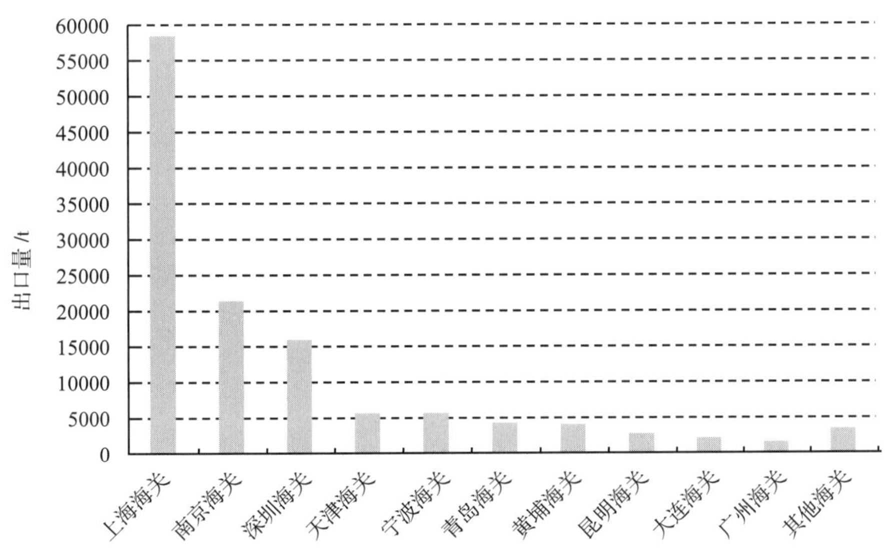

图16　2016年国内阴离子表面活性剂（34021100）出口海关统计

10 小结

2016 年国内阴离子表面活性剂生产情况整体来看比较平稳，相反，受原材料价格波动、国内外经济政策以及地区政治不稳定等因素影响，阴离子表面活性剂市场出现一些难以预测的变数，尤其是在原油价格持续走低情况下，国内以 LAS 为代表的石化衍生产品表现活跃起来，在诸如洗涤用品、工业清洗、民用日化等领域表现出强劲竞争力，对以 AES 为代表的后起天然油脂衍生产品形成冲击，部分磺化装置通过产品结构调整，对当年 LAS 产出做出贡献。

阴离子表面活性剂种类单一，集中在皂类和磺化系类产品，产品结构单一和下游应用集中度高限制了其行业的发展，后起新型功能性低成本产品发展滞缓，成为行业面临的首要问题，实现产品结构升级和高活性物产品供给，满足未来浓缩洗涤和高性能配方要求，是行业企业关注重点。

2016年国内非离子表面活性剂生产与市场

2016年，国内非离子表面活性剂产品结构与2015年相比没有多大变化，产品主要集中在脂肪醇乙氧基化物（AEO）、烷基酚乙氧基化物（NP）、烷基糖苷（APG）、烷醇酰胺类（6501等）、脂肪酸甘油酯类、脂肪酸聚氧乙烯酯、脂肪胺乙氧基化物和脂肪酸多元醇酯等，目前有关聚乙二醇类和减水剂大单体是否归属非离子表面活性剂行业存在争议，本篇文章在这里不做专门讨论，相关生产和市场也未统计在非离子数据当中。

2016年，国内典型非离子表面活性剂（除聚乙二醇和减水剂大单体外）总产量为130.8万t，净进口量为8.9万t，表观消耗量为139.7万t，较2015年的120万t和130万t分别同比增长9.58%和7.46%。

2016年国内乙氧基化非离子表面活性剂总产能达到302.7万t，较2015年的292.9万t同比增长3.34%，据不完全统计，2016年乙氧基化装置平均开工率低于40%，新装置开工运行贡献当年产量实现同比增长8.8%，达到98.9万t。包括烷基糖苷、脂肪酸甘油酯烷醇酰胺和多元醇酯等在内的其他非离子表面活性剂产量达到32.5万t。

1 低EO聚合数脂肪醇醚（AEO_{2+3}）

AEO_{2+3}作为主要非离子表面活性剂品种，2016年产量达到48万t，较2015年增加1.5万t，同比增长3.22%；其中用于AES原料的AEO产量合计44.5万t，较2015年增加1.0万t，同比增长2.30%。

2016年，国内大规模AEO_{2+3}项目装置基本没有建设，产品开工影响因素较多，包括G20峰会、EO价格以及脂肪醇市场波动等因素影响，使得当年企业对AEO_{2+3}生产积极性受限，企业继续保持合约交易供应，“关系交易”和“忠实客户”成为当年AEO到AES产业特征体现，企业在价格和获利方面继续保持一种短期考虑态度。

生产方面，AEO_{2+3}产品供应主要集中在华东地区、东北和华南地区，其中华东地区占比较高，主要生产企业包括：上海石化非离子事业部、三江化工、沙索（中国）化学、海安石油化工厂和中轻日化科技有限公司等。产能方面，华东地区占比超过67%，产量更是达到82%左右。2016年华东地区部分企业由于G20峰会和环保督查等原因，装置开工率较低，产销量出现同比负增长。

表1为2016年国内主要AEO_{2+3}企业产销数据统计。其中，三江化工AEO_{2+3}产品产量超过9.5万t，占比20%，销量占据国内1/5市场。

表1 2016年统计国内主要AEO_{2+3}生产企业

序号	企业名称	2016年产量/t	2015年产量/t	产量同比/%	备注
1	上海石化	64	5743	—	G20峰会及检修停车
2	沙索（中国）	22100	20400	8.33	外资企业装置
3	抚顺洗涤剂厂	3800	4900	−22.45	订单加工
4	三江化工	96240	91492	5.19	表委会统计数据
5	上海佳化	24700	23500	5.11	2016年不完全统计
6	辽阳华兴	20000	39000	−48.72	2016年不完全统计
7	惠州智盛	36800	32500	13.23	和桐集团华南子公司

数据来源：中国洗协表面活性剂专业委员会。

图 1 为 2016 年全年华东地区和华南地区 AEO_3 主要企业报价走势，整体来看，华南地区报价高于华东地区。2016 年年初价格基本维持在 9000 元 /t，全年一路上扬，2016 年年底已经达到 14500 元 /t，全年价格上涨幅度达到 61%。从产品原料供应和生产工艺来分析，脂肪醇价格全年上扬成为推动 AEO_3 产品价格一路上涨的首要因素。

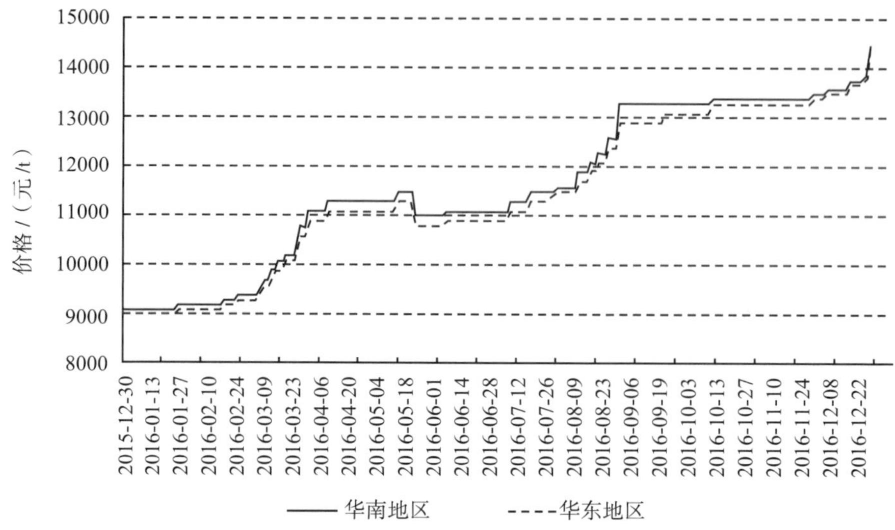

图 1　2016 年国内华东和华南地区 AEO_3 价格走势

2 中等 EO 聚合数脂肪醇醚（AEO_{7+9}）

2016 年，国内 AEO_{7+9} 产量较 2015 年增加约 5 万 t，达到 18 万 t，同比增长 33.3%，国内产品供应基本与 AEO_{2+3} 装置相配套，主要集中在东北、华东和华南地区。2016 年中等 EO 聚合数产品产量增长主要原因：在 EO 价格影响下，保障其在较高脂肪醇下，实现较大利润获取，企业更趋于两种主要原料共同平衡所带来的产品利润获取，既有效降低产品市场风险，又有助于提高企业和产品自身竞争力。

2016 年国内主要地区 AEO_7 价格走势见图 2 所示。2016 年年初价格为最低，9800 元 /t，受脂肪醇价格走势影响，年底涨至 15000 元 /t，年度涨幅达到 53.06%。

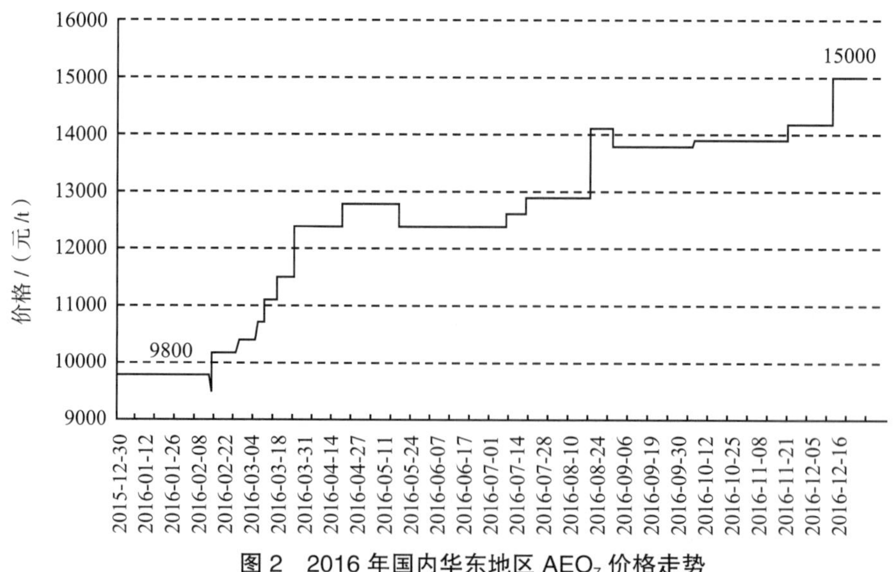

图 2　2016 年国内华东地区 AEO_7 价格走势

2016 年国内主要地区 AEO_9 价格走势见图 3 所示。2016 年年初价格为最低，9000 元 /t，受脂肪醇和 EO 价格走势综合因素的影响，年底涨至 14400 元 /t，年度涨幅达到 60%。整体来看，高 EO 数脂肪醇醚产品获利较 AEO_{2+3} 具有优越性，产品需求量较 2015 年有所提升。

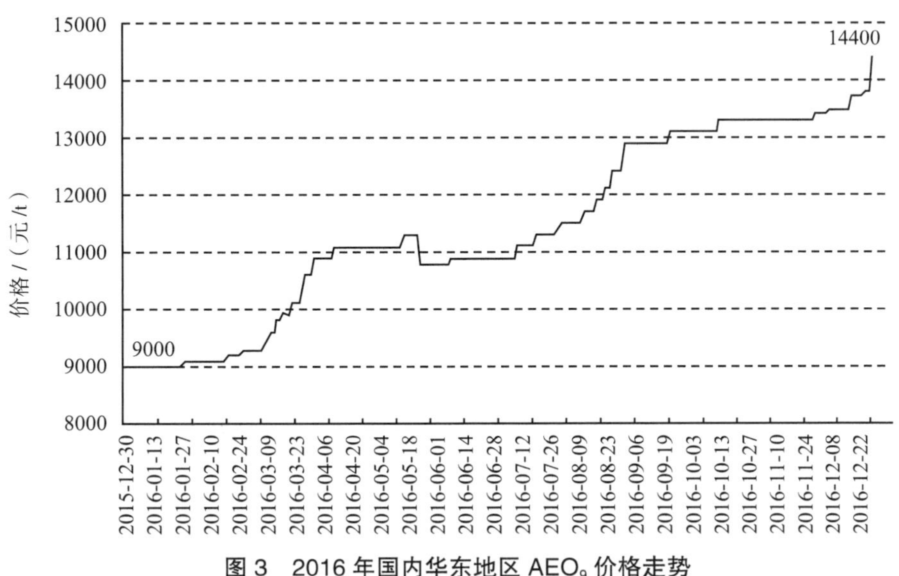

图 3　2016 年国内华东地区 AEO_9 价格走势

图 4 为 2016 年国内主要地区 AEO_9 产品生产获利情况统计。与 2015 年相比，2016 年国内非离子表面活性剂 AEO_9 走势出现明显改善。2016 年一季度 AEO_9 整体利润空间不错，平均盈利 200 元 /t；二季度随着原料价格的上升带来成本压力，平均亏损约合 60 元 /t;第三季度开始后，表活开始跟涨原料市场，加之场内现货量出现紧俏格局，市场盈利空间开始增加，三季度平均盈利 310 元 /t；随后的第四季度，脂肪醇在暴涨之后维持高位盘整，受此支撑，AEO_9 商家低价惜售，另一方面，终端洗化行业开工率明显改善，需求的利好背景下，AEO_9 市场处于良好的盈利状态，四季度平均盈利 750 元 /t。

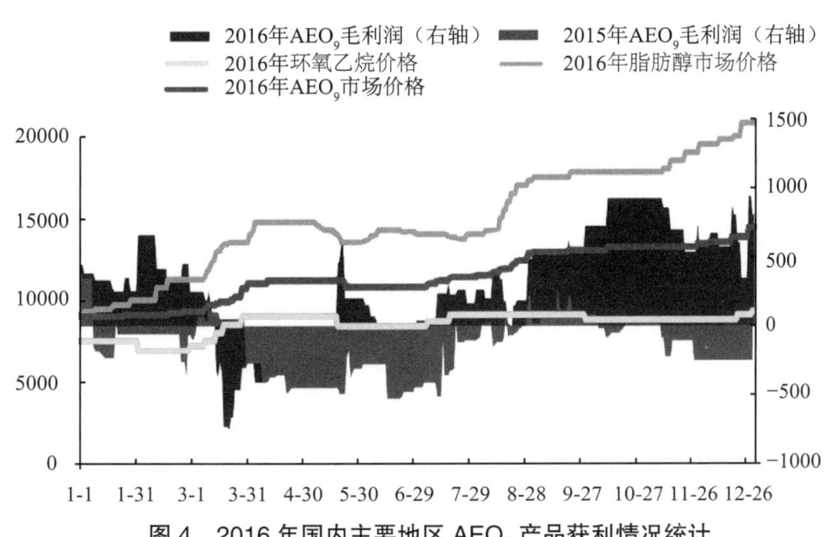

图 4　2016 年国内主要地区 AEO_9 产品获利情况统计

3 其他类脂肪醇醚

2016 年，国内其他类脂肪醇醚生产与市场整体表现比较平稳，由于产品结构多样性，目前对其数据统计还没有一个确定实际运作，根据中国目前国内典型非离子表面活性剂装置运行情况，以及有关产品开工率统计，据不完全统计，2016 年有关其他类脂肪醇醚产量初步统计在 3.0 ~ 5.0 万 t。

4 烷基酚醚

2016 年，烷基酚醚等系列产品产销量与 2015 年相比存在较大的变数：产品安全评价和环境激素影响评估被部分行业组织和机构提上日程。在众多因素影响下，2016 年烷基酚醚产量较 2015 年同比减少 3.67%，至 10.5 万 t，2016 年国内烷基酚醚产品未增加新产能或装置，传统乙氧基化装置以代加工或来料加工模式为主，国内规模以上企业主要集中在吉林云雀工贸、吉林石化、邢台蓝星助剂厂、上海锦山化工、江苏嘉丰化学、抚顺浩源化工、江苏凌飞科技以及三江化工公司等。

图 5~ 图 7 为国内主要烷基酚醚产品 2016 年价格走势。其中，NP-4 产品华东地区价格涨幅达到 17.89%，年底高价达到 14500 元 /t；NP-7 价格从 2016 年年初的 11100 元 /t 涨至年底的 14300 元 /t，涨幅达到 28.83%；NP-10 产品价格走势影响因素较多，2016 年全年走势先涨后跌，整体涨幅维持 26.73%。整体 NP 产品结构中，EO 聚合数越高，NP 产品受 EO 价格影响越大，反之，烷基酚原料成为主要的影响 NP 价格因素。

2016 年国内烷基酚醚生产获利情况较 2015 年有所改善，国际原油价格持续走低，给以辛基酚、壬基酚等为原料的下游加工乙氧基化产品提供了低成本优势，主要装置开工平稳。近几年，随着环保要求的逐年提高，NP 生产厂家必须持有危化品生产经营许可证，加之国内壬基酚生产厂家有限，2016 上半年壬基酚供应量有限、价格过高，开始有商家退出 NP 市场，目前国内实力较强的生产企业有：江苏凌飞、江苏嘉丰、吉林石化以及三江化工等。以 NP-10 为例（图 8 所示），2016 年 NP 市场毛利情况较 2015 年出现明显扭转。2016 年第一季度市场毛利维持在平均盈利 600 元 /t，第二季度，壬基酚市场供应紧俏，NP 市场开始跟随壬基酚市场展开上扬步伐，平均盈利在 530 元 /t，进入三季度后，市场仍在跟随原料市场上移，利润空间相对稳定，平均盈利为 783 元 /t，而第四季度，壬基酚市场处于高位状态，导致 NP-10 利润空间受压缩，但盈利情况依旧维持良好状态，平均盈利 444 元 /t。根据卓创资讯数据统计，目前国内烷基酚醚下游行业应用主要集中在：纺织印染助剂占比 39%；工业清洗原料占比 32%；农药乳化剂占比 20%；造纸行业占比 5%，其他行业约合 4%。

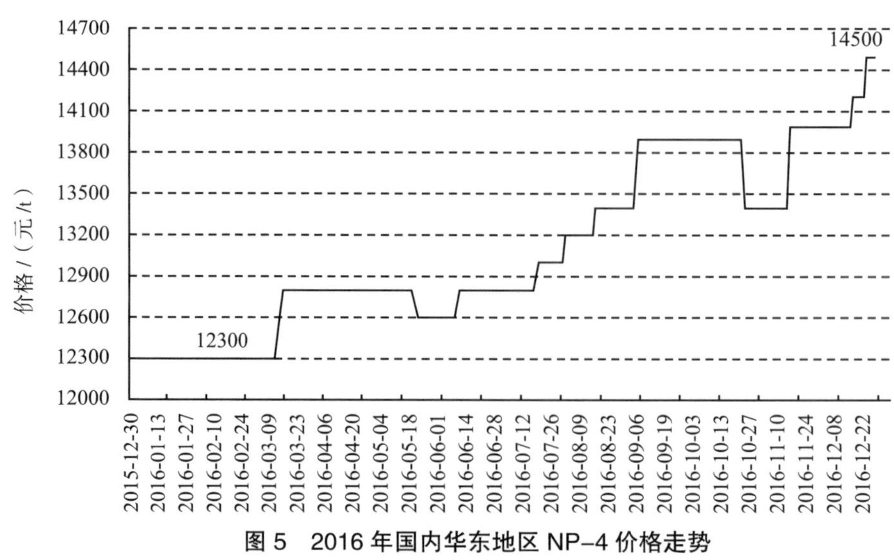

图 5　2016 年国内华东地区 NP-4 价格走势

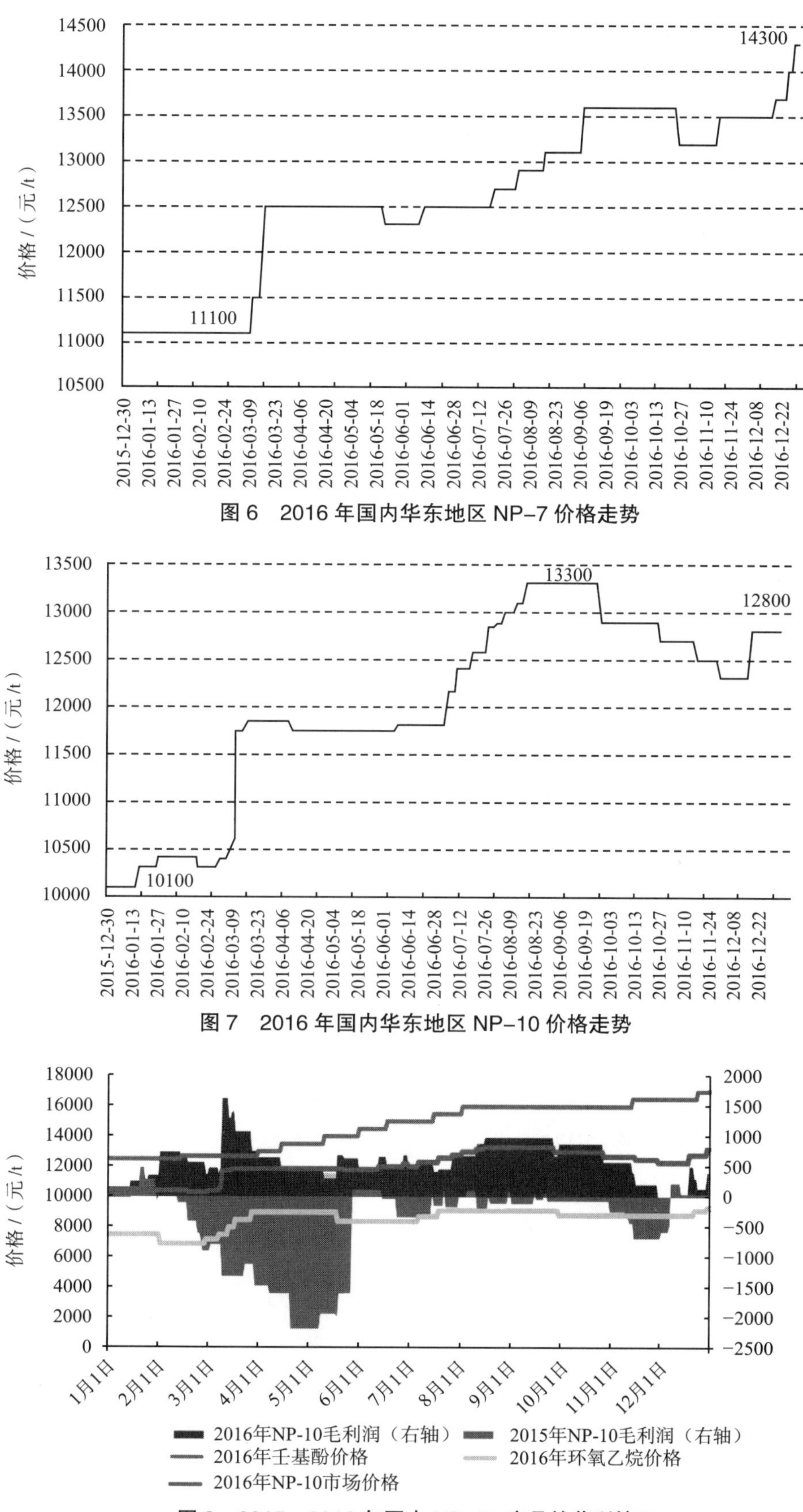

图 6　2016 年国内华东地区 NP-7 价格走势

图 7　2016 年国内华东地区 NP-10 价格走势

图 8　2015—2016 年国内 NP-10 产品的获利情况

5 烷基糖苷类（APG）

烷基糖苷作为一种新型绿色环保型非离子表面活性剂，经过中国日化院等科研院所的技术攻关，目前该产品生产工艺已经基本趋于成熟，国内外产品指标、性能以及产品结构等差异微乎其微。

在技术攻关日益成熟以及装置大规模模仿建设背景下，“十二五”成了烷基糖苷发展较快时期，五年合计增长达到566%，2011年APG产能合计不到2万t，生产和市场基本被国外所垄断，2013—2015年，国内APG装置盲目建设，截止到2016年年底，产能超过10万t，行业无理性发展以及产品结构差异给APG发展带来众多不确定性，市场产品质量参差不齐，影响其推广使用。

2016年国内新建/投产烷基糖苷项目初步统计在3.0万t左右，据不完全统计，国内烷基糖苷产量超过7.66万t（图9所示），较2015年产量增加7.14%，占全球比重超过1/4，其中国内产品出口量维持在2万t左右。目前国内烷基糖苷生产企业主要集中在巴斯夫（上海）、上海发凯化工、扬州晨化化工、江苏万淇生物科技、深圳长园嘉彩、宜兴金兰化工、海宁源远化工和无锡华格新材料等（表2、图10所示）。目前国内烷基糖苷应用范围主要集中在民用洗涤产品生产和纺织化学品等工业助剂开发领域。

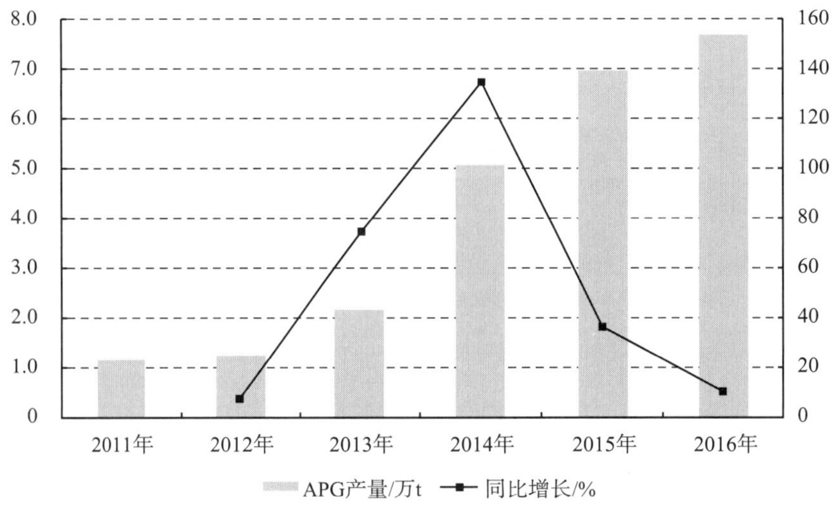

图9 2011—2016年国内APG产出数据统计

表2 2016年统计国内主要APG企业产出情况

序号	企业名称	2016年APG产量/t
1	上海发凯化工有限公司	11000
2	巴斯夫（上海）化学有限公司	12500
3	扬州晨化新材料股份有限公司	9570
4	深圳长园嘉彩环境材料有限公司	6600
5	宜兴金兰化工有限公司	2200
6	海宁源远纺织助剂公司	5260
7	江苏万淇生物科技有限公司	6850
8	无锡华格新材料有限公司	3000
9	浙江赞宇科技有限公司	2150
10	扬州绿洁日化科技有限公司	5000
11	金陵石油化工有限责任公司研究院	2470

续表

序号	企业名称	2016年APG产量/t
12	其他企业（不完全统计）	10000
合计产量		76600

数据来源：表面活性剂和洗涤剂行业生产力促进中心。

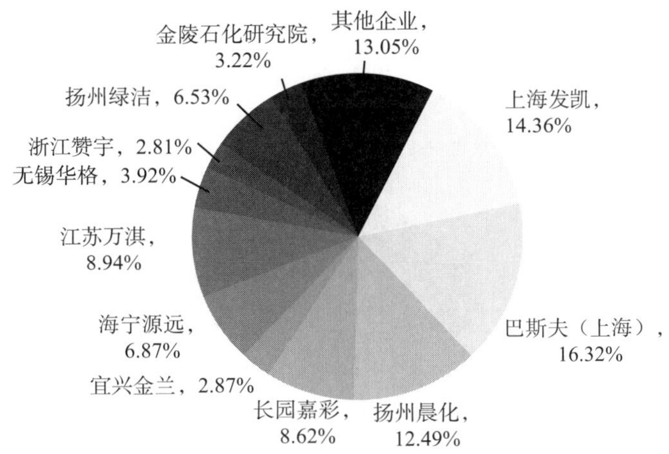

图 10　2016 年国内主要 APG 企业产出比重统计

6 烷醇酰胺类

烷醇酰胺及其衍生物是一系列性能优良的表面活性剂，具有优良的增泡、稳泡、增稠、去污及乳化等性能，尤其是其无毒、无害、生物降解率高的特点，符合表面活性剂绿色发展方向，可广泛应用于香波、浴液、餐洗等洗涤剂、化妆品、润滑剂、纺织等许多工业领域。

烷醇酰胺类化合物是非离子表面活性剂中使用年代久远，品种和数量较多的一大类。因其分子中存在酰胺键而具有强的耐水解性能，且毒性低、生物降解性好、不刺激皮肤。其中，二乙醇酰胺产量较大，欧洲各国，因副产物 *N*- 亚硝基 - 二乙醇胺（NDELA）对人体有害，故在化妆品配方中避开使用二乙醇酰胺。但在美国、日本以及亚洲诸国，二乙醇酰胺的地位毫不动摇。美国"国家毒理学计划"已将二乙醇胺（DEA）从第十一版的致癌物质名单除掉。

制备工艺：①脂肪酸法——由于脂肪酸取自天然且来源广泛，因而采用脂肪酸和乙醇胺直接反应合成烷醇酰胺仍是目前工业生产烷醇酰胺的常用方法之一，也是较为成熟的合成工艺。以脂肪羧酸直接进行的酰化反应是可逆的，所以必须把反应生成的水及时移除，否则生成的水将把酰基水解掉。除水法可采用共沸蒸馏法或加入化学脱水剂等。为了使反应进行彻底，可加入催化剂提高反应速度。二乙醇胺除亚胺基可与脂肪酸反应生成烷醇酰胺外，羟基也同时与脂肪酸反应生成胺单酯和胺双酯、酰胺单酯和酰胺双酯。酰胺单酯和酰胺双酯在碱性催化剂作用下与过量的二乙醇胺进行氨基分解，可迅速地转变为烷醇酰胺，而胺单酯和胺双酯在同样条件下转变缓慢。尽管用脂肪酸法合成烷醇酰胺具有工艺简单，成本低的优点，但反应温度高会产生较多的副产物，如氨基酯、酰胺酯等，若控制不当产品色泽较深。②酯交换法——酯交换法是比较常用的合成烷醇酰胺的方法，先用 C_8 ~ C_{18} 脂肪酸与甲醇（乙醇）进行酯化，所制得的脂肪酸甲酯（乙酯）再与单乙醇胺或二乙醇胺缩合制取烷醇酰胺。酯交换法的最大优点是产品纯度高，由于反应是吸热脱甲醇的反应，故反应温度较低。但是工艺流程复杂，原料消耗较多，成本高。

按照 100% 活性物折算，2016 年国内烷醇酰胺类产品产量约合 8.65 万 t，较 2015 年的 8.75 万 t（100% 活性物折算）同比减少 1.11%。国内烷醇酰胺生产企业主要集中在广东椰氏化工、浙江传化化工、浙江赞宇科技、上海麦伦化工、海安石油化工厂、中山精美和上海亚洲等（表 3 和图 11 所示）。

表3 2016年国内主要烷醇酰胺企业产量数据统计

序号	企业名称	2016年产量*/t	2015年产量*/t（同比）
1	广东椰氏化工	12050	13750（-12.36%）
2	浙江传化化工	10800	8750（23.43%）
3	浙江赞宇科技	9574	12016（-20.32）
4	上海麦伦化工	4550	5910（-23.01）
5	海安石油化工厂	10120	10050（0.70%）
6	其他企业合计	39460	37000（6.65%）
	合计产量	86504	87476（-1.11%）

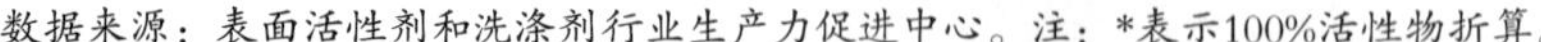

数据来源：表面活性剂和洗涤剂行业生产力促进中心。注：*表示100%活性物折算。

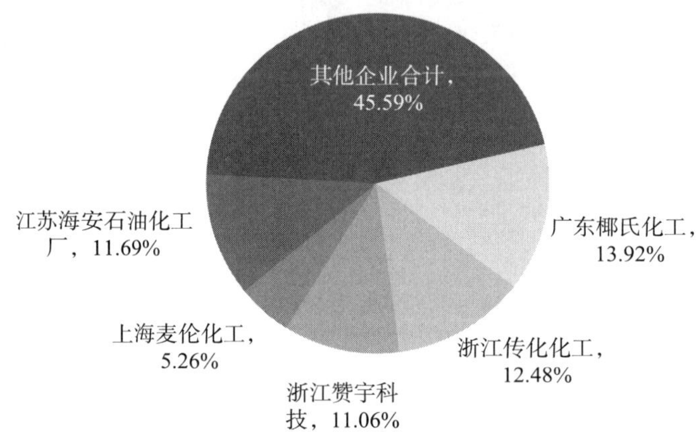

图 11 2016 年国内烷醇酰胺类产品产出比重统计

图 12 为 2016 年国内华东地区 6501 产品价格走势，低价出现在 2 月底，为 9150 元 /t，受油脂化学品价格上涨影响，烷醇酰胺价格全年整体呈现上涨态势，到 2016 年年底达到 11700 元 /t，年度涨幅达到 27.87%。2016 年华南地区烷醇酰胺类产品全年整体较华东低 200 元 /t 左右，年度涨幅同样超过 30%。

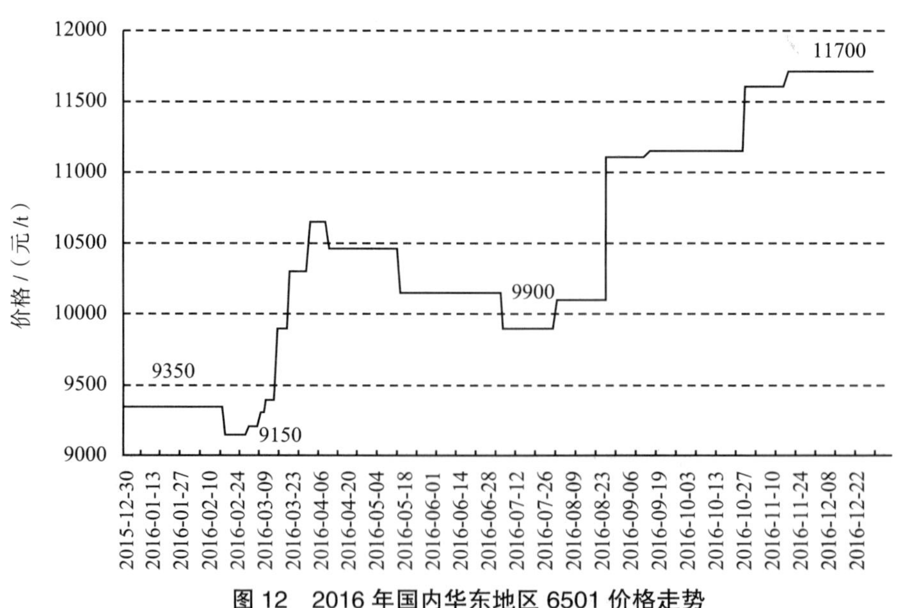

图 12 2016 年国内华东地区 6501 价格走势

7 其他非离子产品

不完全统计，2016 年，包括脂肪酸聚氧乙烯酯、单甘油酯、脂肪胺聚氧乙烯醚、脂肪酸多元醇酯以及其他活泼氢乙氧基化物合计产量在 35 万 t 左右。其中，脂肪胺聚氧乙烯醚产量为 2.05 万 t，较 2015 年的 1.75 万 t 同比增长 17.14%；脂肪酸聚氧乙烯酯产量维持在 5 万 t；脂肪酸多元醇酯 2016 年产量达到 8.2 万 t，较 2015 年的 6 万 t 同比增长 37.5%。包括单甘油酯和双甘油酯在内的食品乳化用非离子表面活性剂产量达到 20 万 t，继续保持快速增长态势。

图 13 为 2016 年其他非离子表面活性剂产出比重统计，脂肪胺聚氧乙烯醚占比 1.52%，脂肪酸多元醇酯占比 6.24%；脂肪酸聚氧乙烯酯占比 3.80%；单 / 双甘油脂肪酸酯占比 15.21%。

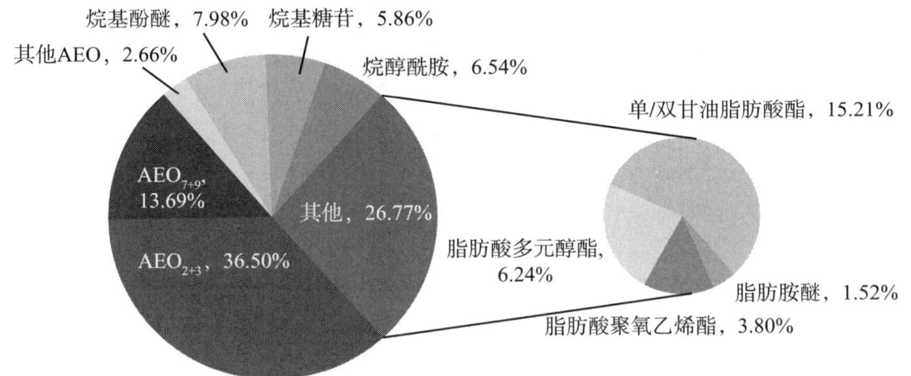

图 13　2016 年国内其他非离子表面活性剂产出比重

8 海关数据统计

表 4 和图 14~ 图 16 为 2012—2016 年国内非离子表面活性剂（34021300）产品主要海关数据统计。2016 年，国内非离子表面活性剂总进口量 17.83 万 t，同比增长 5.50%；出口量为 8.94 万 t，同比增长 –3.35%；净进口量为 8.89 万 t，同比增长 16.21%。受国内油脂化学品产品供应影响，国内市场对进口非离子产品依赖度较高。

表4　2012—2016年国内非离子表面活性剂（34021300）海关数据统计

海关数据	2012年	2013年	2014年	2015年	2016年
进口量 / 万 t	16.65	20.81	21.03	16.9	17.83
进口同比 /%	—	24.98	1.06	–19.64	5.50
出口量 / 万 t	7.10	10.16	11.84	9.25	8.94
出口量同比 /%	—	43.10	16.54	–21.88	-3.35
净进口量 / 万 t	9.55	10.65	9.19	7.65	8.89
净进口同比 /%	—	11.52	-13.71	–16.76	16.21

数据来源：中国海关。

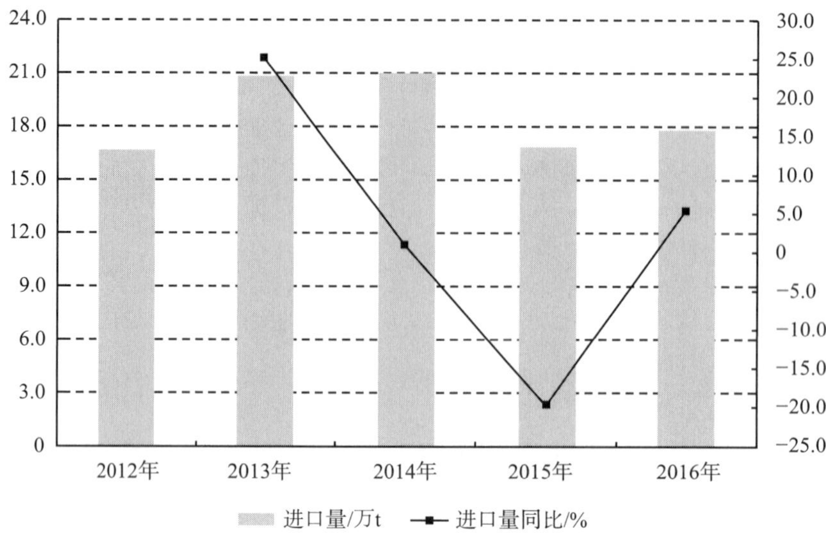

图 14　2012—2016 年国内非离子表面活性剂（34021300）进口数据统计

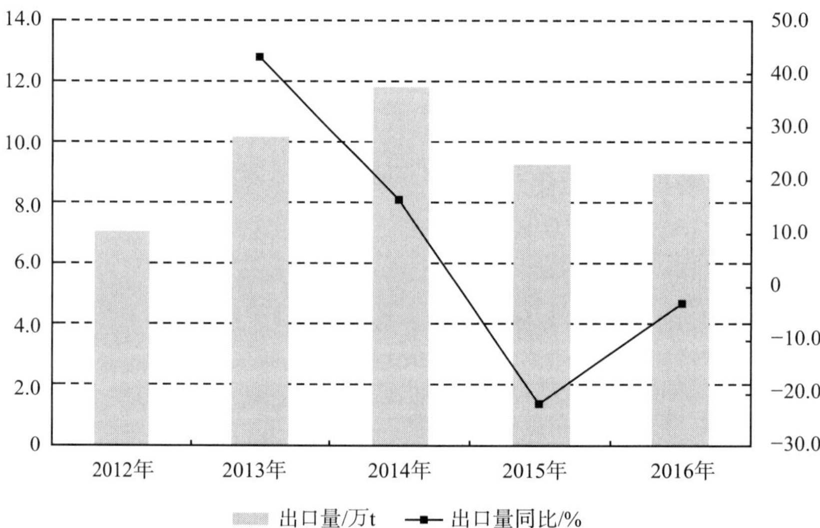

图 15　2012—2016 年国内非离子表面活性剂（34021300）出口数据统计

8.1　月度进出口数据

2016 年国内非离子表面活性剂（34021300）进口数据见表 5、图 17 所示，平均月度进口量超过 1 万 t，进口均价超过 2300 美元 /t，折合人民币为 15800 元 /t。6 月进口均价高达 2800 美元 /t，折合人民币 19300 元 /t。从 2016 年非离子表面活性剂进口贸易方式来看，一般贸易占比 89%，进口均价为 2361 美元 /t；保税仓库进出境货物占比 10%，进口均价为 1273 美元 /t；其他类型占比 1%。

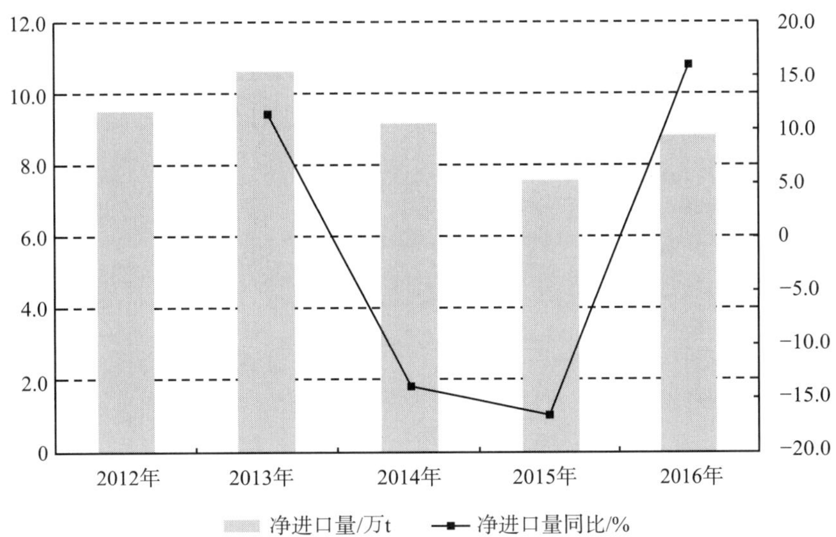

图 16　2012—2016 年国内非离子表面活性剂（34021300）净进口数据统计

表5　2016年国内非离子表面活性剂（34021300）进口数据统计

月份	进口量/kg	进口额/美元	进口量同比/%	进口额同比/%	进口均价/（美元/t）
1 月	13253763	29915629	−20.50	−22.50	2257.14
2 月	11249733	23898497	49.50	13.10	2124.36
3 月	13682733	32171290	13.30	-3.20	2351.23
4 月	14347800	30898472	−2.70	−18.00	2153.53
5 月	18300838	36639874	18.30	3.10	2002.09
6 月	11278633	31590500	−30.40	−13.30	2800.92
7 月	14963110	36029880	−14.80	-16.10	2407.91
8 月	18178236	37580330	65.90	20.50	2067.33
9 月	17091904	38476978	−0.20	4.70	2251.18
10 月	12953820	33272995	−8.50	10.00	2568.59
11 月	16466121	38932338	5.10	18.20	2364.39
12 月	16575921	38032932	52.60	35.90	2294.47

数据来源：中国海关。

相比之下，2016 年国内非离子表面活性剂月度出口量维持在 5000 ~ 8000t（表 6、图 18 所示）。2016 年全年有 8 个月出口量较 2015 年同期同比减少，出口均价基本维持在 2135 美元 /t，进出口全年均价差异为 165 美元 /t，折合人民币约为 1140 元 /t。按照 2016 年贸易方式统计，出口产品一般贸易占比 99%，出口均价为 2130 美元 /t。

表6　2016年国内非离子表面活性剂（34021300）出口数据统计

月份	出口量/kg	出口额/美元	出口量同比/%	出口额同比/%	出口均价/（美元/t）
1 月	6389181	15423608	−34.90	−31.70	2414.02
2 月	5208168	11598373	−32.50	−33.50	2226.96
3 月	8231604	16443511	−25.30	−29.20	1997.61
4 月	6910339	14911189	−13.90	−20.80	2157.81

续表

月份	出口量/kg	出口额/美元	出口量同比/%	出口额同比/%	出口均价/（美元/t）
5月	8631400	18015526	9.20	−2.60	2087.21
6月	8277653	16492446	26.90	7.30	1992.41
7月	7284241	16715760	−3.60	−2.10	2294.78
8月	7451490	15827697	−0.90	−3.90	2124.10
9月	6697480	13901033	−3.00	−10.90	2075.56
10月	6766941	14387522	−1.50	−9.00	2126.15
11月	8728271	17624584	62.30	39.80	2019.25
12月	8782630	18551595	20.80	15.70	2112.31

数据来源：中国海关。

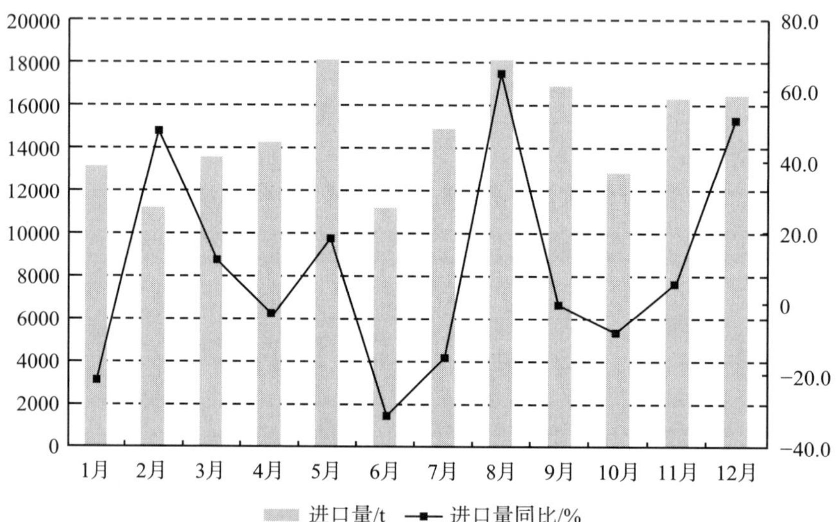

图 17　2016 年国内非离子表面活性剂（34021300）进口数据统计

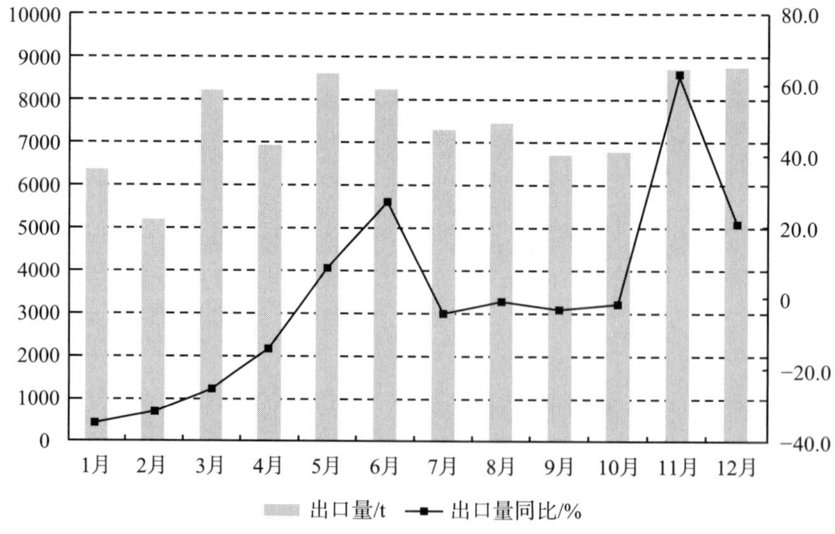

图 18　2016 年国内非离子表面活性剂（34021300）出口数据统计

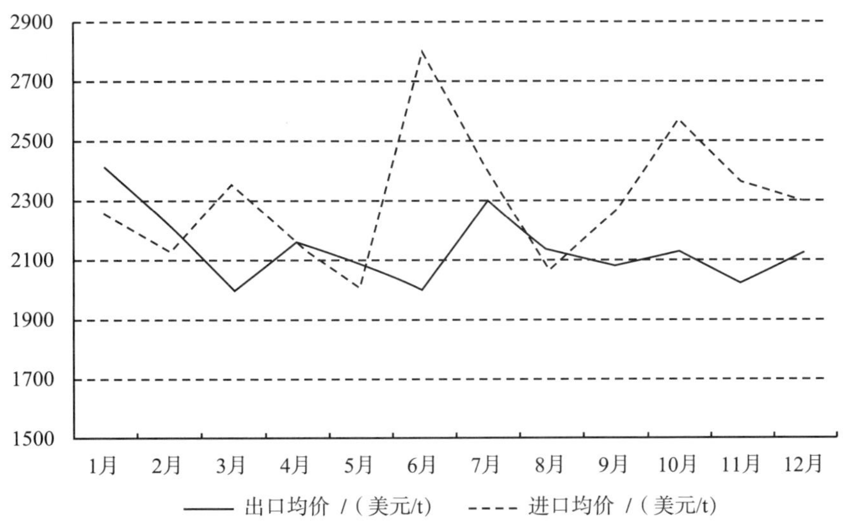

图 19　2016 年国内非离子表面活性剂（34021300）进出口均价统计走势

8.2　进出口国或地区统计

2016 年国内非离子表面活性剂（34021300）进口来源国或地区主要集中在美国、马来西亚、新加坡、日本、德国、韩国和中国台湾，进口量分别为 5.43 万 t、3.17 万 t、2.41 万 t、1.48 万 t、1.37 万 t、1.27 万 t 和 1.02 万 t，较 2015 年分别同比实现 1.60%、4.60%、11.30%、-5.60%、-1.40%、199.00% 和 -30.90% 增长（如表 7、图 20 所示）。排名前五进口国或地区进口量占比 77.73%，其中美国占比近 1/3 进口量。进口均价较高国家为法国，高达 6962 美元 /t，折合人民币 47900 元 /t，进口均价较低国家为沙特阿拉伯，为 883 美元 /t，折合人民币 6070 元 /t。

表7　2016年国内非离子表面活性剂（34021300）进口来源国或地区统计

进口国或地区	进口量/kg	进口额/美元	进口量同比/%	进口额同比/%	进口均价/（美元/t）
美　国	54328293	107863566	1.60	-4.50	1985.40
马来西亚	31668404	41658234	4.60	4.20	1315.45
新加坡	24064779	48755569	11.30	20.90	2026.01
日　本	14829623	54295887	-5.60	-4.30	3661.31
德　国	13704983	52449811	-1.40	-2.50	3827.06
韩　国	12789042	23068728	199.00	84.90	1803.79
中国台湾	10239903	23110516	-30.90	-28.10	2256.91
法　国	2424061	16876144	2.40	-4.40	6961.93
荷　兰	2273175	5646839	73.90	46.00	2484.12
澳大利亚	1638069	3616570	279.60	130.20	2207.83
瑞　典	1509236	4433004	85.90	67.70	2937.25
意大利	1416170	6770021	4.20	5.30	4780.51
西班牙	1194585	4058160	13.10	-4.40	3397.13
比利时	1098027	2894058	14.80	-6.30	2635.69
印度尼西亚	999231	1373631	-29.90	-20.50	1374.69
沙特阿拉伯	792000	699300	318.30	229.00	882.95
英　国	658797	2294796	6.30	-4.00	3483.31

续表

进口国或地区	进口量/kg	进口额/美元	进口量同比/%	进口额同比/%	进口均价/（美元/t）
印　度	568182	1168311	25.90	-17.40	2056.23
巴　西	505578	817747	1036.50	470.60	1617.45
泰　国	471772	789920	-73.00	-75.80	1674.37

数据来源：中国海关。

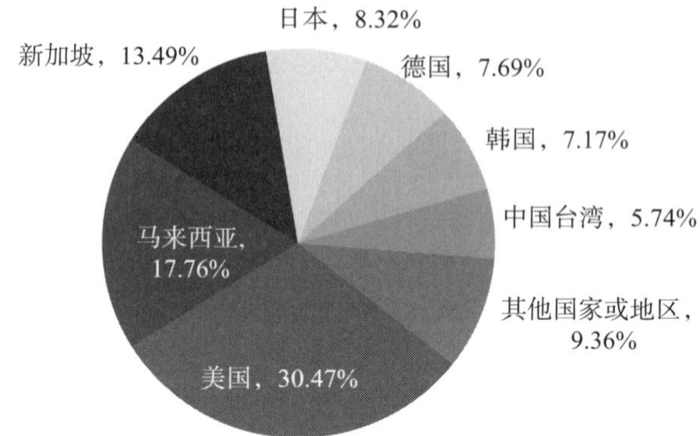

图 20　2016 年国内非离子表面活性剂（34021300）进口来源国或地区统计

2016 年国内非离子表面活性剂（34021300）出口目的国或地区排名前五的分别是日本、中国台湾、土耳其、泰国和印度，出口量分别为 6901t（占比 7.72%）、5974t（占比 6.68%）、5315t（占比 5.95%）、4866t（占比 5.44%）和 4493t（占比 5.03%），较 2015 年分别实现 11.20%、6.50%、-23.80%、12.20% 和 10.10% 的同比增长（如表 8、图 21 所示）。2016 年出口均价较高国家为韩国和苏丹，超过 3000 美元 /t，出口均价较低为埃及、孟加拉国和土耳其等，均低于 1400 美元 /t。

表8　2016年国内非离子表面活性剂（34021300）出口目的国或地区统计

出口国或地区	出口量/kg	出口额/美元	出口量同比/%	出口额同比/%	出口均价/（美元/t）
日　本	6901077	13251473	11.20	3.90	1920.20
中国台湾	5974143	12038778	6.50	2.80	2015.15
土耳其	5314952	7938274	-23.80	-41.00	1493.57
泰　国	4866534	9918573	12.20	2.70	2038.12
印　度	4493350	9546553	10.10	11.40	2124.60
印度尼西亚	4319664	8387355	26.20	8.70	1941.67
巴基斯坦	4248790	6894854	3.90	-8.10	1622.78
俄罗斯联邦	3576251	6130987	44.50	60.80	1714.36
越　南	3510554	7027942	20.10	9.90	2001.95
美　国	3270267	8019630	-0.20	-12.20	2452.29
马来西亚	2999329	5809280	-5.20	-18.40	1936.86
澳大利亚	2970298	5367717	-2.40	-7.50	1807.13
韩　国	2647272	8749348	-17.80	-7.60	3305.04
新加坡	2498393	5531400	-11.20	-25.60	2213.98
阿根廷	2344862	4612511	4.80	-5.20	1967.07
埃　及	1658471	2127655	22.70	-0.10	1282.90
巴　西	1618475	2830972	-24.90	-14.50	1749.16

续表

出口国或地区	出口量/kg	出口额/美元	出口量同比/%	出口额同比/%	出口均价/（美元/t）
尼日利亚	1575911	3034338	19.60	19.40	1925.45
苏　丹	1541150	5401156	60.30	70.40	3504.63
孟加拉国	1367963	1938052	16.60	15.50	1416.74

数据来源：中国海关。

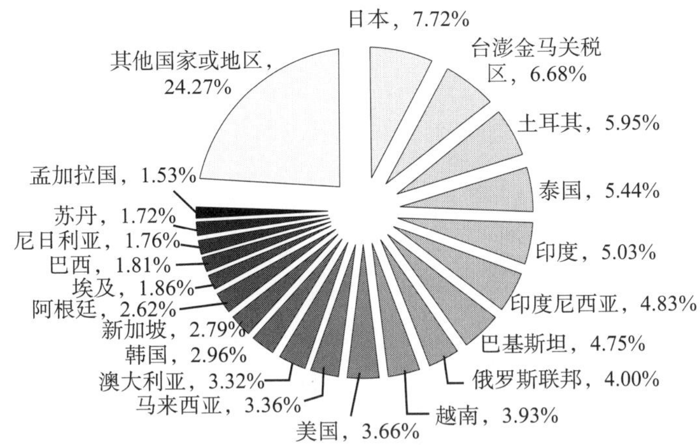

图 21　2016 年国内非离子表面活性剂（34021300）出口目的国或地区占比

8.3　进出口省市统计

2016 年国内非离子表面活性剂（34021300）进口省市主要集中在上海市、广东省、江苏省、浙江省和天津市，进口量分别为 6.20 万 t、5.47 万 t、2.23 万 t、1.92 万 t 和 0.93 万 t，分别占当年国内非离子产品进口总量的 34.79%、30.68%、12.50%、10.79% 和 5.20%，排名前五省市进口量较 2015 年分别实现 6.90%、-8.10%、14.50%、61.90% 和 -2.20% 同比增长（如表 9、图 22 所示）。

表9　2016年国内非离子表面活性剂（34021300）进口地区统计

进口省市	进口量/kg	进口额/美元	进口量同比/%	进口额同比/%	进口均价/（美元/t）
上海市	62018819	164462682	6.90	1.50	2651.82
广东省	54693505	107934606	-8.10	-9.40	1973.44
江苏省	22285919	55177292	14.50	11.60	2475.88
浙江省	19240035	30841395	61.90	52.10	1602.98
天津市	9266650	15503438	-2.20	-15.00	1673.04
山东省	4299463	12177252	16.50	14.60	2832.27
北京市	1467041	3772810	-9.80	-8.10	2571.71
河北省	957710	2311667	2.80	-4.20	2413.74
辽宁省	679899	2811598	-36.40	-46.80	4135.32
江西省	602040	1415467	-9.00	-31.90	2351.12
四川省	592480	1669353	65.40	41.30	2817.57
重庆市	541433	1890743	46.10	20.60	3492.11
安徽省	458753	1218400	1008.80	1077.90	2655.90
福建省	456436	2116203	-0.50	-31.90	4636.36

续表

进口省市	进口量/kg	进口额/美元	进口量同比/%	进口额同比/%	进口均价/（美元/t）
吉林省	342627	2349827	−0.80	3.20	6858.27
湖北省	196892	738700	−42.60	−37.00	3751.80
河南省	123406	188280	185.90	10.50	1525.70
陕西省	45120	476804	122.50	65.60	10567.46
内蒙古	33000	235600	8.60	−3.10	7139.39
湖南省	16845	74525	90.40	−6.80	4424.16

数据来源：中国海关。

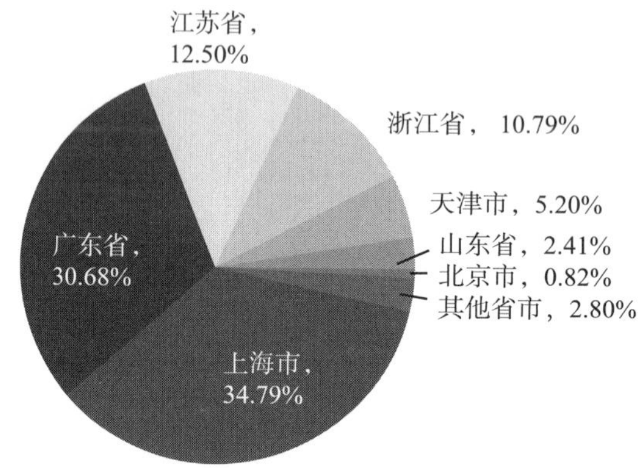

图 22　2016 年国内非离子表面活性剂（34021300）进口地区占比

2016 年，国内非离子表面活性剂（34021300）出口地区统计见表 10、图 23 所示，出口量较大省市主要集中在江苏省、上海市、广东省、浙江省和山东省，出口量分别为 3.08 万 t、2.46 万 t、1.49 万 t、0.77 万 t 和 0.28 万 t，较 2015 年进口量分别同比增长 −2.10%、13.80%、−10.00%、−41.30% 和 26.80%。

表10　2016年国内非离子表面活性剂（34021300）出口地区统计

出口省市	出口量/kg	出口额/美元	出口量同比/%	出口额同比/%	出口均价/（美元/t）
江苏省	30797766	61527998	−2.10	−11.40	1997.81
上海市	24579072	48261259	13.80	7.30	1963.51
广东省	14903131	33825463	−10.00	−13.00	2269.69
浙江省	7711553	17892636	−41.30	−38.90	2320.24
山东省	2827966	6802718	26.80	31.30	2405.52
北京市	1768608	5893763	0.20	6.70	3332.43
天津市	1506983	4464883	18.70	7.40	2962.80
河南省	924755	1930983	33.60	17.30	2088.10
吉林省	761665	1072010	63.70	13.50	1407.46
河北省	743283	1591682	147.90	134.00	2141.42
黑龙江	709380	1321231	12.80	−1.30	1862.52
辽宁省	668111	1236590	10.70	−10.00	1850.88
湖北省	395407	1475943	78.00	112.70	3732.72
安徽省	271762	371776	46.40	−13.50	1368.02
四川省	199375	388801	−52.50	−54.90	1950.10

续表

出口省市	出口量/kg	出口额/美元	出口量同比/%	出口额同比/%	出口均价/（美元/t）
江西省	133171	449583	4.70	−27.70	3375.98
陕西省	110486	348341	134.40	62.90	3152.81
广西自治区	110130	340841	103.20	76.80	3094.90
福建省	63226	123513	96.10	30.30	1953.52
湖南省	49124	169013	97.30	90.90	3440.54

数据来源：中国海关。

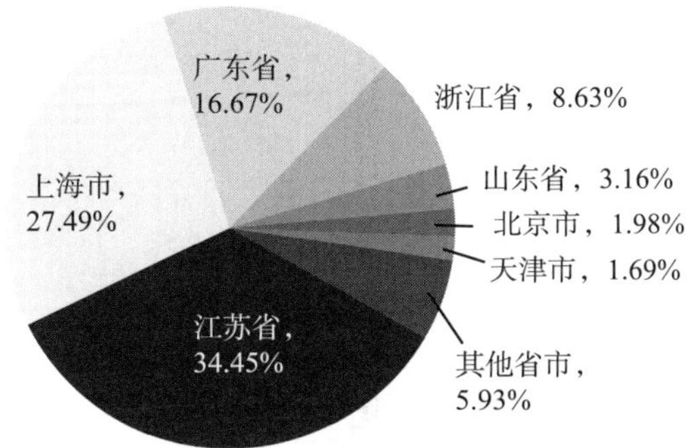

图 23　2016 年国内非离子表面活性剂（34021300）出口地区占比

8.4　进出口海关统计

2016 年，国内非离子表面活性剂进口贸易海关主要集中在上海海关、黄埔海关、广州海关、南京海关和青岛海关，进口量分别为 8.68 万 t、2.92 万 t、2.30 万 t、1.70 万 t 和 0.74 万 t，较 2015 年分别同比增长 13.70%、−6.80%、5.10%、22.60% 和 125.50%，分别占当年总进口量的 48.71%、16.36%、12.93%、9.57% 和 4.13%、如表 11 和图 24 所示。

表11　2016年国内非离子表面活性剂（34021300）进口海关贸易统计

进口海关	进口量/kg	进口额/美元	进口量同比/%	进口额同比/%	进口均价/（美元/t）
上海海关	86834274	209848689	13.70	4.20	2416.66
黄埔海关	29168306	59912893	−6.80	−10.30	2054.04
广州海关	23041318	35409632	5.10	−4.50	1536.79
南京海关	17059263	39901771	22.60	25.10	2339.01
青岛海关	7367847	15778421	125.50	106.40	2141.52
天津海关	3876411	9138276	−48.20	−49.40	2357.41
深圳海关	2929770	12081754	−36.60	4.60	4123.79
宁波海关	2881579	5330337	−30.90	−23.40	1849.80
拱北海关	848319	4248317	14.10	3.70	5007.92
济南海关	603388	1683215	−21.40	−24.00	2789.61
南昌海关	600500	1407355	−8.50	−31.90	2343.64
大连海关	571764	1741385	−32.50	−23.20	3045.64
汕头海关	415252	1434238	21.80	8.30	3453.90
北京海关	383641	1334027	−21.00	−15.40	3477.28
杭州海关	358403	1243409	1.70	−6.00	3469.30

续表

进口海关	进口量/kg	进口额/美元	进口量同比/%	进口额同比/%	进口均价/（美元/t）
厦门海关	316984	1612379	3.70	-36.50	5086.63
重庆海关	300372	1430813	-32.70	-24.30	4763.47
江门海关	234043	1923363	-1.30	24.60	8217.99
福州海关	141526	494714	-5.80	-10.20	3495.57
武汉海关	135129	501904	-53.00	-49.40	3714.26

数据来源：中国海关。

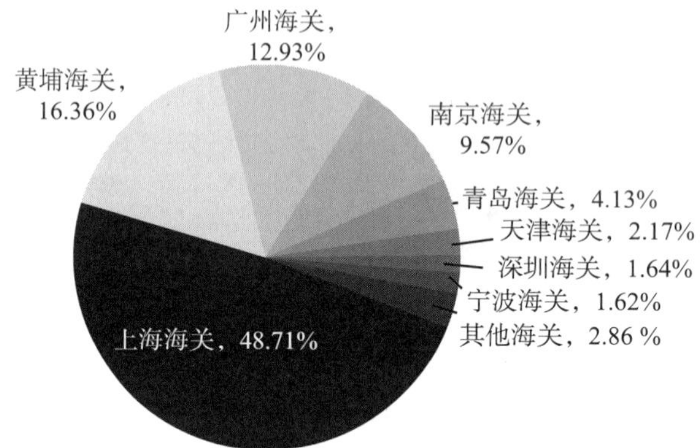

图 24　2016 年国内非离子表面活性剂（34021300）海关贸易进口比重

2016 年国内非离子表面活性剂（34021300）出口贸易海关主要集中在上海海关、南京海关、深圳海关、黄埔海关和天津海关，出口量分别为 4.71 万 t、1.62 万 t、0.88 万 t、0.36 万 t 和 0.34 万 t，较 2015 年出口量分别同比增长 1.20%、3.10%、-28.20%、52.40% 和 12.70%，如表 12、图 25 所示。排名前五的出口海关贸易占比分别为上海 52.65%、南京 18.13%、深圳 9.84%、黄埔 4.02% 和天津 3.85%，其中，上海作为国内主要海关贸易机构，当年出口量占比超过一半，出口均价为 2082 美元 /t，折合人民币约合 14300 元 /t。

表12　2016年国内非离子表面活性剂（34021300）出口海关贸易统计

出口海关	出口量/kg	出口额/美元	出口量同比/%	出口额同比/%	出口均价/(美元/t)
上海海关	47073856	98002667	1.20	-5.10	2081.89
南京海关	16208524	32924036	3.10	-10.70	2031.28
深圳海关	8800047	21525102	-28.20	-27.30	2446.02
黄埔海关	3592814	7358654	52.40	45.60	2048.16
天津海关	3440052	10177397	12.70	9.50	2958.50
青岛海关	2655441	5059914	-11.70	-22.40	1905.49
广州海关	2307166	4512506	43.10	28.00	1955.87
大连海关	1980818	3257566	46.00	30.30	1644.56
宁波海关	1804670	3756831	-53.60	-43.50	2081.73
南宁海关	483867	840858	-2.40	-16.60	1737.79
呼和浩特海关	281420	761502	600.30	572.80	2705.93
昆明海关	249013	492757	-60.80	-64.20	1978.84
拱北海关	139745	294291	-33.50	-39.30	2105.91

续表

出口海关	出口量/kg	出口额/美元	出口量同比/%	出口额同比/%	出口均价/(美元/t)
厦门海关	89685	191369	-31.60	-20.80	2133.79
杭州海关	56864	120532	-92.20	-88.70	2119.65
济南海关	52800	86447	-48.10	-64.10	1637.25
武汉海关	33345	170419	4.50	38.30	5110.78
乌鲁木齐海关	27220	80477	-87.50	-90.30	2956.54
哈尔滨海关	18750	36000	0.00	0.00	1920.00
成都海关	15000	27998	-75.80	-78.70	1866.53

数据来源：中国海关。

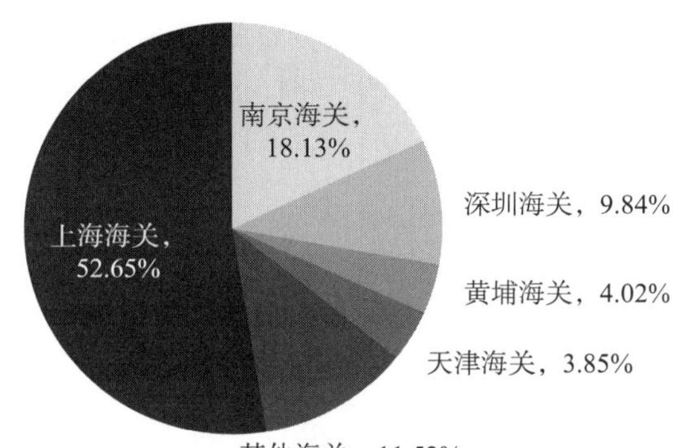

图 25　2016 年国内非离子表面活性剂（34021300）海关贸易出口比重

9 小结

2015 年国内非离子表面活性剂生产与市场整体比较平稳，产品结构并没有出现太大变化，传统以乙氧基化物为代表的产品仍然占据主要市场，且下游行业应用主要集中在洗涤产品等领域开发。整体来看，目前国内非离子表面活性剂发展出现一些问题：

（1）行业同质化产品项目建设严重，产能严重过剩，装置开工不足。“十三五”期间行业将进入洗牌和去产能阶段，行业发展更加集约化。

（2）规模化发展有余，精细化发展不足，产品质量和性能指标存在差异。同系列产品的系统性研究不足，尤其是构效关系上的研发系统性不足，产业的发展整体大而不强。

（3）知识产权法律保护作用较弱，非正常渠道的技术流失扩散现象较为严重，这种现象尤其体现在烷基糖苷行业发展中；另外企业自主创新行为不强，新技术成果转化慢。

（4）乙氧基化装备先进性、安全性仍缺乏一定的前瞻性，以能用、可用为原则，消化吸收的仍是 20 世纪 80 年代的进口装置。反之，包括 Buss 和第五代 Press 装置普及较低。

（5）非离子表面活性剂涉及乙氧基化装置开工限制因素较多，包括 EO 安全布局和上游原料供应等存在众多市场变数。

2016 年国内阳离子表面活性剂生产与市场

2016 年，国内主要阳离子表面活性剂产品主要集中在脂肪胺盐类、烷基季铵盐、酯基季铵盐以及其他阳离子等几大类。但是细化分类，阳离子表面活性剂是目前国际公认多品种产品，仅烷基季铵盐一类，通过改变烷基链长度和季铵化试剂种类，就可制备上千种阳离子产品。目前国内企业对阳离子表面活性剂产品的开发不仅仅停留在传统产品生产上，一些中等规模企业利用与科研院所合作，大力发展定制类产品生产开发及应用，着力满足新型杀菌剂、柔软剂和油田化学品等领域特殊功能需求。

2016 年国内传统定义阳离子表面活性剂产量维持在 16.5 万 t（统计企业数增加），较 2015 年的 13.6 万 t 同比增长 10.29%。如图 1 所示，脂肪胺盐类（低级胺盐和高级胺盐）产量 3.75 万 t，占比 22.73%；烷基季铵盐类产量 10.5 万 t，占比 63.64%；酯基季铵盐类 1.5 万 t，占比 9.09%；其他阳离子产品合计 0.75 万 t，占比 4.55%。2016 年国内阳离子表面活性剂进口量为 7290t，出口量为 77481t，净进口量为 -70191t，估算 2016 年国内阳离子表面活性剂表观需求量为 9.48 万 t，较 2015 年的 7.35 万 t 同比增长 28.98%。

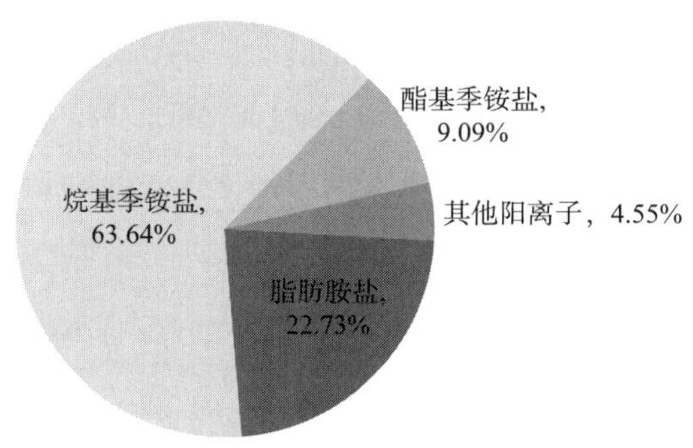

图 1　2016 年国内阳离子表面活性剂产品结构统计

1 脂肪胺盐类

脂肪胺盐阳离子产品主要分为低级脂肪胺盐和高级脂肪胺盐两种。高级伯胺、仲胺、叔胺与酸中和形成的胺盐，总称为胺盐型阳离子表面活性剂。这类表面活性剂疏水基的碳原子数在 12 ~ 18，中和脂肪胺所用的酸包括有机酸和无机酸。由高级脂肪酸与低级胺类（乙醇胺等有机胺类）反应可得到低级胺盐型阳离子表面活性剂。

2016 年国内脂肪伯胺产量维持在 5.0 万 t，其中超过 50% 产品用于制备脂肪胺醚非离子表面活性剂，还有近一半用于制备脂肪胺盐类阳离子表面活性剂产品，这类产品目前国内市场需求基本趋于饱和，每年需求量维持在 2.0 万 t 左右，另外，市场对低级脂肪胺盐需求维持在 1.5 ~ 2.0 万 t。

目前脂肪胺盐阳离子产品应用主要集中在染色助剂、合成纤维助剂、矿物浮选剂以及部分纺织化学品中柔软剂等。

2 烷基季铵盐

2016 年，国内烷基季铵盐产品产量为 10.5 万 t，较 2015 年 11.7 万 t 同比减少 10.40%（表 1 和图 2 所示）。过去五年当中，2013 年和 2015 年烷基季铵盐产量均同比增长，2014 年和 2016 年产量均负增长。

表1　2012—2016年国内烷基季铵盐产量数据统计

年份	2012年	2013年	2014年	2015年	2016年
产量 / 万 t	10.75	12.02	10.25	11.73	10.51
同比增长 /%	—	11.81	-14.73	14.44	-10.40

数据来源：表面活性剂和洗涤剂行业生产力促进中心。

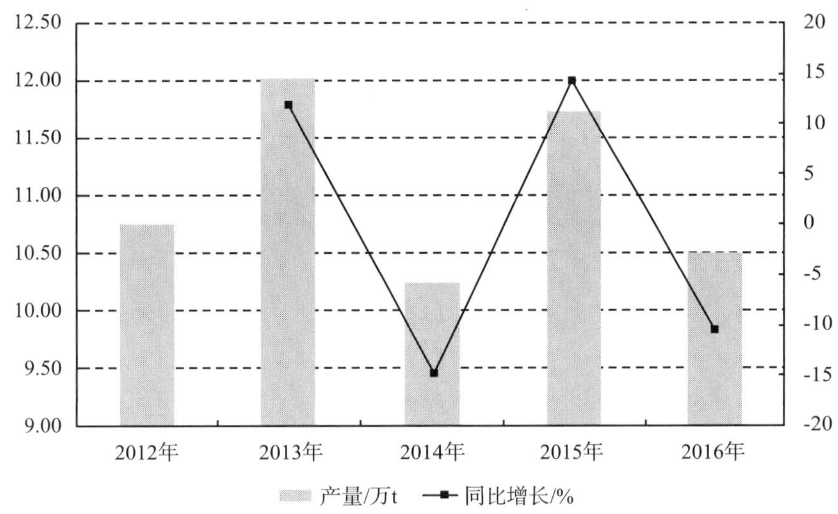

图 2　2012—2016 年国内烷基季铵盐产量数据统计

国内烷基季铵盐生产主要集中在索尔维（张家港）精细化工以及山东几家国产叔胺企业，据不完全统计，2016 年索尔维（张家港）精细化工烷基季铵盐产量达到 5.5 万 t，销量超过 5.0 万 t（其中，出口产品量达到 4.0 万 t，占比 80%。），占当年国内烷基季铵盐总产量 52.38%。2016 年索尔维（张家港）精细化工出口烷基季铵盐量占到国内阳离子表面活性剂总出口量的 51.62%，出口海关主要集中在上海海关。

3 酯基季铵盐

酯基季铵盐是一种新型阳离子表面活性剂，具有优异的柔软、抗静电、抗黄变性能。不含 APEO 和甲醛，易生物降解，绿色环保，用量少，效果好，配制方便，综合成本低，具有极高的性价比。酯基季铵盐作为织物柔顺的阳离子表面活性剂，适合以 5% ~ 20% 的浓缩度运用在织物柔顺剂产品中，是双十八烷基二甲基氯化铵（D1821）及软片、软油精等的最佳替代品。酯基季铵盐作为一种新型绿色环保阳离子表面活性剂，2016 年产量维持在 1.5 万 t，产品应用以纺织柔软剂为主。

酯基季铵盐作为一种新型绿色环保型阳离子表面活性剂，其产品结构和性能研究开发还有待进一步提升，尤其是传统饱和烷基酯基季铵盐抗硬水不足，成为其产品配伍和使用最大障碍。

4 其他阳离子产品

2016 年，国内其他阳离子表面活性剂产品主要以杂环季铵盐类、咪唑啉、三嗪类和吡啶盐等为主，产品产量占比不大，2016 年产量不到 1 万 t。这类产品生产主要以代加工或小作坊生产为主。产品生产和应用成本较高，市场拓展有待进一步加强。

5 海关数据

5.1 月度进出口数据

2016 年国内阳离子表面活性剂进口量合计为 7290 t，较 2015 年的 9000 t 同比减少 19.0%（表 2 所示）。出口量合计为 77481 t，较 2015 年的 71372 t 同比增长 8.56%（表 3 所示）。对比阳离子产品进出口均价，进口均价全年有 11 个月份高于 3500 美元 /t，折合人民币价格超过 24000 元 /t；出口均价维持在 1500 ~ 2000 美元 /t，折合人民币价格为 10300 ~ 13750 元 /t（图 3 ~ 图 4 所示）。

表 2　2016年国内阳离子表面活性剂（34021200）月度进口数据统计

月份	进口量/kg	进口额/美元	进口量同比/%	进口额同比/%	进口均价/（美元/t）
1 月	613696	2168827	2.90	19.50	3534.04
2 月	573842	1943932	34.10	43.10	3387.57
3 月	766128	3190260	−9.30	−4.50	4164.13
4 月	618732	2351899	−42.60	−38.90	3801.16
5 月	742319	2779864	−11.80	−12.30	3744.84
6 月	618800	2586788	−20.30	−11.20	4180.33
7 月	685049	2761546	−20.80	−13.60	4031.17
8 月	699210	2994437	−17.20	1.00	4282.60
9 月	366872	1661918	−59.40	−48.30	4529.97
10 月	513132	1930458	−28.20	−21.60	3762.11
11 月	553134	2269807	−7.30	−6.30	4103.54
12 月	539168	2048240	−7.50	−17.70	3798.89

数据来源：中国海关。

表 3　2016年国内阳离子表面活性剂（34021200）月度出口数据统计

月份	出口量/kg	出口额/美元	出口量同比/%	出口额同比/%	出口均价/（美元/t）
1 月	6008983	10063627	−14.20	−31.50	1674.76
2 月	4889100	8388686	−9.70	−13.00	1715.79
3 月	7211094	11185908	15.30	−0.20	1551.21
4 月	5766589	9285064	2.70	−12.30	1610.15
5 月	5944395	10035779	−4.60	−10.30	1688.28
6 月	6318991	10599641	15.30	8.10	1677.43
7 月	7177348	15393138	25.60	50.30	2144.68
8 月	6565917	9661481	11.00	−7.10	1471.46
9 月	5461376	9129549	−11.90	−12.30	1671.66
10 月	6492952	10642368	12.30	13.20	1639.06

续表

月份	出口量/kg	出口额/美元	出口量同比/%	出口额同比/%	出口均价/（美元/t）
11 月	7750991	12559316	33.80	22.40	1620.35
12 月	7893749	13187564	32.00	29.60	1670.63

数据来源：中国海关。

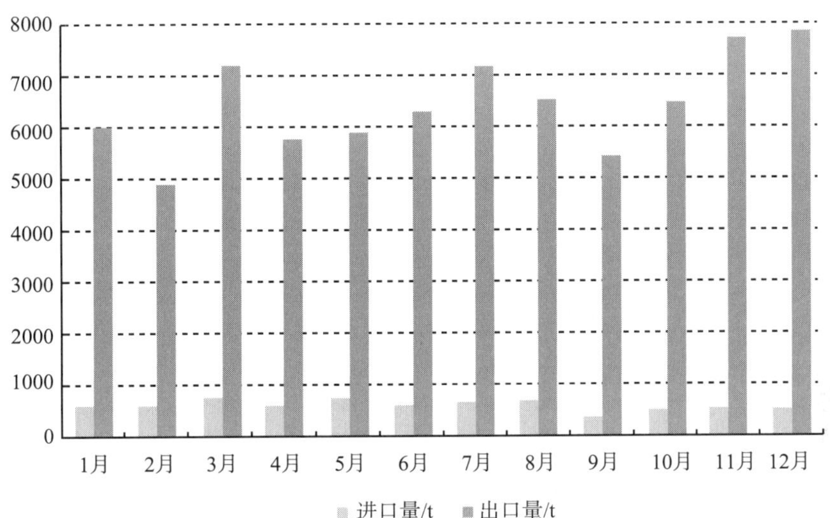

图 3　2016 年国内阳离子表面活性剂（34021200）月度进出口数据统计

图 4　2016 年国内阳离子表面活性剂（34021200）月度进出口均价走势

5.2　进出口国或地区

2016 年，国内阳离子表面活性剂（34021200）进口国或地区主要集中在美国、德国、日本、韩国和菲律宾等，如表 4 和图 5（a）所示，进口量分别为 1735t（占比 23.80%）、1244t（占比 17.06%）、1182t（占比 16.21%）、770t（占比 10.56%）和 527t（占比 7.23%），较 2015 年分别同比增长 −40.10%、−21.30%、30.60%、38.80% 和 −39.80%。排名前五的进口来源国进口均价超过 4400 美元 /t，折合人民币约合 30200 元 /t。

表4　2016年国内阳离子表面活性剂（34021200）进口国或地区数据统计

进口国或地区	进口量/kg	进口额/美元	进口量同比/%	进口额同比/%	进口均价/(美元/t)
美　国	1734972	8562674	−40.10	−33.30	4935.34
德　国	1243532	5486525	−21.30	−8.40	4412.05
日　本	1181535	5320371	22.10	30.60	4502.93
韩　国	769571	2084807	37.00	38.80	2709.05
菲律宾	527253	1011956	−42.70	−39.80	1919.30
中国台湾	524669	1344591	−6.80	10.20	2562.74
英　国	212266	496868	42.30	56.60	2340.78
新加坡	205865	333003	−43.20	−58.20	1617.58
瑞　典	202145	869685	−30.40	−37.30	4302.28
法　国	190137	780367	32.70	−0.50	4104.24
西班牙	129520	662859	−31.30	−16.10	5117.81
意大利	70450	687196	59.30	44.80	9754.38
印　度	66905	150217	25.10	6.90	2245.23
泰　国	66566	179602	252.00	83.50	2698.10
中国内地	33164	145913	496.20	1127.00	4399.74
中国香港	24464	64942	−65.40	−39.30	2654.59
瑞　士	21775	92084	66.20	48.10	4228.89
土耳其	18260	26410	0.00	0.00	1446.33
荷　兰	17719	134617	−24.50	16.40	7597.32
澳大利亚	14286	8062	−14.20	−74.90	564.33

数据来源：中国海关。

2016年国内阳离子表面活性剂出口目的国出口量基本达到上千吨，如表5和图5（b）所示，其中越南、孟加拉国、印度尼西亚、印度和澳大利亚排名前五，出口量分别为11021t（占比14.23%）、9345t（占比12.06%）、7059t（占比9.11%）、5188t（占比6.70%）和3831t（占比4.94%），较2015年同比增长19.60%、24.70%、17.70%、28.80%和−27.00%，出口均价基本维持在1000～2000美元/t，折合人民币6880～13750美元/t。

表5　2016年国内阳离子表面活性剂（34021200）出口国或地区数据统计

出口国或地区	出口量/kg	出口额/美元	出口量同比/%	出口额同比/%	出口均价/(美元/t)
越　南	11021951	16221753	19.60	9.60	1471.77
孟加拉国	9345256	11514688	24.70	6.80	1232.14
印度尼西亚	7059120	9308985	17.70	8.20	1318.72
印　度	5187656	8509222	28.80	18.00	1640.28
澳大利亚	3831319	4569472	−27.00	−33.50	1192.66
泰　国	3725157	9673864	7.20	−2.40	2596.90
南　非	3169312	4225474	18.60	−11.00	1333.25
沙特阿拉伯	3069318	6019542	−12.60	−13.90	1961.20
中国台湾	2790804	5062211	−2.30	−10.00	1813.89
巴基斯坦	2346012	3766926	−2.20	−10.60	1605.67
俄罗斯联邦	2060171	3684468	77.30	63.60	1788.43

续表

出口国或地区	出口量/kg	出口额/美元	出口量同比/%	出口额同比/%	出口均价/(美元/t)
美　国	1819043	5183712	52.20	49.70	2849.69
马来西亚	1787731	1977699	5.70	-11.80	1106.26
日　本	1665177	3717792	-16.60	-7.90	2232.67
韩　国	1561405	3085196	36.30	17.30	1975.91
埃　及	1419716	2440306	-21.70	-34.50	1718.87
土耳其	1096392	1384727	2.80	-5.30	1262.99
菲律宾	1079223	2786556	42.40	27.30	2582.00
伊拉克	942850	5267903	118.80	136.00	5587.21
巴　西	801559	1102629	-19.00	-33.70	1375.61

数据来源：中国海关。

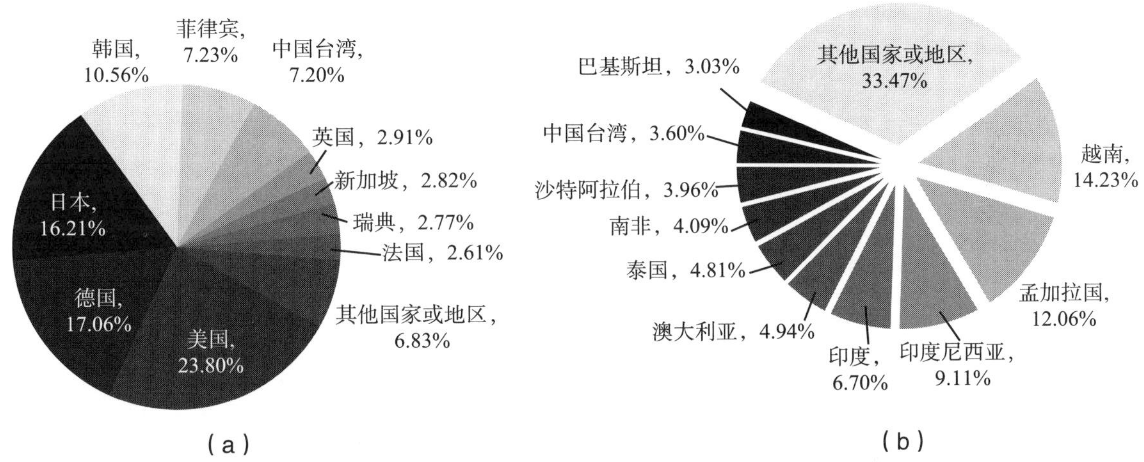

图5　2016年国内阳离子表面活性剂进出口国或地区比重统计
(a)进口国或地区统计　(b)出口国或地区统计

5.3　进出口省市统计

2016年，国内阳离子表面活性剂（34021200）进口省市主要集中在上海市、广东省、山东省、江苏省和四川省，如表6和图6（a）所示，进口量分别为3440t（占比47.19%）、1945t（占比26.68%）、674t（占比9.25%）、590t（占比8.09%）和218t（占比2.99%），较2015年分别同比增长-16.20%、-26.80%、-8.80%、-20.90%和35.30%。

表6　2016年国内阳离子表面活性剂（34021200）进口省市数据统计

进口省市	进口量/kg	进口额/美元	进口量同比/%	进口额同比/%	进口均价/（美元/t）
上海市	3439923	13649599	-16.20	-13.70	3968.00
广东省	1944658	7356320	-26.80	-20.90	3782.83
山东省	674350	2967736	-8.80	-10.80	4400.88
江苏省	589711	2243322	-20.90	-4.00	3804.10
四川省	218105	465449	35.30	50.20	2134.06
浙江省	207708	1149373	25.70	15.30	5533.60

续表

进口省市	进口量/kg	进口额/美元	进口量同比/%	进口额同比/%	进口均价/（美元/t）
天津市	113400	203442	-10.30	-23.70	1794.02
北京市	37413	191395	-78.70	-39.30	5115.74
重庆市	17204	128779	30.60	31.90	7485.41
福建省	16569	110556	-45.30	9.70	6672.46
湖南省	10822	14579	0.00	0.00	1347.16
安徽省	9880	14982	43.00	19.50	1516.40
河南省	3540	83793	47.50	64.30	23670.34
辽宁省	2298	20188	-83.50	-56.70	8785.03
广　西	1760	30087	52.20	36.60	17094.89
吉林省	1437	9050	-63.80	-69.20	6297.84
河北省	834	8282	-99.30	-93.90	9930.46
湖北省	470	41044	86.50	98.30	87327.66

数据来源：中国海关。

2016 年，国内阳离子表面活性剂（34021200）出口主要集中在江苏省、浙江省、山东省、广东省和上海市，如表 7 和图 6（b）所示，出口量分别为 52147t、7289t、6659t、5509t 和 1648t，出口量分别较 2015 年同比增长 8.00%、17.00%、-18.20%、10.00 和 10.30%，其中江苏省作为国内最大阳离子表面活性剂生产大省，当年出口量占比超过 67.30%，浙江省和山东省分别达到了 9.41% 和 8.59%。

表7　2016年国内阳离子表面活性剂（34021200）出口省市数据统计

出口省市	出口量/kg	出口额/美元	出口量同比/%	出口额同比/%	出口均价：美元/t
江苏省	52147600	86011466	8.00	1.30	1649.38
浙江省	7288749	9325046	17.00	-0.70	1279.38
山东省	6659375	9190085	-18.20	-35.70	1380.02
广东省	5509466	9396352	10.00	-8.30	1705.49
上海市	1648164	2747213	10.30	2.40	1666.83
北京市	983545	6101361	980.00	1667.80	6203.44
天津市	942465	1856042	62.00	-27.90	1969.35
湖南省	730494	1460581	1523.30	1271.80	1999.44
湖北省	684324	2061593	109.20	82.30	3012.60
河北省	394298	922410	-17.70	-15.20	2339.37
安徽省	257347	503037	-43.80	-25.20	1954.70
河南省	79740	138188	-25.30	-59.20	1732.98
黑龙江	54540	107302	0.00	0.00	1967.40
新　疆	28200	41110	809.70	435.30	1457.80
福建省	17000	47584	-16.40	-24.90	2799.06
江西省	14878	65409	89.90	327.50	4396.36
辽宁省	11470	48963	-59.60	-41.30	4268.79
四川省	9740	29471	304.10	184.40	3025.77
内蒙古	8340	33746	169.00	141.60	4046.28
甘肃省	7500	38455	-81.50	-25.60	5127.33

数据来源：中国海关。

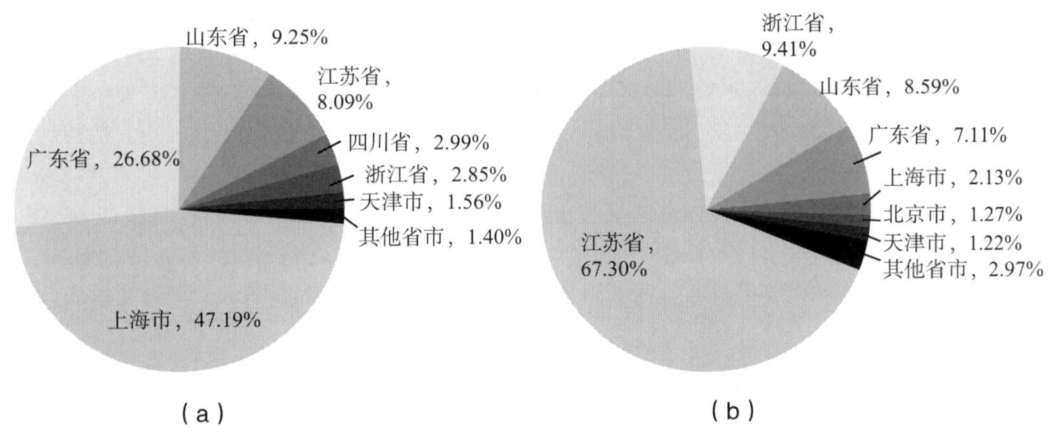

图6　2016年国内阳离子表面活性剂进出口省市比重统计
(a)进口省市统计　　(b)出口省市统计

5.4　进出口海关数据统计

2016年国内阳离子表面活性剂进口海关贸易主要集中在上海海关、黄埔海关、广州海关、南京海关和青岛海关，如表8、图7(a)所示，进口量分别为3814t(占比52.32%)、1891t(占比25.94%)、490t(占比6.72%)、406t(占比5.57%)和290t(占比3.98%)，较2015年同比增长-16.30%、-14.60%、-39.10%、-23.00%和-3.70%。进口均价较高海关为武汉海关，该产品为单一高纯产品，单价达到95000美元/t，折合人民币653600元/t。

表8　2016年国内阳离子表面活性剂(34021200)进口海关数据统计

进口海关	进口量/kg	进口额/美元	进口量同比/%	进口额同比/%	进口均价/(美元/t)
上海海关	3813685	16572656	-16.30	-12.70	4345.58
黄埔海关	1890960	5815264	-14.60	-6.80	3075.30
广州海关	489681	2684029	-39.10	-27.30	5481.18
南京海关	406381	1037270	-23.00	-25.80	2552.46
青岛海关	289811	985340	-3.70	-6.50	3399.94
天津海关	140229	282333	-66.30	-58.10	2013.37
深圳海关	97181	337123	49.00	35.30	3469.02
杭州海关	63487	383300	-13.10	-4.50	6037.46
济南海关	33310	191782	-26.80	-2.70	5757.49
拱北海关	21525	70713	-6.50	-4.70	3285.16
厦门海关	15126	107660	-43.00	16.00	7117.55
北京海关	11780	121543	115.40	166.70	10317.74
长沙海关	10800	13950	0.00	0.00	1291.67
大连海关	2263	15813	-65.80	-57.40	6987.63
郑州海关	1680	2954	0.00	0.00	1758.33

续表

进口海关	进口量/kg	进口额/美元	进口量同比/%	进口额同比/%	进口均价/（美元/t）
宁波海关	992	17924	−2.90	−24.50	18068.55
合肥海关	700	3937	16.70	31.00	5624.29
武汉海关	420	39900	107.90	104.60	95000.00
汕头海关	36	1051	−84.60	−84.70	29194.44
沈阳海关	35	3434	−86.20	−51.20	98114.29

数据来源：中国海关。

2016 年，国内阳离子表面活性剂出口海关主要集中在上海海关、南京海关、青岛海关、黄埔海关和深圳海关，如表 9 和图 7（b）所示，出口量分别为 42430t（占比 54.76%）、19317t（占比 24.93%）、7546t（占比 9.74%）、4160t（占比 5.37%）、和 1030t（占比 1.33%），较 2015 年分别同比增长 17.30%、−8.70%、3.00%、0.20% 和 154.50%。出口主流均价为 1500 美元 /t，折合人民币约合 10320 元 /t。

表9　2016年国内阳离子表面活性剂（34021200）出口海关数据统计

出口海关	出口量/kg	出口额/美元	出口量同比/%	出口额同比/%	出口均价/（美元/t）
上海海关	42430079	63478518	17.30	11.70	1496.07
南京海关	19316749	36684963	−8.70	−14.70	1899.13
青岛海关	7546741	14452364	3.00	14.20	1915.05
黄埔海关	4160413	6918827	0.20	−15.10	1663.01
深圳海关	1030590	1592215	154.50	54.50	1544.95
宁波海关	733556	977476	231.30	216.50	1332.52
天津海关	729740	2312820	−12.10	−31.20	3169.38
拱北海关	442830	752232	152.90	119.10	1698.69
广州海关	414755	800317	9.00	−2.40	1929.61
昆明海关	361191	1137349	494.20	335.40	3148.89
济南海关	81400	53890	−31.70	−62.10	662.04
武汉海关	73000	318877	66.20	15.90	4368.18
呼和浩特海关	53000	98062	0.00	0.00	1850.23
乌鲁木齐海关	34200	51393	187.80	102.50	1502.72
大连海关	25320	166471	136.10	227.90	6574.68
厦门海关	21365	48185	5.20	−23.70	2255.32
满洲里海关	13540	52601	−68.50	−73.90	3884.86
南宁海关	8000	10616	−71.40	−71.50	1327.00
北京海关	3511	220171	277.50	217.40	62708.91
汕头海关	1280	3200	0.00	0.00	2500.00

数据来源：中国海关。

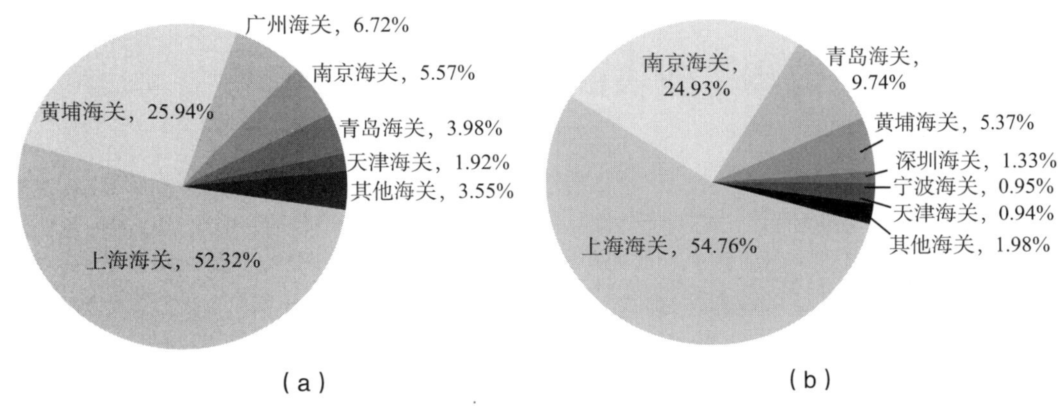

图 7　2016 年国内阳离子表面活性剂进出口海关比重统计
(a) 进口海关统计　(b) 出口海关统计

6 小结

2016 年，随着国内脂肪胺等原料产出增加以及价格不断上涨，主要阳离子表面活性剂产出较 2015 年同比增长，从产品结构来看，烷基季铵盐占据较大生产和市场比重，经过过去近十年的行业整合和洗牌，目前国内阳离子表面活性剂生产和原料供应基本被外资企业所垄断。另一行业发展瓶颈是国内行业对阳离子表面活性剂的需求趋于饱和，产品有相当一部分以出口为主，工业应用市场表现不是很积极，尤其是纺织化学品、油田化学品以及杀菌剂、消毒剂对阳离子表面活性剂需求有待提升。

2016 年国内其他离子型表面活性剂生产与市场

2016 年，包括甜菜碱型、氧化胺型、氨基酸型及含氟含硅型等其他类表面活性剂产品种类较多，统计起来比较复杂，企业掌控自己的技术优势，不愿对外大力宣传。据不完全统计，2016 年除阴离子、非离子、阳离子以外，其他表面活性剂产量约合 24.5 万 t，其中甜菜碱型产品产量 7.13 万 t，较 2015 年同比增长 5.66%；氨基酸和氧化胺型产量 4.93 万 t，较 2015 年同比增长 21.72%，除以上三种产品外其他类表面活性剂产量约合 12.5 万 t，其他类产品主要包括有机硅、有机氟、生物质产品和双子表面活性剂等特种系列产品。

2016 年其他离子型表面活性剂进口量 4362 t，出口量 62772 t，当年净进口量 −58410 t，纵观此类产品国内市场表观消耗量 18.7 万 t。

1 甜菜碱型系列

2016 年，国内甜菜碱型表面活性剂生产企业主要集中在上海花王、上海麦伦、邹平福海、广州星业、天津先光、浙江传化、江苏万淇、广州天赐、浙江赞宇科技、四川花语和索尔维（张家港）等。

据不完全统计，2016 年国内甜菜碱型表面活性剂总产量达到 7.13 万 t，较 2015 年同比增长 5.66%，销量达到 6.85 万 t，较 2015 年同比增长 5.36%。其中，广州天赐和广州星业成为主要生产商，产出分别占全年的 18.47% 和 16.97%（表 1、图 1 和图 2 所示）。

表1　2016年国内主要甜菜碱型生产企业数据统计

编号	企业名称	2016产量/t	2016销量/t	产量同比/%	销量同比/%
1	上海花王	3500	3450	9.38	13.11
2	邹平福海	4300	4520	10.75	9.40
3	广州星业科技	12100	9850	—	2.60
4	江苏万淇生物	3700	3640	—	—
5	广州天赐	13170	13200	−0.22	0.00
6	浙江赞宇	4900	5000	−37.18	−35.82
7	四川花语	4848	4875	10.43	10.80
8	广东椰氏化工	8000	8000	—	—
9	浙江传化	4700	4000	−6.00	100.00
10	索尔维（张家港）	7250	6800	133.87	126.67
11	山东长盈油脂	1850	2000	—	—
12	其他企业	3000	3150	—	—
合　计		71318	68485	5.66	5.36

数据来源：表面活性剂和洗涤剂行业生产力促进中心。

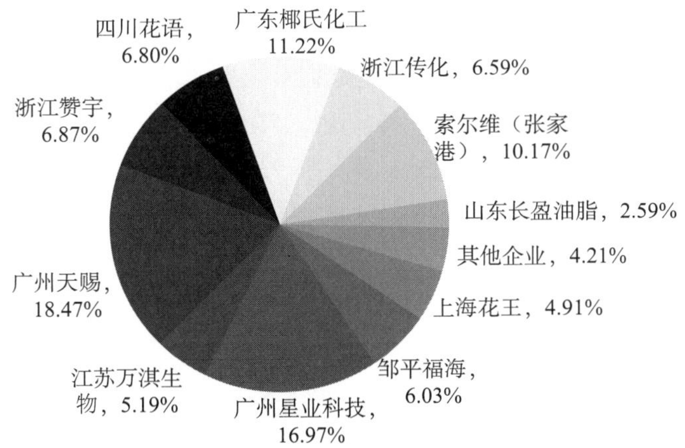

图 1　2016 年国内甜菜碱型表面活性剂产量占比

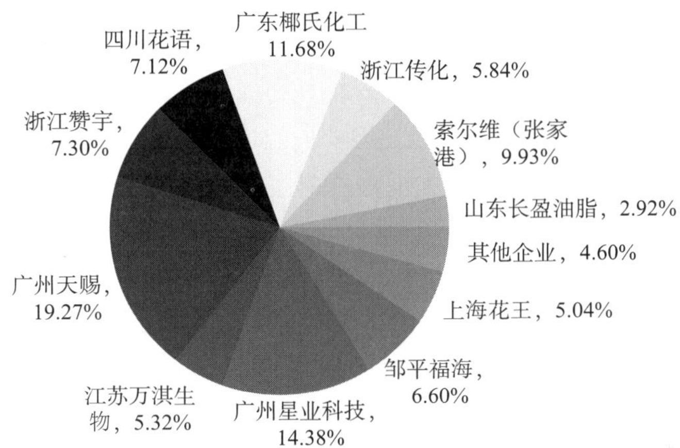

图 2　2016 年国内甜菜碱型表面活性剂销量占比

国内甜菜碱型表面活性剂应用主要集中在洗发护发产品和油田化学品，按照 2016 年国内 70 万 t 的洗发、护发用产品统计，当年消耗甜菜碱型表面活性剂量达到 4.0 ~ 5.0 万 t，占甜菜碱总产量的 63.1%。

2 氨基酸和氧化胺型

2016 年，表面活性剂和洗涤剂行业生产力促进中心统计氨基酸型和氧化胺型表面活性剂生产企业总计 15 家，合计产量为 4.93 万 t，销量为 4.75 万 t（表 2 所示），较 2015 年分别同比增长 21.72% 和 26.79%。其中，四川花语产出占比 33.47%，同比增长 28.80%；广东椰氏化工产出占比 16.23%；浙江传化产出占比 11.56%，同比负增长 –18.57%（表 2 和图 3 所示）。

表2　2016年国内氨基酸型和氧化胺型生产企业数据统计

编号	企业名称	2016产量/t	2016销量/t	产量同比/%	销量同比/%
1	邹平福海生物科技	1050	800	–4.54	–5.88
2	广州星业科技	3500	3100	—	—
3	天津浩元化工	105	95	—	—

续表

编号	企业名称	2016产量/t	2016销量/t	产量同比/%	销量同比/%
4	广州天赐	2370	2370	—	—
5	四川花语	16500	16480	28.80	29.69
6	广东椰氏化工	8000	8000	—	—
7	浙江传化	5700	4300	-18.57	-14.00
8	广州壹凡化工	1500	1400	—	-3.45
9	其他企业	10570	11000	—	—
合　计		49295	47545	21.72	26.79

数据来源：表面活性剂和洗涤剂行业生产力促进中心。其他企业：长沙普济生物科技。

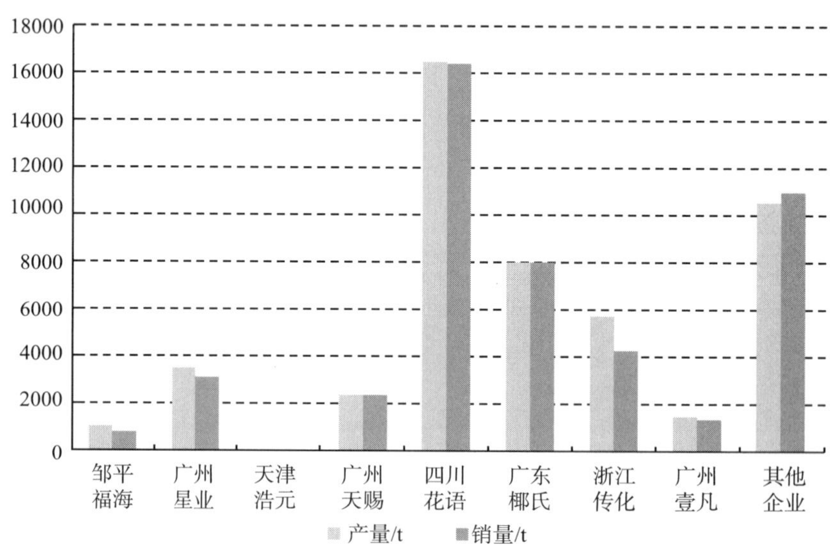

图 3　2016 年国内氨基酸型和氧化胺型生产企业数据统计

3 生物表面活性剂

生物表面活性剂是微生物在一定条件下，代谢过程中分泌出的具有一定表面活性的代谢产物。从工业化角度而言，生物表面活性剂一般采用糖或植物油等植物来源的原料作为主要碳源（少数使用醇类），方便微生物利用，产率高，最主要是安全易得，成本相对较低。而科研方向有可能会采用矿物油来源的长链烷烃等。

生物表面活性剂的生产工艺采用发酵 + 物理提取才是最“绿色”的保证，任何化学合成或发酵后采用有机溶剂萃取的工艺都不能称为“绿色”工艺。

虽然生物表面活性剂是“可生物降解的表面活性剂”，但“可生物降解表面活性剂”并非只有生物表面活性剂，典型的当属烷基糖苷（APG）。很多 APG 生产企业标称产品为生物表面活性剂，而 APG 是完全的化学合成产品，只能称为可降解绿色生物质表面活性剂。

生物表面活性剂包括许多不同的种类。依据他们的结构特征和微生物来源可分为糖脂、脂肽和脂蛋白、脂肪酸和磷脂、中性脂以及聚合物表面活性剂。大部分已知的生物表面活性剂属于糖脂类。

槐糖脂（sophorolipid）是由假丝酵母菌以糖和植物油等为碳源，经一定条件的发酵工艺产生的微生物次级代谢产物。其具有常规表面活性剂所具有的增溶、乳化、润湿、发泡、分散、降低表面张力等通用性能，而且还具有无毒、100% 可生物降解、耐温、耐高盐、适应 pH 范围广及对环境友好等特性。槐糖脂与常见的鼠李糖脂相比，性能相近，分子量较大，属一种低泡型表面活性剂，更适用于工业和民用清洗、化妆品等领域。

鼠李糖脂是由假单胞菌［一般采用铜绿假单胞菌 (Pseudomonase)］产生的一种生物代谢产物，主要是以植物油为碳源经发酵工艺获得。鼠李糖脂同样是一种性能优良的生物表面活性剂，在科研领域是一种研究时间最长且热门的生物表面活性剂。鼠李糖脂与槐糖脂比，性能相近，分子量较小，属一种高泡型表面活性剂，更适用于要求高泡的工业和民用领域中。但因其产生菌属机会致病菌，会产生某种毒素且未被有关权威机构证实其是否对人体有潜在危害，而被一些应用行业所顾虑。除此之外，生物表面活性剂发酵过程造成大量母液污染以及产品活性物含量较低等制约其快速发展。

4 海关数据

2016年，国内其他有机离子型表面活性剂（34021900）进口量合计4362t，较2015年同比增长-7.80%；出口量为62772 t，较2015年的68980 t同比增长-9.00%，换算净出口量为5.84万t，较2015年的6.42万t同比增长-9.03%，过去三年首次出现负增长。

4.1 月度进出口数据

2016 年国内其他离子表面活性剂（34021900）月度进口数据见表 3 和图 4 所示，全年有 7 个月份进口量出现同比负增长。其中 6 月进口为当年最高，进口量为 543t，同比增长 52.60%，月度进口均价为 2538.88 美元 /t。

表3　2016年国内其他离子表面活性剂（34021900）月度进口统计

月份	进口量/kg	进口额/美元	进口量同比/%	进口额同比/%	进口均价/（美元/t）
1 月	281409	865060	-49.40	-32.30	3074.03
2 月	198309	577149	-7.80	-25.90	2910.35
3 月	297775	851758	-39.70	-22.40	2860.41
4 月	252826	866282	-27.10	-24.30	3426.40
5 月	372581	917971	-20.10	-22.90	2463.82
6 月	543157	1379013	52.60	27.20	2538.88
7 月	396614	1168043	55.10	31.00	2945.04
8 月	303914	868515	-40.80	-41.00	2857.77
9 月	476358	1462456	0.00	11.00	3070.08
10 月	345455	785224	-19.40	-32.60	2273.01
11 月	425484	1294170	158.90	79.40	3041.64
12 月	467847	1353650	2.50	36.10	2893.36

数据来源：中国海关。

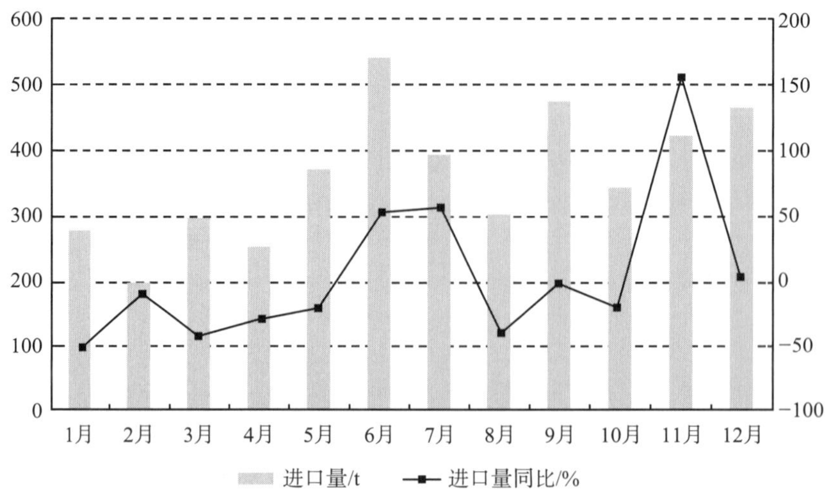

图 4　2016 年 1—12 月国内其他离子型表面活性剂月度进口统计

2016 年其他离子型表面活性剂月度出口数据见表 4 和图 5 所示，其中 1 月出口数据为当年最高，出口量为 7380t，同比增长 5.30%，出口额为 950.2 万美元，同比减少 21.2%，出口均价为 1287.46 美元 /t，出口价当年最低。9 月和 10 月出口量年度较少，分别同比减少 40.1% 和 32.2%。

表4　2016年国内其他离子表面活性剂（34021900）月度出口统计

月份	出口量/kg	出口额/美元	出口量同比/%	出口额同比/%	出口均价/（美元/t）
1 月	7380508	9502109	5.30	-21.20	1287.46
2 月	4213216	6734056	-4.10	-9.20	1598.32
3 月	4989394	8004564	2.90	-9.30	1604.32
4 月	4971180	8212432	5.70	4.30	1652.01
5 月	4504778	7432996	-3.40	-9.10	1650.02
6 月	5420808	9215974	11.70	10.50	1700.11
7 月	4675383	7411568	-12.40	-16.10	1585.23
8 月	5820052	10184419	-6.50	6.00	1749.88
9 月	4562441	7072602	-40.10	-30.90	1550.18
10 月	4549861	7388961	-32.20	-20.90	1624.00
11 月	5141131	8204151	-6.90	23.80	1595.79
12 月	6543057	11918719	-7.50	25.40	1821.58

数据来源：中国海关。

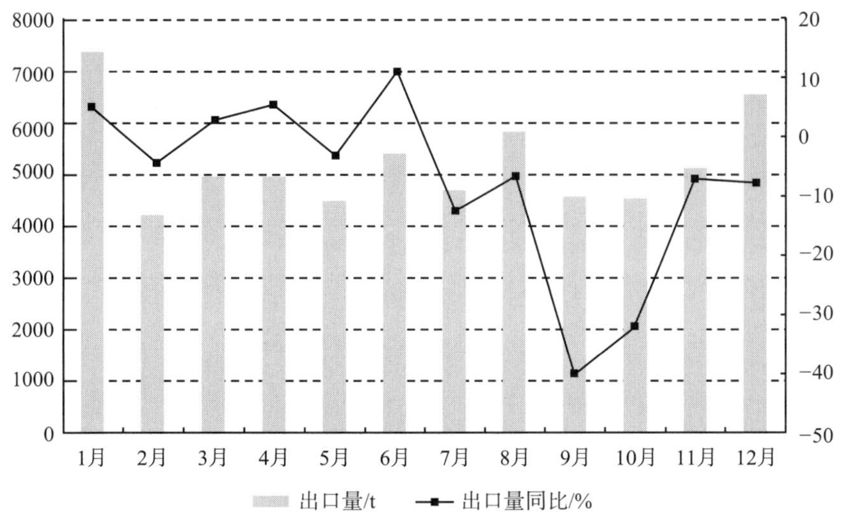

图 5　2016 年 1—12 月国内其他离子型表面活性剂月度出口统计

对比 2016 年其他有机离子型表面活性剂月度进出口均价，进口均价维持在 2500 ~ 3000 美元 /t，出口均价维持在 1500 ~ 2000 美元 /t。进口价均高于出口价约合 1000 美元 /t，如图 6 所示。整体来分析，国内其他有机离子型表面活性剂在产品创新和附加值开发方面与国外存在一定差距。从行业发展来看，其他类型表面活性剂具有的特殊性能在工业领域应用表现更加突出，发展潜力巨大。

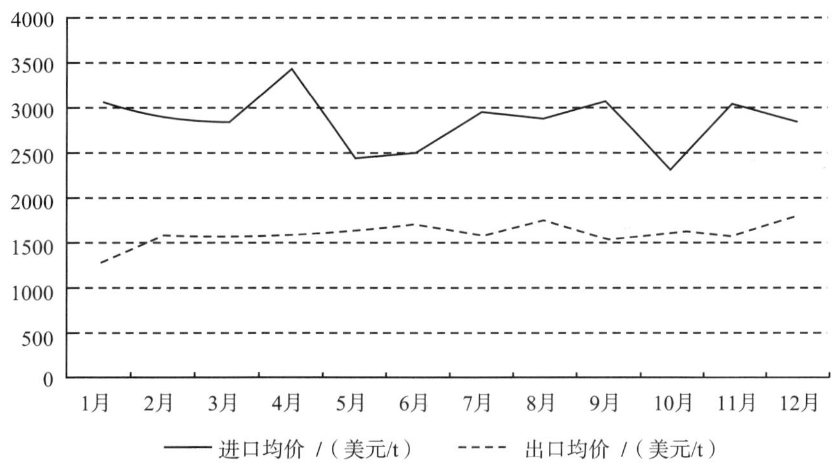

图6　2016年国内其他离子表面活性剂（34021900）月度进出口均价统计

4.2　进出口国或地区

2016 年，国内其他离子型表面活性剂进口国或地区主要集中在泰国、日本、美国、韩国和比利时，进口量分别为 909 t（占比 20.85%）、710 t（占比 16.28%）、482 t（占比 11.05%）、341 t（占比 7.82%）和 334 t（占比 7.65%），较 2015 年分别同比增长 −18.80%、12.00%、−23.60%、43.10% 和 4281.90%。其中泰国进口均价为 1270.15 美元 /t，美国进口均价达到 5020.73 美元 /t。高出泰国约合 4000 美元 /t，这说明产品品质、附加值和功能性等决定产品价格［表 5 和图 7（a）所示］。

表5　2016年国内其他离子表面活性剂（34021900）进口国或地区统计

进口国或地区	进口量/kg	进口额/美元	进口量同比/%	进口额同比/%	进口均价/（美元/t）
泰　国	909291	1154938	−18.80	−15.00	1270.15
日　本	710057	2894843	12.00	−5.50	4076.92
美　国	482182	2420905	−23.60	−25.90	5020.73
韩　国	341131	1232488	43.10	57.70	3612.95
比利时	333638	814230	4281.90	3975.40	2440.46
德　国	329647	1181143	−31.10	7.60	3583.05
中国台湾	196384	476180	−26.60	−35.00	2424.74
意大利	187111	435694	−0.30	21.30	2328.53
印度尼西亚	186594	127034	−31.90	−61.40	680.80
中国内地	171718	205777	−28.50	−33.30	1198.34
挪　威	131430	307879	−11.90	−0.50	2342.53
英　国	129646	402668	−14.00	−0.90	3105.90
西班牙	55411	113870	−6.90	−0.80	2055.01
新加坡	45868	126631	−3.80	62.20	2760.77
菲律宾	30433	49911	100.20	211.80	1640.03
澳大利亚	26863	78876	66.00	−5.40	2936.23
印　度	22249	45520	−55.80	−64.00	2045.93
法　国	21169	98245	−74.20	−62.30	4640.98
中国香港	11535	28999	673.10	250.60	2514.00
丹　麦	7352	36633	23.30	129.80	4982.73

数据来源：中国海关。

2016年，国内其他离子表面活性剂出口国或地区主要集中在英国、日本、菲律宾、美国、中国香港和澳大利亚，出口量分别为16164.3t（占比25.75%）、7359.2t（占比11.72%）、6595.6t（占比10.51%）、5528.8t（占比8.81%）、3316.8t（占比5.28%）和3142.6t（占比5.02%），较2015年分别同比增长4.00%、−28.40%、−58.30%、33.20%、−6.30%和28.70%。对比主要国家的出口均价可以看出，发展中国家出口均价低于发达国家，其中菲律宾为638.71美元/t，英国超过2000美元/t［表6和图7（b）所示］。

表6　2016年国内其他离子表面活性剂（34021900）出口国或地区统计

出口国或地区	出口量/kg	出口额/美元	出口量同比/%	出口额同比/%	出口均价/（美元/t）
英　国	16164363	32413321	4.00	−3.90	2005.23
日　本	7359152	8116689	−28.40	−39.50	1102.94
菲律宾	6595567	4212652	−58.30	−52.80	638.71
美　国	5528835	10314804	33.20	44.60	1865.64
中国香港	3316828	2611619	−6.30	−10.10	787.38
澳大利亚	3142634	4084787	28.70	−13.80	1299.80
中国台湾	1534333	3013301	−22.30	2.70	1963.92
印度尼西亚	1416648	2536892	76.50	105.80	1790.77
俄罗斯联邦	1415823	2908916	147.40	144.10	2054.58
韩　国	1333262	3374744	−5.80	−9.90	2531.19

续表

出口国或地区	出口量/kg	出口额/美元	出口量同比/%	出口额同比/%	出口均价/（美元/t）
泰　国	1299893	2488578	121.30	146.00	1914.45
印　度	1232050	2417166	-9.90	-14.90	1961.91
越　南	1189055	2293129	54.20	24.40	1928.53
马来西亚	1102657	1354823	-18.40	-36.90	1228.69
埃　及	947526	1754061	862.80	537.40	1851.20
叙利亚	732200	513691	949.00	895.50	701.57
伊　朗	688625	1866767	358.30	234.20	2710.86
巴基斯坦	552363	549059	483.00	444.10	994.02
土耳其	500526	1151238	-52.50	-33.20	2300.06
加拿大	446308	589700	33.20	4.50	1321.28

数据来源：中国海关。

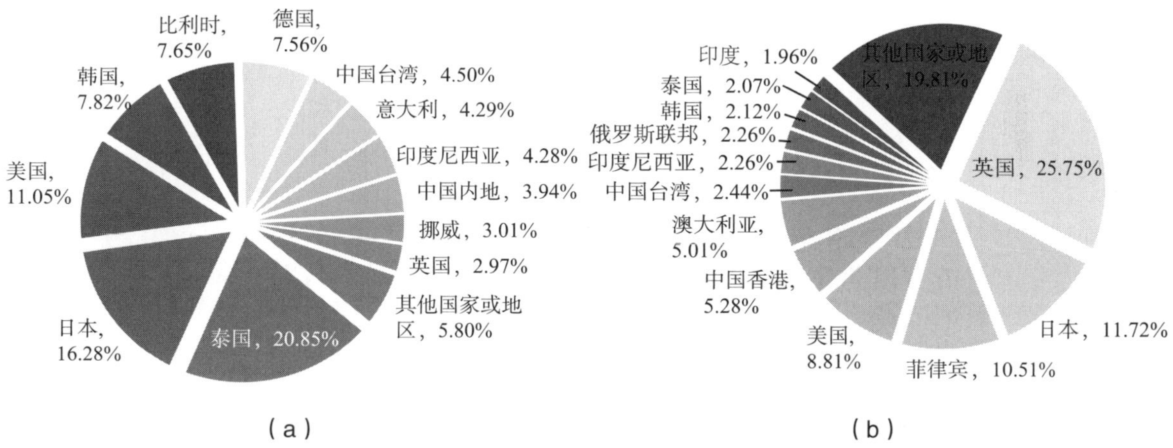

图7　2016年国内其他离子表面活性剂进出口国或地区占比统计
（a）进口国或地区比重统计　（b）出口国或地区比重统计

4.3　进出口省市统计

2016年国内其他离子型表面活性剂进口省市统计见表7所示，主要集中在上海市、广东省、江苏省、福建省和浙江省，进口量分别较2015年同比增长 -1.60%、-15.50%、36.30%、561.50% 和 -15.90%。其中上海市进口占比43.51%，广东省进口占比35.17%，江苏省占比8.87%，其他省市进口合计占比12.45%［图8（a）所示］。

表7　2016年国内其他离子表面活性剂（34021900）进口省市统计

进口省市	进口量/kg	进口额/美元	进口量同比/%	进口额同比/%	进口均价/（美元/t）
上海市	1897762	4374850	-1.60	-10.20	2305.27
广东省	1534210	3817129	-15.50	-3.00	2488.01
江苏省	386820	2196816	36.30	3.00	5679.17
福建省	154216	577244	561.50	1014.00	3743.09

续表

进口省市	进口量/kg	进口额/美元	进口量同比/%	进口额同比/%	进口均价/（美元/t）
浙江省	120592	361029	−15.90	31.00	2993.81
北京市	80610	407437	−36.20	−11.80	5054.42
广西	59850	89775	95.10	92.40	1500.00
湖北省	34726	266901	−1.60	127.60	7685.91
重庆市	29767	48073	−70.70	−61.80	1614.98
山东省	28018	59477	176.80	100.30	2122.81
天津市	10297	76615	−86.80	−62.80	7440.52
海南省	8000	15647	0.00	0.00	1955.88
山西省	5400	4200	8.00	−44.60	777.78
辽宁省	4628	23454	−93.40	−95.00	5067.85
陕西省	2894	28459	−41.50	−17.60	9833.79
河北省	1440	20304	−94.40	−80.40	14100.00
内蒙古	1021	2362	11.00	−65.70	2313.42
吉林省	1007	3638	−61.70	−73.20	3612.71
四川省	296	13045	−95.10	−25.60	44070.95
河南省	106	1426	−87.20	−89.60	13452.83

数据来源：中国海关。

2016年国内其他离子表面活性剂出口省市主要集中在江苏省、广东省、安徽省、上海市和浙江省，出口量分别为36966t、9182t、6299.8t、2475.4t和2415.7t，较2015年分别同比增长−14.90%、47.40%、−3.00%、−67.40%和7.20%。其中江苏省出口量占比58.89%、广东省出口占比14.63%，安徽省出口占比10.04%，其他省市合计出口占比16.44%。排名前五省市当中，江苏省出口均价为1913.4美元/t，高于同期的安徽省987.7美元/t［表8和图8（b）所示］。

表8　2016年国内其他离子表面活性剂（34021900）出口省市统计

出口省市	出口量/kg	出口额/美元	出口量同比/%	出口额同比/%	出口均价/（美元/t）
江苏省	36966305	70730890	−14.90	0.50	1913.39
广东省	9182383	9826425	47.40	11.90	1070.14
安徽省	6299839	6222225	−3.00	−12.30	987.68
上海市	2475391	3273700	−67.40	−68.70	1322.50
浙江省	2415739	2956862	7.20	−1.70	1224.00
山东省	2022862	1682579	464.50	166.50	831.78
天津市	1072387	921793	41.00	3.50	859.57
河南省	1064051	1815727	11.20	−18.80	1706.43
江西省	471581	331937	1154.50	352.50	703.88
河北省	396348	1732759	166.90	350.60	4371.81
湖北省	195092	1175426	−20.10	−15.50	6024.98
北京市	80947	323547	27.30	1.20	3997.02
内蒙古	29550	92122	75.70	57.50	3117.50
辽宁省	25330	40166	−90.10	−95.20	1585.71

续表

出口省市	出口量/kg	出口额/美元	出口量同比/%	出口额同比/%	出口均价/（美元/t）
四川省	23002	37262	-52.80	-60.50	1619.95
陕西省	19210	59585	4265.90	7027.40	3101.77
重庆市	13200	16655	340.00	389.60	1261.74
福建省	12445	18865	203.70	215.40	1515.87
新疆	2800	1960	-85.00	-98.40	700.00

数据来源：中国海关。

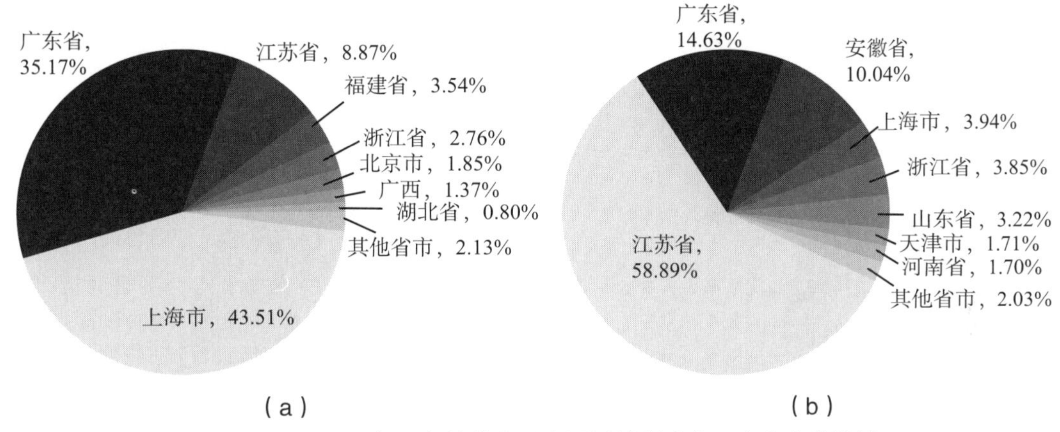

图 8　2016 年国内其他离子表面活性剂进出口省市占比统计

（a）进口省市比重统计　　（b）出口省市比重统计

4.4　进出口海关贸易

2016 年国内其他离子型表面活性剂进口主要集中在上海海关和黄埔海关，进口量分别为 2120.8t 和 1076.4t，较 2015 年同比增长 -6.00% 和 -10.90%，分别占当年进口比重的 48.63% 和 24.68%，其他海关进口占比 26.69% [表 9、图 9（a）所示]。

表9　2016年国内其他离子表面活性剂（34021900）进口海关统计

进口海关	进口量/kg	进口额/美元	进口量同比/%	进口额同比/%	进口均价/（美元/t）
上海海关	2120823	5925966	-6.00	-5.50	2794.18
黄埔海关	1076416	2277597	-10.90	13.30	2115.91
广州海关	305727	948672	-8.30	-23.90	3103.00
深圳海关	228724	642874	-16.40	11.30	2810.70
南京海关	172222	985675	94.10	-1.30	5723.28
厦门海关	154056	574090	1137.40	2469.40	3726.50

数据来源：中国海关。

2016 年国内其他离子型表面活性剂出口主要集中在南京海关和上海海关，出口量分别为 31132.7t 和 16312.3t，较 2015 年同比增长 -18.20% 和 -20.70%，分别占当年出口比重的 49.60% 和 25.99%，其他海关出口占比 24.41% [表 10 和图 9（b）所示]。

表10　2016年国内其他离子表面活性剂（34021900）出口海关统计

出口海关	出口量/kg	出口额/美元	出口量同比/%	出口额同比/%	出口均价/（美元/t）
南京海关	31132665	52857888	−18.20	−1.10	1697.83
上海海关	16312285	31784718	−20.70	−17.40	1948.51
黄埔海关	4458762	3687352	75.80	22.30	826.99
深圳海关	2671747	3146370	100.70	47.40	1177.65
天津海关	2159333	3283187	52.60	65.40	1520.46
青岛海关	1821413	1175861	474.00	104.40	645.58
宁波海关	1497987	1327893	−7.70	−22.70	886.45
拱北海关	1185633	1907910	−33.00	−36.00	1609.19

数据来源：中国海关。

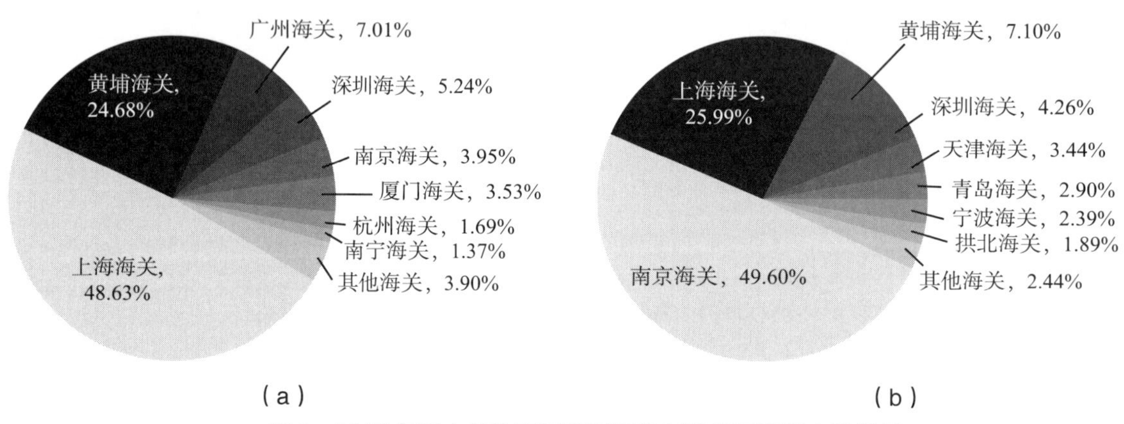

（a）　　（b）

图9　2016年国内其他离子表面活性剂进出口海关占比统计

（a）进口海关比重统计　（b）出口海关比重统计

5 小结

与阴离子、非离子和阳离子表面活性剂相比，我国其他有机离子型表面活性剂产品研究开发目前还未进入大规模阶段，产品品质和附加值还有较大的提升空间，尤其是在一些生物质表面活性剂开发及应用，一些含氟、含硅、杂环、松香酯衍生功能性表面活性剂方面，需要加大投资力度，氨基酸、氧化胺以及改性甜菜碱等产品方面，国内企业还未形成大规模常态化生产及应用。

2016 年国内减水剂大单体生产与市场

聚羧酸减水剂单体，是目前我国外加剂行业需求量增长最快的外加剂，以其为原料可以复配出满足各类混凝土工程需要的混凝土化学外加剂。聚羧酸减水剂单体作为混凝土外加剂的关键原料，其市场现状及未来发展趋势对下游产品有着直接的影响。

2016 年国内聚羧酸减水剂单体市场盘整运行，虽然 2016 年单体市场整体来说仍处于产能过剩阶段，但由于单体本身的绿色环保无污染特性，使得单体的生产迎合国家政策的需要，单体工厂也独分一羹。但目前整体行业利润并不乐观，维持在中低端水平，单体市场价格上移空间有限，市场重心的低端徘徊直接限制了单体市场的利润状况。2016 年宏观经济走势仍显疲弱，下游减水剂行业走势一般，加之国内单体市场依旧处于产能过剩状态，市场维持弱势震荡。

1 生产与市场

2016 年国内聚羧酸减水剂单体总产能在 231 万 t 左右，而 2015 年产能约在 217 万 t，新增产能 14 万 t，增幅 5.9%。其中福建钟山化工的 10 万 t/ 年单体、江苏斯尔邦 4 万 t 装置投产。国内单体自 2007 年飞速扩展至 2016 年，总产量已翻番，在 2014 年产量增速达到极致，增速为 60%，但随着国内产能的过剩，下游需求增长相对平缓，自 2015 年开始，国内单体工厂产量增速已出现放缓，尤其整体利润空间不足，也限制了产能的过分释放，工厂纷纷开始考虑改造装置，寻求新的利润增长点。

2016 年国内主要减水剂大单体装置开工率维持在 48%，较 2015 年开工高出 3 个百分点，产量达到 112 万 t，较 2015 年的 97.7 万 t 同比增长 14.64%。整体来看，2012—2016 年五年间国内减水剂行业处于平稳增长趋势，五年产能合计增长 113.89%，产量五年合计增长 162.30%（图 1 和表 1 所示）。行业的快速发展主要得益于中国房地产市场繁荣以及高铁等基础建设发展迅速，尤其是国家政策方面给予这种环保型产品大力支持。

表1　2012—2016年国内减水剂大单体产能、产量及开工情况数据统计

年份	产能/万t	产量/万t	产量同比/%	开工率/%
2012 年	108	42.7	—	39.5
2013 年	125	63	47.54	50.4
2014 年	200	99	57.14	48.0
2015 年	217	97.7	-1.31	45.0
2016 年	231	112	14.64	48.0

数据来源：表面活性剂和洗涤剂行业生产力促进中心。

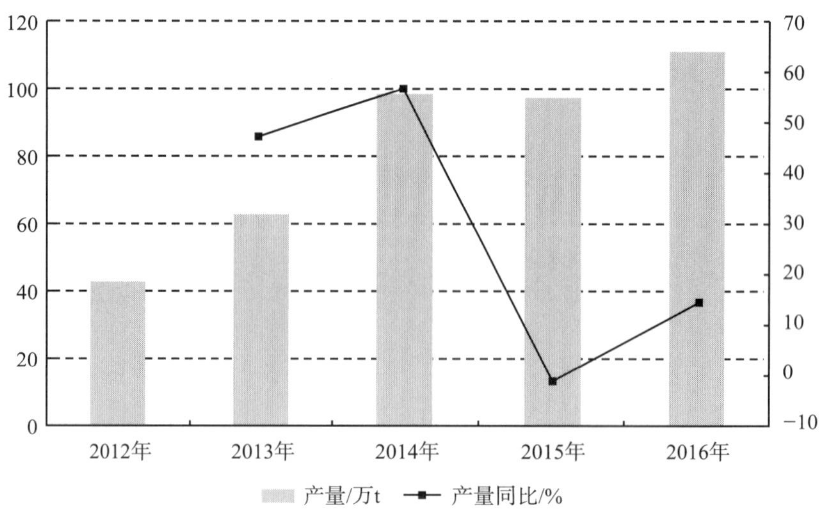

图 1　2012—2016 年国内减水剂大单体产量数据统计

2016 年聚羧酸减水剂单体产量主要地区是华东以及东北地区（图 2 所示）。

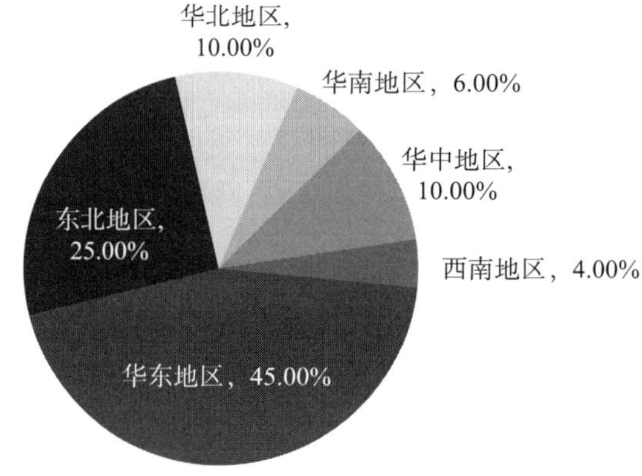

图 2　2016 年国内减水剂大单体产量分布图

国内单体厂家产能分布集中围绕在原料环氧乙烷工厂生产地，因原料环氧乙烷的短途运输性，靠近原料产地大幅削减运输费用，利于原料采购的便利，且国家对东部地区基础设施投入较大，聚羧酸减水剂单体主要消费地也集中分布在东部地区（表 2 和图 3 所示）。消费市场的集中分布，利于单体市场的消化。但随着国家政策逐步加大对我国中西部基础设施建设的扶持及投入，聚羧酸减水剂单体市场向中西部地区推进已是势在必行。

表2　2016年国内主要减水剂大单体企业规模及产量统计

企业名称	装置产能/万t	产量/万t
奥克化学（扬州）有限公司	30.00	14.60
三江化工有限公司	20.00	12.00
浙江皇马化工集团有限公司	15.00	8.50
奥克化学（武汉）有限公司	12.00	7.00

续表

企业名称	装置产能/万t	产量/万t
辽宁奥克化学股份有限公司（辽阳）	8.00	6.00
四川石达化学股份有限公司	20.00	6.00
辽宁科隆精细化工股份有限公司（盘锦）	8.00	5.00
山东卓星化工有限公司	5.00	3.50
上海东大化学有限公司	5.50	3.00
上海台界化工有限公司	5.00	3.00
吉林众鑫化工有限公司	8.00	3.00
联泓化工集团	6.00	3.00
吉林奥克新材料有限公司	4.00	2.80
湖石化学（嘉兴）有限公司	5.00	2.50
南京扬子奥克化学有限公司	4.00	2.50
抚顺东科精细化工有限公司	5.00	2.50
湖北凌安科技有限公司	5.00	2.50
奥克化学（滕州）有限公司	5.00	2.00
广东奥克化学有限公司	5.00	2.00
茂名佳化化学有限公司	5.00	2.00
上海盛瀛化工有限公司	3.00	1.50
亚东石化（扬州）有限公司	3.00	1.50
科莱恩化学（中国）有限公司（惠州）	3.00	1.20
上海抚佳精细化工有限公司	3.00	1.00
江苏海安石油化工厂	3.00	1.00
吉林市北方荟丰工贸有限公司	3.00	1.00
吉林石化股份有限公司	3.00	1.00
辽宁科隆精细化工股份有限公司（辽宁）	3.00	1.00
抚顺市秀霖化工有限公司	3.00	1.00
抚顺市禄通化工有限公司	2.00	1.00
抚顺市浩源化学有限公司	2.00	1.00
河北国蓬化工有限公司	2.50	1.00
淄博永发化工有限公司	2.00	1.00
茂名华粤云龙石化有限公司	2.00	1.00

数据来源：卓创资讯不完全统计，产量万吨级以上企业。

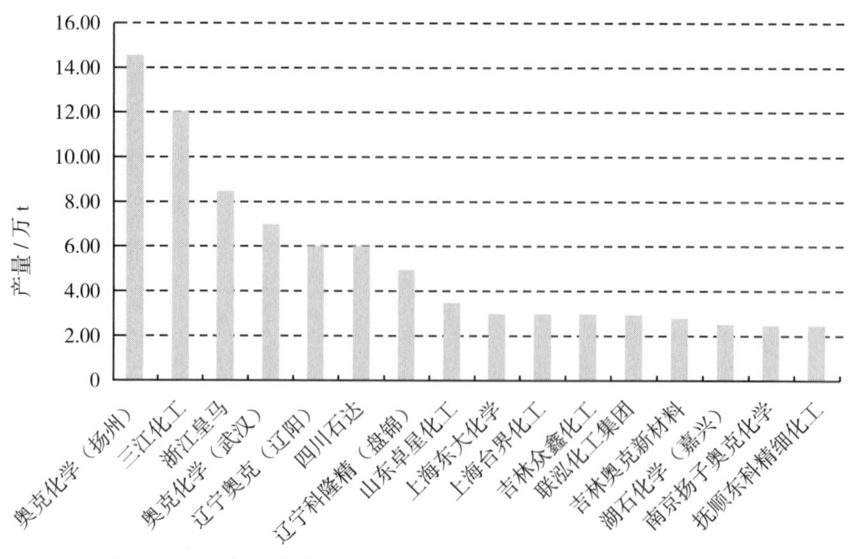

图 3　2016 年国内主要减水剂大单体企业产量对比（Top 16）

2 价格走势

图 4 和图 5 分别为 2016 年国内华东地区主要减水剂单体 TPEG（甲基烯丙基聚氧乙烯醚）和 HPEG（烯丙基聚氧乙烯醚）两种产品价格走势，对比可以看出，2016 年，聚羧酸减水剂大单体市场走势震荡，整体价格涨跌与原料环氧乙烷相关性较强，通过跟踪市场中使用量较大的 HPEG 和 TPEG，2016 年全年大单体价格运行在 8500 ~ 11200 元 /t，TPEG 市场价格比 HPEG 高 300 元 /t。

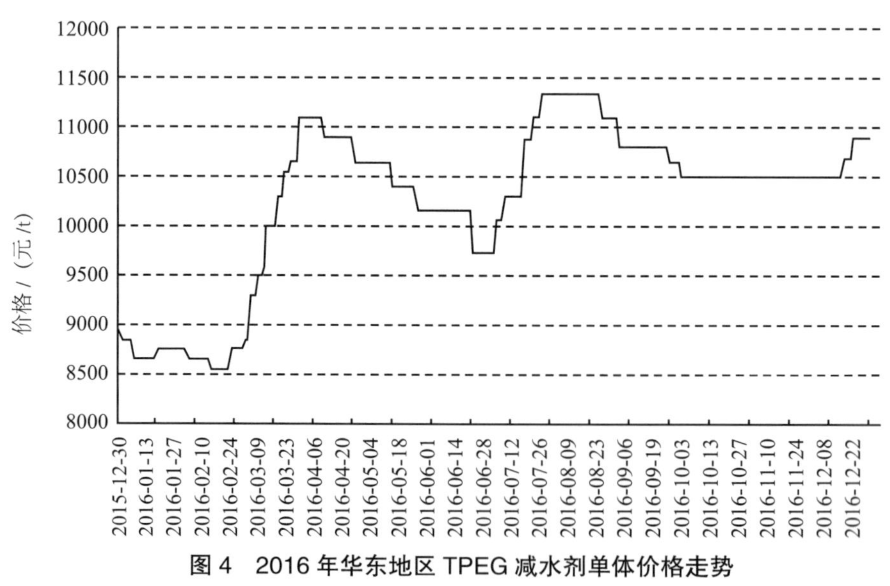

图 4　2016 年华东地区 TPEG 减水剂单体价格走势

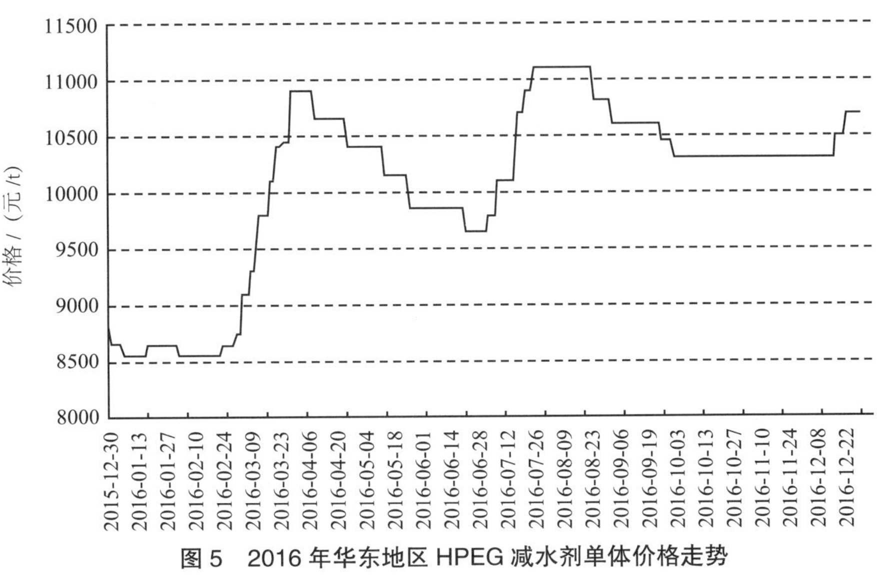

图 5　2016 年华东地区 HPEG 减水剂单体价格走势

3 小结

2016 年国内聚羧酸减水剂单体市场受原料供应、国家建设需求、产业政策及环保要求等诸多因素影响。伴随近两年国家新型城镇化建设稳步实施，房地产行业及基建行业对混凝土建筑材料的需求稳步增速，进而聚羧酸减水剂的表观需求量稳步增长。另外，"十三五"期间铁路投资有望继续保持增长势头。"十三五"期间全国新建铁路不低于 2.3 万公里，总投资不低于 2.8 万亿元。由此可见，未来几年基建行业对于聚羧酸减水剂单体的需求量仍有较大的增长空间。另外，近几年我国全面开展的节能减排建设，大力推广绿色、节能、长寿命建筑和相关的新型建筑材料，以及越来越多的国家重大工程明确要求使用聚羧酸高性能减水剂，为聚羧酸减水剂的快速、持续、稳定发展提供了有利的外部环境和大好时机，但也正因如此，我国聚羧酸减水剂单体的产能飞速增长，以至于目前到了供应过剩的局面。

以 2015—2016 年中国聚羧酸减水剂单体 HPEG（国产醇）利润为例，2016 年国产醇的年均利润水平不足 300 元 /t，较 2015 年年均利润 371 元 /t 有明显下滑。面对原料环氧乙烷供应面的愈加宽松，聚羧酸减水剂单体成本有大幅提升，且需求增速难敌产能扩张，多数企业运营压力加大，行业平均利润水平逐渐下滑将是大概率事件。

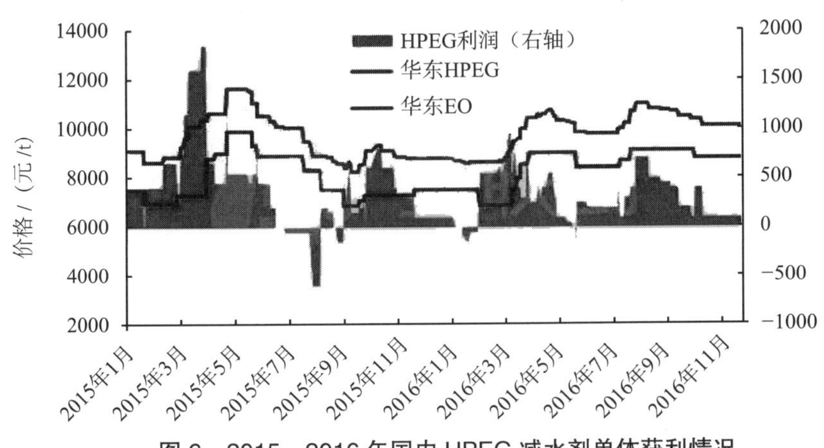

图 6　2015—2016 年国内 HPEG 减水剂单体获利情况

第三章 技术与装备

TECHNIQUES&FACILITIES

日化行业"十三五"重点推广技术概述

2016年,《"十三五"轻工行业重点推广技术目录》(简称《目录》)发布，列入重点推广技术共计140项，其中日化行业14项。

被列入《目录》的日化行业14项重点推广技术为：重烷基苯的喷射磺化装置及工艺技术开发、基于口腔护理科技的生物酶技术的应用、醇醚葡糖苷系列产品绿色制造及应用技术、环路反应工艺生产高双酯含量酯基季铵盐、双烷基甲基羟乙基氯化铵制备技术、天然油脂乙氧基化物催化合成工艺技术、"油改水"在乙氧基化生产工艺中的应用、洗衣粉料浆配料罐结构形式的改进、烷基苯反应器双段进料技术、烷基苯装置换热流程的优化、磺化装置余热回收系统、洗衣粉气提尾气布袋除尘器细粉喷射回塔、液体洗涤剂自动化配料系统、高安全性AES制备关键技术。

据悉,《目录》的发布将为贯彻落实《中国制造2025》《"十三五"国家科技创新规划》和《轻工业发展规划(2016—2020年)》精神，进一步推动轻工行业科技进步、加大新技术推广应用力度。

表1 入列《“十三五”轻工行业重点推广技术目录》相关日化行业技术

技术名称		重烷基苯的喷射磺化装置及工艺技术开发
内容简介	技术内容（解决的主要问题，突破的关键技术）	通过对重烷基苯族组成进行分离、分析及结构鉴定，并对磺化条件、应用性能进行研究，开发了适宜于重烷基苯的 SO_3 气体喷射磺化装置及工艺，解决了用膜式磺化反应器进行重烷基苯磺化时存在的磺化器头部易结焦、开车周期短、产品质量稳定性差等问题。本项目的关键技术是 SO_3 气体喷射式磺化反应器的开发，以及通过对重烷基苯组成、磺化工艺及产品性能进行综合研究，开发了用于三次采油的功能型重烷基苯磺酸盐
	技术性能指标	重烷基苯磺酸盐产品质量： 外观：暗黄到褐色膏体 活性物含量：（50±2）% 未磺化物含量：≤ 20%（以 100%活性物计） 无机盐含量：<10%（以 100%活性物计）
	创新点	（1）本项目研究开发的 SO_3 气体喷射式磺化反应器结构简单，操作弹性大，喷射磺化工艺制得的重烷苯磺酸盐产品质量和应用性能重复性好，较膜式磺化工艺制得的产品更有利于降低原油 / 水界面张力。 （2）对重烷基苯组成、磺化工艺及产品性能进行综合研究，开发用于三次采油的功能型重烷基苯磺酸盐
	先进性	□国际领先 □国际先进 □国内领先 □国内先进
	已经推广应用情况	
	已取得的经济社会效益	
	技术适用领域	精细化工领域，三次采油
获奖奖项名称、等级、时间		2009 年，中国轻工业联合会科学技术奖二等奖
鉴定单位、时间		
技术名称		基于口腔护理科技的生物酶技术的应用
内容简介	技术内容（解决的主要问题，突破的关键技术）	生物溶菌复合酶是一种高效蛋白酶，它能水解革兰氏阳性细菌细胞壁的主要成分—聚肽糖，产生溶菌现象，从而杀死该细菌，避免细菌耐药性的产生。然而它受温度、pH、重金属离子、化学反应等各种因素的影响，存活性、可加工性能差。如何把它真正应用到消费品，特别是在口腔护理科技上实现突破，一直是困扰业界的难题。项目通过研制系列生物酶口腔护理产品设计、生产工艺和流程，攻克生物溶菌酶优化生产技术、各种口腔护理产品的复合技术、酶活性因子稳定性保持等核心关键技术，开发了达到国际先进水平的系列口腔护理产品
	技术性能指标	pH 为 5.5 ~ 10.0；菌落指数 ≤ 500CFU/g；霉菌与酵母菌总数 ≤ 100CFU/g；铅（Pb）含量 ≤ 15 mg/kg；砷（As）≤ 5mg/kg；铜绿假单胞菌 不得检出；粪大肠菌群 不得检出；金黄色葡萄球菌 不得检出
	创新点	（1）生物溶菌酶高活性稳定技术：解决了生物溶菌酶在不同 pH、温度等条件下的高活性保持。 （2）生物溶菌酶复合、配伍技术：解决了生物溶菌酶与口腔护理产品中的不同化合物的生化反应、作用机理及酶与底物浓度的关系。 （3）采用生物护理的科学方法与先进工艺，解决了高氟地区预防蛀牙的问题，避免了因氟的过量摄入而对身体和牙齿造成的伤害

	先进性	□国际领先 □国际先进 □国内领先 □国内先进
	已经推广应用情况	项目已形成了生物蛋白酶牙膏、生物蛋白酶口腔喷雾剂、生物蛋白酶漱口水等系列口腔产品。并在郑州三和百货有限公司、黄山市华芳贸易有限公司、南昌市五华市场四合日化经营部等客户推广使用，同时产品通过大型商场、超市、TB 天猫商场等渠道进行推广，均取得了良好的经济效益和消费者的良好反馈
	已取得的经济社会效益	FE 生物溶菌复合酶牙膏迎合国内牙膏发展的新潮流，产品产量、产品销售近五年来每年以 25% 速度递增，每年为国家上缴税金超千万元
	技术适用领域	消费品领域、口腔清洁护理保健
获奖奖项名称、等级、时间		
鉴定单位、时间		
技术名称		**醇醚葡糖苷系列产品绿色制造及应用技术**
内容简介	技术内容（解决的主要问题，突破的关键技术）	（1）推广醇醚葡糖苷系列绿色表面活性剂的绿色制造技术，解决热敏性、高黏度的多组分固液相反应难题。 （2）推广醇醚糖苷在衣用洗涤剂、功能性液体洗涤剂、化妆品和个人护理用品、消毒洗剂、工业助剂、工业清洗、农药乳剂等领域的应用
	技术性能指标	产品指标：无色至淡黄色液体，活性物含量≥ 50%，产品 pH10 ~ 12，无机盐灰分≤ 3%
	创新点	（1）新一代绿色表面活性剂，以生物质资源葡萄糖作为生产原料，缓解对石油产品的依赖。 （2）先进的绿色制造技术，无废水、废气、废渣排放。 （3）新型表面活性剂对已有配方产品的性能改善和升级
	先进性	□国际领先 □国际先进 □国内领先 □国内先进
	已经推广应用情况	已在河南安阳博奥生物新合成有限公司实现 3000 t/ 年规模的产业化，正在江苏海安万琪生物科技有限公司实现 10000t/ 年规模的产业化
	已取得的经济社会效益	推广醇醚糖苷的绿色制造和应用技术对扩大绿色表面活性剂的应用规模、促进表面活性剂行业向绿色化转型具有重要意义
	技术适用领域	日化行业、工业应用、农业应用
获奖奖项名称、等级、时间		
鉴定单位、时间		

续表

技术名称		环路反应工艺生产高双酯含量酯基季铵盐
内容简介	技术内容（解决的主要问题，突破的关键技术）	利用环路反应器的高效传质传热特性和气相系统的自循环特性，开发了环路反应器制备高双酯含量的酯基季铵盐产品的新工艺，解决了釜式搅拌工艺存在的反应时间长、能耗大、向环境排放污染物以及产品中双酯含量不高等缺点，有效缩短了反应时间、降低了能源消耗、实现了反应过程的零排放和清洁生产以及提高了酯基季铵盐产品质量，是一种绿色的酯基季铵盐生产工艺
	技术性能指标	酯胺：酸值≤ 2.5 mgKOH/g，单酯≥ 18%，双酯≥ 65%； 酯基季铵盐：固含量≥ 90%，活性物 /（mmol/g）: 1.07 ~ 1.15，酸值≤ 12 mgKOH/g，胺值≤ 6 mgKOH/g，pH（5% 异丙醇 / 水溶液）: 2.5 ± 0.5
	创新点	利用环路反应装置强化反应体系的传质传热效率，并可根据实际工艺对体系的温度和气相循环量进行调整，反应体系为一微正压的密闭系统，保证了产品的色泽和质量，同时实现了反应过程的零排放
	先进性	□国际领先 □国际先进 □国内领先 □国内先进
	已经推广应用情况	中试产品得到了部分厂家的认可，并与台湾新日化股份有限公司签订了技术转让合同
	已取得的经济社会效益	
	技术适用领域	适用于纺织、日化、印染、皮革、合成纤维、造纸及机械等领域
获奖奖项名称、等级、时间		
鉴定单位、时间		
技术名称		双烷基甲基羟乙基氯化铵制备技术
内容简介	技术内容（解决的主要问题，突破的关键技术）	本产品为新型结构的季铵盐，属于典型的功能性品种，是消杀类阳离子表面活性剂的升级换代产品。具有优良的消毒杀菌性能，生物降解性好，生态毒性低，和环境具有良好的相容性，且配伍性能良好。所用主要原料为天然油脂衍生物，所采用的工艺无三废排放，反应时间短，温度、压力低。本成果符合轻工业振兴规划中鼓励的表面活性剂绿色化、功能化的发展方向。广泛应用于日化、医药、农药、油田、建材、水处理等领域，产品的产业化及应用推广对表面活性剂行业及相关应用领域的发展都有很好的促进作用，具有良好的经济效益和社会效益
	技术性能指标	外观：浅黄色液体　　活性物含量 /%: 45 ± 2% 未反应胺含量（%）：≤ 2　　pH（10% 水溶液）: 6.0~9.0
	创新点	本产品（DEQ）为季铵盐型阳离子表面活性剂，是双烷基二甲基氯化铵的改进产品。在分子中加入羟乙基基团，提高了水溶性，改进了产品的杀菌性能及其他性能，同时可以避免传统产品的耐药性，是一种性能优良的杀菌剂新品种
	先进性	□国际领先 □国际先进 □国内领先 □国内先进
	已经推广应用情况	双烷基甲基羟乙基氯化铵是一种全新的具有良好杀菌功能的季铵盐阳离子表面活性剂，性能优于现有阳离子表面活性剂，且配伍性能良好，可以替代已有品种在日用化工及相关工业领域应用。该产品经小批量提供给北京绿伞化学有限公司，该公司研制的六个配方已经进入市场应用，具有良好的经济效益和发展前景，期望在油田、工业水处理等领域得到广泛的应用

	已取得的经济社会效益	
	技术适用领域	各种行业的消毒杀菌
获奖奖项名称、等级、时间		
鉴定单位、时间		
技术名称		天然油脂乙氧基化物催化合成工艺技术
内容简介	技术内容（解决的主要问题，突破的关键技术）	开发出高效地新型均相和非均相的催化剂，完成万吨级的工业化生产，具备成熟的产业化技术条件，开发出性价比较高的产品应用配方。 （1）合成棕榈油、棕榈仁油、菜籽油、大豆油、棉籽油、橄榄油、茶油等不同 EO 加合度产品的合成工艺。 （2）完成工业化生产，取得相关的工艺参数，完善天然油脂乙氧基化工艺，实现产品的产业化生产。 （3）研究中试及工业化生产产品的物化性能（润湿、乳化、去污力、表面张力、黏度等）、生物降解性及毒性实验。 （4）研究油脂乙氧基化物在餐具洗涤剂等方面的应用，得到等价高效或等价低活性物的餐具洗涤剂配方，实现产品的商品化
	技术性能指标	主要指标:（以大豆油—10EO 为例） 催化剂单耗≤ 5kg/t，催化活性≥ 2.5gEO/g Cat.· min 外观：无色或淡黄色液体 未反应油脂含量≤ 1%，活性物含量≥ 96%，水分≤ 1%
	创新点	（1）开发特殊的酯基插入型均相和非均相乙氧基化催化剂，完善催化剂制备工艺，一步法合成了新型绿色非离子表面活性剂—天然油脂乙氧基化物（OE），产品性能温和，无毒性，环境相容性及皮肤相容性优异，工艺路线简短，反应过程属于原子经济反应，无三废产生，属于绿色生产工艺。 （2）该催化剂具有用量少、催化活性高、副产物少等优点，突破了无活泼氢三甘油酯的直接乙氧基化的技术问题及催化活性问题。 （3）建立相应的仪器分析方法，对于三甘油酯乙氧基化物这种结构复杂的物质进行表征和分析，并开发其应用性能
	先进性	□国际领先 □国际先进 □国内领先 □国内先进
	已经推广应用情况	该项目在抚顺石化、天津浩元、金山石化等公司进行了产业化，产品各项指标均达到预期的要求。产品在北京绿伞化学股份有限公司和南风化工集团股份有限公司进行了应用，表明此类产品适于低泡型洗涤产品
内容简介	已取得的经济社会效益	该项目无论从产品本身还是生产制备过程，均具有绿色环保的意义，有利于促进表面活性剂的绿色化、功能化进程。充分利用天然可再生资源来生产油脂乙氧基化物，其产品在餐具洗涤剂中替代 LAS 不仅可以提高产品去油力，降低餐具洗涤剂的刺激性与毒性，而且可以节约日趋紧张的石油资源。对油脂乳化增溶能力尤其是对矿物油的优异的乳化增溶能力使其在许多行业如农药乳化剂、工业清洗等方面可以部分替代 TX-10，此点将为大多数企业面临的 TX-10 禁用问题提供优异的解决方案
	技术适用领域	精细化工领域
获奖奖项名称、等级、时间		
鉴定单位、时间		2013 年 07 月 18 日，通过山西省知识产权局组织的鉴定

续表

技术名称		“油改水”在乙氧基化生产工艺中的应用
内容简介	技术内容（解决的主要问题，突破的关键技术）	目前，国内普遍使用的乙氧基化生产工艺，均采用外循环式反应工艺，用导热油作为中间介质带走反应热量。这样的工艺使乙氧基化反应的拆热过程无相变、生产过程比较平稳，但也有两个缺点：（1）反应热先传递给导热油，再由导热油传递给其他可吸收热量的介质，反应热再利用的程度低；（2）导热油有其寿命周期，需要定期更换，更换下来的导热油作为废物需要处理。为此，项目在使用导热油的生产工艺的基础上，开发出了“带压水”来移走反应热量的生产工艺，根据乙氧基化的反应温度来设计“带压水”的压力，由于水比油传热系数更高，使得反应热的传热效率更佳。并且能副产部分蒸汽或“高温水”用于原料的加热，其工艺具有：（1）费用低；（2）反应热利用程度高，降低了生产蒸汽的消耗；（3）不产生废物
	技术性能指标	（1）可节省项目投资 50 万元 / 条生产线。 （2）使用“油改水”工艺后还能降低产品蒸汽吨耗 30%
内容简介	创新点	（1）节省乙氧基化项目的部分投资费用。 （2）减少污染物的排放，“带压水”系统由水为介质的密闭系统，不与其他有有机物接触，无污染。 （3）生产过程中能副产部分蒸汽或“高温水”用于原料的加热，降低生产能耗。 （4）可以精确地控制反应温度，产品的质量高，生产工艺的产能和安全性能高
	先进性	□国际领先 □国际先进 □国内领先 □国内先进
	已经推广应用情况	已在中轻日化科技有限公司 10000 t/ 年的乙氧基化生产装置中应用该新技术，目前该项目已经即将安装完毕
	已取得的经济社会效益	节省了投资成本
	技术适用领域	适用于乙氧基化外循环生产工艺及其他类似需要精确控制反应温度的生产工艺
获奖奖项名称、等级、时间		
鉴定单位、时间		
技术名称		洗衣粉料浆配料罐结构形式的改进
内容简介	技术内容（解决的主要问题，突破的关键技术）	将原单纯桨式搅拌料浆配料罐改进为新型内筒 + 螺旋推进式料浆配料罐。缩短了料浆配制时间，提高了工作效率；提高了料浆的总固体浓度，相应地降低了喷粉过程中的能源消耗；改善了个别固体物料不易混入料浆中以及料浆不均匀的情况；原单纯桨式搅拌料浆配料罐生产时需要两台或三台配料罐，改进后只需要一台，降低了设备的一次性投资
	技术性能指标	配料时间：由 20 ~ 25min 缩短为 12 ~ 15min。 总固体浓度：由 60% ~ 65%，提高到 65% ~ 70%。 配料罐个数：由原来的两台或三台改变为只需要一台
	创新点	提高了料浆质量和工作效率、降低了能源消耗和喷粉塔尾气排放量
	先进性	□国际领先 □国际先进 □国内领先 □国内先进

	已经推广应用情况	已应用于立白洗衣粉生产车间、广州浪奇日用品南沙生产基地洗衣粉生产车间、安徽安庆南风整体搬迁洗衣粉生产车间
	已取得的经济社会效益	使用该技术后洗衣粉单位产品能耗明显降低，单位产品尾气排放量明显减少
	技术适用领域	适用于洗衣粉料浆配料领域
获奖奖项名称、等级、时间		
鉴定单位、时间		
技术名称		烷基苯反应器双段进料技术
内容简介	技术内容（解决的主要问题，突破的关键技术）	全球85%的洗涤剂用烷基苯生产均来自美国UOP的技术，21世纪初UOP公司不再推荐HF法生产技术，而改用固定床烷基化（Detal）工艺，Detal工艺可节省设备投资约15%，烷基苯产率约提高3%，2–苯基烷含量约为30%(烯烃//HF酸工艺生产的烷基苯中2–苯基烷含量约为15%)。而且由于省去与HF有关的设备，提高了对环境和人员的安全性。 由于HF法生产烷基苯的技术在国内比较成熟，可以不再向UOP公司购买工艺包，即可完成装置建设，因此，近几年新建或改建的烷基苯装置均采用HF法生产，目前国内共有7套采用HF法生产技术的烷基苯生产装置，设计生产能力88万t/年。 近年来，随着日益激烈的市场竞争，各装置在原设计的基础上不断改进，以维持烷基苯的优质高产，降低原材料及能源消耗。目前国内的烷基苯装置大多采用了烯烃/苯一次进料。目前在烷基苯产品市场竞争激烈的情况下，节能降耗是降低生产成本，提高产品的市场竞争力的一个重要手段。烷基苯反应器双段进料技术是在国内HF法生产烷基苯的技术发展起来的，在国外的HF法生产烷基苯装置均没有采用，属于国际先进技术
	技术性能指标	在保证苯烯比（8：1）的前提下，使装置循环苯的用量减少43%，节省脱苯塔的热油需要量，可节约16~20kg标油/t烷基苯
	创新点	原料苯和烷烯烃分别以不同的物流，按固定的摩尔比进入反应器，首先进入1/2的烷烯烃，加入过量的原料苯进行烷基化反应，保证反应的苯烯比维持不变，多余的苯再与剩余的1/2烷烯烃进行反应，同时补充少量的苯，维持苯烯比，大大减小系统苯的循环量，同时降低脱塔的热负荷
	先进性	□国际领先 □国际先进 □国内领先 □国内先进
	已经推广应用情况	已在金陵石化公司烷基苯厂，中国石油抚顺石化公司洗涤剂化工厂，金桐石油化工有限公司，江苏金桐石化有限公司，江苏金桐表面活性剂有限公司推广应用
	已取得的经济社会效益	按单套生产10万t烷基苯/年的生产装置计算，总的综合能耗2000t标油/年，降低生产成本700万元
	技术适用领域	直链烷基苯生产装置
获奖奖项名称、等级、时间		
鉴定单位、时间		

续表

技术名称		烷基苯装置换热流程的优化
内容简介	技术内容（解决的主要问题，突破的关键技术）	全球 85% 的洗涤剂用烷基苯生产均来自美国 UOP 的技术，21 世纪初 UOP 公司不再推荐 HF 法生产技术，而改用固定床烷基化（Detal）工艺，由于 HF 法生产烷基苯的技术在国内比较成熟，可以不再向 UOP 公司购买工艺包，即可完成装置建设，换热流程的优化技术是在 UOP 原工艺包的基础上，对原装置的换热流程进行优化设计，比较明显的有两个方面：一是氢氟酸再生塔进料加热器的热油由原来的热油改用烷烯烃，节约热油的使用，属于能量的二次利用；二是脱氢装置的进料采用脱烷烃塔顶的热量，降低空冷器的负荷及循环水的用量。 烷基苯装置换热流程的优化是在国内 HF 法生产烷基苯的技术进行优化设计。近年来，随着日益激烈的市场竞争，各装置在原设计的基础上不断改进，以维持烷基苯的优质高产，降低原材料及能源消耗
	技术性能指标	规模为 10 万 t/ 年烷基苯生产装置，可降低能耗 2.767MMcal/h
	创新点	（1）利用脱氢装置过来的一部分烷烯烃作为热源加热、汽化再生氢氟酸，再生氢氟酸走管程，热源烷烯烃走壳程。维持氢氟酸进料加热器的热负荷不变，节约降低导热油加热炉的热负荷。 （2）利用烷基苯装置脱烷烃塔顶的热量，对脱氢装置的进料 – 新鲜烷烃进行预热，提高脱氢装置的进料温度
	先进性	□国际领先 □国际先进 □国内领先 □国内先进
内容简介	已经推广应用情况	已在金陵石化公司烷基苯厂推广应用
	已取得的经济社会效益	按单套生产 10 万 t 烷基苯 / 年的生产装置计算，总的综合能耗 2213.6 t 标油 / 年，降低生产成本 774.76 万元
	技术适用领域	直链烷基苯生产装置
获奖奖项名称、等级、时间		
鉴定单位、时间		
技术名称		磺化装置余热回收系统
内容简介	技术内容（解决的主要问题，突破的关键技术）	利用磺化装置硫磺燃烧和 SO_2—SO_3 转化过程中产生的化学反应热之热空气进行饱和蒸汽或热水制备，用于装置中熔硫系统硫磺熔化及保温或相关介质的加热和保温，余热再用于装置空气干燥系统的硅胶再生。当装置开车正常后所回收的余热可维持装置的正常运行，外围热源（供汽）可切断。工艺流程中采用热水自循环，省去热水循环泵及相关部件，简化流程节约投资及能耗
	技术性能指标	用于 3t/h 及以上规模的磺化装置，按生产装置的设计规模计可产压力为 0.6MPa，165kg/t·h 饱和水蒸气
	创新点	余热回收，用热水自循环
	先进性	□国际领先 □国际先进 □国内领先 □国内先进
	已经推广应用情况	国内磺化装置中已有 40% 进行余热回收，工艺流程中采用热水自循环的不足 10%

	已取得的经济社会效益	按 3.0 t / h 磺化设计能力计，每小时可产饱和蒸汽约 500 kg。每年生产天数按 300 天计，每吨汽按 200 元计，每年产生经济效益 72 万元人民币
	技术适用领域	日用化工行业 SO_3 磺化装置或在正常生产中产生有热空气的行业或装置
获奖奖项名称、等级、时间		
鉴定单位、时间		
技术名称		洗衣粉气提尾气布袋除尘器细粉喷射回塔
内容简介	技术内容（解决的主要问题，突破的关键技术）	在洗衣粉的原有生产中气提尾气布袋除尘器产生的细粉是采用自流，通过喷粉塔的负压来抽吸细粉回塔，经常发生细粉结块堵塞管道的现象；或通过自流进细粉料车，通过转运进转筒与成品粉混合，增加了人工及机械，使生产成本上升；采用文丘里喷射器后，细粉输送流畅，提高了生产效率
	技术性能指标	提高了生产效率及喷粉塔的收粉率（约 4% ~ 5%）
	创新点	通过采用鼓风机流经文丘里喷射器产生的吸力，抽吸位于喷射器上方的细粉，并使之在正压气体输送状态下输送细粉，在喷粉塔喷枪下一定高度，以一定的角度进行喷射，有助于喷粉塔内的气流漩涡转动，提高细粉回塔的输送效率、解决细粉回塔时的黄焦粉现象、提高喷粉塔收粉率
	先进性	□国际领先 □国际先进 □国内领先 □国内先进
内容简介	已经推广应用情况	目前除宝洁公司采用类似技术外，其他洗衣粉生产企业均未采用类似技术。宝洁北京与成都工厂通过技术改造，应用此技术回收细粉，细粉输送流畅，提高了生产效率
	已取得的经济社会效益	宝洁成都工厂通过细粉回收技改，运行稳定，细粉回收管道故障率明显降低，产品色泽质量也有明显提高，提升了销量，销售额相比往年也有明显提高，创造了不错的经济社会效益
	技术适用领域	洗衣粉行业喷粉塔底部基粉气提尾气经过除尘器后细粉再回塔的输送
获奖奖项名称、等级、时间		
鉴定单位、时间		
技术名称		液体洗涤剂自动化配料系统
内容简介	技术内容（解决的主要问题，突破的关键技术）	液体洗涤剂自动化配料系统具有先进的控制理念来满足工艺生产的要求，自动控制系统的定位是：高精度、高可靠性、先进的配料控制方式和满足自动化管理系统的要求，可实现工艺生产过程参数的自动检测、自动调节、自动称重配料、程序控制、参数控制、参数越限报警、设备故障报警、安全联锁、数据记录管理和生产报表打印的自动化和全方位的可追溯性，为科学化生产和管理提供可靠的保证和依据，自动化水平达到国内同行业领先水平。 目前国内液体洗涤剂采用的普通配料控制系统或人工操作，配料精度低，生产效率低，操作人员多，产品质量差，技术质量指标不稳定，安全性能差。 采用液体洗涤剂自动配料系统，配料精度高，生产效率高，液体洗涤剂配制由原来的每批≥ 100min，缩短为≤ 80min。每条生产线节省操作人员 4 人以上，减少了操作人员，提高了产品质量和产量，降低了生产成本，确保了安全生产，提高了管理水平

续表

技术名称		液体洗涤剂自动化配料系统
内容简介	技术性能指标	原来每条生产线的配制周期大于 100min，使用了该技术后，配制周期少于 80min，缩短了 20min 以上，提高了配料精度、产量和质量
	创新点	配料精度高，自动化配料水平高，配料生产过程全自动控制
	先进性	□国际领先 □国际先进 □国内领先 □国内先进
	已经推广应用情况	目前已通过运行调试
技术适用领域		液体洗涤剂生产线和洗衣粉前配料 / 后配料生产线
已取得的经济社会效益		
获奖奖项名称、等级、时间		
鉴定单位、时间		
技术名称		**高安全性AES制备关键技术**
内容简介	技术内容（解决的主要问题，突破的关键技术）	随着人们生活水平的提高，人们对各类与人体接触的产品配方中表面活性剂的安全性和温和性投入越来越多的关注。脂肪醇聚氧乙烯醚硫酸钠（简称 AES）生产过程中会产生一定量的 1,4- 二噁烷。1,4- 二噁烷对皮肤、黏膜有刺激性，具有化学致癌风险，国内外已对 AES 的 1,4- 二噁烷做限量要求。 项目通过国内外 AES 生产中 1,4- 二噁烷脱除装置的调研比较，设计开发合真空中和装置，购置了真空中和装置和自动化控制系统等设备装置，建立 AES 中 1,4- 二噁烷含量的检测方法，解决了 AES 现有生产工艺副产物 1,4- 二噁烷多、后期 1,4- 二噁烷脱除效率低，AES 中 1,4- 二噁烷含量检测方法繁琐等行业关键技术难题。形成了 1,4- 二噁烷含量≤ 20mg/kg 的 AES 产品
内容简介	技术性能指标	建成一条年产 5 万 t 高安全性 AES 的生产线，产品的 1,4- 二噁烷含量≤ 20 mg/kg
	创新点	（1）自主设计开发了 AES 循环脱除 1,4- 二噁烷真空中和装置和工艺技术，脱除后 AES 产品的 1,4- 二噁烷含量≤ 20 mg/kg；该装置和技术二噁烷脱除效率高、系统自动控制、运行稳定，且具有能耗低、投资省的特点。 （2）开发了气相色谱内标法检测 AES 中 1,4- 二噁烷的含量方法，建立简单、快捷测定 AES 中 1,4- 二噁烷的含量的有效方法
	先进性	□国际领先 □国际先进 □国内领先 □国内先进
	已经推广应用情况	年产 5 万 t AES 生产装置生产的产品经纳爱斯集团、广州立白集团等公司在香波中应用表明，刺激性低、泡沫丰富，配方稳定。与行业巨头宝洁公司、联合利华、欧莱雅、安利签订了长期采购协议。 项目研究成果已推广到公司下属生产基地及加工点共 10 套 AES 生产装置，并实施了真空中和装置和高安全性 AES 生产技术的横向技术转让 2 项
	已取得的经济社会效益	应用项目技术装置生产新型高安全性表面活性剂产品 AES，促使我国表面活性剂行业升级，提升产品品质，增强产品竞争力以积极应对国际表面活性剂企业的挑战和竞争；同时也提升下游洗涤剂、化妆品产品的安全性水平。年均实现销售收入过亿元，利税超千万元，产生了良好的社会经济效益
	技术适用领域	AES 生产
获奖奖项名称、等级、时间		
鉴定单位、时间		

磺化/硫酸化装置布局汇总（2016年版）

1 发展现状

“十二五”期间是中国磺化装置项目建设最集中的五年，从装置的建设水平到单套装置设计规模，均已经达到历史最高水平，目前我国已经可以自主设计、建设、配套和安装超过5.0 t/h的磺化装置，膜式磺化列管数超过140N，而且以南京为先和北京紫晶石为代表的国内磺化装置设计安装企业已经走出国门，出口本土自主知识产权磺化装置。

“十三五”将是国内磺化装置快速整合的五年，规模企业和规模装置通过改造升级完成高品质和高效率的生产，1.0t/h及以下装置将被完全淘汰或改造升级，磺化行业将面临节能改造和环境减排双向标准要求，包括配套余热回收和有毒有害残留脱除装置等一系列要求将被强制推行。

2016年，国内磺化装置建设主要集中在规模以上的工业用重烷基苯磺酸项目建设，以大庆炼化为代表，有关日化行业磺化装置建设情况、突出表现以下几个特点：

（1）行业集中度和垄断性进一步增强，出现规模企业租赁和并购其他装置的情况，诸如南风集团部分磺化装置被租赁、安阳兴亚装置代加工模式等。

（2）产品指标要求更加严格，尤其是一些AES装置必须配套完善的二噁烷脱除装置和余热回收装置，硫化物必须做到100%回收、无排放。

（3）国家相关机构对主要日化产品用磺化系列阴离子表面活性剂检测和标准升价被提上日程，尤其是以LAS和AES为代表的日化配伍原料选择需要做到整个产业链的安全环保。

（4）日化行业磺化装置布局将更加完善，尤其是以地域下游行业需求和原料供应成本等为原则的项目建设。未来行业发展将更加理性，产品竞争从价格转移到品质附加值指标上。

表1为截止到2016年国内磺化装置布局及建设情况，国内能够正常生产的磺化装置合计规模应该维持在350～400t/h，但实际年平均开工率不到55%，产品结构差异化不是很明显。

2 磺化装置统计

表1　截止到2016年国内主要磺化装置布局统计（大于1.6t/h）

企 业	规模t/h	装置来源	主要产品	投产/建成时间	备注
江苏赞宇	6.0	Ballestra	AES / LAS / MES	2013 年	2013 年赞宇科技租赁原江苏海清 MES 装置并改造
上海科宁	5.0	Ballestra	AES / K12 / LAS	1998 年	120N 磺化器真空中和，原汉高（中国）
吉化电石厂	5.0	Chemithon	AES	2002 年	与 3.0t/h 共用气体干燥供应系统，增加老化水解装置
抚顺洗化厂	5.0	Ballestra	LAS	2005 年	144N 磺化主反应器，无中和设备
天津天智	5.0	Ballestra	LAS	2005 年	120N 磺化器带余热回收系统，无中和设备
中轻化工（绍兴）	5.0	国产多管	LAS / AES / AOS	2006 年	江南大学设计，麦丹供 120N 管，共用 AOS 水解
江门财新	5.0	国产多管	LAS / AES / AOS	2008 年	南京卡尼设计，120N 磺化器，自配水解，为赞宇加工
绍兴纳美	5.0	国产多管	LAS / AES	2009 年	南京卡尼设计，并供 120N 磺化器
辽宁华兴	5.0	Ballestra	AES / K12	2012 年	带真空中和，配套二噁烷脱除装置
辽宁华兴	5.0	Ballestra	AES / K12	2012 年	带真空中和，配套二噁烷脱除装置
广州奇宁	5.0	Chemithon	MES	2011 年	配套高密度活性物干燥系统
广东丽臣奥威	5.0	国产	AES	2016 年	二期再建 5.0 t / h + 3.8 t / h 两套，中轻国际总体工程设计
安徽金桐	5.0	国产	LAS	2012 年	二期项目，原 3.8 t / h 升级改造项目
沙索（中国）	5.0	进口装置	AES	在建	配套 18 万 t 乙氧基化装置磺化产品开发，配套 1.6t/h
四川金桐	3.8	Ballestra	LAS	2001 年	中轻国际设计、南京为先科技提供余热回收系统
四川金桐	3.8	Ballestra	LAS / AES / AOS	2006 年	中轻国际设计、南京为先科技提供余热回收系统
四川金桐	3.8	国产	LAS / AES / K12	2015 年	中轻国际整体设计
天津天智	3.8	Ballestra	AES / K12	2011 年	中轻国际整体设计、主反应器为 Ballestra 进口
天津天智	3.8	Ballestra	AES	2016 年	中轻国际整体设计
马鞍山金桐	3.8	Ballestra	LAS / AES	2008 年	主反应器为 Ballestra 进口，真空中和
安徽金桐	3.8	Ballestra	LAS / AES	2016 年	配套中和水解系统
安徽金桐	3.8	Ballestra	LAS / AES / AOS	2016 年	配套中和水解系统
广州立智	3.8	Ballestra	LAS / AES / AOS	2005 年	配套设备国产，泵式中和脱气水解，脱气系统
广州立智	3.8	Ballestra	AES / K12 / LAS	2012 年	北京紫晶石设计，配套设备国产
广州立智	3.8	Ballestra	AES / K12 / LAS	2016 年	北京紫晶石设计，配套设备国产

惠州智胜	3.8	Ballestra	LAS / AES / K12	2011 年	供气干燥系统，余热回收国产
惠州智胜	3.8	Ballestra	LAS / AES / K12	2011 年	供气干燥系统，余热回收国产
惠州智胜	3.8	国产多管	LAS	2011 年	北京紫晶石磺化主反应器
广州立白	3.8	国产多管	LAS	2007 年	中轻国际设计，麦丹供 90N 磺化反应器
江门景升实业	3.8	国产多管	AES / K12A	2011 年	杭州机电院设计，麦丹供 120N 磺化反应器
丽奥科技	3.8	Ballestra	LAS / AES / K12	2008 年	目前正改造升级扩产，中轻国际设计、进口 90N 磺化器
上海奥威日化	3.8	Ballestra	K12 / AES / LAS	2011 年	主反应器为 Ballestra 进口，带活性物干燥系统
上海奥威日化	3.8	Ballestra	K12 / AES / LAS	2012 年	主反应器为 Ballestra 进口，带活性物干燥系统
中轻化工（绍兴）	3.8	国产多管	AES / K12 / AOS	2004 年	杭州机电院设计，配脱气系统，紫晶石供水解
嘉兴赞宇	3.8	国产多管	AES / LAS / AOS	2006 年	使用液体 SO_3 蒸发技术及自主开发的真空中和技术
嘉兴赞宇	3.8	国产多管	AOS / MES	2007 年	真空中和技术
嘉兴赞宇	3.8	国产多管	AES / MES	2009 年	配套活性物干燥系统，用于高密度 MES 干燥
嘉兴赞宇	3.8	Ballestra	AES / AESA	2012 年	中轻国际整体设计
嘉兴赞宇	3.8	Ballestra	AES / LSA	2012 年	中轻国际整体设计
淄博俱进	3.8	国产多管	K12 / AOS / AES	2006 年	紫晶石供 90N 反应器，AOS 带喷雾干燥
安阳兴亚	3.8	国产多管	LAS	2007 年	中轻国际整体设计、麦丹供 90N 磺化反应器
安阳兴亚	3.8	国产多管	LAS	2016	南京为先 AES 普通中和改造成为先 79 单元中和汽提脱二噁烷
南京佳和	3.8	国产多管	LAS	2006 年	南京卡尼设计，供磺化反应器
南京佳和	3.8	国产多管	LAS	2009 年	
浙江赞宇	3.8	国产	AES	2013 年	主反应器为 Ballestra 进口
浙江赞宇	3.8	国产	AES	2013 年	主反应器为 Ballestra 进口
新乡立白	2 × 3.8	国产多管	LAS/AES	2013 年	原新乡宏泰厂装置
辽宁华兴	3.8	Ballestra	AES	2013 年	70% 活性物
江苏丰益	3.8	Ballestra	LAS / AOS / K12	2014 年	中轻国际整体设计，2015 年上半年试车，配干燥系统
河北赞宇	3.8	Ballestra	AES / LAS / AOS	2014 年	
河北赞宇	3.8	Ballestra	AES / LAS / AOS	2014 年	
四川赞宇科技	3.8	国产	AES / LAS / AOS	2013 年	
新和（太仓）	3.8	待定	LAS / K12 / AES	在建	土建，环评阶段

续表

企业	规模t/h	装置来源	主要产品	投产/建成时间	备注
新和（太仓）	3.8	待定	LAS / K12 / AES	在建	土建，环评阶段
济南东信	3.8	国产	AOS	2014 年	
河南恒聚化工	3.8	国产多管	高碳 AOS	2013 年	北京紫晶石提供全套设备，90N 主反应器
河北万冶化工	3.8	Ballestra	重烷基苯磺酸	2014 年	
山东丽波日化	3.8	国产	LAS / AES	2009 年	
江苏盛泰（涟水）	3.8	Ballestra	SLES	2014 年	改造升级，SLES 产能规模可达 5.2 t / h
广东韶关兴亚	3.8	国产装置	LAS / AES	2012 年	南京为先（包括全厂性设计和成套提供）新一代磺化器
甘肃兴荣	3.8	Ballestra	LAS/ 重烷苯磺酸	2011 年	原 1.0 t / h 改造升级
大庆炼化	3.8	国产	石油磺酸盐	2013 年	油田三元复合驱使用 北京紫晶石提供全套设备 60N 主反应器
大庆炼化	3.8	国产	石油磺酸盐	2013 年	油田三元复合驱使用 北京紫晶石提供全套设备 60N 主反应器
昆明立白	3.8	国产多管	LAS	2015	南京为先提供关键设备
上海楚星	3.8	意大利进口	AES / AOS	2013 年	
南京金桐	3.8	进口装置	LAS	2013 年	南京为先提供余热回收装置
南京佳和	3.0	Ballestra	LAS	1988 年	72N 反应器
南京佳和	3.0	国产	LAS	2008 年	1.6 t / h 改造升级
昆明立白	3.0	国产多管	LAS / AES	2014 年	中轻国际整体工程设计
南京金桐	3.0	Ballestra	LAS	1995 年	72 反应器
西安南风	3.0	Ballestra	LAS / AOS / AES	1999 年	90N 反应器带真空中和，为赞宇加工
安庆南风	3.0	Ballestra	AES / AOS / LAS	2000 年	90N 反应器带真空中和，为赞宇加工
吉化电石厂	3.0	国产	AES	2002 年	与 5 t / h 共用一套干燥气系统
湖南丽臣	3.0	Ballestra	AOS	2002 年	中轻国际整体设计
湖南丽臣	3.0	Ballestra	AES	2004 年	中轻国际整体设计
湖南丽臣	3.0	Ballestra	AES / LAS	2005 年	中轻国际整体设计
中轻海鸥	3.0	Chemithon	LAS / AES	1992 年	36N 磺化器，中轻化工收购
广州浪奇	3.0	改造国产	LAS / AES / AOS	2013 年	2013 年改造换用北京紫晶石磺化 72N 反应器
运城南风	3.0	Chemithon	LAS / AES	2004 年	2004 年改造为国产多管
大庆东昊	3.0	国产多管	重烷基苯磺酸	2007 年	中轻国际重烷生产技术
江苏东泰	3.0	国产多管	AES	2011 年	

北京罗地亚	3.0	Chemithon	AES / K12	1999 年	紫晶石供真空脱气
绍兴南方石化	3.0	国产多管	石油磺酸盐	2000 年	改造升级
上海花王	2.6	花王技术	AES / LAS	1999 年	国内唯一一套升膜磺化装置
上海京帝	3.0	国产改造	LAS	2003 年	原 1.6 t / h chemithon 装置国产改造升级
金陵石化	2.5	国产技术	LAS	2016 年	中轻国际整体设计总体工程设计（技改）
黑龙江信维源	2.0	国产多管	重烷基苯磺酸	2014 年	北京紫晶石提供全套设备，48N 主反应器
山东大明	2.0	国产多管	重烷基苯磺酸	2015 年	北京紫晶石提供全套设备，48N 主反应器
天津天智	2.0	Ballestra	AES / AOS	2000 年	中轻国际整体设计
济南东信	2.0	国产多管	LAS / AES	2008 年	
济南东信	2.0	国产多管	AOS	2014 年	南京为先参与主要项目建设
昆明中轻依兰	2.0	国产多管	LAS	2007 年	
厦门金桐	2.0	国产多管	LAS	2000 年	改扩建
北京宝洁	2.0	Ballestra	LAS	1988 年	国产改造，上海盛台租赁
大庆东昊	2.0	国产多管	重烷基苯磺酸	2006 年	中轻国际重烷生产技术
天津汉高	2.0	国产多管	LAS	2003 年	改造工程，原 Ballestra 改造为国产装置
桂林立白	2.0	国产多管	LAS	2010 年	原 1.6 t / h 改造升级，2016 年日化院改造升级
北京金鱼	2.0	国产改造	AES	2014 年	2016 年下半年正式停产拆迁
河南安阳兴亚	2.0	国产多管	LAS	2007 年	
新乡宏泰	2.0	国产改造	LAS /AOS	2013	南京为先成套提供新一代磺化器，79 单元中和汽提
新乡宏泰	2.0	国产改造	LAS /AOS	2016 年	南京为先换新一代磺化器 1.6 扩能 2.0 增加 AOS
盛台新疆	1.6	国产新建	LAS / AES	2016 年	南京为先 LAS AES 成套提供
东明俱进	2.0	国产多管	高纯度 K12	2014 年	北京紫晶石提供全套设备，37N 主反应器，配套进口刮膜干燥器
南京沙索	1.6	Ballestra	AES / K12	1995 年	2013 年改造升级
山东丽波	1.6	Ballestra	AES	1994 年	现已完成原 LAS 装置改建 AES 升级
中山赞宇科技	1.6	Ballestra	AES / K12 / AOS	2002 年	
天津天智	1.6	Ballestra	LAS / AES	1998 年	
运城南风	1.6	Ballestra	LAS	1988 年	更换国产多管反应器
本溪南风	1.6	Mazzoni	LAS / AOS	1989 年	

续表

企 业	规模t/h	装置来源	主要产品	投产/建成时间	备注
广州浪奇	1.6	Mazzoni	LAS	1989 年	更换国产多管反应器
广州立白	1.6	国产多管	LAS	2001 年	
上海金帝	1.6	Chemithon	LAS	1998 年	更换国产多管主反应器
郑州众兴皂业	1.6	国产多管	LAS	2004 年	设计能力 1.6 t / h，生产能力可达 2.0 t / h
合肥利华	1.6	Ballestra	LAS / AS	1988 年	
成都兰风	1.6	Chemithon	LAS	1994 年	
昆明中轻依兰	1.6	Chemithon	LAS	1995 年	
江门景升日化	1.6	Chemithon	AES / K12 / AOS	1985 年	
湖北丝宝	1.6	Chemithon	AES / K12	1999 年	
洛阳立白	1.6	Chemithon	LAS	2003	原洛阳明华
贵州安顺南风	1.6	Chemithon	LAS / AOS	1997 年	
吉林四平立白	1.6	M.M	LAS	1995 年	
成都金陵石化	1.6	国产多管	LAS	2002 年	
厦门金桐	1.6	国产多管	LAS	1996 年	
济南东信	1.6	国产多管	LAS	2003 年	
嘉兴赞宇	1.6	国产多管	AES / K12 / 磺化油	2006 年	
邹平福海	1.6	国产多管	MES	2008 年	
罗地亚镇江	1.6	国产装置	AES / K12	2010 年	2010 年原 1.0t/h 改造升级
四川赞宇科技	1.6	国产	AES / LAS / AOS	2009 年	
锦州康泰	1.6	国产多管	HLAS	2013 年	中轻国际总体工程设计（新建）主要设备供货
山西长治长庚	1.6	国产改造	K12	2013 年	原 1.0 装置改造升级
湖南丽臣	1.5	国产多管	LAS	1992 年	
大庆炼化	1.5	国产多管	石油磺酸盐	2010 年	油田三元复合驱产品
石家庄铜业	1.2	国产多管	LAS	2012 年	南京为先 LAS 成套提供 新一代磺化器
山东沂水东信	1.1	国产多管	LAS	2012 年	南京为先 LAS 成套提供 新一代磺化器

数据整理：表面活性剂和洗涤剂行业生产力促进中心，不完全统计。

3 未来技术攻关重点

磺化产品结构比较单一，产品差异化不足成为制约目前国内行业发展的重要因素。产品结构集中在LAS，AES，AS，HLAS以及少量磺化油，未来磺化技术工艺的产品升级攻关重点集中在以下几个方面：

（1）异构醇醚和脂肪甲酯磺化技术工艺开发及改进，解决不成膜或低膜原料产品在磺化中的应用至关重要，提升目标产品选择性和转化率等。

（2）目前天然脂肪醇磺化重要集中在中高碳链结构，对于C_8和C_{10}等低碳天然脂肪醇磺化技术工艺以及提升转化率、降低由于高温引起的原料挥发损耗成为目前行业技术攻关的另一项难点。

（3）加大其他类油脂化学品的磺化规模和产品应用开发，对于解决目前装置产能过剩甚是关键，尤其是单脂肪酸甘油酯、烷基烯烃类、脂肪酸甲酯乙氧基物以及木质素、重烷基苯、松香酯类等产品的磺化或硫酸化技术的开发。

中国洗涤用品行业技术装备发展“十三五”规划

1 “十二五”行业装备自主化取得的成绩

“十二五”期间，洗涤用品行业技术装备有了很大的发展，并取得了一定的成绩。装备技术的进步促进了原料及产品的快速发展，提高了生产效率，实现了节能降耗、减排环保，部分装备技术逐渐缩短了与发达国家的差距。

液体洗涤剂实现了规模化生产。由于技术装备水平的提高和进步，实现了自动程序配料30t/批的生产，部分生产企业基本实现了灌装、检测、装箱、码垛、入库全过程的智能化。产品储存采用自动化立体仓库，极大地提高了生产效率，降低了消耗。

合成洗衣粉的配料技术通过对配制罐搅拌装置结构的改进和完善，料浆浓度由60%提高到67%以上，同时缩短了配料周期，也为洗衣粉料浆喷雾干燥节约了大量的热能。

自主完成设计、制造、施工、安装及试车的年产10万t乙氧基化装置，其技术及装备水平接近于同类进口装置。实现了一套装置多品种化生产和控制。装置安全要求、环境质量指标、产品质量指标均符合国家相关标准。

粉体及粒状脂肪醇硫酸钠（K12）的生产引进真空刮膜干燥技术，突破了多年来一直沿用喷雾干燥工艺，不仅可以改善劳动环境，降低劳动强度，更重要的是减少废气及废水的处理和排放。实现智能化控制、连续性生产，极大地提高了生产效率及改善了劳动环境。

烷基苯装置的生产技术不断提升、发展和应用，如金陵石化公司烷基苯厂开发的脱氢催化剂性能得到较大幅度的提升，提高了脱氢反应一次转化率和选择性；双烯烃选择性加氢工艺（DSH工艺），采用以贵金属钯为活性组分的催化剂体系，结合多段加氢技术，经不断完善实现了高转化率和高选择性等性能目标（技术）；除此以外，还开发了油田驱油用烷基苯生产技术。

三氧化硫磺化技术及装备的国产化实现了规模化、系列化、专业化。磺化技术及装备在广泛应用于洗涤用品行业的基础上，经过不断开发和改进已成功跨领域应用于生产油田三采助剂和润滑油助剂领域。

油脂化工生产技术不断向深度和广度发展。特别是在脂肪酸深加工行业，例如：油酸生产、二聚酸生产和脂肪醇生产等方向有了较大发展，在蓖麻油酸生产等相关油脂行业也取得长足的进步。

2 行业装备现状和存在差距

在取得进步和成绩的同时，洗涤用品行业技术装备以及零部件总体水平与国际先进水平相比存在一定的差距，部分用于生产和研发的关键技术和设备还依靠进口。

生产企业之间生产水平参差不齐，技术装备的改善竞争还多停留在价格上的竞争，企业对环境保护和安全的技术及设备投入不足。

业内多数企业的生产工艺是间歇式操作，反应的动力及热能消耗相对较高，限制了其自身的发展，节能降耗、安全生产、环境保护、清洁生产及产品品质方面还有很大的提升空间，对资源利用效率及合理性有待于进一步改善。

技术创新多停留在模仿和跟进方面，虽然国内规模较大的企业逐渐开始重视科技创新的投入，加大新技术、新产品的研发力度，但投入仍显不足，新成果的产业化率有待进一步提高。

装备数控化、智能化还停留在起步阶段，有经济实力的企业已开始实施计划，大多企业还在观望，需要进行宣传和示范。

烷基苯生产技术及装备在“十二五”期间取得了一些成绩，基本满足了国内需求，但在脱氢催化剂性能、优化装置运行条件、提高脱氢反应一次转化率和选择性、降低烷基苯加工能耗、提升产品质量等方面还有一定的提升空间。

油脂化工行业在“十二五”期间取得了一些成绩，逐步淘汰了间歇式水解等落后工艺，但装置的自动化生产、清洁生产与国外先进工艺还存在较大差距。脂肪醇生产、甘油制环氧氯丙烷等低能耗装置的工艺技术还依赖进口。

3 行业装备发展方向

以技术创新引领产业升级，注重资源节约、环境友好、可持续发展和智能化、绿色化成为行业发展的必然趋势。

随着信息技术与先进制造技术的高速发展，洗涤用品行业智能制造装备的发展深度和广度将日益提升，以新型传感器、智能控制系统、工业机器人、自动化成套生产线为代表的智能制造装备产业体系将成为行业技术装备发展的主要方向。

洗涤剂的浓缩化仍是未来行业的发展方向，进一步开发和推广浓缩型洗涤用品的技术与装备，为节约能源、减少运输、降低成本创造条件。开发节能技术和设备，降低能耗，开发节能高效型洗涤剂。

连续性智能化液体洗涤剂生产线的开发；改进和改善现有洗衣粉生产技术及装备，提高后配料技术；在附聚成型的基础上，研究新的节能型洗衣粉成型模式，满足粉体湿度膨化和溶解性能，逐步代替高塔喷雾的成型模式等。

原料及产品的包装和运输将向智能化管理方向发展，采用一次性包装物或开发免清洗包装物等。

加强油脂脚料回收、废油生产的技术开发特别是规模化生产设备的开发技术，逐步对脂肪醇生产工艺及核心装备进行消化吸收。

4 重点任务

首先应确立和落实新的发展理念，根据行业技术装备的现状对“十三五”时期行业的创新发展提出新的要求，确立创新、协调、绿色、开放、共享、安全的发展理念。

淘汰落后工艺设备，推动装备智能化、连续化、自动化及高效安全，逐步实现装备结构升级换代。

引导装备制造企业消化吸收国外先进技术，联合开发具有自主知识产权的关键性设备，实现核心设备的国产化。

改进工艺流程，加强过程控制，提高制造水平，提升行业整体技术装备水平。

改进表面活性剂真空干燥生产线，用于一系列表面活性剂产品的干燥，实现连续化干燥生产并减少废气废水排放。

减少醇醚经磺化 / 硫酸化后 1, 4– 二噁烷含量，开发循环脱除 1, 4– 二噁烷真空中和装置和工艺技术，有效降低产品 1, 4– 二噁烷含量，提高产品安全性。

继续加强附聚法高效浓缩化洗衣粉生产工艺和设备的开发研究和推广应用。

对间歇式液体洗涤剂的生产技术进行深入的研究和改进，提高现有装备的生产效率。

加强研发推广洗涤用品数控智能化生产、包装系统，实现生产、灌装（包装）、检测、装箱、码垛、入库一条龙，使制造、贮运过程对环境的负面影响最小，资源利用效率最高，达到绿色制造目标。

开发升级洗衣粉和洗衣液包装装备，由单一包装线到能够通过快速切换实现多品种、多规格产品的包装。

优化洗涤用品原料储存及运输方式，以物料装卸过程的管道输送、机械运送等方式代替人工、半机械化的搬运方式，减少人工作业因素。

随着表面活性剂技术及装备的不断发展，性能优异且具备可再生资源的绿色表面活性剂备受期待，推广 MES 新型表面活性剂的工业应用研究和使用，完善磺化装置的 MES 生产配套工艺技术也是洗涤剂行业未来应做的一项工作。

开发去油用烷基苯生产技术，拓宽烷基苯应用领域，着力固体酸烷基化新技术的研发工作，早日实现国产化工业应用。重点开发多品种油脂的加工装备与技术，将杂油、蓖麻油等油脂的水解、蒸馏等规模化生产装置作为行业的突破点。

加强节能装备的研制和选用，加快企业清洁化生产工艺和节能减排技术改造，采用节能减排效果好的技术装备。“十三五”期间洗涤用品行业重点装备开发、推广情况见表 1~ 表 3。

表1　重点装备研发

序号	装备名称	内容描述	主要解决的问题	主要指标
1	液体洗涤剂智能化生产线	自动配料、灌装、检测、装箱、码垛、入库一条龙	降低劳动强度，提高劳动生产率，减少废水排放	改善劳动环境、节约用地、提高效率
2	K12 真空干燥生产线	在真空状态下进行脂肪醇硫酸钠（K12）或类似产品的干燥	与喷雾干燥相比，能耗大大降低，减少了废气和废水的排放量，并可以实现连续化生产	降低能耗，改善劳动环境、减少污染、提高效率
3	长链烷基苯固体酸烷基化工艺技术及装备	采用固体酸催化剂代替现有 HF 催化剂生产烷基苯	固体酸催化剂国产化及固体酸烷基化工艺过程的开发，降低设备腐蚀，减少设备投资	提高装置运行安全可靠性，降低环境风险

表2　重点装备示范

序号	装备名称	内容描述	主要解决的问题	主要指标
1	液体洗涤剂智能化包装生产线	灌装、检测、装箱、码垛、入库一条龙	降低劳动强度，提高劳动生产率	改善劳动环境、减少用地、提高生产效率

表3　重点装备推广

序号	装备名称	内容描述	主要解决的问题	主要指标
1	洗衣粉配料系统	配料系统主要设备为配料罐，配料罐的搅拌混合器为桶式立体搅拌装置，可有效地提高料浆的配制浓度，使固体物含量达 67% 以上	提高料浆的配制浓度，有效的降低喷塔的能耗	可降低喷塔的能耗 5% 以上
2	AES 真空中和系统	醇醚经磺化 / 硫酸化后，在真空状态下完成中和，可有效地脱除产品中的 1,4 二噁烷含量	可有效地控制产品中的 1, 4 二噁烷含量	控制产品中的 1, 4 二噁烷含量在 30ppm 以下
3	烷氧基化装备技术升级	烷氧基化先进装备升级后，其生产技术和指标达到国际同类装置的技术水平	消化吸收先进技术，提高装置的安全性、自动化水平、多品种产品的适用性，降低投资	装置系列化、规模化

5 政策建议

（1）为提高创新能力，建立产学研用相结合的产业创新体系，制定企业创新的投入指标。

（2）在行业内培养和挖掘一批知识复合型、具有国际视野的领军人才，带领行业进行持续化创新。

（3）建立规范的行业安全生产制度和健康卫生管理条例；合理设置洗涤用品工业的技术、装备、安全、环保及能源利用效率等指标，实施行业准入管理；完善洗涤用品工业的清洁生产考核指标和节能减排指标体系，加强考核和监督；大力发展先进的检测认证技术和体系，完善国内行业标准的制定，积极参与国际标准的制定、修订，推进我国标准与国际标准的双向转化工作。

（4）洗涤用品行业装置与大化工装置相比有质的区别，建议在国家及化工行业标准的基础上，根据行业的技术特点逐步制定具有行业特色的技术、装备、设计标准和规范。

（5）加强和规范行业内危险工艺生产项目（装置）的设计、制造、安装的管理和使用，预防和避免危险事故的发生，规范项目的建设和使用管理。

第四章

RAM MATERIALS

原 料

脂肪醇

2016 年，对脂肪醇行业来说有喜有悲，全年脂肪醇价格上涨让生产企业看到行业发展希望，但是原料价格上涨给脂肪醇供应企业带来不小的成本压力。整体来看，2016 年全年有效脂肪醇装置开工率维持在 73% 左右，较 2015 年稍有减少。本文主要讨论天然脂肪醇行业发展情况。

生产方面，根据中国洗协表面活性剂专业委员会数据统计，2016 年国内脂肪醇产量为 30.04 万 t，较 2015 年的 30.30 万 t 同比减少 0.86%。2016 年国内工业脂肪醇（HS38237000）进口量为 32.96 万 t，较 2015 年的 30.13 同比增长 9.4%。出口量为 1439 t，净进口量为 32.82 万 t，纵观 2016 年国内脂肪醇表观消耗量为 62.85 万 t，较 2015 年的 60.10 万 t 同比增长 4.58%。

1 生产与市场

从具体企业产出情况来看，2016 年国内主要脂肪醇装置有效运行装置包括嘉化能源化工 13.5 万 t、沙索醇工业 6.0 万 t、德源（中国）高科 10.0 万 t、浙江恒翔化工 4.0 万 t、辽阳华兴集团 22.0 万 t、盛泰科技 8.0 万 t（表 1、图 1 和图 2 所示）。目前装置整体情况：外资企业运行比较平稳，辽阳华兴集团在振兴东北政策推动下，装置开工情况由环保政策和市场共同决定；浙江恒翔化工发展工业脂肪醇品种使其满足目前华东市场需求结构；嘉化能源化工借助三江化工乙氧基化产业链过去三年装置运行平稳；东北抚顺洗化厂 5.0 万 t 合成醇装置目前已经进入前期市场调研阶段，未来装置重启概率加大；扬子江－巴斯夫 C_{10} 异构醇和 C_{13} 异构醇装置运行平稳。

表1　2016年国内主要脂肪醇企业产出数据统计

企业名称	规模/万t	2016年产量/万t	2015年产量/万t	同比增长/%	有效开工/%
嘉化能源化工	13.5	9.00	8.30	8.43	66.67
沙索醇工业	6.0	5.12	5.75	-10.96	85.33
德源高科	10.0	7.80	6.78	15.04	78.00
浙江恒翔化工	4.0	3.62	1.20	201.67	90.50
辽阳华兴集团	22.0	2.50	4.15	-39.76	62.50
盛泰科技	8.0	2.00	4.05	-50.62	50.00
合计	63.5	30.04	30.30	-0.86	73.01

数据来源：表面活性剂和洗涤剂行业生产力促进中心。注：数据依据当年各企业装置开工情况统计。其中华兴集团和盛泰科技2016年实际有效开工装置分别为4.0万t。另外，扬子江-巴斯夫异构醇装置数据未统计，2016年产量约合4.5万t。

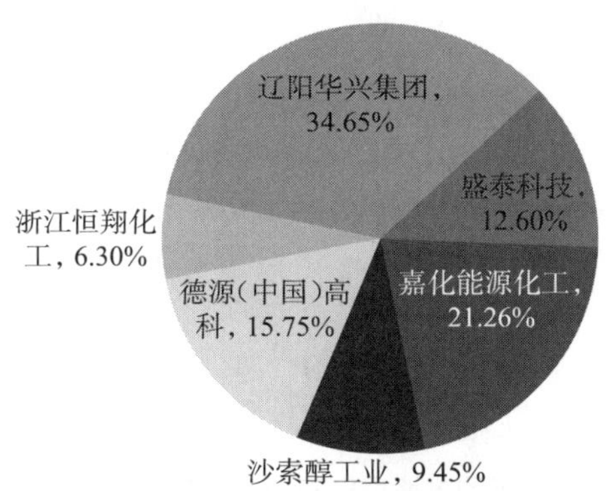

图 1　2016 年国内脂肪醇企业装置规模布局

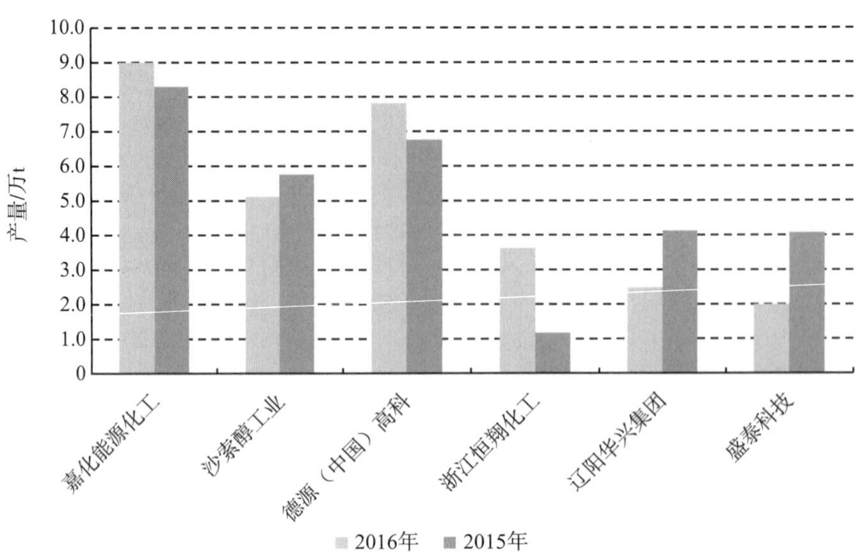

图 2　2015 年和 2016 年国内脂肪醇企业产量统计

表 2 和图 3 为 2016 年国内脂肪醇下游需求及消耗情况统计。

市场方面，2016 年国内脂肪醇下游消耗主要集中在脂肪醇醚（AEO）、脂肪叔胺、化妆品添加、脂肪醇硫酸盐等。不完全统计，2016 年国内各种 AEO_{2+3} 产量为 48 万 t，消化脂肪醇量 29.50 万 t，占比 46.94%；AEO_{7+9} 产量为 18 万 t，消化脂肪醇量约合 9.5 万 t，占比 15.12%；其他脂肪醇醚消耗约合 4.0 万 t。2016 年国内脂肪叔胺产量为 10.5 万 t，消化脂肪醇的量约合 7.5 万 t，占比 11.93%；脂肪醇硫酸盐产量 8.5 万 t，消化脂肪醇量约合 5.0 万 t，占比 7.96%；包括化妆品、烷基糖苷和工业助剂等直接添加或助剂消化脂肪醇量约合 7.35 万 t，占比合计 11.70%（表 2 和图 3 所示）。

表2　2016年国内脂肪醇下游行业需求量及占比数据统计

下游应用	AEO_{2+3}	AEO_{7+9}	其他AEO	烷基硫酸盐	烷基叔胺	化妆品	其他领域
消化量 / 万 t	29.5	9.5	4.0	5.0	7.5	3.55	3.8
比重 /%	46.94	15.12	6.36	7.96	11.93	5.65	6.05

数据来源：表面活性剂和洗涤剂行业生产力促进中心，不完全统计。

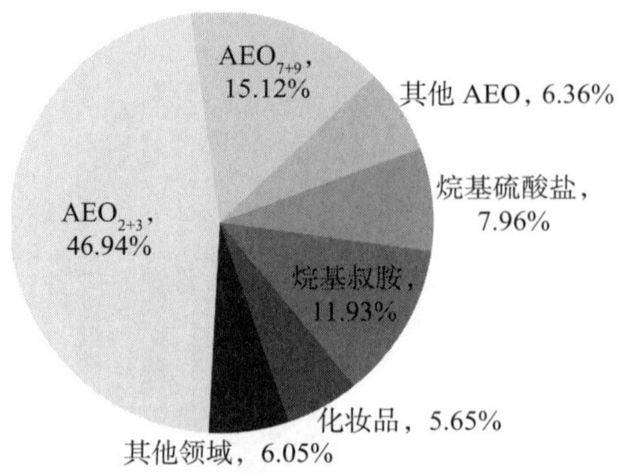

图 3　2016 年国内脂肪醇产品下游行业需求比重统计

价格方面，2016 年，国内脂肪醇市场呈现大幅上涨的走势，这主要与原料仁油价格大幅拉升以及脂肪醇供应基本面紧张有密切关系（图 4 和图 5 所示）。

2016 年，国内中碳醇市场可谓涨势如虹，一改过去几年低迷疲弱的走势。2016 年内高点为 5 年内的最高水平，且 2016 年阶段性涨势迅猛，市场急拉的情况出现在 3—4 月份、8—9 月份和 12 月份。2016 年中碳醇的行情走势分为四个阶段进行回顾。

第一阶段（年初—4 月上旬），原料大涨带动上行。年初开始，中碳醇便处于上涨通道中，年初时中碳醇市场价格在 9100 元 /t 附近，受原料棕榈仁油持续上涨推动，中碳醇价格一路上行，在进入 3 月份以后，随着仁油爆发式上扬，脂肪醇价格也出现了急速拉涨行情，仁油价格从 3 月开始，在短短的 20 天的时间里暴涨 24%，受其拉动国内中碳醇价格也从 3 月初的 11000 元 /t 的价格上涨至 4 月初的 14800 元 /t，一个月内上涨幅度高达 35%。此波上涨超出市场预期，在 3 月的吉隆坡油脂会议前，市场人士普遍看空，因中碳醇下游需求不见起色，且仁油涨势在去年提前启动，因此市场人士对棕榈仁油缺乏大涨的判断，市场也出现了一定恐慌情绪。

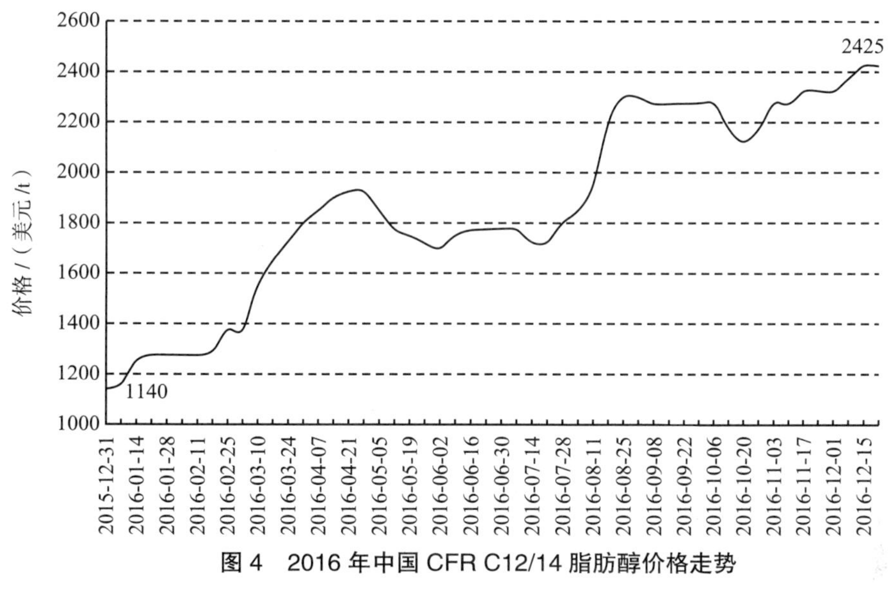

图 4　2016 年中国 CFR C12/14 脂肪醇价格走势

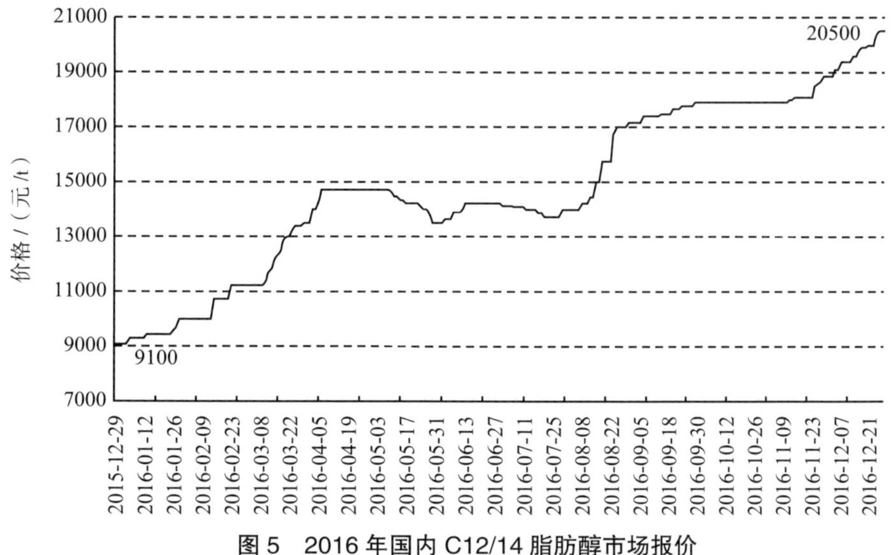

图 5　2016 年国内 C12/14 脂肪醇市场报价

第二阶段（4月中旬—8月中旬）消化涨幅窄幅整理。在经历了一季度的暴涨行情后，市场进入了消化整理阶段。这段时间里，下游的需求状况表现较差，尤其在7、8月份，需求量锐减，而脂肪醇的价格也略有回落，但因国内脂肪醇工厂的承办压力较大，且国内正常生产的醇厂也并不多，有利于价格的支撑。该阶段下游需求较少的重要原因是终端或中间环节的库存量较大，在一季度脂肪醇价格暴涨时，下游均在积极备货，而在第二阶段大量库存需要消化，对原料的采购量也有所减少。在此阶段里，中碳醇价格基本在13500～14800元/t震荡。

第三阶段（8月下旬—9月底）原料再次拉涨上行。虽然需求没有明显的转好，但中碳醇再次受到来自仁油上涨方面的压力，从8月初开始仁油再次开始拉涨，在19天内上涨14%，受其推动，国内脂肪醇工厂再次调涨出厂价格，市场价格也从14800元/t一路上涨至18000元/t，涨幅达到22%。国内脂肪醇供应紧张，加上仁油价格上涨是该阶段中碳醇上涨的主要因素。中碳醇供应紧张的一方面与G20峰会嘉化和恒翔停车以及德源10月中旬的停车检修有关，另一方面价格再次上涨后的补仓行为增多，阶段性的集中采购增加，也使得供应出现略微紧张的情况。

第四阶段（10月初—年底），供应紧张原料上涨推动上行。此阶段中，仁油价格延续上涨走势以及脂肪醇供应异常紧张造就了年底这波上涨行情。仁油从10月上旬的327令吉/60 kg上涨至年底的440令吉/60 kg，涨幅高达35%。且国内脂肪醇工厂陆续停车检修，整体供应量少，导致国内现货供应异常紧张，尤其在12月份里，部分下游工厂因货源紧张而降低生产负荷。产品价格也从18000元/t上涨至21000元/t，涨幅17%。

从国际大背景来看，2016年行业原料和产品库存大幅减少、美国货币政策调整以及全球经济政治不确定因素成为当年脂肪醇价格上涨主要因素之一。

相比之下，高碳醇价格走势全年分为两个阶段，第一阶段（年初—8月下旬），平稳增长期；第二阶段（9月初—年末），价格暴涨期。高碳脂肪醇与中碳醇相比，需求量较小，主要用于部分非离子表活、高碳叔胺和化妆品添加等，市场需求决定其价格上涨动力比较脆弱。全年高碳醇价格上涨幅度基本维持在50%左右，相比中碳脂肪醇全年125.27%的涨幅略显微弱（图6所示）。目前国内高碳醇处于一个产出大于需求的局面，市场价格上涨驱动力不足。

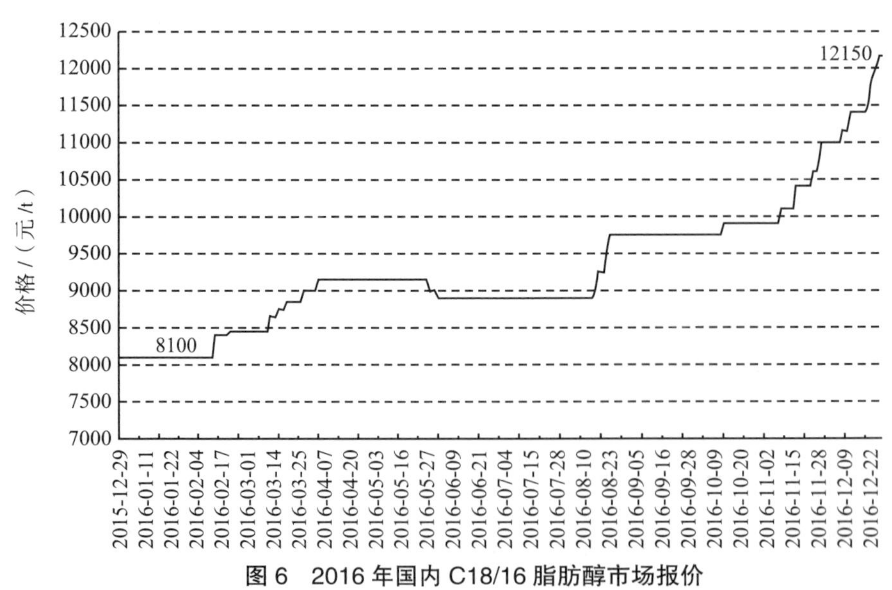

图6　2016年国内C18/16脂肪醇市场报价

2 海关数据

2.1 月度进出口数据

2016 年国内工业脂肪醇（HS38237000）月度进出口数据见表 3、表 4 和图 7 所示。2016 年国内工业脂肪醇进口量为 32.96 万 t，较 2015 年的 30.13 同比增长 9.4%。出口量为 1439 t，净进口量为 32.82 万 t。进口额达到 4.79 亿美元，年度均价为 1452.5 美元 /t，折合人民币 10000 元 /t（退税价格）。价格方面，2016 年全年有 7 个月进口价格高于年度均价，最高均价出现在 12 月份，达到 1954.3 美元 /t。

表3　2016年国内工业脂肪醇（HS38237000）月度进口数据统计

月份	进口量/kg	进口额/美元	进口量同比/%	进口额同比/%	进口均价/（美元/t）
1 月	33429975	32054285	31.30	−1.60	958.85
2 月	24516449	24234990	48.80	8.50	988.52
3 月	41056644	45395022	84.10	62.60	1105.67
4 月	26342809	35371169	38.00	35.20	1342.73
5 月	28225449	40292517	39.00	43.90	1427.52
6 月	18364540	31401583	−30.00	−10.60	1709.90
7 月	18329813	27057453	−47.80	−39.00	1476.14
8 月	30358112	48240101	4.10	37.10	1589.03
9 月	21225012	33486269	−19.20	10.80	1577.68
10 月	18507577	34453215	−9.80	50.50	1861.57
11 月	36679182	63149491	24.70	98.80	1721.67
12 月	32528051	63568541	5.00	94.20	1954.27

数据来源：中国海关。

相比之下，国内脂肪醇出口量很小，合计不到 2000 t，全年出口均价为 1322.9 美元 /t，折合人民币为 9100 元 /t（退税价格）。

表4　2016年国内工业脂肪醇（HS38237000）月度出口数据统计

月份	出口量/kg	出口额/美元	出口量同比/%	出口额同比/%	出口均价/（美元/t）
1 月	107945	149393	42.70	−36.10	1383.97
2 月	51705	85659	13.50	32.70	1656.69
3 月	91185	79217	−33.00	−72.70	868.75
4 月	135394	161959	81.40	23.60	1196.21
5 月	198367	229389	126.10	46.70	1156.39
6 月	190125	264261	62.70	48.70	1389.93
7 月	103230	157079	19.30	−1.90	1521.64
8 月	73530	112921	58.60	331.20	1535.71
9 月	178895	250000	249.10	166.40	1397.47
10 月	117755	214502	−13.20	−17.00	1821.60
11 月	150536	119746	−34.40	−56.50	795.46
12 月	40950	80331	21.50	35.70	1961.68

数据来源：中国海关。

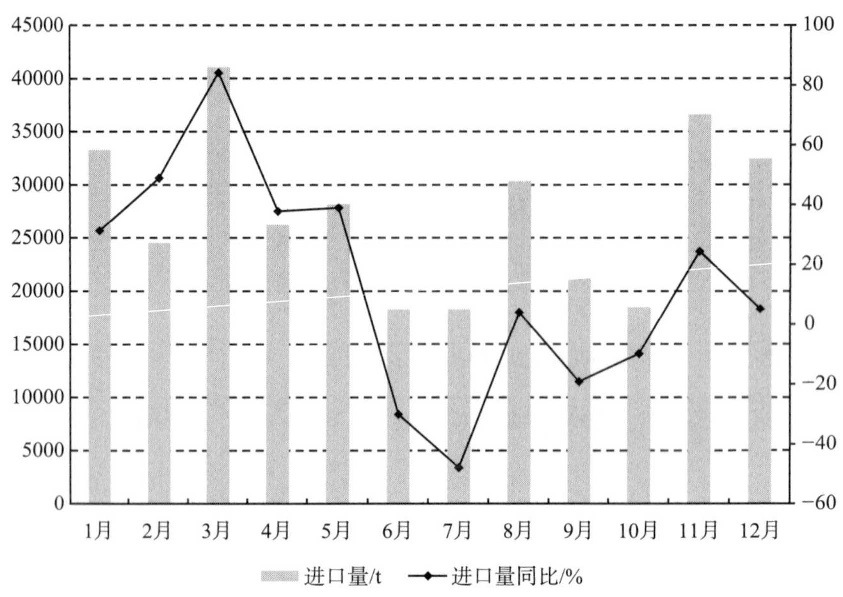

图 7　2016 年国内工业脂肪醇（HS38237000）月度进口数据统计

2016 年国内脂肪醇进口全年均价从 1 月的 958.9 美元 /t 上涨至 12 月的 1954.3 美元 /t，年度涨幅达到 103.8%（图 8 所示），接近于 2016 年中国 CFR 脂肪醇价格涨幅 112.8% 比例。

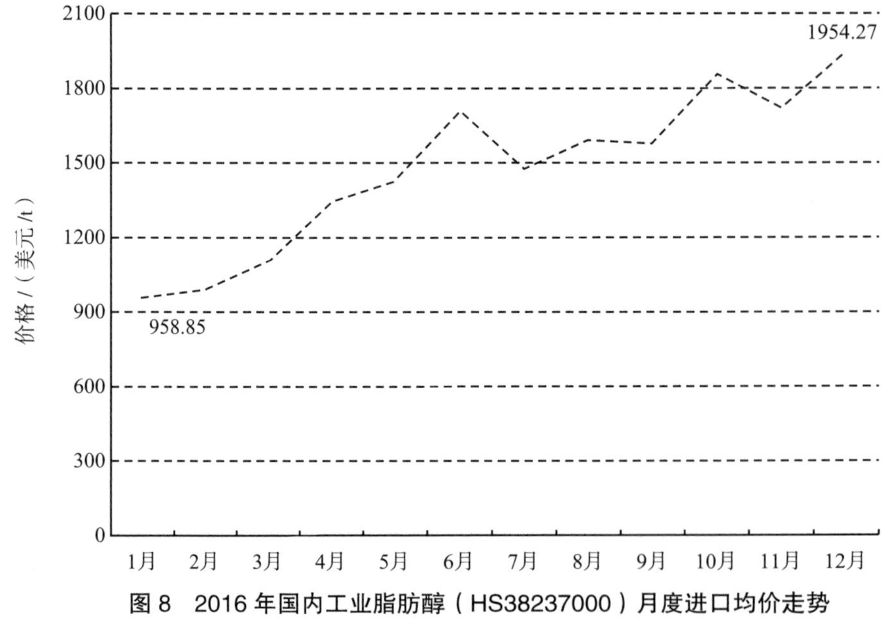

图 8　2016 年国内工业脂肪醇（HS38237000）月度进口均价走势

2.2　进出口国家或地区

2016 年国内脂肪醇进口来源国或地区数据见表 5 所示，排名前五的国家分别为印度尼西亚、马来西亚、南非、泰国和菲律宾，进口量分别为 13.08 万 t、11.73 万 t、4.53 万 t、1.59 万 t 和 0.35 万 t，进口量较 2015 年分别同比增长 31.00%、9.50%、1.50%、−45.40% 和 −15.50%，排名前五国家或地区进口均价较高为印度尼西亚和马来西亚，均超过 1500 美元 /t，折合人民币超过 10300 元 /t。

从进口来源国或地区占比情况来看，印度尼西亚占比39.68%，马来西亚占比35.60%，南非占比13.76%，泰国占比4.81%，合计超过93.8%。其他国家或地区进口比重为6.15%（图9所示）。

表5 2016年国内工业脂肪醇进口来源国或地区数据统计

进口国家或地区	进口量/kg	进口额/美元	进口量同比/%	进口额同比/%	进口均价/（美元/t）
印度尼西亚	130767278	203838564	31.00	63.50	1558.79
马来西亚	117320858	186157150	9.50	34.50	1586.74
南 非	45348080	26067820	1.50	−7.90	574.84
泰 国	15863580	18562793	−45.40	−48.10	1170.15
菲律宾	3532290	5845660	−15.50	−4.50	1654.92
德 国	3310580	10528158	27.30	17.20	3180.16
美 国	3086209	6801483	20.20	26.70	2203.83
法 国	2639926	8617351	204.40	162.40	3264.24
沙特阿拉伯	2248652	1882768	−49.90	−53.80	837.29
意大利	1524837	2978317	12.30	−13.40	1953.20
荷 兰	1194571	2667319	16.50	16.40	2232.87
韩 国	952137	327469	8.50	−53.30	343.93
日 本	909051	2166764	−14.80	−18.70	2383.55
印 度	688350	1871451	−55.00	−62.40	2718.75
新加坡	146281	269061	713.60	550.60	1839.34
英 国	18477	42848	0.00	0.00	2318.99
比利时	6800	28890	0.00	1.40	4248.53
中国台湾	4710	45604	−73.00	−51.70	9682.38
西班牙	500	3488	150.00	106.60	6976.00
以色列	330	495	0.00	0.00	1500.00

数据来源：中国海关。

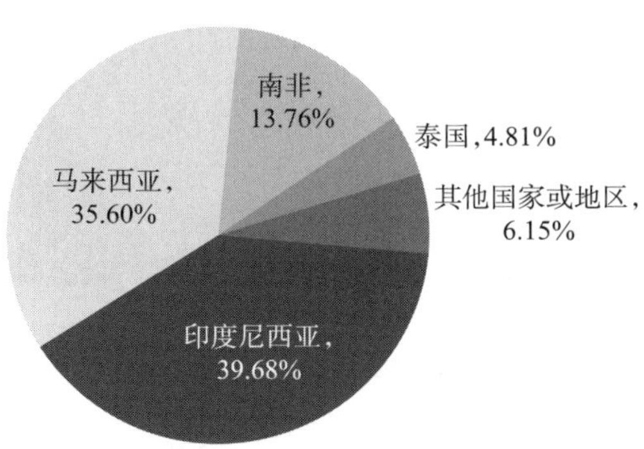

图9 2016年国内工业脂肪醇进口来源国或地区比重统计

相比之下，国内脂肪醇出口国或地区主要集中在日本、韩国、中国台湾、中国香港，出口量分别为613.4t、323.8t、178.1t和140.7t，排名前四国家或地区合计出口量达到1256t，占当年总出口量的87.22%。

2.3 进出口省市

2016 年国内工业脂肪醇进口省市主要集中在江苏省、广东省、上海市、浙江省、天津市和安徽省，进口量分别为 9.34 万 t、8.20 万 t、6.86 万 t、4.21 万 t、1.48 万 t 和 1.19 万 t，进口量较 2015 年分别同比增长 55.90%、−9.00%、10.40%、−25.00%、163.50% 和 4.30%，进口量分别占当年总进口的 28.34%、24.88%、20.83%、12.79%、4.49% 和 3.61%，这六省市合计进口占比达到 94.94%，其他省市进口比重 5.0% 左右（表 6 和图 10 所示）。也可以看出国内脂肪醇下游行业市场地域集中性比较高，市场竞争比较激烈。

表6　2016年国内工业脂肪醇进口省市数据统计

进口省市	进口量/kg	进口额/美元	进口量同比/%	进口额同比/%	进口均价/（美元/t）
江苏省	93398817	155594420	55.90	72.80	1665.91
广东省	81992069	93291882	−9.00	−0.90	1137.82
上海市	68640726	113967353	10.40	38.20	1660.35
浙江省	42146156	49849991	−25.00	−20.50	1182.79
天津市	14807530	24594308	163.50	209.20	1660.93
安徽省	11900870	16090027	4.30	14.50	1352.00
山东省	5246280	8254127	169.40	199.20	1573.33
福建省	3126540	5348591	20.60	205.10	1710.71
北京市	2882175	4561204	35.30	88.70	1582.56
湖北省	2396050	3039666	44.10	112.20	1268.62
辽宁省	1438390	2145325	43.10	39.80	1491.48
四川省	898460	1048056	−85.40	−86.10	1166.50
湖南省	689492	913310	366.90	366.70	1324.61

数据来源：中国海关。

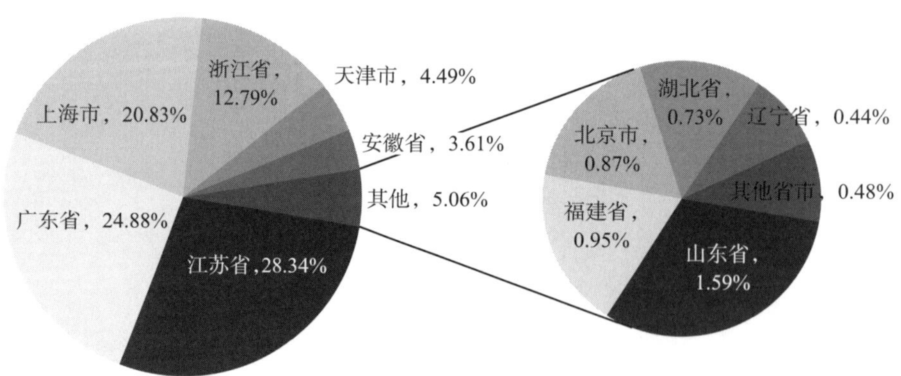

图 10　2016 年国内工业脂肪醇进口省市比重统计

相比之下，国内工业脂肪醇出口省市主要集中在江苏省和广东省，出口量分别为 1181.3t 和 186.6t，较 2015 年出口分别同比增长 38.9% 和 12.8%，出口合计占比超过 95%。中国作为脂肪醇产能大国，产出率不高，目前本土产品基本全部国内消化，对外出口量可以不计，进口依赖度过去五年平均超过 50%。

2.4　进出口海关

2016 年国内工业脂肪醇进口海关贸易主要集中在上海海关、南京海关、深圳海关、广州海关、黄埔海关、天津海关和青岛海关（表 7、图 11 所示），进口量分别达到 11.18 万 t、9.28 万 t、3.16 万 t、2.62 万 t、1.81 万 t、1.59 万 t 和 1.05 万 t，较 2015 年分别同比增长 0.30%、55.20%、-9.90%、11.70%、5.90%、56.90% 和 45.40%，主要进口海关进口比重分别为上海海关 33.93%、南京海关 28.17%、深圳海关 9.59%、广州海关 7.95%、黄埔海关 5.50%、天津海关 4.83% 和青岛海关 3.20%。

表7　2016年国内工业脂肪醇进口海关数据统计

进口海关	进口量/kg	进口额/美元	进口量同比/%	进口额同比/%	进口均价/（美元/t）
上海海关	111825378	177712037	0.30	20.80	1589.19
南京海关	92848067	152403660	55.20	74.20	1641.43
深圳海关	31617506	49222716	-9.90	12.50	1556.82
广州海关	26205168	10656609	11.70	-19.90	406.66
黄埔海关	18113971	22559728	5.90	-0.20	1245.43
天津海关	15921880	25585540	56.90	88.20	1606.94
青岛海关	10533250	15817909	145.40	154.30	1501.71
宁波海关	7879057	3063423	-50.00	-71.90	388.81
湛江海关	5845560	9718771	30.40	74.90	1662.59
福州海关	2860790	4634923	12.90	175.40	1620.15
武汉海关	2396050	3039666	44.20	112.70	1268.62
大连海关	1438390	2145325	41.20	39.00	1491.48
杭州海关	1003227	497831	21.90	-15.60	496.23
重庆海关	586928	646905	-90.90	-91.80	1102.19
拱北海关	256726	646324	-81.60	-31.00	2517.56
汕头海关	230880	336097	-82.90	-81.50	1455.72
北京海关	725	17165	4.30	42.80	23675.86

数据来源：中国海关。

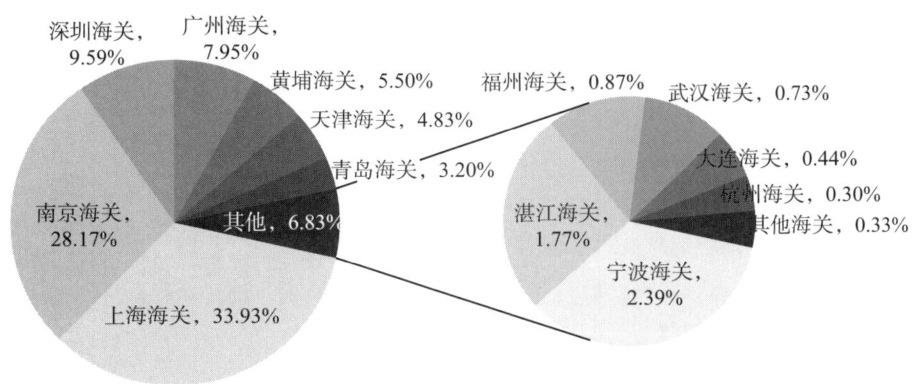

图 11　2016 年国内工业脂肪醇进口海关比重统计

2016年国内工业脂肪醇出口海关主要集中在南京海关、广州海关和上海海关，出口量分别为1190.7t、140.7t和90.9t，合计占当年出口比重98.8%（表8所示）。

表8 2016年国内工业脂肪醇出口海关数据统计

出口海关	出口量/kg	出口额/美元	出口量同比/%
南京海关	1190720	1615388	72.20
广州海关	140726	53896	4.00
上海海关	90871	193785	-60.30

数据来源：中国海关。

3 小结

2016年是国内脂肪醇富有戏剧性的一年，价格波动趋势特点涵盖过去三年市场态势，脂肪醇生产与市场的不确定因素成为行业发展最大瓶颈，产能开工不足，市场产品结构对外依赖性强成为全球少有国家之一。中国市场借助靠近东南亚油脂产出地理优势，为产品单一需求提供有利条件，但也给国内装置带来不小压力，脂肪醇原材料全部依赖性决定中国脂肪醇生产与市场必然面临众多问题，国家层面至今没有出台相关海关贸易政策以及对本土企业有利的措施，环保问题日益审查给行业发展雪上加霜，本土企业性质差异以及企业之间沟通障碍在一定程度上阻碍行业可持续健康发展。如何实现本土企业装置开工与进口产品之间市场和价格平衡成为行业发展关注的首要问题，下游行业企业应该给本土脂肪醇产品提供更多的价格采购便利手段。

烷基苯

根据中国洗协表面活性剂专业委员会数据统计，2016 年国内主要五家烷基苯（LAB）生产企业合计产量为 73.30 万 t，较 2015 年的 68.97 万 t 同比增长 6.28%，原油价格持续走低，给 LAB 开工提供有利条件，2016 年开工率达到 88.31%，较 2015 年的 83.10% 高出 5 个百分点。2016 年国内 LAB 销量 70.60 万 t，较 2015 年的 63.13 万 t 同比增长 11.83%。

重烷基苯（HAB）是生产十二烷基苯过程中的副产物，产量约占 LAB 的 10%。2016 年国内 HAB 产量合计 5.85 万 t，较 2015 年的 5.35 万 t 同比增长 9.34%。HAB 可生产冷机油，与减压馏分以不同比例混合，添加适当的抗防腐剂，用于生产汽油机润滑油，它还是生产用于改进柴油机质量的清净分散剂的理想原料，是生产高级润滑油的良好基础油质。同时 HAB 可通过磺化制备重烷基苯磺酸，广泛用于油田化学品开发等。

1 生产与市场

表 1 和图 1 为 2012—2016 年国内烷基苯产量、销量数据统计。五年国内 LAB 产量累计增长 26.82%，年均增长幅度达到 5.36%，五年净产增长合计超过 15 万 t。2012—2016 年，国内 LAB 销量（含出口）累计增长 34.48%，年均增长幅度达到 6.90%，五年净销增长合计超过 18 万 t。

重烷基苯五年产量合计增长 1.33 万 t，累计增幅达到 29.42%，其中 2016 年 HAB 产量较 2015 年同比增长 9.34%，2016 年国际原油价格持续走低，国内原油冶炼装置规模加大，相应烷基苯系列产品产量增加。据不完全统计，2016 年重烷基苯磺化产品表观产量接近 10 万 t，产销市场主要集中东北和西南地区。

表1　2012—2016年国内烷基苯产销情况数据统计

年份	产量/万t	产量同比/%	销量/万t	销量同比/%	HAB产量/万t
2012 年	57.80	—	52.50	—	4.52
2013 年	64.79	12.09	57.96	10.40	5.02
2014 年	66.99	3.40	61.27	5.70	5.15
2015 年	68.97	2.96	63.13	3.04	5.35
2016 年	73.30	6.28	70.60	11.83	5.85

数据来源：表面活性剂和洗涤剂行业生产力促进中心。HAB为重烷基苯。

2016 年国内 LAB 产出主要集中在琪优势化工（太仓）、金陵石化烷基苯厂、抚顺洗涤剂化工厂、江苏金桐化学以及金桐石化等（表 2 所示）。其中企业上报统计出口量合计达到 13.71 万 t，不完全统计，2016 年东北抚顺烷基苯出口量达到 4.1 万 t，以抚顺洗涤剂化工厂为主。

产出比重统计方面，琪优势化工（太仓）化工占比 13.16%，金陵石化烷基苯厂占比 30.05%，抚顺洗涤剂化工厂占比 24.70%，和桐入股企业合计占比 25.2%。企业销量比重与产量相当（图 2、图 3 所示）。其中江苏金桐化学年度出口量达到 5.44 万 t。

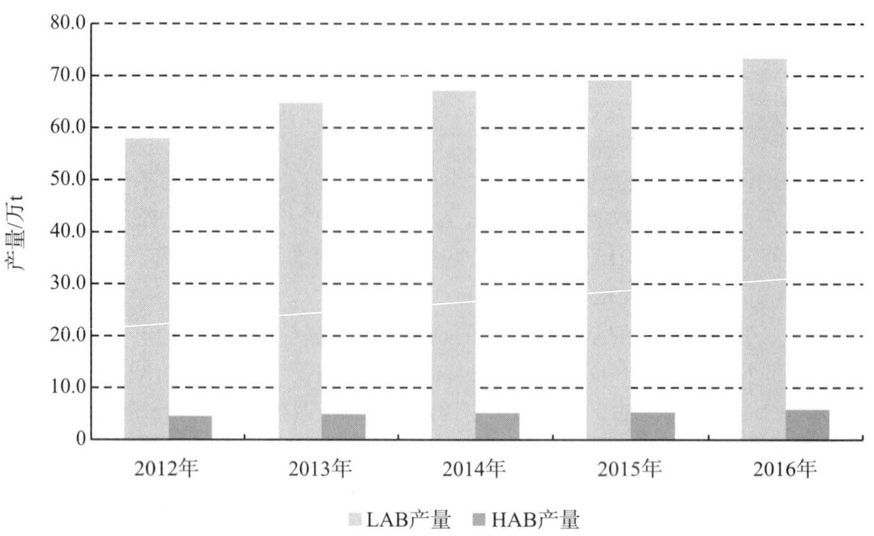

图 1　2012—2016 年国内 LAB/HAB 产量数据统计

表2　2016年国内主要烷基苯生产企业产销数据统计

企业名称	产量/万t	产量同比/%	销量/万t	销量同比/%	出口量/t
琪优势（太仓）化工	9.64	5.70	9.71	5.43	27190
金陵石化烷基苯厂	22.02	9.17	22.40	9.96	30000
抚顺洗涤剂化工厂	18.10	-1.15	18.05	2.04	41000*
江苏金桐化学	14.69	4.18	11.59	-1.11	54440
金桐石油化工	8.82	21.49	8.82	113.04	25520

数据来源：表面活性剂和洗涤剂行业生产力促进中心。*根据海关数据估算2016年抚顺洗涤剂化工厂烷基苯厂出口量。

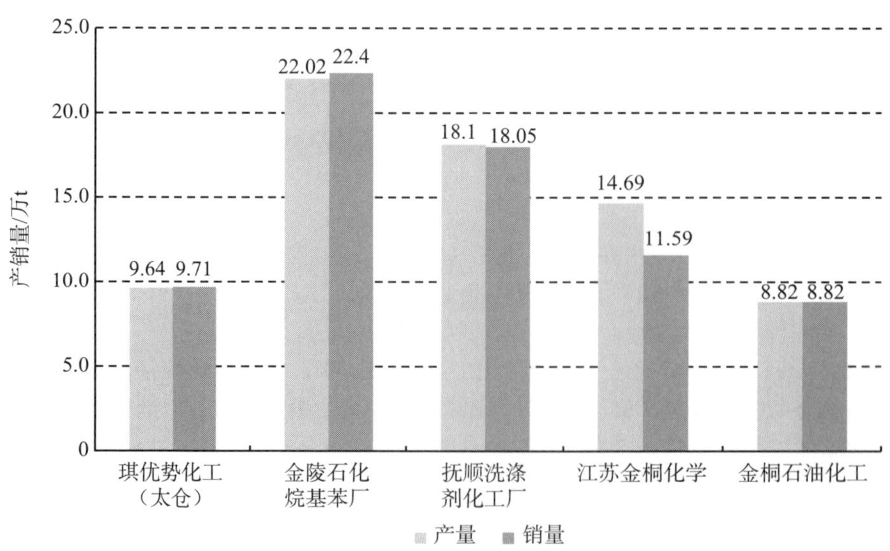

图 2　2016 年国内主要烷基苯企业的产销数据统计

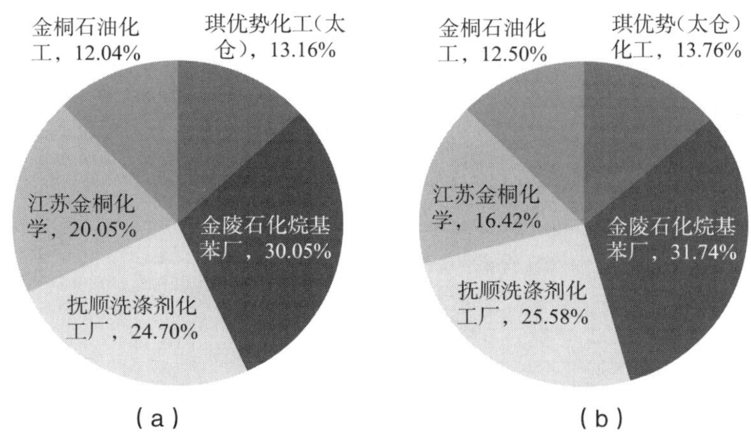

图 3 2016 年国内主要烷基苯企业的产销比重统计
（a）烷基苯企业产出比重统计 （b）烷基苯企业销售比重统计

2 海关数据

表 3 为 2016 年国内烷基苯 / 烷基萘系列产品出口数据统计。

全年合计出口量为 21.87 万 t。出口主要集中在上半年，2016 年上半年合计出口量达到 12.62 万 t，占比 57.70%（图 4 所示）。出口均价较高为 2 月份的 1153.82 美元 /t，折合人民币 7900 元 /t，出口价较低为 3 月份，1030.67 美元 /t，折合人民币 7100 元 /t，高低差价 11.27%（图 5 所示）。纵观 2016 年烷基苯 / 烷基萘系列产品出口均价，下半年价格走势比较平稳，基本维持在 1060 ~ 1080 美元 /t。折合人民币约合 7300 ~ 7400 元 /t。全年烷基苯进出口均价与 2016 年国际原油价格相关性较强。

表3 2016年国内烷基苯/烷基萘系列产品月度出口统计

月份	出口量/kg	出口额/美元	出口量同比/%	出口额同比/%	出口均价/（美元/t）
1 月	10427763	11581598	-37.90	-51.30	1110.65
2 月	19143082	22087577	64.60	44.50	1153.82
3 月	26576274	27391392	118.50	94.10	1030.67
4 月	25633379	28673127	50.10	47.60	1118.59
5 月	21955216	22645815	-10.00	-24.60	1031.45
6 月	22457198	25085165	0.50	-13.90	1117.02
7 月	17237343	18469321	-8.80	-22.30	1071.47
8 月	17240834	18287630	54.80	34.00	1060.72
9 月	12352529	13220795	48.80	32.50	1070.29
10 月	11610716	12366648	-26.00	-31.90	1065.11
11 月	17886354	19289493	11.10	2.40	1078.45
12 月	16197701	17368482	-25.00	-29.90	1072.28

数据来源：中国海关。

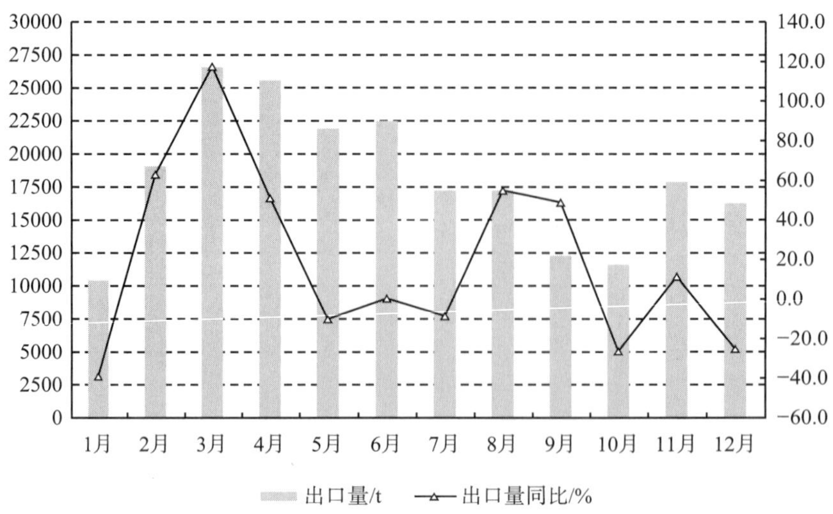

图 4　2016 年国内烷基苯 / 烷基萘系列产品月度出口统计

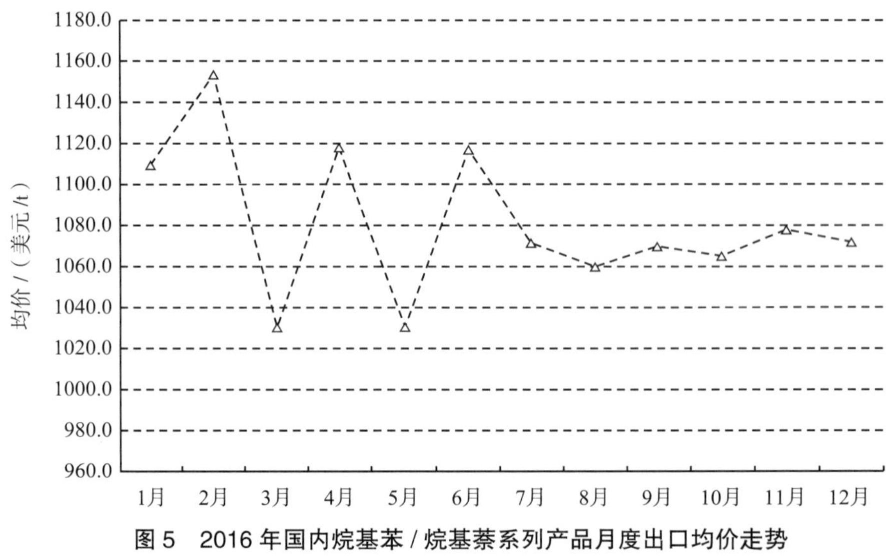

图 5　2016 年国内烷基苯 / 烷基萘系列产品月度出口均价走势

2016 年国内烷基苯 / 烷基萘系列产品出口国或地区排名前五的分别是韩国、菲律宾、印度尼西亚、巴基斯坦和越南，出口量分别为 3.96 万 t、3.14 万 t、2.73 万 t、2.52 万 t 和 2.12 万 t，分别较 2015 年同比增长 62.10%、47.30%、–29.90%、155.90% 和 36.40%（表 4 和图 6 所示）。

表4　2016年国内烷基苯/烷基萘系列产品出口国或地区统计

出口国或地区	出口量/kg	出口额/美元	出口量同比/%	出口额同比/%	出口均价/(美元/t)
韩　国	39582667	50465004	62.10	50.30	1274.93
菲律宾	31379572	33183746	47.30	28.00	1057.50
印度尼西亚	27299920	26089857	–29.90	–42.50	955.68

续表

出口国或地区	出口量/kg	出口额/美元	出口量同比/%	出口额同比/%	出口均价/(美元/t)
巴基斯坦	25247408	26585197	155.90	121.20	1052.99
越　南	21157731	21489723	36.40	17.30	1015.69
泰　国	17794084	17863504	-43.80	-52.00	1003.90
印　度	16968535	17698840	0.80	-18.10	1043.04
墨西哥	8835607	9323786	-35.50	-43.70	1055.25
坦桑尼亚	5768256	6233718	70.40	54.40	1080.69
南　非	5398358	5925899	162.30	129.90	1097.72
秘　鲁	4099929	4262048	-44.90	-52.50	1039.54
以色列	2358234	2589434	6.30	-7.30	1098.04
叙利亚	1998380	2181861	300.10	234.70	1091.81
也　门	1784000	1858154	710.90	704.40	1041.57
阿　曼	1339562	1469904	-26.30	-32.80	1097.30
肯尼亚	1339455	1704802	109.40	124.10	1272.76
澳大利亚	1158973	1222245	241.10	179.60	1054.59
阿联酋	999940	1056685	-37.40	-46.80	1056.75
哥斯达黎加	899302	1070225	136.90	126.90	1190.06
吉布提	780246	866161	0.00	0.00	1110.11

数据来源：中国海关。

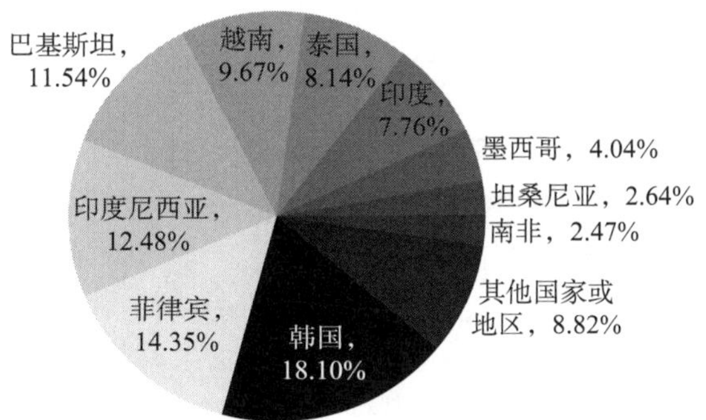

图6　2016年国内烷基苯/烷基萘系列产品出口国或地区统计

2016年，国内烷基苯/烷基萘出口主要集中在江苏省、辽宁省，出口量分别为17.66万t和4.20万t，合计21.86万t，占比超过99.9%（表5和图7所示）。目前国内烷基苯生产地高度集中，出口省市凸显垄断性。

表5 2016年国内烷基苯/烷基萘系列产品出口省市统计

出口省市	出口量/kg	出口额/美元	出口量同比/%	出口额同比/%	出口均价/（美元/t）
江苏省	176639500	192932320	2.20	-10.00	1092.24
辽宁省	41980489	43358494	84.80	68.10	1032.82
上海市	43520	78531	-92.90	-91.00	1804.48
天津市	29750	54414	0.00	0.00	1829.04
山东省	14800	17730	0.00	0.00	1197.97
云南省	4400	11660	0.00	0.00	2650.00
广东省	2950	5900	48.60	41.30	2000.00
北京市	1800	3837	20.00	-5.10	2131.67
江西省	788	1200	0.00	0.00	1522.84
河北省	360	2748	0.00	0.00	7633.33
福建省	32	209	0.00	0.00	6531.25

数据来源：中国海关。

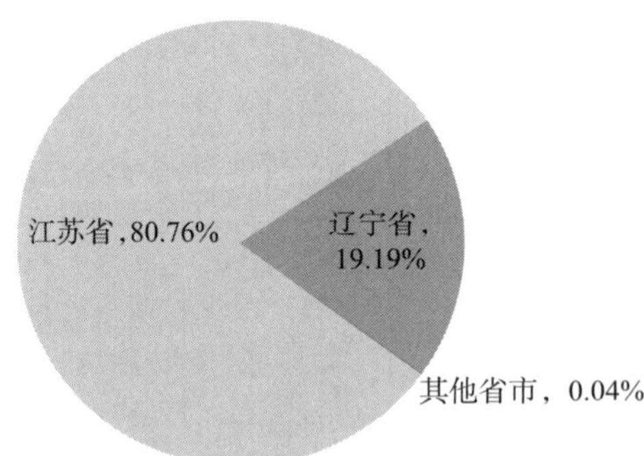

图7 2016年国内烷基苯/烷基萘系列产品出口省市统计

2016年烷基苯/烷基萘海关出口贸易与出口省市相当，具有极强的垄断性，主要集中在南京海关、大连海关和上海海关，出口量分别为16.89万t、4.20万t和0.78万t（表6、图8所示），其中大连海关同比增长达到80.7%，排名前三海关贸易合计超过99%。

表6 2016年国内烷基苯/烷基萘系列产品出口海关统计

出口海关	出口量/kg	出口额/美元	出口量同比/%	出口额同比/%	出口均价/（美元/t）
南京海关	168878257	184007459	7.90	-4.70	1089.59
大连海关	41984889	43370154	80.70	64.50	1032.99
上海海关	7804763	9003392	-51.60	-55.40	1153.58
天津海关	31910	60999	-88.10	-95.60	1911.60
青岛海关	14800	17730	0.00	0.00	1197.97
黄埔海关	2950	5900	49.00	41.60	2000.00
厦门海关	820	1409	0.00	0.00	1718.29

数据来源：中国海关。

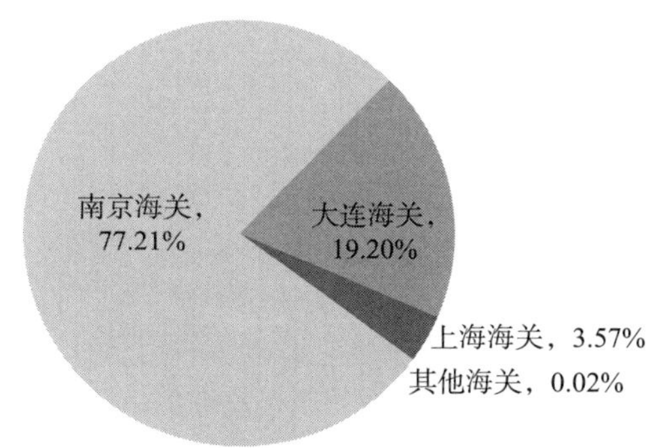

图 8　2016 年国内烷基苯 / 烷基萘系列产品出口海关统计

3 小结

2016 年国际原油价格持续走低，给 LAB 行业发展带来机遇，全球装置开工产出均呈现两位数的快速增长。中国作为 LAB 产出和消费大国，2016 年依然保持 6% 以上的同比增长，主要原因是洗衣粉作为洗涤产品，在国内还占据相当市场，而 LAB 作为洗衣粉 LAS 主要原料，洗涤产品刚性需求为其增长提供动力支持。未来一段时间，LAB 走势如何，主要看原油价格背景下 LAS 与 AES 之间的市场竞争，以及中国洗涤产品消费结构的变化等因素。

油脂

1 棕榈油

马来西亚棕榈油仍然以出口为主，2014—2016 年，棕榈油的出口量占总产量的 80% 以上，2013—2015 年间出口占比呈现逐年降低的趋势，但 2016 年出口占比出现了明显的回升，基本达到 2013 年的出口占比水平。这主要与 2016 年产量明显下滑，而出口基本保持稳定或小幅增长的情况有直接关系。但出口仍然是马来西亚棕榈油主要的消费形式（图 1 所示）。

马来国内棕榈油的消耗量也在逐年递增。随着马来西亚政府对棕榈油产品的产量、质量和产品附加值的重视，目前，马来西亚棕榈油上下游产品深加工技术居领先地位。加上政府加大棕榈油在生物柴油的混掺率，近两年马来西亚棕榈油消费量逐年提升。但整体提升的速度仍然相对缓慢，尤其在近两年，因原油价格的不断下跌，生物柴油用量受到冲击，虽然马来生物柴油混掺率从 5% 提升至 7%，又计划从 7% 提升到 10%。但因价格优势减弱，加上部分行业也不能使用生物柴油，且国家的扶植力度仍待加强，因此这两年，马来国内的消耗增长速度仍然相对缓慢。

而产量在 2014—2015 年处于逐年增长的状态，但在 2016 年因厄尔尼诺气候造成了明显的减产，因其出口市场需求相对稳定，因此 2016 年的库存量也出现了明显的降低。

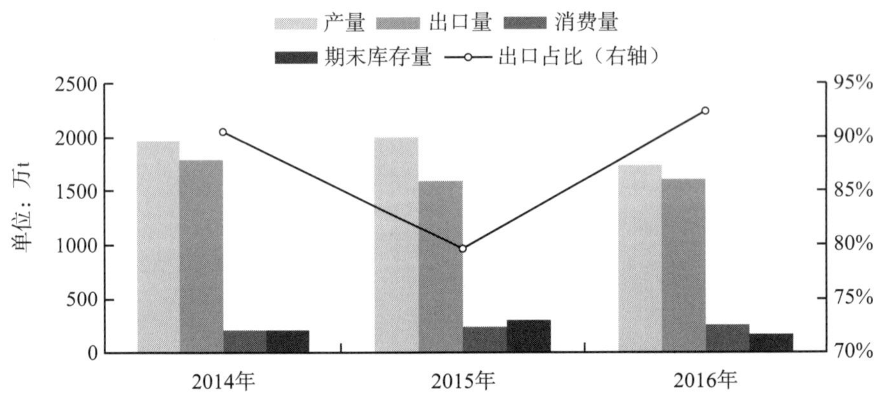

图 1　2014—2016 年马来西亚棕榈油供需平衡图

作为全球主要棕榈油生产国，印度尼西亚的棕榈油供需情况更需要关注（图 2 所示），主要对外出口国家为印度、欧盟、中国、美国、孟加拉、巴基斯坦等。2014—2015 年间，印尼的产量、出口量、库存以及国内消费量均呈现逐年递增的态势，但由于产量增长的速度快于出口增长以及国内需求增长的速度，因此国内库存也呈现逐年递增的状态。而在 2016 年，因受厄尔尼诺气候影响，产量出现下滑，2015 年印尼的棕榈油产量在 3220 万 t 左右，而在 2016 年下降了 70 万 t，至 3150 万 t，降幅为 2%。与此同时，出口量基本保持稳定增长的态势，2015 年累计出口量在 2350 万 t，2016 年达到 2300 万 t，因印度尼西亚的减产幅度小于马来西亚，且棕榈油价格也相对存在优势，因此出口仍能保持小幅上涨。由于产量降低，出口稳中有增，因此出口占比在 2016 年出现了明显的增长，库存量则相应出现了明显的降低。

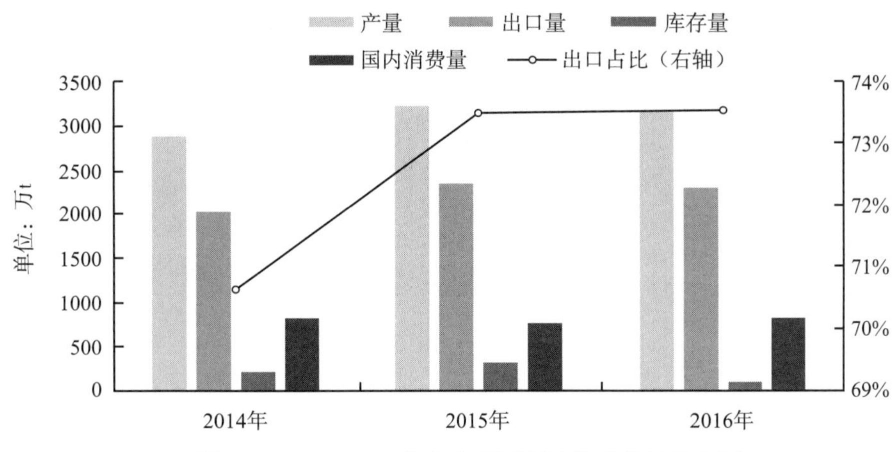

图 2　2014—2016 年印度尼西亚棕榈油供需平衡图

中国不生产棕榈油，以进口为主，主要来源国是马来西亚和印度尼西亚。2012—2016 年，中国进口棕榈油年度总量平均在 590 万 t 左右。表 1 统计 2012—2016 年国内棕榈油供需数据，2016 年首次进口减少到 500 万 t 以下，同比减少 21.03%，进口减少主要原因由于厄尔尼诺现象，马来西亚和印度尼西亚油脂库存同比减少以及货币汇率政策调整引起的关税贸易差额等引起。

表1　2012—2016 年度中国棕榈油供需统计

项目	2012年	2013年	2014年	2015年	2016年
进口量 / 万 t	584.00	658.90	560.00	590.00	448.00
国内消费量 / 万 t	584.00	639.00	590.00	580.00	458.00
期末库存 / 万 t	24.00	43.90	13.90	23.90	13.90

数据来源：中国海关。

表 2 和图 3 为 2016 年国内棕榈油月度进口数据统计，我国对棕榈油的进口依赖达到 100%。2016 年全年中有 9 个月进口量出现同比减少，当年月度进口均价呈现持续上涨态势，与马来西亚棕榈油市场价格走势一致，进口月度均价全年涨幅达到 26.87%（图 2 所示）。2016 年 12 月，在全球油脂市场走势不确定及国际政治经济等众多因素影响下，国内棕榈油月度进口量达到 67.95 万 t，占比全年进口量 14.84%，进口量同比增长达到 1.80%，环比增长达到 52.29%。相比之下，2016 年 5 月棕榈油进口量不到 20 万 t，同比减少 60.10%，环比减少 29.02%。

表2　2016年1—12月国内棕榈油月度进口数据统计

月份	进口量/kg	进口/美元	进口量同比/%	进口额同比/%	进口均价/（美元/t）
1 月	482110012	262598409	4.50	−19.20	544.69
2 月	268249981	145921933	7.80	−17.10	543.98
3 月	408888246	233066372	66.70	36.70	570.00
4 月	274249742	168876839	−42.80	−48.30	615.78
5 月	194677259	127697049	−60.10	−60.40	655.94
6 月	237517481	162900956	−56.90	−54.50	685.85
7 月	332549997	222081060	−53.70	−51.80	667.81
8 月	403213083	265208473	−25.60	−21.80	657.74

续表

月份	进口量/kg	进口/美元	进口量同比/%	进口额同比/%	进口均价/（美元/t）
9月	480725143	314865263	-15.50	-5.90	654.98
10月	270135887	184962323	-43.30	-29.80	684.70
11月	446187664	307703245	-3.50	19.70	689.63
12月	679537104	469587567	1.80	26.60	691.04

数据来源：中国海关。

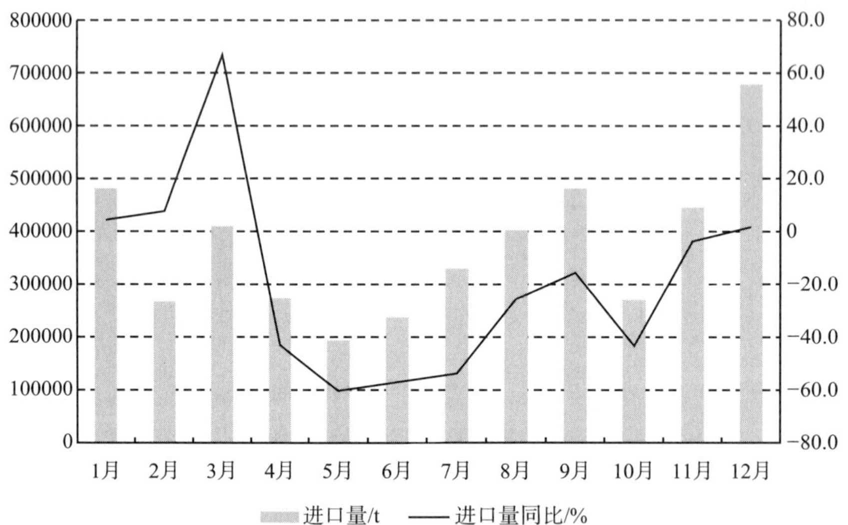

图3　2016年1—12月国内棕榈油月度进口数据统计

2015—2016年中国棕榈油月度进口均价走势如图4所示，整体走势呈现明显的“V”字型走势，从2015年1月的707美元/t降至2015年12月的555美元/t，降幅达到21.50%，进入2016年，价格开始快速上扬，从2016年的1月544美元/t升至2016年12月的691美元/t，涨幅达到27.02%，价格基本回归2015年初期态势。

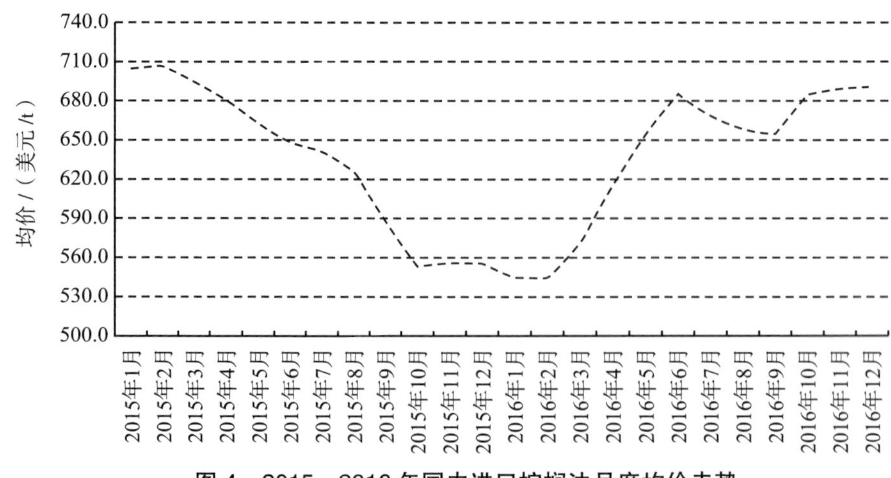

图4　2015—2016年国内进口棕榈油月度均价走势

从进口国数据来看，2016 年国内棕榈油进口主要集中在马来西亚和印度尼西亚，进口量分别为 182.92 万 t 和 264.35 万 t，较 2015 年分别同比增长 -25.40% 和 -23.30%，进口额分别为 11.89 亿美元和 16.73 亿美元。

2016 年棕榈油整体走势特点：

（1）扭转颓势强势反转。棕榈油经历了两年漫长的下跌走势，在 2016 年表现出了强势反弹的走势。在这一年里，棕榈油从年初的低点 540 美元 /t 一路上涨，高点触及 760 美元 /t，高低端价差高达 220 美元 /t，价差幅度为 41%。2016 年均价在 675 美元 /t，较 2015 年的 602 美元 /t 上涨 12%。这是自 2011 年以来表现出最为强劲的上涨的一年。2016 年价格上涨主要是基本面的强力支撑，以及全球大宗商品市场的全面触底反弹的带动。前几年表现出的多是在长期疲弱下跌过程中的小幅反弹走势，而 2016 年则大有不同，全年是上涨的运行轨迹，期间仅出现阶段性的回落整理。

（2）气候影响减产明显。厄尔尼诺气候前后持续了 21 个月，从 2014 年 9 月份开始出现，在 2015 年 4 月份开始增强，在 2015 年 11 月份达到峰值，结束于 2016 年 5 月份。本次厄尔尼诺事件持续时间为历次最长，是自 1951 年以来最强的一次，也成为 1880 年有记录以来最暖的一年。此次超强厄尔尼诺事件造成全球多地气候异常，极端天气事件频发，从而抑制了东南亚油棕的正常生长，棕榈果实减小，出油量降低。从 2016 年 5 月份以后，天气才逐渐恢复正常。棕榈作为农作物产品，天气的变化对其影响重大。2016 年东南亚棕榈油产量预计较 2015 年减产 10% 左右，也造成了 2016 年以来的主产国棕榈油库存达 5 年内的最低水平。

（3）马来频繁调整出口关税。2016 年，马来毛棕榈油关税税率基本在 5% ~ 6.5%。马来政府规定，在毛棕榈油价格高于 2250 令吉 /t 时，就要征收出口关税，关税从 4.5% ~ 8.5% 不等。2016 年棕榈油价格逐步走高，马来方面的棕榈油出口关税也在 3 月份开始征收，结束了连续 11 个月的零关税政策。随后的几个月里，因棕榈油价格的不断上涨，关税税率也逐步提升，在 2016 年 10 月和 11 月份里出口关税达到年内最高值 6.5%。

（4）国内库存不足五年均值的一半。国内棕榈油库存量从 2016 年初的 94 万 t 一路下降，在 11 月中下旬降至 23 万 t 左右，而近五年的平均库存水平也达到 60 万 t 左右，2016 年的库存下降异常明显，这与棕榈油减产以及国内控制融资有密不可分的关系。因市场的融资行为大大减少，且国内棕榈油工厂对棕榈油的控制力逐渐增强，商家的参与度逐渐降低，高库存的情况出现的可能性逐渐降低，而这种低库存的状态将逐渐成为常态。

（5）双边操作全部替代单边行为。由于棕榈油风险逐渐加大，2016 年绝大多数贸易商选择双边操作，规避市场大幅波动带来的风险。不再进行风险性极高的单边操作模式。除此之外，随着棕榈油贸易商参与度的降低，棕榈油的货源集中度提高，油厂对市场的控制力增强。

2 棕榈仁油

2016 年国内棕榈仁油系列产品进口量合计为 55.25 万 t，其中初榨棕榈仁油进口量为 6.13 万 t，较 2015 年同比增长 -46.50%，其他棕榈仁油及其分离产品进口量合计 49.13 万 t，较 2015 年同比增长 -2.10%。

2016 年国内棕榈仁油进口国或地区主要集中在马来西亚和印度尼西亚，其中印度尼西亚进口量为 42.93 万 t，较 2015 年同比增长 -2.00%，马来西亚进口量为 6.20 万 t，较 2015 年同比增长 -2.80%。

图 5 为 2016 年国内棕榈仁油系列产品月度进口数据统计，进口量较大月份集中在 3 月和 10 月，进口量均达到或超过 6 万 t，分析其原因周期性的需求增长成为进口量较大的主要因素。2016 年 7 月成为棕榈仁油进口量最少月份，进口量不到 2.0 万 t，较 2015 年同期减少了 63.40%。

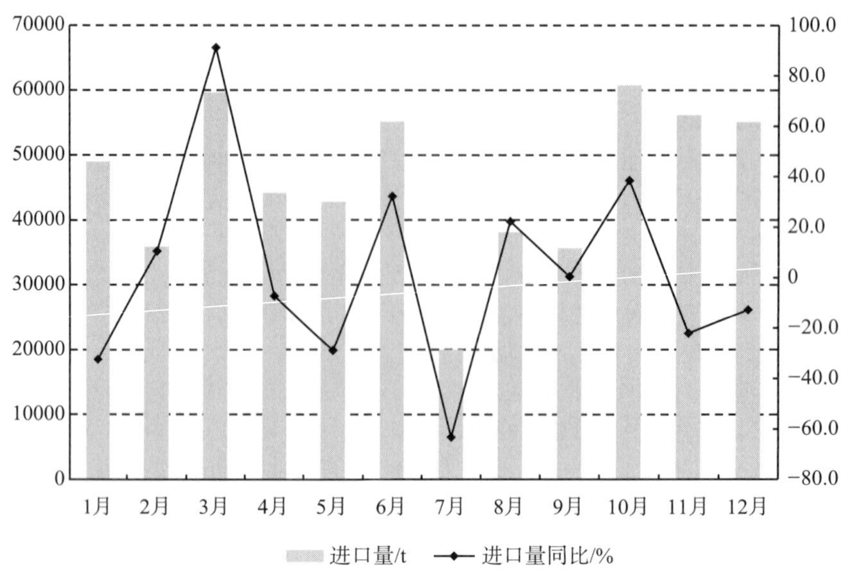

图 5　2016 年国内棕榈仁油产品月度进口数据统计

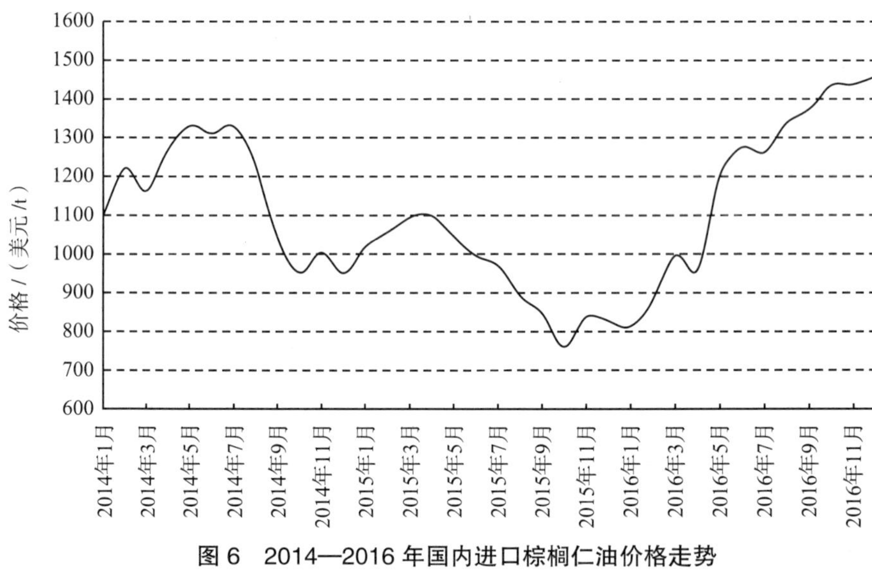

图 6　2014—2016 年国内进口棕榈仁油价格走势

从过去三年棕榈仁油价格走势来看（图 6 所示），2015—2016 年中国棕榈仁油月度进口均价整体走势与棕榈油密切相关，呈现较为明显的“V”字型态势，但 2015 年价格波动较 2016 年明显，市场回归趋势也较激烈，2015 年棕榈仁油系列产品价格降幅约合 30.97%，2016 年价格走势呈现持续稳定的快速增长，全年增幅达到 79.68%。

3 椰子油

2016 年中国椰子油进口量合计 11.64 万 t，较 2015 年同期的 12.23 万 t 同比减少 4.82%，其中 2016 年 6 月进口量达到当年峰值，为 1.80 万 t，较 2015 年的 1.88 万 t 同比减少 4.25%，综合 2014—2016 年国内椰子油月度进口数据，6 月份均为三年当中进口量较大月份，体现国内椰子油需求从每年第一季度进入旺季，下游行业市场表现积极（图 7 所示）。

图 8 为 2014—2016 年国内进口椰子油月度均价走势，2014—2015 年表现波动明显，2016 年行情一路上扬，价格从 1 月的 1248 美元 /t 上涨到 2016 年 11 月的 1688 美元 /t，全年涨幅达到 35.26%。

2016 年国内椰子油进口来源国或地区主要集中在印度尼西亚，包括初榨椰子油及其加工产品合计进口量达到 10.97 万 t，占比 94.24%，其他国家或地区进口量合计占比 5.76%（图 9 所示）。

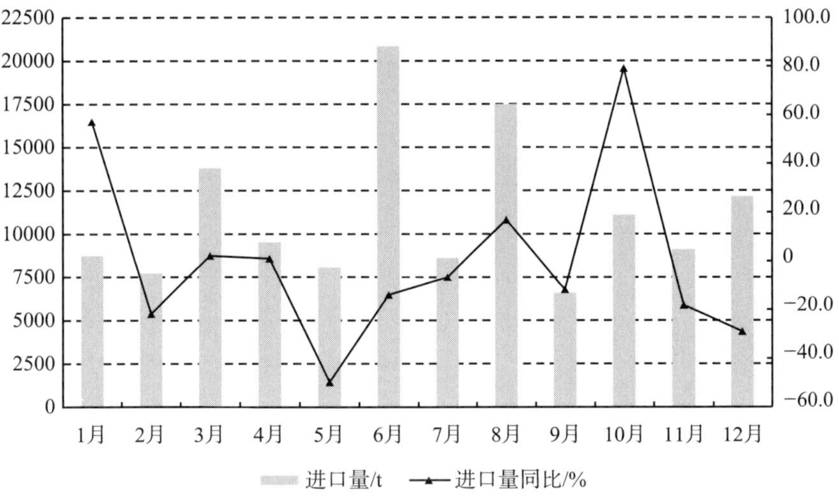

图 7　2016 年国内椰子油产品月度进口数据统计

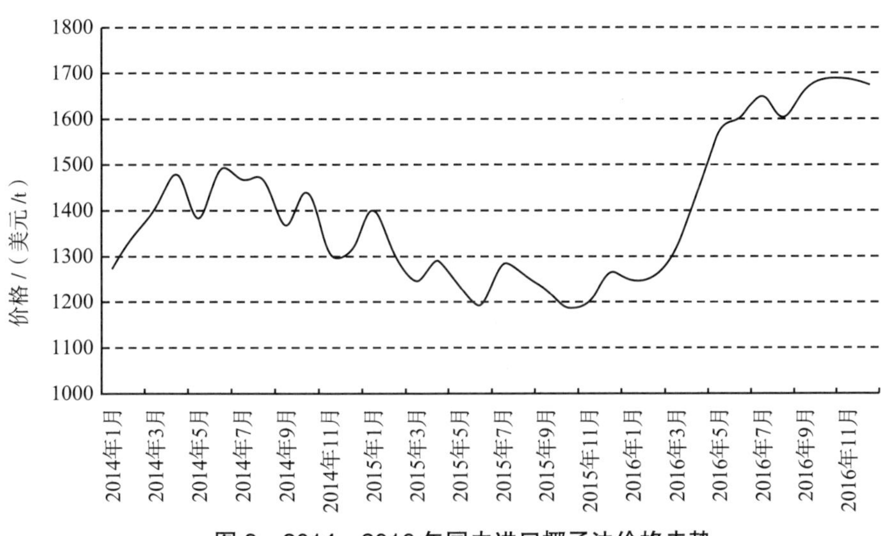

图 8　2014—2016 年国内进口椰子油价格走势

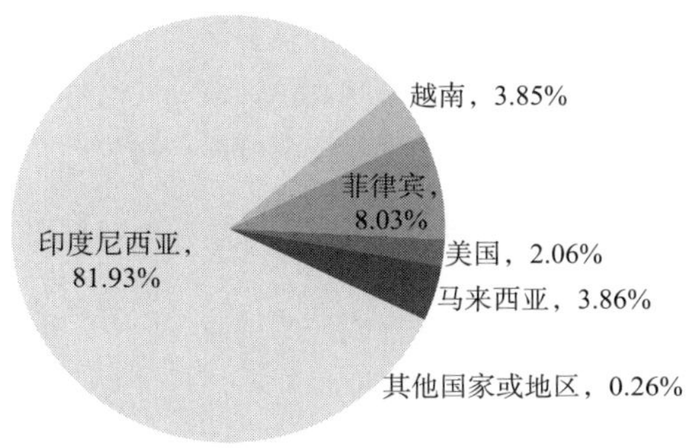

图 9　2016 年国内椰子油进口来源国或地区数据统计

4 小结

2016 年国内东南亚进口油脂产品主要以食用油脂为主，工业油脂每年消耗量维持在 150~200 万 t，2016 年随着棕榈油库存以及棕榈仁油库存严重下滑，产品市场价格快速增长，带动国内工业油脂化学品市场连续上扬，诸如脂肪醇、脂肪酸和脂肪胺三大油脂化学品价格也表现比较活跃，年度平均价格上浮超过 35%，国内油脂企业对油脂市场把握不准，使得部分油脂化学品深加工市场获利有所压缩，企业生存压力短期加大，提升企业预知风险以及建立市场预测机制成为今后我国工业油脂化学品发展重点，尤其原料是以进口为主的脂肪醇加工行业发展必须做到透明和平稳。

环氧乙烷

2016 年国内环氧乙烷总产能 369 万 t，新增产能 59 万 t，较 2015 年增长 19.03%。2016 年环氧乙烷产量 235.5 万 t，较 2015 年增长 1.1%。2016 年江苏斯尔邦 18 万 t 产能开始进入市场，已正式试车成功。华东地区依旧是国内主要产能集中区域，民营企业数量正在增加。

2011 年以前，环氧乙烷生产基本掌握在中石油以及中石化手中，产能有限，利润丰厚，市场可谓是供不应求。从 2012 年开始，除了石化系统外，更多的主体开始加入该行业，截止 2016 年 12 月，民营与合资企业的总量占比已过半，超过国企总量。随着原料乙烯多元化，MTO 系列装置脱颖而出，从占比看民营企业发展速度不可小觑，石化垄断地位岌岌可危。随着场内产能过程的弊端暴露，中石化跟民企进行统销合作。

1 生产情况

2013—2016 年国内环氧乙烷产能逐步增加，从 235.5 万 t 增长到 369.0 万 t，增长率为 56.68%。产能的急剧增加带来的是开工率的急剧下滑，因产能已经处于过剩状态，从图 1 可以看出，从 2015 年开始环氧乙烷开工率下降至 60% 左右，2016 年延续 60% 左右的开工率，后续装置产能利用率维持在一般水平。

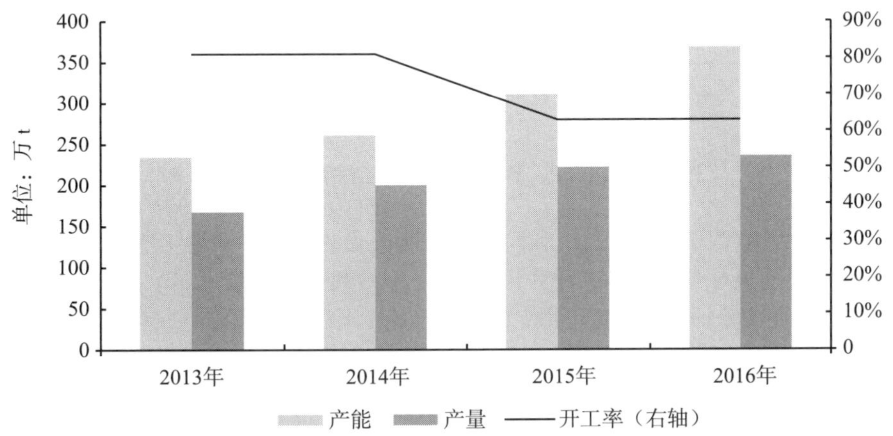

图 1 2013—2016 年国内环氧乙烷产能、开工数据统计

目前国内环氧乙烷下游最大的消费仍是乙二醇，由于乙二醇多为配套主体装置，产品无商品交易属性。从可流通商品量来看，目前环氧乙烷下游用量最大的是聚羧酸减水剂聚醚单体，占比达到 44.01% 左右，其次是非离子表面活性剂，占比在 21.33%（图 2 所示）。

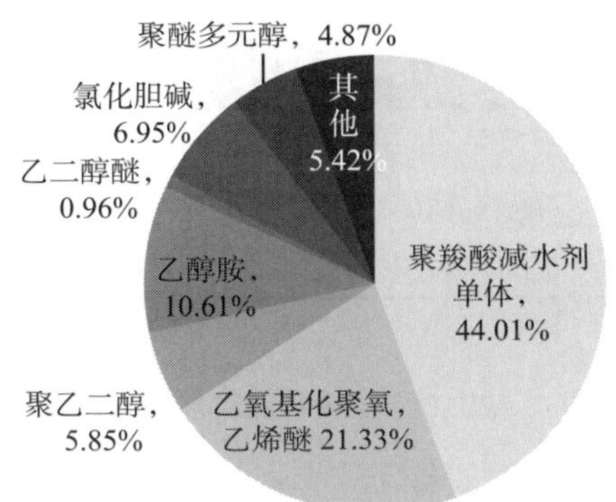

图 2 2016 年环氧乙烷商品量下游消费比例图

2 市场走势

图 3 为 2014—2016 年国内环氧乙烷三年价格走势，对比之下，2014 年和 2016 年呈现多数平稳短期波动激烈态势，其中 2014 年前 10 个月保持走势平稳，基本维持在 10000 元 /t 上下，年底剧烈下行；2016 年第一季度上涨明显，后期走势平稳；相比之下，2015 年受国际油价和乙烯加工价格影响，环氧乙烷价格全年波动频繁，2015 年 5 月前大幅上涨，之后短期停留开始震荡下跌。

2016 年国内环氧乙烷价格高点在 12 月底 9300 元 /t，低点出现在 2016 年 3 月份 6900 元 /t，年内上涨 2400 元 /t，涨幅 34.78%。从 2016 年 4 月开始，国内环氧乙烷价格波动比较平稳，市场价格基本维持在 8500~ 9000 元 /t。

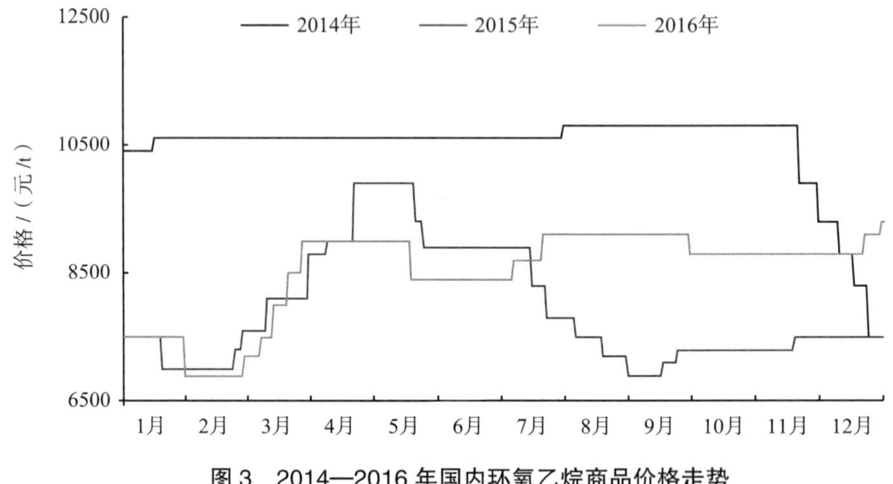

图 3　2014—2016 年国内环氧乙烷商品价格走势

与 2015 年相比，2016 年国内环氧乙烷利润情况有所改善。如图 4 和表 1 所示，2016 年开年延续 2015 年亏损行情，第一季度平均亏损 547 元 /t。随后二、三季度毛利走势开始改善，市场基本无亏损状态出现。在第四季度，即便乙烯出现一定下滑，但环氧乙烷在下游需求支撑下，市场走势维持高位状态，盈利状态较好。

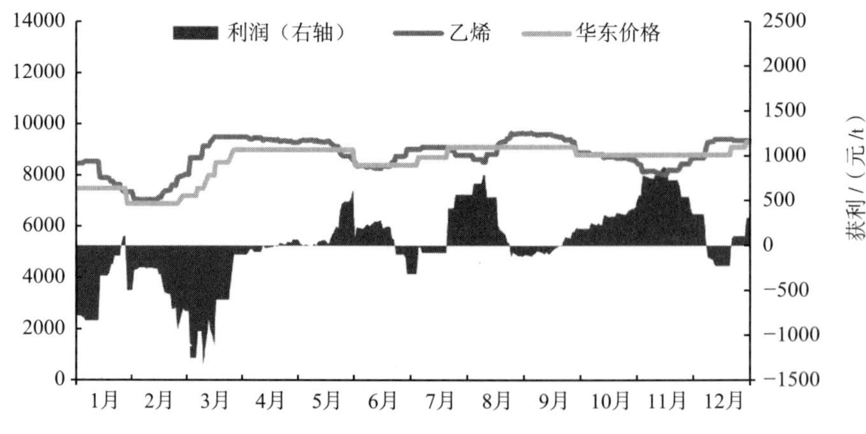

图 4　2016 年国内环氧乙烷获利情况

表1 2015—2016 年环氧乙烷毛利润均值对比 单位：元/t

时间	第一季度	第二季度	第三季度	第四季度	全年平均
2015 年毛利润均值	37	–518	–60	–483	–256
2016 年毛利润均值	–547	93	168	346	12.1

数据来源：卓创资讯。

根据 2016 年环氧乙烷以及乙烯价格数据（图 5 所示）换算，两者本年度价格走势相关系数为 0.78651，也就是说环氧乙烷的价格走势与乙烯价格走势成正相关且为强相关。在 2016 年上半年，环氧乙烷价格受乙烯市场影响尤为明显，主要原因是当时场内需求整体表现一般，环氧乙烷调价动机主要来自于乙烯价格指引。而进入 2016 年下半年后，需求开始改善，环氧乙烷商家更愿意根据需求的波动来调整价格，乙烯大幅上涨时，一度出现本年度价格最高点，环氧乙烷受制于下游的速度，未大幅跟涨，在乙烯从高端价位下滑时，环氧乙烷阶段性回调价格，但在步入十月份后，下游需求表现给人带来惊喜，即便乙烯出现几波下滑，环氧乙烷工厂同样稳价出货，年末阶段，环氧乙烷在乙烯市场震荡上移的提振下以及乙二醇市场的带动下，市场重心以上移为主。

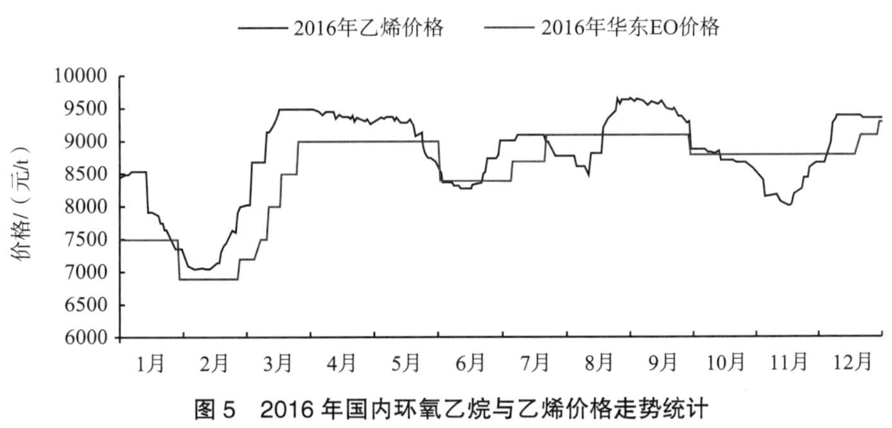

图 5 2016 年国内环氧乙烷与乙烯价格走势统计

3 小结

环氧乙烷作为国内重要的石油加工化学品，在国内表面活性剂行业、减水剂行业以及乙二醇、聚醚、聚氨酯等领域表现积极，虽然乙氧基化表面活性剂和减水剂大单体作为环氧乙烷重要下游行业领域，但 EO 市场价格与其自身上游乙烯和下游需求关联更加紧密，环氧乙烷行业快速发展需要以安全装置配套和绿色环保为主的加工体系，实现 EO 行业可持续和稳定发展，重点需要发展以乙氧基化物为代表的精细化学品加工。2017 年随着国际原油价格以及全球政治经济不稳定因素的存在，环氧乙烷价格将整体表现平稳，局部波动表现激烈。随着国家西部高铁建设速度加快，未来一段时间，减水剂大单体将持续保持环氧乙烷主要消耗，洗涤用品刚性需求同样为环氧乙烷乙氧基化加工提供动力。

脂肪酸

脂肪酸按照来源不同可分为合成脂肪酸和天然脂肪酸，按照产品分子结构可分为饱和脂肪酸和不饱和脂肪酸，按照产品碳链长短可分为低碳脂肪酸、中碳脂肪酸、硬脂酸和油酸等。脂肪酸的来源有动物油、植物油、妥尔油及石蜡氧化生产的合成脂肪酸。油脂中的脂肪酸是脂肪酸同系物的混合物，其组成随油种而变化。混合脂肪酸经过分离提纯后可以得到各种组成比较单一的脂肪酸，如：辛酸、癸酸、月桂酸、肉豆蔻酸、棕榈酸、硬脂酸、亚油酸、芥酸等产品。

脂肪酸是油脂化工的基础原料，以天然脂肪酸为原料衍生的下游产品，广泛用于纺织、食品、医药、日用化工、石油化工、橡塑、采矿、交通运输、铸造、金属加工、油墨、涂料等各种行业。C12/14 脂肪酸主要用于洗涤表面活性剂的制备，其配制的洗涤剂具有去污力强、发泡优良和刺激性低等特点，

脂肪酸主要是天然油脂经水解、精馏，石蜡氧化或从松木造纸废液中回收妥尔油经精馏等三种方法制得。石蜡氧化生产脂肪酸，主要是生产天然油脂中不具有的单碳数脂肪酸。随着世界各国对生态和环境保护的重视，对天然林的保护和禁伐，使得妥尔油资源产量、质量逐年下降。目前从天然油脂经水解、精馏生产的脂肪酸占脂肪酸总量的 4/5 以上，利用天然动植物油脂及精炼副产品分离提纯的脂肪酸，是世界脂肪酸的主要来源。

据不完全统计，2016 年，国内 100 万 t 肥（香）皂产出需要硬脂酸量约合 75 万 t，其他作为表面活性剂原料脂肪酸以及硬脂酸金属钙皂等消化约合 70 万 t。2016 年国内脂肪酸产量约合 118 万 t，较 2015 年的 131 万 t 同比减少 9.92%，销量约合 105 万 t，较 2015 年的 116 万 t 同比减少 9.48%。全年国内工业硬脂酸净进口量为 21.74 万 t，全年脂肪酸表观消耗量约合 140 万 t。

1 硬脂酸

硬脂酸应用：①硬脂酸广泛应用于 PVC 塑料管材、板材、型材、薄膜的制造，是 PVC 热稳定剂，具有很好的润滑性和较好的光、热稳定作用。在塑料 PVC 管中，硬脂酸有助于防止加工过程中的“焦化”，在 PVC 薄膜加工中添加是作为一种有效的热稳定剂，同时可以防御暴置于硫化物中所引起的成品薄膜变色。②硬脂酸在橡胶的合成和加工过程中起重要作用。硬脂酸是天然胶、合成橡胶和胶乳中广泛应用的硫化活性剂，也可用作增塑剂和软化剂。在生产合成橡胶过程中需加硬脂酸作乳化剂。在制造泡沫橡胶时，硬脂酸可作起泡剂，还可用作橡胶制品的脱模剂。③硬脂酸在雪花膏和冷霜这两类护肤品中起乳化作用，从而使其变成稳定洁白的膏体。硬脂酸还是制造杏仁蜜和奶液的主要原料。硬脂酸皂酯类在化妆品工业中用途更为广泛。④在食品工业中用作润滑剂、消泡剂及食品添加剂硬脂酸甘油脂、硬脂酸山梨糖醇酐酯、蔗糖酯等的原料。用作助剂及日用化工产品的原料。⑤用于生产硬脂酸盐——硬脂酸钠、硬脂酸镁、硬脂酸钙、硬脂酸铅、硬脂酸铝、硬脂酸镉、硬脂酸铁和硬脂酸钾。⑥另外，还可用作油溶性颜料的溶剂、蜡笔调滑剂、蜡纸打光剂和硬脂酸甘油脂的乳化剂等。

据不完全统计，2016 年国内硬脂酸产量与过去三年持平，约为 90~ 95 万 t，当年进口硬脂酸量合计 21.74 万 t，出口量合计 8520.9t，净进口量合计 20.89 万 t。2016 年硬脂酸表观消耗量超过 110 万 t，其中日用肥（香）皂消化硬脂酸量约合 60 万 t，硬脂酸金属盐助剂类产品消耗硬脂酸约合 35 万 t，十八烷基衍生表面活性剂及其他行业消耗量超过 15 万 t。日用皂类和工业助剂皂作为硬脂酸主要下游行业应用，表观消耗过去五年呈现平稳增长。

表 1 和图 1 为 2016 年国内硬脂酸产品月度进口数据统计。2016 年 2 月进口量较低，仅为 11593t，同比增长 2.70%。2016 年 11 月出现全年进口量峰值，达到 30533t，同比增长 34.70%。2016 年 12 月，国内硬脂酸进口均价达到最高的 904.96 美元 /t，较年初的 645.80 美元 /t 涨幅达到 40.13%。国际棕榈硬

脂价格上涨成为当年硬脂酸进口均价上涨的主要原因。

图 2 为 2016 年全年华南地区进口斯文（硬脂酸）价格走势，全年价格一路上涨，年初为 5350 元 /t，2016 年 5—8 月价格维持平衡，12 月快速上涨到 8800 元 /t，年度涨幅达到 64.49%。相比之下，国产一级硬脂酸价格同样呈现全年快速上扬（图 3 所示），由年初的 4750 元 /t 涨至年底的 7500 元 /t，涨幅达到 57.89%，接近华南地区进口斯文产品价格涨幅。

表1　2016年1—12月国内工业硬脂酸（38231100）月度进口数据统计

月份	进口量/kg	进口额/美元	进口量同比/%	进口额同比/%	进口均价/（美元/t）
1 月	18851150	12174155	−9.80	−38.40	645.80
2 月	11583585	7636832	2.70	−27.90	659.28
3 月	16061974	11115855	−38.40	−54.10	692.06
4 月	15667244	11559023	−25.50	−39.70	737.78
5 月	13510841	10946244	−27.60	−32.80	810.18
6 月	19385005	15723347	−11.70	−16.90	811.11
7 月	16461308	13360197	−35.30	−37.40	811.61
8 月	15319136	12352355	6.70	6.00	806.33
9 月	19298715	15356158	−30.40	−22.90	795.71
10 月	16658007	13855924	−25.20	−1.40	831.79
11 月	30533250	26924434	34.70	89.50	881.81
12 月	24052960	21766982	7.10	54.70	904.96

数据来源：中国海关。

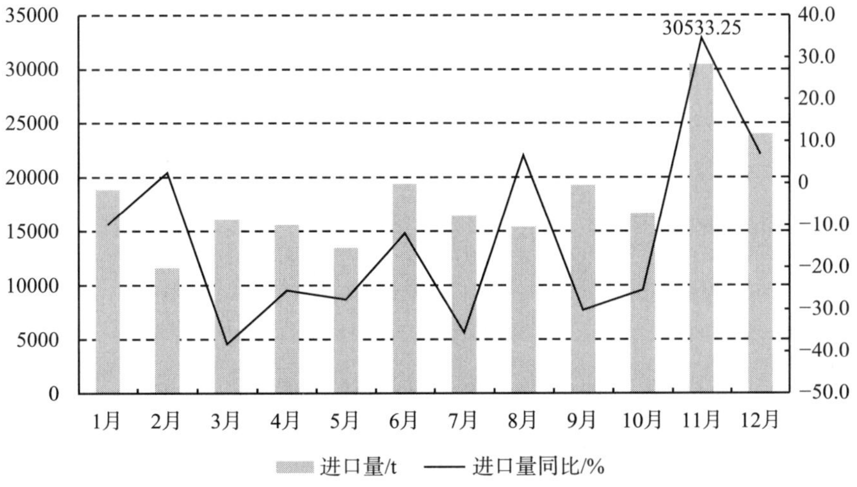

图 1　2016 年 1—12 月国内工业硬脂酸月度进口数据统计

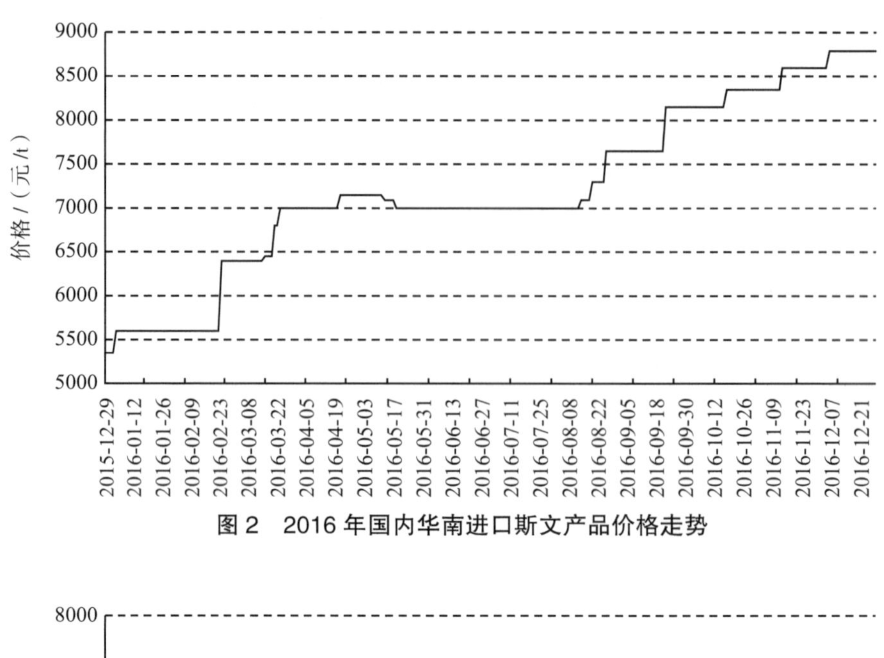

图 2　2016 年国内华南进口斯文产品价格走势

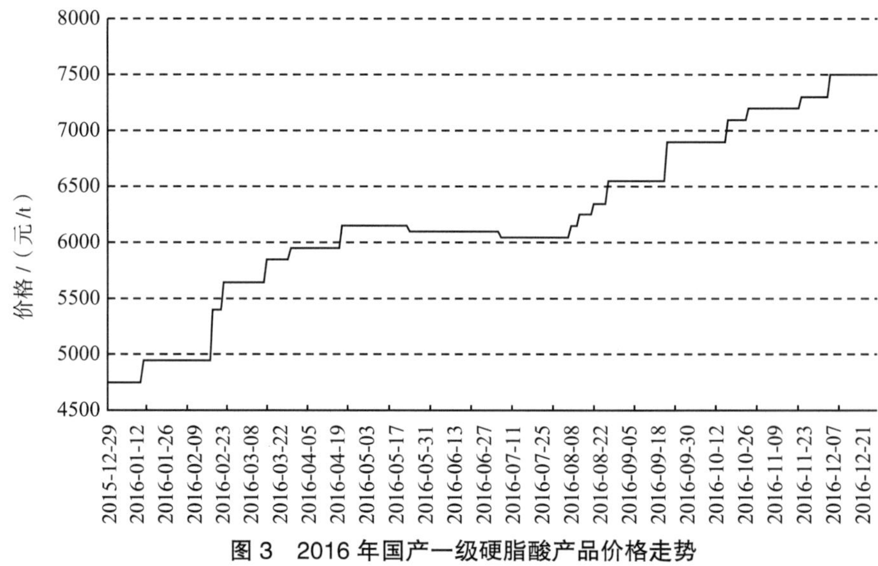

图 3　2016 年国产一级硬脂酸产品价格走势

2 油酸

油酸（Oleic Acid）也称顺 -9- 十八（碳）烯酸，是天然油脂中含一个双键的不饱和脂肪酸。纯油酸在室温下是接近无色无臭的高黏度液体，不溶于水，可溶于醇醚、氯仿、苯等溶剂，具有 α、β 两种构型。

油酸是重要的精细化工产品。工业油酸可应用于塑料、洗涤、选矿、油漆等行业，纯度高的油酸（≥ 80%）可用于食品、医药、化妆品等行业，油酸的金属盐则被广泛应用于表面活性剂、缓蚀剂等。通过对其官能团进行修饰，油酸还可以应用于润滑油、化工分析、制药等领域。

油酸以甘油酯的形式存在于各种油脂中，油酸的生产方法通常主要为水解法和皂化法。其中，水解法是将普通油脂直接水解生产脂肪酸，再将之分离提纯制取油酸；皂化法是在碱性条件下使油脂皂化，分离出甘油，将皂酸化得到脂肪酸，然后分离提纯制取油酸。皂化和酸化过程容易产生胶体，酸化时还会产生乳化，需要消耗大量盐水进行处理。因此，采用水解法生产油酸更为合适。

水解法有多种，根据操作方式不同，可以分为间歇水解和连续水解法；根据水解压力（水解温度）

的不同和是否采用催化剂（或酶），又可以分为常压（或低压）催化水解法、催化或非催化中压水解法、连续非催化高压逆流水解法、甚高压脂肪并流水解法、催化低压高温水解法和酶促水解法。

最近几年，酶促水解法由于其适用的条件比较温和、能耗低、产品质量好、不影响脂肪酸的构型而得到广泛关注。日本在这方面的技术处于世界领先地位，并已实现工业化（由日本三好公司开发）。我国也有关于脂肪酶水解三油酸甘油脂的报道。将油酸含量高的油脂（如茶籽油和高油酸葵花子油）水解并分离出甘油后，得到的产品为纯度较高的油酸，而大多油脂水解所产生的脂肪酸还需要经过分离、精制才能得到油酸。

2012 年全球油酸产量达到 700 万 t，同比增长 3.45%。其中亚洲地区提供了 60% 的产量，欧洲地区产量占比为 15%，北美产量占比为 10%。油酸等脂肪酸的最大市场分布在美国、欧洲和日本等化工行业较发达的国家。其应用领域涉及许多不同的行业，因而经营风险相对较小，发展较快。

目前国内油酸年均需求量在 40 万 t 左右，主要应用领域广泛且下游高中低端产品需求都将保持一定程度的稳定增长。国内生产能力也在 40 万 t 左右，主要集中在益海嘉里（10 万 t）、中粮集团（5 万 t）、泰柯棕化（2 万 t）以及赞宇科技等公司。良好的供需格局以及下游需求的稳定使得油酸较之油化产业链中其他产品具有较强的盈利能力。据不完全统计，2016 年国内高纯度油酸产量约合 3 万 t，占当年总产量不到 10%，国内部分高附加值油酸产品依赖进口。

表 2 和图 4 为 2016 年 1—12 月国内油酸月度进口数据统计，全年进口量合计为 1.83 万 t。2016 年油酸进口主要集中在上半年，1—5 月合计进口为 1.30 万 t，占当年总进口量的 71.04%。油酸进口月度价格持续上涨成为当年进口逐月减少的主要因素，2016 年 10 月油酸进口均价达到 1393.42 美元 /t，较 2016 年 1 月的 883.35 美元 /t 涨幅达到 57.74%。

2016 年国内油酸进口来源国或地区主要集中在印度尼西亚和马来西亚，进口量分别为 9703 t 和 7309 t，占总进口量的 92.90%，较 2015 年分别同比增长 53.2% 和 –34.9%。

表2　2016年1—12月国内油酸产品（29161500）月度进口数据统计

月份	进口量/kg	进口额/美元	进口量同比/%	进口额同比/%	进口均价/（美元/t）
1 月	2813666	2485453	48.40	10.30	883.35
2 月	2137904	1896714	103.50	46.60	887.18
3 月	3877495	3675623	184.90	128.30	947.94
4 月	1713883	1746949	–9.40	–20.70	1019.29
5 月	2511819	2526631	47.60	26.30	1005.90
6 月	499172	625795	–56.80	–52.80	1253.67
7 月	1011851	1319745	–36.70	–30.50	1304.29
8 月	522400	764001	–53.80	–37.80	1462.48
9 月	799230	1073466	–33.80	–19.50	1343.13
10 月	645201	899037	2.00	22.20	1393.42
11 月	1046019	1325677	–34.50	–9.60	1267.35
12 月	730856	931147	–78.00	–69.20	1274.05

数据来源：中国海关。

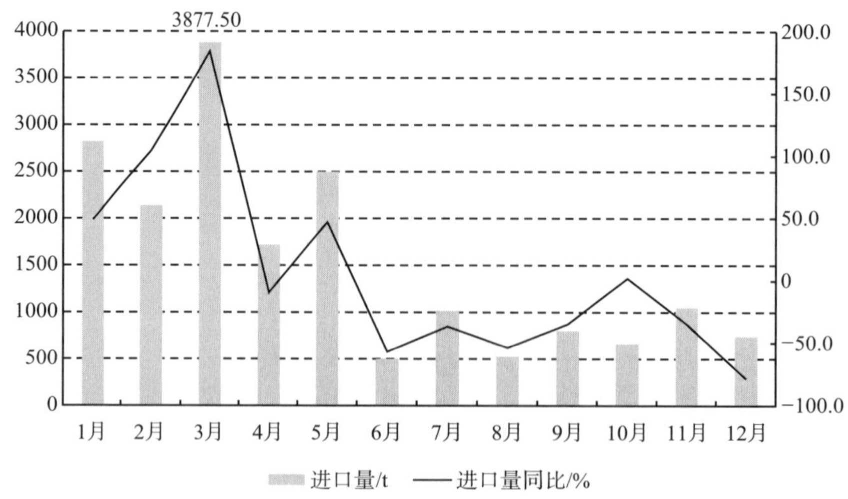

图 4　2016 年 1—12 月国内油酸产品月度进口数据统计

3 妥尔油脂肪酸

2016 年国内妥尔油脂肪酸产量维持在 3.5 万 t 左右，产品质量和技术指标与国外进口产品，尤其是美国进口产品存在较大差异，表 3 和图 5 为 2016 年国内妥尔油脂肪酸月度进口数据，当年全年合计进口量为 10300t，其中 9 月年度进口量较大，达到 1658t，占比 16.10%，年度进口均价为 1094.49 美元，折合人民币 7500 元 /t。

2016 年国内妥尔油脂肪酸进口国或地区集中在美国和瑞典，进口量分别为 6613.5 t 和 2579.2 t，合计占比 89.25%，较 2015 年分别同比增长 9.4% 和 −45.1%。

表3　2016年妥尔油脂肪酸（38231300）月度进口量统计

月份	进口量/kg	进口额/美元	进口量同比/%	进口额同比/%	进口均价/（美元/t）
1 月	651184	831941	−56.20	−66.10	1277.58
2 月	537262	636052	−30.30	−45.00	1183.88
3 月	763440	990237	−36.40	−52.10	1297.07
4 月	487371	562313	−43.70	−58.80	1153.77
5 月	879383	1040120	−3.90	−16.50	1182.78
6 月	1031827	974291	17.10	−9.50	944.24
7 月	1273283	1377402	55.50	24.10	1081.77
8 月	936363	948562	−38.40	−49.60	1013.03
9 月	1658025	1464940	104.40	38.60	883.55
10 月	613447	845531	35.60	27.50	1378.33
11 月	1086149	1076250	24.10	2.20	990.89
12 月	405634	551137	−66.40	−62.40	1358.71

数据来源：中国海关。

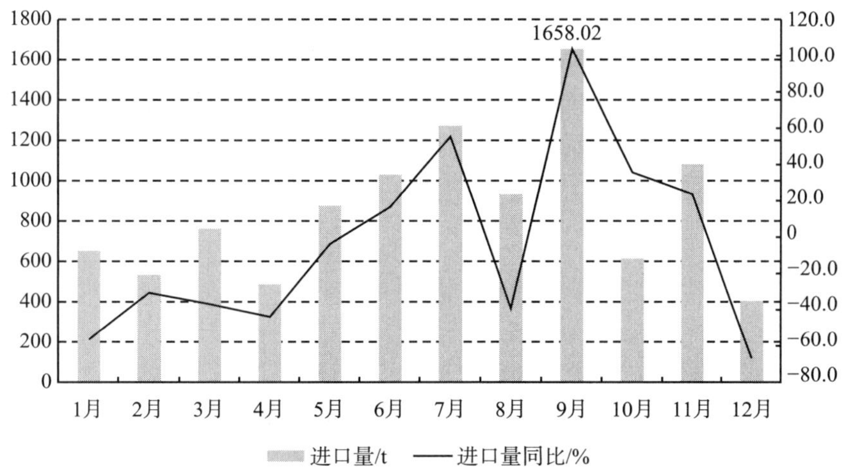

图 5 2016 年 1—12 月国内妥尔油脂肪酸月度进口数据统计

4 其他类脂肪酸

2016 年国内包括动物脂肪酸、精炼酸性油以及其他类工业用脂肪酸进口量合计为 52.59 万 t，较 2015 年同比增长 20.3%，进口额合计为 4.16 亿美元，较 2015 年同比增长 35.1%，年度进口均价为 791.31 美元 /t。2016 年其他类工业脂肪酸出口量合计为 2.47 万 t，较 2015 年同比增长 58.0%，出口额合计为 4304.53 万美元，较 2015 年同比增长 17.5%，出口均价为 1745.24 美元 /t，高于进口均价 120.55%（表 4 和图 6 所示）。

从 2016 年其他工业脂肪酸进口国或地区来看，主要集中在印度尼西亚、马来西亚和菲律宾，进口量分别为 40.21 万 t、7.32 万 t 和 1.84 万 t，较 2015 年分别同比增长 17.3%、42.4% 和 −2.6%。其中印度尼西亚进口均价为 775.04 美元 /t，马来西亚进口均价 899.21 美元 /t（表 5 所示）。

表4 2016年其他类脂肪酸（38231900）月度进口量统计

月份	进口量/kg	进口额/美元	进口量同比/%	进口额同比/%	进口均价/（美元/t）
1 月	33977624	19568930	8.40	−14.00	575.94
2 月	38214790	25391371	76.90	47.50	664.44
3 月	40411741	26139619	2.40	−19.10	646.83
4 月	55199336	42306804	89.40	61.90	766.44
5 月	48538427	39436979	67.00	67.90	812.49
6 月	43628854	35450593	14.70	26.90	812.55
7 月	35937025	30620644	−26.10	−14.50	852.06
8 月	52873013	42075422	96.50	124.60	795.78
9 月	54174660	44141830	85.00	121.10	814.81
10 月	40636629	35999541	10.50	92.30	885.89
11 月	45005060	38958437	9.00	63.50	865.65
12 月	37362599	36108749	−43.10	−12.30	966.44

数据来源：中国海关。

表5　2016年国内其他脂肪酸进口国或地区统计（Top5）

进口国或地区	进口量/kg	进口额/美元	进口量同比/%	进口额同比/%	进口均价/(美元/t)
印度尼西亚	402077161	311625401	17.3	31.7	775.04
马来西亚	73232214	65850903	42.4	61.3	899.21
菲律宾	18402306	14136973	−2.6	15.6	768.22
泰　国	5518010	3795579	−1.6	0.2	687.85
新加坡	4066720	1700334	342.2	316.4	418.11

数据来源：中国海关。

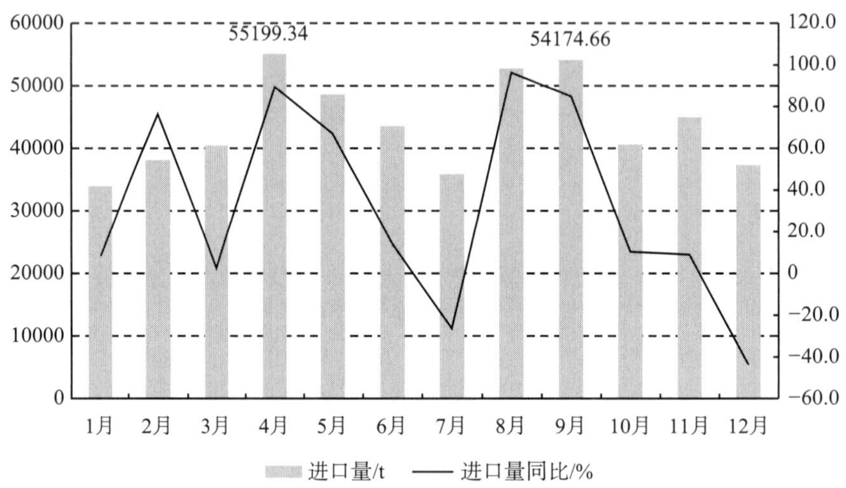

图6　2016年国内其他类型脂肪酸月度进口数据统计

5 小结

脂肪酸作为一种重要的油脂工业产品，在我国表面活性剂深加工领域担当重要角色，脂肪酸行业和脂肪酸产品与原料油脂在产业链上很靠近，技术含量并非很高，大宗商品的属性越来越明显，因此构建原料优势、规模优势成为竞争的最有力因素。益海嘉里集团未来仍将是中国脂肪酸行业最为有力的竞争者甚至是领导者，加之资金实力、信息和品类齐全等优势，其它企业必须寻找自身的策略面对残酷的竞争。

纵向一体化是脂肪酸企业的一条重要出路，借助各自的经验和优势发展下游产品，提高附加值以分散脂肪酸的压力，是非常好的策略。在这方面，华润油化和杭州油化走在前列，进行了良好的前期准备和布局，并未盲目地加入脂肪酸扩建规模的误区，两家公司根据自身特点进行了纵向一体化的设计，目前已经成为中国高碳脂肪胺和高纯油酸规模企业，发展高附加值脂肪酸油化产品是未来国内油脂工业主要发展方向。

甘油

甘油学名为丙三醇，是一种有机多元醇化合物，在日用化学工业和医药工业中均有广泛应用。目前甘油已被收入到中国药典中，为药用辅料、溶剂和助悬剂。它还被收入到美国、英国、印度等多国药典以及欧洲、国际药典中。

甘油的工业生产方法可分为两大类：以天然油脂为原料的方法，所得甘油称为天然甘油；以丙烯为原料的合成法，所得甘油称为合成甘油。1984 年以前，甘油全部从动植物脂制皂的副产物中回收。至今为止，天然油脂仍为生产甘油的主要原料，其中约 42% 的天然甘油来自制皂副产品，58% 来自脂肪酸生产。

甘油的用途十分广泛，在食品、涂料、纺织、印染、造纸、化妆品、制革、照相、印刷、金属加工、电工材料和橡胶等诸多工业领域中都有着广泛的应用。在医学方面，主要用以制取各种制剂、溶剂、吸湿剂、防冻剂和甜味剂，配制外用软膏或栓剂等。

现在甘油在我国主要的消费领域分布为：醇酸树脂约占 50%、药用及化妆品约占 17%、烟草约占 7%。美国主要的消费领域为：药用及化妆品约占 40%、烟草约占 15%、食品约占 15%。全球平均为：药用及化妆品约占 37%、醇酸树脂约占 13%、食品约占 12%。

我国甘油主要进口来源地为亚洲地区，尤其是东南亚地区，如马来西亚、印度尼西亚、菲律宾、泰国、新加坡等，其中马来西亚和印度尼西亚是我国甘油的主要进口国。2013 年我国从马来西亚进口的甘油最多，占到进口总量的 48.0%，从印度尼西亚进口的甘油占比为 40.9%，从这两个国家进口的甘油数量就占到我国进口总量的 88.8%。

在大量进口的同时，我国也有少量甘油出口，但和进口量相比，显得微不足道。2016 年，我国粗甘油进口量合计 70.84 万 t，精制甘油（丙三醇）进口合计 14.51 万 t，各种甘油合计进口超过 85 万 t，出口量合计仅为 3220t，贸易逆差达到 84 万 t。2016 年表观消费量约合 85 万 t，说明中国是一个甘油消费和深加工大国。

1 生产与市场

2016 年国内油脂水解粗甘油产量约合 43.5 万 t，精制甘油产量约合 20 万 t，与 2015 年精制甘油产出基本持平，当年粗甘油消耗量约合 115 万 t，精制甘油表观消耗量约合 34.5 万 t。

目前国内甘油法制备环氧氯丙烷成为甘油下游行业应用的主要领域，其中甘油制备环氧氯丙烷 2016 年产能合计达到 54.5 万 t，年产环氧氯丙烷量超过 35 万 t。表 1 为截止到 2016 年国内甘油法制备环氧氯丙烷产能统计。

表1 2016年国内甘油法制备环氧氯丙烷规模统计

序号	公司名称	生产工艺	年产能/万t	所在地
1	河北冀衡化学股份有限公司	甘油法	1.0	河北省衡水市
2	烟台恒邦化工有限公司	甘油法	1.0	山东省烟台市
3	广西田东锦盛化工有限公司	甘油法	3.0	广西省田东县
4	江西全球化工股份有限公司	甘油法	1.0	江西省宜春市
5	福建豪邦化工有限	甘油法	2.5	浙江省衢州市

续表

序号	公司名称	生产工艺	年产能/万t	所在地
6	江苏安邦电化有限公司	甘油法	2.5	江苏省淮安市
7	东营赫邦化工有限公司	甘油法	3.0	山东省东营市
8	河北珈奥甘油化工有限公司	甘油法	6.0	河北省邢台市
9	河北卓泰肥业有限公司	甘油法	3.0	河北省邢台市
10	焦作煤业（集团）开元化工有限责任公司	甘油法	3.0	河南省新密市
11	山东民基化工有限公司	甘油法	3.0	山东省淄博市
12	宁波环洋新材料股份有限公司	甘油法	6.0	浙江省宁波市
13	江苏瑞祥化工有限公司	甘油法	9.5	江苏省仪征市
14	连云港环海化工有限公司	甘油法	10.0	江苏省连云港
合计			54.5	

数据来源：表面活性剂和洗涤剂行业生产力促进中心。

2016年市场主要影响因素为原料粗甘油价格走势、下游需求表现和市场装置负荷情况。此三个因素为全年影响因素，2016年市场装置负荷成为影响市场走势的关键点，是一个潜伏的要素。

图1～图3分别为2016年国内主要地区95%国产甘油以及进口椰树甘油价格走势。整体来看，国产自提甘油价格在第四季度呈现大幅上涨趋势，进口椰树甘油2016年下半年呈现“V”字型走势，同样表现年底两个月出现剧烈上行震荡。

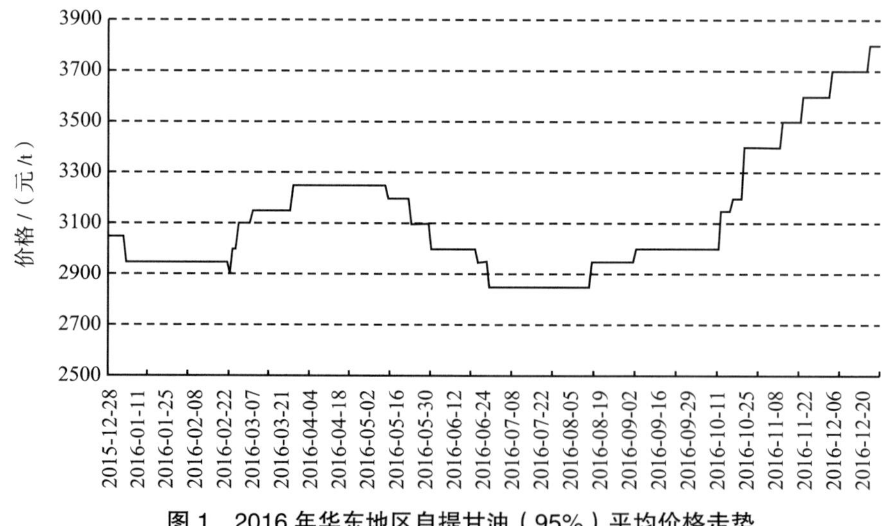

图1　2016年华东地区自提甘油（95%）平均价格走势

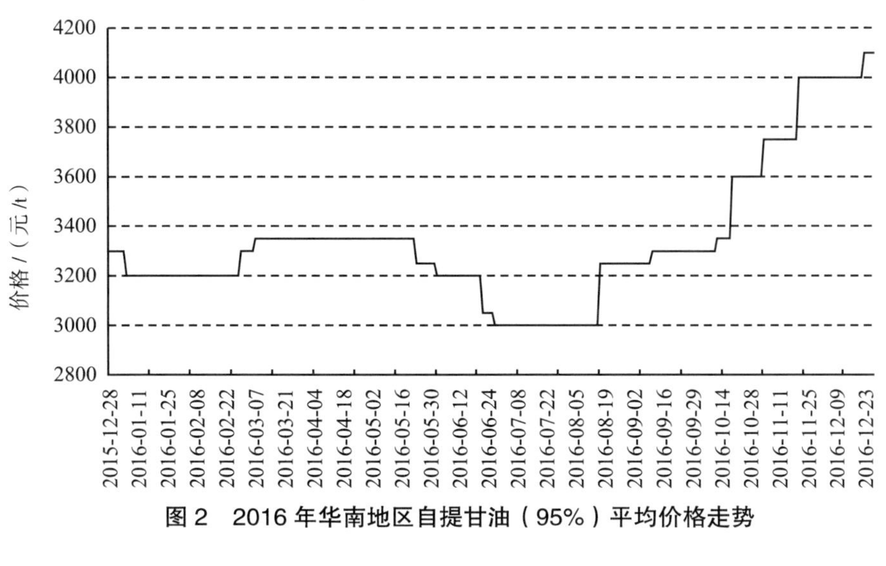

图 2 2016 年华南地区自提甘油（95%）平均价格走势

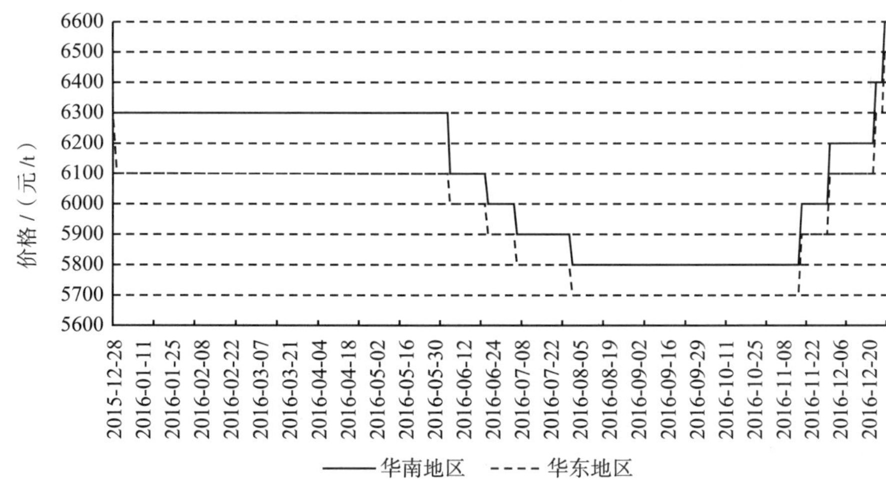

图 3 2016 年华东和华南地区进口椰树甘油平均价格走势

第一阶段市场整体攀升，缓步上行阶段。2016 年 1—3 月，精炼甘油市场整体走势向上，2016 年 2 月中旬一度下滑，而后反弹向上。2016 年年初，原料价格高位持稳，但国内下游需求表现偏弱，市场有出货压力，拖累市场商谈下滑。而后 2 月初市场发力上行，2 月临近中国传统春节假期，多数工厂停车检修。市场需求表现无亮点，下游对后市及整体经济信心不足，春节备货进行速度缓慢，备货量小。市场人士多提前退市，虽然还未到春节假期，但市场交投气氛低迷，市场商谈暂稳。春节假期期间，原料粗甘油在货源紧缺的背景下，加之外商认为国内工厂原料备货少，外商开始拉动原料粗甘油外盘。春节假期归来后，精炼甘油工厂多低库存运行，被动接受原料粗甘油高价，成本转嫁下，精炼 95% 甘油市场成交商谈上行。下游春节前多未有足量备货，假期后只能不断补货以供生产，精炼甘油成交有所放量。华东地区 95% 甘油散水从 3400 元 /t，攀升至 3900 元 /t，涨幅为 15%。华南地区 95% 甘油散水从 3850 元 /t，攀升至 4700 元 /t，涨幅为 22%。

第二阶段市场平稳运行，消化前期涨幅。2016 年 3—5 月，华东和华南地区精炼甘油市场平稳运行。华东前期精炼甘油价格走高，多利用了下游前期无备货的时机，被动拉涨。下游一阵补货潮后，市场拉涨无力，平稳运行。华南地区前期涨幅过快，而后下游难接受，市场小幅下跌修正再进入了盘整期。

第三阶段为下跌阶段。市场从2016年5月开始进入下跌通道，一路下跌至2016年10月。市场主要受原料价格下跌和需求疲软拖累，需求疲软为主因，国内精炼甘油下游疲软的需求甚至影响了原料粗甘油的价格。2016年5月开始，进入了下游的需求淡季，表现比想象的还淡。精炼甘油工厂一直有出货压力，市场出货速度缓慢，市场成交商谈重心下滑。精炼甘油有出货压力对原料采购的意向也下降，中国地区对粗甘油的需求度下降，变相拖累了粗甘油价格。粗甘油由于生物柴油无利润可图，供应增加有限，但外商难敌出货压力，粗甘油价格下滑。2015年5月粗甘油价格收于215美元/t CIF（中国主港成本加保险加运费报价）中国，10月初粗甘油价格下跌至205美元/t CIF中国，下跌了10美元/t。精炼甘油工厂面对原料下滑和出货压力，同时生产商利润微薄，生产积极性明显下降。江苏地区开始严抓环境保护，控制小型工厂的排污，部分精炼甘油工厂深受其影响，被动停车。市场有出货压力，精炼甘油成交商谈不断下滑，95%甘油散水华东市场价格由3800元/t下跌至3050元/t，下跌750元/t，跌幅为19%。华南地区散水价格由4300元/t下跌至3200元/t，下跌1100元/t，下跌幅度为25%。

第四阶段市场从低位开始上行，主要在于前期市场整体开工率低，市场现货库存低。2016年10月底开始，市场进入了低位上行的状态。主要在于前期市场开工率低，市场现货库存不断下降。原料粗甘油外商借此机会抬高原本就少的粗甘油供应，粗甘油价格探底回升，价格从210美元/t CIF中国上升至220美元/t CIF中国，走高10美元/t。国内精炼工厂成本压力大，同时市场现货库存低，市场开始低位上行。华东地区95%甘油散水价格由3050元/t，反弹至3300元/t，涨幅为10%。华南地区95%甘油散水价格由3200元/t涨至3600元/t，涨幅为13%。

2 海关数据

2016年，国内粗甘油进口量合计70.84万t，较2015年的61.34万t同比增长15.49%。进口额合计1.42亿元，较2015年的1.54亿元同比减少7.38%。2016年粗甘油进口均价为200.74美元/t，较2015年进口均价250.30美元/t同比降低了19.80%。天然油脂价格上涨，引发油脂深加工开工率上升，粗甘油产出同比增长，促使国内对低价粗甘油加工满负荷，进口量大幅上升。

表2和图4为2016年国内粗甘油月度进口数据，进口主要集中在下半年，合计进口量达到38.65万t，占比54.56%。其中1月和12月进口均价均超过216美元/t，折合人民币约合1400元/t。

表2　2016年1—12月国内粗甘油月度进口数据统计

月份	进口量/kg	进口额/美元	进口量同比/%	进口额同比/%	进口均价/（美元/t）
1月	44136994	9575877	−42.70	−44.20	216.96
2月	51241160	9733012	17.00	1.80	189.95
3月	70338686	12881486	69.40	45.20	183.14
4月	41230492	7663762	−24.00	−40.30	185.88
5月	51131583	9664999	5.60	−22.20	189.02
6月	63841759	12898552	42.00	1.80	202.04
7月	61830454	13055427	3.60	−24.90	211.15
8月	65483997	13357748	32.40	−7.10	203.98
9月	66300299	12645221	25.00	−12.10	190.73
10月	57045648	11838702	35.00	8.10	207.53
11月	65760693	13715076	39.60	20.60	208.56
12月	70055777	15174472	35.10	31.60	216.61

数据来源：中国海关。

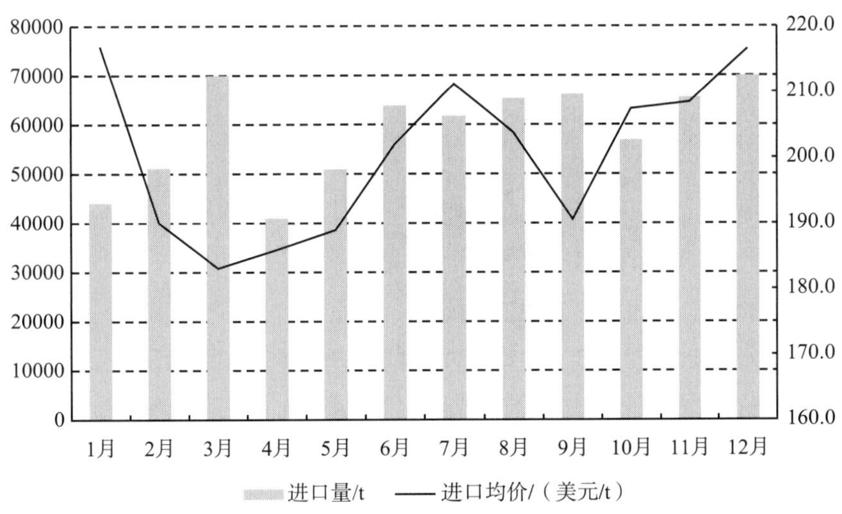

图 4 2016 年 1—12 月国内粗甘油月度进口数据统计

2016 年国内粗甘油进口来源国主要集中在印度尼西亚、巴西、阿根廷、泰国和西班牙等，进口量分别为 25.47 万 t、17.73 万 t、8.91 万 t、3.16 万 t 和 2.64 万 t，较 2015 年分别同比增长 146.60%、-17.40%、48.10%、-5.20% 和 -37.60%。排名前五国家或地区合计进口量达到 57.93 万 t，占比当年进口量的 81.78%。其他国家或地区进口量合计 12.93 万 t，占比 18.22%。粗甘油主要进口国或地区进口量占比见表 3 和图 5 所示。

表3 2016年国内粗甘油主要进口国或地区数据统计

进口来源国或地区	进口量/kg	进口额/美元	进口量同比/%	进口额同比/%	进口均价/（美元/t）
印度尼西亚	254749372	54167016	146.60	104.00	212.63
巴 西	177348221	34994289	-17.40	-36.00	197.32
阿根廷	89134907	17554588	48.10	19.20	196.94
泰 国	31639380	6619499	-5.20	-22.30	209.22
西班牙	26459112	4284116	-37.60	-56.00	161.91
葡萄牙	24984560	5218050	14.40	-11.60	208.85
马来西亚	17561315	3821087	-41.40	-53.60	217.59
韩 国	17309614	2610287	47.60	3.90	150.80
哥伦比亚	15838935	3236350	-35.00	-47.20	204.33
美 国	15030455	2971001	-50.00	-57.20	197.67
菲律宾	10405675	2031099	-0.30	-22.60	195.19
加拿大	9905951	1825451	260.10	208.40	184.28
荷 兰	5911220	616154	-29.00	-61.30	104.23
希 腊	2309420	470124	-47.20	-57.30	203.57
德 国	2112600	442099	68.80	41.00	209.27
中国香港	1946995	209623	35.20	24.40	107.66
意大利	1933220	398405	-55.70	-63.30	206.08
英 国	1219780	245044	9.80	-4.60	200.89
厄瓜多尔	993820	221743	-8.30	-32.40	223.12
洪都拉斯	699800	129549	-44.30	-59.50	185.12

数据来源：中国海关。

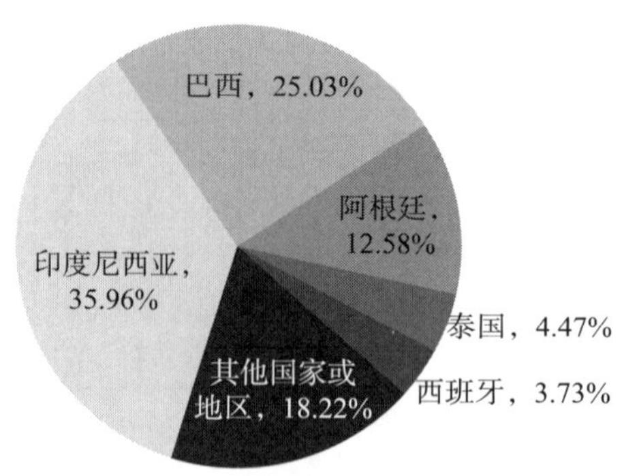

图 5　2016 年国内粗甘油主要进口来源国或地区统计

2016 年国内粗甘油进口省市主要集中在江苏省、广东省、山东省、上海市和福建省，进口量分别为 40.24 万 t、11.71 万 t、4.03 万 t、3.47 万 t 和 2.93 万 t，分别占当年总进口量的 56.80%、16.53%、5.69%、4.89% 和 4.14%，较 2015 年进口分别同比增长 5.10%、44.60%、3.90%、62.40% 和 271.60%，排名前五的省市进口合计达到 62.38 万 t，占比 88.05%（表 4 和图 6 所示）。从粗甘油的进口排名可以大概推断国内甘油加工和需求情况，甘油深加工目前还是集中在华东和华南地区，且以医用精制甘油和工业助剂加工为主。

表4　2016年国内粗甘油主要进口省市数据统计

进口省市	进口量/kg	进口额/美元	进口量同比/%	进口额同比/%	进口均价/（美元/t）
江苏省	402428003	81077877	5.10	−15.90	201.47
广东省	117136553	24517501	44.60	22.20	209.31
山东省	40322884	8282166	3.90	−14.20	205.40
上海市	34657594	7571306	62.40	25.50	218.46
福建省	29302795	3383923	271.60	154.40	115.48
天津市	24758807	5042139	35.20	5.70	203.65
安徽省	22984505	4756509	−43.50	−51.00	206.94
四川省	11064082	2347238	98.90	77.30	212.15
北京市	9275217	1847991	−36.10	−49.40	199.24
广　西	9235905	1731916	657.00	434.60	187.52
浙江省	6354170	1438491	1164.30	878.20	226.39
辽宁省	716447	172919	–	–	241.36
河南省	160230	24035	0.00	0.00	150.00
湖北省	350	10323	366.70	438.20	29494.29

数据来源：中国海关。

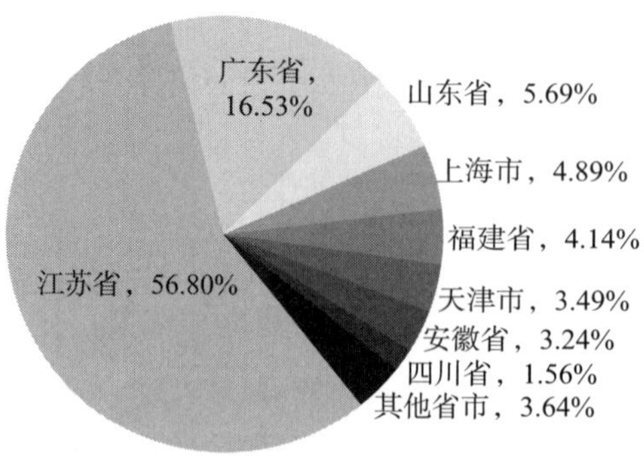

图 6　2016 年国内粗甘油主要进口省市占比情况

2016年国内粗甘油贸易海关主要集中在南京海关、黄埔海关、上海海关、青岛海关和江门海关，进口进口量分别为42.37万t、7.18万t、4.15万t、3.86万t和2.95万t，较2015年同期相比分别同比增长0.00%、93.20%、74.80%、17.50%和6.30%。排名前五贸易海关合计进口量60.49万t，占比85.39%（表5和图7所示）。

表5　2016年国内粗甘油主要进口海关数据统计

进口海关	进口量/kg	进口额/美元	进口量同比/%	进口额同比/%	进口均价/（美元/t）
南京海关	423663640	85285845	0.00	−19.20	201.31
黄埔海关	71784641	15646483	93.20	62.70	217.96
上海海关	41474624	9073095	74.80	35.30	218.76
青岛海关	38550009	7922052	17.50	−5.90	205.50
江门海关	29465441	5801423	6.30	−11.80	196.89
厦门海关	29302795	3383923	271.60	154.40	115.48
天津海关	25608957	5234232	5.30	−18.40	204.39
拱北海关	15607910	3001487	−25.90	−42.90	192.31
重庆海关	11064082	2347238	98.90	77.30	212.15
其他海关	21875443	4508556	–	–	206.10

数据来源：中国海关。

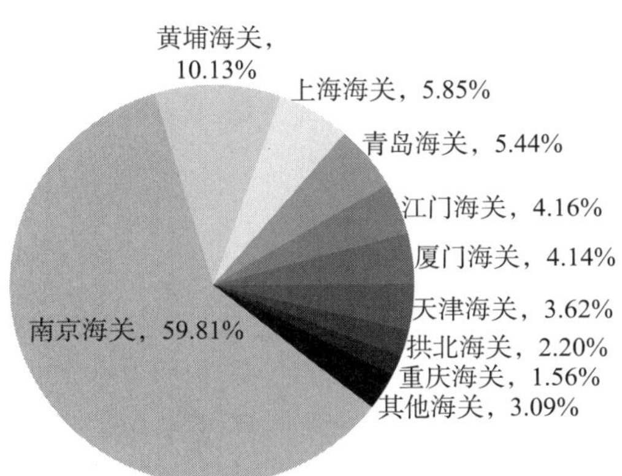

图7　2016年国内粗甘油主要进口海关占比情况

表6和图8为2016年国内精制甘油的月度进口数据，全年进口合计14.51万t，较2015年的21.53万t同比减少32.60%，全年月度进口量均同比负增长，从进口价格来看，全年月度进口均价基本维持540~600美元/t。从进口国来看，2016年国内精制甘油进口主要集中在印度尼西亚、马来西亚和阿根廷，进口量分别为5.80万t、5.50万t和1.81万t，较2015年分别同比减少11.7%、16.4%和39.2%，分别占当年精制甘油进口总量的39.97%、37.90%和12.47%，合计占比90.34%。

表 6　2016 年国内精制甘油月度进口数据统计

月份	进口量/kg	进口额/美元	进口量同比/%	进口额同比/%	进口均价/（美元/t）
1 月	12264683	6941464	-34.90	-38.80	565.97
2 月	10264544	5525873	-7.50	-19.00	538.35
3 月	13887650	7892058	-31.70	-36.10	568.28
4 月	10710288	5866595	-56.80	-58.90	547.75
5 月	11424842	6437562	-23.70	-27.20	563.47
6 月	15375309	8744110	-25.60	-32.80	568.71
7 月	13900416	7552648	-31.30	-43.60	543.34
8 月	11820906	6625187	-19.70	-26.30	560.46
9 月	8875409	5303280	-49.50	-47.00	597.53
10 月	10509339	5969441	-30.50	-34.20	568.01
11 月	12080613	7188316	-25.60	-21.50	595.03
12 月	13983661	8159916	-32.50	-27.40	583.53

数据来源：中国海关。

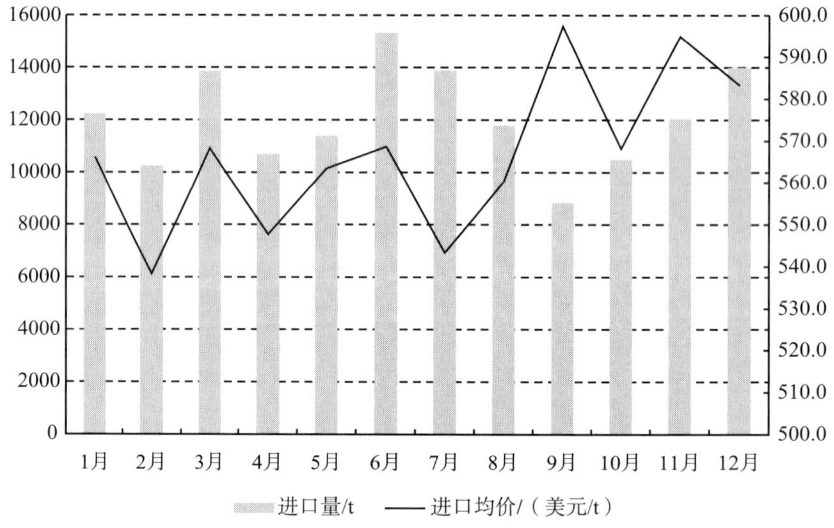

图 8　2016 年国内精制甘油月度进口数据统计及价格走势

3 小结

甘油作为一种重要的油脂加工副产物，提升其深加工产品开发以及附加值成为未来一段时间行业的攻关重点，尤其是药用及化妆品领域高纯度甘油、单甘油脂肪酸酯以及甘油制备环氧氯丙烷等领域的应用。另外，通过甘油法制备丙烯醛类衍生产品也是目前行业技术及工业化发展的难点。大力开发甘油潜在用途，提升品质和附加值，对于解决其产业目前产能过剩至关重要。

第五章

STANDARDS TEST, POLICIES®ULATIONS

标准检测与政策法规

表面活性剂和洗涤用品“十三五”技术标准体系建设方案

1 行业发展概述

1.1 行业概述

洗涤用品是日化产品的重要组成部分，洗涤用品行业是涉及民生的重要行业。洗涤用品行业主要由民用、工业与公共设施清洗产品组成，并涵盖着洗涤用品用表面活性剂、助剂以及油脂化工原材料。民用洗涤用品主要用于个人、食品、织物和家居硬表面清洁护理；工业及公共设施清洗则涉及各种工业及餐饮、酒店等公共设施的清洁护理。表面活性剂用于各工业领域，主要有洗涤用品、化妆品、石油化工、印染等。在洗涤用品领域，表面活性剂是合成洗涤剂的主要活性成分，在其他工业领域用量虽少但都不可或缺。洗涤用品从每个家庭到工业到社会，与百姓生活、工业生产和城乡卫生息息相关。

1.2 发展现状和趋势

“十二五”期间是我国全面建设小康社会、深化改革开放、加快转变经济发展方式的攻坚时期。在此期间，消费者对洗涤用品的消费理念发生了较大的变化，消费者不再满足于去污力的保证以及价格的便宜，更多的消费者趋向于对洗涤用品的细分化和功能化的需求，进而推动了洗涤用品行业的技术提升。洗涤用品行业形成了个人清洁护理用品、家庭清洁护理用品、工业和公共设施清洁护理用品三大品类体系，产品形态除常态化的粉状和块状洗涤剂外，使用方便、节能降耗的液体化产品得到快速增长和发展。产品除考虑功效性外，更加注重安全与环保、生产过程中的节能节水以及运输过程中能耗和物耗的降低。

针对终端产品功能化与差异化的需求，表面活性剂原料在传统大宗品种方面不仅实现了规模化、集约化，在装备及工艺方面都得到了大幅的提升，产品已达到了国际先进水平，使得大宗原料实现了自给自足。同时，在国家科技支撑计划的支持下，适合于洗涤剂产品的新型功能化原料已经突破了表面活性剂部分催化、装置及分子设计的关键技术，实现了如醇醚糖苷的万吨级产业化、脂肪酸甲酯磺酸盐的万吨级产业化等，对优化洗涤用品配方起到了积极作用。技术进步与创新促进了行业保持平稳、快速发展，中国已成为世界洗涤用品生产大国。

1.3 “十三五”发展目标

表面活性剂及洗涤剂助剂从“低碳生态化”及“工业价值化”着手；洗涤用品从“浓缩化、功能化、节水化、多元化”及“环保安全化”方向着手；生产过程要低碳环保，淘汰落后产能，促进开工率提升；大力推行安全标准化体系、环境管理体系、职业健康体系的建设，提高企业的安全、环保及社会道德责任意识，促进产业升级，促进我国国民经济的稳健发展。

积极推动前沿基础研究、共性关键技术及产业化示范的完整创新链，通过高效催化、清洁工艺的研究，以天然可再生资源为原料，开发对人体和生态环境安全的，适合洗涤用品浓缩、低泡、易漂洗型的环保型表面活性剂和助剂；采用新型的安全环保型表面活性剂和助剂，开发浓缩、节水、环保、安全的洗涤用品；整体提升生产工艺、包装、运输等环节，全面实现洗涤用品制造的节能降耗，促进洗涤用品行业的低碳行动及可持续发展。

4 “十三五”发展的重点领域

以贯彻落实《中国制造 2025》和《装备制造业标准化和质量提升规划》为目标，全面推行绿色制造战略任务，实施绿色制造标准化提升工程，加快本领域绿色产品等重点领域标准制修订，促进行业制造业绿色转型升级。

推动《国家标准化体系建设发展规划（2016—2020 年）》所提出的十项重大工程中的“消费品安全标准化工程”在本领域的实施。

落实《消费品标准和质量提升规划（2016—2020 年）》中对重点领域“化妆品和日用化学品”的提升规划，适应消费者对产品功效的多样化需求，完善洗涤用品标准体系，制定基础通用、重要产品和检测方法等标准，防止有毒有害物质超标。

5 “十三五”技术标准体系的发展目标和主要任务

5.1 发展目标和主要任务

建设目标：标准的平均标龄达到 5 年以内，国际标准转化率达到 95%以上，持续进行国家标准向国际标准的转化，提出 1 项国际标准制定，推动标准整体技术水平的提高。落实《中国制造 2025》在领域内的实施，制定绿色产品评价标准 1 项，制定消费品安全类标准 5 项，制定消费品质量提升类标准 5 项。完成本领域顶层强制性标准 1 项。

主要任务：制定洗涤用品绿色产品评价标准，制定洗涤用品原料健康风险评估导则，制定食品及食品工具、设备用消毒剂系列标准，制定洗涤剂用生物材料系列标准，制定洗涤用品安全技术规范强制性国家标准，提高国际标准转化率。

5.2 标准制定的重点领域

5.2.1 制定绿色产品评价标准

随着消费者绿色健康意识的提高，绿色健康的日常生活用品成为消费热点，但是国内市场相关标准缺失，产品质量参差不齐，给消费者带来经济损失和健康影响的事件时有发生，大大降低了公众对国产内销产品的信任度。绿色产品核心理念是提升产品质量，在新时期社会经济发展的背景下，满足日益增长的社会生产和人民生活的需求。通过建立绿色产品评价标准，推动高端绿色产品的供给，适应和满足日渐兴起的绿色消费趋势。

制定洗涤用品绿色产品评价标准。

5.2.2 制定洗涤用品原料健康风险评估导则，建立风险评估体系

建立洗涤用品安全风险评估体系，制定相应的健康风险评估导则，对洗涤剂配方原料实施风险评估，确定安全用量限值，指导和规范产品的生产和使用，保证使用人群的健康，提升消费品安全标准化水平。

制定洗涤用品原料健康风险评估导则。

5.2.3 制定食品及食品工具、设备用消毒剂系列标准

在强制性标准 GB14930.2—2012《食品安全国家标准 消毒剂》的基础上，分类别制定食品及接触食品的工具、设备用消毒剂类产品的系列标准，规定消毒剂的质量规格、消毒效果、使用方式等。进一步规范该类消毒剂产品的生产与使用，对保障食品安全有着重要的作用，对实施“消费品安全标准化工程”战略有着重要意义。

制定食品用含氯消毒剂、过氧化氢消毒剂、过氧化物类消毒剂、胍类消毒剂等产品标准。

5.2.4 制定洗涤剂用生物材料系列标准

我国的洗涤剂因为用法的不一样，与国外的洗涤剂在配方上会有一定的区别，国内的洗涤配方和洗涤习惯都比较适合添加一些生物材料，主要为生物酶，添加生物酶之后的洗涤剂在冷水的洗涤环境下也

有着非常好的表现。目前，国内已有 50% 左右的洗涤剂添加了洗涤用生物酶，主要用于清洗血渍、油点、汗渍和牛奶印等日常污渍。

制定洗涤剂用酶制剂脂肪酶、蛋白酶、淀粉酶产品标准。

制定洗涤剂用酶制剂性能评价方法。

5.2.5 制定洗涤用品安全技术规范强制性国家标准

按照 2016 年强制性国家标准整合精简预评估工作结论，提取原强制性国家标准中的安全性要求整合制定为本领域内通用性强、覆盖面广的基础通用型强制性标准《洗涤用品安全技术规范》。

修订 GB/T 26396—2011《洗涤用品安全技术规范》为强制性标准。

5.3 拟制修订标准项目情况

描述“十三五”期间拟制修订标准项目的整体情况，并区分一般标准、重点标准和基础公益性标准项目，明确拟安排的年度（表 7 和表 8 所示）。强制性标准整合精简、推荐性标准集中复审工作确定需修订的标准项目应及时纳入。

表7 拟制修订标准项目统计表

行业： 单位：项

序号	领域	合计	国家标准					行业标准			
			小计	强制性	推荐性			小计	推荐性		
					一般	重点	基础公益		一般	重点	基础公益
1	表面活性剂和洗涤用品	39	27	1	10	13	3	15	11	2	2

表8 拟制修订标准项目年度统计表

行业： 单位：项

年度	合计	国家标准					行业标准			
		小计	强制性	推荐性			小计	推荐性		
				一般	重点	基础公益		一般	重点	基础公益
合计	42	27	1	10	13	3	15	11	2	2
2017 年	29	19	1	8	7	3	10	8	0	2
2018 年	8	6	0	2	4	0	2	2	0	0
2019 年及以后	5	2	0	0	2	0	3	1	2	0

6 总结

表面活性剂和洗涤用品领域“十三五”技术标准体系建设，围绕《中国制造 2025》等政策方向，重点突破、整体提升，注重绿色制造、产品安全和质量提升标准体系的建设，以满足当今人们对于生存环境和生活质量日益增长的需求，提高产品质量，保障国民生活和健康水平。应加快产品结构调整和优化，促进向绿色经济转型，带动行业整体技术水平的提高。

附表一和附表二分别为表面活性剂和洗涤剂行业在研标准制修订计划项目汇总表和拟制修订标准项目汇总表。

附表一：截止到2016年标准化机构在研标准制修订计划项目汇总表

项目名称	计划编号	制修订		替代标准号	项目性质		项目类型				管理分类		
		制定	修订		强制	推荐	基础通用	产品	方法	管理	一般	重点	基础公益
表面活性剂生物降解度试验方法	20132591-T-607		√	GB/T 15818—2006		√			√				√
表面活性剂和洗涤剂 甲醛残留量的测定 气相色谱法	20132588-T-607	√				√			√				√
表面活性剂和洗涤剂 阴离子活性物的测定 直接两相滴定法	20132590-T-607		√	GB/T 5173—1995		√			√				√
表面活性剂 洗涤剂 阳离子活性物含量的测定	20132589-T-607		√	GB/T 5174—2004		√			√				√
聚乙氧基化非离子表面活性剂中聚乙二醇含量的测定 高效液相色谱法	20132593-T-607		√	GB/T 17830—1999		√			√				√
天然脂肪醇	20132594-T-607		√	GB/T 16451—2008		√		√			√		
工业直链烷基苯	20132592-T-607		√	GB/T 5177—2008		√		√			√		
消费品使用说明 洗涤用品标签	20131343-T-607	√				√	√						√
洗涤用品 三氯生含量的测定	20130995-T-607	√				√			√				√
衣料用洗涤剂去污力及循环洗涤性能的测定	20132596-T-607		√	GB/T 13174—2008		√			√				√
衣料用洗涤剂耗水量与节水性能评估指南	20132595-T-607		√	GB/T 26398—2011		√			√				√
通用水基金属净洗剂	20130936-T-607	√				√		√			√		
手洗餐具用洗涤剂	20142560-T-607		√	GB 9985—2000		√		√			√		
食品清洗消毒效果试验方法 三磷酸腺苷生物发光法	20131348-T-607	√				√			√				√
表面活性剂中水溶性伯胺仲胺的测定	2014-1702T-QB	√				√			√				√
烷基二苯醚双磺酸盐	2014-1699T-QB	√				√		√			√		
椰油基羟乙基磺酸钠	2014-1701T-QB	√				√		√			√		
醇醚糖苷	2014-1698T-QB	√				√		√			√		
重烷基苯	2014-1700T-QB	√				√		√			√		

续表

项目名称	计划编号	制修订		替代标准号	项目性质		项目类型				管理分类		
		制定	修订		强制	推荐	基础通用	产品	方法	管理	一般	重点	基础公益
洗涤剂中碳酸盐含量的测定	2014-1693T-QB		√	QB/T 2115—1995		√			√				√
抗菌洗剂	2014-1706T-QB	√				√		√			√		
复合洗衣皂	2014-1694T-QB		√	QB/T 2487—2008		√		√			√		
婴幼儿专用洗衣液	2014-1704T-QB	√				√		√			√		
肥皂试验方法 肥皂中游离苛性碱含量的测定	2014-1695T-QB		√	QB/T 2623.1—2003		√			√				√
肥皂试验方法 肥皂中总游离碱含量的测定	2014-1696T-QB		√	QB/T 2623.2—2003		√			√				√
肥皂试验方法 肥皂中总有效物含量的测定	2014-1697T-QB	√				√			√				√
地板清洁脱蜡剂	2012-1080T-QB	√				√		√			√		
洗衣机除垢剂	2014-1705T-QB	√				√		√			√		
聚丙烯酸钠洗涤增效剂	2014-1703T-QB	√				√		√			√		
化学消毒剂和防腐剂 基本消毒活性 试验方法和要求	2014-1660T-QB	√				√			√				√
化学消毒剂和防腐剂 碱性真菌活性 试验方法和要求	2014-1661T-QB	√				√			√				√
食品及家庭用清洁剂、防腐剂性能的细菌活性评估试验	2014-1662T-QB	√				√			√				√
食品及家庭用清洁剂、防腐剂性能的杀细菌和/或杀真菌活性评估试验	2014-1663T-QB	√				√			√				√
肥皂试验方法肥皂中氯化物含量的测定	2016-0809T-QB		√	QB/T 2623.6—2003		√			√				√
工业油酸	2016-0812T-QB		√	QB/T 2153—2010		√		√			√		
家庭及工业和公共设施硬表面清洁剂	2016-0813T-QB	√				√		√			√		
抗菌抑菌型洗涤剂	2016-0814T-QB		√	QB/T 2850—2007		√		√			√		
香皂	2016-0815T-QB		√	QB/T 2485—2008		√		√			√		

附表二：拟制修订标准项目汇总表

项目名称	制修订		替代标准号	拟列入年度			项目性质		项目类型				管理分类		
	制定	修订		2017	2018	2019及以后	强制	推荐	基础通用	产品	方法	管理	一般	重点	基础公益
工业硬脂酸试验方法		√	GB/T 9104—2008	√				√			√				√
洗衣粉（含磷型）		√	GB/T 13171.1—2009	√				√		√			√		
洗衣粉（无磷型）		√	GB/T 13171.2—2009	√				√		√			√		
表面活性剂 洗涤剂试验方法		√	GB/T 13173—2008	√				√			√				√
甘油		√	GB/T 13206—2011	√				√		√			√		
乙氧基化烷基硫酸钠		√	GB/T 13529—2011	√				√		√			√		
乙氧基化烷基硫酸钠试验方法		√	GB/T 13530—2008	√				√			√				√
十二烷基硫酸钠		√	GB/T 15963—2008	√				√		√			√		
α- 烯基磺酸钠		√	GB/T 20200—2006	√				√		√			√		
卫生洁具清洗剂		√	GB/T 21241—2007	√				√		√			√		
果蔬清洗剂		√	GB/T 24691—2009	√				√		√			√		
洗涤用品安全技术规范		√	GB/T 26396—2011	√			√					√		√	
个人用特种清洁剂		√	GB 19877.1—2005； GB 19877.2—2005； GB 19877.3—2005	√				√		√				√	
绿色产品评价 洗涤用品	√			√				√				√		√	
洗涤用品原料健康风险评估导则	√			√				√				√		√	
洗涤剂用酶制剂 脂肪酶	√			√				√		√				√	
洗涤剂用酶制剂 蛋白酶	√			√				√		√				√	
洗涤剂用酶制剂 淀粉酶	√			√				√		√				√	
洗涤剂用酶制剂性能评价方法	√			√				√			√			√	

续表

项目名称	制修订		替代标准号	拟列入年度			项目性质		项目类型				管理分类		
	制定	修订		2017	2018	2019及以后	强制	推荐	基础通用	产品	方法	管理	一般	重点	基础公益
食品及食品工具、设备用消毒剂系列标准 含氯消毒剂	√				√			√		√				√	
食品及食品工具、设备用消毒剂系列标准 过氧化氢消毒剂	√				√			√		√				√	
食品及食品工具、设备用消毒剂系列标准 过氧化物类消毒剂	√				√			√		√				√	
食品及食品工具、设备用消毒剂系列标准 胍类消毒剂	√				√			√		√				√	
机洗餐具用洗涤剂	√				√			√		√			√		
机洗用餐具洗涤整理剂	√				√			√		√			√		
生物型表面活性剂纵览	√					√		√	√					√	
生物型表面活性剂要求及测试方法	√					√		√		√				√	
洗涤剂用表面活性剂含水量的测定 卡尔·费休双溶液法		√	QB/T 1324—1991	√				√			√				√
饮料用瓶清洗剂		√	QB/T 2967—2008	√				√		√			√		
食品工具和工业设备用酸性清洗剂		√	QB/T 4313—2012	√				√		√			√		
食品工具和工业设备用碱性清洗剂		√	QB/T 4314—2012	√				√		√			√		
洗涤用品标志和包装要求		√	QB/T 2952—2008	√				√				√			√
洗涤剂用荧光增白剂		√	QB/T 2953—2008	√				√		√			√		
阳离子表面活性剂 瓜尔胶	√			√				√		√			√		
洗衣片	√			√				√		√			√		
地板光洁剂	√			√				√		√			√		
洗衣凝珠	√			√				√		√			√		

生物表面活性剂 鼠李糖脂	√				√			√		√			√		
氨基酸表面活性剂	√				√			√		√			√		
油脂乙氧基化物	√					√		√		√			√		
表面活性剂 用拉起液膜法测定界面张力	√					√		√			√			√	
肥皂试验方法 肥皂中甘油含量的测定	√					√		√			√			√	

2016 年标准工作总结

表面活性剂和洗涤用品领域现行国家标准 67 项、行业标准 83 项，共 150 项。150 项标准中，产品标准 81 项，方法标准 62 项，基础通用和管理类标准 7 项。在研标准计划项目 26 项，其中国家标准 12 项，行业标准 14 项。

1 标准计划项目安排与执行情况

2013 年 12 项国家标准计划正在制定中；2014 年 14 项行业标准计划正在制定中，1 项行业标准计划终止。

2 标准批准发布情况

2016 年本标委会共完成标准报批 7 项（其中：国家标准 3 项，行业标准 4 项）；已发布标准 4 项（其中：国家标准 0 项，行业标准 4 项），在已发布标准中制定标准 3 项（其中：国家标准 0 项，行业标准 3 项），修订标准 1 项（其中：国家标准 0 项，行业标准 1 项）。

发布的 4 项行业标准中有 2 项测试方法标准是重要的表面活性剂定性方法标准，使用电位滴定法，可作为行业内常用的“表面活性剂测定两相滴定法”的替代方法。该方法不用有毒溶剂氯仿以及价格昂贵的指示剂，既能保护环境，又能降低试验成本，测定准确度更高。

3 标准宣贯工作情况

2016 年 7 月 8 日，为了提高《洗涤剂类食品相关产品风险监控与生产监督管理技术规范》的科学性和可操作性，提升洗涤剂类食品相关产品企业的风险监控意识和生产管理技术，保证拟实施的技术规范在生产企业中能够顺利验证，标委会秘书处在山西省太原市组织召开了技术规范验证工作会议。出席会议的有行业、大学、科研、检测及标准化机构共计 33 个单位 50 余名代表。

2016 年 10 月 10—15 日，在山西省太原市举办“2016 洗涤剂基础知识与配方技术培训班”，培训班学员 58 人，有效帮助了行业技术人员掌握洗涤剂的基本配方原理、标准分析方法和实验室基本操作等知识和技能。

4 参与国际标准化工作情况

2016 年，在研表面活性剂行业主导提出制修订的国际标准提案共 3 项，其中 2016 年新立项 1 项；2 项提案为首次制定标准；国际标准提案所属 ISO 3 项，IEC 0 项；标准编制进展属已立项 3 项，在研 3 项，2016 年正式发布 0 项。截至 2016 年年底，在国际标准化组织中的任职情况：承担 ISO/IEC 的技术机构秘书处 0 个，其中 0 个为我国独立承担，0 个为我国与 / 国共同承担；本行业 / 担任主席 / 主席顾问 / 秘书情况，陈军担任《表面活性剂——环氧丙烷聚合型表面活性剂中游离环氧丙烷的测定——气相色谱法》和《表面活性剂——洗涤剂——烷基酚聚氧乙烯醚的测定》国际标准项目召集人，姚晨之担任《肥皂——氯化物含量的测定——电位滴定法》国际标准项目召集人。截至 12 月底本标委会有注册国际标准化专家 1 人次。

5 2016年标准化重点工作总结

（1）本行业（领域）标强制性标准精简整合情况

本领域有4项强制性国家标准和1项强制性行业标准，分别是：GB 9985—2000《手洗餐具用洗涤剂》、GB 19877.1—2005《特种洗手液》、GB 19877.2—2005《特种沐浴剂》、GB 19877.3—2005《特种香皂》、QB 1034—1991《食品添加剂 三聚磷酸钠》。

清理结果：QB 1034—1991《食品添加剂 三聚磷酸钠》废止，已有国家标准GB 25566—2010《食品安全国家标准 食品添加剂 三聚磷酸钠》；GB 9985—2000《手洗餐具用洗涤剂》转化为推荐性标准，该标准于2014年提交推荐性标准修订建议，已获国标委批复。GB 19877.1—2005《特种洗手液》、GB 19877.2—2005《特种沐浴剂》、GB 19877.3—2005《特种香皂》整合，提取标准中的安全性要求整合制定为本领域内通用性强、覆盖面广的基础通用型强制性标准《洗涤用品安全技术规范》，再将该3项标准整合修订转化为推荐性国家标准。

（2）本行业（领域）重点标准制定与实施情况

本领域在十二五标准体系中共提出8项重点标准计划项目，均已提出立项申请，其中批准7项，已完成4项，3项研制中。

《醇醚糖苷》《烷基二苯醚双磺酸盐》属于新型绿色表面活性剂，推广应用功能类绿色表面活性剂，可以节省大量的石油资源，促进行业向生物质基可持续发展方向的转型。同时按照《轻工业“十二五”发展规划》要求，把“功能化表面活性剂制备技术”列入行业技术创新与产业化工程，以推进行业关键核心技术创新与产业化。

《婴幼儿洗衣液》是从消费品安全的角度重点提出的洗涤用品标准，该标准针对“婴幼儿”这个特殊消费群体，其与成人洗衣液是有较大区别的。从专业技术角度来讲，婴幼儿洗衣液是从洗衣液当中分流出来的一个专业性产品，不管是在产品管理、质量分析、技术配方来讲都应该有着严格的规定和专业化标准，以配合国家消费品安全行动和适应国内洗涤剂市场发展的需求。

《化学消毒剂和防腐剂 基本消毒活性 试验方法和要求》等4项标准是结合国际通用方法和我国的实际使用情况制定的食品工业用清洁消毒产品杀菌防腐性能试验方法，可对洗涤消毒剂质量进行合理评测，为广大生产企业提供正确使用食品洗涤消毒产品的技术指导，监测和评估食品加工环境及过程清洁消毒质量，对保证食品安全，促进食品行业的健康快速发展有着重要的意义。

（3）本行业（领域）综合标准化工作的推进情况对产业发展的整体支撑和引导作用。

还未开展综合标准化工作。

（4）本行业（领域）落实《中国制造2025》《互联网+行动计划》“消费品工业‘三品’专项行动”《消费品标准和质量提升规划(2016—2020年)》等方面的标准化工作部署和推进情况。

以贯彻落实《中国制造2025》和《装备制造业标准化和质量提升规划》为目标，全面推行绿色制造战略任务，实施绿色制造标准化提升工程，加快本领域绿色产品等重点领域标准制修订，促进行业制造业绿色转型升级。

制定标准：洗涤用品绿色产品评价标准。

推动《国家标准化体系建设发展规划（2016—2020年）》所提出的十项重大工程中的“消费品安全标准化工程”在本领域的实施。

制定标准：洗涤用品原料健康风险评估导则、食品用含氯消毒剂、过氧化氢消毒剂、过氧化物类消毒剂、胍类消毒剂等产品标准。

修订GB/T 26396—2011《洗涤用品安全技术规范》为强制性标准。

落实《消费品标准和质量提升规划（2016—2020年）》中对重点领域“化妆品和日用化学品”的提升规划，适应消费者对产品功效的多样化需求，完善洗涤用品标准体系，制定基础通用、重要产品和检测方法等标准，防止有毒有害物质超标。

制定标准：洗涤剂用酶制剂脂肪酶、蛋白酶、淀粉酶产品标准，洗涤剂用酶制剂性能评价方法。

6 存在问题及建议

（1）行业标准体系中国家标准、行业标准还有缺失，标准覆盖率还不够。要积极查缺补漏，完善标准体系，可将适用的地方标准及企业标准纳入到体系建设计划中。

（2）个别标准制定的不够合理，不满足实际需求。要根据行业标准体系建立要求，按照综合标准化的思路，制定覆盖原料、工艺、环境安全、产品质量等多方面的标准，提高标准覆盖率。

（3）标准宣贯、培训力度还需要进一步加强。要定期组织召开标准化宣贯培训活动，采取集中宣贯与个人学习相结合的方式进行标准宣贯。

7 2017 年工作重点

在标准化工作方面，充分利用现代科技手段，创新行业标准化工作模式，改进并用好标委会秘书处网站和微信平台，实现信息通报、标准项目征集、意见征求、委员投票等标准化活动网络化；加强对本行业标准化从业人员的培训指导，帮助和提升企业标准化水平；研究组建企业公开标准比对评价机制和工作方法，适时开展评价工作，建立本行业标准“排行榜”，在普及和提升全社会对本领域标准认识的基础上，引导企业不断提高质量标准。

在标准制定方面，完善标准立项、起草、审定、报批各环节的工作。标准项目征集采取网上公开申报随时收集、集中评审制度，秘书处对收集的项目建议汇总整理，拟定初步意见后提交标委会委员投票表决；获批的立项标准制定工作采取召集人负责制度，由召集人根据项目计划要求，开展标准制定并组织实施意见征求；秘书处组织对当年度应完成的标准进行审定，结合年度标准化会议，总结工作；根据国家标准化工作改革安排，建立本行业团体标准工作领域、制定和发布实施机制，确保标准工作及时满足行业发展需要。

8 2016 年标准化工作大事记

2016 年 2 月，由我国提出的国际标准提案《表面活性剂—洗涤剂—烷基酚聚氧乙烯醚的测定》获得立项。

2016 年 3 月，完成强制性国家标准整合精简评估工作。

2016 年 7 月，《十二烷基硫酸铵》等 4 项行业标准发布。

2016 年 7 月，召开洗涤剂类食品相关产品风险监控与生产监督管理技术规范验证工作会议。

2016 年 9 月，召开 SAC/TC395 第二次全体委员会议暨标准审定会。

2016 年 9 月，完成推荐性标准集中复审工作。

2016 年 10 月，举办 2016 洗涤剂基础知识与配方技术培训班。

2016 年 11 月，国标委批复第三届全国表面活性剂和洗涤用品准化技术委员会（SAC/TC272）换届组成方案。

2016 年 11 月，参加 ISO/TC91/WG3 生物表面活性剂工作组召开的年度工作网络会议。

脂肪醇醚的人体和环境的安全评价

1 基本介绍

脂肪醇聚氧乙烯醚（AEO）是应用非常广泛的非离子表面活性剂，大量重要的AEO被转变为AES（醇醚硫酸盐），其余AEO主要用于家用洗涤剂中。AEO具有快速生物降解性、发泡力适中、对人造纤维有超强去污力和抗硬水等优点。AEO也被少量用于家庭、公共场所、工厂保洁、化妆品、农业、纺织、造纸、石油及其他制造业。项目风险评估相关的在家用洗涤产品中的使用包括洗衣粉/液，洗洁精和各种硬表面清洁剂等。

AEO家族由一些碳数和EO数不同而链长不同的化合物组成，因此其理化性能跨越范围也很宽。尽管一些特定的AE同系物的理化性能很少有特定的有用信息，但大量数据集对醇（EO数为0的同系物）有用。多数情况下，可以运用醇的信息设定其他AEO同系物特定理化性能的上下限，并且可以评估它们的化学和物化行为。

总之，AE同系物的一些理化性能对实施环境风险评估，尤其是评估中运用物质评价系统很必要。这些理化性能中最重要的是水溶性、蒸汽压、辛醇/水分配系数或用于不同环境实体中定量吸附相关的Koc和Kd值及定量描述气液分区行为的亨利定律常数。熔点和沸点信息对环境风险评估也很有用。

2 生产与市场

不完全统计，2016年国内非离子表面活性剂产能达到302.7万t，与2015年相比同比增长3.34%，2016年非离子产品产量超过130万t（除减水剂单体以外），净进口量约合8.9万t，表观消费量接近140万t。

由于乙氧基化的灵活性、工艺成熟性以及低投入的特点，近十年来，乙氧基化装置得到长足的发展并快速猛增。导致的直接结果便是乙氧基化非离子产品产能出现严重过剩。纵观近两年乙氧基化装置扩能，其中多数集中在乙氧基化原料工厂，目的多以扩充产业链链条为主。非离子表面活性剂市场产业结构在市场作用下正经历着缓慢的变革，产业链一体化发展道路是产业结构发展的方向。

由于国内环氧乙烷摆脱高额利润，国内表面活性剂生产成本下滑，国产货源逐渐体现出价格优势。除此之外，国产货源相较进口市场更能满足供应的稳定性，因此国产货源正逐渐替代进口货源。市场AEO碳链见表1所示。

表1 家居清洁产品中脂肪醇醚的碳链分布及平均EO数结构分布

碳链	C_8	C_9	C_{10}	C_{11}	C_{12}	C_{13}	C_{14}	C_{15}	C_{16}	C_{17}	C_{18}
比重/%	<1	3	7	5	31	22	15	11	2.5	0.5	3
EO数	E_3	E_4	E_5	E_6	E_7	E_8	E_9	E_{10}	E_{11}	E_{20}	E_{25}
比重/%	3	5	11	6	38	34	–	1	↓–	1	1

2016年以AEO_{2+3}为代表的低EO脂肪醇醚产量合计48.0万t，较2015年同比增长3.22%。低EO脂肪醇醚下游主要消费群体为脂肪醇聚氧乙烯醚硫酸钠（AES），占比约合95%左右，少量低EO脂肪醇醚用作醇醚糖苷、醇醚磷酸酯等原料。

国内低 EO 脂肪醇醚供应主要集中在华东地区，其次为东北地区，第三为华南地区。主要生产企业有：中国石化上海石油化工股份有限公司、沙索（中国）化学有限公司、三江化工有限公司、海安石油化工有限公司、扬子石化巴斯夫有限责任公司、亚东石化（扬州）有限公司、中国石油吉林石化、抚顺石化洗涤剂厂、惠州智胜有限公司、广州立智有限公司等。

区别于低 EO 脂肪醇醚，中等聚合度脂肪醇醚（AEO_{7+9}）虽产量不及低 EO 脂肪醇醚，但中等聚合度脂肪醇醚的贸易量较为活跃。2016 年国内 AEO_{7+9} 产量约 18 万 t。国内供应主要集中在华东地区，其次为东北地区，第三为华北地区。主要生产企业有：中国石化上海石油化工股份有限公司、沙索（中国）化学有限公司、三江化工有限公司、海安石油化工有限公司、扬子石化巴斯夫有限责任公司、亚东石化（扬州）有限公司、中国石油吉林石化、抚顺石化洗涤剂厂、联泓控股有限公司等。

3 环境评价

环境风险评估采用“毒性单元合计”的方法，即先计算每种单独 AEO 同系物的预测环境浓度（PEC）和预测无影响浓度（PNEC）的比值，然后再将比值或毒性单元合计。该法将家居洗涤产品中所有 AEO 同系物进行了计算。AEO 环境风险评估包含了碳链长度 8 ~ 18 和环氧乙烷加合数 0 ~ 22 的 230 种不同的 AE 同系物。

关于环境生态毒理性评价，AEO 主要集中在生物降解性和环境迁移过程对体系中生物的毒性研究，主要包括藻类、鱼类、非脊椎动物和微生物等。

3.1 生物降解性能

表 2 列出了 AEO 同系物生物降解的数据。数据证实中直链烃长度 C_8 ~ C_{15} 和平均 EO 数为 3 ~ 20 的 AEO 同系物生物降解容易。直链烃长度为 C_{16} 或 C_{18}，EO 数为 2 或大于 20 的 AE 同系物的生物降解也容易。总之，家用清洁剂中所用 AEO 同系物容易生物降解，这作为本次评价内容的基本条件。

表2 脂肪醇醚生物降解数据

烃链长度	EO链长	测试方法	生物降解程度
C_8	EO_4（平均值）	OECD 301-D*	74% ThOD
$C_{9\sim11}$	EO_8	密闭瓶试验	80% ThOD（28 d）
C_{10} ~ C_{12}	6 EO（平均值）	OECD301-B	83% $ThCO_2$ 溢出
Oxo-C_{11} 10% 支链	$EO_{7\sim8}$	DOC 消减试验	100% DOC（28 d）
C_{12}	4 EO（平均值 *n*）	OECD301-B	85% $ThCO_2$ 溢出
C_{12} ~ C_{14}	6 EO（平均值）	OECD301-F（压力试验）	60% ThOD 获得试验
C_{12} ~ C_{14}	$EO_{7\sim8}$	DOC 消减试验	100% DOC（28 d）
$C_{12\sim15}$	EO_7	BOD	92% ThOD（30 d）
$C_{12\sim15}$	EO_9	CO_2 溢出测试	64% ~ 79% $ThCO_2$（28 d）
$C_{12\sim18}$	$EO_{10\sim14}$	密闭瓶试验	69% ~ 86% ThOD（28 d）
C_{13}, 同系物混合	3 EO（平均值）	OECD 301-B	75% $ThCO_2$（28 d）
C_{13}, 支链	3 EO（平均值）	OECD 301-B	70% ~ 80% $ThCO_2$（28 d）
C_{13}, 同系物混合	5 EO（平均值）	OECD 301-B	74% $ThCO_2$（28 d）
C_{13}，支链	5 EO（平均值）	OECD 301-B	60% ~ 70% $ThCO_2$（28 d）

表7 直链AE对无脊椎动物的毒理效应

物种	AEO同系物	EC/LC50/ (mg/L)	测试持续时间
端足虫	$C_{9\sim11}EO_6$	14	10 d
摇　蚊	$C_{9\sim11}EO_6$	5.7	10 d
端足虫	$C_{9\sim11}EO_6$	14	10 d
摇　蚊	$C_{9\sim11}EO_6$	5.7	10 d
拟糠虾	$C_{10}EO_4$	5.6	48 h
大型蚤	$C_{12\sim13}EO_5$ $C_{12\sim13}EO_{4.5\sim6}$ $C_{12\sim13}EO_{6.5}$	0.46 (0.39 ~ 0.56)* 0.59 (0.42 ~ 0.83)* 0.74 (0.63 ~ 0.86)*	48 h
大型蚤	$C_{12\sim14}EO_{7\sim8}$	0.5	48 h
水　蚤	$C_{12\sim15}EO_7$	0.76	48 h
大型蚤	$C_{12\sim15}EO_7$	1.0 ~ 2.0	48 h
大型蚤	$C_{12\sim15}EO_9$	1.3 (1.1 ~ 1.4)* NOEC: 1.0	48 h
大型蚤	$C_{13}EO_{7\sim8}$	0.5	48 h
拟糠虾	$C_{13}EO_{10}$	2.2	48 h
大型蚤	$C_{13\sim15}EO_{7\sim8}$	0.5	48 h
大型蚤	$C_{14}EO_1$ $C_{14}EO_2$ $C_{14}EO_3$ $C_{14}EO_4$ $C_{14}EO_6$ $C_{14}EO_9$	0.83 1.53 0.73 1.76 4.17 10.07	48 h
水　蚤	$C_{14}EO_1$ $C_{14}EO_4$	0.10 0.21	48 h
大型蚤	$C_{14\sim15}EO_7$	0.29 ~ 0.4	48 h
微型蠓虫	$C_{14\sim15}EO_7$	23	48 h
片脚类动物	$C_{14\sim15}EO_7$	3.3	48 h
等足类动物	$C_{14\sim15}EO_7$	270	48 h
扁形虫	$C_{14\sim15}EO_7$	1.8	48 h
寡毛纲动物	$C_{14\sim15}EO_7$	1.7	48 h
线　虫	$C_{14\sim15}EO_7$	16	48 h
大型蚤	$C_{14\sim15}EO_{13}$	1.2 (0.65 ~ 1.9)*	48 h
大型蚤	$C_{15}EO_{7-8}$	0.5	48 h
水　蚤	$C_{16\sim18}EO_{2\sim4}$	20 ~ 100	
水　蚤	$C_{16\sim18}EO_{5\sim7}$	5 ~ 200	
水　蚤	$C_{16\sim18}EO_{10\sim14}$	40 ~ 60	
大型蚤	$C_{16\sim18}EO_{18}$	20	48 h
大型蚤	$C_{16\sim18}EO_{30}$	18	48 h

注：*括号表示95%置信区间。数据来源：HERA，表面活性剂和洗涤剂行业生产力促进中心编译。

表 8 和表 9 为直链脂肪醇醚同系物对环境无脊椎动物的生态毒理性研究数据，重点关注的是洗涤领域常用的 $C_{10\sim16}EO_{2\sim10}$ 系列产品。

表8 直链脂肪醇醚对无脊椎动物的急性生态毒性

碳链	EO数	测试方法	EC50/（mg/L）	小于10%效应/（mg/L）
C_8	EO_4 平均值	大型蚤 24 h 静态测试	EC50=71	
C_8	EO_4 平均值	汤氏纺锤水蚤 48 h 静态测试	EC50=17.2	
C_{11}	EO_5 平均值	大型蚤 48 h（24 h 再生）静态测试	EC50=4.1 和 3.6	
C_{12}	4 EO 平均值	48 h 测试	EC50 = 0.91(范围 0.7 ～ 1.2)	0.7
$C_{12,14}$	EO_2 平均值	固定大型蚤 48 h 静态测试	EC50=0.53	0.2
$C_{12,14}$	EO_2 平均值	水蚤	EC50 范围 =1 ～ 10	
$C_{12,14}$	EO_3 平均值	固定大型蚤 48 h 静态测试	0.80（范围 0.6 ～ 1.0）	0.6
$C_{12,14}$	EO_3 平均值	水蚤	EC50 = 1 ～ 10	
$C_{12,14}$	EO_4 平均值	固定大型蚤 48 h 静态测试	EC50=0.63 (95% 置信区间为 0.53 ～ 0.75)	0.31
$C_{12,14}$	EO_4 平均值	水蚤	EC50 = 1 ～ 10	
$C_{12,14}$	EO_6 平均值	固定大型蚤 48 h 静态测试	EC50 = 1.2	EC0 =0.22
$C_{12,14}$	EO_6 平均值	固定大型蚤 48 h 静态测试	1.4 (范围 1.2 ～ 1.7)	小于 1.2 （最低浓度）
$C_{12,14}$	EO_7 平均值	固定大型蚤 48 h 静态测试	EC50 = 1.4	
$C_{12,14}$	EO_7 平均值	固定大型蚤 48 h 静态测试	EC50 = 1.2	1.0
$C_{12,14}$	EO_9 平均值	固定大型蚤 48 h 静态测试	EC50 = 1.9	1.4
C_{12-18}	EO_9 平均值	大型蚤 48 h 静态测试	EC50 = 2.7	EC0 = 0.92
$C_{16,18}$	11 EO 平均值	固定大型蚤 48 h 静态测试	EC50 = 0.72	0.3
$C_{16,18}$	25 EO 平均值	固定大型蚤 48 h 静态测试	117(95% 置信区间为 85 ～ 161）	28

数据来源：HERA，表面活性剂和洗涤剂行业生产力促进中心编译。

表9 洗涤产品中所用直链和支链AEO的急性无脊椎动物生态毒性

碳链	EO数	测试方法	EC50/（mg/L）
$C_{9\sim11}$ 基本直链	单脂肪醇	大型蚤 48 h 静态测试	EC50 = 8.5
$C_{9\sim11}$ 基本直链	2.5 EO 平均值	大型蚤 48 h 静态测试	EC50 = 2.5
$C_{9\sim11}$ 基本直链	2.5 EO 平均值	人造海水 褐虾 96 h 半静态测试	LC50 = 9.9
$C_{9\sim11}$ 基本直链	5 EO 平均值	大型蚤 48 h 静态测试	EC50 = 5.1
$C_{9\sim11}$ 基本直链	6 EO 平均值	大型蚤 48 h 静态测试	EC50 = 5.3
$C_{9\sim11}$ 基本直链	2.5 EO 平均值	人造海水 褐虾 96 h 半静态测试	EC50 = 17
$C_{9\sim11}$ 基本直链	8 EO 平均值	大型蚤 48 h 静态测试	EC50 = 12
$C_{9\sim11}$ 基本直链	8 EO 平均值	大型蚤 48 h 静态测试	EC50 = 9.0
$C_{9\sim11}$ 基本直链	8 EO 平均值	大型蚤 48 h 静态测试	EC50 = 0.7
$C_{9\sim11}$ 基本直链	8 EO 平均值	大型蚤 48 h 静态测试	EC50 = 13.4
$C_{9\sim11}$ 基本直链	10 EO 平均值	大型蚤 48 h 静态测试	EC50 = 13.4
$C_{12\sim13}$ 基本直链	4.5 EO 平均值	大型蚤 48 h 静态测试	EC50 = 0.59
$C_{12\sim13}$ 基本直链	5 EO 平均值	大型蚤 48 h 静态测试	EC50 =0.46
$C_{12\sim13}$ 基本直链	6.5 EO 平均值	大型蚤 48 h 静态测试	EC50 =0.74

续表

碳链	EO数	测试方法	EC50/（mg/L）
$C_{12\sim13}$ 基本直链	7 EO 平均值	48 或 72 h 静态测试	EC50 = 1.9
$C_{12\sim15}$ 基本直链	3 EO 平均值	大型蚤 48 h 静态测试	EC50 =0.14
$C_{12\sim15}$ 基本直链	7 EO 平均值	大型蚤 48 h 静态测试	EC50 = 4.3
$C_{12\sim15}$ 基本直链	7 EO 平均值	大型蚤 48 h 静态测试	EC50 =0.4
$C_{12\sim15}$ 基本直链	9 EO 平均值	大型蚤 48 h 静态测试	EC50 = 1.9
$C_{12\sim15}$ 基本直链	9 EO 平均值	大型蚤 48 h 静态测试	EC50 =1.3
$C_{12\sim15}$ 基本直链	12 EO 平均值	大型蚤 48 h 静态测试	EC50 =1.4
C_{13} 支链	3 EO 平均值	大型蚤 48 h 测试	EC50 = 1.5
C_{13} 支链	4 EO 平均值	大型蚤 48 h 测试	EC50 = 1.2
C_{13} 支链	6 EO 平均值	大型蚤 48 h 测试	EC50 = 2.5
C_{13} 支链	7 ~ 8 EO 平均值	大型蚤 48 h 测试	EC50 = 5.0
C_{13} 支链	9 EO 平均值	大型蚤 48 h 测试	EC50 = 4.7
$C_{13\sim15}$ 基本直链	3 EO 平均值	大型蚤 48 h 静态测试	EC50 = 0.406
$C_{13\sim15}$ 直链、基本直链和支链混合	3 EO 平均值	大型蚤 48 h 测试	EC50 = 0.67
$C_{13\sim15}$ 直链、基本直链和支链混合	6EO 平均值	大型蚤 48 h 测试	EC50 =1.32
$C_{13}C_{15}$ 羰基合成醇	7–8 EO 平均值	大型蚤 48 h 测试	EC50 = 0.5
$C_{13\sim15}$ 直链、基本直链和支链混合	9 EO 平均值	大型蚤测试	EC50 = 1.96
$C_{13\sim15}$ 基本直链	7 EO 平均值	大型蚤 48 h 静态测试	EC50 = 0.94
$C_{13\sim15}$ 基本直链	11 EO 平均值	大型蚤 48 h 静态测试	EC50 = 1.5
$C_{14\sim15}$ 基本直链	7 EO 平均值	大型蚤 48 h 无再生测试	EC50 = 0.24
$C_{14\sim15}$ 直链、基本直链混合	8 EO 平均值	大型蚤 48 h 测试	EC50 = 1.06
$C_{14\sim15}$ 基本直链	11 EO 平均值	大型蚤 48 h 无再生测试	EC50 = 1.1

数据来源：HERA，表面活性剂和洗涤剂行业生产力促进中心编译。

3.2.2 鱼类生态毒理性研究

直链和支链 AEO 对鱼的毒性 LC50 值分别在 0.4 ~ 100 mg/L 和 0.25 ~ 40 mg/L 变化。直链 AEO 的毒性随 EO 数的增加而减小。直链和基本直链 AEO 对鱼的毒性很相似，支链 AEO 对鱼的毒性较小，详见表 10 ~表 12。

表10　直链脂肪醇醚同系物对常见鱼类的效应

物　种	AEO同系物	LC50/(mg/L)	测试持续时间
蓝鳃太阳鱼	$C_{10\sim12}EO_6$	6.4	96 h
黑头呆鱼	$C_{12\sim13}EO_5$ $C_{12\sim13}EO_{4.5\sim6}$ $C_{12\sim13}EO_{6.5}$	1.0 (0.84 ~ 1.3)[A] 0.96 (0.73 ~ 1.6)[A] 1.3 (0.72 ~ 2.7)[A]	96 h
褐　鳟	$C_{12\sim14}EO_8$ $C_{12\sim14}EO_{10\sim11}$	0.8 0.8	96 h
金圆腹雅罗鱼	$C_{12\sim14}EO_8$ $C_{12\sim14}EO_{10\sim11}$	1.8 4.1	96 h
小丑鱼	$C_{12\sim14}EO_{10\sim11}$	1.6 ~ 2.8	96 h
斑马鱼	$C_{12\sim15}EO_7$	1.0–2.0	96 h
蓝鳃太阳鱼	$C_{12\sim15}EO_3$	1.5	96 h

续表

物　种	AEO同系物	LC50/(mg/L)	测试持续时间
黑头呆鱼	$C_{12\sim15}EO_7$	0.48	96 h
黑头呆鱼	$C_{12\sim15}EO_9$	1.6 (1.3 ~ 1.8)[A] NOEC: 0.4	96 h
蓝鳃太阳鱼	$C_{12\sim15}EO_9$	2.1	96 h
大西洋鳟	$C_{12}EO_4$ $C_{12}EO_{23}$	1.5 25.0	96 h
蓝鳃太阳鱼	$C_{13}EO_9$	7.5	96 h
虹　鳟	$C_{14\sim15}EO_7$	0.78	96 h
虹　鳟	$C_{14\sim15}EO_{11}$	1.08	96 h
虹　鳟	$C_{14\sim15}EO_{18}$	5.0 ~ 6.3	96 h
蓝鳃太阳鱼	$C_{14\sim15}EO_7$	0.66	96 h
蓝鳃太阳鱼	$C_{14\sim15}EO_7$	0.7 ~ 1.12	96 h
黑头呆鱼	$C_{14\sim15}EO_7$	0.63 ~ 1.65	96 h
黑头呆鱼	$C_{14\sim15}EO_{13}$	1.0 (0.62 ~ 1.9)[A]	96 h
褐　鳟	牛脂 EO_{14}	0.4	96 h
金圆腹雅罗鱼	牛脂 EO_{14}	2.3	96 h
小丑鱼	牛脂 EO_{14}	0.7	96 h

注：A, 括号内为95%置信区间。数据来源：HERA，表面活性剂和洗涤剂行业生产力促进中心编译。

表11　直链脂肪醇醚对常见鱼类的急性生态毒性

碳链结构	EO 数	测试方法	LC50/（mg/L）
C_8 直链	4 EO 平均值	斑马鱼 96 h 半静态测试	LC50 = 38
C_{11} 直链	5 EO 平均值	黑头呆鱼 96 h 测试	LC50 = 1.6 和 2.0
C_{12} 直链	4 EO 平均值	鲤鱼 96 h 测试	LC50 = 1.2
$C_{12\sim14}$ 直链	2 EO 平均值	未标注对象	LC50 = 1 ~ 10
$C_{12\sim14}$ 直链	2 EO 平均值	斑马鱼 96 h 半静态测试	LC50 = 1.2
$C_{12\sim14}$ 直链	3 EO 平均值	未标注对象	LC50 = 1 ~ 10
$C_{12\sim14}$ 直链	3 EO 平均值	鲤鱼 96 h 测试	LC50 = 0.8
$C_{12\sim14}$ 直链	4 EO 平均值	未标注对象	LC50 = 1 ~ 10
$C_{12\sim14}$ 直链	4 EO 平均值	斑马鱼 96 h 半静态测试	LC50 = 1.3
$C_{12\sim14}$ 直链	6 EO 平均值	斑马鱼 96 h 半静态测试	LC50 = 2.0
$C_{12\sim14}$ 直链	6 EO 平均值	鲤鱼 96 h 测试	LC50 = 1.2
$C_{12\sim14}$ 直链	6 EO 平均值	斑马鱼 96 h 测试	LC50 = 1.5
$C_{12\sim14}$ 直链	7 EO 平均值	斑马鱼 96 h 半静态测试	LC50 = 2.6
$C_{12\sim14}$ 直链	9 EO 平均值	鲤鱼 96 h 测试	LC50 = 3
$C_{12\sim14}$ 直链	12 EO 平均值	斑马鱼 96 h 半静态测试	LC50 = 6.4
$C_{16\sim18}$ 直链	25 EO 平均值	斑马鱼 96 h 测试	LC50 = 2.9

表12　直链为主、含有支链结构的AEO对鱼的急性生态毒性

碳链结构	EO数	测试方法	EC50/LC501（mg/L）
$C_{9\sim11}$ 基本直链	(EO = 0)	虹鳟鱼 96 h 静态测试	EC50 = 6–10

续表

碳链结构	EO数	测试方法	EC50/LC501（mg/L）
$C_{9\sim11}$ 基本直链	2.5 EO	虹鳟鱼 96 h 静态测试	EC50 = 5–7
$C_{9\sim11}$ 高度直链	3 EO	虹鳟鱼 96 h 充气静态测试	LC50 = 4.2
$C_{9\sim11}$ 高度直链	4.5 EO	虹鳟鱼 96 h 充气静态测试	LC50 = 7.5
$C_{9\sim11}$ 高度直链	5 EO	虹鳟鱼 96 h 半静态测试	LC50 = 11.5
$C_{9\sim11}$ 基本直链	6 EO 平均值	96 h 静态再生测试	EC50 = 8.5
$C_{9\sim11}$ 基本直链	8 EO 平均值	96 h 静态再生测试	EC50 = 11
$C_{9\sim11}$ 高度直链	8 EO	虹鳟鱼 96 h 半静态测试	LC50 = 23.7
$C_{9\sim11}$ 基本直链	8 EO	虹鳟鱼 96 h 静态测试	EC50 = 12
$C_{9\sim11}$ 高度直链	10 EO	虹鳟鱼 96 h 半静态测试	LC50 = 20.9
$C_{12\sim13}$ 基本直链	2 EO 平均值	虹鳟鱼 96 h 静态测试	LC50 = 1 – 2
$C_{12\sim13}$ 基本直链	4.5 EO 平均值	未标注对象	LC50 = 0.96
$C_{12\sim13}$ 基本直链	5 EO 平均值	未标注对象	LC50 = 1.0
$C_{12\sim13}$ 基本直链	6.5 EO 平均值	未标注对象	LC50 = 1.3
$C_{12\sim13}$ 基本直链	7 EO 平均值	未标注对象	LC50 = 2,5
$C_{12\sim15}$ 基本直链	3 EO 平均值	虹鳟鱼 96 h 静态测试	LC50 = 1.3 ~ 1.7
$C_{12\sim15}$ 基本直链	3 EO 平均值	虹鳟鱼 96 h 静态测试	LC50 = 1.0
$C_{12\sim15}$ 基本直链	7 EO 平均值	虹鳟鱼 96 h 静态测试	LC50 = 1.1
$C_{12\sim15}$ 基本直链	9 EO 平均值	未标注对象	LC50 = 2.8
$C_{12\sim15}$ 基本直链	9 EO 平均值	未标注对象	LC50 = 1.6
$C_{12\sim15}$ 基本直链	12 EO 平均值	未标注对象	LC50 = 1.4
C_{13} 支链	3 EO 平均值	斑马鱼 96h 测试	LC50 = 3.0
C_{13} 支链	4 EO 平均值	斑马鱼 96h 测试	LC50 = 3.5
C_{13} 支链	6 EO 平均值	斑马鱼 96h 测试	LC50 = 5.8
C_{13} 支链	9 EO 平均值	斑马鱼 96h 测试	LC50 = 12
$C_{13\sim15}$ 基本直链	3 EO 平均值	斑马鱼 96h 静态测试	LC50 = 2.2~4.6
$C_{13\sim15}$ 基本直链	7 EO 平均值	斑马鱼 96h 静态测试	LC50 = 1.2
$C_{13\sim15}$ 基本直链	11 EO 平均值	斑马鱼 96h 静态测试	LC50 = 2.2
$C_{14\sim15}$ 基本直链	8 EO 平均值	斑马鱼 96h 测试	LC50 = 1.2
$C_{14\sim15}$ 直链和基本直链	8 EO 平均值	斑马鱼 96h 测试	LC50 = 0.65
$C_{14\sim15}$ 直链和基本直链	8 EO 平均值	斑马鱼 96h 测试	LC50 = 0.72
$C_{14\sim15}$ 基本直链	11 EO 平均值	虹鳟鱼 96h 静态测试	LC50 = 0.9

数据来源：HERA，表面活性剂和洗涤剂行业生产力促进中心编译。

3.2.3 水生生物慢性毒理评估

表 13 所示为目前洗涤产品常用 AEO 同系物对水生生物的慢性毒理数据。可以看出，AEs 中，相同的 EO 数，碳链减少，对皂类的毒性增加，当碳链超过 16 后，碳链增加，毒性又增加。一般洗涤用品原料常用的 $C_{12\sim14}EO_{2\sim5}$ 系列产品成为对环境藻类毒性较小的首选产品，这也是目前行业开发重点。

表13 AE对水生生物的慢性毒性

物种名称	QSAR分组	生命阶段	化合物	最敏感端点	效应统计	效应浓度/(mg/L)
绿藻	藻　类	植物生长	$C_{12\sim15}EO_3$	生长速率	EC10	2.179
浮萍	藻　类	2- 叶阶段	$C_{14\sim15}EO_7$	叶子数	EC10	0.101

续表

物种名称	QSAR分组	生命阶段	化合物	最敏感端点	效应统计	效应浓度/(mg/L)
铜绿微囊藻	藻　类	植物生长	$C_{14\sim15}EO_7$	细胞密度	EC10	0.154
舟形藻	藻　类	植物生长	$C_{14\sim15}EO_7$	细胞密度	EC10	0.14
淡水藻	藻　类	植物生长	$C_{10}EO_8$	生长速率	EC10	8.087
淡水藻	藻　类	植物生长	$C_{12}E_2$	生长速率	EC10	0.03
淡水藻	藻　类	植物生长	$C_{12}E_4$	生长速率	EC10	0.453
淡水藻	藻　类	植物生长	$C_{12}E_8$	生长速率	EC10	0.325
淡水藻	藻　类	植物生长	$C_{16}E_2$	生长速率	EC10	0.042
淡水藻	藻　类	植物生长	$C_{16}E_8$	生长速率	EC10	0.096
淡水藻	藻　类	植物生长	$C_{12\sim13}E_3$	生长速率	EC10	0.998
淡水藻	藻　类	植物生长	$C_{16\sim18}E_7$	生长速率	EC10	5.831
淡水藻	藻　类	植物生长	$C_{12\sim13}E_3$	生长速率	EC10	0.204
淡水藻	藻　类	植物生长	$C_{12\sim14}E_7$	生长速率	EC10	0.137
羊角月牙藻	藻　类	植物生长	$C_{8\sim10}E_5$	生长速率	EC10	9.791
羊角月牙藻	藻　类	植物生长	$C_{14\sim15}EO_7$	细胞密度	EC10	0.092
羊角月牙藻	藻　类	植物生长	$C_{12\sim14}E_9$	细胞密度	EC10	0.151
萼花臂尾轮虫	无脊椎动物	新生期	$C_{10}EO_6$	群体大小	EC10	2.015
萼花臂尾轮虫	无脊椎动物	新生期	$C_{12}EO_6$	群体大小	EC10	0.562
萼花臂尾轮虫	无脊椎动物	新生期	$C_{14}EO_4$	群体大小	EC10	0.207
萼花臂尾轮虫	无脊椎动物	新生期	$C_{14}EO_6$	群体大小	EC10	0.112
萼花臂尾轮虫	无脊椎动物	新生期	$C_{14}EO_8$	群体大小	EC10	0.169
网纹溞	无脊椎动物	新生期	$C_{14\sim15}EO_7$	繁　殖	EC10	0.328
网纹溞	无脊椎动物	新生期	$C_{14\sim15}EO_7$	繁　殖	EC10	0.127
网纹溞	无脊椎动物	新生期	$C_{14\sim15}EO_7$	繁　殖	EC10	0.464
网纹溞	无脊椎动物	新生期	$C_{14\sim15}EO_7$	繁　殖	EC10	0.236
摇　蚊	无脊椎动物	幼虫	$C_{9\sim11}EO_6$	存　活	EC10	3.635
河　蚬	无脊椎动物	少年期	$C_{12\sim15}EO_6$	长度增益	EC10	0.062
大型蚤	无脊椎动物	新生期	$C_{14\sim15}EO_7$	繁　殖	EC10	0.14
大型蚤	无脊椎动物	新生期	$C_{13\sim15}EO_5$	繁　殖	EC10	0.082
大型蚤	无脊椎动物	新生期	$C_{12\sim15}EO_6$	繁　殖	EC10	0.368
大型蚤	无脊椎动物	新生期	$C_{12\sim13}EO_{6.5}$	繁　殖	EC10	0.803
大型蚤	无脊椎动物	新生期	$C_{14\sim15}EO_7$	繁　殖	NOEC	0.79
大型蚤	无脊椎动物	新生期	$C_{9\sim11}EO_6$	繁　殖	EC10	2.579
大型蚤	无脊椎动物	新生期	$C_{12\sim15}E_9$	繁　殖	EC10	0.167
大型蚤	无脊椎动物	新生期	$C_{12\sim13}EO_{6.5}$	繁　殖	EC10	0.355
大型蚤	无脊椎动物	新生期	$C_{14\sim15}EO_7$	存　活	EC10	0.255
腹足动物	无脊椎动物	少年期	$C_{12\sim15}EO_6$	体重增益	NOEC	0.259
巢　蚊	无脊椎动物	幼虫	$C_{9\sim11}EO_6$	存　活	EC10	3.882
三角真涡虫	无脊椎动物	未成熟期	$C_{14}E_{10}$	存　活	EC10	0.84
蓝鳃鱼	鱼	少年期	$C_{9\sim11}EO_6$	存　活	EC10	8.983
蓝鳃鱼	鱼	少年期	$C_{12\sim13}EO_{6.5}$	繁　殖	NOEC	0.88
蓝鳃鱼	鱼	少年期	$C_{14\sim15}EO_7$	存　活	NOEC	0.16

续表

物种名称	QSAR分组	生命阶段	化合物	最敏感端点	效应统计	效应浓度/(mg/L)
虹鳟鱼	鱼	卵－孵化期	$C_{12\sim15}EO_9$	干重	EC10	0.079
黑头呆鱼	鱼	卵－少年期	$C_{9\sim11}EO_6$	存活	NOEC	4.35
黑头呆鱼	鱼	卵－少年期	$C_{9\sim11}EO_6$	存活	NOEC	1
黑头呆鱼	鱼	卵－少年期	$C_{9\sim11}EO_6$	繁殖	NOEC	0.73
黑头呆鱼	鱼	卵－少年期	$C_{9\sim11}EO_6$	长度	NOEC	1.01
黑头呆鱼	鱼	卵－少年期	$C_{12\sim13}EO_{6.5}$	存活	EC10	0.213
黑头呆鱼	鱼	卵－少年期	$C_{14\sim15}EO_7$	存活	EC10	0.121
黑头呆鱼	鱼	卵－少年期	$C_{12\sim13}EO_{6.5}$	存活	EC10	1.748
黑头呆鱼	鱼	幼年－少年	$C_{12\sim13}EO_{6.5}$	存活	NOEC	0.88
黑头呆鱼	鱼	幼年－少年	$C_{12\sim13}EO_{6.5}$	存活	NOEC	0.88
黑头呆鱼	鱼	卵－少年	$C_{14\sim15}EO_7$	存活	EC10	1.441
黑头呆鱼	鱼	幼年－少年	$C_{14\sim15}EO_7$	存活	NOEC	0.16
黑头呆鱼	鱼	幼 年	$C_{14\sim15}EO_7$	存活	NOEC	0.16
黑头呆鱼	鱼	成熟期	$C_{14\sim15}EO_7$	存活	NOEC	0.16
黑头呆鱼	鱼	幼 年	$C_{14\sim15}EO_7$	存活	NOEC	0.28

数据来源：HERA，表面活性剂和洗涤剂行业生产力促进中心编译汇总。

3.3 小结

通过以上具体试验研究数据，分析推断有效的“累计 PEC/PNEC”值。

（1）当应用慢性大型蚤 QSAR 测定每种 AE 同系物的 PNEC 值时，毒性单元的总和等于环境中 AE 同系物分布的 PEC 与 PNEC 比值，为 0.041；当应用慢性概率性 QSAR 测定 PNEC 值时，环境中 PEC 与 PNEC 的比值为 0.024。AE 同系物的 PEC 与 PNEC 的比值远小于 1，故 AE 同系物分布的环境浓度不会对水生环境造成风险。

（2）当应用慢性大型蚤 QSAR 测定居住在沉积物物种的 PNEC 值时，毒性单元的总和等于沉积物环境中 AE 同系物分布的 PEC 与 PNEC 比值，为 0.316；当应用慢性概率性 QSAR 测定居住在沉积物生物体的 PNEC 值时，环境中 AE 同系物分布的 PEC 与 PNEC 的比值为 0.181。AE 同系物的 PEC 与 PNEC 的比值均小于 1，故 AE 同系物分布的环境浓度不会对沉积物环境造成风险。

（3）利用平衡分配法由水生 PNEC 测定的土壤 PNEC 值得出的两组 AE 同系物的 PEC/PNEC 的值均小于 1，故 AE 同系物分布的环境浓度不会对土壤划分环境造成风险。

4 人体安全评价

根据国家洗涤用品质量监督检验中心 2016 年的实际样品活性物抽查检测数据，目前国内主要洗涤产品 AES 浓度如表 14 所示。

表14 目前主要洗涤产品中AEO的浓度

清洁产品类型	成品中AEO浓度范围/%	成品中AEO典型含量/%
普通洗衣粉 / 液	0.0 ~ 15.0	13.5
浓缩洗衣粉 / 液	0.0 ~ 24.0	24.0
衣物柔顺剂	0.0 ~ 2.0	6.0

续表

清洁产品类型	成品中AEO浓度范围/%	成品中AEO典型含量/%
衣物预处理剂	0.0 ~ 11.5	11.5
手洗餐具洗涤剂	0.0 ~ 6.0	5.0
机洗餐具洗涤剂	0.0 ~ 14.5	14.0
表面（地板、玻璃等）清洁剂	0.0 ~ 22.0	7.0
洁厕剂	0.0 ~ 16	16.0
沐浴露	0.0 ~ 9.0	9.0
护发产品	0.0 ~ 5.0	5.0

注：按照目前现存最高洗涤产品活性物统计。

在使用脂肪醇聚氧乙烯醚中，消费者暴露场景被划分为如下几种情况：① 直接皮肤接触，如预处理要洗的衣物、手洗衣物餐具、表面清洁等。② 皮肤间接接触衣物上残留的 AE。③ 洗涤过程中使用洗涤剂粉末或喷雾型洗涤用品时吸入 AE。④ 经口摄入餐具残留物中的 AE。⑤ 偶然或故意的过量暴露。根据消费者洗涤用品使用方法及习惯，基于消费者可能暴露的最高浓度进行消费者暴露评估计算实际暴露量。

4.1 通过手洗直接经皮暴露

手洗衣物是已被认为是一种常见的消费者习惯，洗衣溶液中的 AE 与手和前臂的皮肤直接接触。假设手洗衣物需 60 min，真皮系统对 AE 的暴露量（Exp_{sys}）通过下式计算：

$$Exp_{sys} = F_1 \times C \times K_p \times t \times S_{der} \times n / BW \qquad \text{（公式 1）}$$

最坏情况下，式中各项的定义和值如下：

F_1 —— 产品中物质的质量分数　6%

C —— 产品浓度　15 mg/cm^3

Kp —— 真皮渗透系数　9.2×10^{-6} cm/h

t —— 暴露时间　60 min

S_{der} —— 皮肤暴露表面积　1980 cm^2

n —— 产品使用频率（每天）　2.14

BW —— 体重　60 kg

故，$Exp_{sys} = [0.06 \times (15\ \text{mg/cm}^3) \times (0.0000092\ \text{cm/h}) \times (1\ \text{h}) \times (1980\ \text{cm}^2) \times 2.14] / 60\ \text{kg}$

$= 0.58 \times 10^{-3}$mg/kg bw/day

AEs 作为洗手液成分，暴露计算和手洗衣物暴露相似，具体差异在暴露次数和时间不同，根据公式 1，按照中国消费者每天洗手 5 次，产品中质量浓度为 6%，每次洗手暴露时间为 5min。

故，$Exp_{sys} = [0.06 \times (100\text{mg/cm}^3) \times (0.0000092\ \text{cm/h}) \times (0.083\ \text{h}) \times (1980\ \text{cm}^2) \times 5] / 60\ \text{kg}$

$= 0.76 \times 10^{-3}$mg/kg bw/day

AEs 作为洗发香波、沐浴露、家具硬表面清洁剂成分，暴露量和浓度存在差异，按照上述公式，估算 AEs 作为其他洗涤产品经手皮暴露剂量分别为 6.25×10^{-4}mg/kg bw/day、3.51×10^{-3}mg/kg bw/day 和 1.25×10^{3}mg/kg bw/day。

4.2 通过衣物预处理直接经皮暴露

消费者洗衣物时对待斑点污渍的典型方法是用手直接把膏状洗涤剂或洗衣液敷在衣物上，在此暴露场景下，最多是双手的皮肤表面暴露，时间一般少于 10min，公式 1 用于计算经衣物预处理的体系暴露结果，以下假设保守地反射了该场景的暴露。

$$Exp_{sys} = F_1 \times C \times K_p \times t \times S_{der} \times n / BW$$

F_1 —— 产品中物质的质量分数 24%

C —— 产品浓度 1000 mg/cm^3

K_p —— 真皮渗透系数 9.2×10^{-6} cm/h

t —— 暴露时间 10 min

S_{der} —— 皮肤暴露表面积 840 cm^2

n —— 产品使用频率（每天） 2.14

BW —— 体重 60 kg

故，Exp_{sys} = [0.24 × (1000 mg/cm^3) × (0.0000092 cm/h) × (0.17 h) × (840 cm^2) × 2.14] / 60 kg

= 11.246 × 10^{-3}mg /kg bw/day

以上暴露评估均为保守估计，通常，消费者在使用清洁剂之前对衣物提前润湿预处理或在自来水下进行预处理，此暴露估计中未考虑该两种情况导致的明显稀释。此假设是在最坏情况下消费者暴露于浓缩洗衣产品中，实际中，只有手部皮肤的一小部分暴露于产品中，而此评估中夸张地假设双手全部浸入产品中。

4.3 通过手洗餐具直接经皮暴露

采用公式 1 计算通过手洗餐具直接经皮暴露的真皮系统暴露。该场景的评估同手洗衣物场景十分相似，以下为最坏情况下各项的假设值：

$$Exp_{sys} = F_1 \times C \times Kp \times t \times S_{der} \times n / BW$$

F_1 —— 产品中物质的质量分数 6%

C —— 产品浓度 20 mg/cm^3

Kp —— 真皮渗透系数 9.2×10^{-6} cm/h

t —— 暴露时间 45 min

S_{der} —— 皮肤暴露表面积 1980 cm^2

n —— 产品使用频率（每天） 3

BW —— 体重 60 kg

故，Exp_{sys} = [0.06 × (20 mg/cm^3) × (0.0000092 cm/h) × (0.75 h) × (1980 cm^2) × 3] / 60 kg

= 8.197 × 10^{-4}mg /kg bw/day

4.4 通过表面清洁直接经皮暴露

公式 1 用于计算硬表面清洁剂使用过程中真皮系统对 AE 的暴露量，采用保守估计，以下为各项的定义及在最坏情况下的值：

F_1 —— 产品中物质的质量分数 22%

C —— 产品浓度 22 mg/cm^3

K_p —— 真皮渗透系数 9.2×10^{-6} cm/h

t —— 暴露时间 20 min

S_{der} —— 皮肤暴露表面积 840 cm^2

n —— 产品使用频率（每天） 2

BW —— 体重 60 kg

故，Exp_{sys} = [0.22 × (22 mg/cm^3) × (0.0000092 cm/h) × (0.334 h) × (840 cm^2) × 2] / 60 kg

= 4.2 × 10^{-4}mg /kg bw/day

4.5 通过穿着衣物间接经皮暴露

消费者穿着洗过的衣物，皮肤会暴露于残留洗涤剂中，没有数据可测量脂肪醇醚在织物上随洗涤过程的沉积。衣物洗涤中所用的典型的脂肪醇醚水溶性很高，由于其非离子结构，脂肪醇醚很大程度上会从洗涤用水中脱除，不被负极性的织物纤维吸收。在此暴露场景中，假设旋转前的沉积浓度降到洗涤溶液初始浓度的 2.5% 以下，此暴露量根据公式 2 计算。

$$Exp_{sys}=F_1\times(M\times(F'/V)\times FD\times FL)\times S_{der}\times F_2\times F_3\times F_4/BW \qquad （公式 2）$$

以下为各项的定义及其值：

F_1 —— 产品中物质的质量分数　　24%

M —— 所用产品未稀释量　　200 g

F' —— 洗涤溶液中可溶性原料的浓度2.5%

V —— 洗涤溶液的体积　　15 L（假设）

FD —— 织物密度　　15 mg/cm^2

FL —— 最终旋转后溶液的质量分数　　60%

S_{der} —— 暴露皮肤的表面积　　17600 cm^2

F_2 —— 转移到皮肤上的质量分数　　1%

F_3 —— 残留在皮肤上的质量分数　　100%（最坏情况下）

F_4 —— 经皮吸收的质量分数　　2%

BW —— 体重　　60 kg

故，Exp_{sys}（间接经皮暴露）= [0.24 × [(200000 mg) × (0.025 / 15000000 mg) × (10 mg/cm^2) × 0.6] × (17600 cm^2) × 0.01 × 1.5 × 0.02] / 60 kg

= 4.2 × 10^{-5}mg /kg bw/day

4.6 洗涤过程中吸入洗涤剂粉尘

往洗衣机中加入粉末时会产生一些洗涤剂粉尘，研究测定洗衣机洗涤时 1 杯产品（如洗衣粉）平均释放 0.27 μg 粉尘。脂肪醇醚在洗衣粉中最高含量为 10.8%，对含 AEO 的洗涤剂粉尘颗粒暴露量可根据公式 3 计算。假设这一动作特短暂（小于 1min），假设最坏情况下，所有粉尘颗粒都是可吸入存在于呼吸带中的，此外，洗衣粉为最小化到可吸入的粉尘颗粒。

$$Exp_{sys}（吸入）=F_1\times n\times F_5\times F_6/BW \qquad （公式 3）$$

各变量的解释及其在最坏暴露情况下的值如下：

F_1 —— 产品中物质的质量分数　　10.8%

n —— 产品使用频率（每天）　　2.6

F_5 —— 每次吸入粉尘的量　　0.27μg

F_6 —— 吸收或吸入的质量分数　　100%

BW —— 体重　　60 kg

故，Exp_{sys}（吸入）= [0.108 × 2.6 × (0.27 μg) × 1.5] / 60 kg

= 1.95 × 10^{-6}mg /kg bw/ day

4.7 喷雾清洁剂的喷雾吸入

脂肪醇醚在喷雾表面清洁剂中也存在，在最坏情况下，吸入喷雾清洁剂的喷雾造成的暴露量可由公式 4 计算。

$$Exp_{sys}=F_1\times C\times Q_{inh}\times t\times n\times F_7\times F_8/BW \qquad （公式 4）$$

式中，各项的定义及其在最坏情况下的值如下：

F_1 —— 产品中物质的质量分数　　7%

C —— 空气中产品浓度　　0.35 mg/m^3

Q_{inh} —— 换气次数　　0.8 m^3/h

t —— 暴露时间　　10 min

n —— 产品使用频率（每天）　　2

F_7 —— 可呼吸颗粒的质量分数　　100%

F_8 —— 吸收或生物可利用的质量分数75%

BW —— 体重　　60 kg

故，Exp(吸入) = [0.07 × (0.35 mg/m^3) × (0.8 m^3/h) × (0.17 h) × 2 × 1 × 0.75] / 60 kg

= 8.4 × 10^{-5}mg /kg bw/day

4.8 脂肪醇醚的经口暴露

脂肪醇醚的经口暴露源于餐具的残留物和水和食物中的残留物，暴露量可根据公式 5 计算。

$$Exp_{sys} = [F_1 \times C` \times Ta' \times Sa / BW] \times A \qquad （公式 5）$$

式中，各项的定义及其在最坏情况下的值如下：

F_1 —— 产品中物质的质量分数　　14.5%

$C`$ —— 餐具洗涤溶液中产品的浓度　　2 mg/m^3

Ta' —— 冲洗后餐具中剩余水的量　　5.5 × 10^{-5} mL/cm^2

Sa —— 餐具每天接触食物的面积　　5400 cm^2

BW —— 体重　　60 kg

A —— 经口吸收　　100%（最坏情况下）

故，$Exp_{sys(餐具残留物经口吸收)}$ = [0.145 × (1 mg/cm^3) × (5.5 × 10^{-5} mL/cm^2) × (5400 cm^2)] / 60 kg

= 1.44 × 10^{-3}mg /kg bw/day

果蔬清洁剂使用残留经口暴露量估计与餐具相当，按照上述公式和计算方式，预期 AE 在果蔬残留经口暴露剂量平均值为 1.40 × 10^{-3}mg /kg bw/day。

AEs 经口暴露剂量合计为 $Exp_{sys(经口)}$=2.84 × 10^{-3}mg /kg bw/day。

4.9 洗发沐浴经皮暴露

AEs 作为发用产品或沐浴产品，经头皮或全身暴露剂量还是不能忽略的，虽然暴露时间较短，但是由于短期暴露剂量浓度较高，因此，作为中国消费者对安全影响还是存在的。可按照以下公式 6 计算极端暴露剂量。

$$Exp_{sys} = F_1 \times C \times Kp \times t \times S_{der} \times n / BW \qquad （公式 6）$$

最坏情况下，式中各项的定义和值如下：

F_1 —— 产品中物质的质量分数　　6%

C —— 产品浓度　　100 mg/cm^3

Kp —— 真皮渗透系数　　9.2 × 10^{-6} cm/h

t —— 暴露时间　　15 min

S_{der} —— 皮肤暴露表面积　　17680 cm^2

n —— 产品使用频率（每天）　　1

BW —— 体重　　60 kg

故，Exp_{sys} = [0.06 × (100 mg/cm^3) × (0.0000092 cm/h) × (0.25 h) × (17680 cm^2) × 1] / 60 kg

= 4.08 × 10^{-3}mg/kg bw/day

4.10 总暴露量

在不可能发生的最坏暴露情况下，在使用清洁产品时，AE 的总暴露量为 5.405 × 10^{-2}mg/kg bw/day。每种暴露源的总暴露量值见表 15 所示。

表15　最坏情况下不同消费者暴露场景中的暴露评估

暴露场景	最坏情况下的暴露评估(EXP_{sys})/[10^{-3}mg /kg bw/day]
手洗衣物时直接经皮暴露	8.48
预处理衣物时直接经皮暴露	11.25
手洗餐具时直接经皮暴露	8.197
通过表面清洁直接经皮暴露	0.42
通过穿着衣物间接经皮暴露	0.042
吸入洗涤剂粉尘	0.00195
吸入喷雾剂颗粒	0.084
脂肪醇醚的经口暴露	2.84
沐浴洗发＋极端暴露（饮用水）	4.08+20.0
总暴露	54.05

数据来源：表面活性剂和洗涤剂行业生产力促进中心，国家洗涤用品质量监督检验中心。*特殊环境和情况最坏暴露量主要依据来源超浓度产品的使用以及高浓度AEO产品暴露值。AEO在其他产品的暴露换算以及产品对人体的最坏暴露情况（全身经皮暴露和喷雾产品吸入暴露等）。

5 危害对比评估

目前有关化学品的人体毒理性安全评价基本上依据于鼠类、家兔等家禽类动物。AEO 系列急性经口毒性已被广泛研究，受试动物包括鼠、狗、家兔和猴子。鼠的经口 LD_{50}（半数致死剂量）为 0.6 ～ 10 g/kg。依照毒性等级量表，AEO 系列被列为轻微到中等毒性，研究还表明雌性动物对 AEO 系列比雄性动物敏感。

表 16 数据显示，AEO 系列中 EO 数在 5 ～ 14 的 AEO 的急性经口毒性较高，烷基链长度对急性经口毒性无明显影响。

表16　AEs对鼠的急性经口毒性研究结果

C_xAE_n		LD_{50} /（g/kg BW）	剂量 /（g/kg BW）	临床症状
$C_xAE_{1\sim3}$		4 ～ 10 以上		
	$C_{9\sim11}AE_{2.5}$	4 ～ 10	最高 10	最高剂量时，8 个受试动物中，7 个死亡；两个最高剂量水平观察到中毒临床表现为竖毛，所有存活动物在研究结束后体重增加
$C_xAE_{4\sim6}$		1.2–10 以上		
	$C_{12\sim13}AE_{6.5}$	雄性：2.5 雌性：1.7	/	/
	$C_{7\sim9}AE_6$	大于 2	雄性：1.3 或 1.6 雌性：2	每组有 1 例死亡，所有死亡均发生在给药后 48h 内；临床主要表现为俯卧、呼吸失调和变化
$C_xAE_{7\sim9}$		小于 2		
	$C_{11}AE_9$	1.1	0.89、1.5、2.0	死亡出现在给药 2 天内，3 种剂量下（由低到高）死亡率分别为 4/10，6/10 和 9/10，低剂量下，雌性较敏感，所有死亡者均为雌性鼠，给药后大多数鼠活动减退，有的甚至运动失调
	$C_{12\sim15}AE_7$	1.7	最高 5	/
	$C_{9\sim11}AE_8$	1.2	/	/

续表

C_xAE_n		LD$_{50}$ / (g/kg BW)	剂量 / (g/kg BW)	临床症状
$C_xAE_{10\sim12}$		0.6 ~ 2.5		
	$C_{14\sim15}AE_{11}$	0.72 和 1.8	/	/
	$C_{12\sim15}AE_{11}$	雄性：大于 2 雌性：1 ~ 2	1，2	在 2g/kg 剂量时，1 雄和 4 雌死亡；1g/kg 剂量时，无动物死亡；高剂量时，中毒临床表现为行动减少，脱水，竖毛，小便失禁
	$C_{15\sim16}AE_{10}$	雄性：0.6 雌性：0.5	最高 1.5	最高剂量下，24h 内观察到腹泻和嗜睡，48h 内幸存者这些症状减弱
C_xAE_{13+}		1 ~ 10 以上		
	$C_{18}AE_{21}$	大于 2	/	/
	$C_{14\sim15}AE_{13}$	1.1	/	症状有腹泻、瞳孔放大、竖毛、多尿等
	EO 数大于 15	大于 4	/	/

数据来源：HERA，表面活性剂和洗涤剂行业生产力促进中心编译。

吸入实验研究结果显示，急性 4h–LC$_{50}$（半数致死浓度）大于 0.22mg/L，当动物暴露于可呼吸的薄雾或喷雾的待测化学品时，才会达到急性毒性临界值，此时，1h 或 4h 的吸入 LC$_{50}$ 为 1.5 ~ 20.7 mg/L，一般 LC$_{50}$ 值超过其在空气中的饱和蒸汽浓度，吸入式研究结果显示，AEO 系列实际应用绝对安全。

通过 AEO 对鼠和兔子的急性经皮毒性评估的研究，多数情况下，鼠的致死剂量大于最高的测试剂量，而兔子的经皮 LD$_{50}$ 值为 2 ~ 5.2 g/kg。基于这些结果，可以认为脂肪醇醚经皮暴露轻微到几乎无毒。AEs 的急性经皮毒性研究结果见表 17 所示。

表17　AEO的急性经皮毒性研究结果

C_xAE_n		受试动物	LD$_{50}$/ (g/kg BW)	剂量/ (g/kg BW)	临床表现
$C_{7\sim9}AE_n$	$C_{7\sim9}AE_6$		大于 2		无死亡，无中毒表现
$C_{9\sim11}AE_n$	$C_{9\sim11}AE_6$	兔	大于 2，大于 4	2g/kg，5g/kg	2g/kg 时，无死亡无中毒表现；5g/kg 时，死亡率为 5/8
$C_{12\sim14}AE_n$	$C_{12\sim14}AE_{3/6}$	鼠	大于 2	2g/kg	无死亡，无中毒表现
$C_{12\sim15}AE_n$		鼠	大于 0.9，大于 5		
	$C_{12\sim15}AE_7$	鼠	大于 2	最高 2	中毒表现为皮毛潮湿，给药处发炎
	$C_{13\sim15}AE_{11}$	鼠	大于 0.92	最高 0.92	7/12 发生轻微浮肿，在第 8 日减轻
$C_{15\sim16}AE_n$	$C_{15\sim16}AE_{10}$	鼠	大于 0.8		无死亡，无中毒表现

数据来源：HERA，表面活性剂和洗涤剂行业生产力促进中心编译。

脂肪醇醚对鼠和兔子的急性经皮毒性很低，其 LD$_{50}$ 值大于试验中的最高剂量值。AEO 对鼠和兔的急性经皮毒性的 LD$_{50}$ 值分别为 0.8 ~ 5 g/kg 和 2 ~ 5 g/kg。经皮毒性和 AEO 的结构没有关系。

脂肪醇醚对兔子皮肤刺激性评估的研究很广泛，研究中采用 0.1% ~ 100% 范围的不同浓度，暴露时间从 4 h 到 4 周，敷裹情况分为敞开 / 半封闭和全封闭。在 4h 暴露的封闭试验条件下，测试一系列 EO 数不同的 AEO 原液对兔子皮肤的刺激性，得出 $C_{13}AE_{20}$ 和 $C_{12\sim14}AE_{15}$ 的 PII 为 0.6 ~ 1.6（属轻微刺激性），$C_{12\sim14}AE_{10}$、$C_{13}AE_6$ 和 $C_{13}AE_{5\sim6.5}$ 的 PII 为 4.1 ~ 5.6（属中度刺激性），$C_{12\sim14}AE_6$、$C_{12\sim14}AE_3$ 和 $C_{13}AE_3$ 的 PII 为 6.3 ~ 7.1（属严重刺激性）。划分为中度到严重刺激的，泛红超出受试部位且受试部位皮肤干燥，未出现坏死。结果表明随着 EO 数的增加，AEO 的皮肤刺激性变小。

脂肪醇醚对兔子眼睛的刺激性从轻微到严重，在有些 AEO 中暴露后，眼睛可以在几天后恢复，但有些 AEO 却对眼睛造成了不可逆性损伤。暴露于受试物后直接用水冲洗 20 ~ 30s 可减轻属中度刺激性的受试物的刺激程度。暴露后用水冲洗，兔子眼睛的严重刺激反应不会持续。具体而言，受试物原液对兔子眼睛有严重的刺激性（2 只兔子在受试 24h 后均出现结膜炎和角膜混浊）；受试物浓度为 10% 时，引起发红和分泌物增加且均在 7 天后恢复，属中等刺激性；受试物浓度为 0.1% 和 1% 时，对兔子眼睛无刺激。

表 18 列出了脂肪醇醚所有可用的重复剂量毒性研究。

表18　脂肪醇醚重复剂量毒性研究结果

动物	途径	持续时间	受试物	NOAEL/NOEL估计值	剂量水平
亚急性					
鼠 N=30	经口填喂	14 d	$C_{13\sim15}AE_3$	> 500 mg/kg bw/d	0.5 mL/kg/day
鼠 N=30	经口填喂	14 d	$C_{13\sim15}AE_{7}$/ $C_{13\sim15}AE_{7.5}$	> 500 mg/kg bw/d	0.5 和 0.2 mL/kg
鼠 N=30	经口填喂	14 d	$C_{14\sim15}AE_7$	> 250 mg/kg bw/d	0.25 mL/kg
鼠 N=30	经口填喂	14 d	$C_{13\sim15}AE_{11}$	> 100 mg/kg bw/d	0.1 g/kg/day
鼠 N=30	经口填喂	14 d	$C_{13\sim15}AE_{20}$	> 100 mg/kg bw/d	0.1 g/kg/day
鼠 N=60	经口饲养	21 d	$C_{12\sim15}AE_3$	471 mg/kg bw/d	0, 0.023, 0.047, 0.094, 0.188, 0.375, 0.75, 1.00, 1.50%
鼠 N=60	经口饲养	21 d	$C_{12\sim14}AE_7$	459 mg/kg bw/d	0, 0.023, 0.047, 0.094, 0.188, 0.375, 0.75, 1.00, 1.50%
鼠 N=60	经口饲养	21 d	$C_{12\sim15}AE_7$	502 mg/kg bw/d	0, 0.023, 0.047, 0.094, 0.188, 0.375, 0.75, 1.00, 1.50%
鼠 N=60	经口饲养	21 d	$C_{12\sim15}E_{11}$	519 mg/kg bw/d	0, 0.023, 0.047, 0.094, 0.188, 0.375, 0.75, 1.00, 1.50%
鼠 N=60	经口饲养	21 d	$C_{16\sim20}AE_{18}$	433 mg/kg bw/d	0, 0.023, 0.047, 0.094, 0.188, 0.375, 0.75, 1.00, 1.50%
亚慢性					
鼠 N=80	经口饲养	90 d	$C_{10}AE_5$	250 mg/kg bw/d	0, 125,250, 500 mg/kg/day
鼠 N=160	经口饲养	90 d	$C_{12\sim14}E_7$	110 mg/kg bw/d	0, 0.03, 0.063, 0.125, 0.25, 0.5, 1.0%
鼠 N=160	经口饲养	90 d	$C_{12\sim15}E_7$	102 mg/kg bw/d	0, 0.03, 0.063, 0.125, 0.25, 0.5, 1.0%
鼠 N=144	经口饲养	90 d	$C_{14\sim15}E_7$	50 mg/kg bw/d	0, 300, 1000, 3000, 10000 ppm
鼠 N=160	经口饲养	90 d	$C_{14\sim15}E_7$	700 mg/kg bw/d	0., 0.1, 0.5, 1%
鼠 N=181	经口饲养	90 d	$C_{9\sim11}AE_6$	150 mg/kg bw/d	0, 125, 250, 500, 1000, 3000 ppm
鼠 N=80	经口填喂	90 d	$C_{16\sim18}AE_{10}$	100 mg/kg bw/d	0, 20, 100, 500 mg/kg/day
鼠 N=80	经口饲养	90d	$C_{16\sim18}AE_{10}$	> 500 mg/kg bw/d	20, 100，500 mg/kg/day
鼠 N=160	经口饲养	90 d	$C_{9\sim11}AE_8$	400 mg/kg bw/d	0, 0.04, 0.2, 1%
鼠 N=80	经　皮	90 d	$C_{9\sim11}AE_6$	80 mg/kg bw/d	0, 1, 10，25%
长期研究（慢性）					
鼠	经口饲养	104 w	$C_{12\sim13}AE_{6.5}$ $C_{14\sim15}AE_7$	50 mg/kg bw/d	0, 0.1, 0.5, 1%
鼠 N=520	经口饲养	1 ~ 2 a	$C_{14\sim15}E_7$	160 mg/kg bw/d	0, 0.1, 0.5, 1%

数据来源：HERA，表面活性剂和洗涤剂行业生产力促进中心编译。

脂肪醇醚的亚急性、亚慢性和慢性经口、经皮毒性研究，提供了关联的系统毒性概述。两项慢性长期毒性研究考察了 AEs 的致癌潜力，在剂量水平大于 50 mg/kg/day 时未观察到不良反应。在 90 天的经皮、经口亚慢性研究中，NOELs / NOAELs 范围为 50 ~700 mg/kg/day。

6 暴露总量

暴露限值（MOE）为未观察到有害作用水平（NOAEL）或一个适当代替（如 NOEL）和估计的或实际的人体对物质暴露量的比值。由合乎科学且适当开展的经口饲养鼠 2 年 $C_{12\sim13}AE_{6.5}$ 的研究得出的脂肪醇醚系统毒性的 NOAEL 为 50 mg/kg bw/d。尽管，无表明鼠经口暴露于 AEs 体系的单独动力学数据可用，一些研究者认为 AEO 很容易通过胃肠道吸收，其经口吸收率 >75%。故，采取保守方法认为脂肪醇醚的生物利用度为胃肠吸收的 75%，使用 37.5 mg/kg bw/d 为体系的 NOAEL 值来计算不同暴露场景的 MOE 值最坏情况的场景中，消费者直接或间接经皮暴露于 AEO 原液或稀释液中，吸入含 AEO 的清洁喷雾剂的喷雾，经口暴露于餐具残留 AEO 时，预估的体系 AEO 暴露量为 54.05 μg/kg bw/d。MOE 由体系的 NOAEL 值 37.5mg/kg bw/d 除以总暴露量计算得出。

$$MOE_{总} = 37500/54.05\ [\mu g/kg\ bw/day] = 700$$

7 结论

消费者暴露于含脂肪醇醚的家用洗衣液和洗涤产品主要途径是经皮，但也有经口和吸入途径。皮肤暴露主要发生在手洗衣物、衣物预处理、手洗餐具、穿着清洗后小部分残留 AEO 的衣物和表面清洁时的皮肤接触。消费者的经口暴露主要发生在使用清洗后残留 AEO 的餐具进食。由于喷雾清洁剂中使用 AEO，消费者会暴露于喷雾产生的含 AEO 的喷雾颗粒。估计消费者暴露于 AEO 的最大总量为 54.05 μg/kg bw/day。

体外和体内的大量毒理学数据和信息表明 AEO 无遗传毒性、致突变性和致癌性。在鼠的 2- 代 AEs 研究中，未观察到生殖效应。只在母系毒性剂量时，观察到幼崽体重的减小。长期重复脂肪醇醚剂量后发现的不良反应是肝脏、肾脏和心脏的器官与体重比值的明显提高。个别脂肪醇醚（$C_{12-13}AE_{6.5}$）的最低 NOAEL 为 50 mg/kg bw/day，这一 NOAEL 值作为整个 AEs 的 NOAEL 值，大部分慢性和亚慢性的重复剂量毒性研究显示 NOAELs 大于 100 mg/kg/bw/d，故这是保守的方法。经口暴露中，研究者发现 AEO 经胃肠道吸收至少达 75%，故，保守地将胃肠道吸收的 75% 作为体系的 AEO 量，故体系的 NOAEL 为 37.5 mg/kg bw/d。

通过比较累积暴露值和体系 NOAEL 得出 MOE 为 700。考虑到暴露计算的保守性和指定体系脂肪醇醚的 NOAEL，该暴露限值足够大来说明风险数据库和物种内部及物种间外推的内在不确定性。

未稀释的脂肪醇醚对眼睛和皮肤有刺激性。AEO 水溶液的刺激性取决于浓度。无需考虑在手洗衣物或手洗餐具时和含 AEO 溶液直接或间接的皮肤接触产生局部的皮肤反应，因为 AEO 不是接触致敏物，在使用浓度时对皮肤无刺激。由于和未稀释的配方产品的短暂接触产生的偶然的轻微刺激，立即用水冲洗双手很容易避免。在使用喷雾清洁剂或洗衣粉时产生的空气中 AEO 浓度非常低，所以，对呼吸道的刺激潜力是不考虑的。

脂肪醇醚 AEO 系列中含有异构醇醚系列，该产品实际使用量较少，但是其对真皮的渗透性远远高于上述报告中的常用直链脂肪醇醚，企业在配方技术开发和宣传时应该说明异构醇醚成分存在，可能会对皮肤产生刺激。

总之，人体健康风险评估表明使用含 AEO 的家用洗衣和清洁产品是安全的，不会引起消费者使用的担心。特别注意异构醇醚对人体由于强渗透引起的暴露可能。

注：此文章只是对目前 AEO 的极端情况进行技术、方法上的验证，仅作参考。具体情况以产品中 AEO 实际含量为准。

ACHIEVEMENTS

科研与成果

2016年中国表面活性剂行业专利申请和授权

通过对关键词“表面活性剂”行业领域的专利进行检索分析，2016年国内相关“表面活性剂”专利申请数量为6582件，专利公开数量为12080件，分别较2015年的7366件和11328件同比增长-10.64%和6.64%。相关专利申请数连续两年下降，而专利公开数却逐年增长（表1、图1~图2所示）。

从检索主要内容来看，2015—2016年，国内相关专利申请主要集中在“新型绿色表面活性剂合成及应用”“生物表面活性剂”“功能性表面活性剂”“特种表面活性剂”等，诸如季铵盐阳离子表面活性剂、脂肽类生物表面活性剂等。

表1 2011—2016年国内表面活性剂专利申请、公开情况统计

年份	专利申请数量/件	专利申请同比增长/%	专利公开数量/件	专利公开同比增长/%
2011	6994	—	5368	—
2012	8001	14.39	7720	43.82
2013	9125	14.04	8684	12.49
2014	9305	1.97	9647	11.09
2015	7366	-20.83	11328	17.43
2016	6582	-10.64	12080	6.64

数据来源：表面活性剂和洗涤剂行业生产力促进中心编辑整理。

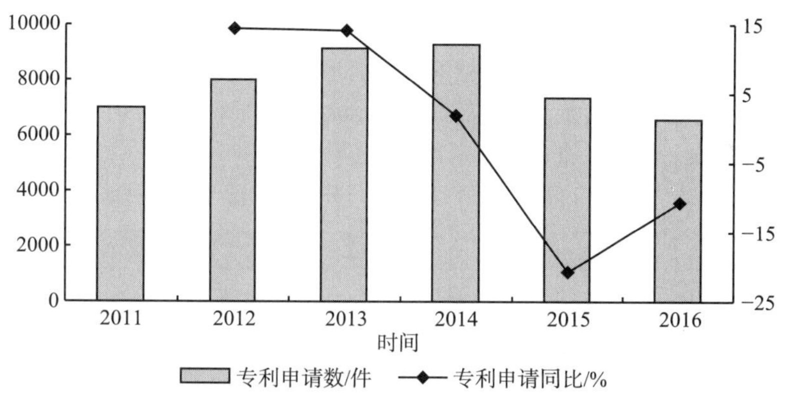

图1 2011—2016年国内表面活性剂专利申请统计

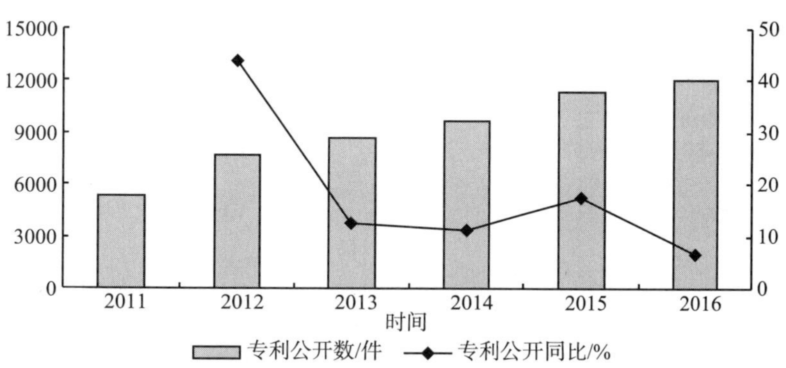

图2 2011—2016年国内表面活性剂专利公开统计

1 专利公开

2016年，国内表面活性剂专利公开总计12080件，其中发明专利为8253件，占比68.32%。按照专利公开状态分析，公开数1068件，占比8.84%，较2015年的2123件同比降低49.69%；实审数量为6968件，占比57.68%，较2015年同比增长18.14%；授权数量为3902件，占比32.30%，较2015年同比降低13.67%；撤回120件，较2015年的37件同比增长224.32%；其他（避重、驳回、放弃、到期等）专利数为22件，占比0.18%（图3所示）。

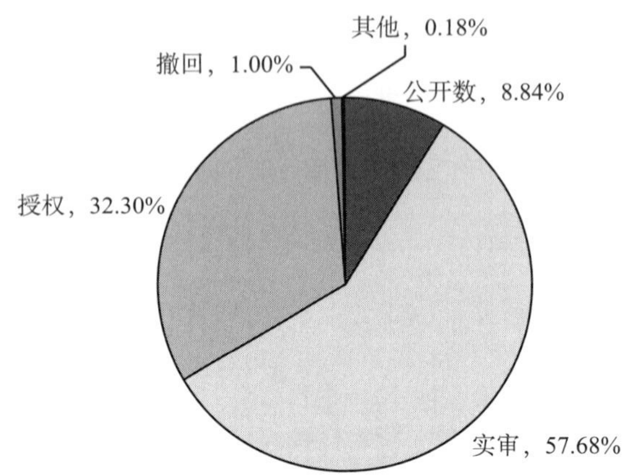

图3 2016年专利公开统计（公开、授权、实审等）

对专利公开关键词检索，洗涤剂、化妆品、油田、农药、纺织、造纸、涂料、食品、杀菌、塑料是国内表面活性剂行业知识产权保护的首选，其中涂料类型表面活性剂公开数尤为突出，达到611件，表明目前国内表面活性剂在涂料方面的应用已逐渐成为发展热点（表2所示）。

表2 2016年表面活性剂专利公开关键词检索（应用领域）

序号	关键词	专利数/件	备注
1	表面活性剂、洗涤剂	201	公开日截止到2016年12月31日
2	表面活性剂、化妆品	230	公开日截止到2016年12月31日
3	表面活性剂、油田	146	公开日截止到2016年12月31日
4	表面活性剂、农药	290	公开日截止到2016年12月31日
5	表面活性剂、纺织	256	公开日截止到2016年12月31日
6	表面活性剂、造纸	82	公开日截止到2016年12月31日
7	表面活性剂、涂料	611	公开日截止到2016年12月31日
8	表面活性剂、食品	154	公开日截止到2016年12月31日
9	表面活性剂、杀菌	544	公开日截止到2016年12月31日
10	表面活性剂、塑料	221	公开日截止到2016年12月31日

从2016年专利公开申请人分析，排名前五的申请单位分别为：中国石油化工股份有限公司、中国石油天然气股份有限公司、宝洁公司、荷兰联合利华有限公司和江南大学，合计比重4.16%。其中中国石油化工股份有限公司专利公开数为220件，较2015年同比降低12.69%（表3所示）。

表3　2016年“表面活性剂”专利公开按照申请人排名（Top10）

序号	申请人	专利数/件	百分比/%	同比/%
1	中国石油化工股份有限公司	220	1.68	−12.69
2	中国石油天然气股份有限公司	85	0.65	1.19
3	宝洁公司	83	0.63	−20.19
4	荷兰联合利华有限公司	81	0.62	−6.89
5	江南大学	76	0.58	7.04
6	巴斯夫欧洲公司	62	0.47	−1.58
7	中国石油大学（华东）	54	0.41	8.47
8	中国科学院大连化学物理研究所	54	0.41	17.39
9	浙江大学	53	0.40	3.92
10	中国石油化工股份有限公司上海石油化工研究院	48	0.37	−14.28

2016年，国内相关“表面活性剂”行业专利公开按部进行分类统计，涉及“化学、冶金”专利数达到7402件，占比49.20%，较2015年同比增长7.18%；涉及“农业”专利公开数量为2874件，占比19.10%，较2015年同比增长5.47%；涉及“作业、运输”专利公开数量达到2461件，占比16.36%，较2015年同比增长3.71%（表4、图4所示）。

表4　2016年“表面活性剂”专利公开按部分类统计

序号	分类号部	专利数/件	百分比/%	同比/%
1	C 化学；冶金	7402	49.20	7.18
2	A 农业	2874	19.10	5.47
3	B 作业；运输	2461	16.36	3.71
4	H 电学	752	5.00	20.12
5	D 纺织；造纸	750	4.99	17.18
6	G 物理	549	3.65	16.06
7	E 固定建筑物	169	1.12	−12.88
8	F 机械工程；照明；加热；武器；爆破	88	0.58	46.66

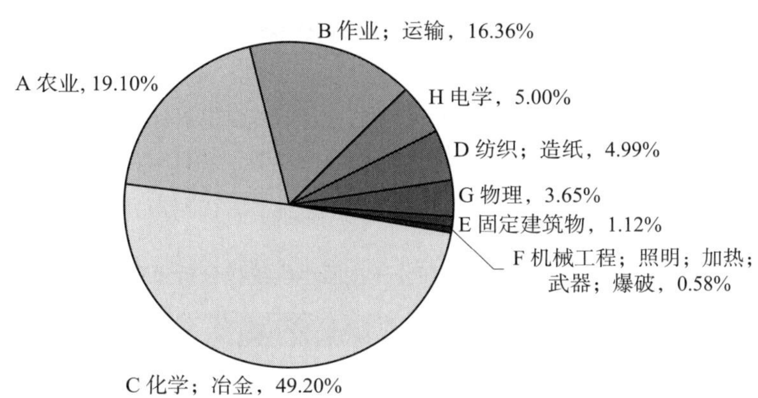

图4　2016年“表面活性剂”专利公开按部分类统计

对“表面活性剂”关键词专利公开按照大类统计，排名前三的分别是C09（染料；涂料；抛光剂；天然树脂：黏合剂；其他类目不包含的组合物；其他类目不包含的材料的应用）、A61（医学或兽医学；卫生学）和C08（有机高分子化合物；其制备或化学加工；以其为基料的组合物），专利公开数分别为2091件、1889件和1608件，占比达到12.58%、11.37%和9.68%，较2015年同比增长12.17%、6.06%和8.94%（表5、图5所示）。

表5　2016年“表面活性剂”专利公开按大类统计（Top10）

序号	分类号大类	专利数/件	百分比/%	同比/%
1	C09 染料；涂料；抛光剂；天然树脂；胶黏剂；其他类目不包含的组合物；其他类目不包含材料的应用	2091	12.58	12.17
2	A61 医学或兽医学；卫生学	1889	11.37	6.06
3	C08 有机高分子化合物；其制备或化学加工；以其为基料的组合物	1608	9.68	8.94
4	B01 一般的物理或化学的方法或装置	1169	7.03	3.91
5	C11 动物或植物油、脂、脂肪物质或蜡；由此制取的脂肪酸；洗涤剂；蜡烛等	853	5.13	–0.46
6	A01 农业；林业；畜牧业；狩猎；诱捕；捕鱼	797	4.80	–1.12
7	H01 基本电气元件	721	4.34	21.38
8	C01 无机化学	698	4.20	12.75
9	C07 有机化学	681	4.10	16.01
10	C23 对金属材料的镀覆；用金属材料对材料的镀覆；表面化学处理；金属材料的扩散处理；真空蒸发法、溅射	525	3.16	6.27

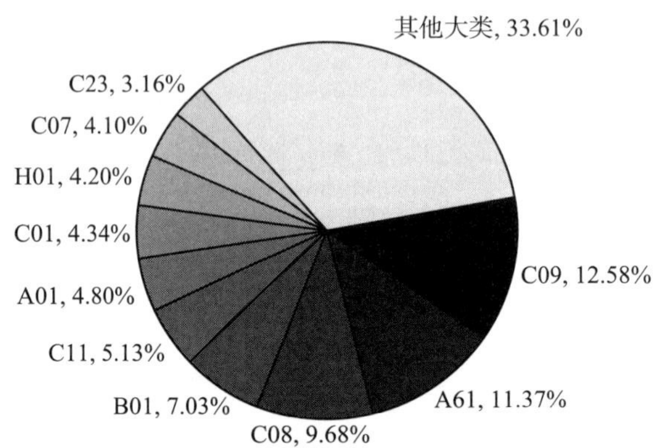

图5　2016年“表面活性剂”专利公开按大类统计比重

按照分类号小类统计分析，2016年表面活性剂专利公开数最多的为A61K（医用、牙科用或梳妆用的配制品，公开数为1723件，占比8.12%，同比增长5.71%）；C09D、A61P、A61Q、C11D的专利公开数也分别达到800件，合计比重超过16.8%，其中C11D较2015年相比，降低1.08个百分点（表6和图6所示）。

表6　2016年表面活性剂专利公开按照小类统计分析（Top10）

序号	分类号小类	专利数/件	百分比/%	同比/%
1	A61K 医用、牙科用或梳妆用的配制品	1723	8.12	5.71
2	C09D 涂料组合物，例如色漆、清漆或天然漆；填充浆料；化学涂料或油墨的去除剂；油墨；改正液；木材着色	1065	5.02	30.19

续表

序号	分类号小类	专利数/件	百分比/%	同比/%
3	A61P 化合物或药物制剂的特定治疗活性	851	4.01	5.32
4	A61Q 化妆品或类似梳妆用配制品的特定用途	835	3.93	13.14
5	C11D 洗涤剂组合物；用单一物质作为洗涤剂；皂或制皂；树脂皂；甘油的回收	821	3.87	-1.08
6	C08L 高分子化合物的组合物	770	3.63	2.67
7	C09K 不包含在其他类目中的各种应用材料；不包含在其他类目中的材料的各种应用	755	3.56	0.80
8	A01N 人体、动植物体或其局部的保存	727	3.42	-2.28
9	B01J 化学或物理方法，例如，催化作用、胶体化学；其有关设备	705	3.32	0.57
10	C08K 使用无机物或非高分子有机物作为配料	648	3.05	11.53

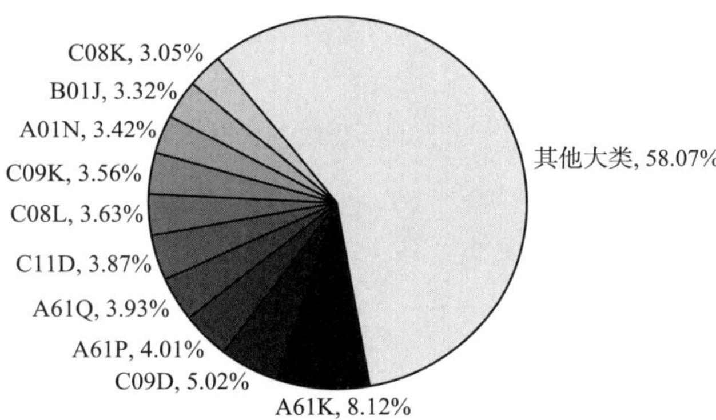

图 6　2016 年表面活性剂专利公开按照小类统计分析

从专利公开大组、小组统计分析，排名前五位的主要以个人化妆护理类产品、洗涤剂和医药等配方研发为主，专利公开数均超过 500 件，较 2015 年相比，均有不同程度的增长。而表面活性剂在配伍性能方面的应用研究成为 2016 年专利知识保护的重点，对提升行业发展具有重要指导作用（表 7 所示）。

表7　2016年表面活性剂专利公开按照大组统计（Top10）

序号	分类号大组	专利数/件	百分比/%	同比/%
1	A61K8/00 化妆品或类似的梳妆用配制品	849	2.59	8.15
2	C11D3/00 包括在 C11D 1/00 组内之洗涤组合物的其他配料成分	621	1.89	9.33
3	A61K31/00 含有机有效成分的医药配制品	603	1.84	16.41
4	C09D7/00 C09D 5/00 中不包括的涂料成分特征	584	1.78	46.36
5	C11D1/00 主要以表面活性化合物为基料的洗涤组合物；使用这些化合物作为洗涤剂	544	1.66	1.87
6	A61K9/00 以特殊物理形状为特征的医药配制品	513	1.57	-13.05
7	C08K3/00 使用无机配料	482	1.47	13.14
8	A61Q19/00 护理皮肤的制剂	472	1.44	26.88
9	C09K8/00 用于钻孔或钻井的组合物；用来处理孔或井的组合物，例如，用于完成或修复操作	456	1.39	-8.43
10	A61K47/00 以所用的非有效成分为特征的医用配制品，例如载体、惰性添加剂	388	1.18	-7.18

结合小组统计类别，专利公开结构主要集中在添加剂、新型纳米材料和洗涤、护理制剂等方面，用于材料和表面科学纳米技术的专利公开数较2015年同比降低6.07%，而含氧制剂与护理皮肤制剂较2015年相比，同比增长均超过50%，说明以表面活性化合物为基料的洗涤组合物中，选用含氧有机化合物和洗涤护理制剂产品作为发明重点的专利申请量增加，显示出近年该领域的技术正处在高速发展时期，是该行业技术人员的研究热点（表8所示）。

表8 2016年表面活性剂专利公开按照小组统计（Top10）

序号	分类号小组	专利数/件	百分比/%	同比/%
1	C09D7/12 其他添加剂	576	1.20	46.95
2	C11D3/60 配料成分的混合物	385	0.80	25.00
3	A61K8/97 源自植物的，例如，植物提取物	361	0.75	21.55
4	B82Y40/00 纳米结构的制造或处理	307	0.64	20.86
5	B82Y30/00 用于材料和表面科学的纳米技术，例如：纳米复合材料	297	0.62	-6.07
6	C11D3/20 含氧制剂	296	0.62	51.02
7	A61Q19/10 洗涤或沐浴制剂	279	0.58	22.91
8	A61Q19/00 护理皮肤的制剂	271	0.57	52.24
9	A01P3/00 杀菌剂	228	0.48	-1.29
10	C11D3/37 聚合物	227	0.47	41.87

2 专利申请

2015—2016年，国内“表面活性剂”专利申请数量为6582件，其中公开数为961件，占比14.60%；实审5383件，占比81.78%；申请授权数量为98件，占比1.49%；撤回128件，占比1.94%；其他（避重、驳回、放弃、到期）专利数为12件，占比0.19%（图7所示）。

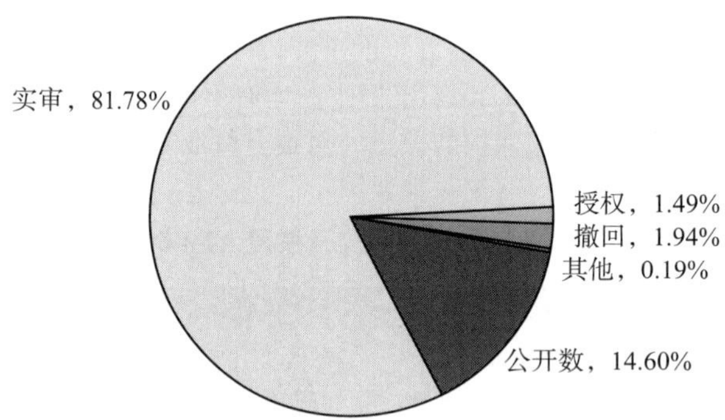

图7 2016年专利申请状态统计（实审、公开、授权等）

2016年，专利申请按部进行统计，主要集中在化学/冶金、农业、作业/运输等，合计比重85.33%，这与2015年关键词检索结果基本一致（表9、图8所示）。

表9 2016年表面活性剂专利申请按部统计排行

序号	分类号部	专利数/件	百分比/%
1	C 化学；冶金	4072	49.74
2	A 农　业	1611	19.68

续表

序号	分类号部	专利数/件	百分比/%
3	B 作业；运输	1302	15.91
4	D 纺织；造纸	400	4.89
5	H 电　学	360	4.40
6	G 物　理	285	3.48
7	F 机械工程；照明；加热；武器；爆破	82	1.00
8	E 固定建筑物	74	0.90

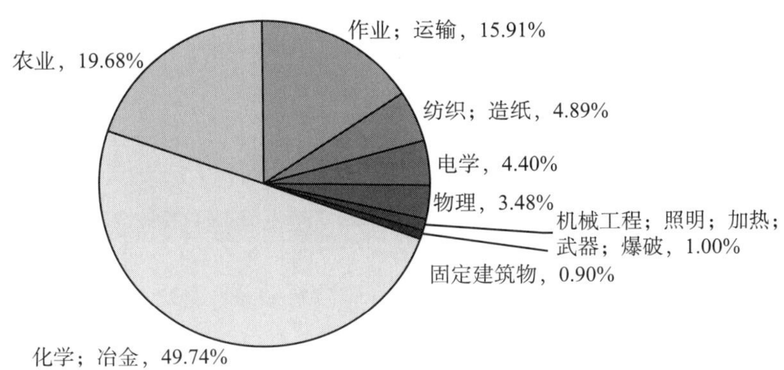

图 8　2016 年表面活性剂专利申请按部统计排行

2016 年专利申请按大类统计，排名前五位的是 C09（染料、涂料、抛光剂、天然树脂、黏合剂等），A61（医学或兽医学、卫生学），C08（有机高分子化合物等），B01（一般的物理或化学的方法或装置）和 C11（动物或植物油、脂、脂肪物质或蜡等），专利申请数分别为 1123 件、1017 件、762 件、649 件和 488 件，合计比重超过 45%（表 10 所示）。

表10　2016年表面活性剂专利申请按大类统计（Top20）

序号	分类号大类	专利数/件	百分比/%
1	C09 染料；涂料；抛光剂；天然树脂；黏合剂；其他类目不包含的组合物；其他类目不包含的材料的应用	1123	12.54
2	A61 医学或兽医学；卫生学	1017	11.36
3	C08 有机高分子化合物；其制备或化学加工；以其为基料的组合物	762	8.51
4	B01 一般的物理或化学的方法或装置	649	7.25
5	C11 动物或植物油、脂、脂肪物质或蜡；由此制取的脂肪酸；洗涤剂；蜡烛	488	5.45
6	A01 农业；林业；畜牧业；狩猎；诱捕；捕鱼	477	5.33
7	C07 有机化学	367	4.10
8	C01 无机化学	354	3.95
9	H01 基本电气元件	336	3.75
10	C23 对金属材料的镀覆；用金属材料对材料的镀覆；表面化学处理；金属材料的扩散处理；真空蒸发法、溅射	301	3.36
11	D06 织物等的处理；洗涤；其他类不包括的柔性材料	281	3.14
12	C02 水、废水、污水或污泥的处理	248	2.77
13	B82 超微技术	247	2.76
14	C04 水泥；混凝土；人造石；陶瓷；耐火材料	239	2.67
15	G01 测量；测试	233	2.60
16	C10 石油、煤气及炼焦工业；含一氧化碳的工业气体；燃料；润滑剂；泥煤	174	1.94

续表

序号	分类号大类	专利数/件	百分比/%
17	B22 铸造；粉末冶金	131	1.46
18	C12 生物化学；啤酒；烈性酒；果汁酒；醋；微生物学；酶学；突变或遗传工程	120	1.34
19	C25 电解或电泳工艺；其所用设备	98	1.09
20	C05 肥料；肥料制造	98	1.09

2016 年专利申请按小类统计，排名前五的是 A61K（医用、牙科用或梳妆用的配制品），C09D（涂料组合物等），A61P（化合物或药物制剂的特定治疗活性），C11D（洗涤剂组合物）和 A01N（人体、动植物体或其局部的保存），专利申请数分别为 916 件、641 件、584 件、471 件和 423 件，合计比重为 26.04%，其中 A61K 占比 7.86%（表 11 所示）。

表11　2016年表面活性剂专利申请按小类统计（Top20）

序号	分类号小类	专利数/件	百分比/%
1	A61K 医用、牙科用或梳妆用的配制品	916	7.86
2	C09D 涂料组合物，例如色漆、清漆或天然漆；填充浆料；化学涂料或油墨的去除剂；油墨；改正液；木材着色……	641	5.50
3	A61P 化合物或药物制剂的特定治疗活性	584	5.01
4	C11D 洗涤剂组合物；用单一物质作为洗涤剂；皂或制皂；树脂皂；甘油的回收	471	4.04
5	A01N 人体、动植物体或其局部的保存	423	3.63
6	C08L 高分子化合物的组合物	415	3.56
7	A61Q 化妆品或类似梳妆用配制品的特定用途	411	3.53
8	A01P 化学化合物或制剂的杀生、害虫驱避、害虫引诱或植物生长调节活性	404	3.47
9	C08K 使用无机物或非高分子有机物作为配料	389	3.34
10	B01J 化学或物理方法，例如，催化作用、胶体化学；其有关设备	369	3.17
11	C09K 不包含在其他类目中的各种应用材料；不包含在其他类目中的材料的各种应用	328	2.82
12	C02F 水、废水、污水或污泥的处理	248	2.13
13	B82Y 纳米结构的特定用途或应用；纳米结构的测量或分析；纳米结构的制造或处理	245	2.10
14	C04B 石灰；氧化镁；矿渣；水泥；其组合物，例如：砂浆、混凝土或类似的建筑材料；人造石；陶瓷	239	2.05
15	G01N 借助于测定材料的化学或物理性质来测试或分析材料	229	1.97
16	C08G 用碳 – 碳不饱和键以外的反应得到的高分子化合物	222	1.91
17	C08J 加工；配料的一般工艺过程；不包括在 C08B，C08C，C08F，C08G 或 C08H 小类中的后处理	222	1.91
18	B01D 分离	182	1.56
19	C01B 非金属元素；其化合物	180	1.55
20	H01M 用于直接转变化学能为电能的方法或装置，例如电池组	167	1.43

3 小结

目前，我国日化行业申请的专利总数有了明显提高，但仍然存在发明专利申请少，外观设计专利申请量多，授权专利少，专利转化利用率低，地区分布不均衡等现象。为此，在《国家知识产权战略纲要》的引导下，制定企业自身知识产权战略，强化我国表面活性剂行业的专利保护意识，提高申请专利的质量，让专利权成为企业发展的促进剂和参与竞争的强大后盾。

附表一：2016 年“表面活性剂”专利申请统计

申请号	专利申请名称	申请人	发明人	分类号
201610783410.70	表面活性剂组合物	余姚市楷瑞电子有限公司	应国军	B01F17/54（2006.01）I
201610058345.10	双子表面活性剂的制备方法	广西大学 南宁市勘察测绘地理信息院	熊德元；丁世磊；张信贵，等	C07C215/40（2006.01）I
201611014078.40	双子表面活性剂的合成方法	塔里木大学	姜建辉；梁鹏举；赵俭波，等	C07C303/32（2006.01）I
201610060043.80	表面活性剂、其制备方法及应用	江苏苏博特新材料股份有限公司	冉千平；陈健；乔敏，等	B01F17/18（2006.01）I
201610936584.20	一种表面活性剂胶束驱油剂	中国石油大学（华东）	蒋平；张磊；葛际江，等	C09K8/584（2006.01）I
201610265927.70	一种用于制备洗涤液的脂肪醇表面活性剂及该脂肪醇表面活性剂的制备方法	苏智勇	苏智勇	C11D1/65（2006.01）I
201610294378.60	一种光－磁双重刺激响应型表面活性剂	江南大学	蒋建中；马宇萱；杜盛郁，等	B01F17/18（2006.01）I
201610349018.10	一种功能化 Gemini 表面活性剂构筑的粘弹体系	江南大学	裴晓梅；张群；李文楷，等	B01F17/18（2006.01）I
201611110368.90	一种二茂铁基双重刺激响应型表面活性剂	江南大学	蒋建中；余诗洁；尹金超	C07F17/02（2006.01）I
201610643590.90	一种自破胶用表面活性剂变粘酸	安徽炎胜新材料科技有限公司	李化真；程伟；王从伟	C09K8/74（2006.01）I
201610841839.70	一种表面活性剂定量检测方法	中国科学技术大学	田志刚；程永凤；郑晓东，等	G01N21/31（2006.01）I
201610187597.40	一种蛋白质表面活性剂复合型发泡剂	陕西师范大学	陈亚芍；张峰；杨杰，等	C04B24/14（2006.01）I
201610785267.50	一种驱油有机硅表面活性剂及其制备方法	湖北新四海化工股份有限公司	耿学辉；杨伟；田坤，等	C08G65/28（2006.01）I
201610586803.90	一种含氨基酸表面活性剂的洗发水及其制备方法	广州百孚润化工有限公司	黎华美；陈浩	A61K8/44（2006.01）I
201610733904.40	一种有机硅季铵盐表面活性剂及其制备方法	浙江理工大学	陈涛；王新英；王际平	C07F7/08（2006.01）I
201610034805.70	一种测定表面活性剂临界胶束浓度的方法	华南理工大学	张舒心；柴欣生	G01N30/02（2006.01）I
201610557793.60	一种含氟表面活性剂及一种水成膜泡沫灭火剂	山东中氟化工科技有限公司	魏菁晶；蒋斌；柳飞，等	B01F17/10（2006.01）I
201610024684.80	一种优化生物表面活性剂分子结构的模拟方法	中国石油大学（华东）	胡松青；徐建昌；王洪兵，等	G06F19/00（2011.01）I
201610815163.40	一种含有萜烯类化合物的表面活性剂及其用途	浙江新安化工集团股份有限公司	秦龙；黄海燕；徐亚卿，等	A01N25/30（2006.01）I
201610323948.X	具有聚集诱导发光效应的表面活性剂	北京化工大学	吕超；管伟江；周文娟，等	B01F17/18（2006.01）I
201610619965.80	一种驱油用表面活性剂及其制备方法	大港油田集团有限责任公司	程静；葛红江；雷齐玲，等	C09K8/584（2006.01）I
201610240508.80	一种从文冠果中提取表面活性剂的方法	山西双林富农林开发有限公司	范鹏飞；范世红；王创来	A61K8/97（2006.01）I
201610327899.70	一种包含氟基表面活性剂的非水锂电池电解液	山东海容电源材料有限公司	刘永；刘子磊；任海，等	H01M10/0566（2010.01）I

续表

申请号	专利申请名称	申请人	发明人	分类号
201610629222.90	自动获取最高减阻率的表面活性剂减阻管道	常州大学	庞明军；张展；高光藩，等	F17D1/17（2006.01）I
201610308566.X	一种脂肽类生物表面活性剂的制备方法	青岛科技大学	李红芳；李俊峰；滕丽丽，等	C12P21/00（2006.01）I
201611068086.70	一种氨基酸类表面活性剂的制备方法	张家港格瑞特化学有限公司	徐由江；朱红军；郭静波，等	C07C303/32（2006.01）I
201610639487.70	一种自降解破胶表面活性剂压裂液	安徽炎胜新材料科技有限公司	李化真；程伟；王从伟	C09K8/68（2006.01）I
201610000744.20	阴离子型妥尔油双子表面活性剂及其制备方法	陕西科技大学	任龙芳；孙燕情；王学川，等	B01F17/22（2006.01）I
201610668146.20	一种环硅氧烷表面活性剂及其制备方法	常熟理工学院	曾小君；付任重；马金培，等	B01F17/56（2006.01）I
201610281104.30	含复配表面活性剂的洗面奶及其制备方法	广州宏度精细化工有限公司	李承勇；周姝；蓝海玲，等	A61K8/81（2006.01）I
201610140766.90	一种高分子表面活性剂及其制备方法	山东永泰集团有限公司	尤晓明；王显涛；张新平，等	C08F220/06（2006.01）I
201610689050.40	含硒甜菜碱两性离子表面活性剂	江南大学	张永民	B01F17/18（2006.01）I
201610364628.90	一种低渗油藏驱油表面活性剂及其制备和产品	中国石油大学（北京）	郭继香；高鲜花；卓苗	C09K8/584（2006.01）I
201610462732.10	一种有机硅甜菜碱表面活性剂及其制备方法	常熟理工学院	曾小君；马金培；张裕明，等	B01F17/54（2006.01）I
201610247971.50	一种一锅法制备双子表面活性剂的方法	河南省科学院高新技术研究中心	郭辉；张国宝；庄玉伟，等	C09K8/68（2006.01）I
201610856321.00	松香基磷酯表面活性剂及其制备方法和应用	北京林业大学	韩春蕊；李娟；杨俊，等	C07C69/753（2006.01）I
201610120660.20	阳离子表面活性剂及其制备方法	江南大学	许虎君；谢益诚；刘凡	B01F17/32（2006.01）I
201610188278.50	一种非离子型聚氨酯 Gemini 表面活性剂的制备方法	四川大学	金勇；孙小鹏；李汉平，等	B01F17/42（2006.01）I
201610032051.10	氨基酸型 Bola 表面活性剂的制备方法	沈阳药科大学	袁悦；陈国良；李三鸣，等	B01F17/22（2006.01）I
201610649056.90	一种环脂肽表面活性剂的生物合成方法	浙江省农业科学院	肖英平；吴酬飞；杨华，等	C12P39/00（2006.01）I
201610938767.80	一种长短链甜菜碱表面活性剂及其制备方法	中国石油天然气股份有限公司	蔡红岩；王红庄；樊剑，等	C09K8/584（2006.01）I
201610058415.30	一种含氟磷酸酯表面活性剂及其制备方法	东莞东阳光科研发有限公司	梁任龙；冯海兵；张少凯，等	B01F17/20（2006.01）I
201610179638.50	季铵盐类表面活性剂及其制备方法	黑龙江幸福人生物合成树脂科技开发有限公司	王育钦；曹宇；冯钢，等	B01F17/18（2006.01）I
201611007984.10	一种磷酸酯型三硅氧烷表面活性剂的制备方法	陕西一品达石化有限公司	李长英	C08G65/338（2006.01）I
201610990205.80	一种霍氏肠杆菌生产的生物表面活性剂及其应用	南京农业大学	王权；沈其荣；刘东阳，等	C12P1/04（2006.01）I
201610870382.20	一种蛋白质基表面活性剂及其制备方法	北京化工大学	陈毅明；汪迪；许伟坚，等	B01F17/30（2006.01）I
201610331053.00	一种蛋白基表面活性剂的制备方法	烟台大学	王全杰；刁屾；栾俊，等	B01F17/30（2006.01）I
201610137142.10	双季铵盐阳离子表面活性剂及其制备方法	聊城大学	陈肖肖；张英天；郭岩，等	B01F17/18（2006.01）I

201610055646.90	低聚型表面活性剂、其制备方法及应用	江苏苏博特新材料股份有限公司	陈健；乔敏；高南萧，等	C07C303/32（2006.01）I
201610413542.00	一种回收水中碳氟表面活性剂的新工艺	四川理工学院 中昊晨光化工研究院有限公司	邹伟；李嘉；颜杰，等	B01J20/26（2006.01）I
201610137143.60	新型阳离子孪连表面活性剂及其制备方法	聊城大学	郭严；张英天；陈肖肖，等	B01F17/18（2006.01）I
201610570269.20	一种高效两性离子表面活性剂及其合成方法	江苏理文化工有限公司 广州理文科技有限公司	陈亿新；梁海波；王江兵，等	B01F17/18（2006.01）I
201611034339.90	产生物表面活性剂的琼氏不动杆菌及其应用	中国石油大学（北京）	孙珊珊；张忠智；董浩，等	C12N1/20（2006.01）I
201610666241.90	季铵盐阳离子表面活性剂及其制备方法	贯硕䕩	贯硕䕩	C08G73/02（2006.01）I
201610168317.50	一种利用表面活性剂提高烟秆酶解效果的方法	河南农业大学	王风芹；宋安东；付晨青，等	C12P19/14（2006.01）I
201610038100.20	一株产生物表面活性剂的不动杆菌株及其应用	山东科技大学	李慧娟；孙云鹏；丁瑞，等	C12N1/20（2006.01）I
201610391610.80	一种阳离子表面活性剂及其制备方法	安徽正洁高新材料股份有限公司	王艳艳；徐正华；许成勇，等	C08G18/48（2006.01）I
201610990028.30	两性表面活性剂的改性方法及其制品	东莞市四辉表面处理科技有限公司	肖建军；刘宇；景娟	B01F17/28（2006.01）I
201610228915.70	一种处理氨氮废水的表面活性剂	裴俊	裴俊；王统军；林茂平	C02F1/00（2006.01）I
201610517956.80	含烃氧基的二胺类螯合性表面活性剂	惠州学院	彭忠利	B01F17/42（2006.01）I
201610250409.80	一种非离子表面活性剂的合成方法	允发化工（上海）有限公司	沈勤俭	B01F17/42（2006.01）I
201610184764.X	一种耐高温自动破胶型表面活性剂压裂液	咸阳万众生物科技有限公司	李刚；陈柯全	C09K8/68（2006.01）I
201610263088.50	一种无表面活性剂的 AKD 乳液的制备方法	齐鲁工业大学	王慧丽；陈学帅；刘温霞，等	D21H21/16（2006.01）I
201610819509.80	一种含氟功能表面活性剂及其制备方法和应用	北京天健惠康生物科技有限公司 清华大学	杨文军；费华峰；朱修锐，等	B01F17/54（2006.01）I
201611109291.30	水中阴离子表面活性剂在线自动监测系统及方法	王占辉	王占辉；赵国良；李彩云，等	G01N1/34（2006.01）I
201610436438.30	一种表面活性剂压裂液体系及其制备方法	延长油田股份有限公司	乔红军；陶红胜；穆景福，等	C09K8/68（2006.01）I
201610907452.70	一种双季铵盐阳离子表面活性剂的合成方法	中国石油化工股份有限公司 胜利油田分公司石油工程技术研究院	张守献；徐闯；徐鹏，等	C07C213/04（2006.01）I
201610393741.X	一种改良土壤用生物表面活性剂组合物	佛山市聚成生化技术研发有限公司	不公告发明人	C05G3/02（2006.01）I
201610881719.X	一种复合增稠剂型醇醚硫酸盐表面活性剂	上海奥威日化有限公司	罗珺；段玉臣	B01F17/22（2006.01）I
201610500234.10	烷基胺醚衍生表面活性剂及其制备方法	北京化艺科贸有限公司	张楠；王杨；张城	C07C213/08（2006.01）I

续表

申请号	专利申请名称	申请人	发明人	分类号
201610367125.70	表面活性剂和苜蓿粉在制药中的应用	张拴有	张拴有	A61K45/06（2006.01）I
201611078334.60	一种双酰胺型甘氨酸表面活性剂的合成工艺	江南大学	刘学民；吴文超	B01F17/28（2006.01）I
201611166079.00	一种药物中阳离子表面活性剂的分离检测方法	上海景峰制药有限公司	杨帅兵；张兆利；邱永锋，等	G01N30/88（2006.01）I
201611024829.00	一种表面活性剂改性沸石吸附剂的制备方法	中山大学	石太宏；宋文哲；薛印，等	B01J20/22（2006.01）I
201610017622.40	一种表面活性剂改性分散多壁碳纳米管的方法	云南民族大学	王红斌；赵婷；高云涛，等	C01B31/02（2006.01）I
201610484011.00	一种双亲表面活性剂制备驱油剂的方法	陈建峰	陈建峰；盛海丰；王统军	C09K8/584（2006.01）I
201610176948.10	一种聚氧丙烯醚季铵盐表面活性剂及制备方法	中国日用化学工业研究院	孙永强；王超；王万绪，等	B01F17/18（2006.01）I
201610728144.80	一种氨基酸表面活性剂的连续式反应装置及方法	九江天赐高新材料有限公司	英瑜；代伟	B01J19/24（2006.01）I
201610773310.60	一种环保型农药表面活性剂废水的处理装置	李健	李健	C02F9/10（2006.01）I
201610270744.40	一种疏水缔合聚合物表面活性剂的合成方法	四川用联信息技术有限公司	范勇；胡成华	G06Q10/06（2012.01）I
201610773294.00	一种含有表面活性剂的农药乳剂的混匀搅拌装置	李芹	李芹	B01F3/08（2006.01）I
201610056722.80	一种羧基甜菜碱表面活性剂的吸附抑制剂	江南大学	崔正刚；祁丹；宋冰蕾，等	B01F17/18（2006.01）I
201610186566.70	一种含双子表面活性剂的液体洗涤剂	江南大学	许虎君；李晓邦；徐凯	C11D1/831（2006.01）I
201610246661.10	一种咪唑型双子表面活性剂的合成方法	南京工业大学	郭会明；马彬彬	C07D233/56（2006.01）I
201610294469.X	一种非离子表面活性剂吸附材料的制备方法	巨化集团技术中心	王金明	B01J20/22（2006.01）I
201610507489.00	一种制备脂肪酰基氨基酸类表面活性剂的方法	江南大学	方云；夏咏梅；刘群，等	B01F17/28（2006.01）I
201610009436.60	免表面活性剂辅助糖类合成介孔碳材料的方法	中国环境科学研究院	宋永会；辛旺；彭剑峰，等	C01B31/02（2006.01）I
201610644321.40	阴离子表面活性剂自动分析装置	上海昂林科学仪器有限公司	郭少维；张乐乐；许家晖	G01N35/00（2006.01）I
201611006160.20	一种基于含羟基基团非对称型 Gemini 表面活性剂的高粘弹性溶液	江南大学	裴晓梅；张群；李文楷，等	B01F17/18（2006.01）I
201611102265.80	一种非离子表面活性剂改性蒙脱石及其制备方法	中国矿业大学（北京）	郑水林；王高锋；王珊	C01B33/44（2006.01）I
201610250890.00	一种基于 Gemini 季铵盐类表面活性剂的防溅泡沫剂及其制备方法	张放	张放	B01F17/18（2006.01）I
201610383613.70	一类荧光阳离子表面活性剂及其制备方法和应用	齐齐哈尔大学	郭祥峰；贾丽华；刘向海	C07D215/38（2006.01）I
201610077459.00	一种超支化铵盐型阳离子表面活性剂及制备和应用	华东师范大学	徐敏；黄海龙；葛浩	C08G73/02（2006.01）I
201610321809.30	一类偶氮类阳离子表面活性剂及其制备方法和应用	齐齐哈尔大学	贾丽华；郭祥峰；段海龙	C07C245/08（2006.01）I
201610672663.70	一种高结晶性松香基双子表面活性剂的制备方法	仇颖莹	仇颖莹；高玉刚	B01F17/52（2006.01）I
201610347293.X	一种联接链含羟基基团的非对称型阳离子 Gemini 表面活性剂	江南大学	裴晓梅；张群；李文楷，等	B01F17/18（2006.01）I

201610910237.20	一种超支化非离子表面活性剂及其制备方法和应用	华东师范大学	徐敏；黄海龙；葛昊	C08G63/91（2006.01）I
201610562863.70	一种由羧酸盐阴离子表面活性剂和二聚季铵盐形成的粘弹溶液	江南大学	王丹萍；宋冰蕾；雷岚	B01F17/44（2006.01）I
201610566053.90	一种油田用木质素磺酸基甜菜碱表面活性剂及其制备方法	清华大学	张建安；陈淑艳；周玉杰，等	B01F17/50（2006.01）I
201610544011.50	一种基于短氟碳链的氟碳表面活性剂及其制备方法	浙江理工大学	陈涛；王新英；王际平	B01F17/28（2006.01）I
201610480581.20	一种脱氢枞酸基阴离子表面活性剂及其形成的稳定泡沫	江南大学	宋冰蕾；余小娜；雷岚，等	B01F17/22（2006.01）I
201610087152.90	一种两性木质素基表面活性剂及其制备方法与应用	广州市日用化学工业研究所有限公司	区菊花；赵建红	B01F17/42（2006.01）I
201610562867.50	一类含聚氧乙烯醚联接链的松香基双子表面活性剂及其性能	江南大学	宋冰蕾；冯林；雷岚	B01F17/46（2006.01）I
201610928985.30	一种养殖场用含双子表面活性剂的清洗剂及其制备方法	佛山市南海东方澳龙制药有限公司	焦伟丽；元晓琪；徐奇清，等	C11D1/94（2006.01）I
201610363576.30	一种表面活性剂复配组合物及其制备方法和应用	中国石油天然气股份有限公司 大连理工大学	吴永彬；包磊；乔卫红，等	C09K8/584（2006.01）I
201610144925.20	一种复配表面活性剂型钝化剂及其制备方法和应用	上海应用技术学院	蒋继波；冯晨萁；钱炜，等	C23C22/34（2006.01）I
201610188464.90	一种含双子表面活性剂的泡沫驱油剂及其制备方法	江南大学	许虎君；徐凯；谢益诚	C09K8/584（2006.01）I
201610898756.10	一种不含硫酸盐阴离子表面活性剂的无硅油洗发组合物	广州澳希亚实业有限公司	孟宪云；李雪竹；叶莲	A61K8/9794（2017.01）I
201610400436.90	一种聚萜烯马来酸酐聚乙二醇酯表面活性剂及其制备方法	中国林业科学研究院林产化学工业研究所	饶小平；闫鑫焱；宋湛谦，等	B01F17/36（2006.01）I
201610758058.10	一种阳离子型有机硅双子表面活性剂及其制备方法	浙江理工大学	陈涛；王新英；王际平	B01F17/54（2006.01）I
201610129840.70	碳 4 氟表面活性剂复配及其在水成膜泡沫灭火剂的应用	肖进新	肖进新	B01F17/00（2006.01）I
201610211856.20	一种含对称杂环的季铵盐型表面活性剂及其合成方法	中国石油化工股份有限公司江苏油田分公司	虞建业；卢敏晖；袁萍，等	C07D249/14（2006.01）I
201610872137.50	一种非对称阳离子有机硅双子表面活性剂及其制备方法	陕西科技大学	鲍艳；郭佳佳；刘盼，等	B01F17/54（2006.01）I
201610622597.20	一种温和的基于氨基酸衍生物表面活性剂的洁面泡沫	苏州药基美研医药科技有限公司	李维宽；杜雪琴	A61K8/42（2006.01）I
201610154371.40	一种含三硅氧烷和氨基的腰果酚表面活性剂及其制备方法	北京工商大学	周雅文；徐宝财；韩富，等	B01F17/54（2006.01）I

续表

申请号	专利申请名称	申请人	发明人	分类号
201611146471.90	氨基酸类表面活性剂中脂肪酸残留的快速检测方法	广州天赐高新材料股份有限公司	李泽勇；陈磊；户献雷	G01N30/02（2006.01）I
201610548889.60	一种双丙烯酰胺表面活性剂及其制备方法和应用	成都菲尔特技术开发有限公司	鲁红升；郑存川；黄志宇，等	C07C237/10（2006.01）I
201610918906.00	聚 α－烯烃和表面活性剂双有效组分油品减阻剂悬浮体系	李奕萱	李奕萱	F17D1/16（2006.01）I
201610171971.10	一种由阴－非两性离子表面活性剂形成的超临界 CO_2 微乳液	中国石油大学（华东）	宫厚健；朱腾；董明哲，等	C09K8/584（2006.01）I
201610814593.40	一种可同时提供氢键和 π 键的季铵盐 Gemini 表面活性剂	江南大学	李蓉；任学宏	B01F17/18（2006.01）I
201610314826.40	一种嘧啶衍生物季铵盐阳离子表面活性剂的合成方法	齐齐哈尔大学	王丽艳；刘世夫；田莹，等	C07D239/42（2006.01）I
201610516886.40	一种生物表面活性剂及使用其强化超滤处理的方法	厦门理工学院	傅海燕；柴天；张志彬，等	C02F1/44（2006.01）I
201610998225.X	一种用于水性涂料的磺酸盐表面活性剂及其制备方法	江苏科技大学	高延敏；陈亮；左银泽，等	C09D5/08（2006.01）I
201610312852.30	一种 NaOL–AA 二元共聚物表面活性剂及其制备方法和应用	陕西科技大学	张昌辉；马燕；游群杰	C09D9/04（2006.01）I
201610435573.60	一种含双键表面活性剂以及洗衣液和洗洁精用增稠剂	林华岱	林华岱	B01F17/44（2006.01）I
201611007936.20	聚醚型磺酸盐阴离子表面活性剂及其制备方法与应用	武汉奥克特种化学有限公司	付远波；任凡；潘琦，等	C08G65/334（2006.01）I
201610059421.00	一种含氟聚氧乙烯基醚非离子表面活性剂及其制备方法	东莞东阳光科研发有限公司	梁任龙；冯海兵；张少凯，等	B01F17/42（2006.01）I
201610029536.50	椰油酰基氨基酸类表面活性剂碳链组成的分析方法	广州天赐高新材料股份有限公司	李泽勇；钟国祯；陈磊	G01N30/02（2006.01）I
201610140646.90	一种利用生物表面活性剂及微生物菌剂处理含油泥砂的方法	北京华纳斯科技有限公司	董丁；卢彦珍	C02F11/02（2006.01）I
201610158050.10	一种以油脂为原料生产表面活性剂的绿色生产工艺	江南大学	汤鲁宏；熊兵；张俐，等	C12P19/14（2006.01）I
201610429668.70	含羧基磺酸基不对称 Gemini 表面活性剂及其微波制备方法	陕西科技大学	吕斌；王泓棣；马建中，等	C07C303/32（2006.01）I
201610990804.X	一种烷基糖苷季铵盐表面活性剂的制备方法及应用	山东德胜精细化工研究院有限公司	张昊；张磊；张灿光，等	B01F17/18（2006.01）I

201610171064.70	一种磷酸酯基季铵盐阳离子表面活性剂及其合成方法	广东椰氏实业股份有限公司 广东工业大学	谢妃军；成晓玲；余培荣，等	B01F17/18（2006.01）I
201610002713.00	一种生物表面活性剂改性磁性膨润土的方法及其应用	南华大学	肖方竹；彭国文；符建文，等	B01J20/12（2006.01）I
201610313056.10	一种季铵盐型 Gemini 表面活性剂及其制备、产品和应用	中国石油大学（北京）	胡智渊；杨春鹏；蒋庆哲，等	C07C237/10（2006.01）I
201610112280.40	有机硅表面活性剂及其巯基－烯点击化学法制备方法	东南大学	祁争健；夏勇；孔志能	C08G77/46（2006.01）I
201610799803.70	一种 Nα－酰基赖氨酸类表面活性剂及其制备方法与应用	中国药科大学	杨照；王志祥；方正，等	C07C233/47（2006.01）I
201610568621.90	一种添加离子型表面活性剂的增溶改性防腐涂料	严应倩	严应倩	C09D133/04（2006.01）I
201610097972.60	一种去除生活废水中阴离子表面活性剂的处理系统	富阳鸿祥技术服务有限公司	李程伟	C02F9/14（2006.01）I
201610580368.90	醇醚羧酸盐类表面活性剂产品中醇醚含量的测定方法	中国日用化学工业研究院	张军；周媛；白亮，等	G01N30/89（2006.01）I
201610465593.80	一种表面活性剂强化电动力学修复 PAHs 污染土壤的方法	武汉科技大学	任大军；郭舒悦；张淑琴，等	B09C1/08（2006.01）I
201610053029.50	以木质素磺酸盐为表面活性剂制备纳米二氧化锰的方法	江苏大学	杨滢璐；邹慧雨；王思琪，等	C01G45/02（2006.01）I
201610666376.50	一种温和型表面活性剂醇醚磺基琥珀单酯二钠盐生产装置	成都卡迪夫科技有限公司	廖如佴	C07C303/32（2006.01）I
201610198290.40	以短碳氟链为基础的阴、阳离子碳氟－碳氟表面活性剂复配体系的制备和应用	中国民用航空飞行学院 北京氟乐邦表面活性剂技术研究所	贾旭宏；伍毅；陈现涛，等	B01F17/00（2006.01）I
201610121239.30	一种高分子表面活性剂的结构稳定性判断方法及系统	中国科学院微电子研究所	徐勤志；陈岚	G06F19/00（2011.01）I
201610987435.90	一种壬基酚聚氧乙烯醚羧酸酯表面活性剂的合成方法	烟台德邦科技有限公司	林春霞；王建斌；陈田安等	C08G65/332（2006.01）I
201611141069.10	以谷物氨基酸盐为主表面活性剂的无硅油透明洗发水及其制备方法	广州环亚化妆品科技有限公司	向琴；万岳鹏；曾西，等	A61K8/73（2006.01）I
201610414907.10	一种有机硅表面活性剂及其在制备聚氨酯模塑高回弹泡沫体中的应用	上海麦浦新材料科技有限公司	张文凯；龚国安；谢海波	C08G81/00（2006.01）I
201610409463.20	以离子液体为反应介质的未变性胶原基生物表面活性剂及其制备方法	四川大学	李国英；李倩；刘文涛	B01F17/30（2006.01）I

续表

申请号	专利申请名称	申请人	发明人	分类号
201610919545.10	一种新型氟硅表面活性剂改性的形貌可控纳米碳酸钙粉体及其制备方法	青阳县金山粉业有限公司	王文杰	C01F11/18（2006.01）I
201610244127.70	以一种非离子 / 阴离子结合型表面活性剂为软模板的二氧化硅微球的制备	广州赫尔普化工有限公司	张官云；高树曦；肖兴	C01B33/18（2006.01）I
201620804959.50	一种连续制备烷基醚羧酸盐类表面活性剂的装置	浙江赞宇科技股份有限公司	陶华东；洪玉倩；刘荣，等	B01F17/44（2006.01）I
201610186929.70	一种适用于海洋高温油气藏压裂用表面活性剂压裂液及制备方法	中国石油集团川庆钻探工程有限公司工程技术研究院	杨发；汪小宇；吴增智，等	C09K8/68（2006.01）I
201611082341.30	一种含 *N*- 酰基氨基酸阴离子表面活性剂和抗菌肽组合物的儿童沐浴露及制备方法	长沙普济生物科技股份有限公司	李今微；胡军；喻名强	A61K8/64（2006.01）I
201610224751.00	一种应用于低功率激光修复 H13 模具钢裂纹的表面活性剂及其制备方法	哈尔滨理工大学	戴鸿滨	B23K35/362（2006.01）I
201610414580.80	一种制备三元混合溶剂的方法及三元混合溶剂应用于制备两性双子表面活性剂的方法	陕西省石油化工研究设计院	任海晶；刘世川；李移乐，等	C07C309/14（2006.01）I
201610634422.30	一种 Gemini 表面活性剂改性玻璃纤维 / 碳酸钙 / 聚四氟乙烯三元复合材料及其制备方法	武汉工程大学	刘治田；蔡雄；张旗，等	C08L27/18（2006.01）I
201610633394.30	一种 *N*, *N*, *N*- 椰油基羟乙基甲基 *N*,*N*,*N*,– 二羟乙基甲基丙撑双氯化铵表面活性剂及制法	中国日用化学工业研究院	李运玲；付宏茂；宋永波，等	B01F17/18（2006.01）I
201610414907.10	一种有机硅表面活性剂及其在制备聚氨酯模塑高回弹泡沫体中的应用	上海麦浦新材料科技有限公司	张文凯；龚国安；谢海波	C08G81/00（2006.01）I
201610390792.70	双子烷基胺醚琥珀磺酸盐表面活性剂及其制备方法	北京化艺科贸有限公司	张楠；王杨；张城	B01F17/10（2006.01）I
201610184349.40	一种高效提取环保型生物表面活性剂槐糖脂的方法	山东省食品发酵工业研究设计院	董学前；张永刚；王伟，等	B01F17/56（2006.01）I

附表二：2016 年表面活性剂专利公开统计

申请号	专利公开名称	申请人	发明人	分类号
201610649056.90	一种环脂肽表面活性剂的生物合成方法	浙江省农业科学院	肖英平；吴酬飞；杨华，等	C12P39/00（2006.01）I
201610516886.40	一种生物表面活性剂及使用其强化超滤处理的方法	厦门理工学院	傅海燕；柴天；张志彬，等	C02F1/44（2006.01）I
201610059421.00	一种含氟聚氧乙烯基醚非离子表面活性剂及其制备方法	东莞东阳光科研发有限公司	梁任龙；冯海兵；张少凯，等	B01F17/42（2006.01）I
201610813540.00	一种非离子表面活性剂体外循环生产装置及其生产工艺	江苏凯元科技有限公司	刘阳生；展红明；丁宇，等	B01J19/26（2006.01）I
201610465593.80	一种表面活性剂强化电动力学修复 PAHs 污染土壤的方法	武汉科技大学	任大军；郭舒悦；张淑琴，等	B09C1/08（2006.01）I
201610250734.40	一种表面活性剂中间体氧化十二烷基二甲基胺生产装置	成都卡迪夫科技有限公司	廖如佴	B01J19/18（2006.01）I
201610549691.X	一种减磨特性强防锈金属切削液	天长市润达金属防锈助剂有限公司	林伟；江海涛；江海波，等	C10M173/02（2006.01）I
201610268593.90	一种安全环保高效的硅晶片清洗剂及其制备方法	安庆友仁电子有限公司	项涛；项武	C11D1/83（2006.01）I
201610508093.80	熊果酸固体分散体及其制备方法	佳木斯大学	孙长海；杨玉婷；方洪壮，等	A61K9/14（2006.01）
201610401982.40	一种电力绝缘子清洗防污处理剂及其制备方法	孟根森	孟根森	C11D1/66（2006.01）I
201610314048.90	一种环保植物型水系灭火泡腾片及制备方法	天津盛安消科科技有限公司	孔令禹；周孟琦；徐鑫，等	A62D1/00（2006.01）I
201410391477.70	一种含腐植酸表面活性剂	宋淑芹	宋淑芹	A01N25/30（2006.01）I
201410292141.50	表面活性剂调配洗涤剂的方法	应丽红	应丽红	C11D1/83（2006.01）I
201410615262.90	一种基于非离子表面活性剂的金属清洁剂	南京艾鲁新能源科技有限公司	王晓东	C23G1/24（2006.01）I
201410622325.30	新藤黄酸非离子表面活性剂泡囊及其制备方法	安徽中医药大学	彭代银；陈卫东；林彤远	A61K9/127（2006.01）I
201410561518.20	一种阴离子表面活性剂处理污水的方法	安徽砀山金兄弟实业科技有限公司	万风菊	C02F1/463（2006.01）I
201510772711.50	双子表面活性剂中残留的一氯乙酸钠的检测方法	陕西易阳科技有限公司	张俊	G01N30/02（2006.01）I
201410351533.40	一种具有颜料亲和基团的星型结构的聚合物表面活性剂在降低铜的静态腐蚀速率中的应用	安集微电子科技（上海）有限公司	张建；荆建芬；宋凯，等	C09G1/02（2006.01）I
201410745726.80	一种硅烷偶联剂改性介孔二氧化硅负载铂催化剂催化合成有机硅表面活性剂的方法	仲恺农业工程学院	胡文斌；张蔚欣；廖列文，等	C08G77/08（2006.01）I
201510751217.00	一种污泥半焦型煤复合添加剂	北京环宇净能环保科技有限公司	葛苏；米风军；任东明	C10L9/10（2006.01）I

续表

申请号	专利公开名称	申请人	发明人	分类号
201410771912.90	一种微乳液的中性厨房清洗剂	刘方旭	刘方旭	C11D10/02（2006.01）I
201410518824.80	一种黄铜表面矿物油性剂水基清洗液	修建东	修建东	C23G1/26（2006.01）I
201410473913.50	一种液晶显示屏清洁液	沈阳信达信息科技有限公司	许维广	C11D1/83（2006.01）I
201410857183.90	一种混凝土养护剂的制作方法	张延红	张延红	C04B40/04（2006.01）I
201510804332.X	一种鸦胆子油自乳化液体硬胶囊的制备方法	河北科技大学	高子彬；车斌；胡洁，等	A61K9/48（2006.01）I
201480071937.60	功能性饮料	乐天精密化学株式会社	车兹铉；李贤佑；李垠定，等	A23L2/38（2006.01）I
201410479089.40	一种低酸除垢剂	杨博葳	杨博葳	C11D1/02（2006.01）I
201410768638.X	一种金属表面清洗剂及其配制方法	袁锐	袁锐	C23G1/00（2006.01）I
201510817548.X	一种汽车积碳清洗剂	仪征易力土工合成材料有限公司	姜勇；经月梅	C11D1/00（2006.01）I
201410488915.10	一种植物油制作的蜡烛材料	贵州省玉屏康惠植物油厂	陈康佩	C11C5/00（2006.01）I
201410699449.10	保湿抑菌洗手液	天津普范科技开发有限公司	郭宽	A61K8/60（2006.01）I
201410573348.X	一种适用于真丝织物的印染剂	无锡桥阳机械制造有限公司	沈秋	D06P1/44（2006.01）I
201510952031.10	除异味洗洁精	谭海涛	谭海涛	C11D10/04（2006.01）I
201410730971.10	一种高效原油脱水剂	陕西三元金泰实业发展有限公司	杨永利；赵慧伟	C10G33/00（2006.01）I
201510898462.40	一种铁铝管材用耐热防腐涂层的配方	何秋	何秋；季璠；韩璐	C09D133/00（2006.01）I
201410422686.30	酚醛泡沫的制备方法	郭琳	郭琳	C08J9/04（2006.01）I
201410757352.10	一种泡沫灭火剂	西安奥赛福科技有限公司	赵拥；孙建华；杨萍	A62D1/04（2006.01）I
201410739352.90	一种油泥分离剂的制备方法	陕西三元金泰实业发展有限公司	赵慧伟；陈通通	C02F11/00（2006.01）I
201510982861.90	用于除去氧化物的清洗组合物及用清洗组合物的清洗方法	三星显示有限公司	任星淳；黄圭焕；孔仁浩，等	C11D1/14（2006.01）I
201510896187.20	不需要涂剂处理的 PE 隔板及其生产方法	江苏神力电源科技有限公司	赵宇；李福建	H01M2/16（2006.01）I
201510898358.50	一种铁铝管材用耐热防腐涂层及其制备方法	何秋	何秋；季璠；韩璐	C09D133/00（2006.01）I
201410669047.70	一种超声辅助制备针状碱式硫酸镁晶须的方法	合肥杰事杰新材料股份有限公司	赵大江；杨桂生	C30B7/10（2006.01）I
201610242986.20	一种水基涂料的制备方法	尚小女	尚小女	B22C3/00（2006.01）I
201610062132.60	一种具有护色功能的洗衣片及其制备方法	广州康钰生物科技有限公司	王海丰；李桂银；周治德，等	C11D1/83（2006.01）I
201610130131.00	一种中药复方美白润肤沐浴露及其制备方法	张婷婷	张婷婷	A61K8/98（2006.01）I

201610505682.00	一种环保型油基油气井环空保护液	西南石油大学	曾德智；蔡乐乐；喻智明，等	C09K8/54（2006.01）
201610345503.10	一种用于金属表面处理的除油除锈剂	徐州猎奇商贸有限公司	单来	C23G1/02（2006.01）I
201610242989.60	一种环保型墙面漆的生产工艺	尚小女	尚小女	C09D193/04（2006.01）I
201610027657.60	头皮发根护理精华露及其制备方法	天津天狮生物发展有限公司	李金元；冉瑞虎；杨秀芬	A61K8/85（2006.01）I
201610516913.80	一种免水洗的皮肤毛发清洗液	天津司邦适生物科技股份有限公司	朱晓檬；周丽雯；朱石清	C11D1/831（2006.01）I
201610650064.50	一种水基防锈液及其制备方法	天长市润达金属防锈助剂有限公司	林伟；江海涛；江海波，等	C23C22/40（2006.01）I
201610647265.X	一种化学农药增效剂	青岛悦邦农种业有限公司	张旭东	A01N43/40（2006.01）I
201610508240.10	一种改性乳化沥青	青岛特澳能源检测有限公司	王志见	C08L95/00（2006.01）I
201610544328.90	一种去除果蔬农残清洗泡腾片及其制备方法	云南健牛生物科技有限公司	焦扬；杨亚玲；刘祥义	C11D1/66（2006.01）I
201610379664.20	环保超浓缩洗发片/颗粒及其制作方法	茗燕生物科技（上海）有限公司	郭光彬	A61K8/92（2006.01）I
201610663903.70	一种除草剂的制备方法	陆开珍	陆开珍	A01N37/22（2006.01）I
201610069527.90	一种用于不锈钢表面抛光的多磨料表面处理剂	繁昌县陈氏金属制品有限公司	戴巧子	C09G1/02（2006.01）I
201610379483.X	超浓缩洗衣片及其制作方法	茗燕生物科技（上海）有限公司	郭光彬	C11D1/94（2006.01）I
201610508240.10	一种改性乳化沥青	青岛特澳能源检测有限公司	王志见	C08L95/00（2006.01）I
201610073327.00	一种含香茅草精油的抗菌沐浴露及其制备方法	防城港市绿华源农林科技有限公司	周丽珠；李军集；廖慧玲，等	A61K8/92（2006.01）I
201610303081.10	一种环保型水性塑料脱漆剂及其制备方法	浙江师范大学	冯九菊；王爱军；陈得军	C09D9/00（2006.01）I
201610384972.40	一种不锈钢喷洗剂及其制备方法	新昌县儒岙晨辉不锈钢制品厂	盛健平	C23G1/19（2006.01）I
201610291372.30	一种含有多种功效成分的全效修复牙膏	天津市聚星康华医药科技有限公司	李化淋	A61K8/97（2006.01）I
201610567686.10	一种农用复配杀菌剂	南京高正农用化工有限公司	汪莘杰；汪茂勤；冯乃林，等	A01N43/90（2006.01）I

2016 年表面活性剂行业国家自然科学基金项目

通过对项目关键词“表面活性剂”的检索，2016 年国家自然科学基金委项目审批合计共 38 项。从研究项目和人才项目系列来看，其中面上项目 20 项，占比 52.63%，青年自然科学基金 13 项，占比 34.21%，联合基金项目 2 项，优秀青年科学基金项目 1 项，地区科学基金项目 1 项，应急管理项目 1 项（图 1 所示）。

目前审批合计 38 项，较 2015 年的 23 项同比增加 65.22%，从资助项目金额来看，2016 年资助金额总计 1834 万元，较 2015 年同比增加 62.30%；从平均项目扶持资金数量来看，2016 年均项资金为 48.26 万元，较 2015 年同比降低 1.77 个百分点（表 1 所示）。

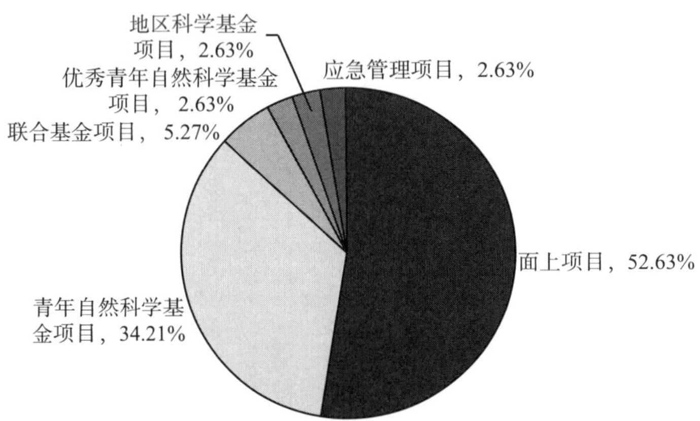

图 1　2016 年国内表面活性剂自然科学基金项目系列统计

表1　2012—2016年国内表面活性剂自然科学基金项目统计

年份	2012年	2013年	2014年	2015年	2016年
项目数量 / 件	46	40	45	23	38
同比增长 /%	39.39	−13.04	12.50	−48.89	65.22
合计金额 / 万元	2392	2489	2068	1130	1834
同比增长 /%	60.11	4.06	−16.91	−45.35	62.30
均项资金 / 万元	52.00	62.22	45.95	49.13	48.26
同比增长 /%	14.87	19.65	−26.15	6.92	−1.77

数据来源：表面活性剂和洗涤剂行业生产力促进中心。

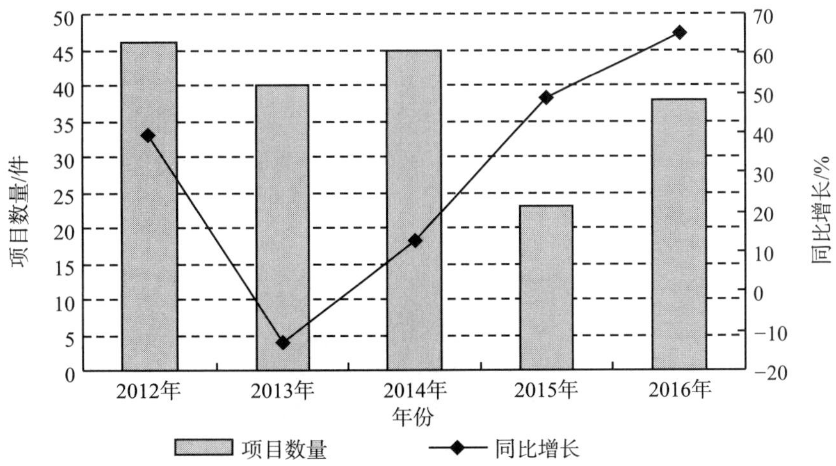

图 2　2012—2016 年国内表面活性剂自然科学基金项目审批统计

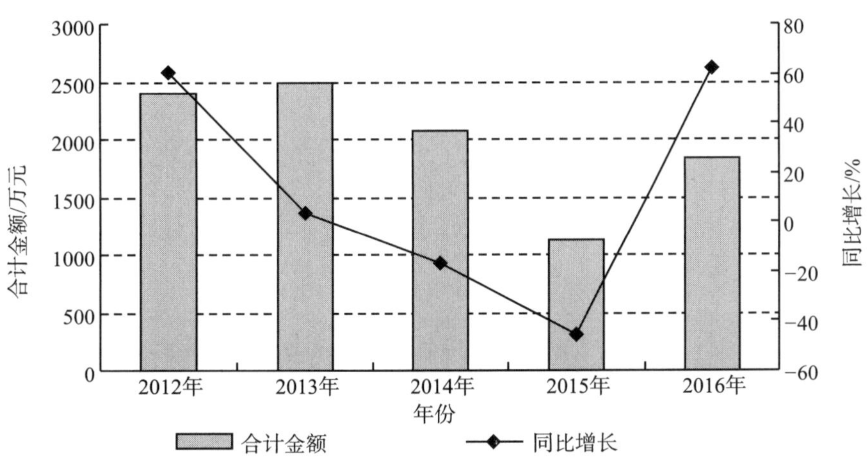

图 3　2012—2016 年国内表面活性剂自然科学基金项目资助金额合计

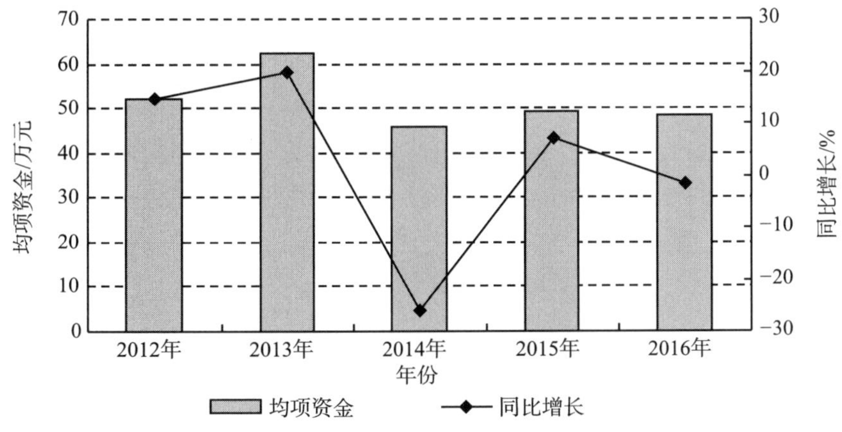

图 4　2012—2016 年国内表面活性剂自然科学资金项目均项资金统计

从 2016 年国家自然科学基金委对立项项目委托机构来看，中国林业科学研究院林产化学工业研究所申请的优秀青年科学基金项目《林产精细化学品利用基础研究》成为该领域项目扶持基金最大的单位，占比 7.08%，面上项目的委托机构占比均达到 3.54%（图 5 所示）。

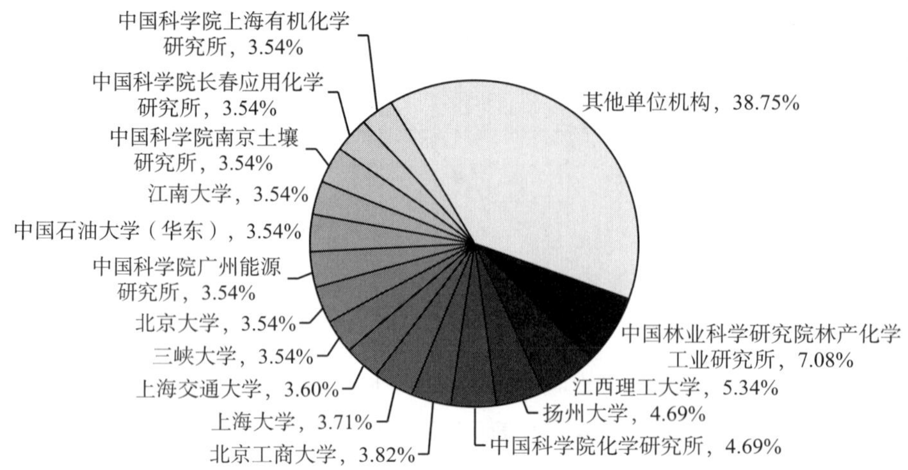

图 5　2016 年国内表面活性剂自然科学基金项目委托单位汇总

附表为 2016 年已经审批的“表面活性剂”国家自然科学基金项目具体项目内容。从项目的申请代码来看，2016 年 1 项优秀青年科学基金项目分属于生命科学部“C”系分支，而 20 项面上项目主要集中在化学科学部“B”系分支。项目的具体实施时间维持在 2017—2020 年。

附表：2016 年国内表面活性剂自然科学基金项目汇总

序号	项目名称	项目负责人	依托单位	批准金额/万元	项目起止日期
1	基于表面活性剂强化萃取的强疏水性有机污染物 LDPE 膜 / 水分配系数研究	朱腾义	扬州大学	21	2017-01 至 2019-12
2	基于环糊精 – 金刚烷主客体作用构筑低聚表面活性剂的聚集行为研究	钟星	贺州学院	20	2017-01 至 2019-12
3	超低渗透油藏的岩石界面油水活化和驱油机理研究	钟传蓉	成都理工大学	60	2017-01 至 2020-12
4	pH 环境应激有机硅表面活性剂的聚集体变化规律及其与织物的耦合机制研究	郑成	广州大学	64	2017-01 至 2020-12
5	表面活性剂调控型介孔 MOFs 材料的构筑及其性能研究	赵君	三峡大学	65	2017-01 至 2020-12
6	基于多官能化 POSS 立体异构体的巨型分子的设计、合成和组装	张文彬	北京大学	65	2017-01 至 2020-12
7	木质素非生产性吸附木质纤维降解酶的规律及其调控	张军华	西北农林科技大学	62	2017-01 至 2020-12
8	表面活性剂体系中含 CH_4 多元混合气水合物生成动力学研究	臧小亚	中国科学院广州能源研究所	65	2017-01 至 2020-12
9	光系统与表面活性剂的组装机理及其固体表面组装调控研究	于道永	中国石油大学（华东）	65	2017-01 至 2020-12
10	油脂基酰胺基表面活性剂的设计、短流程合成及多官能团交互作用研究	徐宝财	北京工商大学	70	2017-01 至 2020-12
11	表面活性剂对巨电流变液结构与性质的影响	巫金波	上海大学	68	2017-01 至 2020-12
12	页岩气主采区土壤中生物表面活性剂功能基因对石油烃污染的响应	王翔	重庆大学	20	2017-01 至 2019-12
13	开发可迁移的适用于软材料的粗粒化力场	孙淮	上海交通大学	66	2017-01 至 2020-12
14	MnAl 基永磁材料的相稳定性与磁性能调控机理研究	苏昆明	杭州电子科技大学	20	2017-01 至 2019-12
15	阴离子型环芳烃表面活性剂的合成、组装与半导体微纳材料结构调控	沈明	扬州大学	65	2017-01 至 2020-12
16	林产精细化学品利用基础研究	饶小平	中国林业科学研究院林产化学工业研究所	130	2017-01 至 2019-12
17	基于分子动力学方法研究化学驱表面活性剂降低油 / 水界面张力机制	曲广淼	东北石油大学	47	2017-01 至 2020-12
18	磁响应生物破乳菌的设计制备及其强化破乳机制	彭开铭	同济大学	20	2017-01 至 2019-12
19	木质素两性表面活性剂的 pH 响应性能及回收纤维素酶的作用机制	楼宏铭	华南理工大学	61	2017-01 至 2020-12
20	聚醚胺基接枝聚偏氟乙烯多功能复合膜的制备及其作用机制模拟	刘子瑜	中国科学院理化技术研究所	20	2017-01 至 2019-12

续表

序号	项目名称	项目负责人	依托单位	批准金额/万元	项目起止日期
21	智能开关微乳及其清洗 / 回收矿物油的构效关系	刘雪峰	江南大学	65	2017-01 至 2020-12
22	微乳液处理含油污泥的机理及应用研究	刘五星	中国科学院南京土壤研究所	65	2017-01 至 2019-12
23	碳氢表面活性剂的设计、合成及其构建水 /CO_2 微乳液的作用机理	刘涛	华东理工大学	64	2017-01 至 2020-12
24	巨型表面活性剂聚合物的合成和多尺度组装	李乙文	四川大学	20	2017-01 至 2019-12
25	表面活性剂对多壁碳纳米管 – 重金属复合细菌毒性的影响及机制	李梅	浙江农林大学	20	2017-01 至 2019-12
26	氧化石墨烯类材料与肺表面活性剂作用的分子机理研究	姜秀娥	中国科学院长春应用化学研究所	65	2017-01 至 2020-12
27	化学镀纯镍包覆 WC–Ni 粉体阴离子增强吸附自催化沉积机理研究	姜淑文	大连工业大学	20	2017-01 至 2019-12
28	环境安全的新型氟碳表面活性剂的设计、合成与性质研究	姜标	中国科学院上海有机化学研究所	65	2017-01 至 2020-12
29	“双子星座”捕收剂分子设计、合成及在盐湖钾盐矿浮选应用的基础研究	黄志强	江西理工大学	58	2017-01 至 2019-12
30	富硅非对称 Gemini 模板合成多级孔分子筛高效催化烯烃一步环氧化、酯化研究	侯琳熙	福州大学	64	2017-01 至 2020-12
31	基于原位汲取全氟辛酸胶束浓差极化层的新型正渗透膜过程	杭晓风	中国科学院过程工程研究所	20	2017-01 至 2019-12
32	两亲磷酸锆纳米材料驱油机理及改善低渗透油田驱油效果研究	韩利娟	西南石油大学	58	2017-01 至 2020-12
33	荷电微泡界面性质调控及其在微细粒白钨矿浮选中的作用研究	冯博	江西理工大学	40	2017-01 至 2020-12
34	手性 Gemini 表面活性剂的聚集体结构和相行为研究及其在手性药物分离中的应用	范雅珣	中国科学院化学研究所	20	2017-01 至 2019-12
35	表面活性剂调控的银 / 卤化银纳米结构的可控构筑及其选择性光催化性能研究	陈鹏磊	中国科学院化学研究所	66	2017-01 至 2020-12
36	烷基糖苷和硫代糖苷性能的基础研究	陈朗秋	湘潭大学	10	2017-01 至 2017-12
37	表面活性剂修饰蒙脱土可控构建及其农药控释机制研究	陈铧耀	仲恺农业工程学院	20	2017-01 至 2019-12
38	农药雾滴在水稻叶片表面碰撞与弹跳的微观机制与调控	曹冲	中国农业科学院植物保护研究所	20	2017-01 至 2019-12

会议展览

1 2016（第十四届）国际表面活性剂和洗涤剂会议

2016年（第十四届）国际表面活性剂和洗涤剂会议（ICSD2016）于2016年4月27—29日在上海国丰酒店召开。会议由中国洗涤用品工业协会和中国日用化学工业研究院主办，中国日用化学工业信息中心、全国表面活性剂和洗涤剂生产力促进中心和国家洗涤用品质量监督检验中心承办，中国洗协表面活性剂专业委员会、中国洗协科学技术专业委员会、表面活性剂国家工程研究中心和全国表面活性剂和洗涤剂标准化技术委员会协办，中轻日化科技有限公司特别协办，广州蓝月亮实业有限公司、天津浩元精细化工股份有限公司、伽蓝（集团）股份有限公司、广州市浪奇实业股份有限公司和北京绿伞化学股份有限公司提供赞助。

以“高度、前瞻、机遇、发展”为主题的本届会议历时3天，来自全球14个国家和地区的300余位代表注册参加会议。会议安排4场次共23个口头交流学术报告，包括2场次主题报告、1场次基础研究专场报告和1场次工业应用专场报告，同时经大会组委会审查40余篇优秀论文进行了壁报交流。会议主要的特邀报告有中国洗涤用品工业协会秘书长张华涛的《国内外洗涤用品行业发展概况》、中国日用化学工业研究院副院长孙永强的《中国表面活性剂行业“十二五”回顾与“十三五”展望》、山东大学郑利强教授《离子液微乳液与表面活性离子液体》、波兰MEXEO公司Arkadiusz Chruściel经理的《工业上烷基苯磺化的提升空间》、埃及国家科学研究院研究员Tarek Salem的《表面活性剂在纺织品整理中的应用》、广东出入境检验检疫局技术中心主任程树军的《表面活性剂构效关系分析与体外生物学评价研究》和全国表面活性剂和洗涤剂标准化技术委员会秘书长姚晨之的《中国表面活性剂和洗涤剂标准化体系简介和未来工作介绍》等。

本次会议的成功召开，为业内人士提供了一个充分展示与交流的合作平台，有力地推动了表面活性剂和洗涤剂行业间的国际交流与合作，全面反映了当今表面活性剂和洗涤剂领域的发展动态和趋势，突出展示了中国及世界在表面活性剂和洗涤剂领域技术的进步和产业发展的最新成果，受到与会嘉宾及专业观众的一致肯定和高度评价。本次会议召开同时，由中国日用化学工业研究院和全国表面活性剂和洗涤剂生产力促进中心主办、中国日用化学工业信息中心和上海怡涵展览服务有限公司承办的“2016国际表面活性剂和洗涤剂展览会”也同期在上海跨国采购会展中心召开，来自于全球12个国家和地区的100家展商报名参展，参观的专业观众来自于全球30个国家和地区，参观总人次达到万余人次。

2 中国洗协表委会、科技委第七届三次全委会会议

中国洗协表面活性剂专业委员会第七届三次全委会会议、中国洗协科学技术专业委员会第七届三次全委会会议于2016年9月6—9日在上海市金山区召开。中国洗涤用品工业协会郑舞虹理事长和张华涛秘书长出席会议，郑舞虹理事长在会议中讲话并就2016年中国洗涤用品行业发展状况做介绍。

中国洗协副理事长、表委会和科技委主任委员、中国日用化学工业研究院院长王万绪在会议中作了重点讲话，就表委会和科技委今后的工作重点和方向提出了意见和建议，并对2017年度表委会和科技委的工作进行了安排和部署。科技委秘书长姚晨之和表委会秘书长裴鸿分别做了科技委和表委会2016年工作总结和2017年工作计划的报告。表委会副主任委员、天津浩元精细化工有限公司总经理杨永年和科技委副主任委员、纳爱斯集团研发总监滕伟林分别作了关于对第七届表委会和科技委委员增补及委员单位代表人选进行变更的报告，会议表决通过了以上工作报告。表委会发布了《2015年中国表面活性剂行业统计年报》，并对2015年优秀统计员进行了表彰和奖励，表委会副主任委员、湖南丽臣奥威实业股份有限

公司副总经理刘国彪宣读了《中国洗协表面活性剂专业委员会关于对2015年度优秀统计员进行表彰的决定》。

会议邀请表委会常务委员、表面活性剂国家工程研究中心主任孙永强和中国日用化学工业研究院李晓睿女士以及国家洗涤用品质量监督检验中心严方高工分别做了《中国表面活性剂行业十三五发展规划制定情况》《环境保护阴离子表面活性剂工业污染防治技术政策解读》和《食品相关产品安全监控与生产监督管理规范》的报告。

科技委副主任委员、广州浪奇实业股份有限公司副总经理陈韬和表委会副主任委员、浙江赞宇科技股份有限公司总经理方银军主持会议。受会议邀请，中国洗协副理事长、中国洗协技术装备专业委员会主任委员、中轻国际工程有限公司总经理邢培栋和中国洗协技术装备专业委员会秘书长、中轻国际工程有限公司主任管大松列席了本次会议。9月8日，全体与会代表受邀参加了由表委会和科技委协办的“2016（第九届）全国磺化乙氧基化技术与市场研讨会”。本次会议的筹备和召开，得到表委会和科技委常务委员单位中轻日化科技有限公司的大力支持和协助，9月9日全体与会代表应邀参观了该公司。

3 全国食品用洗涤消毒产品标准化技术委员会二届二次会议

2016年9月13日全国食品用洗涤消毒产品标准化技术委员会（SAC/TC395）二届二次全体委员会议暨标准审查会议在贵州安顺召开。

标委会主任委员郑舞虹，副主任委员王万绪、李沿飞，以及标委会委员和各方代表70余人出席会议。会议审查通过了《手洗餐具用洗涤剂》等3项国家标准、4项行业标准送审稿和1项国家标准修改单送审稿。审查期间，与会代表提出了多项修改建议供标准起草单位完善标准之用。

4 洗涤剂类食品相关产品风险监控与生产监督管理技术规范验证工作会议

为了提高《洗涤剂类食品相关产品风险监控与生产监督管理技术规范》的科学性和可操作性，提升相关产品企业的风险监控意识和生产管理技术，保证拟实施的技术规范在生产企业中能够顺利验证，2016年7月8日中国日用化学工业研究院会同国家洗涤用品质检中心（重庆）、河北省环保产品质量检测监督检验院在太原市组织召开验证工作会议，对《技术规范》验证稿进行了研讨。来自中国洗涤用品工业协会等行业协会，高等院校，科研、检测及标准化机构的50余名代表参加了本次会议。

与会代表在认真研读《技术规范》的基础上，充分论证了该规范的实用性，并对《技术规范》中一些不够准确或不适用之处提出了修改意见。会议主办方将根据收集的意见对《技术规范》进行修订后，安排相关人员赴企业实施验证。会议还同期对修订中的国家标准GB 9985—2000《手洗餐具用洗涤剂》、GB/T 24691—2009《果蔬清洗剂》征求意见稿进行了研讨，并确定了其主要内容和架构。

5 2016（第九届）全国磺化 / 乙氧基化技术与市场研讨会

2016年9月7—9日，“2016（第九届）全国磺化 / 乙氧基化技术与市场研讨会”在上海市金山区召开，来自全国磺化和乙氧基化行业的代表及部分特邀代表共180余人参加本届会议。

中国日用化学工业研究院王万绪院长致开幕词，上海市金山区第二工业园区党委书记孙莉军致欢迎词。中国洗协表面活性剂专业委员会副主任委员、中国石化金陵石化公司烷基苯厂厂长蒋伟民主持会议。中国日用化学工业研究院副院长孙永强提交的《科技创新助推中国乙氧基化行业转型发展》等12篇论文应邀在会议中进行了交流。为配合本届会议的召开，中国日用化学工业研究院主办的《日用化学品科学》编辑出版了《磺化 / 乙氧基化专刊》，中国日用化学工业研究院与表面活性剂和洗涤剂行业生产力促进中心联合编辑出版了《磺化 / 硫酸化原料及其产品安全手册（2016版）》。

本届会议由中国日用化学工业研究院和全国表面活性剂和洗涤剂行业生产力促进中心主办，中国日用化学工业信息中心承办，中轻日化科技有限公司协办，中国洗协表面活性剂专业委员会和中国洗协科学技术专业委员会提供支持，宁波得利时泵业有限公司、轻工业杭州机电设计研究院、江苏斯尔邦石化有限公司、杭州杭理科技有限公司、北京紫晶石精细化工技术有限公司和上海久誉化工科技有限公司提供赞助。本次会议筹备和召开期间，得到会议协办单位中轻日化科技有限公司的大力支持和协助，9月9日，全体与会代表应邀参观了该公司。

6 全国表面活性剂和洗涤用品标准化技术委员会三届一次全体委员会议

2017 年 1 月 4—5 日全国表面活性剂和洗涤用品标准化技术委员会（SAC/TC272）三届一次全体委员会议暨标准审查会议在福州召开。

中国轻工业联合会综合业务部王旭华副主任，中国洗涤用品工业协会理事长、标委会主任委员郑舞虹，中国日用化学工业研究院院长、副主任委员王万绪以及标委会委员、标委会会秘书处全体人员和各方代表 129 人出席了会议。

会议首先由全国表面活性剂和洗涤用品标准化技术委员会副主任委员王万绪代表第二届委员会汇报了标委会六年来工作、会议、采标、国际标准化等十个方面的工作。中国轻工业联合会综合业务部王旭华副主任宣读了中国轻工业联合会对国家标准化管理委员会报送的第三届全国表面活性剂和洗涤用品标准化技术委员会及其 2 个分技术委员会换届组成方案的批复，代表中国轻工业联合会对标委会的成功换届表示祝贺，并对标委会今后在重新构建行业标准体系、全面贯彻落实消费品标准和质量提升规划、从技术领域全方位支持团体标准的发展等方面的工作提出了要求。会议还听取了王万绪副主任委员作的 2017 年标委会工作计划，审议通过了委员会章程、秘书处工作细则等制度。

会议对 17 项标准送审稿、9 项标准征求意见稿以及 3 项讨论稿进行了审查和研讨，投票通过了 14 项送审标准。会议还授予段玉臣等十二位同志“全国表面活性剂和洗涤用品标准化工作先进个人”荣誉称号。

7 第二十一届国际表面活性剂溶液科学大会

6 月 5—11 日，由国际表面活性剂溶液科学委员会主办、山东大学承办的“第二十一届国际表面活性剂溶液科学大会”（SIS 2016）在山东会堂举行。山东大学副校长李术才出席大会开幕式并致辞。中国科学院院士、中国化学会副理事长、国家自然科学基金委员会化学部主任、清华大学张希教授，中国科学院院士、中国化学会副理事长、中科院兰州化学物理研究所刘维民研究员，中国科学院院士、山东大学钱逸泰教授，欧洲科学院院士、美国科学院院士、日本科学部委员，以及 Langmuir 主编和副主编等出席开幕式。

李术才在致辞中对参加此次大会的国内外专家学者表示欢迎，并介绍了山东大学的情况。会议发起人和终身主席、美国的 K. L. Mittal 博士在开幕式上致辞。大会组织委员会主席、山东大学胶体与界面化学教育部重点实验室主任郝京诚教授主持开幕式。

来自中国、美国、日本、韩国、德国、法国、英国、西班牙、丹麦、俄罗斯、意大利、波兰、墨西哥、哈萨克斯坦和中国台湾等 31 个国家和地区的代表 460 余人参加了会议。与会代表围绕涉及溶液中表面活性剂的各个领域的研究成果进行了充分研讨。本届会议 Kash Mittal 奖得主、来自佛罗里达大学的 Dinesh O. Shah 教授，美国罗格斯大学 Laurence S. Romsted 教授，西班牙高等化学研究院 Conxita Solans 教授，山东大学钱逸泰院士和台湾科技大学 Toyoko Imae 教授做了大会报告，分别介绍了胶束、微乳液和单层相关的技术应用，非均相乳液、纳米乳液化学反应性的模拟，表面活性剂自组装体在低能乳化中的关键作用，纳米晶生长，表面活性剂的摩擦磨损设计与应用，并对表面活性剂的未来发展与应用。会议还安排邀请报告46场，口头报告116人次，展报122幅。会议共收到论文摘要340余篇，涉及新型表面活性剂的合成、界面吸附、润湿与铺展、自组装、表界面薄膜等物理化学基础性质，以及在制药与生命科学、能源与环境科学、微纳技术等领域的应用共20个主要议题；会议同时设置了表面活性剂在摩擦学领域应用专题会场。

承办本届会议，旨在扩大山东大学胶体与界面化学学科的国际影响，增强国内外学者和有关企业交流表面活性剂研究的最新进展和最新应用，促进海内外学者的学术交流与合作，进一步推动表面活性剂科学技术的发展。会议还有一大特色，就是专门设置面向青年学生的3个Langmuir最佳论文展报奖和3个SIS 2016最佳论文展报奖，来自德国、哈萨克斯坦、印度和中国的青年学生获得了本次最佳论文展报奖。

本次会议由山东大学承办，王宽诚教育基金会、北京朗迪森科技有限公司、万华化学集团股份有限公司等对会议给予了资助。国际表面活性剂溶液科学大会创办于1976年，是具有重要国际影响的学术会议，先后在世界各国举办过20届，这是首次在中国举办。

8 第九届（2016）中国油脂化工行业年会

“第九届（2016）中国油脂化工行业年会”于2016年6月15—17日在江苏扬州召开。本次会议由中国洗涤用品工业协会油脂化工分会主办，由《中国洗涤用品工业》杂志社承办。本次会议还得到了马来西亚棕榈油委员会（MPOC）、卓创资讯集团、辽宁奥克化学股份有限公司的大力支持。中国洗涤用品工业协会理事长郑舞虹、马来西亚棕榈油委员会高级市场分析师林德财、印度尼西亚棕榈油协会会长Joko Supriyono、马来西亚棕榈油总署大马棕榈油技术研发（上海）有限公司副总经理杨峻豪等近200位国内外嘉宾、会员及业内人士出席了本次会议，中国洗协油脂化工分会会长、浙江赞宇科技股份有限公司董事长方银军做了主题报告。

鉴于上游原料对外依存度较高等特点，主办方特别邀请到马来西亚棕榈油委员会（MPOC）、印度尼西亚棕榈油协会（GAPKI）、马来西亚棕榈油局（MPOB）等油源国行业组织，就油脂原料供应情况及市场走势进行了深入分析，为行业带来了第一手市场信息。会议期间，既有中国洗协油脂化工分会会长、浙江赞宇科技股份有限公司董事长方银军针对全国油化行业发展概况的主旨报告，又有来自大专院校和企业的嘉宾对油脂化工产品技术研究成果以及油脂原料和油化产品市场走势的精彩演讲。会议以权威、专业的视角，强大的嘉宾阵容，为行业企业解读了国内外油脂原料及油脂化工市场最新动态、最新技术进展、价格走势、行业发展中的机遇和挑战等。

为增进油脂化工行业信息交流，扩大信息来源的广度与深度，本次会议还将围绕“2016年油脂原料走势及行业面临的挑战和机遇”这一主题，安排嘉宾对话环节。来自油脂贸易、油化产品生产等领域的专家，将就油脂原料及油化产品的市场走势及行业面临的机遇和挑战进行深入分析，并与参会代表进行互动。

9（2016）中国洗涤用品行业年会

2016年11月24日，由中国洗涤用品工业协会主办的第36届（2016）中国洗涤用品行业年会于厦门成功举办。本次年会以“需求导向下的供给创新”为主题，得到了全体与会者的共鸣。大会由立白集团公司总裁陈凯旋主持，工业和信息化部消费品工业司副巡视员汪敏燕、中国轻工业联合会秘书长杜同和分别为大会致辞。汪敏燕副巡视员还从宏观经济角度，为大家分析了当前的经济形势和对策研究，她着重讲解了国家推进“增品种、提品质、创品牌”三品战略部署，希望大家着力开展技术创新，调整结构，转型升级，弘扬工匠精神，提高管理水平，凭借高品质打造响亮品牌。

杜同和秘书长在致辞中表示，2016年年会的主题是“需求导向下的供给创新”，十分契合当前形势。

洗涤用品行业是民生产品，随着人民生活水平的不断提高，随着城镇化进程的加快，随着上述消费观念和消费方式的变革，洗涤用品行业有着广阔的发展前景。行业企业应着力以消费者的消费趋势引领行业发展，抓住国家推进供给侧改革带来的机遇，使整个行业朝着“绿色化、浓缩化、功能化、个性化”方向发展。

中国商业联合会副会长王耀则从市场角度分析了2016年度中国经济走势，用大量数据分析了日化产品线上线下市场发展趋势，消费者对各类日化产品的消费走势和消费特点，并对2017年市场进行了预测及解析。

中国洗涤用品工业协会理事长郑舞虹做了“需求导向下的供给创新”主题报告。她在报告中谈到，今年是我国“十三五”的开局之年,也是我国实施“供给侧改革”的重要之年。在经济新常态的背景下，“供需错位”已然成为中国经济持续增长的最大路障。她针对行业消费模式、生产经营、原料进出口等统计数据同与会者进行了详细的行业运行特点分析，与参会代表一起探讨了消费者的需求变革，分析了行业目前的共性问题。她在报告中说：我们在不断地发现问题中发现需求，在不断地解决问题中满足需求，在不断地满足需求中获得利益，获得利益后又去追求更高的需求。我们需要敬畏客观规律，要与正在发生的需求侧的深刻变化同步，在改变经营的传统思维模式下，加强研判需求的能力，在打造自身向服务型企业的发展中，研究到底为客户服务什么，这个“服务”于“研究需求、创新供给”是什么关系，在立足客户需求的模式下，思考自身向服务型改革。

第七章

APPLICATIONS

行业应用

2016 年中国洗涤用品行业发展综述

1 基本概述

2016 年，国内规模以上企业肥（香）皂及合成洗涤剂总产量超过 1390 万 t，其中合成洗涤剂产量为 1299.14 万 t，较 2015 年的 1264.55 万 t 同比增长 2.74%。肥（香）皂产量接近 95 万 t，较 2015 年的 90 万 t 同比增长 5.55%。油脂价格疯涨给皂类产品获利提供有利条件，皂类产品同比增长均高于“十二五”期间年均 2.5% ~ 3.0% 的增长。

合成洗涤剂当中，洗衣粉产量为 446.27 万 t，较 2015 年的 444.76 万 t 同比增长 0.34%。液体洗涤剂产量 852.87 万 t，较 2015 年的 819.79 万 t 同比增长 4.04%。

2016 年合成洗涤剂净进口量为 –113.88 万 t，当年合成洗涤剂表观消费量为 1185.26 万 t，较 2015 年的 1161.42 万 t 同比增长 2.05%。通过产成品库存换算实际库存量约合 35 万 t，换算实际市场消化量为 1150 万 t 左右，人均洗涤产品消耗量为 8.37kg/ 年，实际中国洗涤产品消费标准为 23g/（天・人），但是中国洗涤用品行业消费地域差异较大，华东和华南地区人均消费超过中西部地区 3 倍还要多，据不完全统计，华东和华南地区人均年消费洗涤产品的量达到 14.5kg/ 年，西部地区人均消费量不到 4.0kg/ 年。

经济指标方面，2016 年肥皂及合成洗涤剂制造主营业收入 1832.49 亿元，较 2015 年同期增长 6.33%；主营业务成本 1396.07 亿元，较 2015 年同期增长 9.93%；利润总额 115.20 亿元，同比增长 –13.46%；应收账款净额 158.51 亿元，同比增长 14.25%；产成品库存 46.27 亿元，同比增长 –8.29%；2016 年行业负债 585.66 亿元，同比增长 12.04%；亏损企业亏损额合计达到 3.07 亿元，较 2015 年同比减少 30.11%。

2 生产与市场

2.1 产出情况

2016年国内所有省市合成洗涤剂产量合计达到1299.14万t，较2015年的1264.55万t同比增长2.74%。按照产出省市排名来看，排名前五的分别为广东省、四川省、河南省、山东省和安徽省，产出量分别为 480.63 万 t、131.88 万 t、117.07 万 t、92.91 万 t 和 91.32 万 t，较 2015 年的 476.85 万 t、151.35 万 t、98.75 万 t、70.88 万 t 和 79.42 万 t 分别同比增长 0.79%、–12.86%、18.55%、31.07% 和 2.39%，排名前五的省市合成洗涤剂产出比分别为 37.00%、10.15%、9.01%、7.15% 和 6.26%，合计占比接近 70%，其中广东省作为国内最大的合成洗涤剂产出省市，产出比超过 1/3（表 1 和图 1 和图 2 所示）。

表1　2016年和2015年国内合成洗涤剂产出省市统计

地区	2016年累计产量/t	2015年累计产量/t	同比增长/%
全　国	12991423.10	12645509.40	2.74
北京市	173900.80	117944.79	47.44
天津市	490784.10	583035.45	–15.82
河北省	161689.00	157682.00	2.54
山西省	78342.10	87212.88	–10.17
辽宁省	94366.00	124270.00	–24.06
吉林省	279112.00	241828.02	15.42
上海市	410492.30	387256.96	6.00
江苏省	134587.30	143060.21	–5.92

续表

地区	2016年累计产量/t	2015年累计产量/t	同比增长/%
浙江省	774037.00	695273.98	11.33
安徽省	813189.40	794226.86	2.39
福建省	174415.60	167344.68	4.23
江西省	7117.00	5998.00	18.66
山东省	929096.80	708833.65	31.07
河南省	1170683.00	987486.30	18.55
湖北省	215135.00	209940.70	2.47
湖南省	423084.70	446462.95	-5.24
广东省	4806275.50	4768460.14	0.79
广　西	163888.90	180828.40	-9.37
重庆市	38900.00	41083.00	-5.31
四川省	1318826.80	1513534.15	-12.86
贵州省	97626.90	100212.11	-2.58
云南省	106461.00	23550.00	352.06
陕西省	91409.00	107918.00	-15.30
新　疆	38002.90	52066.17	-27.01

数据来源：国家统计局。

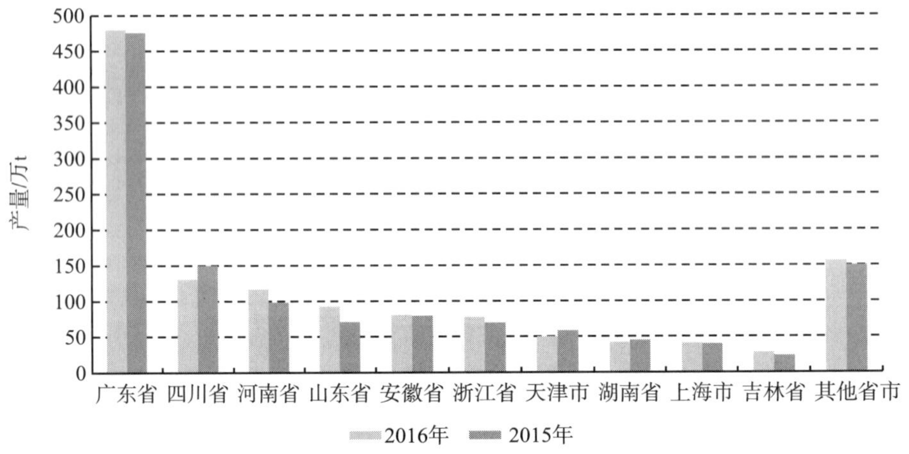

图 1　2016 年和 2015 年国内合成洗涤剂主要产出省市产出量统计

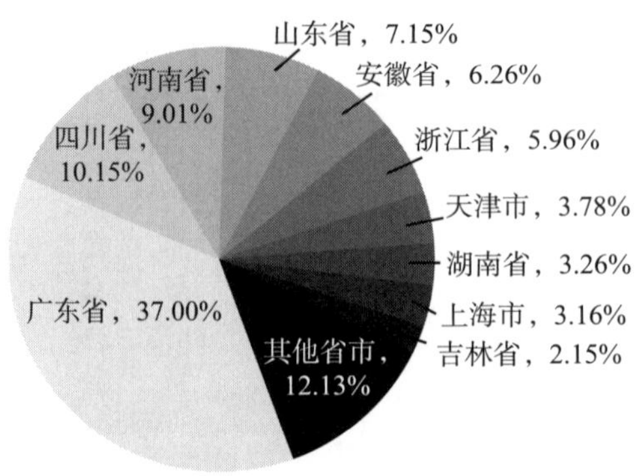

图 2　2016 年国内合成洗涤剂主要产出省市产出比重统计

2016 年国内合成洗涤剂月度产出数据见表 2 和图 3 所示，单月产出均超过 100 万 t，从月度产出数据走势分析，每一季度最后一月产出均表现较高。其中，8 月、10—12 月产出同比负增长，其他月份均以同比增长贡献当年合成洗涤剂合计增长，2016 年 11 月合成洗涤剂产出同比减少 4.92%，3 月和 5 月产出同比增长达到两位数，另外，2016 年所有月份合成洗涤剂累计产出均实现同比增长。

表2　2016年国内合成洗涤剂月度产出数据统计

月份	1月	2月	3月	4月	5月	6月	7月	8月	9月	10月	11月	12月
2015/ 万 t	108.5	106.2	112.0	106.3	102.4	110.7	97.3	103.8	113.4	112.0	118.0	126.1
2016/ 万 t	116.1	116.1	122.6	105.5	113.5	118.7	101.2	102.1	112.3	110.6	112.7	125.6
同比 /%	7.00	9.32	9.46	−0.75	10.84	7.23	4.01	−1.64	−0.97	−1.25	−4.49	−0.40

数据来源：国家统计局。

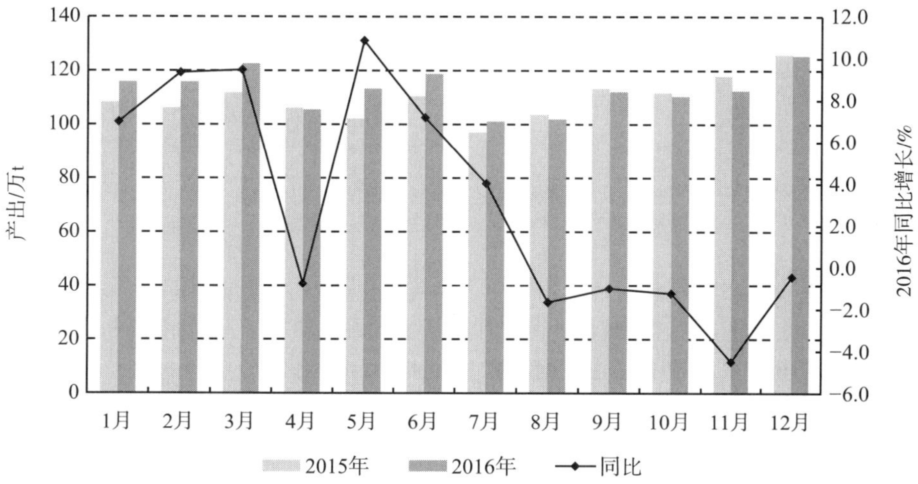

图 3　2015 年和 2016 年国内合成洗涤剂月度产出数据统计

2.2　产品结构

2016 年，国内合成洗涤剂产出量合计 1299.14 万 t，其中洗衣粉产出量为 446.28 万 t，占比 34.35%，液体洗涤剂产出量为 852.86 万 t，占比 65.65%。关于国内主要省市洗衣粉和液体洗涤剂 2016 年产出情况见表 3 所示。

表3　2016年国内主要省市洗衣粉和液体洗涤剂产出数据统计

地区	合成洗涤剂/t	合成洗衣粉/t	液体洗涤剂/t
全　国	12991423.00	4462766.00	8528657.00
北京市	173901.00	5484.00	168417.00
天津市	490784.00	5415.00	485369.00
河北省	161689.00	0.00	161689.00
山西省	78342.00	43744.00	34598.00
辽宁省	94366.00	22342.00	72024.00
吉林省	279112.00	123530.00	155582.00
上海市	410492.00	93748.00	316744.00

续表

地区	合成洗涤剂/t	合成洗衣粉/t	液体洗涤剂/t
江苏省	134587.00	86500.00	48087.00
浙江省	774037.00	367879.00	406158.00
安徽省	813189.00	453157.00	360032.00
福建省	174416.00	0.00	174416.00
江西省	7117.00	0.00	7117.00
山东省	929097.00	407381.00	521716.00
河南省	1170683.00	399562.00	771121.00
湖北省	215135.00	0.00	215135.00
湖南省	423085.00	230985.00	192100.00
广东省	4806276.00	1119017.00	3687259.00
广　西	163889.00	68360.00	95529.00
重庆市	38900.00	22690.00	16210.00
四川省	1318827.00	870189.00	448638.00
贵州省	97627.00	23914.00	73713.00
云南省	106461.00	55531.00	50930.00
陕西省	91409.00	41538.00	49871.00
新疆省	38003.00	21799.00	16204.00

数据来源：国家统计局。

其中，2016年洗衣粉产品以普通洗衣粉为主，浓缩型洗衣粉产出仅占比3%。对加酶洗衣粉和无磷洗衣粉进行统计，主要生产企业2016年生产加酶洗衣粉超过83%。无磷洗衣粉占比85%。洗衣粉行业集中度较高，2016年我国洗衣粉生产前十位的企业合计产出296.77万t，合计占比66.5%，2016年我国洗衣粉年产超过5.0万t以上企业合计15家，包括纳爱斯集团、广州立白、宝洁中国、联合利华（中国）、南风化工集团、广州浪奇和山东丽波日化等。

从地区来看，洗衣粉产出排名前五的省市分别为广东省、四川省、安徽省、山东省和河南省，产量分别为111.90万t、87.02万t、45.32万t、40.74万t和39.96万t，分别占2016年洗衣粉产量的25.07%、19.50%、10.15%、9.13%和8.95%，排名前五的产出合计占比72.80%（图4和图5所示）。

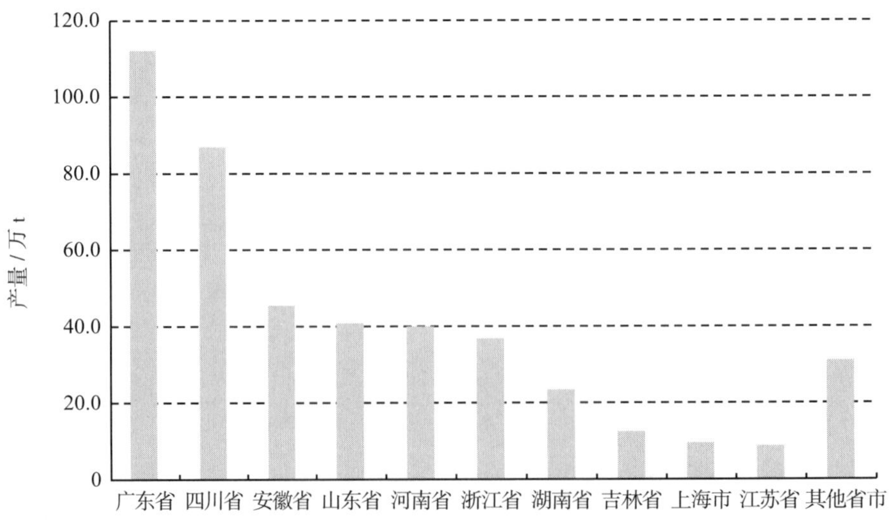

图4　2016年国内合成洗衣粉主要产出省市数据统计

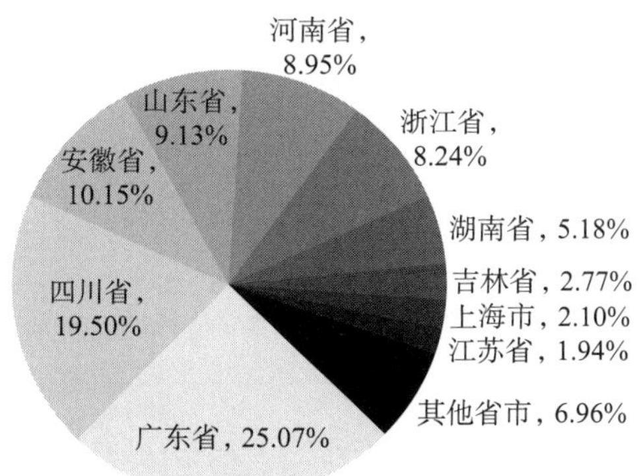

图 5　2016 年国内合成洗衣粉主要省市产出比重统计

2016 年，国内合成洗衣粉月度产出数据见表 4 和图 6 所示，2015 年产出较大月份出现在 9—12 月，2016 年产出较大月份同样出现在当年最后四个月，其中，1 月、2 月、4 月、8—10 月产出均同比负增长，1 月产出和 9 月产出负增长较大。因企业年底库存加大影响，2016 年 12 月产出同比增长 9.93%。

表4　2016年国内合成洗衣粉月度产出数据统计

月 份	1月	2月	3月	4月	5月	6月	7月	8月	9月	10月	11月	12月
2015/ 万 t	32.6	30.5	35.8	36.2	35.7	33.0	31.9	36.3	41.1	39.5	40.6	42.3
2016/ 万 t	29.8	29.8	37.7	34.0	37.2	34.5	33.9	34.2	38.2	38.8	41.9	46.5
同比 /%	−8.59	−2.30	5.31	−6.08	4.20	4.55	6.27	−5.79	−7.06	−1.77	3.20	9.93

数据来源：国家统计局。

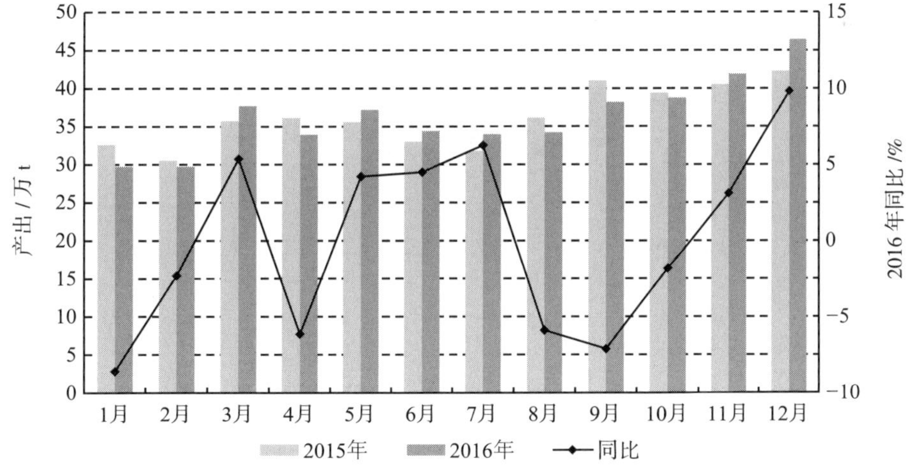

图 6　2016 年国内合成洗衣粉月度产出数据统计

2016 年国内液体洗涤剂产品主要包括洗衣液、餐具洗涤剂、柔顺剂、沐浴露、洗发香波和洗手液等 10 余种，以洗衣液和餐具洗涤剂为主，据不完全统计，2016 年国内液体洗涤剂中洗衣液产出占比 43.20%，餐具洗涤剂占比 40.61%，柔顺剂占比 4.17%，其他液体类产品占比约合 12.02%。

其中，液体洗涤剂产出排名前五的省市分别为广东省、河南省、山东省、天津市和四川省。产量分别为 368.73 万 t、77.11 万 t、52.17 万 t、48.54 万 t 和 44.86 万 t，分别占 2016 年液体洗涤剂产量的

43.23%、9.04%、6.12%、5.69% 和 5.26%。排名前五省市液体洗涤剂合计产出比重达到 69.34%，超过 2/3，其中广东省占比超过 1/3（图 7 和图 8 所示）。

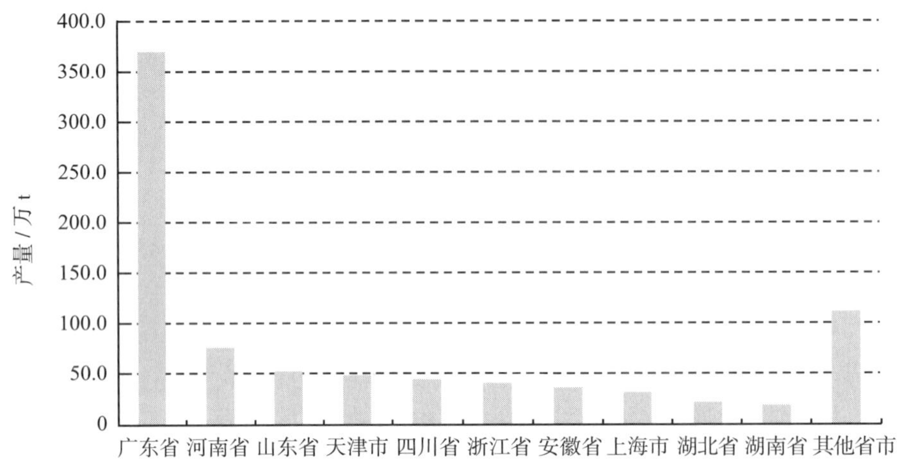

图 7　2016 年国内液体洗涤剂主要产出省市数据统计

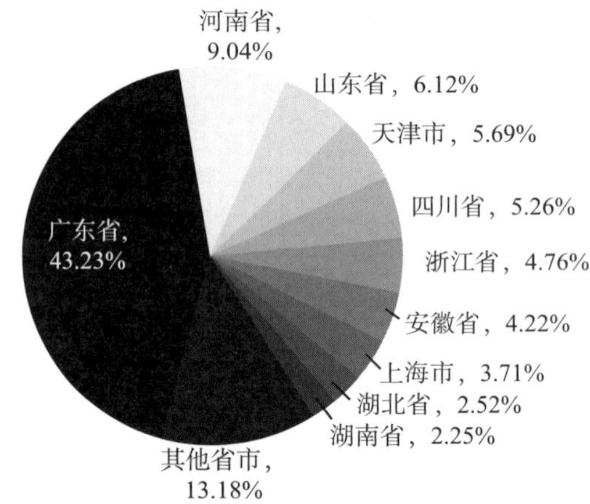

图 8　2016 年国内液体洗涤剂主要省市产出比重统计

2016 年国内液体洗涤剂月度产出数据见表 5 和图 9 所示，与合成洗衣粉相比，2016 年液体洗涤剂年底产出均同比负增长，其中 11 月和 12 月产出同比增长 –8.53% 和 –5.61%，年初 1—3 月、5—6 月，液体洗涤剂产出同比增长较大，均超过或达到两位数增长幅度。

表5　2016年国内合成液体洗涤剂月度产出数据统计

月份	1月	2月	3月	4月	5月	6月	7月	8月	9月	10月	11月	12月
2015/ 万 t	75.9	75.7	76.2	70.1	66.7	77.7	65.4	67.5	72.3	72.5	77.4	83.8
2016/ 万 t	86.3	86.3	84.9	71.5	76.3	84.2	67.3	67.9	74.1	71.8	70.8	79.1
同比 /%	13.70	14.00	11.42	2.00	14.39	8.37	2.91	0.59	2.49	–0.97	–8.53	–5.61

数据来源：国家统计局。

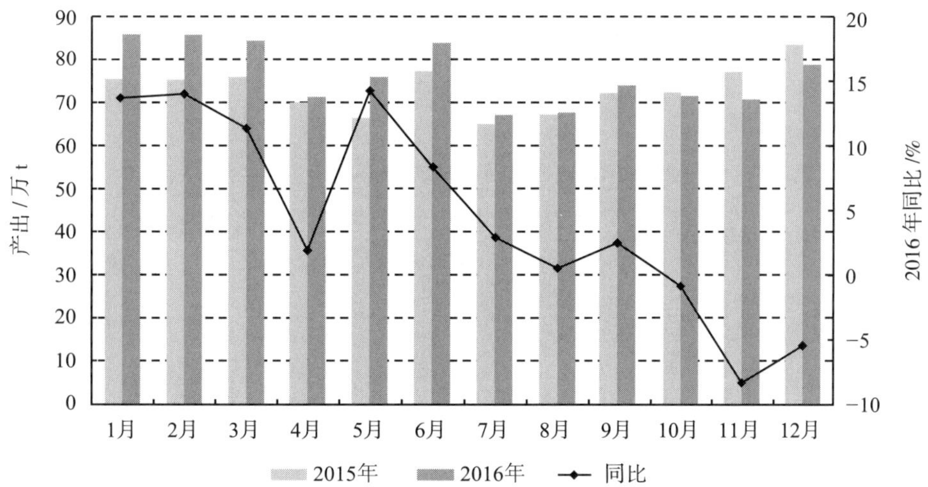

图 9　2016 年国内合成液体洗涤剂月度产出数据统计

2016 年液体洗涤剂规模以上企业，年产出 2 万 t 洗衣液企业有广州立白、纳爱斯集团、广州蓝月亮、威莱（广州）、联合利华（中国）、宝洁中国等。

3 经济指标

根据国家统计局统计资料显示，2016 年我国日用化学品产品制造行业平稳增长，但增速放缓，统计规模以上企业 1470 家，主营业收入达到 4960.66 亿元，同比增长 6.64%，利润总额 461.66 亿元，同比下降了 7.56%。

肥皂及合成洗涤剂制造业是日化行业最大的分支，2016 年主营业收入达到 1832.49 亿元，主营业务占总量的 43%，但是利润率在四个行业中最低，2016 年主营业务利润率仅为 6.29%，利润总额仅占日化行业总利润额的 28%（见表 6 所示）。

表6　2016年日用化学产品制造业主营经济指标

行业名称	汇总企业单位数		主营业务收入		利润总额		主营业务利润率/%
	合计/个	亏损面/%	累计/亿元	同比/%	累计/亿元	同比/%	
日用化学品制造	1470	10.14	4960.66	6.64	461.67	−7.56	9.31
其中，肥皂及合成洗涤剂制造	380	11.57	1832.49	6.33	115.20	−13.46	6.29
化妆品制造	405	14.32	1609.49	5.66	190.99	−12.71	11.87
口腔清洁用品制造	47	14.89	211.24	7.65	38.39	13.86	18.17
香料、香精制造	346	6.35	648.62	6.40	72.85	0.87	11.23

数据来源：国家统计局。

根据国家统计局对全国 380 家规模以上企业的统计，2016 年全年行业总资产计 1136.61 亿元，同比增长 12.64%；负债总计 585.66 亿元，同比增长 12.04%，资产负债率为 51.53%；流动资产净值 723.96 亿元，同比增长 12.06%，与总资产比为 63.69%。

整体统计分析过去五年肥皂及合成洗涤剂主要经济指标，可以看出，我国作为洗涤用品生产和消费大国，行业主营业收入每年平稳增长，过去五年合计增长达到 18.56%。但从行业利润获取来看，

2013—2016 年连续呈现负增长态势，尤其是 2014 年和 2016 年同比减少超过两位数，2012—2016 年，行业利润获取累计减少 30.55%，行业负债额也同样表现连续增长，过去五年行业负债增长年均超过两位数，累计合计达到 44.90%（表 7 和图 10 ~ 图 12 所示）。

表7　2011—2016年国内肥皂及合成洗涤剂制造主要经济指标统计

年份	2011年	2012年	2013年	2014年	2015年	2016年
主营业收入 / 亿元	1466.12	1545.66	1622.62	1700.30	1777.91	1832.49
同比增长 /%	26.53	8.76	3.89	5.30	5.13	6.33
利润总额 / 亿元	143.00	165.88	164.00	144.56	129.37	115.20
同比增长 /%	16.89	15.24	-1.25	-12.99	-9.64	-13.46
负债合计 / 亿元	403.88	404.17	448.25	467.66	549.66	585.66
同比增长 /%	2.50	10.91	12.69	11.16	13.72	12.04

数据来源：国家统计局。

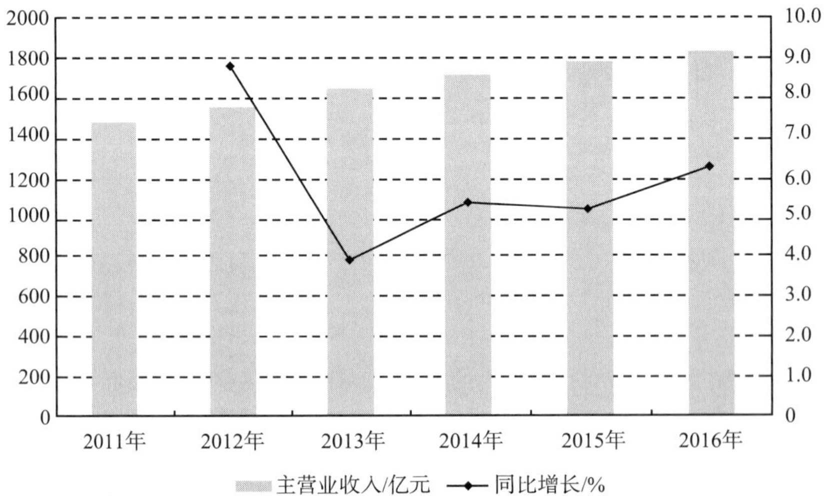

图 10　2011—2016 年肥皂及合成洗涤剂制造主营业收入统计

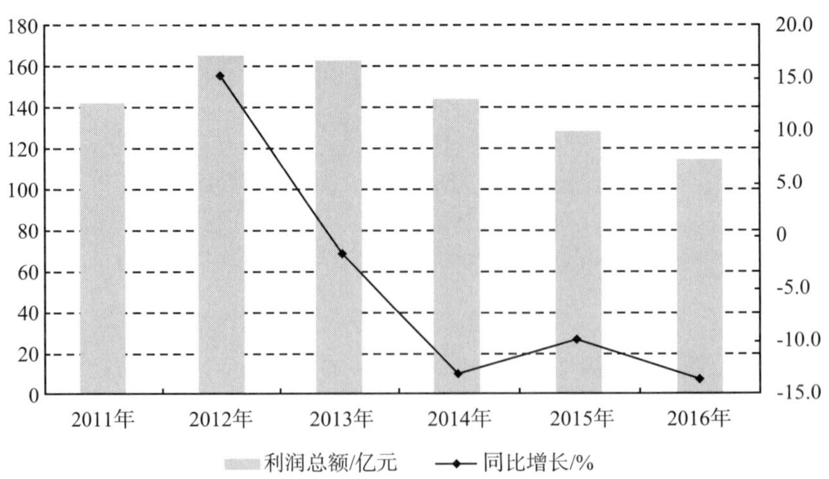

图 11　2011—2016 年肥皂及合成洗涤剂制造主营利润统计

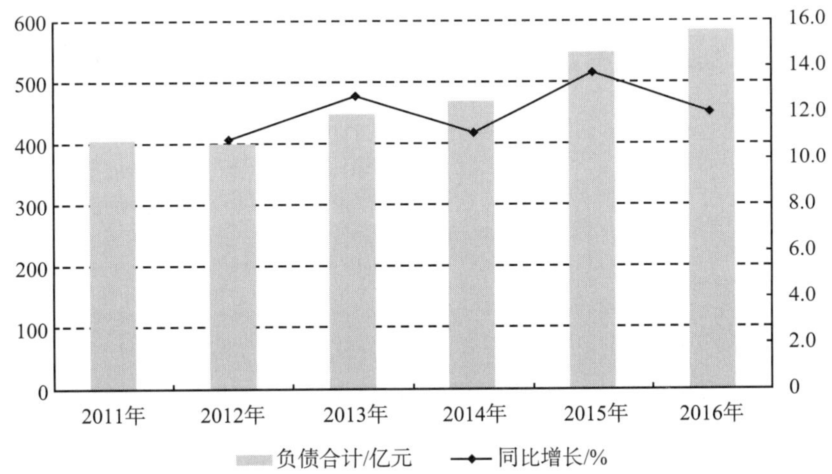

图 12　2011—2016 年肥皂及合成洗涤剂制造年度负债统计

4 海关数据

2016 年洗涤用品行业海关数据统计，当年皂类产品（34011100）进口量合计 9.1 万 t，同比减少 1.94%；相关产品出口量合计 21.96 万 t，同比增加 2.81%（表 8 所示）。

表8　2012年—2016年皂类产品进出口数据统计

年份	2012年	2013年	2014年	2015年	2016年
进口量 / 万 t	5.91	5.61	5.90	9.28	9.10
同比增长 /%	—	-5.08	5.17	57.29	-1.94
出口量 / 万 t	19.02	20.73	22.13	21.36	21.96
同比增长 /%	—	8.99	6.75	-3.48	2.81

数据来源：中国海关。

2016 年，洗衣粉类产品进口合计 0.86 万 t，同比增长 62.26%，出口量合计 53.41 万 t，较 2015 年的 45.72 万 t 同比增长 16.82%（表 9 所示）。

表9　2012—2016年洗衣粉类产品进出口数据统计

年份	2012年	2013年	2014年	2015年	2016年
进口量 / 万 t	0.22	0.24	0.35	0.53	0.86
同比增长 /%	—	9.09	45.83	51.43	62.26
出口量 / 万 t	37.18	42.29	45.40	45.72	53.41
同比增长 /%	—	13.74	7.35	0.70	16.82

数据来源：中国海关。

液体洗涤剂产品，2016 年合计进口量 24.93 万 t，较 2015 年的 19.90 万 t 同比增长 25.28%，出口量合计 75.60 万 t，较 2015 年的 65.67 万 t 同比增长 15.12%（表 10 所示）。

表10　2012—2016年液体洗涤剂类产品进出口数据统计

年份	2012年	2013年	2014年	2015年	2016年
进口量 / 万 t	13.73	14.72	16.61	19.90	24.93
同比增长 /%	—	7.21	12.84	19.81	25.28
出口量 / 万 t	46.37	61.91	61.42	65.67	75.60
同比增长 /%	—	33.51	-0.79	6.92	15.12

数据来源：中国海关。

5 行业面临问题

2016 年，中国洗涤产品继续保持增长态势，但是行业利润率和负债情况表现行业发展存在一些问题：尤其是产品结构亟待调整和升级，解决因产品同质化、产能过剩导致的行业非理性竞争迫在眉睫。第二个比较关注的问题就是目前国内产品结构与地域消费特征集中性凸显，诸如华东地区、华南地区等较发达地区产品消费结构呈现多元化，且人均消费高于全国平均，中西部地区产品消费呈现低端产品为主，兼有部分大城市中高端产品消耗不足，这种明显的地域消费特征以及地域产品结构集中，成为制约我国洗涤用品行业可持续发展重要因素。提升产品质量和附加值，发展可持续清洁生产和消费，保障消费者消费质量和需求，是中国洗涤用品行业目前及今后首要发展方向。

2016 年禁限用纺织化学品最新动态

近年来，随着人们对自身安全和环境保护研究的不断深入、各国对环境保护和人体健康要求的不断提高、再加上欧美不断对纺织品设置“绿色壁垒”，可以看到国际市场上环保法规和环保标准不断出台、禁用与限制纺织化学品的内容和范围不断扩大，为 REACH 法规附件Ⅴ—Ⅵ准备的 SVHC 候选清单上的新化学物质数、AAFA 限制物质清单上的新化学物质数以及 OT-100 上的新化学物质数等不断增加，化学品供应链的管控，特别是在整个产品生命周期中有害化学品排放方面的问题不断被暴露，因此，尽管近年各国染整企业生产的纺织品中被检出的有毒有害化学物质呈下降趋势，但被检出的案例时有发生，有时起伏还较大。可见当前纺织化学品和纺织品的安全性问题仍是染整行业实现创新驱动和转型升级的最主要障碍之一，染整企业和纺织化学品生产企业必须随时关注各类产品的技术性贸易措施信息更新，及时跟进最新法规动态，以作出快速、合理的应对。本文综述了 2016 年国际市场上禁限用纺织化学品的最新动态，以供 2 个行业及贸易部门参考。

1 2015 年 ECHA 公布了 2 批 7 种 SVHC 候选清单

2015 年 3 月，据 ECHA（欧洲化学品管理局）透露的消息，随着欧盟 REACH 法规执行力度的加强，监管对象将逐渐从化学品生产商转移到下游，包含各类消费品，同时，高关注度物质清单，即 SVHC 清单中的化学物质将会增至 500 多种。该消息引发了很多输欧企业的热议与担忧，这无疑将给国内企业带来巨大的挑战。众所周知，欧盟 REACH 法规管控的产品范围非常广泛，对输欧消费品的主要限制基于 ECHA 公布的 SVHC 候选清单。自从 2008 年 10 月 28 日 ECHA 公布第一批 SVHC 候选清单以来，至 2014 年年底，在 6 年时间内已更新了 12 批，SVHC 候选清单中的化学物质累计达到了 161 种，这些物质的使用范围涵盖了几乎所有向欧盟出口的产品。除了化学品外，纺织品、电子电器产品、文具玩具产品以及其他日用塑料制品也是主要的应用对象。根据欧盟 RAPEX（欧盟非食品消费品快速通报系统）的公开数据显示，2014 年我国输欧的消费品因不符合 REACH 法规要求被通报召回的案例高达 334 起，占我国输欧消费品被 RAPEX 通报数的 22.8%。显然，随着 SVHC 候选清单的不断更新，我国输欧产品将受到进一步的影响。由此可见，跟踪关注欧盟公布的 SVHC 候选清单信息更新、及时跟进欧盟最新法规动态、预测欧盟 SVHC 清单的未来走向，对生产输欧产品的企业早做合理准备、建立自身产品中高关注度物质的信息数据库、更好地减少和控制 SVHC 限用物质的存在、严把产品安全关、规避贸易风险等是多么重要。2016 年，ECHA 又正式将 5 种化学物质纳入需要授权的 SVHC 候选清单中，这是 REACH 法规实施之后公布的第 14 批 SVHC 候选清单，迄今共公布了 14 批 SVHC 候选清单，清单中 SVHC 总数达到了 168 种，已授权进入 REACH 法规授权物质清单的 SVHC 有 31 种。在 168 种 SVHC 中涉及纺织助剂的品种数有 53 种，占 31.5%；染料以及中间体的品种数有 31 种，占 18.5%；合计涉及纺织化学品的品种数为 84 种，占 SVHC 候选清单中化学物质总品种数的 50%。现将 2015 年 ECHA 公布的第 14 批 5 种 SVHC 候选清单与半年前公布的第 13 批 2 种 SVHC 候选清单的详情介绍于下。

1.1 第 13 批 SVHC 候选清单

2015 年 6 月 15 日，ECHA 在 REACH 法规需要授权的 SVHC 候选清单中新增 2 种化学物质，这是欧盟公布的第 13 批 SVHC 候选清单（表 1），使 REACH 法规需授权的 SVHC 品种数增加到 163 种。

表1 REACH法规的第13批SVHC候选清单

物质名称	CAS No	高关注度物质特性	用途
邻苯二甲酸二（C_{6-10}）烷基酯；邻苯二甲酸混合癸基、己基、辛基二酯且含有≥0.3%邻苯二甲酸二己酯	68515-51-5 68648-93-1	生殖毒性	主要用作增塑剂、润滑剂，包括用于黏合剂、涂料、建材、电缆、聚合物薄膜、PVC混合物和艺术材料等
2-(2′,4′-二甲基-环己[3]烯-1-基)-5-甲基-5-(1″-甲基丙基)-1,3-二噁烷;2-(2′,6′-二甲基-环己[3]烯-1′-基)-5-甲基-5-(1″-甲基丙基)-1,3-二噁烷		高持久性、高生物累积性	广泛用于香水、肥皂、洗衣粉等日化产品。它们还具有优异的织物留香能力，被广泛用于香波和织物柔软剂等

1.2 第14批SVHC候选清单

2015年12月17日，ECHA正式新增5种化学物质，分别因具有致癌性、持久性、生殖毒性、生物累积性和毒性而被列入SVHC候选清单中，这是欧盟公布的第14批SVHC候选清单表（表2），使REACH法规中需授权的SVHC数增加到168种。表1和表2所述7种SVHC与已公布的161种SVHC一样，必须根据REACH法规第33条款和第7.2条款规定履行以下责任和义务：作为物质销售时，需要向下游用户提供SDS（物质安全数据表）。作为混合物（配制品）中的一种物质，当此物质质量分数≥0.1%时，需要向下游用户提供SDS。在物品中SVHC质量分数>0.1%时，必须向物品的接受者或者应消费者要求，在45日内免费提供可获取的充足信息，包括物质名称及其质量分数等。通报义务:（1）在2010年12月1日前被列入清单中的SVHC,单种SVHC在物品中的质量分数超过0.1%且每年生产或进口总量大于1 t，则该物品的生产商或进口商需在2011年6月1日前完成向ECHA通报的义务。（2）在2010年12月1日后被列入清单中的SVHC，单种SVHC在物品中的质量分数超过0.1%且每年生产或进口总量大于1 t以及该SVHC作为此项用途尚未被注册，则该物品的生产商或进口商需在列入后的6个月内完成向ECHA通报的义务。

表2 REACH法规的第14批SVHC候选清单

物质名称	CAS No	高关注度物质特性	用途
硝基苯	98-95-3	生殖毒性	重要的基本有机中间体。用于制造其他物质
2，4-二特丁基-6-（5-氯基苯并三唑-2-基）苯酚	3864-99-1	高持久性、高生物累积性	涂层、塑料、橡胶和化妆品等使用的紫外线防护剂
2-（2-苯并三唑-2-基）-4-特丁基-6-（1-甲基丙基）苯酚	36437-37-3	高持久性、高生物累积性	涂层、塑料、橡胶和化妆品等使用的紫外线防护剂
1，3-丙烷磺内酯	1120-71-4	致癌性	锂离子电池中的电解液，也可用于医药化工、感光材料、生物化学、纺织、润滑、表面处理等行业
全氟壬酸及其钠盐和铵盐	375-95-1 21049-39-8 4149-60-4	生殖毒性、持久性、生物累积性、毒性	用于制造氟聚合物的生产助剂、润滑油添加剂、灭火器表面活性剂、清洗剂、纺织品防污整理剂、抛光表面活性剂、液晶显示面板防水剂等

2 2015年欧盟修订的REACH法规中与纺织有关的化学品监管条款

欧盟关于产品中有害化学物质管控的法规源于1976年发布的“关于限制使用与销售某些危险物质与配制品的规定”，即76/769/EEC指令，此后欧盟通过修订76/769/EEC指令的方式陆续发布了一系列控制产品中有害化学物质的指令，先后对76/769/EEC指令进行了48次修订，直到2006年12月

18 日欧盟理事会接受了“关于化学品注册、评估、授权以及限制的法规（简称 REACH 法规）”，标志着欧盟关于化学品管理和产品中有害化学物质控制的立法进入了一个新的阶段。REACH 法规将欧盟 40 多个有关化学品管理和产品中有害化学物质控制的法规综合在一起，提出了化学物质管理的注册、评估、授权和限制制度，开创了化学品和产品中有害化学物质管理的新模式。该法规旨在加强对人类健康和环境的保护，防止化学物质造成危害，增强欧洲化学工业的竞争力和改善欧盟内部市场的一体化。之后，随着关于有害化学物质对人体健康的危害和生态环境的破坏越来越深入的研究，对有害化学物质禁止和限制的要求也越来越高，REACH 法规只得逐年进行修订，2015 年是欧盟委员会修订 REACH 法规中与纺织有关的化学品监管条款比较多的一年。

2015 年，欧盟委员会首先修订了 REACH 法规附件Ⅴ—Ⅶ中的致癌、致基因突变以及生殖毒性物质（CMR）列表，新增了 8 种物质，即砷化镓、氟环唑、硝基苯、邻苯二甲酸二己酯、N- 乙基 -2- 吡咯烷酮、十五氟辛酸铵（又称全氟辛酸铵）、十五氟辛酸（又称全氟辛酸）和二正辛基 - 双（巯乙酸 -2- 乙基己酯）锡（DOTE）等，新规于 2015 年 1 月 1 日起正式生效。根据修订后的法规，自 2015 年 1 月 1 日起，上述 8 种物质或者它们的质量分数超过限量值的混合物禁止在欧盟市场上销售。

2015 年上半年，欧盟委员会还修订了 REACH 法规同一附件中直接与皮肤接触的皮革制品以及含有直接与皮肤接触部分皮革制品六价铬 Cr（Ⅵ）的质量分数，规定六价铬的质量分数（以皮革干重计）＜ 3 mg/kg，新规于 2015 年 1 月 1 日生效。此前欧盟国家中只有德国、法国、意大利和西班牙对服装、表带、包、椅子、沙发、颈袋和皮革玩具实施六价铬质量分数不超过 3 mg/kg 的限制令，而其他欧盟成员国目前对六价铬的要求是控制在不超过 1 000 mg/kg，二者差距超过 333 倍。根据修订后的法规，凡超过该限量要求的产品不得投放市场。欧盟是我国皮革制品的重要出口市场，欧盟出台的皮革制品六价铬限制令对我国输欧皮革制品产生很大影响。

再则，欧盟 REACH 法规附件Ⅴ—Ⅶ的多环芳烃限制条款（及附件Ⅴ—Ⅶ中的第 50 项）中新增了 5~8 条。该限制条款提出了包括运动设备、家用器具、家用工具、衣物、鞋类、运动服和皮带等在内的物品若在正常和可预见的情况下使用，其中的任何橡胶或塑料部件能直接、长期或短期重复与人体皮肤或口腔接触，而且所含 PAH 量超过 1 mg/kg，则该物品不得投放市场供公众使用；玩具以及儿童护理产品若在正常和可预见的情况下使用，其中的橡胶或塑料组件与人体皮肤或口腔直接长期接触或短期重复接触，且所含 PAH 量超过 0.5 mg/kg，则该产品不得投放市场供公众使用。新规已于 2015 年 12 月 27 日生效实施。

另外，鉴于壬基酚聚氧乙烯醚（NPE）对人体以及环境的严重危害作用，欧盟从 2015 年 3 月起修订 REACH 法规附件Ⅹ - Ⅶ中的相关条款，并在 4 月 16 日将修订条款向 WTO 发布通知，2016 年 1 月 14 日欧盟在其官方公报（OJ）上发布了（EU）2016/26，即 REACH 法规附件Ⅴ—Ⅶ中第 46 项壬基酚聚氧乙烯醚的修订条款，新增了对纺织品中 NPE 的限制内容。2 月 3 日（EU）2016/26 开始生效，2021 年 2 月 3 日以后，欧盟将不再允许在可水洗纺织品正常生命周期中 NPE 质量分数≥ 0.01%（以质量计，即 100 mg/kg）的纺织品或任意部分含有此量的纺织品进入欧盟市场。此修订法规不仅使受控产品范围进一步扩大，而且纺织品中 NPE 的限量规定为 0.01%，相比于过去的有关条款，新法规对纺织品中的 NPE 限制要求更为严格。2015 年 REACH 法规附件Ⅴ—Ⅶ中修订的条款还有第 27 项镍释放速率，2016 年 1 月 15 日欧盟官方公报（OJ）上发布了 2016/C014/04，公布了镍释放的最新协调标准清单，正式将 EN1811 ：2011+A1 ：2015 列为协调标准，取代 EN1811 ：2011。原标准由于测试方法的不确定性因素，引入了不确定度，产生了不确定结果，导致无法判定测试组件是否符合 REACH 法规附件Ⅴ—Ⅶ的要求。新标准则去除了这种不确定结果，定义身体穿刺配件的测试结果＜ 0.35 μg/cm^2/ 周（原标准规定为＜ 0.2 μg/cm^2/ 周）可视为通过；与皮肤长期或直接接触其他组件的测试结果＜ 0.88 μg/cm^2/ 周（原标准规定为＜ 0.5 μg/cm^2/ 周）可视为通过。

2015 年欧盟修订的 REACH 法规中不少化学品监管条款都与纺织、橡塑等行业密切关联，新增的 8 种 CMR 物质都是重要的化工原料，也是纺织、橡塑等材料用化学品的重要原料，广泛应用在纺织印染/轻工等产业，涉及服装、玩具、电器等重要消费品，但它们都是有害物质。例如邻苯二甲酸二己酯是一种干扰人体内分泌系统和致生殖毒性的物质，对儿童的身体健康危害很大，目前包括该物质在内的邻苯二甲酸酯类增塑剂是我国输欧产品中被欧盟 RAPEX 通报召回的服装鞋类和玩具产品的头号化学危害因素；六价铬和多环芳烃也是皮革和塑胶制品中常见的有害物质，是欧盟 RAPEX 通报我国输欧产品被召回的另一些主要质量不合格因素。目前，新规定中对多环芳烃的监管对象已扩大到所有消费品，使国内企业遇到的贸易风险更大了。壬基酚聚氧乙烯醚因具有良好的渗透、乳化、分散性能，在纺织品生产过程中一直作为清洁剂、染色剂和水洗剂等被广泛使用，但一旦服装进行水洗，其中的 NPE 就会分解并生成有毒的壬基酚（NP），NP 是一种持久性化学品，兼具内分泌干扰特性，水体中的壬基酚会随之进入鱼类等生物体内，不断积累，影响其繁育和生长，并通过食物链逐级放大，进而危害人类健康。而且 2003 年欧盟颁布的关于 NPE 的法规 2003/53/EG 规定在纺织品和皮革等产品生产中全面禁用 NPE 质量分数超过 0.1%（1000 mg/kg）的化学品和助剂，对纺织品本身 NPE 质量分数的限制并未作出规定。新的关于 NPE 质量分数的修订法规是直接针对纺织品，有效地弥补了原法规的漏洞，有益于严格监控纺织品中含有的 NPE。欧盟是我国消费品出口的主要市场之一，这些经过修订的新法规的生效实施将给我国纺织品等的出口带来巨大冲击，贸易风险陡然增加，希望我国有关企业加大应对力度，提升产品质量安全的自控能力，尽可能地减少因新规实施带来的损失。

3 2015 年 ZDHC 发布了新生产限用物质清单

2011 年 11 月由阿迪达斯等 6 家全球品牌商发起组成了旨在促进在整个产品生命周期中减少有害化学物质的排放，从而实现有害化学物质零排放的联盟，即 ZDHC 联盟。该联盟经过技术咨询委员会与各品牌会员 2 年多的紧密合作，并联合欧洲的 3 个环保组织于 2014 年 6 月 5 日发布了服装和鞋类行业的生产限用物质清单，即 MRSL，以管控相关品牌产品在生产制造或者其他相关工艺过程中限制使用物质清单中的有害化学物质。该清单列出了生产和相关工艺过程中可能使用并排放到环境中的有害物质，并规定了生产企业所用化学品制剂中有害物质的可接受浓度限值。同时该清单也是禁止服装与鞋类纺织材料和饰件加工企业故意使用的化学物质清单，因此清单中所列的有害物质不仅是指在最终产品中会出现的有害物质，即使有些有害化学物质不存在于最终产品中，也不允许其在生产过程中使用，旨在根除故意使用所列有害物质的可能性，从而确保在最终产品中这些物质的残留量能够满足相关法规或品牌商自身的限制物质清单（RSL）的要求。虽然有些品牌商如 Nike、H&M 等已有生产限用物质清单 MRSL，但与 ZDHC 发布的 MRSL 相比，后者涉及的限用物质之多、限量要求之高、适用范围之广，可以说是目前全球服装和鞋类行业首份生产限用物质清单，不仅针对可能存在于最终产品中的有害化学物质，而且将有效防止生产过程中所用的化学物质对环境的危害和对员工健康的损伤，对全面实现 ZDHC 郑重承诺的到 2020 年有害化学物质零排放的目标将起着重要推动作用。

当然 ZDHC 在 2014 年发布的 MRSL 1 版也存在着一些不足之处：

（1）MRSL 1 版中的限量要求虽然可以确保最终产品中所含有害化学物质的检测合格，但却无法保证有害化学物质的零排放，这有悖于 ZDHC 的承诺。

（2）MRSL 1 版不适用于服装鞋类产品中的天然皮革及其加工过程和金属部件。

（3）MRSL 1 版中包含了 16 类约 188 种化学物质，仍缺少一些常用的有害化学物质类别和品种，如甲醛、邻苯基苯酚、*N*-甲基-2-吡咯烷酮、阻燃剂、挥发性有机化合物、杀虫剂、生物活性产品等类别。针对这些不足，ZDHC 自 2014 年下半年以来一直致力于研究、改进和创新，努力向 2020 年有害化学物质零排放的目标迈进。2015 年 12 月 9 日有害化学物质零排放项目组更新了生产限用物质清单，ZDHC 发布了新生产限用物质清单，即 MRSL 1.1 版，新清单与 MRSL 1 版一样，是由 ZDHC 服装鞋类品牌与第三方技术专家以及全球行业协会完成的，品牌商及其供应链和更广泛的行业采用统一的方法在服装和鞋类中管控以及用于处理纺织品、皮革和装饰材料中的有害物质，致力于推进有害化学物质零排放目标。该新清单包括 2 张清单，清单 1（表 3）是关于纺织品和合成革加工过程中的生产限用物质，清单 2（表 4）是关于皮革加工过程中的生产限用物质表，2 张清单将皮革纳入了管控范围，列出了天然皮革和合成革加工过程中可能使用的有害化学物质和限量要求，还对适用于纺织品在生产过程中使用的有害化学物质及其限量要求作了如下的更新：

（1）OPEO（辛基酚聚氧乙烯醚）和 NPEO（壬基酚聚氧乙烯醚）的 B 类限量均从 MRSL 1 版的 250 mg/kg 更新为 MRSL 1.1 版清单 1 和清单 2 的 500 mg/kg（限制使用）。

（2）四氯苯酚的 B 类限量在 MRSL 1.1 版清单 1 中更新为 20 mg/kg。五氯苯酚归入一氯苯酚、二氯苯酚、三氯苯酚、四氯苯酚及其同分异构体的总计中，B 类限量（总计）为 MRSL 1.1 版清单 1 中的 50 mg/kg。但在 MRSL 1.1 版清单 2 中，四氯苯酚仍与五氯苯酚归在一起，其 B 类限量也与 MRSL 1 版相同。

（3）受限制的 24 种芳香胺中每一种的 B 类限量均从 MRSL 1 版的 200 mg/kg 更新为 MRSL 1.1 版清单 1 的 150 mg/kg，此限量值与我国 GB 19601—2004《染料产品中 23 种有害芳香胺的限量及测定》（现已被 GB 19601—2013 替代）中的 150 mg/kg 限量要求相同，表明我国对染料中有害芳香胺的限制措施比 ZDHC 提出的染料中有害芳香胺限制值早出 10 年。

（4）在 MRSL 1.1 版清单 1 中的染料——致癌或同等关注中除去了 C.I. 分散黄 3。

（5）在 MRSL 1.1 版清单 1 中的染料——分散（致敏性）中增加了 C.I. 分散黄 3 和 C.I. 分散红 1。

（6）在 MRSL 1.1 版清单 1 中的邻苯二甲酸酯——包括所有邻苯二甲酸酯中除去了邻苯二甲酸二正戊酯（DPP）和邻苯二甲酸二甲酯（DMP）。2 张新清单涵盖的限用有害物质仍包含 16 类，MRSL 1.1 版清单 1 所包含的 16 类化学物质与 MRSL1 版完全相同，仅品种有所变化；MRSL 1.1 版清单 2 所包含的 15 类化学物质也与 MRSL 1 版相同（品种也有变化），但取消了染料——分散（致敏性）类，因为分散染料（包括致敏性分散染料）不适用于皮革加工，增加了上油剂类。上油剂类是皮革加工中使用的化学物质，在生产过程中作为上油剂使用的长链氯化石蜡和氯磺化石蜡中存在有害化学物质——短链氯化石蜡（C_{10} ~ C_{13}），该有害物质在 MRSL 1.1 版清单 1 中被列入阻燃剂类，在 MRSL 1.1 版清单 2 中作为阻燃剂的短链氯化石蜡（C_{10} ~ C_{13}）已取消，改列入上油剂类，A 类仍为不故意使用，B 类限量仍为 250 mg/kg。另外，MRSL 1.1 版清单 1 的挥发性有机化合物（VOC）有 5 个品种，但在清单 2 中除去了在天然皮革中不用的二甲苯。

总之，MRSL 1.1 版的 2 张新清单涵盖的限用有害化学物质涉及到纺织品和皮革（包括合成革与天然皮革）加工中、在原材料生产、湿法工艺、管理、废水处理、环境卫生和病虫害防控中的溶剂、黏合剂、黏合剂、稳定剂、去污剂、油墨、染料、颜料、着色剂、助剂、涂层剂和整理剂等中可能使用的有害物质，并制定了相应的限量值，消除故意使用这些有害物质的可能性。表 3 和表 4 是 MRSL 1.1 版的新生产限用物质清单。

表3　纺织品和合成革加工中的生产限用清单

物质	CAS No.	A类原料和成品供应商指南	B类化学品供应商的商业制剂限制值/（mg/kg）	服装和鞋类纺织品加工中的可能用途	分析化学品的一般技术
1. 烷基酚和烷基酚聚氧乙烯醚——包括所有同分异构体					
壬基酚（NP） 混合同分异构体	104-40-5 11066-49-2 25154-52-3 84852-15-3	不故意使用	250	烷基酚聚氧乙烯醚可用作或存在于洗涤剂、精练剂、纺丝油剂、润湿剂和柔软剂，用于染色和印花的乳化剂/分散剂、渗透剂，用于丝绸生产的脱胶、染料和颜料制备，涤纶浸轧和羽绒/羽毛起绒	LC-MS GC-MS
辛基酚（OP） 混合同分异	140-66-9 1806-26-4 27193-28-8		250		
辛基酚聚氧乙烯醚（OPEO）	9002-93-1 9036-19-5 68987-90-6		500		
壬基酚聚氧乙烯醚（NPEO）	9016-45-9 26027-38-3 37205-87-1 68412-54-4		500		
2. 氯苯和氯甲苯类					
1，2-二氯苯	95-50-1	不故意使用	1000	氯苯和氯甲苯类（氯化芳烃类），可用作涤纶或涤纶/羊毛纤维染色加工时的载体，还可用作溶剂	GC-MS
一氯苯、五氯苯、六氯苯与二氯苯、三氯苯、四氯苯的同分异构体；五氯甲苯与一氯甲苯、二氯甲苯、三氯甲苯、四氯甲苯的同分异构体			总计 200		
3. 氯苯酚类			总计 20	氯苯酚类是用作防腐剂或杀虫剂的多氯化合物；过去在生皮、皮革储存和运输时用于防治霉菌，现在被限制，不再使用	GC-MS
四氯苯酚	25167-83-3	不故意使用	总计 50		
五氯苯酚	87-86-5				
2，3，4，5-四氯苯酚	4901-51-3				

2，3，4，6- 四氯苯酚	58-90-2	不故意使用	总计 50	氯苯酚类是用作防腐剂或杀虫剂的多氯化合物；过去在生皮、皮革储存和运输时用于防治霉菌，现在被限制，不再使用	GC-MS
2，3，5，6- 四氯苯酚	935-95-5				
2- 氯苯酚	95-57-8				
2，4- 二氯苯酚	120-83-2				
2，5- 二氯苯酚	583-78-8				
2，6- 二氯苯酚	87-65-0				
2，4，5- 三氯苯酚	95-95-4				
2，4，6- 三氯苯酚	88-06-2				
3，5- 二氯苯酚	591-35-5				
2，3- 二氯苯酚	576-24-9				
3，4- 二氯苯酚	95-77-2				
3- 氯苯酚	108-43-0				
4- 氯苯酚	106-48-9				
2，3，4- 三氯苯酚	15950-66-0				
2，3，5- 三氯苯酚	933-78-8				
3，4，5- 三氯苯酚	609-19-8				
4. 阻燃剂					
三（2- 氯乙基）磷酸酯	115-96-8	不故意使用	250	阻燃化学品很少用于满足儿童服装和成人产品的可燃性要求，可用于服装和鞋类	GC-MS
十溴二苯醚	1163-19-5				
三（2，3- 二溴丙基）磷酸酯	126-72-7				
五溴二苯醚	32534-81-9				
八溴二苯醚	32536-52-0				
二（2，3- 二溴丙基）磷酸酯	5412-25-9				

续表

物质	CAS No.	A类原料和成品供应商指南	B类化学品供应商的商业制剂限制值/（mg/kg）	服装和鞋类纺织品加工中的可能用途	分析化学品的一般技术
三氮丙啶基氧化磷	545-55-1	不故意使用	250	阻燃化学品很少用于满足儿童服装和成人产品的可燃性要求，可用于服装和鞋类	GC-MS
多溴联苯	59536-65-1				
四溴双酚 A	79-94-7				
六溴环十二烷	3194-55-6				
2，2-二（溴甲基）-1，3-丙二醇	3296-90-0				
三（1，3-二氯异丙基）磷酸酯	13674-87-8				
5. 乙二醇类					
双（2-甲氧基乙基）醚	111-96-6	不故意使用	50	乙二醇类广泛用于服装和鞋类，包括用于整理和清洁、印花添加剂和溶解与稀释脂肪、油和黏合剂（如在脱脂或清洁操作中）的溶剂	HPLC LC-MS
2-乙氧基乙醇	110-80-5				
2-乙氧基乙酸乙酯	111-15-9				
乙二醇二甲醚	110-71-4				
2-甲氧基乙醇	109-86-4				
2-甲氧基乙酸乙酯	110-49-6				
2-甲氧基乙酸丙酯	70657-70-4				
二缩三乙二醇二甲醚	112-49-2				
6. 邻苯二甲酸酯——包括所有邻苯二甲酸酯					
邻苯二甲酸二（乙基己基）酯	117-81-7	不故意使用	总计 250	邻苯二甲酸酯是一类添加到塑料中增加弹性的有机化合物。有时凭借它们能降低塑料的熔解温度，用于减轻塑料制模的困难。邻苯二甲酸酯存在于下列对象中：柔性塑料部件（如 PVC）；印花色浆；黏合剂；塑料纽扣；塑料套管；聚合物涂层	GC-MS
邻苯二甲酸二（2-甲氧基乙基）酯	117-82-8				
邻苯二甲酸二正辛酯	117-84-0				
邻苯二甲酸二异癸酯	26761-40-0				
邻苯二甲酸二异壬酯	28553-12-0				
邻苯二甲酸二正己酯	84-75-3				
邻苯二甲酸二丁酯	84-74-2				
邻苯二甲酸丁基苄基酯	85-68-7				
邻苯二甲酸二壬酯	84-76-4				

邻苯二甲酸二乙酯	84-66-2	不故意使用	总计 250	邻苯二甲酸酯是一类添加到塑料中增加弹性的有机化合物。有时凭借它们能降低塑料的熔解温度，用于减轻塑料制模的困难。邻苯二甲酸酯存在于下列对象中：柔性塑料部件（如 PVC）；印花色浆；黏合剂；塑料纽扣；塑料套管；聚合物涂层	GC-MS
邻苯二甲酸二正丙酯	131-16-8				
邻苯二甲酸二异丁酯	84-69-5				
邻苯二甲酸二环己酯	84-61-7				
邻苯二甲酸二异辛酯	27554-26-3				
邻苯二甲酸二（C_7~C_{11} 支链和直链烷基）酯	68515-42-4				
邻苯二甲酸二（C_6~C_8 支链烷基）酯（C_7- 富含）	71888-89-6				
7. 多环芳烃					
苯并 [b] 荧蒽	205-99-2	不故意使用	250	多环芳烃是原油的天然成分和炼油中常见的残留物，具有类似汽车轮胎或沥青气味的特殊气味，含有多环芳烃的残油被作为软化剂或填充剂添加到橡胶和塑料中，可在橡胶、塑料、清漆和涂料中被发现	GC-MS
荧蒽	206-44-0				
苯并 [k] 荧蒽	207-08-9				
苊烯	208-96-8				
苣	218-01-9				
二苯并 [a，h] 蒽	53-70-3				
苯并 [a] 蒽	56-55-3				
苊	83-32-9				
菲	85-01-8				
芴	86-73-7				
萘	91-20-3				
蒽	120-12-7				
芘	129-00-0				

续表

物质	CAS No.	A类原料和成品供应商指南	B类化学品供应商的商业制剂限制值/（mg/kg）	服装和鞋类纺织品加工中的可能用途	分析化学品的一般技术
苯并 [g，h，i] 苝	191–24–2	不故意使用	250	多环芳烃是原油的天然成分和炼油中常见的残留物，具有类似汽车轮胎或沥青气味的特殊气味，含有多环芳烃的残油被作为软化剂或填充剂添加到橡胶和塑料中，可在橡胶、塑料、清漆和涂料中被发现	GC–MS
苯并 [e] 芘	192–97–2				
茚并 [1，2，3–cd] 芘	193–39–5				
苯并 [j] 荧蒽	205–82–3				
8. 染料——分散（致敏性）					
C.I. 分散黄 1	119–15–3	不故意使用	250	分散染料是一类不溶于水的染料，可渗入合成或被制造纤维的纤维系统中，借助物理力、不形成化学键固色。可用于合成纤维（如涤纶、醋酸纤维、锦纶）的着色。被限制的分散染料有引起过敏性反应的嫌疑，不再用于纺织品染色	LC
C.I. 分散蓝 102	12222–97–8				
C.I. 分散蓝 106	12223–01–7				
C.I. 分散黄 39	12236–29–2				
C.I. 分散橙 37/59/76	13301–61–6				
C.I. 分散棕 1	23355–64–8				
C.I. 分散橙 1	2581–69–3				
C.I. 分散黄 3	2832–40–8				
C.I. 分散红 11	2872–48–2				
C.I. 分散红 1	2872–52–8				
C.I. 分散红 17	3179–89–3				
C.I. 分散蓝 7	3179–90–6				
C.I. 分散蓝 26	3860–63–7				
C.I. 分散黄 49	54824–37–2				
C.I. 分散蓝 35	12222–75–2				
C.I. 分散蓝 124	61951–51–7	不故意使用	250	分散染料是一类不溶于水的染料，可渗入合成或被制造纤维的纤维系统中，借助物理力、不形成化学键固色。用于合成纤维（如涤纶、醋酸纤维、锦纶）着色。被限制的分散染料有引起过敏性反应的嫌疑，不再用于纺织品染色	LC
C.I. 分散黄 9	6373–73–5				
C.I. 分散橙 3	730–40–5				
C.I. 分散蓝 35	56524–77–7				

9. 全部重金属					
砷（As）	7440-38-2	不故意使用	50	砷及其化合物可用于某些棉用防腐剂、杀虫剂和落叶剂中，还与合成纤维、涂料、油墨、装饰物和塑料等有关	ICP-OES AAS
镉（Cd）	7440-43-9		20（对颜料 50）	镉化合物存在于或被用作颜料（特别是红色、橙色、黄色和绿色）、PVC 塑料和在肥料、生物杀伤剂与涂料（如拉链和纽扣的表面涂料）中的稳定剂	
汞（Hg）	7439-97-6		4（对颜料 25）	汞化合物可存在于杀虫剂和苛性钠（NaOH）的污染物中，还可用在涂料（如拉链和钮扣的表面涂料）中	
铅（Pb）	7439-92-1		100	铅在服装和鞋类中与塑料、涂料、油墨、颜料和表面涂层等有关	
铬（六价）Cr	18540-29-9		100	虽然六价铬主要是与皮革鞣制加工有关，但还能用在羊毛染色（在铬加工之后）中	
10. 挥发性有机污染物					
苯	71-43-2	不故意使用	50	这些 VOC 不用于纺织助剂的化学制备中，与溶剂加工如溶剂型聚氨酯涂料和胶水 / 黏合剂等有关	GC-MS
二甲苯	1330-20-7		500		
邻甲苯酚	95-48-7		500		
对甲苯酚	106-44-5		500		
间甲苯酚	108-39-4		500		

表4 皮革加工中的生产限用清单

物质	CAS No.	A类原料和成品供应商指南	B类化学品供应商的商业制剂限制值/（$mg \cdot kg^{-1}$）	服装和鞋类纺织品加工中的可能用途	分析化学品的一般技术
1. 烷基酚和烷基酚聚氧乙烯醚——包括所有同分异构体					
壬基酚（NP），混合同分异构体	104-40-5 11066-49-2 25154-52-3 84852-15-3	不故意使用	250	烷基酚聚氧乙烯醚可用在皮革加工中或存在于各种制剂如清洗剂、润湿剂、用于染色和印花的乳化剂/分散剂/除尘剂、染料和颜料的制备、脱脂和毛皮洗涤剂、上油液和润滑脂中以及在皮革浸灰间和整理中使用的水性分散体和乳剂中。 壬基酚和辛基酚不适用于皮革工业，但可作为污染物存在	LC-MS GC-MS
辛基酚（OP），混合同分异构体	140-66-9 1806-26-4 27193-28-8		250		
辛基酚聚氧乙烯醚（OPEO）	9002-93-1 9036-19-5 68987-90-6		500		
壬基酚聚氧乙烯醚（NPEO）	9016-45-9 26027-38-3 37205-87-1 68412-54-4 127087-87-0		500		
2. 氯苯和氯甲苯类					
1，2-二氯苯	95-50-1	不故意使用	1000	氯苯和氯甲苯类可用于羊皮和猪皮的脱脂，还可用作溶剂（如在化学合成）	GC-MS
一氯苯、五氯苯、六氯苯与二氯苯、三氯苯、四氯苯的同分异构体；五氯甲苯与一氯甲苯、二氯甲苯、三氯甲苯、四氯甲苯的同分异构体			总计 200		
3. 氯苯酚类					
四氯苯酚	25167-83-3	不故意使用	总计 50	氯苯酚类是用作防腐剂或杀虫剂的多氯化合物；过去五氯苯酚和四氯苯酚在生皮和皮革储存/运输时用于防治霉菌，现在受到监管，不再使用	GC-MS
五氯苯酚	87-86-5				
2，3，4，5-四氯苯酚	4901-51-3				
2，3，4，6-四氯苯酚	58-90-2				
2，3，5，6-四氯苯酚	935-95-5				
2-氯苯酚	95-57-8				
2，4-二氯苯酚	120-83-2				
2，5-二氯苯酚	583-78-8				

2，6- 二氯苯酚	87-65-0	不故意使用	总计 50	氯苯酚类是用作防腐剂或杀虫剂的多氯化合物；过去五氯苯酚和四氯苯酚在生皮和皮革储存 / 运输时用于防治霉菌，现在受到监管，不再使用	GC-MS
2，4，5- 三氯苯酚	95-95-4				
2，4，6- 三氯苯酚	88-06-2				
3，5- 二氯苯酚	591-35-5				
2，3- 二氯苯酚	576-24-9				
3，4- 二氯苯酚	95-77-2				
3- 氯苯酚	108-43-0				
4- 氯苯酚	106-48-9				
2，3，4- 三氯苯酚	15950-66-0				
2，3，5- 三氯苯酚	933-78-8				
3，4，5- 三氯苯酚	609-19-8				
4. 阻燃剂					
三（2- 氯乙基）磷酸酯	115-96-8	不故意使用	250	阻燃化学品很少用于满足儿童服装和成人产品的可燃性要求，但可用在为技术 / 工业用途的皮革加工中和为火车与飞机的室内装饰皮革中。不再用于服装和鞋类中	GC-MS
十溴二苯醚					
三（2，3- 二溴丙基）磷酸酯	126-72-7				
五溴二苯醚	32534-81-9	不故意使用	250	阻燃化学品很少用于满足儿童服装和成人产品的可燃性要求，但可用在为技术 / 工业用途的皮革加工中和为火车与飞机的室内装饰皮革中。不再用于服装和鞋类中	GC-MS
八溴二苯醚	32536-52-0				
二（2，3- 二溴丙基）磷酸酯	5412-25-9				
三氮丙啶基氧化磷	545-55-1				
多溴联苯	59536-65-1				
四溴双酚 A	79-94-7				
六溴环十二烷	3194-55-6				
2，2- 二（溴甲基）-1，3- 丙二醇	3296-90-0				
三（1，3- 二氯异丙基）磷酸酯	13674-87-8				
5. 乙二醇类					

续表

物质	CAS No.	A类原料和成品供应商指南	B类化学品供应商的商业制剂限制值/（$mg \cdot kg^{-1}$）	服装和鞋类纺织品加工中的可能用途	分析化学品的一般技术
双（2-甲氧基乙基）醚	111-96-6	不故意使用	50	乙二醇类广泛用于服装和鞋类，包括用作整理/清洁、印花添加剂和溶解与稀释脂肪、油和黏合剂（如在脱脂或清洁操作中）的溶剂。某些极性溶剂（如乙二醇醚）在水性皮革整理中的使用是必要的。乙二醇醚被分类为致癌累积和生殖毒性的物质，不用于皮革加工	HPLC LC-MS
2-乙氧基乙醇	110-80-5				
2-乙氧基乙酸乙酯	111-15-9				
乙二醇二甲醚	110-71-4				
2-甲氧基乙醇	109-86-4				
2-甲氧基乙酸乙酯	110-49-6				
2-甲氧基乙酸丙酯	70657-70-4				
二缩三乙二醇二甲醚	112-49-2				
6. 邻苯二甲酸酯——包括所有邻苯二甲酸酯					
邻苯二甲酸二（乙基己基）酯	117-81-7	不故意使用	总计250	邻苯二甲酸酯是一类常添加到塑料中增加弹性的有机化合物。有时凭借它们能降低塑料的熔解温度，将它们用于减轻塑料制模的困难 邻苯二甲酸酯存在于下列对象中：柔性塑料部件（如PVC）；印花色浆；黏合剂；塑料纽扣；塑料套管；聚合物涂层 对于皮革整理的聚合物涂层来说，着色剂中的除尘剂、上油液和润滑脂是皮革加工制剂中邻苯二甲酸酯的来源	GC-MS
邻苯二甲酸二（2-甲氧基乙基）酯	117-82-8				
邻苯二甲酸二正辛酯	117-84-0				
邻苯二甲酸二异癸酯	26761-40-0				
邻苯二甲酸二异壬酯	28553-12-0				
邻苯二甲酸二正己酯	84-75-3				
邻苯二甲酸二丁酯	84-74-2				
邻苯二甲酸丁基苄基酯	85-68-7				
邻苯二甲酸二壬酯	84-76-4				
邻苯二甲酸二乙酯	84-66-2				
邻苯二甲酸二正丙酯	131-16-8				
邻苯二甲酸二异丁酯	84-69-5				
邻苯二甲酸二环己酯	84-61-7				

邻苯二甲酸二异辛酯	27554-26-3	不故意使用	总计 250	邻苯二甲酸酯是一类常添加到塑料中增加弹性的有机化合物。有时凭借它们能降低塑料的熔解温度，将它们用于减轻塑料制模的困难 邻苯二甲酸酯存在于下列对象中：柔性塑料部件（如PVC）；印花色浆；胶黏剂；塑料纽扣；塑料套管；聚合物涂层 对于皮革整理的聚合物涂层来说，着色剂中的除尘剂、上油液和润滑脂是皮革加工制剂中邻苯二甲酸酯的来源	GC-MS
邻苯二甲酸二（C_7~C_{11} 支链和直链烷基）酯	68515-42-4				
邻苯二甲酸二（C_6~C_8 支链烷基）酯（C_7- 富含）	71888-89-6				
7. 多环芳烃（PAHs）					
苯并芘（BaP）	50-32-8	不故意使用	20	多环芳烃是原油的天然成分和炼油中常见的残留物。在皮革加工制剂中多环芳烃一般作为污染物存在	GC-MS
苯并 [b] 荧蒽	205-99-2		总计 200		
荧蒽	206-44-0				
苯并 [k] 荧蒽	207-08-9				
苊烯	208-96-8				
二苯并 [a，h] 蒽	53-70-3				
苯并 [a] 蒽	56-55-3				
苯并 [g，h，i] 芘	191-24-2				
苯并 [e] 芘	192-97-2				
茚并 [1，2，3-cd] 芘	193-39-5				
苯并 [j] 荧蒽	205-82-3				
8. 染料——致癌或同等关注					
C.I. 直接黑 38	1937-37-7	不故意使用	250	这些物质中的大多数在许多国家受到监管，不再用于皮革染色	LC
C.I. 直接蓝 6	2602-46-2				
C.I. 酸性红 26	3761-53-3				
C.I. 碱性红 9	569-61-9				
C.I. 直接红 28	573-58-0				

续表

物质	CAS No.	A类原料和成品供应商指南	B类化学品供应商的商业制剂限制值/（mg·kg⁻¹）	服装和鞋类纺织品加工中的可能用途	分析化学品的一般技术
C.I. 碱性紫 14	632–99–5	不故意使用	250	这些物质中的大多数在许多国家受到监管，不再用于皮革染色	LC
C.I. 分散蓝 1	2475–45–8				
C.I. 分散蓝 3	2475–46–9				
C.I. 碱性蓝 26（米氏酮 >0.1%）	2580–56–5				
C.I. 碱性绿 4（孔雀绿盐酸盐）	569–64–2				
C.I. 碱性绿 4（孔雀绿草酸盐）	2437–29–8				
C.I. 碱性绿 4（孔雀绿）	10309–95–2				
C.I. 分散橙 11	82–28–0				
9. 全部重金属					
砷（As）	7440–38–2	不故意使用	50	砷及其化合物可用于某些棉用防腐剂、杀虫剂和落叶剂中。在皮革化学品中砷不是一个特有的残留物	ICP–OES AAS
镉（Cd）	7440–43–9	不故意使用	20（对颜料 50）	镉化合物存在于或被用作颜料（特别是红色、橙色、黄色和绿色）、PVC 塑料和肥料、生物杀伤剂与涂料（如拉链和纽扣的表面涂料）中的稳定剂	ICP–OES AAS
汞（Hg）	7439–97–6		4（对颜料 25）	汞化合物存在于杀虫剂和苛性钠（NaOH）的污染物中，还可用在涂料（如拉链和纽扣的表面涂料）中。在皮革化学品中汞不是一个特有的残留物	
铅（Pb）	7439–92–1		100	铅在服装和鞋类中与塑料、涂料、油墨、颜料和表面涂层等有关	
铬（六价）Cr	18540–29–9		10	使用重铬酸钾 [Cr（Ⅵ）] 鞣革的两浴加工不再被皮革工业使用。重铬酸钾和其他六价铬化合物被禁止并限制在三价铬鞣革剂中残留	
10. 挥发性有机化合物（VOC）					
苯	71–43–2	不故意使用	50	这些 VOC 不用于纺织和皮革助剂的化学制备中，它们与基于溶剂加工如溶剂型聚氨酯涂料和胶水 / 黏合剂等有关。不用于任何类型的设施清洁或污渍清除	GC–MS
邻甲苯酚	95–48–7		500		
对甲苯酚	106–44–5				
间甲苯酚	108–39–4				

4 2016年，OEKO-TEX国际环保纺织协会发布了《Oeko-Tex Standard 100》

OEKO-TEX国际环保纺织协会同往年一样，在2016年1月4日发布了最新的Oeko-Tex Standard 100纺织品有害物质检验的测试标准及限量值要求。新标准于2016年1月1日生效，经过3个月的过渡期后于4月1日正式实施。

测试参数的重新评估是基于目前市场和产品的发展，新发现的有毒有害物质和新法规的要求，同时兼顾REACH法规的最新规定。新标准的测试项目涵盖了100多个独立的测试参数，不仅包括对人体健康有潜在危害的化学物质，还包括危及人体健康的有害物质。新标准的考察物质还涵盖了2014年以及2015年加入到REACH法规的高关注度物质候选清单（SVHC）中和ZDHC联盟在2015年发布的生产限用物质清单（MRSL 1.1版）中与纺织生产相关的有害物质。另外，新标准也适用于非典型纺织产品如家具、摇篮、推车、床等。

总之，新标准与2015版相比，不仅新增了42种物质和1个紫外光稳定剂的测试项目，还增加了2个总计限量值（即二氯苯酚和一氯苯酚）与7种单一新物质限量值，并更新了2类原有有害物质［即邻苯二甲酸酯类、OP+NP与OP+NP+OP（EO）+NP（EO）类］的总计限量值要求，其变化包括以下十点：

（1）新增8种杀虫剂（表5），其中7种属烟碱类杀虫剂、1种为氨基甲酸酯类杀虫剂（涕灭威），它们都具有较大的毒性。

表5　新增8种杀虫剂

序号	中文名称	CAS.No
1	啶虫脒	135410-20-7，160430-64-8
2	涕灭威	116-06-3
3	噻虫胺	210880-92-5
4	呋虫胺	165252-70-0
5	吡虫啉	105827-78-9，138261-41-3
6	烯啶虫胺	150824-47-8
7	噻虫啉	111988-49-9
8	噻虫嗪	153719-23-4

新增杀虫剂的限量值（表6）均计入杀虫剂的总计中，新标准的杀虫剂总计限量值与2015版杀虫剂的总计限量值相同。

表6　新增杀虫剂的限量值

杀虫剂	2015版（共60种）				2016版（增加到68种）			
	Ⅰ	Ⅱ	Ⅲ	Ⅳ	Ⅰ	Ⅱ	Ⅲ	Ⅳ
总计/（mg/kg）	0.5	1.0	1.0	1.0	0.1	1.0	1.0	1.0

注：Ⅰ为儿童产品；Ⅱ为直接接触皮肤的产品；Ⅲ为非直接接触皮肤的产品；Ⅳ为家饰材料。

（2）新增9种氯化苯酚（表7），其中3种为一氯苯酚、6种为二氯苯酚。

表7　新增9种氯化苯酚

序号	名称	CAS.No
1	2-氯苯酚	95-57-8
2	3-氯苯酚	108-43-0

续表

序号	名称	CAS.No
3	4- 氯苯酚	106-48-9
4	2，3- 二氯苯酚	576-24-9
5	2，4- 二氯苯酚	120-83-2
6	2，5- 二氯苯酚	583-78-8
7	2，6- 二氯苯酚	87-65-0
8	3，4- 二氯苯酚	95-77-2
9	3，5- 二氯苯酚	591-35-5

一氯苯酚和二氯苯酚总计限量值（表 8）分别列入附录 4 的氯化苯酚限量值列表中。

表8　一氯苯酚和二氯苯酚总计限量值

氯苯酚	2015版				2016版			
	Ⅰ	Ⅱ	Ⅲ	Ⅳ	Ⅰ	Ⅱ	Ⅲ	Ⅳ
二氯苯酚总计 /（mg/kg）					0.5	3.0	3.0	3.0
一氯苯酚总计 /（mg/kg）					0.5	3.0	3.0	3.0

（3）新增 1 种邻苯二甲酸二环己酯（表 9）。

表9　新增一种邻苯二甲酸二环酯己

序号	名称	CAS.No	缩写
1	邻苯二甲酸二环己酯	84-61-7	DCHP

此新品种连同 2015 版邻苯二甲酸酯限量值列表中的 14 种，这样在 2016 版邻苯二甲酸酯限量值列表中共有 15 种邻苯二甲酸酯，同时更新了它们对 4 类产品级别的总计限量值要求（表 10）。

表10　邻苯二甲酸酯限量值

邻苯二甲酸酯	2015版（共14种）				2016版（增加到15种）			
	Ⅰ	Ⅱ	Ⅲ	Ⅳ	Ⅰ	Ⅱ	Ⅲ	Ⅳ
总计 /%	0.1				0.1	1.0	1.0	
不含 DINP 的总计 /%		0.1	0.1	0.1				0.1

（4）新增 10 种有机锡化合物（表 11），其中 3 种是一取代基锡、2 种是二取代基锡、4 种是三取代基锡，1 种为四取代基锡。

表11　新增10种有机锡化合物

序号	名称	缩写
1	一甲基锡	MT
2	一丁基锡	MBT
3	一辛基锡	MOT

续表

序号	名称	缩写
4	二甲基锡	DMT
5	二苯基锡	DPT
6	三环己基锡	TCyHT
7	三甲基锡	TMT
8	三辛基锡	TOT
9	三丙基锡	TPT
10	四丁基锡	TeBT

上述新增有机锡化合物纳入 2015 版二取代基锡（DBT、DOT）的限量值列表中，总计限量值不变；2016 版三取代基锡（TBT、TPhT）的总计限量值与 2015 版三取代基锡的总计限量值相同（表 12）。

表12　有机锡化合物限量值

有机锡化合物	2015版（仅2种）				2016版（共12种）			
	Ⅰ	Ⅱ	Ⅲ	Ⅳ	Ⅰ	Ⅱ	Ⅲ	Ⅳ
TBT，TPhT 总计 /（mg/kg）	0.5	1.0	1.0	1.0	0.5	1.0	1.0	1.0
DBT，DOT，DMT，DPT，MBT，MOT，MT，TCyHT，TMT，TOT，TPT 和 TeBT 总计 /（mg/kg）	1.0	2.0	2.0	2.0	1.0	2.0	2.0	2.0

（5）新增 3 种致癌染料（表 13），都是碱性染料，遵照 OEKO-TEX 关于致癌物的规定不得使用。

表13　新增3种致癌染料

序号	名称		CAS.No
1	C.I. 碱性蓝 26（米氏酮或米氏碱≥ 0.1%）		2580-56-5
2	C.I. 碱性绿 4	盐酸盐	569-64-2
		草酸盐	2437-39-8
		游离态	10309-95-2
3	C.I. 碱性紫 3（米氏酮或米氏碱≥ 0.1%）		548-62-9

（6）新增 1 种氯苯（表 14），其量列入氯化苯和氯化甲苯的总计限量值中，此总计限量值与 2015 版氯化苯和氯化甲苯的总计限量值相同（表 15）。

表14　新增1种氯苯

序号	名称	CAS.No
1	氯苯	108-90-7

表15　氯化苯和氯化甲苯限量值

氯化苯和氯化甲苯	2015版（不含氯苯）				2016版（含氯苯）			
	Ⅰ	Ⅱ	Ⅲ	Ⅳ	Ⅰ	Ⅱ	Ⅲ	Ⅳ
总计 /（mg/kg）	1.0	1.0	1.0	1.0	0.1	1.0	1.0	1.0

（7）更新了残余表面活性剂、润湿剂中 OP、NP 和 OP、NP、OP（EO）、NP（EO）总计限量值（表 16）。

表16 更新后残余表面活性剂、润湿剂中壬基酚类的限量值

壬基酚类	2015版				2016版			
	Ⅰ	Ⅱ	Ⅲ	Ⅳ	Ⅰ	Ⅱ	Ⅲ	Ⅳ
OP+NP 总计 /（mg/kg）	10	10	10	10	< 10	< 10	< 10	< 10
OP+NP、+OP（EO）+NP（EO）总计 /（mg/kg）	100	100	100	100	< 100	< 100	< 100	< 100

5 欧盟发布了 2015 年有害物质管理标准

2015 年 9 月 5 日，欧盟发布有害物质管理标准，重点在管控的物质及其限制要求，它是一个用作生产经营管理的标准，也是一份经管营销的专业资料。过去尽管欧盟在实际操作中对绿色供应商的监控相当重视和严格，但对供应商的管理体系及认证方面注重较少。为了加强对所有产品（包括产品的包装材料）中有害物质的管理和适应国际化的环保要求等，欧盟发布了新的 2015 年有害物质管理标准，该标准中涉及管控的物质共计 191 项（种）（至发布日），其中金属及其化合物 12 项（种）、卤素及有机卤化物 12 项（种）、邻苯二甲酸酯 4 项（种）和高关注度物质（SVHC）163 项（种），与 2014 年有害物质管控清单相比少了 29 项（种），不过每一项（种）有害物质的限制要求比 2014 年更严格。

目前欧盟把管控的物质分为 2 类：禁用物质和通报物质。通报物质没有禁用要求，只是其质量分数超过某一阈值时需要报告具体的信息，如质量分数和含有的材料或部位等。对于管控物质对象的确定，欧盟主要参考欧盟的环境法规如 RoHS 指令、REACH 法规等以及目前的行业有害物质标准。另外，出于大企业对社会环境责任的考虑，部分欧洲国家的大买家管控标准严于法规或行业标准，甚至对法规没有禁用的有害物质也进行了管控。目前常见的管控物质归纳如下。

5.1 RoHS 指令中禁用的 6 种有害物质和新增的 4 种限制物质

铅（Pb）、镉（Cd）、汞（Hg）、六价铬（Cr^{6+}）、多溴联苯（PBB）、多溴二苯醚（PBDE）、邻苯二甲酸二（2- 乙基己基）酯（DEHP）、六溴环十二烷（HBCDD）、邻苯二甲酸二丁酯（DBP）、邻苯二甲酸丁基苄基酯（BBP）。规定它们在均一材质中的限值要求：镉的质量分数不得高于 0.006%，铅、汞、六价铬、多溴联苯和多溴二苯醚等 5 种物质的质量分数不得高于 0.06%，六溴环十二烷、邻苯二甲酸二（2- 乙基己基）酯、邻苯二甲酸二丁酯和邻苯二甲酸丁基苄基酯等 4 种物质的质量分数均不得高于 0.1%。

5.2 REACH 法规中的高关注度物质（SVHC）

欧盟将 SVHC 列为管控对象，一般把其归为“通报物质”，目前没有禁用，仅要求当 SVHC 在物品中的质量分数超过 0.1% 阈值时需告知或报告即可，而当 SVHC 在物品中的质量分数超过 0.1% 阈值且总量大于 1 t/ 年时需在列入 SVHC 候选清单后的 6 个月内向 ECHA（欧盟化学品管理局）进行通报，这个要求与 REACH 法规的要求保持一致。不过个别欧洲大买家将 SVHC 定为“禁用物质”，规定产品中 SVHC 的质量分数不得超过 0.1%，从目前的行业现状来看，这种要求是比较新颖和有突破性的。

5.3 REACH 法规限制物质及其他法规限制的有害物质

欧盟国家在充分分析了 REACH 法规附件ＸⅤⅡ的限制物质列表及其他相关有害物质禁用法规后，提出适合自身产品的禁用物质要求。

2015 年，欧盟根据无卤指令（IEC 61249-2-21、欧盟 2002/95/EC）、RoHS 指令、电子电气产品中

优先关注的有害物质及 REACH 法规中 SVHC 候选清单等，组成了 2015 年有害物质管理标准中的管控物质，至发布日共计 191 项（种），此管控物质数当欧盟相关环保法规有所变动及 SVHC 候选清单增加 SVHC 物质时则以最新的法规及管控清单限制物质为准。所有供应商的原材料中禁限用物质必须完全符合表 17 所列禁限用物质质量分数标准。

表17　2015年有害物质管理标准（欧盟）

名称	质量分数/（mg/kg）	参考依据
铅 / 铅化合物	600	RoHS 指令 2011/65/EU 指令
镉 / 镉化合物	60	
汞 / 汞化合物	600	
六价铬 / 六价铬化合物	600	
多溴联苯	600	
多溴二苯醚类	600	
六溴环十二烷	1000	RoHS 指令中新增限制物质
邻苯二甲酸二（2- 乙基己基）酯	1000	
邻苯二甲酸丁基苄基酯	1000	
邻苯二甲酸二丁酯	1000	
溴化阻燃剂	700	无卤指令（IEC61249-2-21）
氯化阻燃剂	700	
氟	700	
碘	700	
总卤素	＜ 1200	
铍 / 铍化合物	600	电子电气产品中优先关注的有害物质
聚氯乙烯（PVC）	600	
镍	600	
砷 / 砷化合物	不得有意添加	
三氧化二锑	不得有意添加	
三氧化二镍	不得有意添加	
四溴双酚 A（TBBPA）	不得有意添加	
溴系阻燃剂外的有机溴化物	不得有意添加	
溴系阻燃剂及塑化剂外的有机氯化物	不得有意添加	
锑 / 锑化合物	不得有意添加	
铋 / 铋化合物	不得有意添加	
硒 / 硒化物	不得有意添加	
邻苯二甲酸酯	不得有意添加	
ECHA 公布的高关注度物质清单（SVHC）第 1 批到第 13 批，共计 163 种（项）物质（至 2015 年 9 月 5 日）	不得有意添加	REACH 法规

注：文章来源：文献摘编。

表面活性剂在起泡和消泡中的应用研究新进展

在工业生产和日常生活中，由于多种原因会产生大量的泡沫，无论是天然泡沫，还是人工泡沫，有时有利于生产，有时则不利于生产。在选矿、肥皂工业及泡沫灭火器等中，起泡和泡沫是有利的，而在烧锅炉、溶液浓缩和减压蒸馏中，起泡和泡沫是有害的。特别是现在家庭中广泛使用合成洗涤剂，起泡给下水处理带来困难。因此，起泡现象与化学工业的各种过程及日常生活密切相关，特别在造纸、涂料、纺织、食品、制药及石油化学等行业中，泡沫的危害更为突出，造成的后果更为严重。

起泡性能良好的物质称为起泡剂，一些阴离子表面活性剂，如脂肪酸钠、烷基苯磺酸钠、烷基硫酸钠等具有良好的起泡能力，它们都是良好的起泡剂。应注意的是，起泡剂只是在一定条件下（搅拌、通气等）具有良好的起泡能力，而形成的泡沫不一定持久。表 1 列出了一些表面活性剂的起泡力。

表1　一些表面活性剂的起泡力（质量分数0.1%，30℃）

表面活性剂	起泡力		注
	最初泡沫高/mm	5min后泡沫高/mm	
油酸钠	268	269	0.25%
四丙烯基苯磺酸钠	198	194	35℃
二辛基磺化琥珀酸钠	167	163	
辛基酚聚氧乙烯（8）醚	104	95	
辛基酚聚氧乙烯（10）醚	151	144	
壬基酚聚氧乙烯（10）醚	111	103	
壬基酚聚氧乙烯（12）醚	123	114	
香醇聚氧乙烯（10）醚	72	71	
聚乙二醇（600）单油酸酯	58	57	0.5%

由表可见，阴离子表面活性剂起泡力最大，聚氧乙烯醚型非离子表面活性剂次之，脂肪酸酯型非离子表面活性剂起泡力最小。因此，肥皂、十二烷基苯磺酸钠、十二烷基硫酸钠等阴离子表面活性剂适宜用作起泡剂。一般来说，凡能使液体表面张力降低，膜强度增高的起泡剂，不论生成的泡沫是否稳定，均具有较高的起泡力。

1　泡沫及其稳定原理

1.1　泡沫

泡沫的研究最早可以追溯到柏拉图时代，但几百年来，人们对泡沫的定义一直没有形成统一的认识。美国胶体化学家 L.I.Osipow 和道康宁公司的 R.F.Smith 从泡沫的密度方面对泡沫进行了定义；日本的伊藤光一从泡沫结构的角度对泡沫进行了定义，但是却忽略了气泡间的相互联系；我国著名的表面物理学家赵国玺教授对泡沫的定义为：泡沫是气体分散于液体中的分散体系，气体是分散相（不连续相），液体是分散介质（连续相），液体中的气泡上升至液面，形成少量液体构成的以液膜隔开气体的气泡聚集物。目前，国内外学者一致认为：泡沫本身是一种热力学不稳定体系，当气体进入含有表面活性剂的溶液中时，便会形成长时间稳定的泡沫体系。

1.2　泡沫的稳定原理

1.2.1　泡沫的衰减机理

在重力和压力差的共同作用下，泡沫的液膜会不均衡的流动排液，气泡中的气体也会因为泡膜两边压力差不同的原因不断的发生扩散渗透，所以泡沫本身的不稳定性主要从动力学方面得以体现。

其衰减的机理主要有气体透过液膜的扩散和液膜的排液这两个方面，这两种性质是泡沫本身固有的属性，与表面活性剂的存在与否都没有关系，但是这两种衰减机理，只在泡沫体系形成的初始阶段作用比较明显，随着泡沫体系的衰减，这两种作用逐渐减弱，使得泡沫衰减的速率逐渐变慢。

1.2.2　泡沫的稳定因素

泡沫产生的直接原因是表面活性剂的存在，使溶液的表面张力降低，在此原因和泡沫衰减机理的共同作用下，不同的泡沫体系表现出不同的稳定性能，主要和以下几种因素有关：起泡溶液的表面张力、泡沫的表面黏度、溶液的黏度、表面张力的自我修复作用（即 Gibbs 表面弹性和 Ma-rangoni 效应）、液膜的表面双电层斥力和熵斥力、表面活性剂的疏水端结构和空间位阻效应等，这些因素之间不是独立存在的，一种因素的改变会使其他的一些因素也改变。影响泡沫的稳定性最主要的因素就是液膜的弹性和排液速率，从这个角度考虑可以看出在不同的泡沫体系中泡沫稳定性影响的主要因素都是不同的，并且往往有时几种影响因素同时存在、共同作用。

除以上这些因素外还有些因素也会影响到泡沫的稳定性，如泡沫的大小、溶质与溶剂的配合、温度、pH、溶剂的蒸发速率、泡沫的受冲击程度以及表面活性剂的吸附速率等。

2　泡沫的消除方法

2.1　物理方法

从物理学角度考虑消除泡沫的方法主要包括放置挡板或滤网、机械搅拌、静电、冷冻、加热、蒸汽、射线照射、高速离心、加压减压、高频振动、瞬间放电和超声波（声学液体控制）等，这些方法都在不同程度上促进了液膜两端气体的透过速率和泡膜的排液，使得泡沫的稳定因素小于衰减因素，从而使泡沫的数量逐渐减少。但是这些方法共同的缺点是受环境因素的制约性较强、消泡速率不高等，优点在于环保、重复利用率高。

2.2　化学方法

从化学角度消除泡沫的方法主要包括化学反应法和添加消泡剂的方法。化学反应法是指通过加入一些试剂使其与起泡剂发生化学反应，生成不溶于水的物质，从而降低了液膜中表面活性剂的浓度，促使泡沫破裂，但是这种方法存在发泡剂成分不确定、产生难溶性物质对体系设备产生危害等缺点。现如今各行各业应用最广泛的消泡方法是加入消泡剂，这种方法最大的优点在于破泡效率高、使用方便等优点，但是寻找合适高效的消泡剂是关键。

3　消泡剂的种类及不同种类的应用

3.1　消泡剂的种类

消泡剂按照不同的分类标准可以有很多种分法，如按形式分可分为固体颗粒型、乳液型、分散体型、油型和膏型五大类；按消泡剂在不同工业生产中的应用可以分为纺织工业消泡剂、造纸工业消泡剂、涂料工业消泡剂、食品工业消泡剂和石油工业消泡剂等；按消泡剂的化学结构和组成可以分为矿物油类、醇类、脂肪酸及脂肪酸酯类、酰胺类、磷酸酯类、有机硅类、聚醚类、聚醚改性聚硅氧烷类消泡剂。

3.2 不同种类消泡剂的应用

矿物油类、酰胺类、低级醇类、脂肪酸及脂肪酸酯类、磷酸酯类等有机物消泡剂的研究应用较早，属于第一代消泡剂，其具有原料易得、环保性能高、生产成本低等优点；缺点在于消泡效率低、专用性强、使用条件苛刻等。

聚醚类消泡剂是第二代消泡剂，是以含有活性氢的物质为起始剂，在一定的条件下和环氧乙烷（EO）以及环氧丙烷（PO）发生聚合而成的，根据不同的应用领域，在EO和PO的结合方式以及合成聚醚的分子量上有讲究，主要包括直链聚醚、由醇或氨为起始剂的聚醚、端基酯化的聚醚衍生物三种。聚醚型的消泡剂一般在清洗、造纸、发酵等行业中有广泛的应用，其消泡性能不如有机硅的，消泡作用主要体现在超过浊点温度以上才能发生消泡作用。有时为了避开浊点的影响，会对聚醚分子进行化学改性，使其适应范围就更加广泛。聚醚类消泡剂最大的优点在于抑泡能力强，除此以外，还有些聚醚类的消泡剂具有耐高温、耐强酸、强碱等优良性能；缺点是使用条件受温度限制、使用领域窄、消泡能力较差、破泡速率低等。

有机硅类消泡剂（第三代消泡剂）是由硅脂、乳化剂、增稠剂等配以适量水经机械乳化而成的。其特点是表面张力小，表面活性高，消泡力强，用量少，成本低，对大多数气泡介质均能消泡；具有较好的热稳定性，可在较宽的温度范围内使用；化学稳定性较好，难与其他物质反应，可在酸、碱、盐溶液中使用，无损产品质量；还具有生理惰性，通常用于食品和医药行业。对所有气泡体系兼具有抑泡、破泡功能，隶属广谱型消泡剂范畴，因此被广泛用于洗涤剂、造纸、纸浆、制糖、电镀、化肥、助剂、废水处理等生产过程中的消泡。在石油工业中，被大量用于天然气的脱硫，加速油气分离；还被用于乙二醇的干燥、芳香烃的萃取、沥青的加工、润滑油的脱蜡等装置中控制或抑制气泡。在纺织工业中，用于染色、精炼、上浆等过程中的消泡；在化学工业中，用于合成树脂、胶乳、涂料、油墨等过程中的消泡；在食品工业中，用于各种浓缩、发酵、蒸馏过程的消泡。 根据不同的应用领域，有机硅乳液消泡剂的性能有不同的侧重点，有的消泡剂侧重于消泡，有的消泡剂侧重于抑泡，有的消泡剂侧重于相容性等。有机硅类消泡剂最大的优点是有较强的消泡性能、快速破泡能力、挥发性低、对环境无毒害、无生理惰性、使用范围广，缺点是抑泡性能较差。

非硅类消泡剂以脂肪酰胺、金属皂、脂肪醇醚、脂肪酸酯等有机化合物为主。它的优点是扩散系数大、破泡能力强。主要的缺点是抑泡能力稍差。非硅消泡剂的消抑泡效果不及有机硅消泡剂，这主要是由于这类物质的表面张力不如有机硅低。对于一些不能使用有机硅消泡剂的行业，如：电路板清洗、钢板清洗、涂料、油墨、造纸和纺织工业的部分工序等，由于使用有机硅消泡剂容易导致硅斑、缩孔，对产品质量存在影响，因此，在这些行业中往往会使用非硅类消泡剂。其在皮边油、造纸涂布、涂料、油墨等领域中有着广泛的用途。

聚醚改性聚硅氧烷消泡剂是通过缩合接枝在聚硅氧烷链上引入聚醚链，得到聚醚改性聚硅氧烷（俗称“硅聚醚”），同时兼有聚醚类消泡剂和有机硅类消泡剂的优点，还具有诸如逆溶解性强、自乳性好、化学稳定性和热稳定性高等独特优点，是消泡剂的发展方向。通常在聚醚链段中，聚氧丙烯链段增加会提高共聚物的疏水性，而聚氧乙烯链段增加会提高其水溶性。若聚硅氧烷链段与聚醚链段比例固定，提高聚醚链中聚氧丙烯的比例，会减小共聚物在水中的溶解度，降低浊点，一般来说，能改善它的消泡性能。硅聚醚类消泡剂广泛用于涤纶织物高温染色工艺、发酵工艺中的消泡。此外，也可用于二乙醇胺脱硫体系的消泡及各种油剂、切削液、不冻液、水性油墨等体系的消泡，也适用于印刷行业感光树脂制版后，洗掉未固化树脂的消泡，有时还可以根据其逆溶解性重复利用。但是目前此类消泡剂的种类较少，还处于研发阶段，生产的成本较高。目前工业领域应用最多的消泡剂是硅氧烷类消泡剂，是一种低毒或无毒的消泡剂，它的消泡能力主要受以下四大因素影响：（1）胶入颗粒的大小；（2）使用的表面活性剂的性能；（3）使用的活化硅胶种类；（4）乳化方式。

4 消泡剂的消泡机理

关于消泡剂的作用机理至今还没有统一的认识，根据前人所提出的消泡剂机理，大致可以将消泡剂分为以下三种。

4.1 具有概括性的消泡机理

典型的具有概括性的消泡机理是 Robinson 消泡机理和罗斯假说。其中 Robinson 机理是罗斯假说的基础，它主要强调了消泡剂破坏泡沫的排液和 Marangoni 效应实现消泡；罗斯假设是在消泡剂颗粒为非可溶小滴物质的基础上进行的，而实际上有的消泡剂产生消泡作用是在溶解状态下进行的，所以罗斯假说的消泡机理并不全面。

4.2 聚硅氧烷消泡剂的作用机理

具有代表性的聚硅氧烷消泡机理主要有“架桥－铺展”机理、“架桥－脱湿”机理、“铺展－液体夹带”机理等。“架桥－铺展”机理主要从“聚硅氧烷自身张力比较低，容易在液膜上铺展”这一基本点出发，它强调的是消泡剂液滴易变形，但是这种理论不能解释单独的聚硅氧烷与聚硅氧烷和固体离子混合物作为消泡剂时之间的消泡差异。“架桥－脱湿”机理主要是从聚硅氧烷自身具有疏水性的角度出发，但对于粘度很大的聚硅氧烷的消泡作用就不能很好的解释。“铺展－液体夹带”机理尚不能被证实，因为有些事实表明聚硅氧烷有时候并没有在泡膜表面铺展，可是同样可以破泡。

4.3 疏水固体颗粒的消泡机理

疏水性的固体颗粒在泡沫体系中，首先会吸引表面活性剂的疏水端，使得疏水性的固体颗粒变为亲水性的，从而降低了泡膜中表面活性剂的浓度，促使泡沫破裂。这种消泡机理不能解释其它消泡剂的作用机理，过于片面。还有些泡沫破裂的原因是消泡剂扩展作用产生的冲击、使表面活性剂被增溶破泡、电解质瓦解液膜表面双电层的破泡等。

从以上这些消泡机理可以看出，每种消泡剂对不同的泡沫体系，其作用的侧重点不同，但都是通过破坏泡沫的稳定因素实现消泡。

4.4 消泡剂的作用因素

泡沫体系的多样性决定了泡沫稳定因素的多样性，消泡剂种类的多样性决定了消泡机理的多样性，随着对消泡机理的研究深入，人们越来越多的发现没有一种机理可以解释所有消泡剂的作用机理，也就是说消泡剂的作用机理因情况的不同而不同。消泡剂的作用机理主要体现在以下三个方面：①消泡剂微滴侵入液膜扩展，顶替原来液膜表面上的溶剂，降低此处的表面张力，使得液膜内部受力不均，从而促使液膜破裂。②消泡剂破坏膜弹性使液膜失去自修复作用而消泡。③消泡剂降低液膜黏度，促使液膜的排液速率和气体的扩散速率增加，使泡沫寿命缩短而消泡。

5 消泡剂使用过程中的常见问题与注意事项

5.1 消泡剂使用过程中的常见问题

5.1.1 消泡剂的主要成分

消泡剂的主要成分一般为疏水颗粒、硅油和乳化剂。

疏水颗粒——吸附硅油，使有机硅在尽量少的情况下达到最佳的效果。

硅油——主要的消泡介质，表面张力很小，不亲油也不亲水，在体系中悬浮。当粒径在泡沫壁厚度附近，太大或太小都没有效果，大多数在 1 ~ 100μm，悬浮在体系中间。消泡剂存在于泡沫壁中间时就会排开油水相产生消泡效果，同时硅油有少量消耗掉，当疏水颗粒外的硅油完全消耗掉时就失效了，但体系中的碱太高，也会使消泡剂分解，因为消泡剂的合成催化剂就是酸或碱。

乳化剂——主要的作用是使硅油形成小颗粒。

5.1.2 消泡剂浑浊的问题

由于消泡剂在体系中不是以溶解的状态存在于体系中的，一般是悬浮在体系中，因此，选用的疏水颗粒、硅油、乳化剂的用量和成色就至关重要，不是所有的消泡剂都能达到575（一种进口消泡剂牌号）的效果，但是一般各有优劣，体系的相识度也不尽相同，这样造成了消泡剂的性能千差万别，但是只要消泡效果好、抑泡时间长就没有多大问题。

5.1.3 消泡剂漂油的问题

由于消泡剂不是溶解在体系中，而是分散在体系中，这样消泡剂在体系中分散的均匀度就至关重要了。当消泡剂均匀的分散在体系中时，对体系的透明度影响很小，且团聚成较大颗粒的时间比较长，这样就能在体系中保持相当长的时间；当消泡剂在体系中没有均匀分散，而是以很多小颗粒团聚在一起，一方面会影响体系的透明度，另一方面会使消泡剂团聚成大颗粒的时间变短，这就是为什么有些消泡剂加到体系中后浑浊，隔天漂油的主要原因。因此可以采取以下几种方式：其一将消泡剂的添加顺序往前移，其二在加到体系之前先进行稀释，稀释剂可以是水，或者是体系中的表面活性剂。

5.1.4 消泡剂抑泡时间的问题

消泡剂中疏水颗粒及硅油的性质决定了消泡剂的抑泡时间：①硅油含量的多少决定了消泡剂在使用中的消耗周期。②消泡剂粒径的大小决定了消泡剂的耐过滤性，粒径太大或者消泡剂搅拌不够充分都有可能导致消泡剂容易被过滤掉，这样就会产生漂油、易过滤，对消泡和抑泡都会产生影响。③搅拌时间也是消泡剂消泡能力的重要指标，搅拌不够充分的情况下会使消泡剂聚集在一起，一方面容易团聚，另外也容易被过滤掉。现在很多人使用消泡剂的时候都喜欢最后一道加进去，如果搅拌不够充分，很可能会浑浊、漂油、消泡能力减弱、抑泡时间变短，如果消泡剂的添加顺序往前移，一般会解决这个问题，或者用水稀释一般也可以解决，让消泡剂先在水中充分分散再加到体系中。④与消泡剂的耐酸碱性有关系，因为消泡剂中硅油的合成催化剂一般都是酸或碱，酸或碱肯定对它的分解速率有影响，在体系中加入硅酸盐一般会抑制其分解。

5.1.5 消泡时间的问题

这个主要是消泡剂中硅油的性质决定的。其一硅油的不亲性强弱；其二硅油的有效消泡粒径数量密度。

5.1.6 消泡剂的失效问题

其一酸碱稳定性问题，如果消泡的耐酸碱性不好则会导致硅油分解；其二消泡剂溶解，某些化学成分使硅油溶解到体系中，这样消泡剂不再有消泡的作用，而是作为一个表面活性剂存在体系中，体系的泡沫会比没加消泡剂的时候更高。

5.1.7 消泡与润湿

水性体系中的润湿剂是油性体系的消泡剂，油性体系的润湿剂是水性体系的消泡剂，但不是绝对的，这是一个方向和趋势。

5.2 消泡剂的选择与使用注意事项

5.2.1 消泡剂应具备的性能

理想的消泡剂，其物化性能必须满足使用体系的要求，一般地说，选择消泡剂时必须考虑下列要求：

（1）消泡能力强，使用极少量时就能有效地消除泡沫。

（2）具有被消泡体系更低的表面张力，也就是说，消泡剂本身的表面张力要低。

（3）消泡剂加入以后，不会影响被消泡体系的基本性能。

（4）不溶于被消泡体系中，也不易被体系中的表面活性剂所增溶，若被增溶后，消泡能力减弱或消失。

（5）表面的平衡性要好。

（6）不与被消泡介质起反应，也不会被其分解降解，具有良好的化学稳定性。

（7）具有良好的扩散性和渗透性，也就是在泡沫介质中具有正的扩散系数，具有在泡沫表面很快的铺展能力。

（8）消泡剂的耐热性能要好，在高温时不易失去效力。

（9）具有良好的气体溶解性和透过性，使气体不易聚集而从泡沫中消失，泡沫也就容易消除。

（10）在被消泡体系中具有高的生理活性，安全性高，消泡剂本身最好是无毒性，至少是低毒物质。

（11）具有低的 COD，BOD 和 TOD 值。

（12）具有良好的贮存稳定性。

（13）具有长时间的消泡效应，有的消泡剂能迅速消泡，但时间一长即失效。

（14）成本要低。

（15）不增加表面活性剂水溶液的表面黏度。

5.2.2 消泡剂的使用注意事项

正确使用消泡剂，选择消泡剂要有针对性，对使用环境、温度、pH 值及起泡介质要有所了解。先小试，后中试，确定最佳使用产品及最佳用量。出现分层后先搅匀，即使不分层使用前也要搅拌均匀，不要随意稀释，若确实要稀释需在指导下使用稠水溶液。

在工业生产中，如浮选、灭火、除尘、洗涤制造泡沫陶瓷和塑料的过程中有时候需要消除制造过程产生的气泡物质，这些气泡是不容气体，存在于工业生产液体或固体中的，是在薄膜表面独立存在的物质，常见的有油性气泡和水性气泡。

一般来说由于表面活性剂的存在，气泡形成中受作用力的影响，亲水基和疏水基被气泡吸附，规则排列整齐，在气泡表面形成弹性膜，稳定性很强，正常情况不易破裂，受到泡沫的稳定性、表面黏性和弹性、电斥性、温度、酸碱度的影响，都不容易很好的自行破除有害气泡，这时候就需要用到消泡助剂。

就消泡的效果来看，能破除和抑制泡沫生长的因素都可以用来做消泡。通常为了防止泡沫形成，在生产的初期就需要用到消泡剂来达到消泡效果，气泡和表面张力是负相关的，要减少表面张力，一般用化学消泡比较适当，而消泡剂是化学消泡作用中的重要助剂。

消泡剂品种多，用途广，市场上抑制泡沫的消泡剂大多是在产生泡沫后，加入消泡剂使其在泡沫表面铺展，形成双重膜，扩散渗透取代原泡沫的原理来达到消泡作用。

另外需要注意的是选择合适体系的消泡剂也是选择消泡剂的重要部分。

消泡剂一般都是通过多组分复配制成的，主要消泡物的性能可通过表面活性剂的复配来增强。一种活性物是否适合于消泡，取决于其应用条件。如硬脂酸在酸性条件下是一种消泡剂，而在碱性条件下则是一种起泡剂；在低温下有效，而高温下就会无效。

（1）消泡剂的加入点。在制浆厂中消泡剂一般添加在漂白和洗涤工段，一般在洗浆机、浓缩机和浆池内加入。造纸工段的消泡剂一般加在纸机流浆箱、浆池、涂布和施胶压榨处。

（2）消泡剂加入用量。一般使用两种消泡剂比用较高含量的一种消泡剂更为经济有效，在相距较远的部位分别添加。例如，一种消泡剂在打浆机前加入，另一种在流浆箱加入。

（3）消泡剂沉淀的解决方法。如酰胺类消泡剂，会造成沉淀而使筛板缝堵塞，由于分散不好而造成纸张有鱼眼点等纸病。一些消泡剂还会对施胶、增强等作用产生一定的干扰。

6 消泡剂性能测试

6.1 消泡剂性能测试的内容

消泡剂性能包括消泡速率、消泡能力、抑泡能力、储藏稳定性、水溶性、耐酸耐碱性、生理毒性、耐高温性、消泡剂的最佳使用量等，一般最重要的性能是消泡性能和抑泡性能，在某些行业中对消泡剂还可能有着其他特别的要求。不同的性能需要不同的测试方法，但消泡剂的消泡性能和抑泡性能的测试方法是最多种类的，也是所有消泡剂都必须要测试的。

6.2 传统的消泡性能和抑泡性能的测试方法

消泡性能和抑泡性能常见的测试方法有：罗斯 - 迈尔斯法、西德工业标准法、鼓气法、搅拌法、滴定法、高速分散法和循环鼓泡法等，还有一些如 ASTMD892-06e1 标准、ASTM-E2407-04、震荡法（或摇瓶法）、高施密特评价法、Q/XGY014-91 标准、ASTMD892-46T 标准、上海氯碱化工股份有限公司评价方法等都和以上的测试方法类似，这些方法的区别在于泡沫产生的原因、消泡剂的加入时机和泡沫的静动态种类等，共同点在于都是利用泡沫体积的变化来比较消泡剂的作用性能，但是利用泡沫高度的方法在很多的实际生产中可操作性很差。另外，消泡剂的性能评价没有固定的标准，都是通过在测试中相互比较来评判消泡剂性能的优劣。

由于消泡剂应用的广泛性和针对性，消泡剂性能的测试结果很大程度上会依赖气泡产生的环境、消泡剂种类、消泡剂加入方式、消泡剂的作用时间等，所以消泡剂性能评价的众多方法无法去宏观的比较优劣，在不同的消泡剂性能测试方法中，有时会得到不同的测试结论，甚至可能会相反。

7 泡沫消泡技术在造纸过程中的应用

在制浆造纸工业（简称造纸工业）中，泡沫处理是生产中的棘手问题。

7.1 发泡原因

当含有表面活性剂的液体或黏度较大的液体受到搅动时，常常会产生大量不易消失的泡沫。这些泡沫较为稳定不易消失的原因如下：

7.1.1 膜弹性

液膜在一般的稀化过程中抗拒局部稀薄化的能力为膜弹性。当液膜有一稀薄点时，此点即是可能破裂的部位。但当这一点再进一步被拉伸时，则在此部位的表面活性剂分子会更加减少，而使其表面张力增大结果造成力的不平衡，牵拉周围的表面向稀薄点移动以平衡表面张力。表面层的移动会一起拉动下层的液体，这样就防止了初期弱点的进一步稀薄，及进而引起的泡沫破裂。这种作用也可称为“自我痊愈效应”。当然平衡表面张力时，也可能是主体液中的分子移出来而不必由邻近的表面移动分子。但如果发生这种情况的话，就不会有回复稀薄部位的活动，也无法防止进一步的稀化，从而导致泡沫破裂。不过，大多数发泡表面活性剂分子从主体到表面的移动速度相当慢，所以自我痊愈效应是主要的。

7.1.2 表面黏度

表面黏度是总体黏度的二因次形式，是由于液体表面各相邻分子间相互作用产生的。如在典型的非离子型表面活性剂溶液中，邻近表面活性剂分子的聚乙二醇端可形成氢键，阻止或滞缓了泡沫壁的流失速度，而使泡沫稳定。如果液体本身黏度高，泡沫壁的流失速率缓慢，且比较稳定，从而使泡沫稳定。

7.1.3 电双层互斥作用

对离子型表面活性剂来说，泡沫壁的稀薄化会持续进行，使内外壁上的荷电基团变得充分靠近而引起电性互斥作用为止。这种互斥作用制止了泡沫壁更进一步稀薄化。当然这种效应只有对非常薄的泡沫才会显得重要。

7.1.4 熵性双层互斥作用

对非离子型表面活性剂来说，当泡沫壁的稀薄化进行到一定程度时，表面活性剂聚乙二醇端的混合熵同时会变大而无法互相渗透，防止了泡沫壁的进一步稀薄化。当然这种效应也是只有当泡沫非常薄时才显得重要。

7.1.5 气泡间气体扩散作用的降低

对于泡沫膜厚度超过 10 nm 的气泡来说，前两项是主要的。

7.2 消泡机理

一是通过消泡剂在泡沫中扩散时，在泡沫壁上形成双层膜，在此扩散过程中将具稳定作用的表面活性剂排开，而降低泡沫局部表面的张力，破坏泡沫的自愈效应，使泡沫破裂；二是消泡剂可能进入泡沫壁，但只扩散到很有限的程度，与发泡剂一起形成混合的单层，若此种单层的内聚性不佳时，泡沫就会破裂。

这两种机理的共同点为消泡剂必须先能扩散进入泡沫之间，这种能力可用渗入系数E来表示。当消泡剂进入膜内后，散布的能力就决定于展开系数S。E和S可用消泡剂和发泡介质两者的表面张力及交界面张力来表示：

$$E=R_F-R_{FA}-R_A \quad （式1）$$

$$S=R_F-R_{FA}-R_A \quad （式2）$$

式中 R_F 和 R_A 各为发泡介质及消泡剂的表面张力；R_{FA} 为两者间界面张力。消泡剂的渗入系数和展开系数最好都是正值，即具有较低的表面张力 R_A。不过也可能 R_{FA} 项数值较大，这样E可能为正值，S 变成零或负值，此时消泡剂进入泡沫壁，但不展开，不过若形成的混合膜缺乏内聚性，也会起消泡作用。相反如混合膜与原泡沫膜的内聚性相似或更强的话，那就没有消泡作用。E 和 S 都是负值时，消泡剂肯定无效。另外，因消泡剂液滴是在泡沫壁上起作用而破坏泡沫的，所以如果消泡剂具有较低的水溶性就能在液体－空气交界面停留较长时间，维持较长时间的消泡活性。

7.3 消泡剂的用量和用法

有机消泡剂的体积分数一般为 1×10^{-4} ～ 4×10^{-3}（按具有消泡活性的物质计）。消泡活性物质分数为100%的有机硅消泡剂较少直接用于生产过程，这不仅因成本高，而且少量使用时难以奏效，用量多又会引起污染问题。所以常用的大都是已配制成有机硅的质量分数为1%～2%的消泡乳剂，其用量根据工艺条件而适当变化。

一般认为，在印染厂开始染色时，质量分数为 5×10^{-5} ～ 3×10^{-4} 的有机硅就足可控制住泡沫了。在废液或废物处理系统中，只要 1×10^{-6} ～ 10×10^{-6} 就够了。所以使用消泡剂最安全最有效的方法是在生产过程中以连续或半连续的方式添加低浓度的稀乳液，这样，既可防止发泡又可防止有机硅产生的油污问题，若必须在操作开始就加入，则要避免过量的加入有机硅消泡剂。

8 展望

8.1 消泡剂展望

随着对消泡剂领域研究的深入，每一种类的消泡剂都有待于进一步的完善和改性。随着新的消泡剂活性组分不断出现，旧种类的消泡剂逐渐被取代，具体表现为：提高矿物油消泡剂的消抑泡性能；通过研究聚醚的结构改善聚醚消泡剂的消泡性能；对有机硅消泡剂的成分进行设计，提高有机硅消泡剂的品质，包括抑泡性能、消泡性能、稳定性、相容性、抗剪切性能等；研究更多种类的聚醚改性聚硅氧烷消泡剂，拓宽其应用领域。另外，随着复配协调效用研究的不断深入，研究不同种类消泡剂和消泡助剂之间复配后的消、抑泡性能也有很大的价值。总之，那些消泡剂用量少、性能优异、能提高设备利用率和实际生产效能的消泡剂将会成为未来消泡剂发展的主要要求。

8.2 消泡剂性能评价检测的展望

传统的消泡剂性能评价方法往往因泡沫高度难把握，泡沫体积变化难以捕捉等因素使数据不准确。在评价消泡剂的性能时，需要使用实际情况中的发泡液，并尽可能的模拟泡沫产生的真实环境，在特定的时机通过某一种方式加入消泡剂，比较消泡剂的性能优劣。根据气泡和泡沫的其它一些性能，对消泡剂性能的评价方法的检测方面进行以下展望。

（1）光强法。根据气泡对泡沫的散射和透射特性，当具有一定强度的光透过一定区域的泡沫时，其透射光的强度会大大减小，根据透射光强的变化可以直接反应出泡沫量的变化，从而比较消泡剂性能的优劣。这种方法最大的优点在于检测的及时性和数据处理的连续性。

（2）电导率法。因为泡沫是气液的混合，当溶液中含有导电离子时，泡沫体系中的液体导电而气体不导电，所以可以根据电导率的大小测量泡沫的含量，从而比较消泡剂性能的优劣。这种方法的优点在灵敏度高、测量准确，但是这种方法在消泡剂对电导率有影响时不适用。

（3）摄像照相法。这种方法首先使用光照亮泡沫区，用CCD来拍摄采样区，然后通过一定的图像处理技术，对图像进行分析，通过比较加入消泡剂前后图像中泡沫的变化来比较消泡剂的优劣。这种方法的最大优点在于直观，但要求消泡剂加入后不能因为颜色改变影响到图片的质量。

（4）声检测法。泡沫在破裂时会因液膜运动速度太大而发出声响，根据此原理，可以通过测量声音的大小去检测气泡的破裂速率，从而比较消泡剂破泡速率的快慢。这种方法的缺点是对背景噪音的要求比较苛刻，且对泡沫的破裂程度不好把握。

（5）流动显示法。泡沫的产生离不开液体，流动显示的任务就是使液体的运动过程可视化，在研究泡沫方面可以用到的技术有全息照相和红外成像技术等，或者可以在气泡含量较少的情况下，通过高速照相仪，比较气泡含量的多少和研究泡沫中气泡数量的变化，从而比较不同消泡剂的优劣。但是这种方法类似于摄像照相法，有一定的应用局限性。

以上这些方法对消泡剂的性能检测具有一定的应用前景，使得研制出一种方便、可行、准确、快速的检测仪器成为可能，有一定的研究价值，代表着消泡剂性能检测的未来发展方向。

注：文章来源：文献摘编。

农药助剂类非离子表面活性剂的环境行为

助剂是指农药制剂中除了活性成分外的其他组分。其定义是“可促进或改进农药配方中活性成分作用效果的辅助成分”。一般来说，添加助剂的主要目的是增大活性成分的溶解度或增加成分间的相容性，进而提高农药制剂的作用效果（或生物利用率）。助剂的其他作用还包括增强活性成分对靶标的吸附、渗透、移位能力，增加耐雨蚀性，以及改变活性成分对不同植物的选择性作用。除溶剂外，数量最大的助剂类型是表面活性剂，尤以非离子表面活性剂居多。

典型的聚氧乙烯型非离子表面活性剂主要分为烷基酚聚氧乙烯醚（APEOs）、醇基聚氧乙烯醚（AEOs）以及烷基胺聚氧乙烯醚（ANEOs）三大类。其中，AEO 类的结构式为：

$CH_3(CH_2)_{m-1}O(CH_2CH_2O)_nH$ (C_mEO_n)

APEO 的结构式：

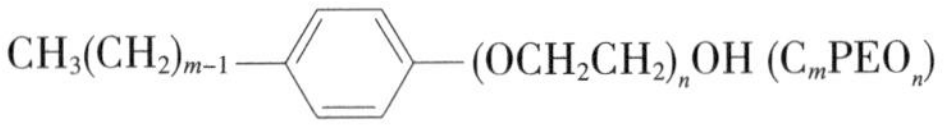

$$CH_3(CH_2)_{m-1}-C_6H_4-(OCH_2CH_2)_nOH\ (C_mPEO_n)$$

ANEO 的结构式为：

$$CH_3(CH_2)_{m-1}N\begin{cases}(CH_2CH_2O)_nN\\(CH_2CH_2O)_nN\end{cases}(C_mNEO_n)$$

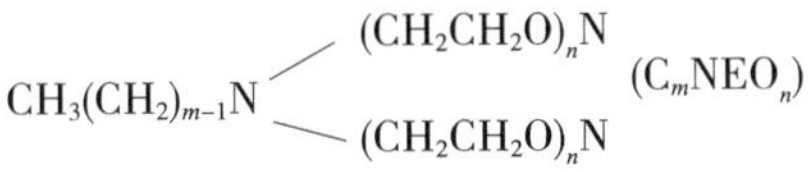

代表化合物有：蓖麻油聚氧乙烯醚、壬基酚及辛基酚聚氧乙烯醚、脱水山梨醇聚氧乙烯醚、牛脂胺聚氧乙烯醚、烷基酚聚氧乙烯醚、脂肪酸聚氧乙烯醚、聚氧乙烯/聚丙乙烯嵌断共聚物。当前，关注助剂的环境归趋及生态风险的报道不多。本文以典型的聚氧乙烯型非离子表面活性剂——AEOs、ANEOs和 APEOs 为重点，对其在环境中的暴露、环境行为、归趋的相关研究进展作以综述。

1 表面活性剂类助剂的来源与暴露水平

表面活性剂作为助剂，已广泛应用于工业、农业和日常生活中。2005 年，全球表面活性剂消耗量1250 万 t，而到 2014 年，已达到 2060 万 t。非离子表面活性剂占总消耗量的 37%~40%。这些表面活性剂混杂在未经处理的污水、污水厂排水及污泥进入环境中。以壬基酚聚氧乙烯醚（NPEOs）为例，它是一种去污力和脱脂力优异的非离子表面活性剂，全球每年的需求量超过 70 万 t。在广泛应用的同时，也带来了环境安全隐患，其在水体环境中很容易分解为壬基酚（NP）——具有持久性并且会干扰内分泌系统的化学物质，能够通过食物链不断蓄积，具有较大的环境危害风险。因此，目前在欧洲，NPEOs 已被限制使用。

农药助剂种类数量巨大，使用量惊人，世界农药工业协会统计显示，每年全球通过使用农药投入到环境中的有机助剂超过 100 万 t；其中非离子表面活性剂助剂的使用量不容忽视，USEPA 调查显示农药助剂在制剂中的含量 1%~99% 不等，平均含量约为 70%。农药助剂的表面活性剂使用负荷大小取决于作物类型、喷药次数以及所用配方。在农业区，通常用作助剂的表面活性剂的使用负荷为 0.3~0.4 kg/(hm·年)。与家庭及工业暴露源不同，随农药喷洒在土壤中的表面活性剂在其中发生降解，吸附性和毒性不容乐观。径流、淋溶、吸附和生物降解是助剂主要的扩散途径和环境行为。助剂随雨水输移的途径包括垂直和水平方向，最终扩散到地表水，或垂直渗入地下水。助剂的另一种归趋是吸附到土壤或生物质中，例如植物根部、植物碎屑或土壤微生物。

在地表水（河流、湖泊、沿海）中检测到 NPEOs 及其降解产物的质量浓度分布情况为：$NPEO_1 < NPEO_3 < NPEO_2$。大部分 AEOs 及 NPEOs 在地表水中的浓度要明显高于地下水，在土壤间隙水中的浓度水平随

着深度的增加而降低，$C_{12}EO_{3\sim9}$聚氧乙烯醚同族体在浅层地下水（地表水位 2~3 m）中总浓度为 710 ng/L，而深层间隙水中的总浓度为 194 ng/L。瑞士 Glatt 河两岸垂直深度在 2.5 ~ 14 m 的地下水中 $NPEO_1$ 的平均浓度从 7.5 μg/L 减至 0.1 μg/L，$NPEO_2$ 从 82 μg/L 减至 0.1 μg/L。

污水厂排放的污水和污泥是环境中表面活性类助剂的主要来源。有研究表明，污水厂排放水中 AEOs 浓度为 6.5 μg/L，污水污泥中浓度为 10~190 mg/kg。污水处理工艺中，厌氧 / 好氧活性污泥法（A/O 法）对 3 种污染物（AEO_1，AEO_2 和 AEO_3）的去除率明显高于生物滤池法（BAF 法），活性污泥中 3 种污染物的总浓度最大为 2.7 mg/kg，而大型污水处理厂的各级污水处理工艺对 NP，$NPEO_1$ 和 $NPEO_2$ 的去除率达到 70% 以上。国内天津海河污水处理厂 NPs 类物质在进水中的总浓度为 47.2 μg/kg，出水中 NPs 类物质的平均浓度在 2.92 μg/kg，纳污的地表水中 $NPEO_2$ 的浓度为最高，平均浓度达 1.38 μg/kg，沉积物中 NPs 类物质总含量在 4.1~9.9 mg/kg。季节变化对污水及污泥中 APEOs（或 AEOs）类物质的分布和去除影响也较大，一般冬季 NPEOs 的浓度较高，进水中浓度 $NPEO_1 < NPEO_2$。污水工艺对 3 类物质的去除效率变化趋势为：NPs 类物质，冬季＞夏季＞秋季＞春季；$NPEO_1$ 类物质，春季＞夏季＞秋季＞冬季；$NPEO_2$ 类物质，夏季＞秋季＞冬季＞春季。典型农药助剂在地表水及污水中的分布状况见表 1。

表1　典型农药助剂在地表水及污水中的分布状况

物质名称	环境介质	浓度范围	研究区域
NPEO	地表水	ND~0.81 μg/L	法国城镇
NP_2EO		ND~32 μg/L	法国城镇
NPEO	地下水	0.1~7.5 μg/L	韩国 shihwa 湖
NP_2EO		0.1~82 μg/L	丹麦 Haraldssted
NPEO	沉积物	<0.015~38 mg/kg（dw）	瑞士 Glatt 河
NP_2EO		<0.015~6 mg/kg（dw）	西班牙 Bornos 水库
NPEO	污水	20 ~ 158 mg/L	法国城镇
NP_2EO			
$C_{12}EO_{3\sim9}$	地下水	61~189 ng/L	日本 Tokyo metrolitan area
$C_{12}EO_4$	土壤间隙水	33 ng/L	
$C_{12}EO_{3\sim5}$		48~73 ng/L	
	深层间隙水	194 ng/L	
Σ AEOs	污水	6.5~300 μg/L	加拿大 Toronto，Ontario
	污泥	10~190 mg/kg	奥地利 Lower Austria

总体上，非离子表面活性剂的分布水平由于区域和存在介质的不同而有较大差异，工业区附近水体中的浓度较高，污泥中的相对浓度要远高于污水中的浓度。因此，污泥在资源化利用的同时，要充分考虑其中含有的潜在危害的非离子表面活性剂。

2 非离子表面活性剂类助剂的结构与其环境特性的关系

典型的聚氧乙烯型非离子表面活性剂在水 / 辛醇（/ 土壤 / 沉积物 / 植物）中的临界浓度（CMC 值）、分配系数［KOW（辛醇 / 水）和 KSW（土壤或沉积物 / 水）］在很大程度上决定其在环境中的归属。通常，AEOs 和 APEOs 两类化合物的烷基链越长、醚键越短，CMC 值越小。醚键越长、烷基链越短，化合物的 KOW 值越小，水溶性越大，对应 KSW 越小。APEOs 的溶解度主要取决于亲水的 EO 基团的数量，通常认为 EO 数少于 5 的 APEOs 是不溶于水的，即亲脂性的；EO 基数大于 5 时，APEOs 是亲水性的。同时，憎水基团的性质也对整个分子溶解性有重要影响。20.5 ℃时，辛基酚聚氧乙烯醚 $OPEO_{1\sim4}$ 在水中的溶解度为 8 ~ 24.5 mg/L，壬基酚聚氧乙烯醚 $NPEO_{1\sim4}$ 为 3.02 ~ 9.48 mg/L，$OPEO_{1\sim4}$ 的溶解度明显高于 $NPEO_{1\sim4}$，说明烷基链的长度对 APEOs 溶解度有一定的影响。

AEOs 和 ANEOs 各种可能的结合形式如图 1 所示。该类表面活性剂分子中的亲水基团和疏水基团与土壤中的成分有不同的结合形式，例如和土壤中的各种成分以氢键或疏水键结合。对于 AEOs 而言，疏水的烷基链可通过疏水键吸附到有机物上（图 1A），而亲水的乙氧基链中含结合氧，可通过氢键结合到土壤中极性更强的粘土矿物质上。ANEOs 和土壤中的成分结合的形式与 AEOs 的情况是相似的（图 1B）。由于 ANEOs 由两条乙氧基链构成，因此，与 AEOs 相比，ANEOs 和土壤中的黏土矿物或者其他极性成分的结合力会更强。此外，对于 ANEOs 而言，亲水基团和疏水基团通过一个氮原子连接，AEOs 则是通过氧原子连接。当分子的 pKa 值和土壤环境 pH 适宜情况下，ANEOs 中的氮原子可能会发生质子化。质子化的 ANEOs 可能形成离子键，同时也可以去质子化与土壤中的矿物质发生络合反应（图 1B）。

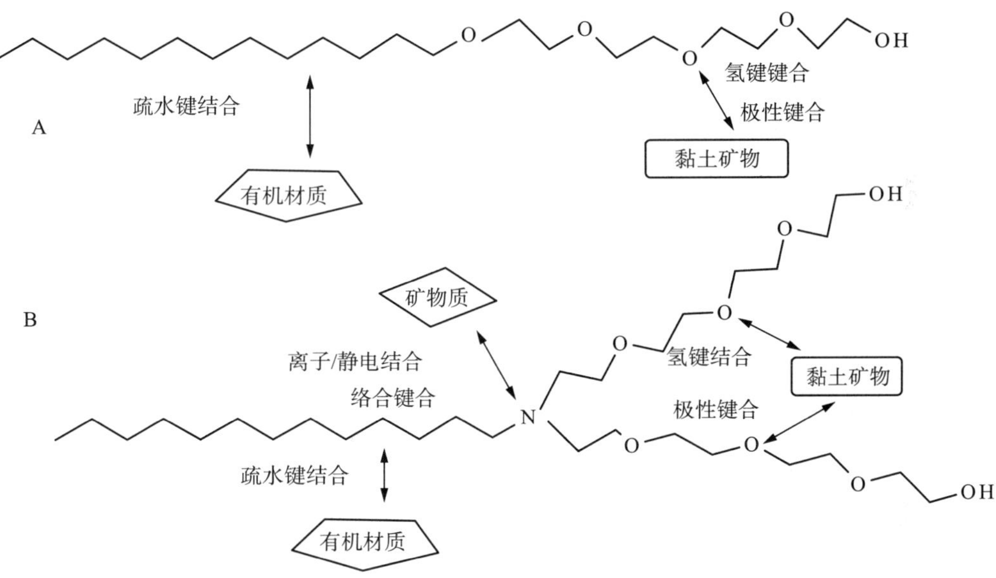

图 1　AEO 和 ANEO 与土壤中不同成分结合的示意图

2.1　非离子表面活性剂类助剂在土壤、沉积物及蓄水材料中的吸附性

AEOs 可吸附于黏土，尤其可吸附于吸水膨胀类黏土矿物及其他含氧矿物表面，如在蛭石和蒙脱石及沉积层中 AEOs 吸附性较强。如图 1 所示，产生吸附的可能原因是化合物中乙氧基链和硅酸盐矿物间形成了氢键，和砂质土相比，黏土类土壤更容易吸附这类物质，其原因是黏土比砂土的表面积更大;此外，若砂土中硅酸盐矿物的含量较低，则与 AEOs 的结合力也会降低。

具有较长乙氧基链的 AEOs 同系物与土壤组分间的亲和力也很高。乙氧基官能团和极性土壤取代基间的极性结合力（如氢键）可能是这类化合物土壤吸附的主要机制。AEOs 分子中的乙氧基和聚乙二醇（PEG）中的乙氧基结构完全相同，因此这两种物质的理化特性很相近。和 AEOs 一样，乙氧基链越长的 PEG 对沉积物的吸附能力也越强。乙氧基链越短的 AEOs 对沉积物吸附性和吸附等温线的线性关系会降低。如图 1 中的键合原理所示，乙氧基链增长会增加氢键形成的几率。但也有研究得出相反的结论，与 EO 链较长的 AEOs 相比，EO 链较短的 AEOs 在单位质量沉积物上的吸附性更强，但吸附总量差别不大。

除乙氧基链长度外，分子中烷基链的数量也是影响 AEOs 吸附性的重要因素，即随着具有疏水性的烷基链长度的增加，疏水键的结合力增加，同时削弱化学物质分子中亲水部分产生的斥力。研究发现，AEOs 的吸附性与沉积物中有机碳的含量成正比，但也存在相反的结果，沉积物或土壤中有机质含量与 AEOs 的吸附量并无相关性，造成该截然相反的结论原因可能是所用沉积物中有机碳含量存在差异。

除少数几种土壤外，低 pH 会增加 AEOs 在土壤中的吸附性，这对于具有较长乙氧基链的 AEOs 分子最为明显。pH 可能是影响 ANEOs 吸附性的关键因素，是这些化合物在氮原子处发生质子化（图 1B）。ANEOs 的典型 pKa 值在 5~7，因此在常规 pH 条件下，氮会部分质子化。

此外，表面活性剂浓度与其 CMC 比值也会影响其吸附性。在比值＞ 1 的情况下，表面活性剂会聚合形成胶束，与底质（如土壤颗粒）键合。

对 AEOs 的吸附动力学研究表明，该类化合物的吸附和解吸过程迅速且可逆，在 24 h 之后，吸附和解吸就基本达到了可逆平衡。有研究小组等采用天然蒙脱土对 APEOn 物质 $NPEO_9$ 和 $NPEO_{10}$ 进行吸附，表明 APEOn 在蒙脱土上有较高的吸附量，吸附等温线为 S 型，符合兰格缪尔吸附模型，且吸附量大小为 $NPEO_9$ ＞ $NPEO_{10}$，温度对吸附影响较大，升温有利于吸附的进行。pH 值对吸附的影响较小，动力学拟合结果表明，APEO 在蒙脱土上的吸附符合假二级反应动力学。$NPEO_1$ 和 $NPEO_2$ 的吸附主要在浅层土壤 0~10 cm；而壬基酚的扩散范围更大，在 0~20 cm；在黑土、潮土和红土中，助剂扩散以 0~5 cm 为主体，其吸附常数 k 值小于 100，移动性较差。

总体上，决定非离子表面活性剂 APEOs 和 AEOs 在固体基质中的吸附性主要取决于 3 个方面：（1）自身结构特性，包括疏水性的化学键长度以及浓度；（2）介质的特性，包括比表面积、有机质含量、矿物盐含量等；（3）环境特性，如温度、pH 值等，客观研究其在某一介质中的吸附性。使用表面活性剂必须综合考虑以上几点。

2.2 聚氧乙烯型非离子表面活性剂对农药类化合物环境归趋的影响

聚氧乙烯型非离子表面活性剂吸附到土壤后，会对土壤的理化特性及生物学特性产生影响。影响土壤中农药或其他污染物迁移性的关键因素是其自身的疏水性及表面活性剂的浓度。当土壤中非离子表面活性剂浓度在 CMC 浓度附近时，农药二嗪磷、阿特拉津以及乙酰甲胺磷的迁移性降低。但在表面活性剂浓度较高（5~50 $g \cdot kg^{-1}$）的情况下，农药的移动性增强。此外，渗透水中高浓度的表面活性剂浓度（50 $g \cdot L^{-1}$）也会增强农药的移动性。向土壤中添加非离子表面活性剂会降低农药的移动性，这些农药先被表面活性剂吸附，后吸附到土壤中。相反，由于胶束的吸附作用，淋溶水中添加表面活性剂可能会增强农药的移动性。

除移动性外，农药的降解性也会受到表面活性剂的影响。非离子表面活性剂（鼠李糖脂和聚乙二醇辛基苯基醚 Triton X-100）存在的情况下，农药阿特拉津和蝇毒磷的降解速度变慢，同时降解率下降。

尽管目前对于非离子表面活性剂改变其他化学物质环境归趋的影响研究不多，但这一特性可用于污染土壤的修复，在控制其有效浓度范围情况下，可降低污染物在土壤中的吸附性，促进污染土壤自身功能的恢复。

3 聚氧乙烯型非离子表面活性剂类助剂的生物降解特性

聚氧乙烯型非离子表面活性剂在土壤中的降解是一个非常复杂的过程，会受到其自身性质以及土壤性质的影响，降解可分为化学降解和生物降解。在化学降解过程中，最常见的是光解作用，另外，水解、热解、化学氧化、化学络合等也会有一定的作用。本文重点关注生物降解特性。

3.1 生物降解机制

化学物质的生物降解途径取决于氧化还原电势。已有研究提出了 AEOs 的多种好氧生物降解途径，如图 2 所示。AEOs 生物降解试验表明，疏水的烷基链将最先被降解，而聚氧乙烯部分的降解速度较慢。降解开始后，烷基链末端的甲基官能团最先氧化（ω- 氧化）成酸，后 C_2 官能团发生 β- 氧化（图 2 中的途径 A)，链进一步缩短。图 2 中途径 A 始于烷基链的 ω/β 氧化，后发生双键非氧化断裂；途径 B 先是中心裂解为烷基链和聚乙烯醚键，后分别降解；途径 C 始于乙氧基链断裂。通过降解机制研究发现：AEOs 首先裂解为疏水和亲水两部分，之后疏水基团迅速氧化（图 2 中的 B 途径）。以 ^{14}C 示踪研究法研究十八烷酰聚氧乙烯醚的降解机制，发现烷基链末端甲基官能团的断裂和分子的水解断裂反应同时发生，并且烷基链的降解速度比乙氧基链的降解速度快得多。

对于支链 AEOs 而言，水解会受到邻近醚键的影响，进而导致烷基链的裂解和氧化速度变慢，这是由于醚键的空间位阻效应导致支链 AEOs 的裂解速率变缓的结论，同时还发现生物降解是从分子的亲水端开始的。聚氧乙烯醚最常见的一种降解方式是 C_2– 乙氧基键的非氧化裂解（形成 C_mEO_{n-1}），另一种方式是末端醇基团氧化形成 C_mEO_nCOOH（乙氧基的羧酸化）。在乙氧基链缩短的同时，烷基链也会缩短。疏水链的降解主要通过 β 以及 ω/β– 氧化进行，在两端形成羧酸化的中间产物（即 $CC_{m-3}EO_{n-2}$ 或 $CC_{m-3}EO_nCOOH$）。

采用 ^{14}C 示踪的 AEOs 降解试验表明，直链 AEOs 的两种生物降解方式会同时发生。降解过程包括表面活性剂分子内部的断裂以及烷基链的氧化（ω/β– 氧化，图 2 中的途径 A 和途径 B）。每个降解阶段伴随不同的反应机制，这表明 AEOs 的完全降解需不同菌群的共同作用。

AEOs 的厌氧生物降解从乙氧基链的自由端开始，逐渐释放 C_2 官能团，直到疏水基团形成为止（图 2 途径 C）。在厌氧条件下，观察到乙氧基链在解聚过程中发生中央裂解反应，这种反应的具体过程和好氧条件下基本相同。值得注意的是，厌氧时不会发生烷基链末端的 ω– 氧化。

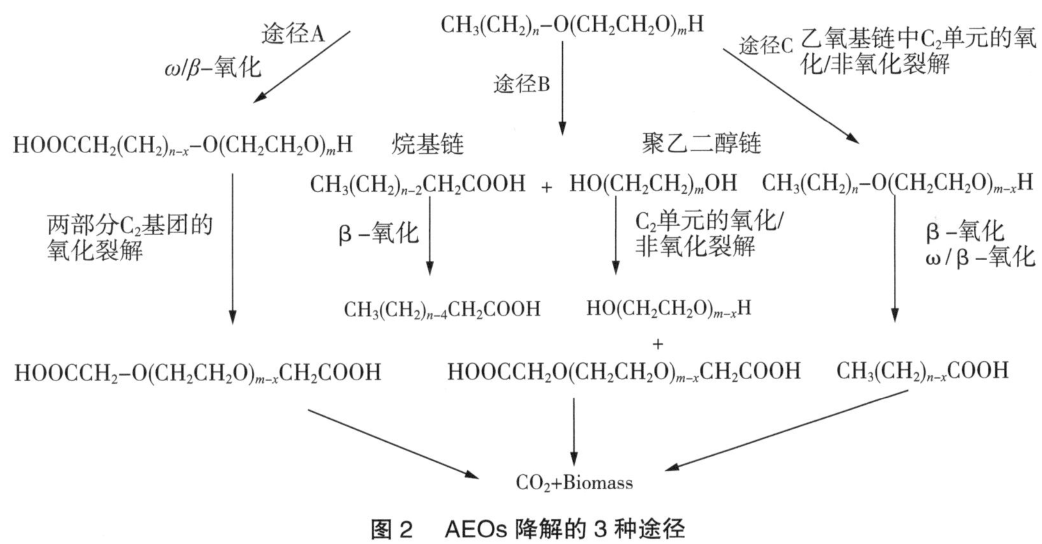

图 2　AEOs 降解的 3 种途径

ANEOs 的生物降解可以用“两步”法概括，如图 3 所示。第一阶段是快速的中央裂解，第二阶段是中间体的降解，中间体醛类和胺类的降解分别需要不同的功能菌群。第二阶段降解速度相对较慢，在这个阶段内乙氧基仲胺中间体和醛类中间体同时降解，ω/β– 氧化不会对生物降解的速率产生影响。

目前，已有多家研究机构对聚氧乙烯醚类表面活性剂类助剂（AEOs 和 APEOs）的生物降解数据进行了总结。通常，这两类表面活性剂的降解速率取决于多种因素，其中关键因素包括：微生物的测试条件、微生物的耐药性、测试物引入接种体以及测试装置的方法、接种物的来源及数量、微生物群落的种类、培养基浓度等。生物降解过程分析主要考虑降解程度、反应终点等因素。降解过程分为初级降解和完全降解（矿化）。在初级生物降解中，受试物的理化特性会发生变化。因此，这类试验主要检测母体分子是否消失，及其主要特性（例如，发泡性以及表面张力）是否发生变化（消失）。

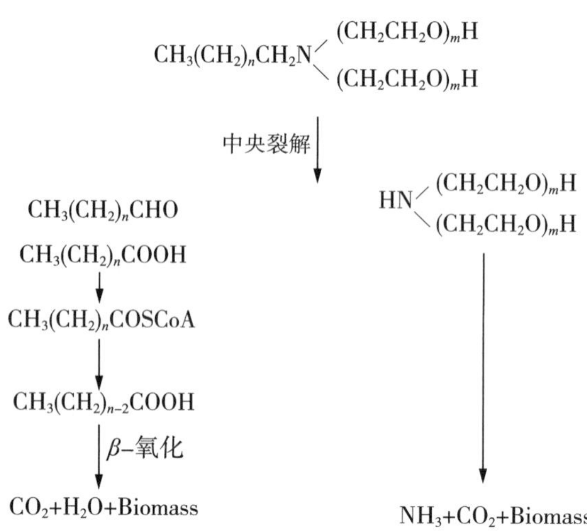

图 3　ANEOs 的生物降解途径

污水系统中 APEOs 的降解历程：微生物代谢通常是先攻击烷氧基链，而非苯环或者疏水链。随着聚氧乙烯链的变短，形成的产物脂溶性增加而更具有耐生物降解性，整个过程如图 4 所示。母体 APEOs 转换成难降解的具有雌激素活性的短链 APEOs，NPEnC 和 AP 代谢物，通过次级排放，进入水生环境。烷基酚趋于分离进入河流的沉积层，在河床发现其浓度大大高于水体中的浓度。端羟基的羧基化产生烷基苯氧基羧酸是 APEOs 生物转化过程中的重要步骤。在以 APEOs 为唯一碳源的微生物振荡培养实验中，经过 23 天达 90% 的 APEOs 转化成 APEnC，而这些短链的羧酸盐具有更高的水溶性，进入饮水中的可能性增大。

因此，同其他具有环境激素效应的污染物类似，对于 APEOs 类表面活性剂，其代谢物毒性要远高于母体的情况下，仅关注于其初级降解速率对于充分评价其环境降解性是远远不够的。

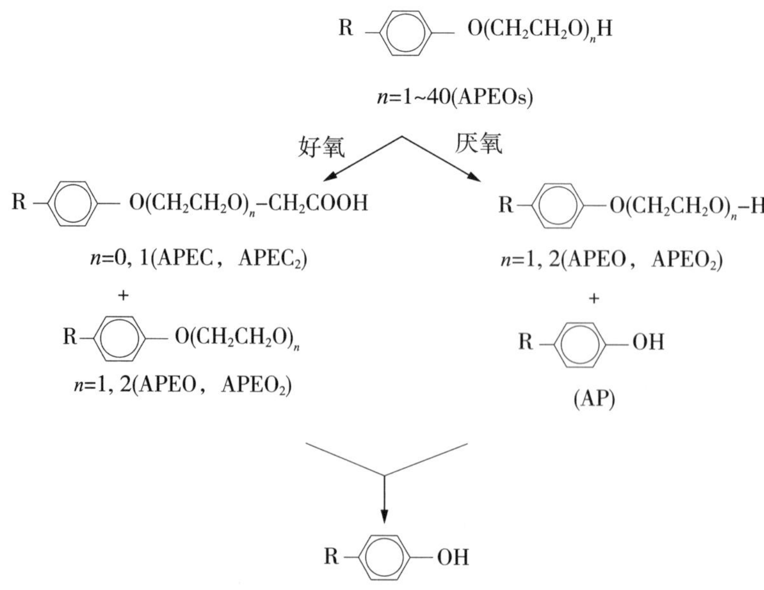

图 4　APEOs 的好氧和厌氧生物降解过程

3.2 污水污泥、土壤以及沉积物中的生物降解

摇瓶法对直链 AEOs（$C_{12}EO_n$）的好氧降解试验表明，在其接近 CMC 值浓度下的生物降解速率和浓度之间具有显著的相关性。在 $C_{10}EO_8$ 的浓度增加到高于临界胶束浓度之后，观察到降解速度有所降低。与单体表面活性剂分子相比，胶束态的表面活性剂的生物降解率相对更低。这主要是由于胶束结构会妨碍表面活性剂分子和微生物的接触，或使微生物失去活性（因为表面活性剂可以破坏微生物的细胞膜）。研究测试的 1 种 AEO 在 11 种性质不同土壤中的生物降解性，发现该 AEO 能够迅速矿化。测试土壤包括砂质土、壤砂土、壤土以及淤泥等多种类型。气候对降解速率的影响实验表明，如果土壤在降解试验之前进行润湿和干燥的循环处理，则其生物降解速度会大大增加。研究土壤深度对 AEOs 矿化的影响程度表明，在表土层（地表 2.5 m 以内）中，AEOs 会迅速降解，而深层土壤中，其降解速度大幅度降低。

吸附对生物降解性的影响研究表明，非离子表面活性剂降解率最高的土壤就是吸附性最低的土壤。表面活性剂也可能吸附在微生物上。在以 73%、23% 以及 15% 的比例将乙氧基链长度为 5、10 以及 17 的十八烷醇的 AEO 混合 10 min 后，观察到 AEOs 首先吸附到了微生物表面，才进一步发生生物降解。水中灭菌后的活性污泥和阴离子表面活性剂都不会抑制 $C_{12}EO_{10}$ 和十八烷醇 AEOs 的生物降解速率。事实表明，阴离子表面活性剂还会加大 AEOs 的生物降解率。

改变土壤—水混合物中的土壤成分，会发现不同的土壤成分会影响降解速率和最终的降解率。在加入矿物质（蒙脱石、高岭土、伊利石以及砂子）的情况下，AEOs 的初始矿化速度为 k_1=（0.33 ± 0.5）/ 天，而在加入腐殖酸和腐植酸的情况下 k_1 分别为 0.15 / 天、0.09 / 天，都比无矿物质添加系统的降解速率（k_1=0.68/ 天）低。AEOs 结合到蒙脱石和腐植酸的过程比结合到高岭土、伊利石砂土以及腐殖酸的过程更具不可逆性，同时，吸附到蒙脱石和腐植酸的 AEOs 的矿化度也较低。

有研究指出，当初始 NPEO，$NPEO_2$ 和 NP 的浓度为 30.3、17.5 和 19.3 mg/kg 的污水污泥施用到土壤中后，受到土壤中微生物的降解作用影响，63 天后土壤中的污染物浓度分别降到 0.57，0.66 和 0.27 mg/kg。

综上所述，非离子表面活性剂在土壤中的降解性与土壤中微生物浓度、其他化学物质的浓度以及土壤类型均有较大关系外，在此条件下，研究微污染土壤中的生物降解性更具有实际意义。

3.3 水中的生物降解

在土壤 / 地下水系统中加入土著微生物后，当体系中加入氮和磷之后，AEOs 生物降解速度得到的显著改善。江口水体中 AEOs 降解研究表明，$C_{16}EO_3$（采用 ^{14}C 示踪烷基链）的平均半衰期为 2.3 天，其降解速度基本和浓度无关。而 $C_{12}EO_9$（采用 ^{14}C 示踪乙氧基链）的降解机理相对更为复杂，在 0.42 μg/L 浓度下，其最终生物降解半衰期为 5.8 天，在 3.9 μg/L 浓度下，使用酶活化时，其平均半衰期相对更长。

采用 BOD 快速测定法研究了在天然河水中 NPEO 的生物降解速率，发现在初始浓度为 100 mg/L 时，其生物降解速率为 0.0103 /h，降解半衰期 $t_{1/2}$ 为 67 h。不同种类的非离子表面活性剂（APEOs，AEOs 和 ANEOs）水中降解速率和其初始浓度的关系还有待于进一步试验研究总结。

4 结论与展望

AEOs，APEOs 和 ANEOs 三类化合物结构形式相似，同时又具有各自独特的理化特性，在实际应用中都是以混合态形式使用的，因此进行各自的环境评估难度较大。pH 对 ANEOs 化合物（*PKa*=6~7）环境归趋影响明显；较低的 pH 条件下（pH=2~4），ANEOs 分子中的 N 会发生质子化；较高 pH 条件下（pH=10~12）这类物质是中性的。相反，AEOs 不存在 pH 依赖性。

常温下 ANEOs 在土壤中的最终降解半衰期约为 20~40 天，在污泥和污水中的降解期相对更长。AEOs 在土壤中的降解速率很大程度上取决于土壤的类型及深度，其降解半衰期约为 30~40 天。同样，ANEOs 的降解性也在很大程度上取决于土壤性质。AEOs，APEOs 和 ANEOs 的初级降解速率较快，但

深度降解速率较低，并且中间体毒性往往超过母体。这些物质的移动性较差，其通过土柱淋溶到地下水的可能性较低。

这几类典型非离子表面活性剂的吸附性与其降解性关系密切，因此其在土壤中的浓度应与其环境归趋结合起来考虑。随着典型聚氧乙烯型非离子表面活性剂助剂的农药制剂用量逐渐增加，在土壤和沉积物的吸附性（解吸性）的影响参数（如温度、湿度和微生物量）上需要进行更多的研究，同时，还应进一步研究其在水体表层、水中悬浮颗粒物、水体沉积物及生物体内的吸附解吸、富集、释放、降解等行为，明确这几类化合物在水生生态系统中的迁移、转化，以及扩展研究与其他化学污染物共存时，浓度对彼此在环境基质中的吸附性、降解性的影响，以对这一类污染物进行有效防治。此外还要进一步开展污泥资源化利用中这一类物质的环境风险评价，以降低污泥资源化利用的生态健康风险。

表面活性剂在化妆品中的应用

表面活性剂在化妆品中的主要功能包括乳化、分散、增溶、起泡、清洗、润滑和柔软等。表面活性剂在化妆品中具有广泛的用途，起着重要的作用。化妆品中所利用的表面活性剂的性能不仅仅是其单一的性能，而是利用其多种性能，因此，表面活性剂是化妆品生产中不可缺少的原料，广泛应用于化妆品中。

化妆品是指以涂抹、喷、洒或者其他类似方法，施于人体（皮肤、毛发、指趾甲和口唇齿等），以达到清洁、保养、美化、修饰和改变外观或者修正人体气味，保持良好状态为目的的产品。目前，化妆品的发展趋势是向疗效性、功能性和天然性方向发展。

1 表面活性剂的分类

表面活性剂的分类方法有很多种，根据表面活性剂的来源进行分类，通常把表面活性剂分为合成表面活性剂、天然表面活性剂和生物表面活性剂三大类。

1.1 合成表面活性剂

合成表面活性剂是指以石油、天然气为原料，通过化学方法合成制备的表面活性剂。表面活性剂在性质上的差异，除与烃基的大小和形状有关外，主要与亲水基团类型有关。一般以亲水基团的结构为依据来分类，按亲水基团是否带电可将表面活性剂分为离子型和非离子型两大类，其中离子型表面活性剂又分为阳离子表面活性剂、阴离子表面活性剂和两性离子表面活性剂。

1.2 天然表面活性剂

20 世纪 70 年代的石油危机对以石油为基本原料的表面活性剂工业产生了巨大的冲击，引起人们对能源消耗、工艺生产过程、生态学和石油制品安全性等一系列问题的思考，从而引发了以天然油脂为原料生产表面活性剂的重大变革。由于生物新技术的应用，油脂分离精制技术的发展，植物油脂品种的改良及增产，使得大量获得价格较低的高纯度的天然油脂成为可能，新的抗氧化剂的成功开发，解决了天然油脂腐败变质的问题，再加上人们对安全及环保意识的提高，以油脂为原料的天然表面活性剂的开发引起人们的高度重视。目前在天然油脂中最受欢迎的要数棕榈油和棕榈仁油。

1.3 生物表面活性剂

生物表面活性剂是指由细菌、酵母和真菌等多种微生物产生的具有表面活性剂特征的化合物。用微生物生产表面活性剂是 20 世纪 70 年代后期国际生物工程领域中研究的新课题。用微生物制取生物表面活性剂可以得到许多难以用化学方法合成的产物，在结构中引进了新的化学基团，而制得的产物易于被生物完全降解，无毒性，在生态学上是安全的。生物表面活性剂根据其亲水基的不同可分为糖脂系、酰基缩氨酸系、磷脂系、脂肪酸系和高分子表面活性剂五类。

2 表面活性剂的功能

表面活性剂是一类具有多种功能的精细化学品，表面活性剂具有润湿、分散、乳化、增溶、起泡、消泡和洗涤去污等多种功能。

当液体与固体表面接触时，气体被排斥，原来的固—气界面消失，代之以固—液界面，这种现象称为润湿。从普遍意义而言，润湿是一种流体被另一种流体自表面取代的过程。

通常把一种物质的颗粒或液滴以及微小的形态分散到另一介质中的过程叫分散。所得到的均匀、稳定的体系叫分散体。

乳化是一种液体以微小液滴或液晶形式均匀分散到另一种不相混溶的液体介质中形成的具有相当稳定性的多相分散体系的过程。

表面活性剂在水溶液中形成胶束后，具有能使不溶或微溶于水的有机化合物的溶解度显著增大的能力，且溶液呈透明状，这种作用称为增溶作用。

由液体薄膜或固体薄膜隔离开的气泡聚集体称为泡沫，可分为液体泡沫和固体泡沫。在液体泡沫中，液体和气体的界面起主要作用。一般地说，当表面张力低，膜的强度高时，不论是稳定泡沫还是不稳定泡沫，起泡力都较好。溶液的黏度对泡沫稳定在两方面起作用：一方面是增强泡沫液膜的强度；另外，表面黏度大，膜液体不易流动排出，延缓了液膜破裂，而增强了泡沫的稳定性。

消泡作用分为破泡和抑泡两种。具有破泡能力的物质称为破泡剂。有效的消泡剂既要能迅速破泡，又要能在相当长的时间内防止泡沫生成。

洗涤去污作用是表面活性剂应用最广泛、最具有实用意义的基本特性。洗涤去污过程是极为复杂的，与污垢种类、基本性能、表面活性剂和助剂的种类和结构密切相关，而其过程又是多种表面现象，如吸附、润湿、渗透、乳化、分散、泡沫和增溶等是在不同情况下的综合效应。

3 化妆品的分类

化妆品能对人体面部、皮肤表面、毛发和口腔起清洁保护和美化作用。化妆品的品种多种多样，分类方式也各不相同。按使用部位可分为：皮肤用化妆品、毛发用化妆品、指甲用化妆品和口腔用化妆品；按使用目的可分为：洁净用化妆品、基础保护化妆品、美容化妆品和芳香制品；还可根据化妆品本身的剂型分类。

4 化妆品的原料

制造化妆品所用的原料有很多种，据统计大概有 3000 多种。根据化妆品原料在化妆品中所含比例的大小，可分为基质原料和配合原料。基质原料是调配各种化妆品的主体，也成为基础原料。膏霜类的油脂、香粉类的滑石粉等均属基质原料。配合原料是用来改善化妆品的某些性质和赋予色、香等的辅助原料，如膏霜中的乳化剂、抗氧化剂和防腐剂等均属配合原料。配合原料在化妆品中的比例虽小，但对化妆品的质量影响却很大。它们之间没有绝对的界限，某一种原料在化妆品中起着基质原料的作用，而在另一化妆品中可能仅起着辅助原料的作用。

4.1 基质原料

（1）油脂类。油脂是组成膏霜类化妆品的基本原料，主要起护肤、柔滑和滋润等作用。脂肪酸甘油酯是组成动植物油脂的主要成分，在常温下呈液态的称为油，呈固态的称为脂。根据来源又可分为植物性油脂和动物性油脂。植物性油脂包括椰子油、橄榄油、蓖麻籽油、杏仁油、花生油、大豆油和棕榈油等。动物油脂包括牛油、猪油、貂油和海龟油等。这些动植物油脂加氢后的产物称为硬化油。在化妆品中常用的硬化油有：硬化椰子油、硬化牛脂、硬化蓖麻油和硬化大豆油等。

（2）蜡类。蜡是高碳脂肪酸和高碳脂肪醇所组成的酯。在化妆品中主要作为固定剂，增加化妆品的稳定性，调节其黏度，提高液体油的熔点，使用时对皮肤产生柔软的效果。依据来源的不同，蜡类也可分为植物性蜡和动物性蜡。植物性蜡包括巴西棕榈蜡、霍霍巴蜡和小烛树蜡等，动物蜡类包括蜂蜡、羊毛脂蜡、鲸油和虫蜡等。

（3）高碳烃类。用于化妆品原料中的烃类主要包括烷烃和烯烃，它们在化妆品中的主要作用是其溶解作用，净化皮肤表面，还能在皮肤表面形成憎水性油膜，来抑制皮肤表面水分的蒸发，提高化妆品的功效。在化妆品中用的主要包括角鲨烷、凡士林、液体石蜡和固体石蜡等。

（4）粉类。粉类是组成香粉、爽身粉、胭脂、牙粉和牙膏等化妆品的基质原料。一般是不溶于水的固体，经研磨制成的细粉，主要起遮盖、滑爽、吸收、吸附及摩擦等作用。化妆品中常用的粉类原料有滑石粉、高岭土和钛白粉等。

（5）溶剂类。溶剂是膏、浆和液状化妆品配方中不可缺少的成分，包括水、乙醇、丁醇、戊醇和异丙醇等。在配方上溶剂与其他成分互相配合，使制品具有一定的物理化学性质，便于使用。在化妆品中，除了利用溶剂的溶解性外，还运用它的挥发、润湿、润滑、增塑、保香、防冻及收敛等性能。

4.2 配合原料

（1）香料。化妆品用香料是关键性原料之一。在化妆品中所用的香料除了必须选择适宜的香型外，还要考虑到所用香料对产品质量及使用效果有无影响，如对白色膏霜、奶液等必须注意色泽的影响；唇膏、牙膏等产品应考虑有无毒性；直接在皮肤上涂敷的产品应注意对皮肤的刺激性。

（2）抗氧剂。含有油脂成分的化妆品，特别是原料中含有不饱和键的化妆品很容易被氧化而引起变质，所以必须加入抗氧剂，以防止原料的氧化。化妆品中使用的抗氧化剂包括酚类、醌类、胺类、有机酸、醇及酯类和无机酸及其盐类。

（3）防腐剂。化妆品中含有水分、胶质、脂肪酸、类脂物、蛋白质、激素与维生素等，这些物质均易引起微生物繁殖变质。为使化妆品质量得到保证必须加入防腐剂，化妆品中用的防腐剂包括对羟基苯甲酸酯类、醇类、香料类和酚类。

（4）色素。化妆品使用的色素包括有机合成色素、无机色素和天然色素。

5 化妆品对表面活性剂的要求

化妆品配方的组成是多样、复杂的，除油、水原料外，还有各种功能表面活性剂、防腐剂、香精和色素等，属多相分散体系。随着化妆品剂型和功能要求越来越多，化妆品中使用的表面活性剂品种也在增加。化妆品中使用的表面活性剂应对皮肤无刺激、无毒副作用，另外还要满足无色、无不愉快气味和稳定性高等要求。

（1）对表面活性剂的功能性要求。每一种化妆品都有特定的功效，这些功效表现在遮盖、清洁、保湿、抗皱、美白、色彩和香气等。

（2）对表面活性剂的配伍性要求。化妆品在保质期内可能会出现析水、析油、分层、沉淀、变色、变味和有膨胀现象等稳定性问题，这与用作乳化剂的表面活性剂的选择不恰当有关，因此，要求用作乳化剂的表面活性剂的配伍性和相容性要好。

（3）对表面活性剂的商品性要求。使用表面活性剂后要求产品具有良好的外观和肤感，要求产品香气怡人、细腻、光滑、柔软，并有良好的涂沫性和铺展性，在生产操作上应方便。成本与性能比值越小，表明该产品的成本越低，而产品的性能越高，表明该产品的配方技术水平越高。

（4)对表面活性剂的安全性要求。由于对化妆品引起的皮肤不良反应可直接影响到人们的身心健康，所以，要求化妆品的原料必须对人体无害，要求对皮肤、毛发及眼黏膜无刺激、无毒性、无不愉快气味、无过敏性等不良现象。

（5）对表面活性剂的卫生指标要求。化妆品在使用和贮存时，会出现微生物污染等卫生安全性问题，因此，要求用作化妆品的表面活性剂应具有抗微生物污染的性能。

6 化妆品中常用的表面活性剂

表面活性剂的各种功能主要表现在改变液体的表面、液—液界面和液—固界面的性质，而其中液体的表（界）面性能是最主要的。将物质加到溶剂中会大大降低溶剂的表面张力，能够使体系的表面状态发生明显的变化，这些物质都称之为表面活性剂。按表面活性剂在水溶液中能否解离及解离后所带电荷类型分为阴离子型、阳离子型、两性离子型和非离子型表面活性剂。

（1）阴离子表面活性剂。化妆品中常用的阴离子表面活性剂包括：脂肪酸皂、十二烷基硫酸钠、月桂醇聚氧乙烯醚硫酸钠、十六烷基聚氧乙烯醚磷酸钠和大豆磷脂（卵磷脂）等，其特点是洗净、去污能力强，在化妆品中主要起清洁、润湿、乳化和发泡的作用。

（2）阳离子表面活性剂。阳离子表面活性剂主要为高碳烷基的伯、仲、叔胺和季铵盐，如十八烷基三甲基氯化铵、$C_{12\sim14}$烷基二甲基苄基氯化铵、双十八烷基二甲基氯化钠等，其特点是具有较好的杀菌性与抗静电性，在化妆品中起柔软、抗静电、防水和固色的作用。

（3）两性离子表面活性剂。化妆品中常用的两性表面活性剂包括：椰油酰胺基丙基甜菜碱、咪唑啉等，两性表面活性剂的特点是具有良好的洗涤性能，且比较温和，低毒性和对皮肤、眼睛的低刺激性，以及良好的生物降解性。两性表面活性剂常与阴离子或阳离子表面活性剂复配使用，有良好的配伍性，在一般情况下会产生协同增效效应。在化妆品中起柔软、抗静电、乳化、分散和杀菌的作用。

（4）非离子表面活性剂。化妆品中常用的非离子表面活性剂主要有：失水山梨醇单月桂酸酯（司盘-20、司盘-40、司盘-60和司盘-80）、司盘环氧乙烷加成物（吐温-20、吐温-40、吐温-60和吐温-80）、月桂醇聚氧乙烯醚、椰油酸二乙醇酰胺、油酸单甘油酯、聚氧乙烯蓖麻油和聚氧乙烯羊毛脂等，其特点是安全、对皮肤温和、无刺激性，具有良好的乳化、增溶以及稳定性，与其他类型表面活性剂相容性好等特点，在化妆品中应用最广。

除了上面几种表面活性剂外，最近迅速发展起来的还有天然表面活性剂（如羊毛脂和卵磷脂）、生物表面活性剂以及有机硅表面活性剂。

7 表面活性剂在化妆品中的应用

随着表面活性剂的开发和应用研究的不断深入，其应用范围也日益扩大。目前，表面活性剂已成为洗涤用品的主要成分，同时在化妆品中也有着多种重要应用，如在化妆品中起乳化、分散、增溶、发泡和洗净等作用。

（1）乳化作用。使非水溶性物质在水中呈均匀乳化而形成乳状液的现象称为乳化作用。乳化剂在化妆品中主要用于生产膏霜和乳液。常见的粉质雪花膏和中性雪花膏都是O / W型乳状液，可用阴离子型乳化剂脂肪酸皂（肥皂）乳化，用肥皂乳化制取油分少的乳状液较容易，而且肥皂的胶凝作用可使其具有较大黏度。对于含大量油相的冷霜，乳状液多属W / O型，可选用吸水量大且黏性大的天然羊毛脂乳化。目前应用最广的是非离子型乳化剂，其原因是非离子型乳化剂安全、刺激性低。有名的失水山梨醇脂肪酸酯（司盘）及其环氧乙烷加成物（吐温）便是良好的复合非离子型乳化剂，司盘亲油、吐温亲水，两者混合应用于O / W型乳液中，可形成稳定性好、亲肤性高的乳状液。

（2）增溶作用。使微溶性或不溶性物质增大溶解度的现象称为增溶作用。将表面活性剂加于水中时，水的表面张力开始会急剧下降，继而形成表面活性剂分子聚集的胶束。形成胶束时所用表面活性剂的浓度称为临界胶束浓度。当表面活性剂的浓度达到临界胶束浓度时，胶束能把油或固体微粒吸聚在亲油基的一端，因此可增大微溶物或不溶物的溶解度。

在化妆品中增溶剂主要用于化妆水、生发油、生发养发剂的生产。用作增溶剂的表面活性剂应具有高的亲水性，HLB>15，如聚氧乙烯硬化蓖麻油、聚氧乙烯蓖麻油、脂肪醇聚氧乙烯醚、脂肪醇聚氧乙烯-聚氧丙烯醚、聚氧乙烯失水山梨醇脂肪酸酯和聚甘油脂肪酸酯等。

化妆品中的油性成分，如香料、油脂以及油溶性维生素，由于在结构和极性上的不同，增溶形成也不同，故必须选用适宜的表面活性剂做增溶剂。如化妆水的增溶对象是香料、油分和药剂等，因而可用烷基聚氧乙烯醚来增溶。而烷基酚聚氧乙烯醚（OP类、TX类）虽然增溶能力强，但对眼睛有刺激，一般不使用。此外，蓖麻油基的两性衍生物对香料油和植物油具有优良的溶解性，且这类表面活性剂对眼睛无刺激，适用于制备无刺激香波等化妆品。

（3）分散作用。使非水溶性物质在水中形成微粒且呈均匀分散状态的现象称为分散作用。化妆品的分散系统包括粉体、溶剂及分散剂 3 部分。粉体可分为无机颜料（如滑石、云母、二氧化钛和炭黑等）和有机颜料（如酞青蓝等）两类，主要是使化妆品具有好的色调，能遮盖底色，有良好的使用感和防晒功效；溶剂则分为水系和非水系两类；作为媒介的分散剂又有亲水性（适用于水系）和亲油性（适用于非水系）两类。因此系统有多种组合方式。

用于分散剂的表面活性剂很多既是乳化剂又是分散剂，如脂肪醇聚氧乙烯醚、失水山梨醇脂肪酸酯、脂肪醇聚氧乙烯醚磷酸盐、烷基醚羧酸盐和烷基磺酸盐等，它们都有很好的分散性能。为使粉体在液体中充分分散，必须使液体能很好地润湿粉体的表面。因此，在选择表面活性剂时，首先要考虑粉体表面与分散介质的 HLB。通常在水基体系中使用亲油性粉体时，应主要使用亲水性表面活性剂。

（4）清洁作用。作为清洁用的个人用品主要有香波、沐浴露和洗面奶等。除了要求具有清洁、发泡和润湿功能外，目前主要考虑的是对皮肤的温和性，这就要求表面活性剂不损伤表皮细胞，不对皮肤的蛋白质发生作用，不渗透或少渗透到皮肤中去，使皮肤油脂及皮肤本身保持正常状态。

阴离子型表面活性剂用于清洗已有很久的历史。肥皂的去污能力是其他洗涤剂难以比拟的。十二烷基硫酸钠是清洗系列化妆品中常用的原料，它能使皮肤达到良好的清洁效果。两性型表面活性剂咪唑啉、椰油酰胺基丙基甜菜碱和氨基酸类均是温和的清洁用表面活性剂，而且是配制高档洗面产品、护发香波及婴儿香波等不可缺少的组分。

（5）柔软和抗静电作用。护发素、润发一类的头发调理产品中，阳离子表面活性剂是主要的调理剂，它有很好的柔软和抗静电能力，在毛发柔顺调理剂中起着独特的作用。最普遍应用的阳离子表面活性剂是单烷基及双烷基季铵盐类，即 $C_{16\sim18}$ 单烷基铵盐、双 $C_{16\sim18}$ 烷基季铵盐及烷基苄基季铵盐。不对称的牛油基、辛基二甲基季铵盐以及 3- 鲸蜡基甲基铵盐，这类季铵盐对头发干梳、湿梳和去黏性效果很好。最近引人注目的是从羊毛脂肪酸中衍生出来的季铵盐类，它的刺激性小，兼具了羊毛脂的保水性能、润湿性能及阳离子型表面活性剂的特点，能赋予头发湿润和柔软等独特的触感。

（6）润湿和渗透作用。作为化妆品，不仅要有美容功效，使用起来还应有舒适柔和的感觉，这些都离不开表面活性剂的润湿作用。在这方面生物表面活性剂取得了显著的成果。磷脂作为生物细胞的重要成分，在细胞代谢和细胞膜渗透性调节中起着重要的作用，对人体肌肤有很好的保湿性和渗透性。槐糖脂类生物表面活性剂对皮肤有奇特的亲和性，可使皮肤具有柔软和湿润的肤感。采用生化合成等方法制备出相应的生化活性物质和维生素衍生物、酶制剂、细胞生长因子、胶原蛋白、弹性蛋白、神经酰胺和透明质酸等，这些物质用于化妆品中可渗透进皮肤，参与皮肤细胞组织的代谢，改变皮肤组织结构等，从而达到防皱、抗衰老和增白的效果。

8 化妆品用表面活性剂的发展趋势

21 世纪化妆品工业将通过融合近代多学科的高新科技成果，提高化妆品的安全性、功效性和环保性，开发新的化妆品原料，采用绿色环保型的表面活性剂，这些都是化妆品研究的热点。另外，生物化学的活性物质在化妆品中也已被广泛应用。

（1）生物表面活性剂。生物表面活性剂是 20 世纪 70 年代后期国际生物工程领域中发展起来的一个新课题。生物表面活性剂以其生产原料来源广、价廉、表面活性高、乳化能力强、起泡性好、无毒、环境友好、能被生物完全降解、生物相容性好、不致敏和可消化等优点而备受人们的青睐。

（2）烷基糖苷。烷基糖苷（简称 APG）是一种以脂肪醇和葡萄糖等可再生性植物为原料合成的非离子表面活性剂，现已成为性能优越的新一代非离子表面活性剂的代表。从结构上来看，APG 是一种集非离子和阴离子两类表面活性剂的特性于一身的新型表面活性剂。APG 不仅表面活性高，泡沫丰富而稳定，去污力强，而且无毒，无刺激性，与皮肤的相容性好，生物降解快而彻底，与其他表面活性剂的相容性好，复配具有协同增效作用以及对头发具有调理和发型保持效应等。APG 在安全性和环境相容性方面都具有许多卓越的性能。

（3）壳聚糖。壳聚糖（学名聚脱乙酰氨基葡萄糖）是甲壳质经脱乙酰基而得到的一种天然阳离子多糖，是一种资源丰富、价格低廉的天然高分子化合物。壳聚糖可溶于稀酸，高度脱乙酰化产物可溶于水，分子中的多个氨基和羟基等活性基团经化学修饰可表现出新的性能。壳聚糖具有良好的抗菌性、抑菌性、表面活性、吸湿和保湿性、成膜性和絮凝性等特性。由于壳聚糖是自然界中少见的带正电荷的高分子聚合物，从而在许多领域内具有独特的功能。这类多糖具有可降解性、良好的成膜性、良好的生物相容性及一定的抗菌等优异性能，在化妆品中具有与乳化剂很好的复配性和稳定性。用于美发产品能保持头发的光泽、柔软、易梳理和抗静电性；用于护肤美容产品能使皮肤具有良好的调理陛能，广泛应用于化妆品、医药、食品、化工和环保等行业，素有万能多糖的美誉。壳聚糖、壳聚糖衍生物以及低聚壳聚糖都可用于各种化妆品中，壳聚糖用于化妆品将成为今后化妆品行业的一个新趋势，其优异的保湿性、抗菌性和生理活性以及优良的配伍性都将使其在化妆品中有着广泛的应用前景。

（4）蔗糖脂肪酸酯。蔗糖脂肪酸酯是用 $C_{12\sim22}$ 脂肪酸和蔗糖作用生成的酯，是一种安全、无毒、无污染，并可 100%生物降解的非离子表面活性剂。蔗糖脂肪酸酯无毒、无臭、不刺激皮肤与黏膜，且易生物降解。通过控制蔗糖脂肪酸酯中脂肪酸残基的碳数和酯化度，或者把不同酯化度的蔗糖酯进行混配，即可获得大范围 HLB 的系列产品，这使它既可成为 O / W 型又可成为 W / O 型表面活性剂。蔗糖脂肪酸酯具有乳化、增溶和起泡等多种性能。国外从 20 世纪 60 年代就已将其广泛应用于日化、食品和医药等行业，而国内关于蔗糖脂肪酸酯的研究还存在许多问题，所以应积极采取措施开发多元化产品，稳定制造工艺，进行更深入地理论研究，以拓宽蔗糖脂肪酸酯的应用领域。

（5）卵磷脂。卵磷脂是一种天然生物表面活性剂，被誉为“脑黄金”，不少研究者称之为“21 世纪最伟大的保健食品”。磷脂类表面活性剂有表面活性，又有生物活性，是特种表面活性剂，其应用领域已延伸到食品、医药、化妆品和多种工业助剂中。卵磷脂在化妆品中能起到活化皮肤、保持皮肤湿润和防止皮肤干燥等作用。同时卵磷脂还可以提高化妆品的分散性和起泡性，用于头发润滑剂可使头发光亮、润泽和柔软。

（6）特种表面活性剂。特种表面活性剂是指双子表面活性剂吉米奇（Gemini）季铵盐，还有一些含有氟、硅、磷和硼等元素的表面活性剂。有机硅表面活性剂具有低毒性、氧化稳定性和热稳定性、润滑性、抗静电性、消泡性和稳泡性、剥离性好以及生理特性等优点，并有很强的降低表面张力的性能，是表面活性剂中一类具有特殊功能的品种。有机硅用在化妆品中能增加皮肤的润滑感和抗水性，增加产品的光泽。有机硅表面活性剂具有很高的生理惰性，用于化妆品时具有较高的安全性。在化妆品中，硅氧烷表面活性剂以其滑爽、柔软、光泽和飘逸等优异性能得到了广大消费者的喜爱。

9 结语

表面活性剂在全球稳步增长的趋势为化妆品工业的发展和壮大提供了良好的外部环境，对产品结构、品种、性能与技术上的要求也越来越高。因此要系统开发安全、温和、易生物降解和具有特殊作用的表面活性剂，为新产品的开发和应用提供理论基础。要重点开发糖苷类表面活性剂，可开发多种多元醇类和醇类表面活性剂；系统研究开发大豆磷脂类表面活性剂；开发蔗糖脂肪酸酯系列产品，加强复配技术的研究，开拓已有产品的应用范围。表面活性剂作为化妆品中的最重要成分，在开发应用上应大力采用天然原料，尽量避免使用对皮肤有刺激性的成分，以减少化学成分给人体带来的多种危害。相信绿色、环保型表面活性剂的开发将大大促进功能性化妆品的开发。

注：文章来源：文献摘编。

吉米奇（Gemini）阳离子表面活性剂的结构性能及应用

传统的表面活性剂只有一个亲水基团和一个亲油基团，而 Gemini 表面活性剂具有至少两个以上亲水基团（离子头基或极性基团）和至少两个以上亲油基团（碳氢链、碳硅链或碳氟链），并在亲水基团或靠近亲水基团通过化学键连接而成，如图 1 所示。

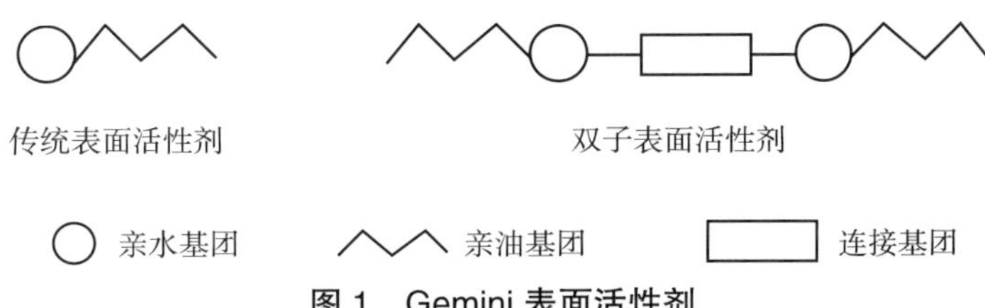

图 1 Gemini 表面活性剂

Gemini 型表面活性剂的结构阻抑了表面活性剂有序聚集过程中的头基分离能力，极大地提高了其表面活性。明显地表现出更易在气 / 液表面上吸附、有效地降低表面张力、更低的 Kraff 点、更易聚集生成胶团、更好的润湿性、良好的复配协同效应以及钙皂分散能力等普通表面活性剂不具备的独特优势。

1 结构特性

1.1 表面活性

Gemini 阳离子表面活性剂由于通过连接基相连，具有两个或两个以上的疏水链，这一方面减少了表面活性剂分子由于溶解而在水中均匀分布的程度，从而降低了对体系熵降低的补偿；另一方面，由于具有两个或两个以上的疏水链，导致了 Gemini 表面活性剂的疏水部分和水的排斥作用更加剧烈，致使体系能量成倍增加，因而 Gemini 表面活性剂比传统表面活性剂具有更好的表面活性，表现为更易吸附于表面和更易聚集形成胶束。更重要的是 Gemini 表面活性剂的两条疏水链对周围水分子的排列影响很大，可以捕获更多的水分子，使得疏水链周围的“冰壳层”大幅度增厚，水分子的自由运动受到大幅度的限制，导致了体系的熵大幅度的降低。因此，Gemini 表面活性剂所具有的更好的表面活性主要是由体系熵变化引起的。

另外，Gemini 表面活性剂突破了传统表面活性剂的概念，离子头基之间通过连接基团以化学键相连，从而造成了两个表面活性剂单体之间非常紧密的结合，使得两条疏水链之间的相互作用大大增强，极大地增强了他们之间的疏水结合力，导致了表面活性剂在界面吸附形成更加紧密厚实的界面膜，从而产生更高的表面活性。

1.2 杀菌性

传统的单头基单烷烃链季铵盐表面活性剂是一类常用的杀菌消毒剂，其杀菌机理通常被认为是通过正离子头基吸附在带负电荷的细菌表面，改变了细菌细胞壁的通透性；同时烷烃链可与细胞的类脂层发生疏水相互作用而插入其中，进而导致细胞内酶失活和蛋白质变性。对于阳离子 Gemini 表面活性剂，当连接基较短时，其单元分子中离子头基的电荷密度和烷烃链密度显著增加，这将强烈地促进它在细菌表面吸附，因此阳离子 Gemini 表面活性剂应具有更好的杀菌效果。实验结果表明，阳离子 Gemini 表面活性剂乙撑基双（十二烷基二甲基溴化铵）对大肠杆菌、金黄色葡萄球菌和白色念珠菌、硫酸盐还原菌的杀菌效果更佳，杀菌效率为十二烷基三甲基溴化铵（DTAB）的 25~ 40 倍，而且杀菌能力也明显优于十二烷基二甲基苄基氯化铵（1227），是一种很有应用前景的新型工业用杀菌剂。

1.3 黏弹性

Gemini 阳离子表面活性剂在较低浓度下会表现出其他表面活性剂所没有的黏弹性。Zana 等研究了 Gemini 阳离子表面活性剂的流变性，发现当双子表面活性剂体系浓度超过 2% 时，即产生缠结的类螺旋胶束，并表现出黏弹性。具体地说，12-2-12-2Br⁻ 在浓度为 1% 时即生成巨大的线性胶团，而其相应的单链单头基阳离子表面活性剂 $C_{12}TAB$（十二烷基三甲基溴化铵）在浓度为 10% 时还是球形胶团；又如 16-3-16-2Br⁻ 形成了囊泡、双层膜和线性胶团，而相应的 $C_{16}TAB$ 在合适的浓度只生成胶团。

溶质聚集体的形态和溶液的流变性质密切相关，单链单头基的普通阳离子表面活性剂在较低浓度时只形成球形胶团，对水溶液的黏度贡献不大，但是 Gemini 阳离子表面活性剂水溶液的黏度就完全不同。Kem 和 Zana 报道了 Gemini 季铵盐阳离子表面活性剂水溶液奇特的黏度性质：随着 Gemini 阳离子表面活性剂浓度的增加，溶液的黏度迅速增加，黏度的增加值甚至可以达到 6 个数量级之多。例如双十二烷基二溴 Gemini 表面活性剂在浓度为 7% 时溶液就已经和胶体一样，这种迅速增大的黏度被认为是线性胶团互相缠绕形成了网状结构所致。但进一步增加 Gemini 季铵盐阳离子表面活性剂浓度，溶液黏度反而减小。由于在低浓度时 Gemini 季铵盐阳离子表面活性剂溶液就表现出相当高的黏度值，这就为调节溶液流变性质提供了新途径，比如用于油田开采中的 VES 清洁压裂液等。

1.4 柔软性

阳离子表面活性剂广泛应用于柔软后整理剂中，能改善织物性能，赋予织物柔软、蓬松、抗静电等特性。典型的代表物有双十八烷基二甲基氯化铵（D1821），因其不易被生物降解而污染环境，目前已被发达国家禁用。而其他类型的阳离子柔软剂大都存在柔软性差、性能单一的缺点，不能满足织物舒适性整理的要求，所以开发新型的阳离子表面活性剂作为柔软剂十分必要。Gemini 季铵盐类阳离子表面活性剂是一种新型的表面活性剂，与传统表面活性剂相比，其特殊结构阻抑了其在有序聚集过程中的头基分离力，极大地提高了表面活性，同时该产品与常规单烷基单季铵盐及双烷基单季铵盐相比具有极低的临界胶束浓度，因而在达到同样效果的情况下用量极大地降低，广泛用作高效柔软剂、抗静电剂、膨松剂、杀菌剂、单季铵盐阳离子表面活性剂的增效剂。目前主要应用于纺织品后整理剂、家用柔顺剂、假发处理剂中。

1.5 亲水性

离子型表面活性剂的溶解度随着温度的升高而增大，当达到一定温度后，其溶解度会突然迅速增加，这个转变温度称为 Kraff 点。Krafft 点可以衡量离子型表面活性剂的亲水亲油性。大部分双子表面活性剂的 Krafft 点（T_{kp} 质量分数为 1%）都在 0℃以下，表明有良好的水溶性。这是由于 Gemini 表面活性剂分子中含有两个亲水基，具有足够的亲水性，且亲水性随其分子总亲水程度的增大而增大。另外，其分子含有两三条疏水链，疏水性更强，更易在水溶液表面吸附和在水溶液中形成胶团。因此，与相应的单链表面活性剂相比，Gemini 表面活性剂具有更好的水溶性。

1.6 剥离性

短碳链超支化吉米奇（Gemini）季铵盐，具有较高的 Zeta 电位，对油脂有很强的吸附和剥离作用，同时又有很好的分散性能，由于碳链较短，泡沫极低，有利于高压喷淋清洗和其他无泡清洗。常用于金属硬表面清洗、啤酒瓶清洗、医疗器械清洗、洗碗机清洗等无泡清洗使用。

1.7 增溶性

Gemini 表面活性剂很容易聚集成胶束且其临界胶束浓度比单体表面活性剂更低，即 Gemini 表面活性剂在水溶液中更易形成胶团，因此，Gemini 表面活性剂对有机物的增溶能力更强。超支化季铵盐型

Gemini 表面活性剂，对其它有机物的溶解能力随烷基疏水链长度的增加而增大。

1.8 协同效应

有关实验表明，合适的表面活性剂混合体系可产生协同效应而表现出比单一表面活性剂体系更高的表面活性。双子表面活性剂和普通表面活性剂复配结果同普通表面活性剂相比，复配后的临界胶束浓度值降低，从而表现出很强的协同效应，阴/阳离子表面活性剂的二元复配，是由于相反电性头基间的静电引力作用，减少表面活性剂在聚集体中的分离，从而易于形成胶束，降低临界胶束浓度。Gemini 与其他离子表面活性剂配伍，临界胶束浓度值下降明显，其原因是阴/阳离子表面括性剂间助静电引力增大，有利于胶束的形成，则临界胶束浓度值减少，从而活性增强。文献研究结果表明与普通阳离子表面活性剂，阳离子型双子表面活性剂与阴离子型普通表面活性剂复配体系在生成胶团能力方面有很强的协同作用，其原因是：①两个离子头基靠联接基团通过化学键联接形成两个表面活性剂单体离子的紧密连接；②一个阳离子型双子表面活性剂分子带有两个正电荷，而一个普通阳离子表面活性剂只带有一个电荷。

2 洗涤产品中的应用

超支化吉米奇（Gemini）季铵盐表面活性剂，兼具有非离子和阳离子双重性能，具有极好的水溶性、润湿性、发泡性、抗菌性、分散性和低 Kraft 点等特征，绿色环保、可生物降解，不含甲醛、APEO、NPEO 等。降低水溶液表面张力的能力和效率更加突出，具有较高的表面活性，具有优异的杀菌、乳化、分散、增溶、破乳性能，并且耐强酸（HCl 30%）、强碱（NaOH 30% 以上），与阴离子表面活性剂兼容，协同增效，打破了常规阳离子不能与阴离子相溶、清洗力差的认知。

吉米奇（Gemini）阳离子表面活性剂洗涤能力好，特别对硬面洗净性能更好，适用于去除各种植物油脂和矿物油脂，可在酸性、中性、碱性条件下使用。广泛应用于各种工业及民用清洗剂，如：纺织前处理、电镀前处理、发动机清洗剂、硬表面清洗剂、抽油烟机清洗剂、洗衣液、地毯清洗剂、金属清洗剂、大理石清洗剂等。另外在皮革制造中，可以通过降低革纤维的临界表面张力和吸水后发生膨胀堵塞纤维通道，赋予皮革一定的防水性，是很有前途的一类双子型表面活性剂。同样，一些吉米奇（Gemini）阳离子表面活性剂，可以和不溶于水的表面活性剂复配使用。这些不溶于水的表面活性剂虽然能使水的表面活性降低到很低，但由于水溶性较差，达不到理想的润湿效果。而通过复配，既大幅度降低表面张力，又改善了润湿能力。在浸水、浸灰脱毛等制革工序中，使用吉米奇（Gemini）阳离子表面可以加快操作液渗透到皮中，缩短工序操作时间，而且效果将会比使用传统表面活性剂的效果更好。

该产品无毒、无刺激、无异味、不含 APEO、不易燃易爆，绿色环保、全生物降解；具有优异的耐酸性和耐碱性，适用于配制酸性、中性、碱性清洗剂；无磷、无任何消泡剂、具有优异的剥离、分散、去污能力和杀菌性能；良好的水溶性，常温至高温均无泡沫；兼容性好，能与大部分阴离子表面活性剂兼容而不产生沉淀。广泛应用于配制各种工业及民用无泡清洗剂，如：金属零部件、塑料及硬表面高压喷淋清洗、食品设备及管道清洗剂、纺织及皮革脱脂剂、玻璃瓶及各种容器清洗剂、医疗器械清洗剂、无泡餐洗剂、超低泡洗衣液等。

3 其他应用

吉米奇（Gemini）阳离子表面活性剂还可应用于以下领域：①用作农药的增效剂和增稠剂，良好吸附性能更利于药效发挥；②阳离子改性剂，常用于膨润土和二氧化硅改性；③代替CTAB用作高效相转移催化剂；④用作纤维、塑料等的抗静电剂；⑤全合成金属及玻璃加工液，常用于做润滑剂，防锈剂和沉降剂；⑥用作高效阳离子乳化剂，如沥青，硅油，石蜡，醋酸乙烯，丙烯酸酯的乳化；⑦三次采油，常用于降压增注，助排剂、防膨剂、泡排剂、破乳剂、酸化压裂液、清洁压裂液等；⑧用作矿物浮选剂，粉尘降尘剂等。

4 小结

吉米奇（Gemini）阳离子表面活性剂具有诸多的优良性质，是新一代表面活性剂的杰出代表，为多学科交叉创造条件，将在化学生物学、纳米科技、超分子与全盛化学的发展中具有广阔的前景。但是目前仅 Dow，Air Products，Condea 公司和国内的河南省道纯化工技术有限公司开发出了商业化产品，实现了吉米奇（Gemini）阳离子表面活性剂工业化生产，并已成功应用于某些领域。因此今后除应继续吉米奇（Gemini）阳离子表面活性剂的理论研究外，应重点加强已报道的吉米奇（Gemini）阳离子表面活性剂在各领域中的使用，研究其复配性能和协同效应，以促进该类表面活性剂新应用领域的不断拓展；改进吉米奇（Gemini）季铵盐阳离子表面活性剂的合成路线和生产工艺，扩大吉米奇（Gemini）阳离子表面活性剂的工业化生产和应用。

第八章

LISTED COMPANIES

上市公司

传化智联（002010）

2016 年是传化智联完成资产重组后的第一年，这一年公司把握机遇，加快推进全面的战略布局。物流业务方面，加快传化网智能物流的全国化布局，以打造传化网供应链服务平台为核心，继续加快公路港城市物流中心的发展与布局，将线上的陆鲸平台、易货嘀平台，与整体传化网战略相协同，形成传化网智能物流生态公司。化工业务方面，旗下主要有纺织印染助剂、化纤油剂、聚酯树脂、涂料、合成橡胶等产品系列。两业务进展情况良好，全年实现营业收入超过 81.66 亿元，较 2015 年同比增加 52.93%；归属于上市公司股东的净利润为 5.81 亿元，较 2015 年的 5.51 亿元同比增长 5.51%。其中，印染助剂及燃料业务营业收入超过 20.60 亿元，同比减少 15.87%，毛利率为 40.05%；皮革化纤油剂营业收入 7.30 亿元，同比降低 11.82%。2016 年公司物流行业营业总收入约为 38.92 亿元，占总业务收入金额的 47.65%，较 2015 年同比增加 229.88%（表 1 和表 2）。

表1　2016年传化股份分季度营业收入情况　　单位：元

	2016年Q1	2016年Q2	2016年Q3	2016年Q4
营业收入	979969830.33	1401182582.42	1629227885.10	4156346479.3
归属于上市公司股东的净利润	72667629.42	369279671.50	130288087.20	8750057.87
归属于上市公司股东的扣除非经常性损益的净利润	−71487332.42	124015200.80	−14330055.96	−204999820.60
经营活动产生的现金流量净额	−214809260.40	380357750.40	−141195314.50	−425053649.70

表2　2016年传化智联主营业务收入情况

	营业收入/元	营业成本/元	毛利率/%	营业收入同比/%	营业成本同比/%	毛利率同比/%
分行业						
化　工	4274875786.77	3221418582.61	24.64	2.75	5.32	−1.84
物　流	3891850990.44	3712348758.63	4.61	229.88	278.79	−12.32
分产品						
印染助剂及染料	2060380499.46	1235194639.55	40.05	−15.87	−22.82	5.4
供应链	2448829805.32	2446602396.49	0.09	—	—	—
分地区						
华　东	5834563491.87	4915436966.01	15.75	72.39	93.64	−9.25
其　他	1429873743.50	1249405135.98	12.62	22.39	44.14	−13.19

数据来源：传化智联公司2016年报。

从公司的地区营业情况来看，华东地区主营业务收入合计 58.34 亿元，占比 71.44%，较 2015 年的 33.84 亿元增加 72.39%；2016 年华北地区主营业务收入合计 4.52 亿元，占总营业收入额的 5.53%，较 2015 年的 4.98 亿元降低 9.19%；华南地区营业收入 4.50 亿元，占比 5.51%，较 2015 年的 2.90 亿元增加 55.40%；其他地区营业收入 14.29 亿元，占比 17.52%，较 2015 年相比增加 22.39%（图 1）。

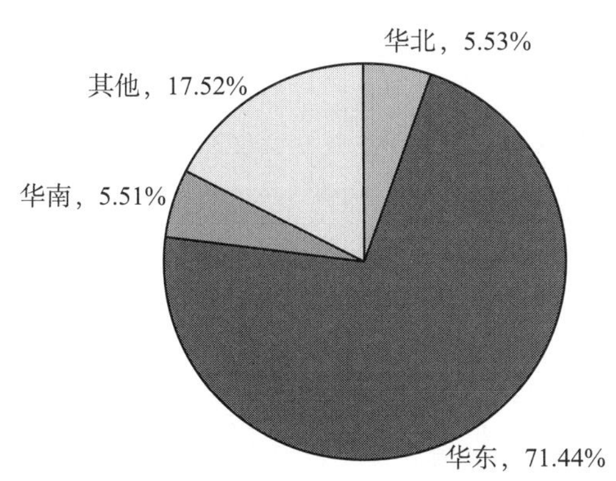

图 1　2016 年传化股份分地区主营业收入占比统计

2016 年，传化股份基本每股收益为 0.18 元，每股净资产为 3.42 元，公司净利润超过 7.11%，资产负债比率为 31.16%，公司 2016 年整体股市运行情况良好（表 3）。

表3　2016年传化股份综合能力指标

项目/报告期		2016年度	项目/报告期		2016年度
投资与收益	基本每股收益 / 元	0.18	盈利能力	净利润率 /%	7.11
	每股净资产 / 元	3.42		总资产报酬率 /%	3.69
	净资产收益率—加权平均 /%	5.29	经营能力	存货周转率	10.22
	扣除后每股收益 / 元	–0.05		固定资产周转率	7.08
偿债能力	流动比率 / 倍	2.83		总资产周转率	0.52
	速动比率 / 倍	2.57	资本构成	净资产比率 /%	65.38
	应收账款周转率 / 次	13.09		固定资产比率 /%	8.29
	资产负债比率 /%	31.16			

数据来源：巨潮资讯。

宝莫股份（002476）

2016 年，公司围绕能源和环保两大市场领域，主要从事三次采油和水处理用聚丙烯酰胺及相关化学品生产和销售、油气勘探开发和技术服务、环保水处理等业务。生产的主要品种包括丙烯酰胺、聚丙烯酰胺、表面活性剂、油水分离剂等系列产品，服务市场包括油气生产、水处理、选矿、造纸、印染等，公司是行业领先的三次采油和水处理聚丙烯酰胺生产供应商。

经济方面，2016 年，公司实现年营业收入 89801.01 万元，较 2015 年增长 21.08%；从收入变化分析，化学品业务实现收入 82537.98 万元，较 2015 年增加 19401.89 万元，同比增长 30.73%，主要原因是本期化学品出口销量较上年增加。油气工程技术服务收入为 2154.10 万元，较 2015 年下降 64.05%，是由于本期转让子公司康贝油气股权。油气勘探开发业务实现收入 5108.92 万元，营业收入较 2015 年同比增加 1.43%。从成本分析，化学品成本较 2015 年增加 15638.64 万元，同比增长 32.56%。油气工程技术服务业务成本 1782.10 万元，较 2015 年下降 61.76%；油气勘探开发业务成本 7061.48 万元，较 2015 年下降 16.70%。综合以上业务，本年度成本较 2015 年同期增加 18.55%（表 4）。

表4　2016年宝莫股份主营业务收入情况　　单位：元

主营业务	营业收入	营业成本	毛利率/%	营业收入同比/%	营业成本同比/%	毛利率同比/%
油田用化学品	726056497.10	551023728.1	24.11	46.06	48.13	-1.06
非油田用化学品	99323365.12	85662351.12	13.75	-26.02	-20.92	-5.57
油田技术服务	21541042.24	17820994.5	17.27	-64.05	-61.76	-4.95
油气勘探开发	51089236.13	70614836.83	-38.22	1.43	-16.70	30.09

数据来源：宝莫股份公司2016年报。

从会计和财务指标分析，2016 年，归属于上市公司股东的净利润总和约为 1482.97 万元，相比 2015 年净利润总和 3413.84 万元减少 38.56%；归属于上市公司股东的扣除非经常性损益的净利润总和约为 662.12 万元，相比 2015 净利润总和 912.15 万元减少 24.71%；经营活动产生的现金流量净额总和为 14510.64 万元，较 2015 年的 12217.99 万元增加 18.76%（表 5）。

表5　2016年宝莫股份分季度主要财务指标　　单位：元

分季度	2016年Q1	2016年Q2	2016年Q3	2016年Q4
营业收入	236836386.40	207528490.60	232333418.20	221311845.40
归属于上市公司股东的净利润	16980863.17	-1630421.48	3629361.89	-4150132.04
归属于上市公司股东的扣除非经常性损益的净利润	16707338.15	-5083364.85	421066.82	-5423762.43
经营活动产生的现金流量净额	10518456.21	57319513.28	-3552709.8	80821142.65

2016 年，宝莫股份基本每股收益约为 0.024 元，每股净资产超过 1.61 元，公司净利润率为 1.65%，资产负债比率为 28.57%，公司 2016 年整体股市运行平稳（表 6）。

表6　2016年宝莫股份综合能力指标

<table>
<tr><th colspan="2">项目/报告期</th><th>2016年度</th><th colspan="2">项目/报告期</th><th>2016年度</th></tr>
<tr><td rowspan="4">投资与收益</td><td>基本每股收益 / 元</td><td>0.024</td><td rowspan="2">盈利能力</td><td>净利润率 /%</td><td>1.65</td></tr>
<tr><td>每股净资产 / 元</td><td>1.61</td><td>总资产报酬率 /%</td><td>0.99</td></tr>
<tr><td>净资产收益率—加权平均 /%</td><td>1.48</td><td rowspan="3">经营能力</td><td>存货周转率</td><td>8.52</td></tr>
<tr><td>扣除后每股收益 / 元</td><td>0.01</td><td>固定资产周转率</td><td>2.38</td></tr>
<tr><td rowspan="4">偿债能力</td><td>流动比率 / 倍</td><td>2.70</td><td>总资产周转率</td><td>0.60</td></tr>
<tr><td>速动比率 / 倍</td><td>2.42</td><td rowspan="2">资本构成</td><td>净资产比率 /%</td><td>68.14</td></tr>
<tr><td>应收账款周转率 / 次</td><td>2.31</td><td>固定资产比率 /%</td><td>27.04</td></tr>
<tr><td>资产负债比率 /%</td><td colspan="4">28.57</td></tr>
</table>

数据来源：巨潮资讯。

德美化工（002054）

2016年，公司经营主要业务包括精细化学品、石油化工品和农牧食品三个方面。精细化学品为公司的主要业务，是目前公司发展的重要支柱。2016年末公司总资产为29.43亿元，其中流动资产13.31亿元，占总资产的45.21%，同比减少了0.27%；长期股权投资3.21亿元，占总资产的10.9%，同比减少13.85%，主要是出售奥克股份股票所致。2016年末公司负债总额为9.01亿元，比期初增加3744.14万元，增长4.33%。其中流动负债6.05亿元，占总负债的67.17%，总额比期初降低9.50%；长期负债2.96亿元，占总负债的32.83%，总额比期初增加51.79%，主要是银行长期借款增加所致。2016年末公司股东权益20.42亿元，比2015年末减少7353.87万元，主要是由于同一控制下合并四川亭江后，调整资本公积所致。

2016年，德美化工公司营业总收入额为24.12亿元，营业收入比2015年调整后同期增长1.90%，营业利润比2015年同期下降45.64%，主要是2015年出售天原股票，本年投资收益同比下降所致。营业外收入同比下降50.95%，主要是2015年子公司无锡惠山德美收到的拆迁补偿款较多所致。利润总额比2015年同期下降46.04%，主要是营业利润下降所致。从行业角度分析，化工制造行业的年营业收入额超过23.17亿元，较2015年相比，营业收入同比增长1.14%，而毛利率比2015年同期降低0.45%；从主营产品类型来看，异辛烷及聚氨酯类产品年营业收入额达到10.64亿元，毛利率较2015年同比增长2.66%（表7）。

表7　2016年德美化工不同类型产品营业收入情况

	营业收入/元	营业成本/元	毛利率/%	营业收入同比/%	营业成本同比/%	毛利率同比/%
分行业						
化工制造	2317229461.1	1766908499.39	23.75	1.14	1.73	-0.45
农牧食品	94675168.24	66344251.00	29.92	25.01	19.03	3.52
分产品						
纺织化学品	926635521.67	517732789.38	44.13	3.61	3.32	0.16
环戊烷	64345175.04	47316188.72	26.47	-41.36	-39.18	-1.69
异辛烷及聚氨酯类	1064626067.5	1036326964.42	2.66	5.55	5.97	-0.38
农牧食品	94675168.24	66344251.00	29.92	25.01	19.03	3.52
皮革化学品	261622696.87	165532556.87	36.73	-6.04	-6.99	0.65

数据来源：德美化工公司2016年报。

从会计和财务指标分析，归属于公司普通股东的净利润同比减少50.27%，主要是利润总额下降所致。扣除非经常性损益后的净利润同比下降2.75%，主要原因是中炜事业部利润下降。报告期内公司实现每股收益0.35元，比上年下降0.36元，下降50.7%，主要是净利润下降所致（表8）。

表8　2016年德美化工分季度主要财务指标　　单位：元

	2016年Q1	2016年Q2	2016年Q3	2016年Q4
营业收入	423422421.32	604868663.86	669934971.17	713678573.01
归属于上市公司股东的净利润	-5912902.33	105443958.69	31391414.74	17406813.03

续表

	2016年Q1	2016年Q2	2016年Q3	2016年Q4
归属于上市公司股东的扣除非经常性损益的净利润	−6656509.36	37201973.37	29479781.10	−13702248.12
经营活动产生的现金流量净额	−12890422.45	87716943.32	61993566.73	40368851.24

2016 年，公司纺织助剂类产品产销量分别超过 11.9295 万 t 和 11.9350 万 t，较 2015 年产销量同比增加 2.28% 和 2.37%，年底库存量为 6395 t，较 2015 年同比降低 0.86%；异辛烷及聚氨酯类产品的产销量分别超过 28.98 万 t 和 27.56 万 t，较 2015 年同比增长 25.93% 和 24.51%，库存量合计约为 2.46 万 t。

2016 年，德美化工基本每股收益约合 0.35 元，每股净资产约合 4.31 元，公司净利润率超过 6.15%，资产负债比率为 30.62%，公司 2016 年整体股市运行情况良好（表 9）。

表9　2016年德美化工综合能力指标

项目/报告期		2016年度	项目/报告期		2016年度
投资与收益	基本每股收益 / 元	0.35	盈利能力	净利润率 /%	6.15
	每股净资产 / 元	4.31		总资产报酬率 /%	5.01
	净资产收益率—加权平均 /%	7.67	经营能力	存货周转率	7.48
	扣除后每股收益 / 元	0.11		固定资产周转率	3.72
偿债能力	流动比率 / 倍	2.20		总资产周转率	0.81
	速动比率 / 倍	1.76	资本构成	净资产比率 /%	61.30
	应收账款周转率 / 次	5.80		固定资产比率 /%	22.41
	资产负债比率 /%	30.61			

数据来源：巨潮资讯。

奥克股份（300082）

2016 年，公司主要从事环氧乙烷生产及衍生精细化工新材料的制造业务，拥有 5 万 m^3 低温乙烯储罐和 20 万 t 环氧乙烷及其下游 100 万 t 衍生精细化工新材料产品的生产能力，是国内环氧乙烷精深加工行业的领军企业。公司主导产品为聚羧酸减水剂用聚醚单体，占有 40% 左右的市场份额。目前公司已经搭建了以扬州为重心、以辽阳、武汉、茂名为支柱，以四川为延伸和吉林为补充的环氧乙烷精深加工平台，覆盖了国内的主要市场和原料基地。同时还拥有国内一流的环氧乙烷衍生精细化工新材料创新开发中试平台和产业化基地，形成稳定的产学研战略合作与技术创新联盟，在多个技术产品领域达到了国际领先水平。

经济方面，从占公司主营业务收入或主营业务利润 10% 以上的产品情况分析，2016 年公司实现产品总销量 42.61 万 t，同比增长 22.40%；营业总收入 43.47 亿元，同比增长 46.60%；营业总成本 392891.39 万元，同比增加 39%；归属于上市公司股东的净利润 7633.58 万元，成功实现扭亏为盈。其中，减水剂聚醚单体的销量 36.11 万 t，同比增长 28.03%，营业收入 27.90 亿元，同比增长 38.41%；切割液产品的销量 3.31 万 t，同比下降 21.49%，营业收入超过 2.48 亿元，同比下降 36.09%；差异化产品销量 3.18 万 t，同比增长 43.49%，营业收入 2.26 亿元，同比增长 12.01%（表 10）。

表10　2016年奥克股份主营业务收入情况

产品名称	营业收入/元	营业利润/元	毛利率/%	营业收入同比/%	营业利润同比/%	毛利率同比/%
聚醚单体	2790135928.46	319415219.41	11.45	38.41	439.60	8.51
切割液	248715225.56	42807388.42	17.21	−36.09	−51.48	−5.46
聚乙二醇	96014662.36	15900147.29	16.56	5.27	26.39	2.77
其他产品	130434311.11	24352171.06	18.67	17.55	345.46	13.74

数据来源：奥克股份公司2016年报。

从公司主营产品的销售量、生产量以及库存量分析可知，2016 年，公司混凝土外加剂行业 / 聚醚单体的销售量为 36.11 万 t，较 2015 年同比增加 28.03%；生产量为 34.70 万 t，较 2015 年同比增加 19.75%；库存量为 1.32 万 t，同比降低 4.26%。切割液的销售量为 3.31 万 t，较 2015 年同比降低 21.49%;生产量为 3.64 万 t，同比降低 39.43%，库存量为 3411.08 t，同比降低 58.25%。公司晶硅切割液产品生产销售大幅下降是由于光伏行业切割环节的技术更新所致，金刚线切割技术开始取代传统的切割工艺，公司晶硅切割液产品的市场需求快速下降。

2016 年奥克股份股市指标见表 11，公司基本每股收益为 0.11 元，每股净资产由 2015 年的 3.88 元增长到 3.96 元，净利润率由 2015 年的 −7.09% 增加到 1.76%，资产负债比率为 46.23%，较 2015 年的资产负债比率上浮 3.08%。

表11　2016年奥克股份综合能力指标

<table>
<tr><th colspan="2">项目/报告期</th><th>2016年度</th><th colspan="2">项目/报告期</th><th>2016年度</th></tr>
<tr><td rowspan="4">投资与收益</td><td>基本每股收益 / 元</td><td>0.11</td><td rowspan="2">盈利能力</td><td>净利润率 /%</td><td>1.76</td></tr>
<tr><td>每股净资产 / 元</td><td>3.96</td><td>总资产报酬率 /%</td><td>1.48</td></tr>
<tr><td>净资产收益率—加权平均 /%</td><td>2.89</td><td rowspan="3">经营能力</td><td>存货周转率</td><td>12.66</td></tr>
<tr><td>扣除后每股收益 / 元</td><td>0.06</td><td>固定资产周转率</td><td>2.17</td></tr>
<tr><td rowspan="4">偿债能力</td><td>流动比率 / 倍</td><td>1.40</td><td>总资产周转率</td><td>0.84</td></tr>
<tr><td>速动比率 / 倍</td><td>1.24</td><td rowspan="2">资本构成</td><td>净资产比率 /%</td><td>50.09</td></tr>
<tr><td>应收账款周转率 / 次</td><td>7.25</td><td>固定资产比率 /%</td><td>36.19</td></tr>
<tr><td>资产负债比率 /%</td><td colspan="4">46.23</td></tr>
</table>

数据来源：巨潮资讯。

广州浪奇（000523）

2016 年，公司着力开展了优化经营结构的工作，自有品牌的民用产品和工业产品销售增长，全年主营业务收入为 98.49 亿元，同比 2015 年增长了 30.10%，主营业务收入占公司整体营业收入的占比不断提升。净利润为 3899.21 万元，比 2015 年增长 31.42%。成本方面，在营业收入增长的同时，公司营业成本也相应增长，全年营业成本 98.05 亿元，但由于人工成本、运输成本增长较大等影响，较 2015 年增长 30.07%。费用方面，公司通过网络平台和社区宣传活动等形式，加强对新品的推广力度，增加广告投入，全年销售费用为 1.20 亿元，比 2015 年增长了 10.09%；公司非公开发行股票募集资金补充流动资金后，合理优化负债结构，及时缓解公司因业务增长导致的日常经营资金压力，公司负债和利息支出实现减少，财务费用为2393.76万元，较2015年下降了32.83%。

2016年，从全年总营业收入分析，其中日化行业年营业收入额98.36亿元，占总营业收入额的99.87%，较2015年增长42.04%；而工业类产品实现年营业收入84.73亿元，占总营业收入额的86.04%，同比增长62.86%。从地区来看，国内销售实现年营业收入额93.71亿元，占总营业收入的95.15%，较2015年增长39.07%，而国际销售较2015年增加近168.52%，说明2016年很大一部分产品出口，被国际市场消化（表12）。

表12　2016年广州浪奇营业收入情况表

项目	2016年		2015年		同比增减/%
	营业收入/元	占营业收入比重/%	营业收入/元	占营业收入比重/%	
合计	9849073706.86	100	7570424103.48	100	30.10
分行业					
日化行业	9836758335.83	99.87	7557807355.63	99.83	42.04
其　他	12315371.03	0.13	12616747.85	0.17	–2.39
分产品					
工业产品	8473980607.80	86.04	5754585220.36	76.01	62.86
民用产品	1362777728.03	13.84	1803222135.27	23.82	–24.43
其　他	12315371.03	0.13	12616747.85	0.17	–2.39
分地区					
国内销售	9371264380.93	95.15	7384452196.68	97.54	39.07
国际销售	465493954.90	4.73	173355158.95	2.29	168.52
其　他	12315371.03	0.13	12616747.85	0.17	–2.39

数据来源：广州浪奇公司2016年报。

2016年，从行业产销量分析，其中化工行业实现年生产量为240.88万t，销售量为330.35万t，产销量分别同比增长9.02%和51.68%，库存量约为10.53万t，较2015年降低48.31%。

从会计和财务指标分析，2016年，归属于上市公司股东的净利润总和约为3927万元，调整后较2015年增加23.34%；归属于上市公司股东的扣除非经常性损益后的净利润总和约为2905万元，调整后同比增加7.30%，经常活动产生的现金流量净额总和为–69538万元，调整后同比增加1593.05%（表13）。

表13　2016年广州浪奇分季度主要财务指标　　单位：元

	2016年Q1	2016年Q2	2016年Q3	2016年Q4
营业收入	1712605527.23	2741415859.06	2200927184.52	3194125136.05
归属于上市公司股东的净利润	5130673.15	7158089.34	7963397.00	19019466.32
归属于上市公司股东的扣除非经常性损益的净利润	2733482.49	4708997.91	6847253.90	14762356.57
经营活动产生的现金流量净额	13857324.33	3366238.84	–39881899.99	–672725438.20

2016年，广州浪奇基本每股收益约合0.08元，每股净资产超过3.41元，公司净利润率超过0.40%，资产负债比率为57.20%，公司2016年整体股市运行平稳（表14）。

表14　2016年广州浪奇综合能力指标

项目/报告期		2016年度	项目/报告期		2016年度
投资与收益	基本每股收益 / 元	0.08	盈利能力	净利润率 /%	0.40
	每股净资产 / 元	3.41		总资产报酬率 /%	1.02
	净资产收益率—加权平均 /%	2.32	经营能力	存货周转率	18.42
	扣除后每股收益 / 元	0.06		固定资产周转率	21.64
偿债能力	流动比率 / 倍	1.42		总资产周转率	2.56
	速动比率 / 倍	1.20	资本构成	净资产比率 /%	42.78
	应收账款周转率 / 次	6.43		固定资产比率 /%	11.12
	资产负债比率 /%	57.20			

数据来源：巨潮资讯。

嘉化能源（600273）

2016 年在国家供给侧结构性改革的大背景下，公司产业结构进一步优化，能源化工行业面临了更完善的环保法规和监管要求，先进环保绿色化工成为新的政策导向。在多重因素影响下，公司依托自身独特的能源、化工双轮驱动优势，紧紧抓住了市场机遇，在抓好安全环保前提下实现了满负荷生产，取得了良好的经济效益。公司在做好生产经营的同时，继续推动热电联产机组扩建、巴斯夫电子级硫酸配套供应、年产 4000 t 邻对位（BA）技术改造、年产 16 万 t 多品种脂肪醇（酸）产品等项目建设。为进一步提升公司的整体运营水平，推进公司外延式发展，在能源建设方面积极向新能源领域转型。2016 年公司完成了 4 家光伏电站项目公司的股权变更并增资，同时对全资子公司兴港新能源完成增资，提升该公司整体运营能力。2016 年公司实现营业总收入 45.03 亿元；归属于上市公司股东的净利润 7.40 亿元，比 2015 年增长 10.13%，归属于上市公司股东的扣除非经常性损益的净利润 7.45 亿元，比 2015 年增长 18.35%。

2016 年，从公司的分类产品来看，整体毛利率较 2015 年都呈现正增长趋势。其中蒸汽类产品营业收入 9.26 亿元，营业成本 5.99 亿元，毛利率 35.27%；氯碱类产品营业收入 6.93 亿元，营业成本 4.10 亿元，毛利率 40.82%；脂肪醇（酸）类产品营业收入 19.06 亿元，较 2015 年增长 105.09%，营业成本 16.95 亿元，较 2015 年增长 105.79%，毛利率为 11.11%；硫酸类产品营业收入超过 5335 万元，营业成本 3931 万元，毛利率为 26.31%。2016 年公司在光伏项目方面，光伏发电营业收入超过 1528 万元，营业成本 1436 万元，毛利率 6.00%（表 15）。

表15　2016年嘉化能源不同产品营业收入情况

产品	营业收入/元	营业成本/元	毛利率/%	营业收入同比/%	营业成本同比/%	毛利率同比/%
蒸　汽	926030536.99	599423115.29	35.27	4.25	8.96	–2.80
氯　碱	693146011.55	410224079.33	40.82	10.80	13.74	–1.53
脂肪醇（酸）	1906958697.60	1695107220.30	11.11	105.09	105.79	–0.30
硫　酸	53351034.22	39311857.36	26.31	–35.52	–40.66	6.38

续表

产品	营业收入/元	营业成本/元	毛利率/%	营业收入同比/%	营业成本同比/%	毛利率同比/%
邻对位	321562490.09	164734186.48	48.77	22.59	9.92	5.90
氢　气	37842245.32	2119512.58	94.40	24.04	9.19	0.76
装卸及相关	164450145.65	21050156.07	87.20	49.51	56.50	–0.57
光伏发电	15282983.17	14365827.22	6.00	—	—	—

数据来源：嘉化能源公司2016年报。

从主营业务分析来看，能源行业总营业收入超过 11.36 亿元，较 2015 年增长 27.87%，化工行业总营业收入超过 31.22 亿元，较 2015 年增长 48.09%。从公司产品的产销量情况看，蒸汽类产品年产、销量分别为 942.19 万 t 和 637.47 万 t，较 2015 年分别增加 7.38% 和 3.83%，库存量为 7.56 万 t，同比增加 9.41%。光伏发电量 2110.45 万千瓦时，完成率达到 114.04%，主要是因为要确保在 2016 年 6 月 30 日前完成并网，和静、铁门关、托克逊实际提前 2 个月实现并网。光伏发电近年来在国家产业政策支持下发展极为迅猛，推动光伏技术不断升级，光伏发电在整个发电行业中的比重不断上升，现在和未来一段时间内将改变我国能源的格局（表 16）。

表16　2016年嘉化能源主营产品产销量情况表

主要产品	生产量	销售量	库存量	产量同比/%	销量同比/%	库存同比/%
蒸　汽 / 万 t	942.19	637.47	7.56	7.38	3.83	9.41
烧　碱 / 万 t	31.99	31.01	0.29	12.56	11.87	40.48
脂肪醇 / 万 t	12.38	12.39	0.06	47.56	47.85	–60.00
硫　酸 / 万 t	26.62	21.51	0.65	–5.70	–4.14	–50.00
对甲苯磺酰氯 / 万 t	2.69	2.41	0.05	4.26	–1.63	400.00
光伏发电量 / 万度	2110.45	2110.45	—	—	—	—

2016 年，嘉化能源基本每股收益约合 0.57 元，每股净资产 3.04 元，公司净利润超过 16.44%，资产负债比率 41.53%，公司 2016 年整体股市运行情况良好（表 17）。

表17　2016年嘉化能源综合能力指标

项目/报告期		2016年度	项目/报告期		2016年度
投资与收益	基本每股收益 / 元	0.57	盈利能力	净利润率 /%	16.44
	每股净资产 / 元	3.04		总资产报酬率 /%	11.68
	净资产收益率—加权平均 /%	20.00	经营能力	存货周转率	11.62
	扣除后每股收益 / 元	0.57		固定资产周转率	1.38
偿债能力	流动比率 / 倍	0.77		总资产周转率	0.71
	速动比率 / 倍	0.64	资本构成	净资产比率 /%	58.33
	应收账款周转率 / 次	10.05		固定资产比率 /%	53.61
	资产负债比率 /%	41.53			

数据来源：巨潮资讯。

南风化工（000737）

2016年，公司面对前所未有的困难和挑战，上下紧扣扭亏脱困和深入推进标准化建设两大主题，认真落实年初制定的工作任务，保持了公司稳定健康发展。2016在严峻的环境中，公司经营的主导产品无水硫酸钠、硫化碱和硫酸钡依然保持了较好的业绩，产销量均处于国内领先地位，产品供应遍及全国市场，并有部分产品出口国外。化工产品产量同比增长0.09%，销量同比增长4.82%。公司全年实现营业收入21.35亿元，比上年同期减少0.77%；营业利润1187万元，比上年同期增加104.92%；净利润1802.6万元，比上年同期增加108.10%；归属于母公司所有者的净利润2094.2万元，比上年同期增加109.49%。

从公司整体运营情况分析，2016年毛利率较2015年相比都呈现不同程度的正增长，其中日化行业以及日化产品的毛利率都超过28.9%，较2015年同比增加3.72%。化工行业营业收入额超过9.21亿元，毛利率占19.23%，营业收入额较上一年同比增加11.61%，毛利率也同比增加4.96%；从产品类型来看，硫化碱营业收入超过2.33亿，但较2015年相比，却降低23.71%，日化行业的日化产品虽然毛利率较2015年相比增加，但营业收入和营业成本较2015年相比分别降低10.6%和15.05%（表18）。

表18　2016年南风化工营业收入情况表

	营业收入/元	营业成本/元	毛利率/%	营业收入同比/%	营业成本同比/%	毛利率同比/%
分行业						
化工行业	920846303.31	743810935.99	19.23	11.61	5.15	4.96
日化行业	1122977343.41	797598408.73	28.97	–10.60	–15.05	3.72
其　他	42408529.17	36002587.38	15.11	153.58	72.25	40.08
分产品						
硫化碱	233085187.99	189542899.79	18.68	–23.71	–35.12	14.31
元明粉	451310691.10	345666013.59	23.41	5.75	2.18	2.68
日化产品	1122977343.41	797598408.73	28.97	–10.60	–15.05	3.72
其　他	278858953.39	244604609.99	12.28	154.59	149.92	1.64
分地区						
国　内	1891882481.95	1422136817.90	24.83	–2.08	–7.24	4.18
国　外	194349693.94	155275114.15	20.11	17.15	15.82	0.91

数据来源：南风化工公司2016年报。

2016年，从公司整体产销量分析，化工行业的生产量约为179.51万t，销售量为190.26万t，较2015年分别同比增加0.09%和4.82%，库存量约为2.75t，较2015年同比降低52.42%；日化行业的产销量分别达到21.76万t和23.04万t，较2015降低12.36%和6.15%，库存量约为1.29万t，较2015年同比增加20.93%。

从会计和财务指标分析，2016年，归属于上市公司股东的净利润总和约为2094万元，2015年净利润总和约为–2.21亿元，同比增加109.49%；主要原因一是公司转让西安南风牙膏有限责任公司、淮安南风盐化工有限公司股权产生的投资收益；二是进入四季度化工产品价格回升，化工产品销售毛利增加；三是公司通过内部挖潜、节能降耗、减少费用支出等措施，产品生产成本、期间费用同比有所下降。2016年归属于上市公司股东的扣除非经常性损益后的净利润总和约为–8007万元，较2015年净利润总

和 –2.38 亿元增加了 66.44%；2016 年经营活动产生的现金流量净额总和为 4657 万元，较 2015 年现金流量净额总和 2.88 亿元降低了 83.88%（表 19）。

表19　2016年南风化工分季度财务指标　　单位：元

	2016年Q1	2016年Q2	2016年Q3	2016年Q4
营业收入	557265597.78	523999086.54	481602303.18	572330342.59
归属于上市公司股东的净利润	–35727757.45	–37895789.50	–14792661.33	109358469.33
归属于上市公司股东的扣除非经常性损益的净利润	–36955465.63	–38866206.23	–18536348.69	14279662.98
经营活动产生的现金流量净额	37473761.72	32468860.64	100833306.86	–124203659.5

2016 年，南风化工基本每股收益约合 –0.038 元，每股净资产为 0.31 元，公司净利润率降低 0.98%，资产负债比率为 94.98%，公司 2016 年整体股市运行前景较乐观（表 20）。

表20　2016年南风化工综合能力指标

项目/报告期		2016年度	项目/报告期		2016年度
投资与收益	基本每股收益 / 元	–0.038	盈利能力	净利润率 /%	0.98
	每股净资产 / 元	0.31		总资产报酬率 /%	0.72
	净资产收益率—加权平均 /%	13.20	经营能力	存货周转率	3.22
	扣除后每股收益 / 元	–0.15		固定资产周转率	2.20
偿债能力	流动比率 / 倍	0.61		总资产周转率	0.74
	速动比率 / 倍	0.40	资本构成	净资产比率 /%	6.07
	应收账款周转率 / 次	5.61		固定资产比率 /%	33.99
	资产负债比率 /%	94.98			

数据来源：巨潮资讯。

科隆精化（300405）

2016 年，在国内宏观经济继续下行的背景下，公司坚持“内涵式发展 + 外延式发展”并举，立足企业内部资源和业务，专注精细化工领域，优化产品组合，在内外并举的发展模式下，加大管理力度，打造一体化运作模式和管理体系。2016 年公司实现总营业收入 7.77 亿元，较上一年同期下降 2.89%。营业利润 1542 万元，较上一年同期增加 140.45%；归属上市公司股东的净利润 1573 万元，较上一年同期增加 154.83%。

2016 年，公司混凝土外加剂行业主营业收入合计 6.63 亿元，较 2015 年同比增加 1.89%，相关营业成本 5.46 亿元，同比减少 3.61%，毛利率为 17.73%，较 2015 年同比增加 4.69%；从产品类型来看，其中减水剂大单体主营业收入合计 4.73 亿元，较 2015 年同比减少 3.39%，毛利率 12.64%，同比增加 4.19%，营业成本较 2015 年同比降低 7.81%（表 21）。

表21 2016年科隆精化营业收入情况表

	营业收入/元	营业成本/元	毛利率/%	营业收入同比/%	营业成本同比/%	毛利率同比/%
分行业						
混凝土外加剂行业	663768189.29	546068560.70	17.73	1.89	-3.61	4.69
分产品						
聚醚单体	437489575.02	382170765.05	12.64	-3.39	-7.81	4.19
聚羧酸系减水剂	226278614.27	163897795.65	27.57	13.95	7.86	4.09

数据来源：科隆精化公司2016年报。

从分地区来看，公司在西南地区的营利收入额达到2.04亿元，占总营业收入额的26.31%，毛利率为19.80%，较2015年同比增长4.86%；华北地区的盈利收入额超过1.56亿元，占总营业收入额的20.17%，毛利率为17.37%，较2015年同比增长8.18%；华东地区的盈利收入额超过1.16亿元，占总营业收入额的14.97%，毛利率为18.29%，较2015年同比增加2.48%（图2）。

主要产品产销方面，2016年公司混凝土外加剂产销量分别为10.58万t和13.74万t，产量较2015年同比减少17.43%，而销量却同比增加22.81%，当年库存量8000 t，较2015年同比降低11.79%。太阳能晶硅切割液产品销售量较2015年减少51.08%，生产量较2015年减少48.56%，主要是受太阳能光伏行业波动影响，公司主要产品较2015年出现量价齐跌所致。脱硝催化剂的销售量较2015年减少88.45%，主要是脱硝催化剂产品行业周期性，新产品在使用推广阶段销量有所减少。

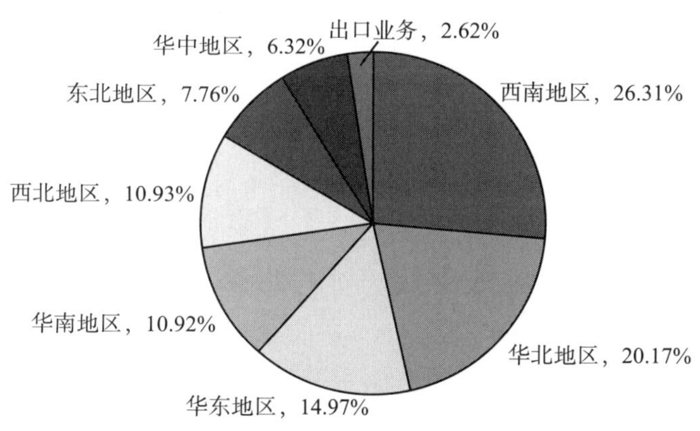

图2 2016年公司分地区营业收入结构比例

从主营产品类型来看，公司主要产品系以环氧乙烷为主要原材料加工制造各种精细化工产品。其中，以聚醚单体、聚羧酸系高性能减水剂（包括聚羧酸减水剂浓缩液及聚羧酸泵送剂）为主，晶硅切割液及其它环氧乙烷衍生品为辅。这两类产品的收入总额占年营业总收入接近90%，其中聚醚单体占56.33%，聚羧酸减水剂占29.13%，晶硅切割液占4.26%。聚醚类产品市场前景较为广阔，但因受到宏观经济周期波动的影响，以及国家对重点建设工程政策的相应调整，未来聚醚单体、聚羧酸减水剂系列产品需求的增长将可能存在不确定性。

2016年，科隆精化基本每股收益约合0.20元，每股净资产11.85元，公司净利润率超过2.03%，资产负债比率为44.74%，公司2016年整体股市运行情况稳定（表22）。

表22　2016年科隆精化综合能力指标

项目/报告期		2016年度	项目/报告期		2016年度
投资与收益	基本每股收益 / 元	0.20	盈利能力	净利润率 /%	2.03
	每股净资产 / 元	11.85		总资产报酬率 /%	1.06
	净资产收益率—加权平均 /%	2.34	经营能力	存货周转率	4.24
	扣除后每股收益 / 元	0.16		固定资产周转率	3.72
偿债能力	流动比率 / 倍	1.51		总资产周转率	0.52
	速动比率 / 倍	1.26	资本构成	净资产比率 /%	55.21
	应收账款周转率 / 次	1.89		固定资产比率 /%	12.79
	资产负债比率 /%	44.74			

数据来源：巨潮资讯。

天赐材料（002709）

2016年，公司因产品下游应用领域不同，面临着不一样的机遇和挑战。公司在现有业务和技术积累的基础上，在日化材料和锂离子电池材料方面积极拓展新业务领域，特别是在锂电材料产业链方面，公司通过两次增资控股正极材料生产商江西艾德，实现了产业链的横向扩展。公司实现年营业收入18.37亿元，较2015年同比增长94.25%；实现归属于上市公司股东的净利润3.96亿元，较2015年同比增长298.10%；其中实现归属于上市公司剔除非经常性损益净利润为3.67亿元，较2015年同比增长348.43%（表23）。

表23　2016年天赐材料主要业务经济情况

	营业收入/元	营业成本/元	毛利率/%	营业收入同比/%	营业成本同比/%	毛利率同比/%
分行业						
精细化工行业	1837246541.20	1106649032.40	39.77	94.25	69.63	8.75
分产品						
日化材料及特种化学品	524678831.65	354873984.87	32.36	25.56	23.75	0.99
锂离子电池材料	1225114678.40	690749272.52	43.62	169.28	117.58	136.4
有机硅橡胶材料	72861357.07	47362836.98	35.00	4.04	5.16	−0.69
其他	14591674.09	13662938.03	6.36	395.89	336.11	12.83
分地区						
国内	1614631119.20	970879996.04	39.87	101	75.7	8.66
国外	222615422.06	135769036.37	39.01	56.23	36.01	9.07

在2016年全年营业收入中，锂离子电池材料年营业收入额超过12.25亿元，占全年营业总收入额的66.68%，营业收入同比增加169.28%。这是由于国内新能源汽车行业2016年继续保持了快速发展，在下游需求拉动及电解液核心原材料六氟磷酸锂市场供应紧张导致价格持续走高的情况下，公司电解液量价齐升，收入规模同比大幅增长。同时，市场上六氟磷酸锂等核心原材料的价值链构建，使得公司电

解液毛利率也实现了较大幅度的提升。日化材料及特种化学品年营业收入额也达到 5.25 亿元，占全年营业总收入额的 28.56%，营业收入同比增加 25.56%。

公司在实物销售方面，2016 年，精细化工行业的年生产量和销售量分别为 88585.86 t 和 89032.52 t，较 2015 年分别同比增长 31.62% 和 32.98%，库存量为 3800.68 t，较 2015 年同比降低 10.52%。

2016 年公司基本每股收益 1.23 元，较 2015 年的 0.33 元同比增长 272.73%，每股净资产 5.01 元，当年的净利润率达到 21.57%，公司年度资产负债率为 30.03%，高于 2015 年的 26.72%，公司 2016 整体股市运行情况良好（表 24）。

表24　2016年天赐材料科技综合能力指标

<table>
<tr><th colspan="2">项目/报告期</th><th>2016年度</th><th colspan="2">项目/报告期</th><th>2016年度</th></tr>
<tr><td rowspan="4">投资与收益</td><td>基本每股收益 / 元</td><td>1.23</td><td rowspan="2">盈利能力</td><td>净利润率 /%</td><td>21.57</td></tr>
<tr><td>每股净资产 / 元</td><td>5.01</td><td>总资产报酬率 /%</td><td>20.01</td></tr>
<tr><td>净资产收益率—加权平均 /%</td><td>28.82</td><td rowspan="3">经营能力</td><td>存货周转率</td><td>7.10</td></tr>
<tr><td>扣除后每股收益 / 元</td><td>1.14</td><td>固定资产周转率</td><td>3.64</td></tr>
<tr><td rowspan="4">偿债能力</td><td>流动比率 / 倍</td><td>1.67</td><td>总资产周转率</td><td>0.93</td></tr>
<tr><td>速动比率 / 倍</td><td>1.40</td><td rowspan="2">资本构成</td><td>净资产比率 /%</td><td>69.69</td></tr>
<tr><td>应收账款周转率 / 次</td><td>5.18</td><td>固定资产比率 /%</td><td>22.67</td></tr>
<tr><td>资产负债比率 /%</td><td colspan="4">30.03</td></tr>
</table>

数据来源：巨潮资讯。

扬州晨化（300610）

2016 年，公司表面活性剂业务以聚焦产品线做长做强为策略，通过定制化学品模式的开发，加强了聚醚在其他工业领域的拓展，使其应用领域更加广阔。尽管烷基糖苷国内市场的竞争日趋激烈，公司糖苷业务国内销售获得了逆势增长，其中国内跨国公司客户业务和新兴日化客户的业务增长尤为显著。公司总体经营状况继续保持稳健态势，实现营业收入 58581.63 万元，较上年同期增长 5.83%；实现营业利润 5818.66 万元，较上年同期增长 24.47%。2016 年公司实现利润总额 6617.38 万元，较上年同期增长 25.33%（表 25）。

表25　2016年扬州晨化营业收入情况表

	营业收入/元	营业成本/元	毛利率/%	营业收入同比/%	营业成本同比/%	毛利率同比/%
分行业						
精细化工新材料行业	584954384.54	434034965.45	25.80	5.92	16.92	2.43
分产品						
阻燃剂	141902892.42	115052950.24	18.92	–5.28	10.84	2.75
表面活性剂	354192042.46	249509825.53	29.56	12.85	21.83	2.18
硅橡胶	88859449.66	69472189.68	21.82	0.28	2.38	0.45
分地区						
国内（主营）	522533991.21	386822545.16	25.97	7.02	4.09	2.08
国外	62420393.33	47212420.29	24.36	–2.48	–8.44	4.92

数据来源：扬州晨化公司2016年报。

2016年，从公司全年营业收入来看，主营产品中表面活性剂年营业收入额超过3.54亿元，占全年营业总收入额的60.46%，较2015年同比增长12.85%，毛利率较2015年同比增长2.18%。2016年，公司表面活性剂年生产量和销售量分别达到3.12万t和3.26万t，生产量较2015年同比降低10.30%，而销售量较2015年同比增加22.37%。国外市场方面，公司通过继续巩固国外市场开拓，2016年公司产品出口6242.04万元；国内市场方面，公司通过优化营销渠道，加大品牌宣传，强化服务跟踪，进一步提升了公司产品市场占有率和品牌影响力。

从会计和财务指标分析，2016 年，归属于上市公司股东的净利润为 5551 万元，较 2015 年的净利润总和约 4686 万元同比增长 18.46%；归属于上市公司股东的扣除非经常性损益的净利润合计超过 5669 万元，2016 年的净利润综合约为 4776 万元，同比增长 18.69%；经营活动产生的现金流量净额总和为 8150 万元，较 2015 年的 7936 万元同比增长 2.69%（表 26）。

表26　2016年扬州晨化分季度主要财务

单位：元

	2016年Q1	2016年Q2	2016年Q3	2016年Q4
营业收入	124746583.42	149152334.17	131965915.14	179951434.16
归属于上市公司股东的净利润	15328447.82	12962587.87	17391426.36	9830141.81
归属于上市公司股东的扣除非经常性损益的净利润	15641544.93	13581412.28	18180748.43	9292250.87
经营活动产生的现金流量净额	14271423.40	1071153.65	34451086.44	31709402.87

2016 年，扬州晨化基本每股收益约合 0.74 元，每股净资产约为 5.21 元，公司净利润为 9.78 元，资产负债比率为 19.00%，公司 2016 年股市整体经济运行情况良好（表 27）。

表27　2016年扬州晨化科技综合能力指标

项目/报告期		2016年度	项目/报告期		2016年度
投资与收益	基本每股收益 / 元	0.74	盈利能力	净利润率 /%	9.78
	每股净资产 / 元	5.21		总资产报酬率 /%	12.49
	净资产收益率—加权平均 /%	15.38	经营能力	存货周转率	5.71
	扣除后每股收益 / 元	0.76		固定资产周转率	10.62
偿债能力	流动比率 / 倍	4.74		总资产周转率	1.32
	速动比率 / 倍	3.83	资本构成	净资产比率 /%	81.00
	应收账款周转率 / 次	9.99		固定资产比率 /%	10.90
	资产负债比率 /%	19.00			

数据来源：巨潮资讯。

赞宇科技（002637）

2016 年，公司所面临的外部经营环境有所转好，日用化工及油脂化工领域的大宗原料和产品价格止跌回升，产品综合毛利率水平提高，公司业绩明显改善。公司实现营业收入 43.60 亿元，较上年同期增长 54.50%;实现归属于上市公司净利润 15.17 亿元,较上年同期增长 868.77%。截至 2016 年 12 月 31 日,公司资产总额 48.58 亿元,较年初增长 124.33%;负债总额 22.98 亿元,较年初增长 142.94%;归属于上市公司的净资产 20.74 亿元,较年初增长 77.63%;公司资产负债率为 47.31%,较年初增长 3.62%。

公司在日用化工业务领域,继续加大北方市场、西南市场及华南市场的生产布局,销售规模持续增长,2016 年实现日用化工类产品销售规模 39.76 万 t,较上年同期增长 22.27%,实现营业收入超过 24.55 亿元,占总营业收入额的 56.31%,较 2015 年同期增长了 37.18%,实现销售毛利率 11.36%,较 2015 年同期增长 2.88%。油脂化工业务领域,公司 2016 年 4 月完成杭州油化国有股权收购,并分别于 2016 年 6 月和 8 月完成南通凯塔、杜库达各 60% 的股权收购,已成为国内油脂化工领域龙头企业。2016 年实现油脂化工产品销售规模 29.91 万 t,较 2015 年同期增长 112.06%,实现营业收入超过 15.37 亿元,占总营业收入额的 35.26%,较 2015 年同期增长 144.37%,实现销售毛利率 11.38%,较 2015 年同期增长 1.79%(表 28)。

表28　2016年赞宇科技主营业务经济情况

产品名称	营业收入/元	营业利润/元	毛利率/%	营业收入同比/%	营业利润同比/%	毛利率同比/%
表面活性剂产品销售	2455620841.40	279021743.27	11.36	37.18	83.77	2.88
油化产品销售	1520991607.60	175052282.36	11.38	144.37	189.86	1.79
检测服务	94534912.47	48114635.46	50.90	67.86	47.68	−6.95
加工劳务	10304874.40	3090836.47	29.99	214.39	2337.19	26.12
贸易及其他	262460155.95	40955201.72	15.60	−23.59	8.60	4.61

从公司实物销售量分析,2016 年公司表面活性剂产品产销量分别为 39.93 万 t 和 39.76 万 t,产销量分别较 2015 年同比增长 25.16% 和 22.27%,库存量约为 2.47 万 t,较 2015 年的同比增加 7.46%;油脂化工产品产销量分别为 33.85 万 t 和 29.91 万 t,分别较 2015 年同比增长 136.58% 和 112.06%。

从会计和财务指标分析,归属于上市公司股东的净利润为 1.51 亿元,较 2015 年同比增加 868.77%,归属于上市公司股东的扣除非经常性损益的净利润超过 1.27 亿元,较 2015 年同比增加 2191.50%,经营活动产生的现金流量净额为 −7006 万元,较 2015 年同比降低 134.87%(表 29)。

表29　2016年浙江赞宇分季度主要财务　　单位:元

	2016年Q1	2016年Q2	2016年Q3	2016年Q4
营业收入	774202848.24	827153333.30	1168079548.25	1591224643.32
归属于上市公司股东的净利润	13306813.16	24537460.42	37697761.12	76250772.90
归属于上市公司股东的扣除非经常性损益的净利润	12392445.47	23548985.15	37103764.17	54203072.73
经营活动产生的现金流量净额	−20413185.47	6739228.16	−109732401.43	53340927.88

2016 年,赞宇科技基本每股收益约合 0.42 元,较 2015 年的每股 0.05 元相比,同比增加 740.00%,每股净资产 4.98 元,公司净利润率超过 3.48%,资产负债比率为 47.31%,较 2015 年的 43.69% 相比,上升 3.62%(表 30)。

表30　2016年赞宇科技综合能力指标

项目/报告期		2016年度	项目/报告期		2016年度
投资与收益	基本每股收益 / 元	0.42	盈利能力	净利润率 /%	3.48
	每股净资产 / 元	4.98		总资产报酬率 /%	4.32
	净资产收益率—加权平均 /%	9.80	经营能力	存货周转率	5.54
	扣除后每股收益 / 元	0.35		固定资产周转率	3.35
偿债能力	流动比率 / 倍	1.01		总资产周转率	1.24
	速动比率 / 倍	0.54	资本构成	净资产比率 /%	42.71
	应收账款周转率 / 次	24.14		固定资产比率 /%	41.59
	资产负债比率 /%	47.31			

数据来源：巨潮资讯。

中国三江化工（02198HK）

2016年，受国际市场原油价格波动的影响，始终维持在相对较低的水平，一旦原油价格出现任何变动，均将对石油及化工行业以及本公司的盈利产生重大影响。尽管如此，公司发展业绩仍然回升并向好发展，毛利率、净利率及资产负债比率等多项关键指标得到明显改善。2016年，公司实现年营业收入额超过66.47亿元，较2015年的49.66亿元同比增长33.8%，主要是由于：（1）环氧乙烷平均售价增长约17.6%，使环氧乙烷销售所产生的收益增加约1.97亿元；（2）聚丙烯生产设施的投产，销售聚丙烯所产生的收益增加约5.55亿元。公司纯利润约5.526亿元，较2015年的纯利润1.455亿元相比，增长了约479.8%。毛利率由2015年的3.3%增长至2016年的13.6%。

图3为三江化工主要化工产品收益结构图。由图可知，2016年公司环氧乙烷销量为6.60万t，较2015年的39.87万t同比降低8.2%，而营业收入额超过26.83亿元，占总收入额的40%，较2015年同比增长7.9%，主要是由于环氧乙烷平均价格由2015年的6235元上涨到7331元；加之乙二醇装置项目的投产，2016年乙二醇销量24.66万t，较2015年的12.22万t同比增长101.8%，营业收入额超过11.29亿元，占总收入额的17%，较2015年同比增长98.5%；表面活性剂作为中国三江化工重要业务，2016年包括外包服务在内的销量合计15.47万t，合计收益超过4.62亿元，占总收入额的7%。

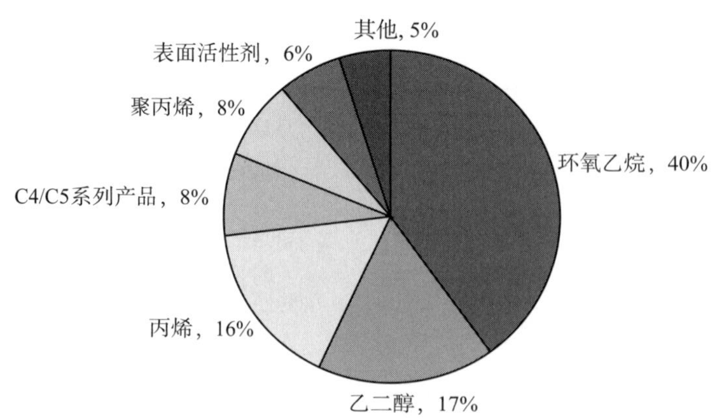

图3　2016年中国三江化工主要化工产品收益结构

从会计和财务指标分析，2016 年公司基本每股收益 0.63 元，较 2015 年的 –0.18 元同比增长 45.0%，固定净利润为 5.526 亿元，主要是由于毛利率较 2015 年相比增长了 10.3%，主要原因如下：①乙烯类业务的平均售价较 2015 年平均增长了 10% 以上；②公司实现了更加多元化的垂直整合，甲醇制烯烃生产设施产出的更多乙烯被用于生产环氧乙烷及乙二醇，由于环氧乙烷平均售价的涨高以及乙二醇销售量的增长，使得毛利率较 2015 年呈现增长态势。2016 年公司经营活动产生的现金流为 18.33 亿元，较 2015 年的 0.43 亿元增长 4186%。

第九章

MAIN COMPANIES&MANUFACTURERS

行业企业介绍

1 山东派尼化学有限公司

山东派尼化学有限公司成立于1998年，位于山东省博兴县经济技术开发区，黄河三角洲腹地，环渤海经济圈前沿。周边有多条高速公路环绕，胶济铁路、东营港等陆海运输方式极为方便。历经近20年的发展，公司现有注册资金1900万元，固定资产规模过亿元，主要生产脂肪胺类基础表面活性剂原料、乳化沥青等系列产品。脂肪胺类产品广泛应用于清洗剂、杀菌剂、石油添加剂、缓蚀剂、乳化剂、纺织油剂、柔软剂、金属清洗抛光剂、稀有金属浮选剂、有机废水处理剂、金属防锈剂、彩色胶片成色剂、抗静电剂、分散剂、织物和塑料添加剂、纺织印染助剂、冷却水杀菌剂、防腐蚀剂、矿石乳选剂、化肥防结块剂、润滑剂等，用途极为广泛。乳化沥青主要用于道路施工、养护、防水，高铁路基防水、油井防塌和封井等领域。公司以客户需求为研发导向，三十多种特种表面活性剂畅销国内三十几个省市、并出口亚、非、拉及欧美各国，深得客户好评。

经过近20年的发展，公司先后荣获“博兴县守合同重信用企业”“市级高新技术企业”“滨州市优秀民营科技企业”、省级“民营企业科技创新奖”等称号。公司在2011年通过了ISO9001质量管理体系认证、ISO14001环境管理体系认证和ISO18000健康管理体系认证，顺利通过了安评的全面最终验收。

公司于2012年在陈户工业园投资五亿元建设新的生产基地，成立山东派尼新材料有限公司，建设20000 t/年脂肪胺、20000 t/年季铵盐、10000 t/年聚氧乙烯醚、10000 t/年乳化沥青、50000 t/年脂肪酸、10000 t/年二甲基丙二胺等项目。这些项目的建设投产，标志着公司已经向精细化工产业深化的方向发展。业已完成的10000t/年脂肪胺系列产品项目借鉴了当今发达国家的先进生产工艺，结合公司现有产业链配套优势，依托原有项目成熟的工艺技术和生产经验施行的设计和建设。整套装置具有能耗低、物料损耗低、产品质量稳定、自动化程度高的特点，属国内一流的生产装置工艺。目前该项目仍在进行细节的技术改造和创新，部分产品的品级已与国际知名大型企业集团的产品相媲美，技术水平高，产品质量优，并在收率、生产成本等各项指标上领先，取得良好的经济效益和社会效益。

派尼公司与长安大学、华东理工大学、武汉大学研发中心等学术机构在技术合作、人才培养、科技成果转化、乳化沥青研究等领域长期合作，获取国内外最新的产品研发及核心技术。公司每年还从销售收入中提取6%以上的专项资金，用于新产品的研究、专业人才的培养，并设有标准规范的检测中心和检测试验室，装备有先进的科研仪器和设备，使企业持续发展得到保障。在今后的发展中，公司将形成适合自己的文化体系，产品结构得到优化，成为具有较强竞争力和影响力的企业，完善股份持有制度，让企业和员工实现“以股连心”，资本运作模式得到复制和扩大，在虚拟经济上得到发展，团队建设得到巩固，成为业内领军人物的形象得到认可，在引领和支撑区域经济发展中发挥重要作用。

2 淄博云川化工有限公司

淄博云川化工有限公司专门从事非离子表面活性剂、纺织印染、农药制剂、助剂原料等产品生产，公司紧邻青岛港口和国内环氧乙烷、环氧丙烷生产基地，地理位置优越。同时是江北主要表面活性剂生产基地。产品热销全国各地及出口欧洲、东南亚、西亚等国家和地区。

主营产品：

（1）表面活性剂产品。蓖麻油、脂肪醇、脂肪胺、异构十三醇、异构十醇、异辛醇、壬基酚、辛基酚、山梨醇脂肪酸酯、聚乙二醇、聚丙二醇等聚氧乙烯醚系列。

（2）农药乳化剂产品。十二烷基苯磺酸钙（500#）、苯乙烯基苯酚聚氧乙烯醚（600#）、烷基酚甲醛树脂聚氧乙烯醚（700#）、三苯乙基苯酚聚氧丙烯聚氧乙烯（1600#）、渗透剂系列等。

（3）纺织助剂。磷酸酯、硫酸酯、螯合分散剂、五合一精炼剂、代用碱、代用酸、消泡剂、去油剂、渗透剂、匀染剂、固色剂、柔软剂、黏合剂、增稠剂、酵素、除氧酶、净洗剂、剥固剂、剥色剂等。

3 中国林业科学研究院林产化学工业研究所

中国林业科学研究院林产化学工业研究所（简称林化所），1960年7月2日建所，是国家林业局直属科研事业副司局级单位，本部坐落于南京市锁金5村16号。主要研究领域包括生物质能源、生物质化学品、生物质新材料、生物质活性成分利用、木材制浆造纸为主的林纸一体化、松脂化学利用与深加工、活性炭化学与工程、植物单宁及森林资源化学利用、林产化学工程设备研究设计等，是集基础理论、应用技术、新产品开发和工程设计为一体的综合性科学研究机构。设有林产化学加工工程博士点，林产化学加工工程、应用化学、制浆造纸工程等学科硕士点和林业工程博士后流动站。1979年开始招收研究生，已培养博士104名、硕士288名，博士后23名，他们大多数已经成为林产化工、制浆造纸等行业的科技骨干。

截止到2016年底，在职职工206人，其中科学技术研究人员188人，研究员24人，副研究员和高级工程师49人，中国工程院院士1人，国际木材科学院院士5人。还拥有全国劳动模范、国家级、部省级的各类专家、学者，科技队伍专业齐全，结构合理，形成了8个各具特色的科技创新团队。附设及挂靠在我所的全国性学术、技术机构及组织有：生物质化学利用国家工程实验室(国家发改委)、国家林产化学工程技术研究中心（国家科技部）、国家林业局生物质能源研究所、国家林业局生物质能源工程技术研究中心、国家林业局活性炭工程技术研究中心、国家林业局林产化学工程重点实验室、国家林业局林产化工中试基地、国家林业局林化产品质量监督检验站、国家林业局科技扶贫中心、全国林产化工科技情报中心站、江苏省生物质能源与材料重点实验室、江苏省生物质能源与材料工程技术研究中心、中国林科院制浆造纸研究开发中心、中国林学会林产化学化工分会、中国林产工业协会活性炭分会、南京粘接技术协会、中国林产工业协会提取物利用分会等。50多年来，共承担国家、部、省级课题901项，成果鉴定(验收)614项，其中获得国家级奖励30项，部省级奖励84项。专利授权386项。成果推广到全国27个省市地区200多个企业。共承担国际合作61项，与国际上20多个国家50多个机构建立了技术交流与合作联系，中外专家互访频繁。

全所共有土地面积141亩(其中所本部89亩，浦口中试基地52亩)，固定资产总值1.48亿元。拥有气相红外联用仪、激光粒度仪、原子吸收光谱仪、原子力显微镜、SEM和TEM电镜等大型仪器和成套检测设备。图书馆藏专业资料4.6万多册，中外科技期刊800多种，编辑出版的学术期刊《林产化学与工业》、技术期刊《生物质化学工程》向国内外公开发行。

4 名臣健康用品股份有限公司

名臣健康用品股份有限公司创建于1994年，是一家研发、生产、销售个人健康护理用品的高新技术企业。创办20多年来，公司始终坚持走品牌发展道路，坚持技术创新、追求卓越品质，坚持规范管理，以人为本、持续改革、不断提升企业经营管理水平，推动企业持续、稳步、健康发展，取得了良好的经营效益和社会效益。目前，名臣已跻身国内个人健康护理用品行业的前列，并缔造了企业持续的竞争优势，呈现出了广阔的市场发展空间和美好前景。

名臣已取得多项荣誉：全国质量信用AAA级企业、国家高新技术企业、国家知识产权优势企业、广东省制造业100强、广东省民营企业100强、广东省企业500强，并参与行业服务结构工作：中国质量检验协会副会长单位、中国香料香精化妆品工业协会副理事长单位、中国洗涤用品工业协会常务理事单位、中国口腔护理用品工业协会常务理事单位、广东省日化商会常务副会长单位、汕头市化妆品行业协会副会长单位。公司是国家高新技术企业、国家知识产权优势企业、广东省知识产权示范企业、广东省生物工程技术研究中心、广东省企业技术中心。

公司实施多品牌发展战略，拥有“蒂花之秀”“美王”“依采”“高新康效”和“绿效”等品牌，主要产品涵盖洗发、护发、美发、护肤、口腔护理、清洁洗涤和家居护理等。

公司长期致力于产品自主研发和技术创新，重视科研人才的吸纳、培养和使用，重视实验室等硬件设施的投入和建设，重视自主知识产权的培育，重视与国内、国际科研机构、技术前沿的技术信息交流和合作。致力于将国际创新科技与中国市场实际诉求相结合，让国际日化领先科技服务于中国消费者。目前，公司已取得国家知识产权局授权发明专利 25 项，外观设计专利 208 项，参与制定国家及行业标准 12 项、地方联盟标准 21 项，在国内日化行业享有较高的科研地位。公司获中国轻工业联合会科学技术进步奖二等奖、优秀奖、广东省轻工业协会科学技术进步奖一、二、三等奖等多个奖项。

公司检测中心按 CNAS-CL01：2006 建立了完整的实验室管理体系，配备了先进的检测设备，通过中国合格评定国家认可委员会评审核准获“CNAS”实验室认可证书。按药品生产环境（GMP）标准规划建设的生产车间，结合先进的生产设备，为规模化生产和产品的卓越品质提供硬件支持。

公司建立健全质量管理及控制体系，从产品研发、原材料采购、生产、检验到售后服务关键过程，严格质量控制，严格计量检测，完善产品质量档案，健全产品质量追溯体系，保障产品质量安全，致力为消费者提供安全、健康、天然、绿色产品。

5 东明俱进化工有限公司

2005 年 4 月，东明俱进化工有限公司正式成立。2006 年 3.8t/h 磺化装置及两台 5000t/ 年喷雾干燥正式投产。2009 第三套 5000t/ 年喷雾干燥正式投产。公司 2013 年一套新的 2t/h 的磺化生产设备和一套 1t/h 的国际先进和国内领先的意大利刮膜干燥设备正式投产。公司从建立到现在经历了 10 多年的历史，现已发展成为中国主要的 K12 生产基地，在行业内有较大的影响。国内销售覆盖 32 个省市，国外产品远销欧美、中东和东南亚等地区，客户群覆盖面非常广泛，包括日化行业、医药行业、建材行业等。

主营产品：十二烷基硫酸钠系列产品、α- 烯基磺酸钠系列产品、脂肪醇聚氧乙烯醚硫酸钠、糊树脂用专用助剂和建材专用发泡剂等高新技术系列产品。

主要客户群体：浙江纳爱斯集团、广州立白集团、云南白药集团、仁和药业、泰山石膏集团、北新建材集团和美国惠氏集团。

2006 年 6 月，公司主导产品通过 ISO9001：2000 质量体系认证。同期，公司顺利通过了有关质量管理体系、环境管理体系和质量保证专家评审组的检查评审，并获得《质量管理体系认证证书》、《环境管理体系认证证书》和《计量保证确认合格证书》。

俱进化工是中国工程院产业工程科技委员会表面活性剂研究开发促进会理事单位。2011 年 9 月 26 日，被认定为“山东省企业技术中心”。2011 年 11 月 28 日，被菏泽科学技术局认定为高新技术企业。2012 年 5 月，公司向国家专利局申报的“一种干燥塔锥体加热与冷却装置”实用新型专利和“一种脱气装器”实用新型专利 2 项专利，被正式批准。2012 年 11 月 1 日，东明俱进化工有限公司参与编制的《“口腔清洁护理用品牙膏用十二烷基硫酸钠”中华人民共和国轻工行业标准》正式颁布实施。2012 年公司独立研发的国际最高纯度的十二烷基硫酸钠，干基活性物达到 99.9% 以上，广泛应用于生物制药、药用辅料、完全降解塑料、生物发酵等世界高科技领先领域。

6 赞宇科技集团股份有限公司

赞宇科技集团股份有限公司是专业从事表面活性剂和油脂化工产品研发、生产和销售的企业，并提供食品安全、环境、职业卫生等第三方检测认证服务。前身是创建于 1965 年的“浙江省轻工业研究所”，2000 年改制，2007 年实施股份制改造，2011 年 11 月在深交所成功上市（证券简称：赞宇科技，证券代码：002637）。长期以来，公司凭借先进的理念、科学的管理以及技术和人才的优势，坚持自主创新，走科技成果产业化的发展道路，现已成为国内研究和生产表面活性剂、油脂化工领域的龙头企业之一。

公司总部位于风景秀丽的杭州市，在杭州萧山、浙江嘉兴、四川眉山、河北沧州、江苏如东、印尼雅加达等地有生产基地，建有表面活性剂和油脂化工产品小试、中试和工业化装置，年销售各类表面活性剂 40 万 t，油脂化工产品 30 万 t。

公司以“产品的质量和用户的需求是企业永恒的追求”为宗旨，2000 年通过 ISO9001 质量保证体系认证，2008 年通过 ISO14001 环境管理体系、GB/T28001 职业健康管理体系认证，2014 年通过 ISO10012 测量管理体系认证，连续多年获“AAA 级信用企业”、“A 级纳税信誉单位”等荣誉。产品深受客户信赖，用户遍及全国，多种产品已进入国际市场。

公司具有较强的研究开发能力，坚持以“科技领先，行业领先”的发展战略，注重科技创新和人才队伍建设。设有“浙江省表面活性剂重点实验室”和省级企业技术中心。拥有气－质联用仪、液相色谱质谱仪、电感耦合等离子体质谱仪等大型精密仪器近四十多台。近年来承担国家、省部级研究项目 30 多项，获国家发明专利、国家新产品和部省级科技进步奖 30 余项。

7 宁波得利时泵业有限公司

宁波得利时泵业有限公司（DURREX）是一家国家高新技术企业，公司主导研发国际先进的凸轮式转子泵、橡胶转子泵、均质乳化泵、研磨泵系列产品。

DURREX 公司占地 39600m^2，拥有现代化标准厂房 32000m^2。拥有国际先进的 CNC 立式加工中心、卧式加工中心等各种加工设备 180 台，三坐标、光谱仪等各种精密检测设备 16 台。

DURREX 专注于凸轮式转子泵和均质泵的研发与制造，已获得国家发明专利、实用新型专利 56 项，获得国家创新基金、国家火炬计划、浙江省科学技术奖等多项荣誉，并通过美国 3A、FDA 认证、ISO9001:2015、ISO14001:2015、OHSAS18001:2007、欧盟 CE 等认证。DURREX 产品销售遍及全球 30 多个国家，为美国宝洁、杜邦，英国联合利华，德国巴斯夫，法国索尔维等全球 5000 余家客户提供专业的流体输送设备和技术服务。

主营产品：凸轮式转子泵、橡胶转子泵、均质乳化泵、研磨泵等。

8 长沙普济生物科技股份有限公司

长沙普济生物科技股份有限公司是专业从事氨基酸表面活性剂研发、生产、销售的高新技术股份制企业。公司 2010 年 10 月成立于湖南省浏阳国家级经济技术开发区，占地 2 万余平方米，拥有现代化厂房和标准的环保节能生产线。企业通过 7 年的发展，成为氨基酸表面活性剂的龙头企业，拥有国内最大生产线并通过 ISO22716 国际质量体系认证，产品质量达到国际标准，年产能达 1 万 t 以上，总资产上亿元，为 600 多家化妆品及日化品牌提供原材料。

公司坚持以科技创新和人才发展为根本，打造了一支以博士和硕士为主体的研发团队，拥有配备了高精仪器的实验室。2017 年 1 月，公司正式成立了国内第一家氨基酸表面活性剂研究院，以促进氨基酸表面活性剂这一安全环保日化材料的技术发展，实现日化洗护行业的技术突破及产品创新，鼓励国内高校科研院所和企业进行更深层次的产学研合作，成为国内氨基酸表面活性剂研究的标杆。公司目前已在氨基酸表面活性剂领域获得 3 项发明专利和 7 项实用新型专利的授权，拥有成熟的应用配方技术 200 多项。同时，公司与湖南大学化学化工学院、湖南食品药品职业学院和湖南省化工研究院等多所高校科研院建立了长期产学研合作关系。

普济生物用创新和可持续的解决方案，持续为洗护化妆品、工业清洗等领域的客户提供特殊化学品和专业服务。不仅提供月桂酰氨基酸、椰油酰氨基酸、肉豆蔻酰氨基酸、棕榈酰氨基酸、硬脂酰氨基酸及其钠、钾盐类等固体、液体产品，还能够基于客户需求，提供不同成本、各种状态的以氨基酸表面活性剂为主体的成熟配方架构。

9 广东椰氏实业股份有限公司

广东椰氏实业股份有限公司成立于2013年，坐落于珠三角经济核心腹地的东莞立沙岛精细化工园，是集优质日化的研发、生产、销售、服务于一体的国内知名企业。企业现占地约3.8万m^2，自建有高标准生产车间及公共配套约4万m^2，固定资产逾2亿元。设有广州市椰氏化工有限公司，椰氏（广东工业大学）绿色生物化学品研发中心，北京、上海、汕头等办事处。

广州市椰氏化工有限公司始于2003年，是我国拥有首套自主知识产权的超大型烷基醇酰胺生产装置研发企业，目前是华南地区最大的烷基醇酰胺生产基地，其生产的“椰氏”“YESER”系列产品畅销海内外，在行业内具有一定的美誉度。

“椰氏（广东工业大学）绿色生物化学品研发中心”建于2010年，是椰氏公司与广东工业大学联合创办的专门从事绿色生物化学品研究的企业技术中心，目前拥有化学工程工艺、高分子材料等专业研究员十余人，已取得“一种两性离子型有机硅表面活性剂及其制备方法与应用”“一种烷醇酰胺生产过程中的甘油回收装置”等发明专利、科研成果近十几项。在《化学工程与装备》等杂志多次发表学术成果。同时，与中国日用化学工业研究院、中国日用化学工业信息中心、中国《日用化学品科学》杂志社、广东日化商会等单位合作紧密并建立了良好交流机制。

参与行业服务结构工作：中国洗涤用品工业协会理事单位、中国洗协表面活性剂专业委员会委员单位、中国–东盟日化行业合作委员会委员单位、广东省日化商会常务理事单位、广东省化妆品学会副理事长单位，还是广东省高新技术重点培育入库企业和广州交易会进出口有限公司“优质供应商”。

10 特丝丽化工有限公司

特丝丽化工有限公司始建于1990年，是山东春龙集团有限公司下属控股子公司，位于山东省烟台龙口市，距青岛港180km，距烟台港100km，距龙口港仅6km，交通便捷。公司现有员工600余人，厂区占地面积10万m^2，其中仓储面积2万余m^2。

公司拥有国内先进的合成洗涤剂生产装置。其中，高塔喷粉生产线两条、浓缩粉生产线一条，年可生产各种高中档合成洗衣粉20万t；2013年，建成年产20万t的液体洗涤剂生产线一条；2014年，先后从意大利引进国内首条整套全自动立式盒装洗衣粉生产线，从西班牙引进国内首条高速全自动在线成型灌封一体液洗生产线；又新上与产能配套的2.0t/h的磺化装置一套，年产优质磺酸1.8万t，目前已成为中国最大最专业的合成洗涤用品OEM/ODM生产基地。

自1998年以来,公司先后与“立白”“奇强”“两面针”“熊猫”等国内知名品牌,以及“高露洁”“加信氏”等国际知名品牌企业建立了合作关系。2016年，公司产品已经出口世界80个国家和地区，为200多个客户提供洗涤用品加工服务。

公司于2000年通过ISO9000国际质量管理体系认证，并建立了一整套完善的产品质量控制和保障体系，确保产品从原材料进厂到成品生产，每一道工序都经过严格的检测。公司拥有雄厚的技术力量，并建立了洗化产品自主研发团队，现有中、高级研发人员6名，各级技术人员30余名。

公司产品分为“织物洗护”“家居清洁”“个人洗护”“工业与公共设施清洁”四大系列,生产的“美婷”牌洗衣粉、洗洁精、洗衣皂等产品，先后被评为“烟台消费者满意产品”“山东省轻工名牌产品”。

公司一直致力于为国内外客户提供以下优质服务：①按照客户提供的产品配方和技术标准，提供OEM加工服务。同时，对客户的样品提供检测服务。其中，洗衣粉可提供含磷、无磷两大品类，密度范围0.28 ~ 0.90g/mL，包装规格从15g小袋连包到1000kg大包装，包装形式有编织袋包装、纸盒包装、桶装等。液体洗涤剂产品规格从110g小包装到1000kg大包装，包装形式主要有普通瓶、异型瓶，普通自立袋、斜嘴自立袋、异形自立袋等，也可以根据客户要求，提供特殊包装规格的定制服务。②根据客户当地洗涤用品的市场定位，为客户提供产品研发、配方设计等ODM量身定制服务。③公司可为客户提供自产优质磺酸，并代为国外客户在中国境内采购各种家庭日用品，以及纯碱、元明粉、4A 沸石、五钠、香精等各种洗涤用品原料。④公司拥有配套的专业包装设计团队，可以根据客户的个性化需求，提供产品内外包装的图案设计、制版等全程服务。集团公司下属的春龙塑料包装彩印公司，同时提供 BOPP，PET 和 PA 等多种材质的内包装袋的生产。

11 联合利华

联合利华在中国的历史可追溯至 90 多年前，利华兄弟在上海黄浦江畔建立了中国肥皂有限公司。1986 年，联合利华重返中国，始终把成为可持续发展的本土化跨国公司作为其努力的目标，并取得了显著的进展。从 1986 年至今，联合利华在中国投资 20 亿美元，引进了多项先进的专利技术，直接雇用了超过 7000 名中国员工，间接提供了超过 23000 个就业机会，年纳税 20 多亿元人民币。

联合利华在中国的业务主要是日化和食品，品牌包括奥妙、中华、力士、旁氏、清扬、多芬、卫宝、夏士莲、凌仕、舒耐、家乐、立顿、和路雪等，品牌已在中国覆盖 1.3 亿消费者家庭。

为实现公司在中国长期发展的承诺，从 2000 年起，联合利华开始了在中国的新的战略布局：以上海为管理和科研中心，以安徽合肥等地为生产加工基地。联合利华在合肥的生产基地自 2002 年投产以来，生产范围涵盖家庭及个人护理产品、茶叶加工。目前合肥工业园已成为联合利华全球最大的生产基地之一，现出口 14 个国家，成为了真正的全球供应中心。2011 年，联合利华确定在天津投资设立北区生产基地；2012 年，确定在四川眉山投资设立西区生产基地。同时，随着中国加入世贸组织，联合利华在上海成立了全球采购中心，依托中国丰富的资源，向联合利华全球出口原料及成品。

2006 年，联合利华在上海长宁区临空园区设立大中华地区总部，一批联合利华亚非区及全球的管理机构也落户上海，使得上海地区总部真正具有全球功能。2009 年，联合利华全球研发中心紧邻中国地区总部大楼正式落成，这是全球六大研发中心之一。该中心投资近 1 亿美元，注重将中国传统科学所倡导的天然成分引入联合利华的产品中，使联合利华的产品更适合中国消费者。同时，利用中国丰富的中草药资源和中医药理论为全球新产品研发提供方向。

成功的本地化离不开员工的本地化。本地化的优秀员工队伍及管理层更能理解中国消费者的需求，联合利华 90% 的经理级员工是在本地招募并培训的。

联合利华相信要实现可持续发展，必须积极承担在中国的社会责任。在中国，联合利华以“美好家园”“美好童年”“美好乡村”为平台，积极开展可持续发展项目。公司运用全价值链管理体系，努力实现《联合利华可持续行动计划》的各项目标，期望通过自身以及消费者行为的改变减少对环境的不利影响。同时，公司积极履行社会责任，通过希望小学员工支教、“山村幼儿园”等项目实现对社区的积极影响。

2008 年联合利华对四川地震灾区的捐助总额超过 1000 万元人民币。同年 7 月，国务院总理温家宝访问了联合利华中国总部，对联合利华在中国的发展表示肯定。

2011 年 9 月 1 日，联合利华宣布联合利华大中华区地区总部升级为北亚区地区总部，负责管理中国大陆及香港、台湾、韩国和日本地区业务，总部设在上海。

12 广州海莎生物科技有限公司

广州海莎生物科技有限公司是一家集研发、生产、销售、应用服务于一体的生物科技型企业。从事磷脂生产、销售 30 年，已成为国内最大的磷脂系列产品的加工和销售商，年出口非转基因食品级磷脂 3000t 左右，销售网络健全，价格实惠。曾多次参与国家、省、市级科技项目，有自主知识产权。2010 年本公司承担的项目被评为“广东省现代产业 500 强项目”。本公司是《食品安全国家标准——食品添加剂——磷脂》GB 28401—2012 的主要起草、编制单位之一，并主持制定了《食品安全国家标准——食品添加剂——酶解大豆磷脂》GB 30607—2014。已通过了 ISO 22000 食品安全管理体系、ISO 9001 质量体系认证、非转基因 IP 认证及 KOSHER 和 HALAL 认证。

主营产品：大豆磷脂（NOGMO-60、90）、改性大豆磷脂（MA-60、MH-60、MD-60）、溶血卵磷脂/酶改性大豆磷脂（ME-60）、药用大豆卵磷脂（PC-50、70、90）、特种大豆磷脂、大豆分离蛋白粉和脱脂大豆蛋白粉及改性蛋白粉。

产品应用：①动物饲料：改善动物生理条件，提高体重，加强营养，提高生长率与存活率，广泛应用于牛崽代乳品及牛、猪、家禽、被毛动物、鱼及宠物饲料。②农产品：作为农药的乳化剂，也是有效的防虫剂；是各种水果、蔬菜的推荐涂层组分，具有抗菌效果；催化剂：作为催化剂、乳化稳定剂、诱发剂及改性剂等，在催化体系中起到辅助作用。③涂料：用于多种涂料配方，涉及脱模剂、磁带涂层、油漆、油墨、调色机、照相材料添加物及皮革代用品等。④化妆品：作为乳化剂、分散剂及润湿剂，应用于化妆品中，包括润肤霜、洗面奶、肥皂、浴油、洗发水、剃须膏、指甲油、化妆粉、眼影、唇膏等。⑤洗涤剂：磷脂用于阴离子洗涤剂，提高去污能力及去除鱼腥味的能力。⑥脂质体：用于口服液与静脉注射液，充当药物、疫苗、酶和激素的脱模载体。脂质体能促进截留蛋白抗体的产生，使其成为重要的抗病毒药物。⑦纸：磷脂作为分散剂和软化剂应用在造纸中。目前，磷脂作为相片复制增色剂应用于胶印、相片、颜色转换片及打印机改错的感压片中。⑧医药：作为药物的胶囊助剂、活性药剂、脂质体载体等在医药界得到广泛应用。⑨其他：作为乳化剂、润湿分散及、塑化等用于水泥、沥青等建筑涂层材料中，因其具有滑脱性及密封性，用于罐头、汤料包、肠衣内涂层；还用于橡胶浆中，泡沫灭火器、润滑油、多功能汽油等行业中。

13 爱茉莉太平洋集团

自 1945 年创立以来，爱茉莉太平洋集团一直秉持简单而明确的使命：亚洲之美创造者。爱茉莉太平洋集团拥有近三十个知名品牌，覆盖化妆品、个人护理及保健品等类别，致力于满足全球顾客多样化的生活方式及需求。集团在韩国、中国及法国设有研发中心，结合自然成分与先进的生物技术，不断研发可持续的产品，并以其革命性的方法引领全球美妆趋势。

1992 年，爱茉莉太平洋进入中国，凭借多样化的品牌战略及响应消费者需求的创新产品取得了在中国市场的可持续发展。目前旗下共拥有八大品牌，包括：雪花秀（Sulwhasoo）、兰芝（LANEIGE）、梦妆（Mamonde）、悦诗风吟（innisfree）、伊蒂之屋（ETUDE HOUSE）、吕（RYO）、艾诺碧（IOPE）及赫妍（HERA），销售区域覆盖全国超过 370 个城市。

2014 年，集生产、研发、物流为一体的综合基地“爱茉莉上海美丽妆园”正式启用，占地总面积 92787m^2，年均生产能力达 1.3 万 t，具备全球标准运营系统及环保型设备，以便灵活、迅速地响应中国消费者的需求，为其提供安全、优质的产品。

作为富有责任感的企业公民，爱茉莉太平洋在女性、文化、自然生态三大领域不断履行企业社会责任。2016年，“妆典生命”公益项目全新升级，设立“爱茉莉太平洋女性专项基金”，覆盖女性两癌（即乳腺癌和宫颈癌）全程关护。2016年为12000多名贫困地区女性提供了免费的两癌筛查，为43500余名女性组织了相关健康知识讲座。此外，还通过产品义卖、“茉莉跑”、术后化妆等形式提升女性健康意识、关怀女性两癌患者。

14 广州市东雄化工有限公司

广州市东雄化工有限公司成立于 1994 年，拥有完整的生产设备 50 多套，年产量可达到数万吨，产品包括了：硅油及硅油衍生物，丙烯酸酯共聚物，高效乳化剂，阳离子调理剂，温和表面活性剂以及防腐剂等。公司严格执行 ISO9001、8S 等产品质量控制体系和生产管理方法，通过先进的分析仪器与设施，可以准确的监控产品的内在指标，如：纳米级的粒径、残留物 ppm 级、碳链分布、分子量大小以及功能团鉴定等，确保生产出源源不断的优质产品。

广州东雄公司秉着“随需应变、创新价值”的核心价值观，以市场为主导，以管理为基础，通过不断的努力和开拓，先后与国内外数百家大中型化妆品企业建立了良好的战略合作关系，产品已销往世界30多个国家。

15 索尔维集团

作为一家综合型化工公司，索尔维致力于发展先进化学方案以应对社会挑战。公司与全球各个终端市场的客户精诚合作，力求创新，其产品和解决方案被广泛运用于飞机、汽车、智能和医疗设备、电池、矿物和原油开采，以及倡导可持续性的其它各类应用。公司的轻量化材料能够令交通变得更加清洁，先进配方可以优化资源利用，高性能化学品则有助于提升空气质量和水质。索尔维总部位于布鲁塞尔，在全球58个国家拥有约27000名员工。公司2016年预估净销售额为109亿欧元，其中90%均来自于排名世界前三的业务。索尔维（SOLB.BE）已在布鲁塞尔证交所和巴黎证交所上市（博彭社：SOLB.BB – 路透社：SOLB.BR），在美国，其股份（SOLVY）通过一级ADR方案进行交易。

16 梅特勒–托利多集团

1989年，梅特勒和托利多这两个行业领导者联姻，梅特勒–托利多品牌诞生，梅特勒–托利多集团始终致力于为全球客户提供质量卓越的精密仪器和衡器产品以及全面细致的技术支持服务。纵观世界称量及分析技术的发展,凝聚着梅特勒–托利多在专业领域坚定不渝的信念和不断累积的智慧。梅特勒–托利多以先进的解决方案和技术服务，改善人们的工作效率，为人们的社会生活和发展做出贡献。

梅特勒–托利多的实验室解决方案，基本覆盖到全球所有的研发、科研、药物发现及质量控制实验室。高度精密的电子天平、滴定仪、热分析仪器等实验室产品，已成为全世界各地实验室的基本设备，尤其在制药、化工、食品和化妆品等行业领域应用广泛。

全面的工业解决方案，适用于工业制造流程中的诸多环节。这些方案包括各种生产流程中的原料检验、在线工艺控制、终端产品质控、物流和货运。更为重要的是,这些方案能够完全接入客户的IT环境,帮助客户实现工作流程的自动化。

在食品零售业，提供的解决方案应用于进货、熟食柜台和结账终端。梅特勒–托利多的产品可联网使用并能采集到单个货品的数据。软件可以帮助客户定价和库存管理，并提供购买决策所需的宝贵信息。

梅特勒–托利多在全球范围内拥有38家分公司和销售机构，并在瑞士、德国、美国和中国等国家拥有生产基地。在中国，分别在常州、上海和成都设有运营中心、制造基地及研发中心，并拥有遍布全国的销售及服务网络。我们的METTLER TOLEDO Service服务，响应迅速，并可根据特殊的业务需求而度身定制，以确保投资价值。无论是在实验室、工厂还是食品零售店，均有相应的服务方案。通过了ISO9001质量管理体系认证和ISO14000环境管理体系认证。

17 德源（中国）高科有限公司

德源集团位于马来西亚Sabah（沙巴）州，创始于20世纪30年代，由70多家跨行公司组成，主要涉及资源基础工业、非能源基础工业、农业、贸易等行业，拥有大片的可可、棕榈种植园，是具有雄厚的资金实力和较高的科技开发水平的大型集团企业。

德源（中国）高科有限公司是德源集团在华投资的大型企业,成立于2005年,注册资金5000万美元,坐落于中国江苏省如皋港区,毗邻长江深水港（张家港油库码头对岸）,距离上海和南京只有两小时车程。

公司以棕榈仁油、棕油、椰油及其他植物油为主要原料，具有年生产13万t脂肪酸和10万t天然脂肪醇，同时联产1.7万t医药级高含量甘油的能力。公司引进目前全球同行业技术水平领先的德国鲁奇公司生产设备，采用先进的蜡脂处理技术，保证了项目工艺的先进性和产品质量的稳定性。一期工程已竣工，现已投入生产。二期工程建设以生产脂肪醇醚和脂肪醇醚硫酸盐等化学品的装置，全部以一期工程生产的脂肪酸和脂肪醇为原料。

18 广东铭康香精香料有限公司

广东铭康香精香料有限公司创办于1998年，是一家集科研、生产、销售日用、食用香精系列产品为一体的高新技术企业。日用香精产品广泛应用于香水、护肤品、洗发、护发用品、个人清洁用品、个人护理用品、空气调节用品、织物护理用品、家居护理用品等领域。食用香精产品广泛应用于饮料、乳品、调味、糖果、烘焙等领域。公司“名芳”品牌被评为“广东省著名商标”“广东省名牌产品”，主营产品被认定为“广东省高新技术产品”“广东省自主创新产品”。

铭康现为“国家高新技术企业”“广东省省级企业技术中心”“广东省香精香料公共技术服务示范平台”“广东省香精香料工程技术研究开发中心”“中国香精香料化妆品工业协会副理事长单位”“香精专业委员会副主任委员单位”“科技工作委员会副主任委员单位”、国家标准GB/T 22731—2008《日用香精》主要起草单位、中国轻工业（成长能力）百强企业、香精香料行业十强企业，是中国香精香料行业日用香精的领军企业。

铭康的技术研发中心设立于广州科学城、上海徐汇文化创意园，配备了国际先进的研发、分析、检测、应用等仪器设备。由多位国内外资深调香师和各类高级技术人员组成的技术团队，立足于科技发展前沿，紧跟最新科技动态，将先进的新技术、新工艺、新原料应用于产品中，多项技术成果填补了国内空白并达到国际先进水平，不断提升了铭康核心技术的竞争力。

铭康工业园区坐落于广东省饶平县，总占地面积26000m^2，年生产能力1.0万t以上，拥有先进的生产设备和智能化的生产系统，实行信息自动化的生产管理，拥有一支经验丰富、技术精湛的生产管理团队，严格执行ISO9001:2008质量管理体系、ISO14001—2004环境管理体系、OHSAS18000职业安全卫生管理体系，是目前行业规模较大、设施先进、节能环保的现代化、花园式香精香料生产基地。

铭康历经十几载的不懈努力，以高品质的产品和优质的服务，赢得国内外广大客户的信赖与好评，在国内外香精香料行业享有较高的知名度，成为日化行业和食品行业品牌企业重要的合作伙伴。

19 四川天宇油脂化学有限公司

四川天宇油脂化学有限公司（原四川泸天化油脂化学股份有限公司）是泸天化（集团）有限责任公司的控股子公司，始建于1990年，专业从事研发和制造油脂化学系列产品，凭借十多年来对品质始终如一的追求和制造研究经验积累，公司拥有现代化的生产装置和先进的制造研发技术，公司的C_{22}脂肪酸及其衍生物系列产品生产能力位居世界前列。

公司总部和制造工厂位于中国泸州市纳溪区，公司利用天然的动植物油脂为原料，生产高品质的C_{12} ~ C_{22}脂肪酸、C_{12} ~ C_{22}脂肪酸含氮衍生物、甘油、氧化油等系列油脂化学品，广泛应用于石油化工、纺织印染、医药、食品、冶金、交通、矿山等行业。

公司的脂肪酸装置从意大利引进，年产6万t脂肪酸系列产品，主要产品有硬脂酸（包括高十八碳硬脂酸）、花生酸、山嵛酸、油酸、花生油酸、芥酸等。

公司的脂肪酸衍生物装置从英国引进，年产2万t脂肪酸含氮衍生物系列产品。其中，伯胺及其醋酸盐系列产品有十二烷基伯胺、氢化椰油胺、氢化棕榈胺、氢化牛脂胺、十八烷基伯胺、高十八碳伯胺、牛脂胺、油酸胺、十二伯胺醋酸盐、十八伯胺醋酸盐等；伯酰胺系列产品有油酸酰胺、芥酸酰胺、硬脂酸酰胺、山嵛酸酰胺等；仲酰胺系列产品有硬脂基芥酸酰胺、油酸基芥酸酰胺、双油酸基仲酰胺、油酸基棕榈酸酰胺、油酸基硬脂酸酰胺、硬脂基硬脂酸酰胺等；双酰胺产品有乙撑双硬脂酸酰胺 EBS、乙撑双油酸酰胺 EBO、乙撑双芥酸酰胺 EBE、乙撑双山嵛酸酰胺 EBB 等。

公司的其他产品还有甘油、氧化菜籽油、氧化大豆油、化肥抗结块剂、选矿助剂等。

公司拥有先进的检测设备和仪器，产品全部使用国际通用的标准方法进行检测。公司通过了 ISO9001:2008 质量体系认证和 ISO14001:2004 环境管理体系认证，是国家二级安全标准化企业。

20 泰柯棕化（张家港）有限公司

泰柯棕化（张家港）有限公司（简称 TPO）成立于 2004 年元月，是马来西亚吉隆坡甲洞集团（简称 KLK 集团）的成员之一。KLK 集团是一家在吉隆坡股票交易市场上市的著名的跨国种植和制造公司。

TPO 专业生产各种脂肪酸、甘油、皂基、三乙酸甘油酯及消泡剂。产品广泛应用于烟草、食品、个人护理、化妆品、塑料、橡胶、纺织、医药、乳化剂、食品添加剂、造纸、水处理等行业。公司产品的品牌为“保美乐”（脂肪酸和甘油）、“保美舒”（皂基）、“保美德”（三乙酸甘油脂）、“保乐康”（消泡剂）。

企业持续稳定发展，产品种类、品质进一步提升，产能不断提高。2012 年，KLK 集团公司根据战略计划，在泰柯棕化张家港工厂引进国际先进的连续酯化酰化的三醋酸甘油脂生产工艺，建成一座年产 2.0 万 t 的三醋酸甘油酯工厂，同时吸引了上海金山经纬化工有限公司二十几年的生产经验，在 2013 年 4 月份一次性试车成功，产品质量达到了同类产品的国际先进水平，产品标准达到甚至超过了中国、美国、欧洲等国家的产品标准，能够满足高端用户的需求。2015 年，公司生产再次提高升级，二期项目成功投产，年产能提高至 35 万 t，脂肪酸产品增加了油酸、二聚酸、单酸三个品种。

TOP 实施严格的产品标准和质量管理体系，先后获得 ISO9001 质量管理体系认证、ISO14001 环境管理体系认证、FSSC22000 食品安全体系认证、HACCO 验证证书、GMP 验证证书，并获得犹太洁（Kosher）食认证以及清真（Halal）认证。公司采用先进的技术设备，生产设备全部由电脑系统（DCS）操控，产品优质稳定，享誉国际国内市场。

21 威莱集团

威莱集团——大日化行业领域主要生产商，一直致力于提供健康产品，令人们生活更美。旗下包括威露士、卫新、妈妈壹选、十八本草、亮劲、绿劲和可柔可顺等 13 个知名品牌，600 多种单品。

威莱集团是一家年产量 100 万 t 的 ODM 生产企业，在广州、天津、韩国 3 地都建有大型的生产基地。从塑料粒到瓶子，从原料到成品的全流程连续生产，制造成本在全行业明显偏低。

威莱集团设立两大国际专业水平的产品研发中心，保证产品优质和不断创新。公司拥有全进口检测设备，对每批原材料质量进行严格把控。同时配有行业先进的一万级洁净度无菌实验室，拥有全面的消毒和微生物检测能力。

集团首席科学家、美国罗切斯特大学化学博士 Robert.lu 带领研发团队，获得国内外近百个专利。同时威莱也是中国洗涤用品工业协会理事会理事、中国轻工业协会理事单位、中华预防医学会消毒分会、中国质量检验协会等重要组织成员。公司率先在国内推出的衣物家居消毒液、魔术泡沫洗手液、精油香薰沐浴露等备受广大消费者青睐的产品。

威莱集团擅长跨界营销，与麦当劳保持长期战略合作。通过联合营销的方式，让消费者在不同的高档消费场所，体验使用威露士产品，有效增加产品的销售。

威莱集团在中国拥有广州、天津、武汉、上海、成都、沈阳 6 大配送中心，每天约 200 万瓶、每年 3 亿瓶产品，通过各渠道，第一时间到达千家万户。

22 中铝山东新材料有限公司

中铝山东新材料有限公司是中铝山东有限公司的全资子公司，从事化学品氧化铝系列产品的研发和生产。中铝山东有限公司是国家“一五”时期156个重点建设项目之一，新中国第一个氧化铝生产基地，被誉为“中国铝工业的摇篮”，为国家首批40家企业技术中心及国家重点扶持的512家国有大中型企业之一，被山东省科技厅认定为高新技术企业，被国家科技部认定为国家级新材料基地骨干企业，公司通过ISO9001:2008质量体系认证和HSE体系认证。目前中铝山东有限公司是中国洗涤工业协会副理事长单位，2014年当选为洗涤助剂行业分会会长单位。

中铝山东新材料有限公司在二十世纪六十年代开始从事化学品氧化铝的研究和生产，是国内最早的化学品氧化铝生产企业,，2005年被中铝总部定为化学品氧化铝基地。公司依托烧结法氧化铝和拜耳法生产的工艺优势，形成了4A沸石、拟薄水铝石、高白填料氢氧化铝、煅烧α-氧化铝、活性氧化铝、5大系列120多个品种，化学品氧化铝年产能70万t。公司建立了遍布全球的营销网络和健全的售后服务体系，产品远销欧美、日韩、东南亚、中东、拉美、非洲等国家和地区。目前4A沸石年产能30万t，产能位列暂居全球领先地位；拟薄水铝石年产销量4万t，位列全球第二；高白填料年产销量18万t，位列全球前三；煅烧α-氧化铝稳居国内年产销量12万t，产销量一直位居国内同行业前列。

公司主要产品4A沸石2001年被中国技术监督情报协会环保专业委员会评为中国环保产品质量信得过重点品牌，2005年被中国质量协会评为全国用户满意产品，公司连续多次被联合利华公司评定为优秀供应商。公司还是沸石产品行业标准的主要制定者。2013年被中国洗涤工业协会评为中国洗涤用品行业最具影响力原料供应商。

23 淄博腾辉油脂化工有限公司

淄博腾辉油脂化工有限公司始建于2005年，2013年成为淄博齐翔腾达化工股份有限公司的子公司，年总生产能力22万t，其中脂肪酸2万t、脂肪胺3万t、双烷基季铵盐1.5万t、脂肪酸钠皂15万t、甘油0.5万t。销售额3亿元左右。

公司秉承“诚信规范、合作共赢”的企业经营理念，以质量为本、注重科研开发和科学管理，先后通过了ISO9001质量管理体系认证、ISO14001环境管理体系认证和OHSAS18001职业安全健康管理体系认证。

主营产品：脂肪酸系列——牛羊油脂肪酸、硬脂酸；脂肪伯胺系列——牛油基、氢化牛油基、棕榈油基、椰油基、十二烷基、十六烷基、十八烷基等；脂肪仲胺系列——氢化牛油基、椰油基、十八烷基等；脂肪叔胺系列——双氢化牛油基、双十八烷基等；季铵盐系列——双氢化牛油基二甲基氯化铵、双氢化牛油基甲基苄基氯化铵、双十八烷基二甲基氯化铵和双十八烷基甲基苄基氯化铵等；甘油系列——95.0%、98.0%、99.5%等药用及工业用。

第十章

INDUSTRY MEMORABILIA IN 2016

行业大事记

【1月】

1月15日，重庆鹏凯精细化工有限公司投资19953万元建设年生产工业级羟丙基甲基纤维素(HPMC)5000t和工业级羟乙基甲基纤维素(HEMC)5000t生产装置及附属设施。副产二甲醚、一氯甲烷混合液398.36 t/年和含盐废水提取的盐溶液2万t/年。

1月18日，云南尚呈生物科技有限公司投资建设年生产3000t石油钻井助剂项目，项目预计总投资2500万元。

1月19日，壳牌位于荷兰穆尔代克的苯乙烯单体（产能为55万t/年）和环氧丙烷（产能为25万t/年）工厂在经过两年多的重建后，已进入调试阶段，到3月底实现恢复运营。

1月29日，巴斯夫与新疆美克化工股份有限公司（美克化工）合资兴建的丁二醇（BDO）生产装置正式投产，年产能10万t，BDO可用于生产工程塑料、聚氨酯、溶剂、电子化学品以及弹性纤维等。

【2月】

2月2日，乌兹别克斯坦塔什干“Promxim Impex”公司成功开始生产羧甲基纤维素。羧甲基纤维素（CMC）水溶液具有增稠、成膜、黏接、水分保持、胶体保护、乳化及悬浮等作用，广泛应用于石油、食品、医药、纺织和造纸等行业，是最重要的纤维素醚类之一。目前，邻国哈萨克斯坦和俄罗斯大量从中国和欧洲国家进口羧甲基纤维素，乌有望向邻国出口。

【4月】

4月15日，在美国向世界贸易组织（WTO）提起申诉后，中国已经同意取消其向出口企业提供的多种补贴。这些行业包括：纺织、服装和鞋类；先进材料和金属；轻工业；特种化学品；医疗产品；五金建材；农业。

4月27—29日，2016年（第十四届）国际表面活性剂和洗涤剂会议（ICSD2016）在上海国丰酒店召开。会议由中国洗涤用品工业协会和中国日用化学工业研究院主办，中国日用化学工业信息中心、全国表面活性剂和洗涤剂生产力促进中心和国家洗涤用品质量监督检验中心承办，以“高度 前瞻 机遇 发展”为主题的本届会议历时3天，来自全球14个国家和地区的300余位代表注册参加会议。会议安排4场次共23个口头交流学术报告，包括2场次主题报告、1场次基础研究专场报告和1场次工业应用专场报告，同时经大会组委会审查40余篇优秀论文进行了壁报交流。

4月29日，墨西哥石油研究所的研究人员发现了一种能够降低石油黏度的生物表面活性剂，这些生物表面活性剂可以来自树、草、生物质，也可以来自玉米和小麦的残渣，他们都包含一种特定类型的分子。生物表面活性剂的加入导致了油在水中形成乳液。这一重大发现为降低石油的运输成本提供了可能。

【5月】

5月4日，山东华鲁恒升拟投资建设50万t/年乙二醇生产装置，项目预计总投资267428万元，该项目建成投产后，预计可实现年营业收入19亿元，利润约3亿元，进一步提高企业盈利能力，可以缓解国内乙二醇大量依靠进口的局面，经济和社会效益显著。

5月16日，松原金海石化5500t/年化工助剂项目奠基，该项目采用以烷基酚为原料与硝化剂合成DNBP的工艺路线，主要产品为DN-BP阻聚剂，是苯乙烯精馏过程中所需的高温高效阻聚剂，在国外已得到广泛应用，可减少环境污染，提高苯乙烯产能。该项目建成投产后，产能规模在国内同行业中居首位，可实现销售收入1亿元，利税2000万元。

【6月】

6月5—11日，由国际表面活性剂溶液科学委员会主办、山东大学承办的“第二十一届国际表面活性剂溶液科学大会（21st International Symposium on Surfactants in Solution，简称‘SIS 2016’）”在山东会堂举行。来自中国、美国、日本、韩国、德国、法国、英国、西班牙、丹麦、俄罗斯、意大利、波兰、墨西哥、哈萨克斯坦和中国台湾等31个国家和地区的代表460余人参加了会议。与会代表围绕涉及溶液中表面活性剂的各个领域的研究成果进行了充分研讨。

6月15—17日，由中国洗涤用品工业协会油脂化工分会主办、《中国洗涤用品工业》杂志社承办的第九届（2016）中国油脂化工行业年会在江苏扬州召开，近200位国内外嘉宾、会员及业内人士出席了本次会议。会议围绕“2016年油脂原料走势及行业面临的挑战和机遇”主题，以专题报告和嘉宾访谈等形式，就油脂原料及油化产品市场走势等内容进行分享和探讨，解读了国内外油脂原料及油脂化工市场最新动态、最新技术进展、价格走势、行业发展中的机遇和挑战等。

6月17日，华北油气分公司工程院联合上海石油化工院共同研制出一种新型的表面活性剂驱油体系，该体系在0.2%浓度、注入0.3倍孔隙体积条件下的岩心驱替实验结果显示，可提高采收率11.1%，具有使用浓度低、驱油效果好的特点，适应低油价下提高水驱采收率和提高水驱开发效益的技术应用，为鄂南低渗油田提高水驱开发效果提供了一种新的技术途径。

6月29日，湖南岳阳绿色化工产业园举行2016年第一批项目集中签约仪式，据悉，此次签约项目投资规模大，科技含量高，发展前景好。其中，5万t/年废润滑油综合利用项目，拥有自主知识产权，采用蒸馏、加氢、热裂化等工艺，使废润滑油再生率达到98%以上，属于国家鼓励的循环经济项目。这些项目的引入，对促进岳阳绿色化工产业园产业结构优化升级、延长产业生产链、加快云溪区域经济发展具有十分重要的意义。

【8月】

8月10日，国家质量监督检验检疫总局官网获悉，乌干达国家标准局发布G/TBT/N/UGA/556～563的通报，发布了花生油质量标准、硬脂酸甘油酯质量标准、餐桌食用的生熟花生质量标准、混合食用油质量标准、棕榈油精质量要求、涂布脂肪质量标准、天然和半精炼的棕榈油质量标准、可食用脂肪和油脂通用质量标准等8项标准。标准主要涵盖了产品质量要求，分级方法和检测方法等。评议截止期均是2016年11月1日。

【9月】

9月7—9日，由中国日用化学工业研究院和全国表面活性剂和洗涤剂行业生产力促进中心主办，中国日用化学工业信息中心承办的“2016（第九届）全国磺化/乙氧基化技术与市场研讨会”在上海市金山区召开，本届会议围绕我国磺化/乙氧基化行业发展中的相关问题、解决方法和目标方向等热点内容展开讨论，并重点探讨新型、高附加值磺化/乙氧基化产品的开发和应用，积极推介我国磺化和乙氧基化的最新科研技术成果，努力搭建科研—生产—商贸及不同行业间的交流平台，促进应用技术市场的进步，推动我国表面活性剂工业的持续发展。来自全国磺化和乙氧基化行业的代表及部分特邀代表共180余人参加了本届会议。

9月22日，由国家卫生和计划生育委员会发布的《食品安全国家标准洗涤剂》正式实施，本标准将替代1994年颁布的《食品工具、设备用洗涤剂卫生标准》，根据当前的洗涤用品行业以及食品安全需求，明确规范了洗涤剂的术语、定义以及技术要求。

9月27日，扬州化工园区境内远东联石化（扬州）有限公司，投资6亿美元兴建的年产40万t环氧乙烷项目，日前顺利竣工投产，年可实现产值30多亿元，其产能占全行业10%，系环氧乙烷产能最大生产商之一。

9月27日，联泓新材料推出的功能型特殊表面活性剂成功应用在超浓缩洗衣液和无水洗衣液中，该活性剂中相较于传统非离子表面活性剂而言，其主打的HIF/HIT/HIC系列产品具备更优的润湿渗透性和去污能力，能够有效减少洗涤用品一次性用量较大而产生的浪费，降低由洗涤剂配方中化学用品而导致的环境污染，成为国内首家将特殊表面活性剂成功应用在超浓缩洗衣液领域的企业。

9月27日，巴斯夫新的聚乙烯吡咯烷酮（PVP）综合生产装置在上海浦东落成。新装置生产的PVP K30聚合物粉末可用作药品赋形剂、清洁剂、化妆品等众多产品的基剂。新装置的投产将进一步扩大PVP供应能力。

【10月】

10月9—15日，由中国日用化学工业研究院和中国洗协科学技术专业委员会举办的“2016洗涤剂基础知识与配方技术培训班（第三期）”开班，此举以促进我国洗涤剂领域相关从业技术人员的知识更新和扩展，提高和提升广大从业人员的技术水平和业务能力，特别是帮助新进入人员掌握洗涤剂的基本配方原理、主要分析方法和实验室基本操作等知识和技能。

10 月 31 日，阿克苏诺贝尔宁波两家专业化学品工厂投产，其中一家为烷氧基工厂，该工厂将为农化、清洁、纤维胶与饲料领域提供表面活性剂。另一家为阿克苏诺贝尔全球最大的有机过氧化物工厂，其产品主要应用于橡胶的交联，新厂的成立也进一步加强了阿克苏诺贝尔全球最大有机过氧化物制造商的领先地位。

【11 月】

11 月 3 日，中国日用化学工业研究院宣布，采用其自主知识产权技术的万吨级工业化装置已通过了国家发展改革委组织的专家验收。这标志着我国以天然油脂乙氧基化物为代表的绿色非离子表面活性剂科研成果产业化取得重大突破。这是我国首套投产的万吨级油脂乙氧基化物等新型绿色非离子表面活性剂工业化生产装置，包括两套 4.5 万 t/a 的喷射式乙氧基化装置以及一套 1 万 t/ 年的 PRESS V 代装置。

11 月 23—25 日，第 36 届（2016）中国洗涤用品行业年会在福建省厦门市召开，本次会议以“需求导向下的供给创新”为主题，围绕消费者安全健康保障、可持续发展与创新、新原料开发与应用、产品开发和发展趋势、技术装备及发展、市场与营销发展趋势、国内外政策法规现状及发展等方面召开专题研讨会，为行业上下游企业及相关机构搭建了产、学、研、用“一站式”交流平台。

11 月 25 日，广州石化 3 号聚丙烯装置一次投料开车成功，是一套 20 万 t/ 年高性能聚丙烯装置，侧重生产高乙烯含量嵌段共聚聚丙烯产品，重点开发生产附加值高、专用性强的产品，满足广东地区对汽车等高档产品的需求，逐步将广州石化打造成高品质、高附加值的塑料专用料生产基地。

11 月 28 日，巴基斯坦国家关税委员会发布公告，应其国内产业申请，决定对自中国大陆、台湾地区、印度、印尼、伊朗和韩国进口的磺酸发起反倾销调查。该项调查涉及巴基斯坦海关 34021110 税号项下产品，调查期为 2015 年 7 月—2016 年 6 月。

【12 月】

12 月 29 日，欧盟委员会发布 G/TBT/N/EU/411 号技术性贸易措施通报，拟对欧盟 REACH 法规附件 XVII 进行修订。欧盟将全面禁止全氟辛酸（PFOA）及其盐的生产和上市，任何物质、混合物或物品中的 PFOA 及其盐的含量不得超过 25ug/kg，并且所含的 PFOA 关联物质的含量不得超过 1000ug/kg。

第十一章

APPENDIXES

附录部分

2016 年行业新化学物质环境管理登记

2016 年 2 月 14 日，环保部根据《新化学物质环境管理办法》(环境保护部第 7 号令，以下简称《办法》)，对上虞盛晖化工股份有限公司等 14 家单位的 10 份新化学物质常规申报资料和诺贸贸易（上海）有限公司提交的 1 份登记证变更申请进行了审查，符合有关要求，拟批准登记，详见表 1。

这些获得受理号的物质中有 3 项为“危险类”，1 项为“一般类”，6 项为“重点环境管理危险类”。环保部 2016 年 2 月 14 日至 16 日公示期间接受公众咨询。拟批准的登记证详情如下：

表1 2016 年第1批拟批准的《新化学物质环境管理登记证》明细表

序号	受理号	物质名称（CAS号）	申报人/代理人	申报种类	管理类别
1	受 14075	*N*– 正丁基硫代磷酰三胺	上虞盛晖化工股份有限公司	变更量级申报	重点环境管理危险类
2	受 15026	苯二甲醇与羟基稠环芳烃的聚合物	Nippon Steel & Sumikin Chemical Co., Ltd.	常规申报	危险类
3	受 15033	3– 丙基苯酚	Firmenich SA	常规申报	危险类
4	受 15066	季戊四醇的巯基丁酸酯	DNP Fine Chemicals Co., Ltd.	重复申报	重点环境管理危险类
5	受 15080	多卤代烷烃	大金氟化工（中国）有限公司	常规申报	重点环境管理危险类
6	受 15089	[[[[[氨基 – 羟基 – 磺芳基] 二氮烯基]（磺芳基）烷基] 二氮烯基] – 磺基苯甲酸根合] 铜的钠盐与硫酸 [[（烷氨基）芳基] 磺酰基] 烷基酯和多氟代三嗪的反应产物	亨斯迈先进材料（香港）有限公司；亨斯迈化工贸易（上海）有限公司	联合变更量级申报	危险类
7	受 15090	[（二芳基亚烷基）双（亚氨基亚烷基）] 双（烷基酚）	雅本化学股份有限公司	变更量级申报	重点环境管理危险类
8	受 15094	烷酰基芳基缬氨酸芳酯	联化科技股份有限公司；联化科技（台州）有限公司	联合申报	重点环境管理危险类
9	受 15097	取代嘧啶二氮烯基烷基苯磺酸	巴斯夫（中国）有限公司；BASF South East Asia Pte Ltd	联合申报	一般类
10	受 15105	多卤代苯并噁唑	湖南斯派克材料科技有限公司；山东特珐曼药业有限公司	联合申报	重点环境管理危险类

2016 年 3 月 7 日，环保部根据《新化学物质环境管理办法》(环境保护部第 7 号令，以下简称《办法》)，对 Tribotecc Ges.m.b.H. 等 9 家单位的 9 份新化学物质常规申报资料进行了审查，符合有关要求，拟批准登记，详见表 2。

这些获得受理号的物质中有 1 项为“危险类”，1 项为“一般类”，7 项为“重点环境管理危险类”。环保部 2016 年 3 月 7 日至 9 日公示期间接受公众咨询。拟批准的登记证详情如下：

表2 2016 年第2批拟批准的《新化学物质环境管理登记证》明细表

序号	受理号	物质名称（CAS号）	申报人/代理人	申报种类	管理类别
1	受 13020	金属硫化物	Tribotecc Ges.m.b.H.	常规申报	一般类
2	受 13107	烷基二胺 -*N,N′* – 二丁二酸钠盐；烷基二胺 – 二戊二酸钠盐	Innospec Limited	系列申报	危险类
3	受 15116	多卤代 –［(烷基磺酰基)芳基］嘧啶胺	浙江九洲药业股份有限公司	常规申报	重点环境管理危险类
4	受 15123	杂环取代乙醇与取代乙氨基乙醇的混合物	LG Chem, Ltd.	变更量级申报	重点环境管理危险类
5	受 15127	卤氨基无机酸金属盐为主成分的氧化钠 " 与氨基无机酸和次卤酸金属盐水溶液的反应产物	栗田工业（大连）有限公司	常规申报	重点环境管理危险类
6	受 15132	［(氨基 – 多卤代芳基)硫基］脂肪族羧酸烷基酯	沈阳世格精细化学品有限公司；山东特珐曼药业有限公司	联合申报	重点环境管理危险类
7	受 15133	多化哒嗪盐	沈阳世格精细化学品有限公司；山东特珐曼药业有限公司	联合申报	重点环境管理危险类
8	受 15135	取代的多烷基环烷基异氰酸酯与二丙烯酸取代的羟甲基丙二酯和三甲氧基硅基取代基丙烷的反应产物	捷时雅（上海）商贸有限公司	常规申报	重点环境管理危险类
9	受 15136	烷基苯胺	北京奥得赛化学股份有限公司	常规申报	重点环境管理危险类

2016 年 4 月 15 日，环保部根据《新化学物质环境管理办法》(环境保护部第 7 号令，以下简称《办法》)，对阿科玛（常熟）氟化工有限公司等 9 家单位的 8 份新化学物质常规申报资料及捷时雅（上海）商贸有限公司提交的 2 份登记证变更申请进行了审查，符合有关要求，拟批准登记，详见表 3。

这些获得受理号的物质中有 5 项为“危险类”，2 项为“一般类”，1 项为“重点环境管理危险类”。环保部 2016 年 4 月 15 —17 日公示期间接受公众咨询。拟批准的登记证详情如下：

表3 2016 年第3批拟批准的《新化学物质环境管理登记证》明细表

序号	受理号	物质名称（CAS号）	申报人/代理人	申报种类	管理类别
1	受 13064	多卤代烯烃	阿科玛（常熟）氟化工有限公司	常规申报	危险类
2	受 15054	卤代丙烯	中化蓝天霍尼韦尔新材料有限公司；霍尼韦尔贸易（上海）有限公司	联合变更量级申报	危险类
3	受 15083	取代的 –1,3– 二氧戊环酮	深圳新宙邦科技股份有限公司	常规申报	危险类
4	受 15117	烷基二酸与支链烷基的混合酯	巴斯夫（中国）有限公司	常规申报	一般类
5	受 15122	芳香族多元羧酸(异烷氧基)烷基酯	INABATA & CO., LTD.	常规申报	危险类
6	受 15126	双［(羟基烷氧基)芳基］多环芳烃	OSAKA GAS CHEMICALS CO., LTD.	常规申报	重点环境管理危险类

7	受 15139	(R)-(+)- 四呋喃 -2- 甲酸	常茂生物化学工程股份有限公司	常规申报	危险类
8	受 16008	10-(十八烷基氨基)-10- 取代烷基酸单锂盐	KYODO YUSHI CO.,Ltd.	常规申报	一般类

2016 年 5 月 30 日和 2016 年 6 月 3 日，环保部根据《新化学物质环境管理办法》(环境保护部第 7 号令，以下简称《办法》)，对先尼科化工（上海）有限公司等单位的 29 份新化学物质常规申报资料及科莱恩化工（中国）有限公司等单位提交的 4 份登记证变更申请进行了审查，符合有关要求，拟批准登记，详见表 4 ~ 表 6。

这些获得受理号的物质中有 8 项为“危险类”，10 项为“一般类”，6 项为“重点环境管理危险类”。环保部分别于 2016 年 5 月 30 日—6 月 1 日及 2016 年 6 月 3 —5 日公示期间接受公众咨询。拟批准的登记证详情如下：

表4　2016 年第4批拟批准的《新化学物质环境管理登记证》明细表

序号	受理号	物质名称（CAS号）	申报人/代理人	申报种类	管理类别
1	受 15103	二 (卤代苯基)- 二氧代二杂多环	先尼科化工（上海）有限公司	变更量级申报	一般类
2	受 15107	取代基三甲氧基硅基烷基酯	道康宁（张家港）投资有限公司	变更量级申报	危险类
3	受 15129	2- 丁烯酸烷酯	国际香料（中国）有限公司	常规申报	危险类
4	受 15138	烷基取代苯	加石润滑油贸易（上海）有限公司	常规申报	重点环境管理危险类
5	受 16013	钛酸金属盐	张家港大塚化学有限公司	变更量级申报	一般类

表5　2016 年第5批拟批准的《新化学物质环境管理登记证》明细表

序号	受理号	物质名称（CAS号）	申报人/代理人	申报种类	管理类别
1	受 15040	黄原酸多硫化物	Robinson Brothers Ltd	变更量级申报	重点环境管理危险类
2	受 15078	C8-10 脂肪酸 1, 4 : 3, 6- 双脱水 -D- 葡萄糖醇二酯	Roquette FRERES S.A.	常规申报	危险类
3	受 15088	S- 氯甲基 -S′ - 己基氰基二硫代氨基甲酸和二己基氰基甲酰亚氨基二硫代物 ,(((Z)-(氰基亚氨基)(己基硫代) 甲基) 硫代) 甲基己基氰基甲酰亚氨基二硫代物 ,((((N- 氰基甲脒基) 亚氨基)(己基硫代) 甲基) 硫代) 甲基己基氰基甲酰亚氨基二硫代物的混合物	巴克曼实验室化工（上海）有限公司	常规申报	重点环境管理危险类
4	受 15113	二烷氧基 - 氨基 - 氮杂芳烃	德州隆盛化工有限公司； 湖北汇达科技发展有限公司	联合申报	重点环境管理危险类

续表

序号	受理号	物质名称（CAS号）	申报人/代理人	申报种类	管理类别
5	受 15118	(乙酰氧基亚氨基 – 二氧代 – 烷氧基烷基)– 烷基 – 甲苯甲酰基杂多环	三菱化学（中国）商贸有限公司	常规申报	危险类
6	受 15121	联苯二醇和苯酚的磷酸混合酯	ADEKA CORPORATION	变更量级申报	一般类
7	受 15128	烷基苯并二氧乙酮	Firmenich SA	常规申报	危险类
8	受 15134	双 [[(卤代 – 羟芳基)偶氮基]–(多卤代芳基)– 烷基 – 氧代 – 多化吡唑合]高铁酸	CANON FINETECH INC.; CANON INC.	联合申报	一般类
9	受 15140	C18–50– 支链，环化和直链的(费托)重馏分	Infineum Singapore Pte Ltd.	重复申报	一般类
10	受 15141	C18–50– 支链，环化和直链的(费托)重馏分	EFTEC Limited	重复申报	一般类
11	受 15142	二丙烯酸 [(丙烯酰氧基)烷基](羟甲基)丙二酯与(多氟烷基)– 三氟甲基 – 多氟代 – 氯代烯的反应产物	捷时雅（上海）商贸有限公司	常规申报	重点环境管理危险类
12	受 15143	C18–50– 支链，环化和直链的(费托)重馏分	BMW Group	重复申报	一般类
13	受 16006	{[[[烷基(烷氧基烷基)氨基]芳基]乙酰胺与重氮化的氨基偶合化合物]与金属氰化物的反应产物}与{[[[烷基(羟基 – 芳氧基烷基)氨基]芳基]乙酰胺与重氮化的氨基 – 多卤代 – 烷基异吲哚二酮的偶合化合物]与金属氰化物的反应产物}的混合物	亨斯迈先进材料（香港）有限公司; 亨斯迈化工贸易（上海）有限公司	联合申报	一般类
14	受 16007	二烷基取代二呋喃 –2(3H) 酮	德之馨（上海）有限公司	常规申报	危险类
15	受 16022	(烷基 – 烷氧基 – 硝基芳基)吡啶	浙江九洲药业股份有限公司	常规申报	重点环境管理危险类

表6　2016 年第6批拟批准的《新化学物质环境管理登记证》明细表

序号	受理号	物质名称（CAS号）	申报人/代理人	申报种类	管理类别
1	受 14090	2,3,3,3– 四氟 –2–[多氟代 –2–[(1,1,2 – 三氟 –2– 链烯基)氧]丙氧基]丙酸铵	大金氟化工（中国）有限公司	常规申报	重点环境管理危险类
2	受 14098	癸酰氧基丙烷磺酸钠；十二酰氧基丙烷磺酸钠；十二酰氧基乙烷磺酸钠	Innospec Limited	变更量级系列申报	危险类
3	受 15120	六氟铝酸锂	索尔维化工（上海）有限公司; 浙江蓝苏氟化有限公司	联合申报	重点环境管理危险类
4	受 16001	二甲硫基烷烃	Arkema France	变更量级申报	重点环境管理危险类
5	受 16016	氨基 – 羟基萘二磺酸与重氮化的硫酸 [(氨基芳基)磺酰基]烷基酯和重氮化的氨基 –[[(磺氧基)烷基]磺酰基]芳族磺酸盐的反应产物	亨斯迈先进材料（香港）有限公司; 亨斯迈化工贸易（上海）有限公司	联合申报	危险类

6	受 16018	膦酸金属盐	CLARIANT (SINGAPORE) PTE. Ltd.; Clariant Produkte (Deutschland) GmbH	联合重复申报	一般类
7	受 16021	(氰基异烷基)氨基脂肪族羧酸多卤代烷基酯	联化科技（德州）有限公司	常规申报	重点环境管理危险类
8	受 16026	羧酸酐与烷基胺和烯基杂单环的反应产物	MEIWA CORPORATION	重复申报	一般类
9	受 16030	(氨基芳基取代吡唑并嘧啶基)杂环基丙烯酮	常州合全药业有限公司; 上海合全药业股份有限公司; 广州南沙龙沙有限公司	联合变更量级申报	重点环境管理危险类

2016 年 7 月 6 日和 7 月 22 日，环保部根据《新化学物质环境管理办法》(环境保护部第 7 号令，以下简称《办法》)，对 Sun Chemical Ltd UK 等单位的 19 份新化学物质常规申报资料及 Evonik Nutrition & Care GmbH 等单位提交的 6 份登记证变更申请进行了审查，符合有关要求，拟批准登记，详见表 7 ~ 表 8。

这些获得受理号的物质中有 11 项为“危险类”，2 项为“一般类”，6 项为“重点环境管理危险类”。环保部 2016 年 7 月 6—8 日和 7 月 22—24 日公示期间接受公众咨询。拟批准的登记证详情如下：

表7　2016 年第7批拟批准的《新化学物质环境管理登记证》明细表

序号	受理号	物质名称（CAS号）	申报人/代理人	申报种类	管理类别
1	受 15115	乙酸 2-（1- 甲基乙氧基）乙酯	Sun Chemical Ltd UK	常规申报	危险类
2	受 15137	取代 -1H- 吡唑酰氟	辽宁天予化工有限公司	常规申报	重点环境管理危险类
3	受 16002	脂肪酸酰胺基烷基甜菜碱	斯伦贝科技服务（成都）有限公司; 斯伦贝科技服务（北京）有限公司; Schlumberger Reservoir Products FZE; Oilfield International Equipment and Supplies, Inc.	联合申报	危险类
4	受 16003	五硼酸钠	斯伦贝科技服务（成都）有限公司; 斯伦贝科技服务（北京）有限公司; Schlumberger Reservoir Products FZE; Oilfield International Equipment and Supplies, Inc.	联合申报	危险类
5	受 16036	多卤代二芳基烷烃	盘锦鸿鹤化工有限公司	变更量级申报	重点环境管理危险类
6	受 16038	二（卤代苯基）- 二氧代二杂多环	DONGWOO FINE-CHEM CO., Ltd.	重复申报	一般类
7	受 16040	脂肪族烯烃与杂单环、 取代芳烃和硫的反应产物的金属盐	Infineum Singapore Pte. Ltd.	变更量级申报	危险类

续表

序号	受理号	物质名称（CAS号）	申报人/代理人	申报种类	管理类别
8	受 16046	多（4- 烷基苯基）-2- 辛基 -2H- 苯并三唑	Nitto Denko Corporation	常规申报	危险类
9	受 16048	（4- 溴烷氧基）苯	山东道可化学有限公司	常规申报	重点环境管理危险类
10	受 16051	（4- 溴烷氧基）苯	盐城市胜达化工有限公司	重复申报	重点环境管理危险类

表8　2016 年第8批拟批准的《新化学物质环境管理登记证》明细表

序号	受理号	物质名称（CAS号）	申报人/代理人	申报种类	管理类别
1	受 13105	全氟丁基 -*N*- 双基取代的磺酰胺烷酯	3M Belgium NV	常规申报	危险类
2	受 16009	异丙氧基氧代丙基三甲基乙酸酯	Firmenich SA	常规申报	危险类
3	受 16020	多卤代甲苯	江苏永创医药科技股份有限公司	常规申报	重点环境管理危险类
4	受 16025	烷基芳基硫基乙酰氧基亚氨基乙基茚酮	江苏英力科技发展有限公司	常规申报	危险类
5	受 16028	多（卤代芳甲酰基）芳烃	盘锦鸿鹤化工有限公司	常规申报	危险类
6	受 16035	芳基脂肪胺与亚烷基脂肪族二元羧酸双（二烷基烷基）酯的反应产物	路博润添加剂（珠海）有限公司	常规申报	重点环境管理危险类
7	受 16047	1,4- 苯二甲酸与 2- 甲基 -1,8- 辛二胺和 1,9- 壬二胺的聚合物与苯甲酸的反应产物	KURARAY Co.,Ltd.; KURARAY TRADING Co., Ltd.; KSK HONG KONG LTD.	联合申报	一般类
8	受 16049	硫代硫酸氨烷基酯	Sumitomo Chemical Co., Ltd.	常规申报	危险类
9	受 16064	烷氧基 -*N*- [[[[（烷氨基）羰基] 氨基] 芳基] 磺酰基] 苯甲酰胺	先正达南通作物保护有限公司	常规申报	危险类

2016 年 8 月 30 日，环保部根据《新化学物质环境管理办法》（环境保护部第 7 号令，以下简称《办法》），对 Albemarle Corporation 等单位的 9 份新化学物质常规申报资料及默克化工技术（上海）有限公司的 1 份登记证变更申请进行了审查，符合有关要求，拟批准登记，详见表 9。

这些获得受理号的物质中有 3 项为“危险类”，3 项为“一般类”，3 项为“重点环境管理危险类”。环保部 2016 年 8 月 30 日至 9 月 1 日公示期间接受公众咨询。拟批准的登记证详情如下：

表9　2016 年第9批拟批准的《新化学物质环境管理登记证》明细表

序号	受理号	物质名称（CAS号）	申报人/代理人	申报种类	管理类别
1	受 14117	烷基［6H- 二苯并［c,e］［1,2］氧杂磷杂苯］氧化衍生物	Albemarle Corporation	常规申报	危险类
2	受 14122	金属酞菁的多卤化物	三菱化学（中国）商贸有限公司	重复申报	一般类
3	受 15064	金属酞菁的多卤化物	DNP Fine Chemicals Co., Ltd.	变更量级的重复申报	一般类
4	受 15067	多卤代 -（多卤代烷基）芳烃	联化科技（盐城）有限公司； 联化科技（台州）有限公司	联合申报	重点环境管理危险类
5	受 16029	烷二基二（苯基烷基）脲	Nuplex Resins BV	常规申报	一般类
6	受 16044	烷酰基柠檬酸烷基酯	Vertellus Performance Materials Inc.	常规申报	重点环境管理危险类
7	受 16045	*N*-（2- 卤代杂单环 -5- 基烷基）-O- 烷基 -*N′* - 取代异脲	浙江永太科技股份有限公司	变更量级申报	重点环境管理危险类
8	受 16052	[（氨基 - 多卤代吡啶基）氧基］脂肪族羧酸烷基酯	江苏中旗作物保护股份有限公司	常规申报	危险类
9	受 16063	金属硫化物	上海伊藤忠商事有限公司	变更量级申报	危险类

2016 年 9 月 21 日和 9 月 29 日，环保部根据《新化学物质环境管理办法》（环境保护部第 7 号令，以下简称《办法》），分别对 Arkema France 等单位的 15 份新化学物质常规申报资料及常熟三爱富中昊化工新材料有限公司等单位的 12 份登记证变更申请进行了审查，符合有关要求，拟批准登记，详见表 10 ~ 表 11。

这些获得受理号的物质中有 6 项为“危险类”，8 项为“重点环境管理危险类”，1 项为“一般类”。环保部分别于 2016 年 9 月 21—23 日和 2016 年 9 月 29 日—10 月 1 日公示期间接受公众咨询。拟批准的登记证详情如下：

表10　2016 年第10 批拟批准的《新化学物质环境管理登记证》明细表

序号	受理号	物质名称（CAS号）	申报人/代理人	申报种类	管理类别
1	受 15058	羟基脂肪酸与烷酸和烷基二胺的反应产物	Arkema France	常规申报	重点环境管理危险类
2	受 16011	硫代双［2-（1,1- 二甲基乙基）-5- 甲基 -4,1- 亚苯基］硫醚的混合物	ADEKA CORPORATION	常规申报	重点环境管理危险类
3	受 16034	马来酸化不饱和脂肪酸	巴斯夫（中国）有限公司； BASF South East Asia Pte Ltd	联合申报	危险类
4	受 16059	多卤代磷酸金属盐	Mitsubishi Chemical Corporation； 常熟菱锂电池材料有限公司	联合申报	重点环境管理危险类
5	受 16070	多卤代 -（多卤代烷基）芳烃	盘锦鸿鹤化工有限公司； 营口兴福化工有限公司	联合申报	重点环境管理危险类

表11 2016 年第11批拟批准的《新化学物质环境管理登记证》明细表

序号	受理号	物质名称（CAS号）	申报人/代理人	申报种类	管理类别
1	受 16004	（取代的苯基）偶氮取代的碳多环酸金属盐	江苏仁欣化工股份有限公司	重复申报	危险类
2	受 16054	[[偶氮基双[嘧啶三酮合]]]过渡金属与三嗪三胺的反应产物的水合物	朗盛化学（中国）有限公司	常规申报	危险类
3	受 16055	（二烷基－羟基芳基）丙酸烷基酯	路博润添加剂（珠海）有限公司	常规申报	一般类
4	受 16069	芳基－多（芳烷基）－多氧代多氮杂芳烃	富士胶片精细化学（无锡）有限公司	常规申报	重点环境管理危险类
5	受 16072	1-（4-取代苯基）-取代丙烷-1,2-二酮-2-肟-O-乙酸酯	DONGWOO FINE-CHEM CO.,Ltd.	重复申报	危险类
6	受 16078	*N*-正丁基硫代磷酰三胺	沧州金仓精细化工有限公司	常规申报	重点环境管理危险类
7	受 16080	（烷基环烷基）烷氧基－二卤代－甲氧基苯	浙江永宁药业股份有限公司	常规申报	危险类
8	受 16085	含铝镁金属氧化物	Grace GmbH & Co. KG	变更量级申报	重点环境管理危险类
9	受 16087	5-叔丁基-3-(2,4-二氯-5-羟基苯基)-1,3,4-噁二唑啉-2（3H）-酮	连云港市金囤农化有限公司	常规申报	重点环境管理危险类
10	受 16089	（烷氧基羰基氨基）单环羧酸	斯福瑞（南通）制药有限公司	常规申报	危险类

2016 年 9 月 29 日，环保部根据《新化学物质环境管理办法》（环境保护部第 7 号令，以下简称《办法》），对安徽东健化工科技有限公司等单位的 10 份新化学物质常规申报资料及浙江今晖新材料股份有限公司的 1 登记证变更申请进行了审查，符合有关要求，拟批准登记，详见表 12。

这些获得受理号的物质中有 4 项为“危险类”，5 项为“重点环境管理危险类”，1 项为“一般类”。环保部 2016 年 11 月 15—17 日公示期间接受公众咨询。拟批准的登记证详情如下：

表12 2016 年第12批拟批准的《新化学物质环境管理登记证》明细表

序号	受理号	物质名称（CAS号）	申报人/代理人	申报种类	管理类别
1	受 16017	多卤代乙酰苯胺	安徽东健化工科技有限公司	常规申报	重点环境管理危险类
2	受 16019	脂肪族二元胺与脂肪族羧酸和羟基脂肪族羧酸的反应产物	Elementis Specialties, Inc	常规申报	危险类
3	受 16042	二（三烷基烷基酸）烷基－(((三烷基己酰基)氧基)烷基)烷二酯	路博润添加剂（珠海）有限公司	常规申报	一般类
4	受 16053	氟化吡啶	大连九信精细化工有限公司	常规申报	重点环境管理危险类

5	受 16074	硼酸与烷基氧杂环烷烃的反应产物	Chevron Oronite Company LLC；Chevron Japan Ltd.； Chevron Oronite SAS； Chevron Oronite Pte. Ltd.； 雪佛龙奥伦耐（北京）国际贸易有限公司	联合申报	危险类
6	受 16081	多取代含氮杂单环	斯福瑞（南通）制药有限公司	常规申报	危险类
7	受 16082	多（4- 烷基苯基）-2- 异丁基 -2H- 苯并三唑	Nitto Denko Corporation	常规申报	危险类
8	受 16083	多［脂肪多元酸根］二卤代磷酸锂	CENTRAL GLASS CO., LTD.	常规申报	重点环境管理危险类
9	受 16086	苯氧苯基杂多环取代胺	上海合全药业股份有限公司； 浙江朗华制药有限公司； 常州合全药业有限公司	联合申报	重点环境管理危险类
10	受 16088	3- 卤代 - 三卤代烷基 - 环烯烃	江苏联化科技有限公司	常规申报	重点环境管理危险类

2016 年 12 月 19 日，环保部根据《新化学物质环境管理办法》（环境保护部第 7 号令，以下简称《办法》），对联化科技股份有限公司等单位的 10 份新化学物质常规申报资料及奇华顿日用香精香料（上海）有限公司等单位的 3 份登记证变更申请进行了审查，符合有关要求，拟批准登记，详见表 13。

这些获得受理号的物质中有 3 项为“危险类”，6 项为“重点环境管理危险类”，1 项为“一般类”。环保部 2016 年 12 月 19 —21 日公示期间接受公众咨询。拟批准的登记证详情如下：

表13　2016 年第13批拟批准的《新化学物质环境管理登记证》明细表

序号	受理号	物质名称（CAS号）	申报人/代理人	申报种类	管理类别
1	受 15124	三氟甲基苯基丙二酸衍生物	联化科技股份有限公司	常规申报	重点环境管理危险类
2	受 16005	烷基丙烯酸取代的烷基酯与苯酐和环氧烷烃的反应产物	大东科技材料（昆山）有限公司	常规申报	危险类
3	受 16010	1- 脱氧 -1-（甲氨基）-*D*- 山梨醇 ,*N*-$C_{16\sim18}$ 与不饱和 C_{18} 酰基衍生物	科莱恩化工（中国）有限公司	常规申报	重点环境管理危险类
4	受 16037	烷基醇与硼酸的三酯	路博润添加剂（珠海）有限公司	变更量级申报	重点环境管理危险类
5	受 16068	（氨基烷基）脂肪族多元胺与顺酐化的亚烷基烷烃的反应产物	Chevron Oronite Company LLC； Chevron Japan Ltd.；Chevron Oronite SAS； Chevron Oronite Pte. Ltd.； 雪佛龙奥伦耐（北京）国际贸易有限公司	联合申报	危险类

续表

序号	受理号	物质名称（CAS号）	申报人/代理人	申报种类	管理类别
6	受 16071	羟基－［（氧代烷基）氨基］萘二磺酸钠与偶氮化的二氨基苯磺酸、硫酸［［（烷基氨基）芳基］磺酰基］烷基酯和多卤代三嗪的反应产物的钠盐	亨斯迈先进材料（香港）有限公司； 亨斯迈化工贸易（上海）有限公司	联合申报	危险类
7	受 16073	烷基苯胺	江苏广域化学有限公司	常规申报	重点环境管理危险类
8	受 16076	3－二烷基氨基－1－杂单环基－烯酮	苏州诺华制药科技有限公司	常规申报	重点环境管理危险类
9	受 16079	双取代二吡咯并吡咯二酮	巴斯夫（中国）有限公司； DNP Fine Chemicals Co., Ltd.	联合申报	一般类
10	受 16098	*N,N*－二丁基－*N*－甲基－1－丁铵与 1,1,1－三氟－*N*－［（三氟甲基）磺酰］甲磺酰胺的盐（1 ： 1）	3M Company； 上海宸崟实业有限公司； 赛拉尼斯（上海）国际贸易有限公司	联合申报	重点环境管理危险类

2016 年 12 月 11 日，环保部根据《新化学物质环境管理办法》（环境保护部第 7 号令，以下简称《办法》），对上海祥乐田村电化工业有限公司等单位的 10 份新化学物质常规申报资料及安徽东健化工科技有限公司的 1 份登记证变更申请进行了审查，符合有关要求，拟批准登记，详见表 14。

根据《办法》第二十条，为体现公开、公平、公正的原则，接受公众监督，现将拟批准的《新化学物质环境管理登记证》申请相关情况在环保部政府网站上公示。环保部 2017 年 1 月 11—13 日公示期间接受公众来电、来信、来访，对所反映的问题进行调查、核实和处理。拟批准的登记证详情如下：

表14　2016年第14批拟批准的《新化学物质环境管理登记证》明细表

序号	受理号	物质名称（CAS号）	申报人/代理人	申报种类	管理类别
1	受 15055	｛烷基链烷二酸与［多（卤代烷基）］联苯－苯酚聚合物缩水甘油醚的聚合物｝的丙烯酸酯、环烷多元羧酸单酯和 C18–22－链烷酸酯	上海祥乐田村电化工业有限公司； 田村化研（东莞）有限公司	联合申报	一般类
2	受 15091	（T–4）－四（*N, N, N', N', N'', N''*－六烷基磷酸胺三取代－κ *N'''*）磷（1+）与 1, 2, 3－丙三醇的盐（1:1）	Mitsui Chemicals & SKC Polyurethanes Inc.	变更量级申报	重点环境管理危险类
3	受 16077	1–［2–［5－烷基－3–（多卤代烷基）–1H－吡唑－1－基］乙酰基］哌啶－4－取代酰胺	雅本化学股份有限公司； 南通雅本化学有限公司	联合申报	危险类
4	受 16094	［［（芳基烷氧基）羰基氨基］乙酰氨基］–［（羟基芳基）氧代烷基］丙酰胺	诺维信（中国）生物技术有限公司	常规申报	危险类
5	受 16100	多卤代甲苯	浙江永太科技股份有限公司	常规申报	重点环境管理危险类

6	受 16102	2-（烷基酰氧基亚氨基）-1-（二烷基 - 稠环芳基）烷酮	Samyang Corporation； Dongwoo Fine-chem Co., Ltd.	联合申报	重点环境管理危险类
7	受 16104	取代磺酰基卤代苯甲酸烷基酯	江苏联化科技有限公司	常规申报	重点环境管理危险类
8	受 16107	卤代 - 芳基磺酰基 - 吡咯并嘧啶	浙江九洲药业股份有限公司	常规申报	重点环境管理危险类
9	受 16108	3-{［3-（{［3-（烷酰氧基）-2,2- 二烷基亚丙基］取代基}烷基）-3,5,5- 三烷基环己基］亚氨基}-2,2- 二烷基丙基十二酸酯	西卡（中国）有限公司	常规申报	危险类
10	受 16114	二乙酰基杂单环	联化科技（盐城）有限公司	常规申报	一般类

非离子表面活性剂生物降解数据库（续 2014 卷）

化学品	降解度	试验方法	时间	分析方法	参考文献
C_8E_4	100	RW	7d	PM	Huyser 1960
C_8E_{14}	84	RW	34d	PM	
C_8E_{25}	35	RW	34d	PM	
$C_{18}E_4$	100	RW	27d	PM	
$C_{18}E_8$	100	RW	27d	PM	
$C_{18}E_{14}$	56	RW	34d	PM	
$C_{10}E_7$	97	RW	6d	σ	Blankenship 1963
$C_{12}E_6$	99	RW	6d	σ	
$C_{12}E_8$	96 ~ 99	RW	5–8d	σ	
	48	Wa	> 3h	O_2	
$C_{12}E_{10}$	99	RW	6d	σ	
$C_{12}E_{20}$	99	RW	23d	σ	
$C_{12}E_{30}$	95	RW	20d	σ	
$C_{14}E_{9.5}$	97	RW	6d	σ	
$C_{16}E_{10.4}$	97	RW	7d	σ	
$C_{12}E_7$	94;98	SCAS		CODcr; 硫氰酸钴法	李遵峰 2007
$C_{12}E_2$	54	震荡培养法		硫氰酸钴法	李丽 2004
$C_{12}E_4$	53	震荡培养法		硫氰酸钴法	
$C_{12}E_5$	48	震荡培养法		硫氰酸钴法	
$C_{12}E_6$	46	震荡培养法		硫氰酸钴法	
$C_{12}E_7$	45	震荡培养法		硫氰酸钴法	
$C_{12}E_9$	43	震荡培养法		硫氰酸钴法	
$C_{12}E_{12}$	30	震荡培养法		硫氰酸钴法	
$C_{12}E_{15\sim22}$	≈ 100	河水衰减		苦味酸钡比色法	HGHB 1997
Lauryl E_4（Slovasol S）	100	CAS	10h	PM	Pitter 1963a
C+O[b] E_{20}（Slovasol O）	0	CAS	10h	PM	
Alfol 16 E_5	65	In	20d	O_2	Ruschenberg 1963a
Alfol 16 E_{10}	53	In	20d	O_2	
Alfol 16 E_{20}	33	In	20d	O_2	
Lauryl E_5	25 ~ 100	In	20d	HgI	Cuta 1964
$C_{12\sim16}E_5$+$C_{12\sim16}E_{14}$（syn.）	80 ~ 90	In	20d	HgI	

续表

化学品	降解度	试验方法	时间	分析方法	参考文献
$C_{12\sim16}E_{13}$（syn.）	100	In	20d	HgI	
$C+O^{b}$ E_8	60 ~ 85	In	20d	HgI	
$C+O^{b}$ E_{20}	80	In	20d	HgI	
$C_{14}E_8$		RW	5d	IR	Frazee 1964b
Lauryl E_3	1.5G	Wa	5d	O_2	Garrison 1964
$C_{12\sim18}E_8$(Ziegler)	99 ~ 100	In	9d	CT; σ ;F	
	98 ~ 100	SF	7d	CT; σ ;F	
$C_{12\sim18}$+60%E_8(Alfonic)	100	CAS	4h	CT	Huddleston 1964a
C_8E_5	100	CAS	4h	CT	Huddleston 1964b
	100	SF;RW	3;8d	CT	
$C_{10}E_7$	100	CAS	4h	CT	
	100	SF;RW	3;5d	CT	
$C_{12}E_{4.4}$	100	CAS	4h	CT	
	100	SF;RW	3;4d	CT	
$C_{12}E_6$	100	CAS	4h	CT	
	100	SF;RW	3;4d	CT	
$C_{12}E_9$	100	CAS	4h	CT	
	100	SF;RW	2;3d	CT	
$C_{16}E_{10}$	100	CAS	4h	CT	
	100	SF;RW	2;5d	CT	
$C_{18}E_{10.5}$	100	CAS	4h	CT	
	100	SF;RW	2;13d	CT	
$C_{10\sim12}$+58%E	100	CAS	4h	CT	
	100	SF;RW	2;5d	CT	
$C_{12\sim18}$+62%E	100	CAS	4h	CT	
	100	SF;RW	2;5d	CT	
$C_{16\sim18}$+63%E	100	CAS	4h	CT	
	100	SF;RW	2;5d	CT	
Lauryl E_3	66	Wa	10d	O_2	Hunter 1964
Lauryl E_9	56	Wa	10d	O_2	
	100;72	RW;Wa	12;15d	σ ;O_2	Knaggs 1964
$C_{12\sim14}E_9$	97;50	RW;Wa	6;3d	CT;O_2	Myerly 1964
Lauryl E_4(Slovasol S)	84	In	20d	O_2	Pitter 1964c

续表

化学品	降解度	试验方法	时间	分析方法	参考文献
C_xE_8	90	RW	4;5d	CT; σ	Steinle 1964
	50	Wa	2d	O_2	
C_xE_9	90	RW	6;4d	CT; σ	
	60	Wa	2d	O_2	
$C_{16}E_x$	97 ~ 98	RW	28d	CT; σ ; F	Vath 1964
$C_{12\sim14}E_{7.4}$(Ziegler)	100	RW	16d	CT; σ ; F	
	50	Wa	30h	O_2	
$C_{16}E_{10}$	95	RW	2d	σ ; F	Weil 1964
$C_{16}E_{20}$	95	RW	2; > 25d	σ ; F	
$C_{18}E_6$	100;80	RW	2;3d	F; σ	
Lauryl E_3	75;78	Wa	10d	O_2	Barbaro 1965
$C_{10\sim12}E_6$ (Ziegler)	100	SF	7d	CT; σ ; F	Huddleston 1965b
	100	RW	2d	CT; σ ; F	
	91	RW	2d	Wt	
	100	BAS	1d	CT; σ	
	95;93	BAS	1d	F; Wt	
$C_{12\sim18}$+60%E_8	100	CAS;SF	4h;8d	CT	Huddleston 1966
	100	RW	11d	CT; σ ; F	
$C_{16\sim18}E_9$	100	In	5d	TLC	LGC 1966,p.142
$C_{16\sim18}E_{20}$	100	In	8d	TLC	
C_xE_9(Empilan KM9)	98	Sew	4d	TLC	Patterson 1966b
C_xE_{20}	100	Sew	14d	TLC	
C_xE_x	100	In	7d		Smithson 1966
Lauryl E_9	100	In	28d	Wt	Borstlap 1967a
L+M^c E_6	100	In	28d	Wt	
L+M^c E_9	100	In	28d	Wt	
L+M^c E_{12}	94	In	28d	Wt	
L+M^c E_{15}	89	In	28d	Wt	
L+M^c E_{18}	81	In	28d	Wt	
L+M^c E_{30}	64	In	28d	Wt	
$C_{12}E_9$	98 ~ 100	In	7d	CT	Bunch 1967a
$C_{14}E_8$	95 ~ 100	In	7d	CT	
$C_{14\sim16}E_8$ (Ziegler)	100	BAS	1d	SMB	Han 1967

续表

化学品	降解度	试验方法	时间	分析方法	参考文献
$C_{14\sim16}E_{16}$ (Ziegler)	86	BAS	1d	SMB	
TAI E_{40}	12	BAS	1d	SMB	
C_xE_9	27 ~ 133	Wa		O_2	Hartmann 1967
Lauryl E_4	97	In	30d	O_2	Heinz 1967
$C_{12}E_6$	76	In	30d	O_2	
$C_{12}E_8$	72 ~ 82	In	30d	O_2	
$C_{12}E_{10}$	73	In	30d	O_2	
$C_{12}E_{16}$	62	In	30d	O_2	
$C_{12}E_{20}$	41	In	30d	O_2	
$C_{12}E_x$(Lissapol DS)	100	RTF	1d	CT;TLC	Jenkins 1967
Stearyl E_8	100	In	10d	TLC	Patterson 1967
$C_{10\sim12}$+58%E	100	In	3d	TLC	
$C_{12\sim15}E_9^d$	100	In	24d	TLC	
$C_{12\sim18}$+62%E	100	In	4d	TLC	
$C_{16\sim18}E_6$	100	In	7d	TLC	
$C_{16\sim18}E_9$	100	In	7d	TLC	
$C_{16\sim18}E_{15}$	100	In	7d	TLC	
$C_{16\sim18}E_{20}$	100	In	9d	TLC	
$C_{16\sim18}E_{22}$	98	In	28d	TLC	
$C_{16\sim18}E_{30}$	100	In	22d	TLC	
$C_{16\sim18}E_5$	91;87	In	20d	PW; COD	Pitter 1968a
$C_{16\sim18}E_{10}$	74;70	In	20d	PW; COD	
$C_{16\sim18}E_{15}$	36;46	In	20d	PW; COD	
$C_{16\sim18}E_{20}$	7;32	In	20d	PW; COD	
$C_{16\sim18}E_{25}$	0;13	In	20d	PW; COD	
$C_{10\sim16}E_3$	90	In	20d	PW	Pitter 1968a,b
	93;66	In	20d	COD; O_2	
$C_{10\sim16}E_5$	75	In	20d	PW	
	84;62	In	20d	COD; O_2	
$C_{10\sim16}E_8$	65	In	20d	PW	
	73;52	In	20d	COD; O_2	
$C_{10\sim16}E_{10}$	50	In	20d	PW	
	64;48	In	20d	COD; O_2	
$C_{10\sim16}E_{14}$	48;34	In	20d	COD; O_2	

续表

化学品	降解度	试验方法	时间	分析方法	参考文献
$C_{10\sim16}E_{15}$	33	In	20d	PW	
	41; 32	In	20d	COD; O_2	
$C_{10\sim16}E_{18}$	36; 23	In	20d	COD; O_2	
$C_{10\sim16}E_{20}$	8	In	20d	PW	
	27; 18	In	20d	COD; O_2	
$C_xE_{3\sim6}$	80 ~ 96	In	20d	COD	Pitter 1968c
	61 ~ 88	In	20d	O_2	
$C_xE_{20\sim30}$	16 ~ 50	In	20d	COD	
	12月27日	In	20d	O_2	
C_xE_9（Empilan KM9）	98 ~ 99	In	21d		Truesdale 1968a
	98 ~ 99	BAS; RW	1;7d		
C_xE_{20}（Empilan KM20）	96 ~ 99	In; RTF	21;7d		
TAI E_{10}	100	In	2d	σ	Arpino 1969
TAI E_{20}	100	In	2d	σ	
TAI E_{25}	98	In	4d	σ	
$C_{12\sim14}E_{10}$(coco)	100	BAS; RW	1;14d	F; CT	SDA 1969a,b
	100	SF	14;7d	F; CT	
	99	BAS	17h	F	
*$C_{18}E_6$ U-^{14}C	97;48	In	7d	^{14}C; $^{14}CO_2$	Nooi 1970
$C_{12}E_4$	74 ~ 96	In	30d	O_2	Fischer 1971 Ⅱ [e]
$C_{12}E_6$	79 ~ 85	In	30d	O_2	
$C_{12}E_8$	77 ~ 92	In	30d	O_2	
$C_{12}E_{10}$	73 ~ 75	In	30d	O_2	
$C_{12}E_{12}$	76 ~ 78	In	30d	O_2	
$C_{12}E_{16}$	60	In	30d	O_2	
$C_{12}E_{18}$	56 ~ 57	In	30d	O_2	
$C_{12}E_{20}$	43 ~ 50	In	30d	O_2	
$C_{12}E_{30}$	4月5日	In	30d	O_2	
$C_{12}E_8$	85	In	30d	O_2	Fischer 1972
Stearyl alc E_5	31	In	5d	O_2	Moller 1972
Stearyl alc $E_{7\sim8}$	28	In	5d	O_2	
Stearyl alc E_{10}	23	In	5d	O_2	
Stearyl alc E_{15}	17	In	5d	O_2	
Stearyl alc E_{20}	12	In	5d	O_2	

续表

化学品	降解度	试验方法	时间	分析方法	参考文献
Stearyl alc E_{25}	10	In	5d	O_2	
Oleyl alc E_5	39	In	5d	O_2	
Oleyl alc $E_{7\sim8}$	28	In	5d	O_2	
Coco alc E_5	44	In	6d	O_2	
Coco alc $E_{7\sim8}$	23	In	5d	O_2	
$C_{16\sim20}E_{10}$	50	In	6d	O_2	Rudling 1972
	> 95	In	13 ~ 20d	GC; TLC	
$C_{16}E_{10}$	99	CAS	3h	BI	Gerike 1973
$C_{16}E_{11}$	99; 80	In	30d	BI; O_2	
$C_{16}E_{31}$	98	CAS	3h	BI	
	98; 57	In	30d	BI; O_2	
TAI E_{14}	100	CAS	3h	BI	
$C_{12}E_6$	98; 81	In	30d	BI; O_2	
$C_{12}E_8$	99; 81	In	30d	BI; O_2	
$C_{12}E_{10}$	99; 82	In	30d	BI; O_2	
$C_{12}E_{12}$	99; 83	In	30d	BI; O_2	
$C_{12}E_{14}$	98; 85	In	30d	BI; O_2	
$C_{12}E_{16}$	98; 85	In	30d	BI; O_2	
$C_{12}E_{18}$	98; 90	In	30d	BI; O_2	
$C_{12}E_{20}$	98; 70	In	30d	BI; O_2	
$C_{14\sim18}E_3$	80	In	28d	CO_2	Sturm 1973
$C_{14\sim18}E_6$	79	In	28d	CO_2	
$C_{14\sim18}E_9$	69	In	28d	CO_2	
$C_{14\sim18}E_{10.6}$	74	In	28d	CO_2	
$C_{14\sim18}E_{11}$	76	In	28d	CO_2	
$C_{14\sim18}E_{20}$	43	In	28d	CO_2	
$C_{14\sim18}E_{30}$	33	In	28d	CO_2	
TAI E_9	100	In	3d	CT; F	
	70	In	28d	CO_2	
TAI E_{30}	100	In	4;6d	CT; F	
	32	In	28d	CO_2	
$C_{10\sim14}E_6^{f}$	66	In	28d	CO_2	
$C_{10\sim14}E_{12}$	47	In	28d	CO_2	
TAI E_{10}	96	In	2d	BI	Treccani 1973

续表

化学品	降解度	试验方法	时间	分析方法	参考文献
$C_{14}E_7$	100	In	2;3d	σ ; F	Albanese 1974
	100	In	4d	BI; TLC	
$C_{14}E_{27}$	87; 60	In	8d	σ ; F	
	96; 80	In	7;8d	BI; TLC	
Alfol 1216 E_7	98; 100	In	8d	σ ; F	
Alfol 1216 E_{27}	78; 60	In	8d	σ ; F	
	60	In	8d	TLC	
Alfol 1618 E_{11}	86; 91	In	6;8d	σ ; F	
	100	In	6d	TLC	
Alfol 1618 E_{50}	89; 81	In	8d	σ ; F	
Coco E_5	100	In	4;2d	BI; σ	Arpino 1974b
Coco E_{15}	99; 95	In	7d	BI; σ	
Alfol 1214 E_5	100	In	2d	BI; σ	
Alfol 1214 E_5	98; 98	In	9d	BI; σ	
$C_{12}E_8$(Lauropal)	15; 12	Sew;RTF	5d	KI_3	Baleux 1974b
C_xE_{12}(Marlipol)	75; 62	Sew;RTF	5d	KI_3	
$C_{9\sim11}E_6$	100	Sew;RTF	3d	KI_3	
Coco E_5	98	In	2d	σ	Borsari 1974
Coco E_{15}	97	In	2d	σ	
Alfol 1214 E_5	97	In	2d	σ	
Alfol 1214 E_{15}	98	In	2d	σ	
Alfol 1012 E_8	94; 92	In	4d	BI; σ	Bruschweiler 1974
TAI E_{10}	99; 75	In	30d	BI; O_2	Fischer 1974
$C_{16\sim20}E_{14}$	95	In	5d	BI	Rudling 1974
$C_{10}E_5$	96 ～ 98	BAS	13d	COD	Zahn 1974
$C_{10\sim12}E_8$	97; 95	In	8d	BI; σ	Bruschweiler 1975
$C_{10\sim12}E_{11}$	93	In	4d	σ	
$C_{10\sim12}E_{25}$	96	In	4d	σ	
TAI E_{10}	82	In	8d	σ	
TAI E_{25}	95	In	8d	σ	
$C_{16}E_{10}$	99	In	14d	BI	Fischer 1975 Ⅱ
	100; 71	In	30d	BI; O_2	
	98; 67 ± 6	CAS	3h	BI; COD	
	56 ± 12	CAS	3h	C	

续表

化学品	降解度	试验方法	时间	分析方法	参考文献
$C_{16}E_{31}$	84	In	14d	BI	
	99; 59	In	30d	BI; O_2	
	98; 33 ± 6	CAS	3h	BI; COD	
$C_{12}E_9$	100; 98	RW	3;30d	CT; COD	Kurata 1975
	98; 100	In	3;31d	σ ; C	Sekiguchi 1975e
$C_{12\sim14}E_5$	82 ~ 92	BAS	14d	COD; C	Zahn 1975
	0 ~ 70	CAS	3h	COD; C	
C_xE_y	≈ 100	Soil	30d		Citernesi 1976
$C_{12}E_9$	97	In	20d	C	Kuwamura 1976
$C_{12}E_3$	93 ~ 96	In	42d	C	Laboureur 1976
$C_{13}E_{80}$	58 ~ 96	In	28d	C	
$C_{12\sim16}E_3$	72 ~ 87	CAS	3h	PW	Miksch 1976,1980
$C_{12\sim16}E_{25}$	73 ~ 80	CAS	3h	PW	
$C_{12\sim14}E_8$	97	CAS	3h	BI	Stache 1976
$C_{16\sim18}E_5$	98	BAS	3d	COD	Stuhler 1976
$C_{16\sim18}E_{11}$	95	BAS	6d	COD	
$C_{16\sim18}E_{15}$	95	BAS	9d	COD	
$C_{16\sim18}E_{36}$	93	BAS	14d	COD	
$C_{15\sim18}E_8$	88; 98;+	In	7d	F; BI; O_2	Vaicum 1976b
$C_{12\sim14}E_9$	95; 98;+	In	7d	F; BI; O_2	
$C_{16}E_{16}$	97; 100;+	In	7d	F; BI; O_2	
$C_{16}E_{20}$	98; 98;+	In	7d	F; BI; O_2	
$C_{15\sim18}E_{22}$	89; 91;+	In	7d	F; BI; O_2	
$C_{12}E_{12}$	99 ~ 100	RW	7d	CT	Dobarganes G 1977
$C_{12}E_5$	53	In	10d	O_2	Inous 1977
$C_{12}E_9$	38	In	10d	O_2	
$C_{13}E_8$	41	In	10d	O_2	
$C_{14}E_6$	55	In	10d	O_2	
Sperm alc E_{10}	91 ~ 97	In	2d	BI	Janicke 1977
	25 ~ 50	In	2d	COD	
$C_{16\sim18}E_{50}$	95 ~ 100	Soil		BI	Rizet 1977
$C_{12\sim14}E_9$	94; 97	RW	4; 10d	CT	Ruiz Cruz 1977
$C_{12}E_6$	91; 97	RW	4; 8d	CT	
$C_{12}E_8$	90; 99	RW	3; 6d	CT	

续表

化学品	降解度	试验方法	时间	分析方法	参考文献
$C_{18}E_8$	93; 99	RW	7;11d	CT	
C_xE_6, E_9, E_{12}	99	RW	6d	CT	
C_xE_{25}	70;82	RW	10; 16d	CT	
C_xE_y	69	In	30d	O_2	Fernley 1978
$C_{12}E_5$	> 90	In	1d		Ichikawa 1978
Lauryl E_6	100	RW	6d	CT	Ruiz Cruz 1978
	99	SF; BAS	8; 1d	BI	
	98	In; CAS	19d; 3h	BI	
TAI E_{10}	97	RW	5d	CT	
	98; 97	SF; BAS	8; 1d	BI	
	96	In; CAS	19d; 3h	BI	
$C_{12\sim14}E_9$ (Ziegler)	98	RW	7d	CT	
	98; 100	SF; BAS	8; 1d	BI	
	99; 98	In; CAS	19d; 3h	BI	
$C_{11\sim12}E_{6.5}$	99; 100	In	24d	CO_2; C	Larson 1979
	100	BAS	1d	C	
$C_{13\sim14}E_7$	95 ~ 100	In	29d	CO_2; C	
	100	BAS	1d	C	
$^{14}C_{18}E_{31}$	77	In	12d	$^{14}CO_2$	Lotzsch 1979a
$C_{12}E_{8.5}$	98	In	5d	CT	Miura 1979
	50; 35	In	15; 12d	O_2; C	
Alfonic 1412-70	100; 78	CAS	3h	BI; COD	Mereno Da 1979
Fatty alc E_{10}	97; 90	BAS; In	3; 14d	C	Schefer 1980
Fatty alc E_x	100	In	1 ~ 2d	CT	Udod 1980
$C_{12}E_4$	75	In	30d	O_2	Fischer 1981g
$C_{12}E_6$	80	In	30d	O_2	
$C_{12\sim14}E_6$	96	In	5d	BI	
$C_{12\sim18}E_6$	94	In	5d	BI	
$C_{12\sim18}E_7$	98; 97	In	19; 28d	BI; C	
	86	In	30d	O_2	
$C_{12}E_8$	99; 78 ~ 83	In	5; 30d	BI; O_2	
$C_{14}E_8$	92	In	30d	O_2	
$C_{12\sim18}E_8$	85	In	30d	O_2	
$C_{18}E_8$	60	In	30d	O_2	

续表

化学品	降解度	试验方法	时间	分析方法	参考文献
$C_{12}E_{10}$	85	In	30d	O_2	
$C_{12}E_{12}$	78	In	30d	O_2	
$C_{12}E_{18}$	57	In	30d	O_2	
$C_{12}E_{20}$	50	In	30d	O_2	
O/C^hE_5	99	In	30d	BI	
	93; 94	In	30; 28d	O_2; C	
O/C^hE_{10}	94	In	19d	BI	
	77; 89	In	30; 28d	O_2; C	
TAI E_{14}	99	In	19d	BI	
	86; 94	In	30; 28d	O_2; C	
$C_{11}E_9$	88	RW	14d	CO_2	Larson 1981a
$C_{11.5}E_7$	82	RW	20d	O_2	
$C_{12}E_9^0(E-^{14}C)$	87	RW	14d	$^{14}CO_2$	Larson 1981c
$C_{16}E_3^0(E-^{14}C)$	89	RW	14d	$^{14}CO_2$	
$C_{12}E_9(1-^{14}C)$	93	In	25d	$^{14}CO_2$	
TAI E_{22}	96	In	30d	CO_2	
$C_{12\sim18}E_{11}$	100	In	7d	CT	Tabak 1981
$C_{10\sim12}E_{11}$	95 ~ 98	CAS	6h	BI	
$C_{12}E_9^0(E-^{14}C)$	97; 90	RW	14d	^{14}C; $^{14}CO_2$	Larson 1982b
$C_{16}E_3^0(E-^{14}C)$	96; 90	RW	14d	^{14}C; $^{14}CO_2$	
$C_{12.5}E_{6.5}$	90	In	24d	CO_2	
$C_{14.5}E_7$	90	In	24d	CO_2	
$C_{16}E_3^0(1-^{14}C)$	87	EW	18d	$^{14}CO_2$	Vashon 1982
$C_{12}E_9^0(E-^{14}C)$	77	EW	18d	$^{14}CO_2$	
$C_{18}E_5(E-^{14}C)$	97; 74	In	12d	^{14}C; $^{14}CO_2$	Neufahrt 1982a
$C_{18}E_{10}(E-^{14}C)$	97; 60	In	12d	^{14}C; $^{14}CO_2$	
$C_{18}E_{17}(E-^{14}C)$	98; 68	In	12d	^{14}C; $^{14}CO_2$	
$C_{18}E_{31}(U-^{14}C)$	97; 77	In	12d	^{14}C; $^{14}CO_2$	
$C_{16\sim20}E_{15}$(Tenzinat)	98; 100	CAS	10h	Pol; BI	Kozarac 1983
$C_{18}E_7$	99; 40 ~ 60	CAS	3h	BI; $^{14}CO_2$	Steber 1983a
$C_{16\sim18}E_{10}$	98; 62 ± 28	CAS	3h	BI; C	Berth 1984
	90 ± 16	CAS	6h	C	
$C_{12\sim14}E_{30}$	98; 59 ± 20	CAS	3h	BI; C	
$C_{12}E_8$	70; 100	In	28d	O_2; C	Gerike 1984b

续表

化学品	降解度	试验方法	时间	分析方法	参考文献
TAI E_{10}^{i}	62; 90	CAS	3; 6h	C	Gerike 1984c
$C_{12\sim14}E_{30}^{i}$	59 ± 20	CAS	3h	C	
$C_{12}E_9(1-^{14}C)$	60	GW	50d	$^{14}CO_2$	Larson 1984
$C_{16}E_9(E-^{14}C)$	60	GW	50d	$^{14}CO_2$	
$C_{18}E_7(1-^{14}C)$	96; 87	BAnD	28d	BI; $^{14}CH_4$; $^{14}CO_2$	Steber 1984
$C_{18}E_7(E-^{14}C)$	93	BAnD	28d	BI	
	84	BAnD	28d	$^{14}CH_4$; $^{14}CO_2$	

东明俱进化工有限公司

求真务实、严细到位、追求卓越、永不言败

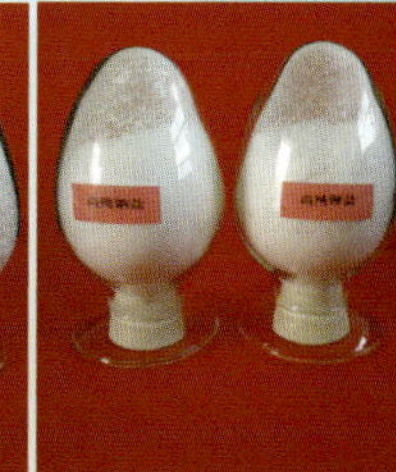

公 司 简 介

东明俱进化工有限公司从建立到现在经历了10多年的历史，迄今为止已成长为中国最大、亚洲领先的十二烷基硫酸钠生产企业之一，是我国表面活性剂专业生产的骨干企业，在行业内有较大的影响。

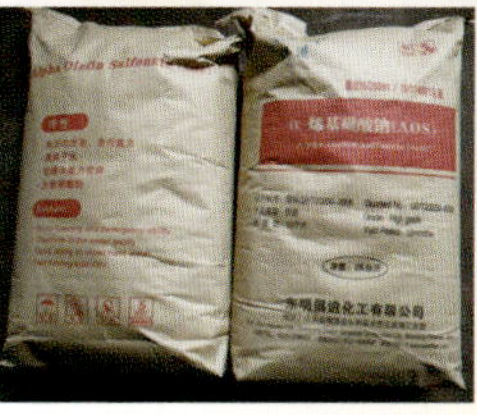

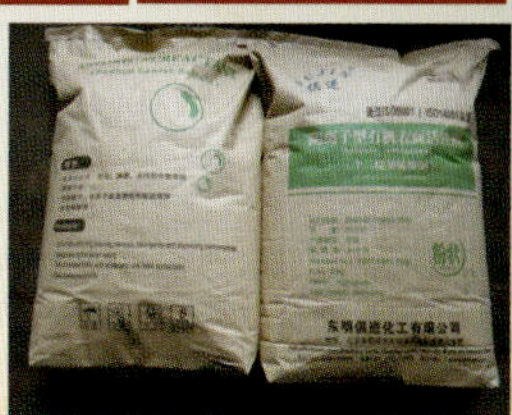

一、产品的种类

1、十二烷基硫酸钠系列（白色和彩色）
2、α-烯基磺酸钠系列
3、高纯度十二烷基硫酸钠（SDS）
4、高纯度十二烷基硫酸锂（LDS）
5、十二烷基硫酸钾
6、高纯度十二烷基硫酸钾（KDS）
7、糊树脂专用助剂
8、建材专用发泡剂

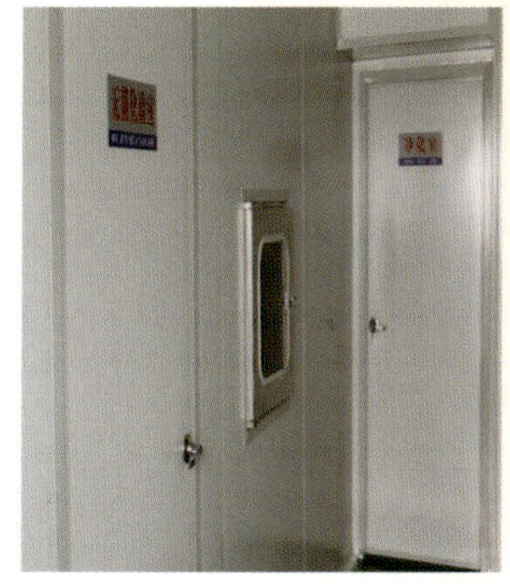

二、市场覆盖面

1、国内销售网络：将产品销往国内32个省市。
2、国外销售网络：产品远销欧美、中东和东南亚等地区。
3、客户群：覆盖面非常广范。有日化行业、医药行业、建材行业等。

三、质量保证

2010年6月，公司顺利通过了ISO9001：2000质量管理体系和ISO14001：2000环境管理体系的认证，获得《质量管理体系认证证书》、《环境管理体系认证证书》和《计量保证确认合格证书》。

以质取信
以信示德
以德行天下

中国工程院产业工程科技委员会表面活性剂研究开发促进会理事单位。
2011年9月26日，被认定为“山东省企业技术中心”。
2011年11月28日，被菏泽科学技术局认定为高新技术企业。
2012年5月，公司向国家专利局申报的“一种干燥塔锥体加热与冷却装置”实用新型专利和“一种脱气装器”实用新型专利2项专利，被正式批准。
2012年11月1日，东明俱进化工有限公司参与编制的《“口腔清洁护理用品牙膏用十二烷基硫酸钠”中华人民共和国轻工行业标准》正式颁布实施。
2012年以来公司独立研发的高纯度系列产品，干基活性物达到99.9%以上，属国际领先。广泛应用于生物制药、药用辅料、生物发酵等世界高科技领先领域。

地址：山东省菏泽市东明县开发区淄博工业园
电话：0530-7299038 7299099 7299668 传真：0530-7238126
E-mail:jujin@jujinchem.com http：//www.jujinchem.com

绿领生活
循环除菌洗衣液
洗涤用绿领 健康好生活
廊坊乐万家联合家化有限公司
地址：廊坊市经济技术开发区四海路 邮编：065001
电话：0316-5298003 传真：0316-5298028
金乐万家
JINLEWANJIA

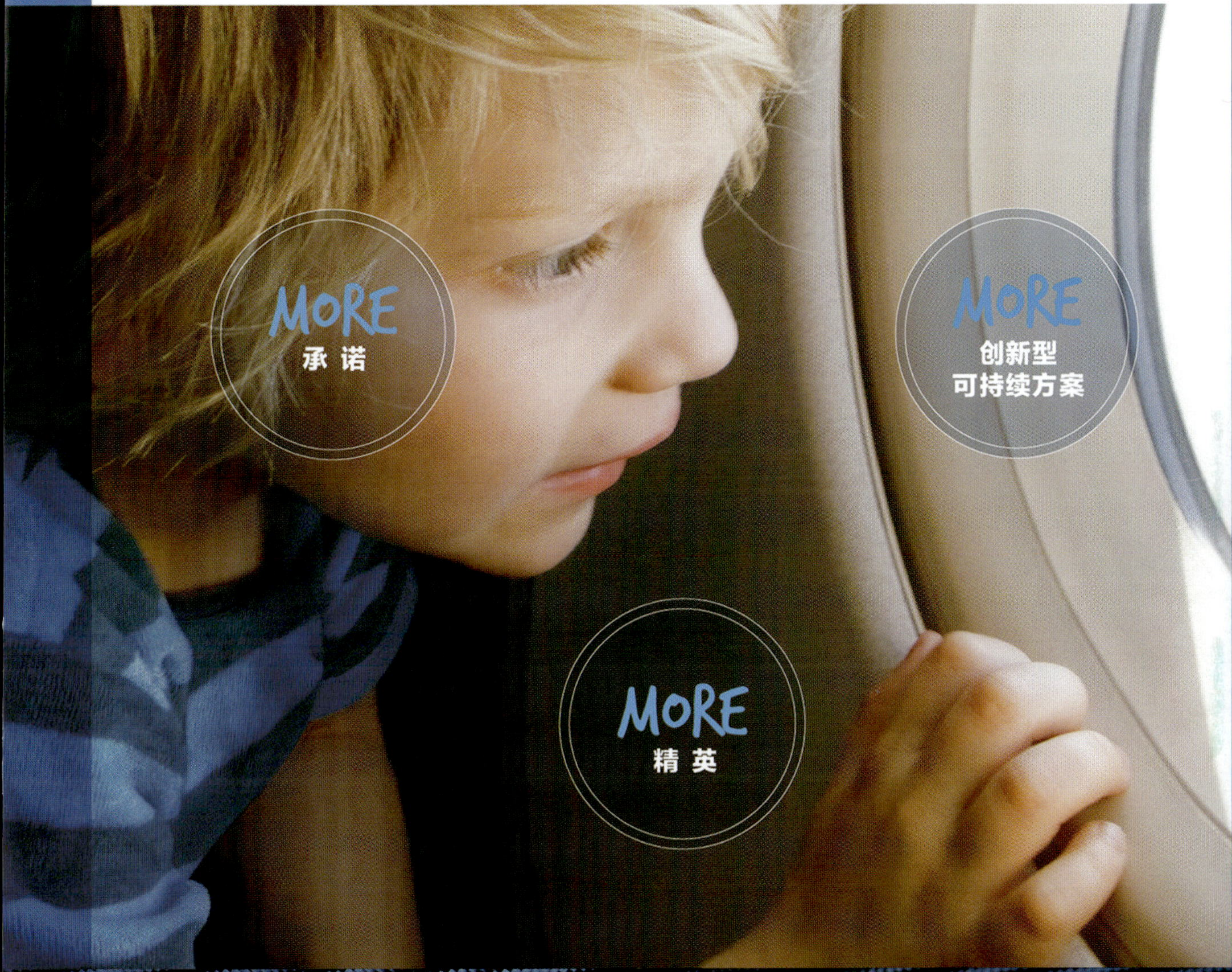

Tainolin SHE-75

Sodium 2-Ethylhexyl Sulfosuccinate

琥珀酸二异辛酯硫酸钠

产品功能及应用

- 是一项性能优良的阴离子表面活性剂，具有亲水、亲油性质，具有乳化、分散、增溶、润湿、发泡、消泡、保湿润滑、洗涤、抗静电、防腐蚀等一系列作用。
- 以高的润湿力著称，有较低的表面张力，较好的表面活性，是极好的渗透剂和分散剂。
- 易溶于水、低碳醇、醚、酮、苯、四氯化碳及石油系列溶剂，广泛应用在多种工业用途。
- 在印刷应用方面，可作为印刷油墨上颜料的闪光剂表面改质剂、颜料及涂料分散剂、乳胶漆的乳化剂。
- 在工业洗剂方面，应用于化学清洗可提高润湿性，使去垢剂渗透于金属表面的所有细小处发挥良好的去垢性。
- 应用于纺织印染工业，可降低表面张力，增加润湿性。
- 在皮革工业上，可作为皮质的附油补助剂。
- 在金属工业上，可用来防止工件的腐蚀及作为镀金助剂，使金属面呈现优美光泽。
- 在合成树脂工业中，是苯乙烯、丙烯酸等乳液聚合、共聚的后添加剂，可获得低表面张力并改善流动和流平性。
- 在建筑行业中用来改善混凝土的施工性能、弹性强度和密度。
- 亦可广泛应用于造纸、医药、农药、日用化工等领域。

Tainolin 2-EHS

Sodium 2-Ethylhexyl Sulfate

2-乙基己基硫酸钠

产品功能及应用

- 是属于低泡型界面活性剂，适合工业用界面活性剂低泡沫的需求。
- 具有优良的润湿渗透性、展延性及助溶性和超强的乳化性能。
- 耐高温，高效的清洗能力，耐碱性高，高碱下稳定(pH>14)。
- 在强碱条件下有很好的洗涤和去污能力，对有机垢和油垢的去除能力强，悬浮分散能力好，能够容忍强碱环境。
- 可广泛应用于各种洗涤剂，如排油烟机清洁剂、厨房清洁剂系列、厕所马桶清洁剂系列等各种硬表面洗涤剂，还可在衣领去污剂中使用。
- 光亮效果好，广泛用于工业清洗和纺织行业，如：精练剂、润湿剂、渗透剂、洗瓶剂、工业清洗用除油剂、电镀添加剂、喷淋用低泡界面活性剂。
- 可添加至喷雾配方产品做为展延剂，另外也可做为配方产品的助溶剂

更多产品项目与信息，请联系我们或登录公司网站

http://www.tnjc.com.tw

广州轻工集团
浪奇
LONKEY®
浪奇®
除菌洗衣液
AntiBacterial
COLD WATER 冷水速洁
浪奇—采用天然、可再生的生物基活性剂MES
浪奇®
全效护理洗衣液
Total Care
PRO FRESH 除异味清新
浪奇—采用天然、可再生的生物基活性剂MES
浪奇®洗衣液
绿色洁净力